[개정판]

민 법 총 칙

이 영 규 저

도서출판 동방문화사

개정판 머리말

2011년 3월에 개정된 민법이 금년 7월 1일부터 시행된다. 이에 맞춰 개정판을 내게 되었다. 새로 개정된 내용은 성년의 연령을 만 20세에서 1살 낮추어 19세로 한 것과, 무능력자제도를 성년후견제도로 완전히 새롭게 개정한 것이다. 이는 자기결정권의 존중, 잔존능력의 활용, 정상화 이념의 실현이라는 성년후견제도의 새로운 이념을 실현하기 위한 제도로 때늦은 감은 있지만 개정되어 시행을 앞두고 있다. 새 제도가 우리 사회에 잘 정착되어 소정의 입법목적이 잘 실행되기를 기대하면서 그 내용을 충실하게 소개하도록 노력하였다.

이 책이 민법을 공부하는 학생들에게 다소나마 도움이 되었으면 하는 바램이다.

이 책이 출간되도록 도와주신 동방문화사의 조형근 사장님과 관계자 분들께 감사드린다.

2013년 2월

강릉원주대학교 연구실에서

이영규

초판 머리말

그 동안 강의해오면서 틈틈이 정리해 두었던 것들을 토대로 책자로 꾸며 내놓게 되었다. 이 책은 민법을 처음 공부하는 학생들에게 쉽게 접근할 수 있도록 평이하게 서술하였다. 체계도 민법전의 순서에 따라 민법의 이론과 판례, 관련 법률들을 충실하게 정리하여 소개하도록 하였다.

우리 민법도 1960년 1월 1일부터 시행된 이래 금년에 50년을 넘어서고 있다. 그동안 세계에서 유래없을 만큼 역동적이고, 급진적인 사회의 변화로 우리 민법학은 많은 발전을 가져왔고, 개정의 필요성은 커지고 있다. 지금 법무부에서는 민법의 전면적 개정을 위한 법안을 내놓고 있는데, 본 책에서는 개정안에 대해서는 별도로 다루지 않았다. 개정까지는 많은 시간이 걸리고, 본 책은 현행법의 해석이기 때문에 이에 충실을 기하고, 혹시 처음 공부하는 학생들에게 혼란을 주지 않을까 하는 염려도 있고, 꼭 개정안대로 개정되는 것은 아니기 때문에 개정후 반영하기로 할 생각이다.

이 자그마한 책자가 학생들의 민법 공부에 도움이 되었으면 좋겠다.

유래 없이 더웠던 금년 여름에 이 책을 흔쾌하게 출간하여 주신 동방문화사의 조형근 사장님과 관계자분들께 감사드린다.

2010년 8월

강릉원주대학교 연구실에서

차 례

제1장 서론

제1절 민법의 의의와 성격

제2절 민법의 구성원리

제3절 민법의 법원

제4절 민법전의 체계와 내용

제5절 민법의 해석

제6절 민법의 효력범위

제2장 사권일반

제1절 법률관계와 권리·의무

[1] 법률관계

[2] 권리와 의무

제2절 사권의 종류

제3절 권리의 충돌과 경합

제4절 권리의 행사와 의무의 이행

제3장 권리의 주체

제1절 총설

제2절 자연인

[1] 권리능력

제4장 권리의 객체

제1절 총 설

제2절 물건

제3절 동산과 부동산

제4절 주물과 종물

제5절 원물과 과실

제5장 권리의 변동

제1절 총설

제2절 법률행위

[1] 서설

[2] 법률행위의 요건

[3] 법률행위의 종류

제3절 의사표시

제5절 법률행위의 무효와 취소

[1] 총 설

[2] 법률행위의 무효

제6절 법률행위의 부관

제6장 기 간

제7장 소멸시효

제 1 장

서론

제 1 절

민법의 의의와 성격

Ⅰ. 형식적 의의의 민법과 실질적 의의의 민법

민법이란 어떤 법인가? 형식적 의의의 민법이란 민법이라는 이름의 법전 즉, 1958년 2월 22일에 공포되어 1960년 1얼 1일부터 시행되고 있는 현행 민법전을 가르키고, 실질적 의의의 민법이란 사적 생활관계에 관한 일반법을 말한다. 형식적 의미의 민법속에는 벌칙규정(97조)이나 강제이행규정(389조)처럼 실질적으로는 공법적 규정도 포함되어 있어서 양자는 서로 일치하지 않는다. 실질적 의의의 민법은 학문으로서의 민법학의 연구대상이 된다.

Ⅱ. 실질적 의의의 민법

1. 민법은 사법이다.

법은 일반적으로 공법과 사법으로 나누는데, 민법은 사적 생활관계를 규율하는 사법에 속한다.

(1) 공법과 사법의 구별

◈ **공법과 사법의 구별기준(학설)**

학 설	내 용	평 가	주장자
이익설 (목적설)	①공익보호목적의 법인가 ②사익목적의 법인가에 따른 구별.	공익보호인가 사익보호인가 구별 곤란. 병존 가능	
주체설	공권력의 주체로서 국가 기타의 공공단체 상호간 또는 그들과 개인과의 관계를 규율하는 법은 공법이고, 개인 상호간의 법률관계를 규율하는 것은 사법이라는 견해.	국가·공익단체가 관여하는 생활관계가 다양화 되면서 사인간의 관계에도 사법관계 존재 가능.	독일의 통설
성질설 (법률관계설)	법이 규율하는 법률관계의 성질이 불평등관계(권력복종의 관계,수직관계)이면 공법, 평등(대등, 수평관계)이면 사법이라는 견해	국제법의 사법화, 친권규정의 공법화 초래(친자관계)	송덕수

생활관계설	국민으로서의 생활관계를 규율하는 법은 공법, 인류로서의 생활관계를 규율하는 법은 사법이라는 견해	국가생활과 사회생활의 구별애매	일본의 통설
종합설 (절충설)	위 각설이 부분적으로는 모두 옳기 때문에, 이를 절충하자는 견해		국내의 다수설
신성질설	사적 자치의 원칙의 적용을 받는 것이 사법이고, 기속적 결정을 내용으로 하고 이유강제의 원칙이 적용되는 것이 공법이다.	기속적 결정인지 여부가 불분명	이영준

◆ 판 례

✧ 지방재정법에 의하여 준용되는 '국가를 당사자로 하는 계약에 관한 법률'에 따라 지방자치단체가 당사자가 되는 이른바 공공계약은 사경제의 주체로서 상대방과 대등한 위치에서 체결하는 사법(私法)상의 계약으로서 그 본질적인 내용은 사인 간의 계약과 다를 바가 없으므로, 그에 관한 법령에 특별한 정함이 있는 경우를 제외하고는 사적 자치와 계약자유의 원칙 등 사법의 원리가 그대로 적용된다고 할 것이므로, 계약 체결을 위한 입찰절차에서 입찰서의 제출에 하자가 있다 하여도 다른 서류에 의하여 입찰의 의사가 명백히 드러나고 심사 기타 입찰절차의 진행에 아무 지장이 없어 입찰서를 제출하게 한 목적이 전혀 훼손되지 않는다면 그 사유만으로 당연히 당해 입찰을 무효로 할 것은 아니고, 다만 그 하자가 입찰절차의 공공성과 공정성이 현저히 침해될 정도로 중대할 뿐 아니라 상대방도 그러한 사정을 알았거나 알 수 있었을 경우 또는 그러한 하자를 묵인한 낙찰자의 결정 및 계약체결이 선량한 풍속 기타 사회질서에 반하는 결과가 될 것임이 분명한 경우 등 이를 무효로 하지 않으면 그 절차에 관하여 규정한 '국가를 당사자로 하는 계약에 관한 법률'의 취지를 몰각하는 결과가 되는 특별한 사정이 있는 경우에 한하여 무효가 된다고 해석함이 타당하다(대결 2006. 6. 19, 2006마117).

✧ **인천시의 밸브구매계약 – 시가 사경제적 주체로서 한 물품구매계약은 사법상의 계약**이고, 구 예산회계법시행령(1989.12.29. 대통령령 제12866호로 전문 개정되기 전의 것) 제74조의 규정취지에 비추어 보면, 물품구매계약서상 '계약체결 후 예정가격 또는 계약금액의 결정에 하자 또는 착오가 있음이 발견되거나 기타 계약금액을 감액하여야 할 사유가 발생하였을 때에는 계약금액을 감액하거나 환수조치할 수 있다'고 한 **계약특수조건은 계약 상대자가 예정가격 또는 계약금액을 높이기 위하여 부정한 방법 등을 사용하거나, 그로 인하여 시의 계약담당공무원이 착오를 일으켜 예정가격 또는 계약금액을 부당하게 높게 책정할 경우에 대비하여 그러한 때에는 그 정상가격과의 차액을 감액하거나 환수할 수 있다는 취지라고 해석**되므로, 시가 위 계약의 특수조건을 이유로 계약금액의 감액이나 환수를 할 수 있으려면 단순히 시가 구매물품을 조달품목이 아닌 것으로 잘못 파악하였다는 사실만으로는 부족하고, 시가 그와 같이 착오를 일으킨 데 대하여 상대방에게 귀책사유가 있다거나 그러한 착오로 인하여 계약금액이나 예정가격이 부당하게 높게 책정된 것이라고 볼 만한 사정이 있어야 한다(대판 1992. 4. 28, 91다46885).

(2) 구별의 실익

공법과 사법이 구별이 쉽지 않으나 그래도 구별하여야 하는 것은 다음과 같은 실익이 있기 때문이다. 첫째 공법과 사법은 지배하는 법원리가 다르다. 공법은 법치주의의 원리가 지배하는데 반해 사법은 사적 자치의 원리가 지배한다. 둘째 구체적인 법률관계에서 명문규정이 없는 경우 공법의 경우에는 원칙적으로 공권력의 행사가 불가능한데 반해 사법에서는 당사자의 의사에 의한 보충이 허용된다. 셋째 권리구제에 차이가 있다. 공법상의 권리를 구제받는 행정사건은 행정소송에 의하여야 하고, 행정소송은 피고의 소재지를 관할하는 행정법원의 전속관할에 속하고, 사법상의 권리를 구제받는 민사사건은 민사소송에 의하여야 한다.

	공법	사법
지도원리	법치주의	사적 자치
법의 흠결시	원칙적으로 공권력 행사 불허	당사자의 의사에 의한 보충 허용
권리구제절차	행정심판, 행정소송	민사소송

2. 민법은 일반사법이다

(1) 일반법과 특별법

법은 일반법과 특별법으로 나누어진다. 일반법은 사람, 장소, 사항 등에 특별한 제한없이 일반적으로 적용되는 법이고, 특별법은 일정한 사람, 장소 또는 사항에 관하여서만 적용되는 법이다. 그러나 이 구별은 상대적인 것에 지나지 않는다. 민법은 일반법에 속한다. 동일한 사항에 대해 일반법과 특별법이 있는 경우 특별법이 일반법 보다 우선적으로 적용된다(특별법 우선의 원칙).

(2) 민법의 특별법

민법의 특별법으로는 상법, 경제법 등과 특별사법과 민법의 부속법이 있다. 민법의 부속법은 민법전을 보충·수정하는 민사특별법과 민법전에 규정된 제도를 구체적으로 실현하기 위한 법인 민사부속법이 있다. 특별사법은 실질적 의의의 민법이 아니어서 민법학의 대상이 아니다.

(3) 민법과 상법(민법의 상화현상)

① 의 의

상법 및 상거래에서 형성·승인된 원리나 제도가 후에 민법에 채용되는 것이다. 경제의 발전과 더불어 자본주의적 경제관계의 관철, 즉 i) 거래주체의 확대, ii) 재산의 확대, iii) 거래안전보호의 확대라는 요청이 강하게 나타난다. 이를 법률적으로 뒷받침하기 위해서는 의사이론 및 소유권절대원칙의 수정으로 나타난다.

② 거래안전의 보호

i) 사적 자치에 있어서 표시주의의 대두

당사자의 진의를 해석의 기준으로 생각하는 의사주의의 절대성을 극복하고 법률행위의 외형을 중시하는 표시주의를 중요시하는 경향이 대두되었다.

ii) 동적 안전의 보호

거래안전을 보호하고 유통을 촉진시키기 위해서 소유권절대원칙이 희생되는 경우도 있다(예, 공신의 원칙 외관보호의 이론 등),

③ 거래주체의 확대와 재산권의 확대

i) 법인설립의 준칙주의화, ii) 권리능력 없는 사단의 법인격화 경향, iii) 물권의 종류의 확대와 새로운 재산권의 창설로 나타난다.

(4) 민법과 사회법(민법의 사회화 현상)

① 인간상의 변화

경제관계와 사회관계가 복잡하게 됨에 따라 추상적·이성적 자유인으로 부터 구체적인 사회적 자유인의 실현을 법의 목표로 하는 사상과 제도 출현하면서 권리관계를 재조정해야 할 새로운 사회적 요청이 제기된다.

② 자본주의적 권리를 조정하는 측면

i) 소유권절대의 원칙의 수정(?)

소유권절대의 원칙이 무제한 인정되는 것이 아니고, 소유권도 권리에 내재하는 사회성에 의하여 제약을 받는다(예컨대 권리남용금지 등).

ii) 사적 자치의 원칙의 수정(?)

보통거래약관의 등장, 계약공정의 원칙 등으로 계약자유의 원칙이 수정되고,

입증책임의 전환, 고도의 주의의무의 부과, 위험책임의 등장으로 과실책임주의가 수정되고 있다. 이러한 현상을 소유권절대의 원칙이나 사적 자치가 수정된 것이라 할 것인지 원래의 이념에 충실하게 된 것인지는 앞으로 많은 논의가 필요하다.

③ 사회권적 요청에 의한 자유주의적. 개인주의적 권리를 제약하는 측면

사회적 권리는 본질적으로 새로운 의미를 가지는 것이지만 사회적 역관계에 의하여 영향을 받기때문에 자본주의사회에서는 그 자체가 제한된 기능을 발휘한다(예 : 특별법으로서 「주택임대차보호법」, 노동3권의 구체적 보장).

(5) 민법의 상화, 사회화의 흐름의 한계

「민법의 상화」, 「민법의 사회화」의 흐름에는 일정한 한계가 있다. 사인간의 관계를 규율하는 사법의 기본법인 민법에서 사법의 3대원칙은 기본적 골격으로 그대로 유지되어야 한다. 즉, 자본주의적 경제의 근간을 이루는 기본구조인 ① 거래주체 . 지본가근로자, ② 사유재산제도 : 자본의 사유와 노동력의 상품화, ③ 거래의 자유: 시장법칙에 의한 생산과 유통의 보호는 결코 포기되고 있지 않다. 그러나 자본주의적 합리성에 비례하는 이익이 일반시민에게 균형있게 환원되는 것은 아니기 때문에 이러한 수정에도 한계가 있다. 또한 거래안전보호와 개인의사능력보호, 공신력과 정적 안전보호는 각각 상대적 가치를 가지고 있다.

3. 민법은 실체법이다

법은 실체법과 절차법으로 나누어진다. 실체법은 법률관계 즉 당사자의 권리, 의무에 관하여 규율하는 법이고, 절차법은 실체법에 의해 부여된 권리와 의무를 실현하는 절차에 관한 법이다. 즉 재판절차와 강제집행절차이다. 민법은 사인간의 권리와 의무가 언제 어떤 내용으로 발생하고 소멸하는가를 정하는 규범으로 실체법에 속한다.

실체법인 민법은 일상생활에서 개인이 지켜야 할 규범(행위규범)이며, 나아가 재판시에 법관이 지켜야할 규범(재판규범)이기도 하다.

Ⅲ. 형식적 의의의 민법

형식적 의의의 민법은 민법이라는 이름의 성문법전을 말한다. 우리나라의 경우 1958년에 공포되어 1960년 1월 1일부터 시행된 법률 제471호를 말한다.

제 2 절

민법의 구성원리

Ⅰ. 근대민법의 기본원리(19C)

모든 인간은 자유롭고 평등하다는 개인주의, 자유주의, 평등주의를 사상적 배경으로 추상적 인간관에 입각한 근대민법은 자유인격의 이념을 최고원리로 하여 ⑴ 소유권절대의 원칙(사유재산권 존중의 원칙), ⑵ 계약자유의 원칙(사적자치의 원칙, 법률행위 자유의 원칙), ⑶ 과실책임의 원칙 (자기책임의 원칙)의 3대 원칙에 의한다.

Ⅱ. 현행 우리 민법의 기본원리

1. 두 가지 입장

현행 우리 민법은 어떤 원리에 의해 만들어졌는가에 대해 두가지 입장이 있다. 즉 공공복리를 최고의 원리로 하여 만들어졌다는 입장과 사적 자치를 최고 이념으로 하여 만들어졌다는 두 가지 입장이 있다.

2. 공공복리를 최고이념으로 한다는 견해[1)]

근대민법의 기본이념은 19세기 말 이래로 자본주의의 고도화 따른 빈부의 격차와 그로 인한 계급간의 격화로 구체적으로 인간은 평등하지 않고 경제적 약자보호 필요하다면서 공공복리를 최고이념으로 하고, 그 실천원리로서 거래안전, 사회질서, 신의칙, 권리남용금지의 원칙을 들고, 근대 민법의 3대원칙은 수정되었다고 한다. 즉, 소유권 절대의 원칙은 소유권(재산권)의 공공성과 그에 따른 제한의 인정(소유권상대의 원칙)으로 수정되었고, 계약자유의 원칙은 계약의 공정성을 보장하는 계약공정의 원칙으로 수정되었고, 과실책임의 원칙은 무과실책임(결과책임)을 확대하는 무과실책임의 원칙으로 수정되었다고 한다.

---

1) 곽윤직, 64면 ; 김민중, 60면 ; 김용한 42면 ; 고상용, 22면.

근대민법의 기본원리가 낳은 폐해를 시정하기 위해 공공복리의 원칙에 의해 수정되고 있다면서 그 구체적 실천을 신의칙, 권리남용금지, 103조에 의해 제한하는 형태라는 견해[2]가 있다.

3. 사적 자치를 최고 이념으로 하는 견해[3]

우리 법질서 내에서 자유로운 인격실현을 위한 유일한 수단으로서 사적 자치를 들면서, 사적 자치야말로 민법에서 최고 이념이라 한다. 사적 자치의 내용으로는 계약자유, 단체결성의 자유, 유언의 자유 등이 있다고 한다. 민법은 자유주의 개인주의를 그 기초이념으로 하면서 이에 사회적 형평의 이념을 가미하고 구체적 타당성을 실현하고 있다고 한다.

사적 자치를 비롯한 3대원리를 제약하기 위해 사회적 조정의 원칙을 들고 있다. 그 구체적 예로는 신의칙, 권리남용금지의 원칙, 사회질서 등을 들 수 있다.

---

2) 김상용, 91면 ; 박영복, 24면.
3) 이영준, 12면-20면 ; 김증한/김학동, 29면 이하.

제3절 민법의 법원

Ⅰ. 법원의 의의

법원이란 법의 연원을 줄인 말로, 법인식자료 또는 법의 존재형식(법발현존재형식)을 말한다. 법원은 문자로 쓰여진 성문법과 그렇지 않은 불문법으로 나눠진다.

민법 제1조에서는 「민사에 관하여 법률에 규정이 없으면 관습법에 의하고 관습법이 없으면 조리에 의한다」라고 하여 성문법주의를 취하되, 관습법과 조리로 성문법주의의 단점을 보충하고 있다.[4)]

Ⅱ. 성문민법

1. 법 률

(1) 민법전

민법이라는 이름의 법률로 가장 중요한 민법의 법원이다.

(2) 민사특별법

민사특별법은 민법전을 보충·수정하는 법이다. 민사특별법으로는 주택임대차보호법, 실화책임에 관한 법률, 가등기담보 등에 관한 법률, 입목에 관한 법률, 각종 동산저당법, 약관의 규제에 관한 법률, 신원보증법, 국가배상법, 자동차손해배상보장법 등이 있다.

(3) 민사부속법

민사부속법은 민법전에 규정된 제도를 구체적으로 실현하기 위한 법이다. 민사부속법으로서 부동산등기법, 가족관계등록에 관한 법률, 공탁법, 유실물법 등이 있다.

---

4) 완화된 성문법주의라고 하는 견해도 있다(박영복, 9면).

(4) 조 약

헌법에 의하여 체결 공포된 조약이나 일반적으로 승인된 국제법규는 국내법과 같은 효력이 있으므로(헌법 6조 1항), 민사에 관한 사항이면 민법의 법원이 될 수 있다.

(5) 기 타

이밖에 법률과 동일한 효력을 가지는 법규로써 헌법재판소의 결정과 대통령의 긴급명령(헌법 76조)이 있다. 전자의 예로는 금융기관의 연체대출금에 관한 특별조치법 5조의 2 위헌을 밝힌 헌결례(과중한 담보공탁요구로 실질적으로 항고권 박탈) 등이 있고, 후자의 경우는 국회의 승인을 받지 못하면 그때부터 실효, 개폐되었던 법률은 당연히 효력을 회복하게 된다.

2. 명령·규칙 등

민사에 관한 내용인 각종 명령이나 부동산등기법시행규칙, 입목등기처리규칙, 공탁금의 이자에 관한 규칙, 공탁사무처리규칙 등과 같은 대법원 규칙(헌법 108조), 조약 기타의 국제법규 (헌법 6조 1항), 각종 조례, 규칙과 같은 자치법규도 민법의 법원이 될 수 있다.[5)]

Ⅲ. 불문민법

1. 관습법

(1) 의 의

관습법이란 사회생활속에서 자연적으로 발생한 관행이 단순한 도덕적 규범으로 지켜질뿐만 아니라 사회의 법적 확신 내지 법적 인식을 수반하여 대다수 사람에 의하여 지지되어 법으로서의 가치를 가지게 된 관습을 의미한다.

관습법으로는 명인방법, 관습상 법정지상권, 동산의 양도담보, 사실혼 등이 있다.

역사학파는 관습법을 1차적인 법원으로 파악하지만, 자연법론자들은 관습법의 법원성을 부인한다.

---

5) 헌법재판소의 결정에 대해서도 법원성을 인정하는 견해가 있다(박영복, 10면).

(2) 관습법이 법원으로 인정되는 근거

① 관행설

특정 사항에 관하여 동일한 행위를 오랫동안 반복하는 관습은 법으로 인정된다는 견해. 관행이 관습법의 내용을 이루기는 하지만 그러한 관행이 곧 관습법이 되는 것은 아니다. 이 견해는 관습법과 관습을 혼동하고 있으므로 적합하지 않다.

② 법적 확신설[6](통설 및 판례)

공동체의 법적 확신이 관습을 법으로 인정하는 근거가 된다고 한다. 관습법은 다수인이 관습을 법이라고 확신할 때 성립한다고 하는 견해이다. 어느 시기에 법적 확신을 획득하게 되는지에 대해서는 애매하다면서 이 애매함에 관습법의 특징이 있다고 한다. 법적 확신이 무엇을 의미하는지에 대해서는 개인의 존엄과 가치를 실현하는 자유민주주의적 기본질서와 부합성, 더 구체적으로는 우리민법의 기초이념에서 찾아야 할 것이라고 한다[7].

③ 국가승인설

관습법은 입법자가 명시적 또는 묵시적으로 이를 법으로 승인하였기 때문에 법원이 된다는 견해이다. 이 견해는 입법자가 관습법을 법원에서 아주 배제할 수도 있으며, 관습법은 오로지 성문법에 위반하지 않는 범위내에서만 인정된다고 한다. 법원이 어떠한 관습규범을 처음으로 적용하여 재판을 함으로써 그 관습규범은 단순한 관습이 아니고 국가도 인정하는 관습법으로 성립한다고 보는 것이 타당하다고 한다[8]. 이 견해는 법은 국가만이 독점적으로 제정할 수 있다는 사상에 입각한 것이며, 인간생활의 역사적 발전을 무시한 것으로 부당하다.

④ 의사설

관습법은 다른 법과 마찬가지로 한 공동체의 의사에 의해 성립한다는 견해이다. 이 의사는 보통 관행으로 표시되며, 이 의사의 표시는 관습법의 성립요건인 동시에 인식근거라고 한다. 이 견해는 관습법에는 공동체가 관행을 법으로 받아들이려는 의사가 실제로 존재하지 않음에도 불구하고 법창설의사를 요한다는 단점이 있다.

---

6) 곽윤직, 18면 : 고상용, 10면 ; 김상용, 18면 ; 김증한/김학동 13면 ; 명순구, 21면 ; 백태승, 16면 ; 이영준, 23면 ; 이은영, 41면.

7) 이영준, 23면.

8) 서광민, 18면.

(3) 성립요건

다수설인 법적 확신설에 따르면 관습법이 성립되기 위해서는 ① 관행이 존재하여야 하고, ② 일반인이 관행을 법규범이라고 확신할 정도가 되어야 하고, ③ 관습이 선량한 풍속 기타 사회질서에 반하지 않아야 한다. 이밖에 국가의 승인이 요건이 되는지에 대해 견해가 갈라지지만 법원의 판결에 의해 확인의 의미는 있지만 국가의 승인이 관습법의 요건이 되는 것은 아니다. 관습법은 법원의 판결에 의해 존재가 인정되면 사회에서 행하여진 때에 소급하여 관습법으로서 존재하는 것으로 된다[9].

◆ 판 례

✧ 제정민법이 시행되기 전에 존재하던 '상속회복청구권은 상속이 개시된 날부터 20년이 경과하면 소멸한다.'는 관습에 관습법으로의 효력을 인정할 수 있는지 여부(소극)

[다수의견]

사회의 거듭된 관행으로 생성한 어떤 사회생활규범이 법적 규범으로 승인되기에 이르렀다고 하기 위하여는 그 사회생활규범은 헌법을 최상위 규범으로 하는 전체 법질서에 반하지 아니하는 것으로서 정당성과 합리성이 있다고 인정될 수 있는 것이어야 하고, 그렇지 아니한 사회생활규범은 비록 그것이 사회의 거듭된 관행으로 생성된 것이라고 할지라도 이를 법적 규범으로 삼아 관습법으로서의 효력을 인정할 수 없는바, 제정 민법이 시행되기 전에 존재하던 관습 중 "상속회복청구권은 상속이 개시된 날부터 20년이 경과하면 소멸한다."는 내용의 관습은 이를 적용하게 되면 20년의 경과 후에 상속권침해가 있을 때에는 침해행위와 동시에 진정상속인은 권리를 잃고 구제를 받을 수 없는 결과가 되므로 소유권은 원래 소멸시효의 적용을 받지 않는다는 권리의 속성에 반할 뿐 아니라 진정상속인으로 하여금 참칭상속인에 의한 재산권침해를 사실상 방어할 수 없게 만드는 결과로 되어 불합리하고, 헌법을 최상위 규범으로 하는 법질서 전체의 이념에도 부합하지 아니하여 정당성이 없으므로, 위 관습에 법적 규범인 관습법으로서의 효력을 인정할 수 없다.

[반대의견]

법원으로서는 관습법이 다른 법령에 의하여 변경·폐지되거나 그와 모순·저촉되는 새로운 내용의 관습법이 확인되기 전까지는 이에 기속되어 이를 적용하여야 하고, 만일 관습법이 헌법에 위반된다면 그 이유로 이를 적용하지 아니할 수 있을 뿐이지 막연히 불합리하다거나 정당성이 없다는 등의 사유를 이유로 판례변경을 통하여 그 적용을 배제할 수는 없는바, 법원은 대법원 1981. 1. 27. 선고 80다1392 판결에 의해 "상속회복청구권은 상속이 개시된 날부터 20년이 경과하면 소멸한다."는 내용의 관습이 관습법으로 성립하여 존재하고 있음을 확인·선언한 이래 여러 차례에 걸쳐 이를 재확인하여 왔으며, 한편 민법 시행 전의 폐지된 조선민사령은 상속에 관한 사항은 관습에 의한다고 규정하였고, 민법은 부칙 제25조 제1항에서 "이 법 시행 전에 개시된 상속에 관하여는 이 법 시행일 후에도 구법의 규정을 적용한

9) 곽윤직, 17-18면 ; 이영준, 23면.

다."라고 규정하였으며, 1977. 12. 31. 법률 제3051호로 개정된 민법 부칙 제5항 및 1990. 1. 13. 법률 제4199호로 개정된 민법 부칙 제12조 제1항에서도 각각 같은 내용의 경과규정을 두고 있으므로, 위 관습법이 다른 법령에 의하여 변경·폐지되거나 그와 모순·저촉되는 새로운 내용의 관습법이 확인되지 아니한 이상 법원으로서는 민법 시행 전에 있어서의 상속에 관한 법률관계에 해당하는 상속회복청구에 대하여 위 관습법을 적용할 수밖에 없다.

[반대의견에 대한 보충의견]

관습법은 성문법률을 보충하는 효력을 가지는 것이기는 하지만 법률의 효력을 가지는 것이어서 그러한 관습법에 위헌적 요소가 있는 경우 우리의 성문법률 위헌심사제도 아래에서는 헌법재판소를 통한 위헌선언이 이루어질 길이 없고 법원에 의하여 위헌성이 판정되고 그의 적용이 배제되어야 할 터이므로 그렇게 되면 실질상 위헌법률선언과 같은 결과를 낳을 것인바, 그 경우에는 헌법상 법치주의 원칙에서 나온 법적 안정성 내지 신뢰보호원칙에 바탕을 둔 위헌결정의 불소급효원칙의 정신에 따라 그 선언이 있는 날 이후로만 그 관습법의 효력이 상실되도록 함이 상당하다(대판 전원합의체 2003. 7. 24, 2001다48781).

(4) 관습법의 효력

① 보충적 효력설[10)]

관습법은 성문법이 없는 부분에 관하여 이를 보충하는 효력만을 인정하는 견해이다. 이 견해의 근거는 변경적 효력설에 의하면 민법 제1조가 무의미해진다는 점, 변경적 효력설은 명인방법, 동산의 양도담보와 같이 현실적으로 성문법이 관습법에 의해 개폐되고 있다는 점 등을 들고 있으나 이는 판례법으로 이해할 수 있다.

② 변경적(개폐적) 효력설[11)]

관습법에 대하여 이미 존재하는 성문법을 개폐하는 효력을 인정하는 견해이다. 이 견해는 그 근거로 관습법상의 법정지상권, 분묘기지권, 미분리과실과 수목의 집단의 명인방법, 동산의 양도담보(가담법적용 대상 제외)와 같이 관습법이 실제로 법적 효력을 인정받은 예가 있고, 성문법과 다른 관습법이 성립되었다면 성문법이 사회변화에 적절하게 대응하지 못한 것이므로 관습법을 인정하여야 한다.

③ 판 례

판례[12)]는 보충적 효력설의 입장이다. 그후 「관습법은 법원으로서 법령에 저촉

---

10) 곽윤직, 20면 ; 김기선, 27면 ; 김상용, 23면 ; 명순구, 22면 ; 박영복, 12면 ; 서광민, 20면 ; 송덕수, 13면 ; 엄영진, 35면 ; 이덕환, 21면 ; 이영준, 25면 ; 이은영, 44면 ; 정기웅, 15면 ; 지원림, 13면 ; 최병조, 민법주해(1), 49면.

11) 김용한, 21면 ; 김증한/김학동, 14면 ; 백태승, 19면 ; 장경학, 53면.

되지 아니하는 한 법칙으로서의 효력이 있는 것」13)이라 하여 재확인하였다.

◆ 판 례

✧ 관습법이 헌법재판소의 위헌법률심판의 대상인지 여부(소극)

헌법 제111조 제1항 제1호 및 헌법재판소법 제41조 제1항에서 규정하는 위헌심사의 대상이 되는 법률은 국회의 의결을 거친 이른바 형식적 의미의 법률을 의미하고 (헌법재판소 1995. 12. 28. 선고 95헌바3 결정 등 참조), 또한 민사에 관한 관습법은 법원에 의하여 발견되고 성문의 법률에 반하지 아니하는 경우에 한하여 보충적인 법원(법원)이 되는 것에 불과하여(민법 제1조) 관습법이 헌법에 위반되는 경우 법원이 그 관습법의 효력을 부인할 수 있으므로 (대법원 2003. 7. 24. 선고 2001다48781 전원합의체 판결 등 참조), 결국 관습법은 헌법재판소의 위헌법률심판의 대상이 아니라 할 것이다(대결 2009. 5. 28, 2007카기134).

(5) 관습법이 법적 규범으로서의 효력을 상실하게 되는 경우

관습법이 법적 확신을 잃게 되거나 헌법과 같은 상위규범에 부합하시 않세 되면 더 이상 관습법으로서 존재할 수 없게 된다. 사회 구성원들이 그러한 관행의 법적 구속력에 대하여 확신을 갖지 않게 되었다거나, 사회를 지배하는 기본적 이념이나 사회질서의 변화로 인하여 그러한 관습법을 적용하여야 할 시점에 있어서의 전체 법질서에 부합하지 않게 되었다면 그러한 관습법은 법적 규범으로서의 효력이 부정된다.

판례도 종중 구성원의 자격을 성년 남자로만 제한하는 종래의 관습법은 더 이상 법적 효력을 가질 수 없게 되었다고 보아 여성에게도 종중원의 자격을 인정하였고[14], 제사주재자에 대해서도 특별한 사정이 없는 한 망인의 장남이라던 것에서 「우선적으로 망인의 공동상속인들 사이의 협의에 의해 정해져야 하되, 협의가 이루어지지 않는 경우에는 제사주재자의 지위를 유지할 수 없는 특별한 사정이 있지 않은 한 망인의 장남(장남이 이미 사망한 경우에는 장남의 아들, 즉 장손자)이 제사주재자가 되고, 공동상속인들 중 아들이 없는 경우에는 망인의 장녀가 제사주재자가 된다」고 하였다[15].

12) 대판 1983, 6. 14, 80다3231.
13) 대법원 2005. 7. 21. 선고 2002다1178 전원합의체 판결.
14) 대판 전원합의체 2005. 7. 21, 2002다1178
15) 대판 전원합의체 2008. 11. 20, 2007다27670

관습법이 법적 규범으로서의 효력을 상실하게 되더라도 새로운 법리를 소급하여 적용한다면 법적 안정성과 신의성실의 원칙에 기초한 당사자의 신뢰 보호에 반하게 되므로, 위 새로운 법리는 이 판결 선고 이후의 사건에만 적용된다. 다만 당해 사건에 대해서는 새로운 법리가 소급하여 적용되어야 할 것이다[16]

2. 판 례

(1) 의 의

판례는 법원의 재판을 통해 형성된 규범이다. 즉 판결에 나타난 법리 내지는 법원칙을 말한다[17].

(2) 판례의 법원성

① **긍정설**[18]

ⅰ) 법원조직법 제8조에서 상급법원의 판결은 당해 사건에 관하여 하급심을 기속한다고 규정하지만 판례는 사실상 일반적인 구속력을 가지며, ⅱ) 소액사건심판법 제3조 제2호는 대법원의 판례위반에 대하여 상고 또는 재항고할 수 있도록 규정하고 있으며, ⅲ) 대법원의 판례변경은 대법관 전원의 2/3 이상의 합의체에서 재판하도록 하여(법원조직법 7조 1항 3호) 판례변경을 신중히 하는 것은 판례가 법원으로 기능하고 있다는 것을 의미하며, ⅳ) 유사한 종류의 판결이 거듭되면 거기에 추상적인 법원칙이 성립되고, 다른 사건에 대해서도 그 법원칙이 적용될 개연성이 생겨 판례법이 형성된다고 한다.

② **부정설**[19]

ⅰ) 판례가 사실상 구속력을 가진다고 하나 우리 민법은 판례의 법원성을 인

16) 대판 전원합의체 2005. 7. 21, 2002다1178 ; 대판 전원합의체 2008. 11. 20, 2007다27670

17) 판례는 첫째 추상적인 법률규정의 의미를 밝히는 해석기능을 하고, 둘째, 판례는 어떤 관습을 관습법으로 인정하거나 부인하는 기능을 하면, 셋째, 판례는 법률의 흠결을 보충해주는 기능을 한다고 한다. 다만 두 번째 기능은 관습법에 대해 국가승인설의 입장이다(서광민, 21-22면).

18) 고상용, 13면 ; 김증한/김학동, 18면 ; 엄영진, 38면. 판례는 성문법이나 관습법과 동등한 지위에 있는 법원은 아니지만 법인식의 근원이라면서 판례는 집적되면 관습법으로 발전된다고 하는 견해도 있고(김상용, 25면), 사실상 법원성을 가진다면서 법원성을 인정하는 견해도 있다(명순구, 26면).

19) 곽윤직, 21면 ; 백태승, 23면 ; 송덕수, 16면 ; 이덕환, 25면 ; 이영준, 27면 ; 이은영, 62면 ; 지원림, 16면.

정하는 규정이 없고, ii) 법원조직법 제8조에서 상급법원의 판결은 하급심을 기속한다고 규정하지만 이것은 당해사건에 한정된 것이며, 일반적으로 하급심을 구속한다는 의미는 아니며, iii) 법관은 헌법과 법률에 의하여 양심에 따라 독립하여 재판할 수 있고(헌법 제103조), 제도상 판례의 구속을 받지 않으며, iv) 삼권분립의 원칙에 의하여 법원은 법을 적용할 뿐, 법을 만들 수는 없으므로 판례는 법원이 될 수 없다.

부정설중에서 상당기간 반복되면서 확립된 판례는 관습법이 된다고 하는 견해[20]가 있다.

(3) 헌법재판소의 결정

헌법재판소의 위헌결정은 법원 기타 국가기관과 지방자치단체를 기속한다(헌법재판소법 47조). 법률이 위헌으로 결정되면 그 결정이 있은 날로부터 효력을 상실하게 된다(헌법재판소법 47조 2항 본문). 민사에 관한 법률조항이 위헌결정을 받아 효력을 상실하게 되는 경우가 많다[21].

민사에 관한 헌법재판소의 위헌결정이 법원인지 문제되는데, 이에 대해 헌법재판소의 결정은 법률과 동일한 효력이 있으므로 법원이라고 하는 견해[22]와 법원이지만 위헌결정의 대상인 법률이 민법의 법원에서 제외되는 결과를 가져오는데 지나지 않으므로 법원에서 제외시키는 소극적 의미의 법원이 된다는 견해[23], 소극적 법원도 법원이라면서 다만 민법 제1조에서 말하는 전통적 의미의 법원이라고 하기는 어렵다는 견해[24]가 대립되고 있다.

---

20) 김상용, 25면 ; 송덕수, 15면 ; 이영준, 27면 ; 이은영, 61면 이에 대해 판례법이라고는 할 수 있어도 관습법이라고는 할 수 없다는 견해도 있다(김증한/김학동, 20면 ; 서광민 23면).

21) 명예훼손시 사죄광고를 명하는 것에 대한 한정위헌결정(헌재결 1991, 4. 1, 89헌마160), 동성동본혼에 대한 헌법불합치결정(헌재결 1997, 7. 16, 96헌가6 내지 13), 민법 제999조 제2항 및 구민법(1990. 1. 13. 법률 제4199호로 개정되기 전의 것) 제999조에 의해 준용되는 제982조 제2항중 상속회복청구권의 행사기간을 상속개시일로부터 10년으로 제한한 것에 대한 헌법재판소의 결정(헌재 2001. 7. 19, 99헌바9. 26, 84), 성속인이 상속개시 있음을 안날로부터 3월내에 한정승인이나 포기를 하지 않은 경우 단순승인을 한 것으로 보는 민법 제1026조 제2호에 대한 헌법불합치결정(헌재 1998. 8. 27, 96헌가22, 97헌가2 등 병합) 실화책임에 대한 헌법불합치결정(헌재 2007, 8. 30, 2004헌가25) 등.

22) 최병조 민법주해(1), 4면.

23) 송덕수, 16면.

24) 이영준, 28면.

3. 조리

(1) 의 의

조리란 사물의 본성, 사물의 본질적 법칙 또는 사물의 이치나 도리, 즉 일반 사회인이 보통 인정한다고 생각되는 객관적인 원리 또는 법칙을 말한다. 조리는 사회통념, 형평, 신의성실, 경험칙 등으로 표현되기도 한다, 민법은 제1조에서 법률과 관습법이 없는 경우 조리에 의해 재판하도록 규정함으로써 조리가 법원인지 문제된다.

(2) 법원성

① 긍정설[25]

조리는 법규범성을 지니며 재판규범이 된다는 견해로서, 민법 1조와 헌법 103조의 규정[26]을 그 근거로 들고 있다.

② 부정설[27]

조리는 법은 아니나 법원에 의해 적용되는 것이라고 보는 견해로서, 법원이기 위해서는 명백하게 객관적 규범이라는 형태를 취할 필요가 있는데 조리는 그와 같은 실정성이 없으므로 법원으로 볼 수 없고, 조리를 재판의 준칙으로 인정하는 것은 그것이 법이기 때문이 아니라, 성문법주의 아래서는 법의 흠결이 불가피하며 이 경우에도 법관은 재판을 거부할 수 없다는 사실에 기인할 뿐이다.

③ 판 례

판례는 「구 상법상 상무취제역의 보수에 대하여 상관습, 민법규정 및 민사관습이 없으므로 조리에 의하여 결정하는 것은 위법이 아니다」고 하거나[28] 「섭외사건에 대한 준거법으로 외국법이 적용되더라도 법원에 대한 민사상의 대원칙에 따라 외국법을 외국관습법 및 조리의 순으로 법원이 되다」고 하여[29] 조리의 법원성을 인정하고 있다.

---

25) 김기선, 24면 ; 김상용, 26면 ; 김용한, 28면 ; 김증한/김학동, 21면 ; 김주수, 38면 ; 박영복, 13면 ; 이은영, 52면.

26) 헌법 제103조는 법관은 헌법과 법률에 의하여 그 양심에 따라 독립하여 심판한다고 규정하고 있다.

27) 고상용, 13면 ; 곽윤직, 23면 ; 김상용, 27면 ; 김증한/김학동, 21면 ; 백태승, 24면 ; 송덕수, 15면 ; 이덕환, 26면 ; 이영준, 30면 ; 정기웅, 16-17면 ; 지원림, 15면 ; 최병조, 민법주해(1), 55면.

28) 대판 1965, 8. 31, 65다1156.

29) 대판 2000, 6. 9, 98다35037.

제 4 절

민법전의 체계와 내용

Ⅰ. 민법전의 체계

판덱텐 법학은 19세기 독일 민법학에서 로마법원을 기초로 하여 체계화하는 독창적인 작업이 행해졌는데, 이를 판덱텐 법학이라 한다. 5개의 편별을 가진 판덱텐 법학의 정치한 체계를 독일 민법형의 입법방식을 판덱텐 방식이라 한다. 독일 보통법은 로마법 중에서 학리적으로 비교적 정비된 학설집성(Digesta)에 의거했는데, 그 그리스어 pandëkai에서 유래되었다. 우리 민법은 물권편과 채권편이 독일 민법과는 반대로 되어 있다. 판덱텐 방식의 특징은 총칙이라는 일반규정을 두고, 그 다음으로 각칙규정을 두고 있다.

인스티투치오네스 방식은 로마법의 인스티두치오네스(법학제요)의 인, 물, 수송이라는 편별은 도노(1527-1591)을 거쳐 프랑스 민법에 계승된 것이다.

	인스티투치오네스 시스템	판덱텐 시스템
유래	가이우스의 법학제요(인스티투치오네스)	로마법의 학설대전(Digesta)
체계	사람에 관한 법(인사편), 물건에 관한 법(재산편), 소권에 관한 법(소송편)	총칙, 물권, 채권, 친족, 상속
예	프랑스 민법, 일본 구민법전	작센민법, 독일민법, 우리나라민법, 일본민법

❖ **판덱텐식 - 총칙편을 두고, 물권과 채권을 엄별하고, 체계가 정연하고 논리적이다.**

Ⅱ. 민법전의 내용

우리 민법은 판덱텐 시스템으로 모두 5편으로 이루어져 있다. 제1편 총칙, 제2편 물권, 제3편 채권, 제4편 친족, 제5편 상속으로 되어 있다. 제2편 물권과 제3편 채권을 재산법, 제4편 친족과 제5편 상속을 가족법이라 한다. 제1편 총칙은 민법 전체에 효력이 미치는 원칙적이고 기본적인 것들을 모아 놓은 규정이다.

제5절 민법의 해석

Ⅰ. 의 의

민법의 해석이란 민법의 의미내용을 명확하게 확정하는 것을 말한다. 민법의 법률조문 구체적 사실에 비추어보면 반드시 명확한 것만은 아니므로 이를 확정하는 것이 해석의 목적이다.

Ⅱ. 해석의 기준

1. 해석의 객관성

자의적인 해석을 방지하기 위해서는 해석의 기준, 표준이 있어야 한다.

2. 법해석의 사명

구체적 사건에 법을 적용한 결과가 타당하여야 하는 구체적 타당성과 법해석이 사람이나 사건에 따라 달라지지 않는 법적 안정성이 필요하다.

Ⅲ. 법률의 해석방법

1. 협의의 해석

(1) 법률해석학설

① 입법자 의사설(주관설)

법률의 해석이란 법률제정시 입법자에 의해 생각된 의미내용을 확정하는 것이라 한다. 입법이유서 등을 특히 중요시한다.

② 법률의사설(객관설)

법률은 법률의 제정과 동시에 입법자의 의도와는 분리한 객관적 존재가 된다.

(2) 해석의 4가지 요소

Savigny는 법률의 해석과 관련하여 4가지 방법과 기준을 제시하였는데, 이는 현대법학에서도 여전히 생명력을 가지고 있다.

① 문리(문법적)해석

문리해석은 법률에 사용된 문자의 의미를 밝히는 해석이다. 문리해석은 해석의 출발점이다. 문리해석만으로 법규의 의미내용이 명확하게 밝혀지는 것은 아니므로 다른 해석방법이 필요하다.

② 논리해석

논리해석은 법 규정을 해석하면서 다른 관련규정을 고려하여 전체적으로 조화를 이룰 수 있도록 하는 해석이다.

③ 역사적 해석

약사적 해석은 입법 당시 당해 법규에 대한 입법자의 의도 및 구체적 사정을 고려하여 하는 해석이다. 역사적 해석의 가장 중요한 자료는 입법이유서이고, 이 해석에 의해 입법자의 의도를 파악할 수 있다.

④ 체계해석

총체로서의 법과 당해 법규 법제도와의 관계를 고려하여 하는 해석이다.

(3) 해석의 방법

① 목적론적 해석

목적론적 해석은 법이 실현하고자 하는 목적(입법취지)에 따라 법규를 해석하는 것이다.

② 확장 · 축소해석

조문의 문자 본래의 의미 보다 확장하여 해석하는 것을 확장해석, 축소하여 해석하는 것을 축소해석이라 한다.

③ 물론 · 반대해석

④ 유추해석

2. 광의의 해석(법의 흠결보충) - 법관의 법 창조의 문제

법규가 불완전하여 법규의 의미를 밝히는 것으로는 해결되지 않는 경우가 있는데, 이를 흠결이라 한다. 이러한 흠결은 해석을 통해 보충하여야 한다. 흠결의 보충은 법관이나 해석자 개인의 가치판단에 맡길 수는 없고, 체계적 이해 하에 총체로서의 법 내지 법질서로부터 이끌어 내어야 한다(유추적용, 일반규정의 원용).

3. 법적 안정성과 구체적 타당성의 충돌

법적 안정성을 중시하여야 한다는 견해[30]도 있으나 양자를 사회현상에 따라 탄력적으로 적용시키고 단정적인 결론을 내릴 수 없다[31]. 양 이념을 함께 실현할 수 있도록 조화될 수 있는 해석을 하여야 한다. 민법의 기본원리에 충실한 해석을 함으로써 양자의 조화를 이루어 나가도록 하여야 한다.

◈ **법률의 해석과 법률행위의 해석**

	법률의 해석	법률행위의 해석
공통점	언어의 의미내용의 확정을 중심으로 한다는 점 해석된 결과가 분쟁해결의 규준이 된다는 점	
차이점	사회일반에서 타당한 규준 사회에서 타당한 해결을 이끌어 내는 룰은 무엇인가- 규범적 평가가 중요	법질서 내에서 승인된 것 그 효력은 당사자 간에만 미치므로 당사자가 무엇을 의도했는가가 중요

30) 곽윤직, 42면.
31) 김상용, 86면 ; 이영준,

제 6 절

민법의 효력범위

(1) 시적 효력범위

보통 법률은 시행일부터 폐지일까지 효력을 갖는다. 아를 법률불소급의 원칙이라 한다. 이는 법적 안정성을 유지하기 위하여 해석상 인정되는 것이기 때문에 입법에 의하여 배제할 수 있다. 민법은 형법에 비해 소급효를 인정하여도 법적 안정성을 해하는 경우가 적으므로 (제정당시) 부칙 제2조에서 「본법에 특별한 규정이 있는 경우 외에는 본법 시행일 전의 사항에 대하여도 이를 적용한다」 고 하여 민법은 예외적으로 소급효를 인정한다. 그러면서 동조 단서에서 「그러나 이미 구법에 의하여 생긴 효력에는 영향을 미치지 아니한다」 고 하여 불소급의 원칙을 인정하고 있다.

(2) 인적 · 장소적 효력범위

민법은 국내외의 모든 대한민국 국민에게 효력이 미치고(속인주의), 대한민국 영토내의 모든 사람, 우리 국민과 외국인에게도 적용된다(속지주의).

제 2 장

사권일반

제 1 절 법률관계와 권리·의무
제 2 절 사권의 종류
제 3 절 권리의 충돌과 경합
제 4 절 권리의 행사와 의무의 이행
제 5 절 권리의 보호

제 1 절

법률관계와 권리·의무

[1] 법률관계

Ⅰ. 의의

법률관계란 법규범에 의해 규율되는 생활관계[32]로써, 특정인과 특정인(채권관계), 특정인과 제3자(물권관계, 인격권관계)관계로 나눌 수 있다. 법률관계는 당사자가 의욕한 효과가 법에 의하여 보장되고, 실현된다. 법률관계는 권리의무관계로 나타난다.

Ⅱ. 법률관계와 법률제도

법률관계	법률제도
법규범에 의해 규율되는 생활관계,	법에 의하여 규율되는 어떤 조직 내지 설비
구체적 법적 생활관계	추상적(계약자유, 단 매매 임대차 등은 추상적으로 사용될 때) 개념

Ⅲ. 법률관계와 구별개념

1. 인간관계(menschliche Beziehung)

인간관계란 법적 규율을 받지 않는 가족·애정·우의·예의관계와 같은 법외적 생활관계를 말한다. 인간관계는 이에 기한 약속을 어겨도 그 이행을 청구하거나 손해배상을 청구할 수 없다. 예컨대 친구와 만나기로 한 약속, 아버지가 아들에게 생일선물을 주기로 한 약속, 결혼식을 특정한 종교방식으로 하기로 약정하는 것 등이다.

32) 법률관계를 법적 구속력을 가진 권리 의무의 총체로서 당사자 사이의 연계관계라는 법적 연계설이 있다(Larenz).

법률관계와의 구별은 법에 의한 보호를 줄 이익이 있는가를 고려하여 결정하여야 한다.

2. 호의관계

(1) 의 의

호의관계(Gefälligkeitsverhältnis)는 법적 구속을 받을 의사 없이 호의에 의하여 일정한 이익을 주고받는 생활관계이다, 예컨대 호의로 자동차를 태워준다든지(호의동승), 호의로 이웃집 아이를 돌봐주는 것과 같은 것을 말한다.

(2) 법률관계와의 구별

호의관계는 모두 무상으로 이뤄진다. 그러나 무상이라 하여 모두 호의관계가 되는 것은 아니다. 호의관계와 법률관계와의 구별은 무상성이 아니라 당사자간의 구체적 의사 즉 법적 구속을 받으려는 의사가 있는지 여부에 따라 결정하여야 한다.[33)]

(3) 호의관계의 효과

호의관계는 법률적 구속을 받으려는 의사가 없으므로 원칙적으로는 법률문제가 발생하지 않는다. 즉, 호의관계에 기한 법률상의 청구권이나 채무불이행에 기한 손해배상청구권은 발생하지 않는다. 그러나 법률규정에 의한 손해배상청구권(불법행위에 기한 손해배상청구권)은 발생할 수 있다. 즉, 호의관계에 기하여 손해가 발생한 경우 누가 손해를 부담하여야 하는지 문제가 생기고, 결국 법률관계로 전환할 수 있다. 호의동승이 대표적인 예가 된다. 문제는 호의성을 근거로 손해배상책임을 면제 또는 감경을 인정할 수 있는가 하는 것이다. 호의관계의 특성을 고려하여 해결책을 찾아야 할 것인데, 학설은 면책·감경의 묵시적 합의를 의제하거나 무상계약에 관한 법리 및 불법행위의 과실상계규정을 유추적용하여 책임의 면책·감경을 인정하고 있다. 판례는 "원칙적으로 가해자에게 전손해배상책임을 인정하지만 당사자간의 인적 관계, 운행목적 및 경위 등 구체적 사정에 비추어 가해자에게 전책임을 지우는 것이 신의칙이나 형평의 원칙에 비추어 매우 불합리한 것으로 인정되는 경우에는 그 배상액을 감경할 사유로 삼을 수도 있다"고 한다(대판 1987,

33) 김상용, 95면 ; 김형배/김규완/김명숙, 28면 ; 서광민, 57면 ; 이영준, 40면 ; 지원림, 34면.

12. 22, 86다카2994 ; 대판 1996, 3. 22, 95다24302).

◆ 판 례

✧ 교인들이 교회소유 봉고차를 무상으로 빌려 놀러가던중 사고가 발생한 경우 피해자가 위 사고차량에 무상으로 동승하여 그 운행으로 인한 이익을 누리는 지위를 가졌다 하여 특별한 사정이 없는 한 이를 손해배상액의 감경사유로 삼을 수 없다(대판 1987. 4. 14, 84다카2250).

✧ **호의동승에 있어서 운행자의 책임을 감경할 수 있는 경우**

차량의 운행자가 아무런 대가를 받지 아니하고 동승자의 편의와 이익을 위하여 동승을 허락하고 동승자도 그 자신의 편의와 이익을 위하여 그 제공을 받은 경우 그 운행 목적, 동승자와 운행자의 인적관계, 그가 차에 동승한 경위, 특히 동승을 요구한 목적과 적극성 등 여러 사정에 비추어 가해자에게 일반 교통사고와 동일한 책임을 지우는 것이 신의칙이나 형평의 원칙으로 보아 매우 불합리하다고 인정될 때에는 그 배상액을 경감할 수 있으나, 사고차량에 단순히 호의로 동승하였다는 사실만 가지고 바로 이를 배상액 경감사유로 삼을 수 있는 것은 아니다(대판 1996. 3. 22, 95다24302).

3. 신사협정

당사자가 어떤 약정을 하면서 약정에 대한 法的 拘束力을 배제하는 특약(신사협정)을 하는 경우에 성립한다. 카르텔 분야에서 중요한 기능을 담당한다. 의무를 이행하지 않아도 이행을 청구할 수 없고, 손해배상도 청구하지 못한다. 그러나 의무를 이행한 경우에는 그 약정이 법적 구속을 받지 않는다는 것을 이유로 반환청구할 수 없다. 즉, 이행된 급부를 정당하게 보유할 수 있다는 점에서 신사협정은 법률관계에 해당한다.

[2] 권리와 의무

Ⅰ. 권 리

1. 권리의 본질

(1) 의사설(Willenstheorie)

이 학설은 권리는 법에 의하여 주어진 의사의 힘 또는 의사의 지배라고 보고 있다(Savigny, Windscheid). 이 견해에 대해서는 의사능력이 없는 자도 권리능력이 있는 것을 설명하지 못한다는 점에서 문제가 있다.

(2) 이익설(Interessentheorie)

권리는 법에 의하여 보호되는 이익이라고 보는 견해로(Jhering), 의사설이 권리를 의사의 힘이라고 하나, 법이 이러한 힘을 권리자에게 주는 목적은 그로 하여금 일정한 이익의 만족을 누릴 수 있게 하려는데 있다. 이 견해에 대해서는 권리자에게 아무런 이익이 없는 권리(친권: 부모가 자를 보호, 교양할 권리, 의무)도 있다는 비난이 있고, 권리의 목적과 권리의 본질을 혼동하였다는 비난(즉 권리는 이익을 위하여 존재하지만, 이익이 권리 자체는 아니다)이 있다.

(3) 권리법력설(Rechtsmachttheorie)

의사설과 이익설을 절충하여 결합한 이론으로서 권리란 일정한 이익을 누릴 수 있게 하기 위하여 법이 인정한 힘이라고 한다.(Enneccerus) 오늘날 가장 유력한 학설이다. 우리나라에서는 이 견해가 지배적인 학설이다. 이 견해에 의하면 의사능력이 없는 자도 권리의 주체가 될 수 있다. 또 이익 그 자체는 권리가 아니며, 이익을 보호받거나 또는 누릴 수 있도록 법에 의하여 주어진 힘, 즉 법적 힘이라고 함으로써 권리법력설은 이익설의 결함을 구제해주고 있다.

2. 권리 개념의 기능

20세기 초까지도 권리는 사법의 중심개념이었으나 최근들어 권리를 법률관계의 한 구성요소로 파악하여 권리 대신 법률관계를 사법의 중심개념으로 대체하려는 움직임이 있다. 이에 의하면 권리자의 권리 뿐만 아니라 의무도 동시에 파악할 수 있고, 나아가 사회적 기능에도 주목할 수 있게 된다.[34)]

3. 권리와 구별되는 개념

(1) 권 한

권한(Kompetenz)은 타인을 위하여, 그 자에 대하여 일정한 법률효과를 발생케

---

34) 이영준, 46면.

하는 행위를 할 수 있는 법률상의 자격을 말한다. 회사의 이사의 대표권, 대리인의 대리권, 사단법인사원의 결의권이 이에 속한다.

그러나 권한을 가지는 자가 타인을 위하여 그러한 효과를 발생케 하는 데 있어서 이익을 가지는 경우, 이를 권리라고 하여도 무방하다.

(2) 권 능

권능(Befugnis)이란 권리의 내용을 이루는 개개의 법률상의 힘을 말한다. 하나의 권리가 있으면, 그로부터 여러 가지 권능이 나올 수 있다. 예컨대 소유권이라는 권리의 내용인 사용권, 수익권, 처분권 등은 권능이다. 권리의 내용이 하나의 권능으로 되어 있는 경우에는 권리와 권능은 같다.

(3) 권 원

권원(Rechtstitel)이란 법률상 또는 사실상 일정한 행위를 하는 것을 정당화시켜 주는 법률상 원인을 말한다.

(4) 반사적 이익(反射權)

법률이 특정인 또는 일반인에게 어떤 행위를 명하는 경우 다른 특정인이나 일반인이 이로 인하여 어떤 이익을 누리는 경우가 있는데, 이때 이러한 이익을 반사적 이익이라 한다. 즉 법의 규정의 결과로 각 사람이 저절로 받게 되는 이익으로 적극적으로 어떤 힘이 부여되어 있는 것이 아니기 때문에 법원에 이익을 누릴 수 있도록 청구할 수는 없다.

Ⅱ. 의 무

1. 의 의

의무는 의무자의 의사와는 무관하게 일정한 행위를 하여야 할 법률상의 구속이다. 의무는 그 내용에 따라 어떤 행위를 적극적으로 하여야 하는 작위의무와 어떤 행위를 소극적으로 하지 않아야 하는 부작위의무로 나눠진다. 후자는 다시 일정한 행위를 하지 않아야 하는 단순부작위와 특정인이 일정한 행위를 하는 경우 이를 참고 받아 들여야 하는 인용의무로 나눠진다.

의무는 권리와 표리관계를 이루면서 대응하는 것이 일반적이다[35]. 그러나 권리만 있고 의무는 없는 경우(예, 취소권, 해제권 등)가 있는가 하면, 반대로 의무만 있고 권리는 없는 경우(예, 93조의 공고의무, 94조의 신고의무 등)도 있다.

2. 책무(간접의무)

책무는 의무와 구별하여야 한다. 책무는 이를 부담하는 자가 반드시 이행하여야 하는 것은 아니지만 이행하지 않으면 불이익을 받게 되는 경우를 말한다. 채무는 소로써 이행을 강제하거나 손해배상을 청구할 수 없다는 점에서 의무와 구별된다. 청약자의 승낙연착의 통지의무(528조), 증여자의 하자고지의무(559조), 대주의 하자고지의무(612조) 등이 그 예이다.

35) 이에 대한 비판적 입장으로는 명순구, 53면 참조.

제 2 절

사권의 종류[36)]

Ⅰ. 내용에 의한 분류

1. 재산권

재산권은 경제적 이익을 내용으로 하는 권리로서, 물권, 채권, 지적재산권이 이에 속한다. 재산권은 금전으로 평가할 수 있고, 원칙적으로 양도 및 상속이 가능하다(비전속성).

(1) 물 권

물권은 권리자가 물건을 직접 지배하여 이익을 얻는 독점적, 배타적 권리이다(대물권, 대세권, 절대권). 물권은 법률 또는 관습법에 의해서만 창설할 수 있는데(185조), 우리 민법이 인정하는 물권은 물건을 사실상 지배함으로써 발생하는 점유권과 본권으로 나누어지고, 본권은 다시 물건이 가지는 교환가치와 사용가치를 전면적으로 지배하는 완전물권인 소유권과 사용가치 또는 교환가치만을 지배하는 제한물권으로 나누어 진다. 사용가치만을 지배하는 제한물권인 용익물권으로는 지상권, 지역권, 전세권이 있고 교환가치만을 지배하는 제한물권인 담보물권으로는 유치권, 질권, 저당권이 있다. 관습상의 물권으로는 분묘기지권, 관습상의 법정지상권 등이 있다. 광업권이나 어업권처럼 물건을 직접 지배하지는 않으나 독점적으로 물권을 취득할 수 있는 권리를 「준물권」이라 한다.

(2) 채 권

채권은 특정인(채권자)이 다른 특정인(채무자)에 대하여 일정한 행위(급부)를 요

36) 전통적인 분류방법은 서로 중복되는 것이 많아 혼동을 일으키기 쉽다면서 지배권, 청구권, 형성권, 항변권, 기대권으로 분류하고, 지배권은 다시 재산권과 비재산권으로 분류하고, 전자에는 물권, 준물권, 지적재산권이 있고, 후자에는 인격권, 사원권, 가족권이 있고, 채권은 청구권으로 분류하는 견해가 있다(이영준, 48면). 이 분류방법에 대해 지배권 중에 재산권이 들어가고, 채권은 청구권에 들어감으로 마치 채권은 재산권이 아닌 것처럼 오해를 불러일으킨다는 비판이 있다(송덕수, 36면).

구하는 권리이다. 채권은 계약, 사무관리, 부당이득, 불법행위 등에 의해 발생한다.

(3) 지적재산권(무체재산권)

지적재산권은 저작, 발명 등의 정신적, 지능적 창조물을 독점적으로 이용하는 것을 내용으로 하는 권리이다. 특허권, 실용신안권, 의장권, 상표권, 저작권 등이 이에 속한다. 지적재산권은 모두 특별법(특허법, 실용신안법, 의장법, 상표법, 저작권법)에 의해 보호되며, 국제적으로 보호되는 특색이 있다. 이들 권리에 대해서는 물권법의 법리가 유추적용된다.

2. 인격권

인격권은 생명, 신체, 성명, 정조, 초상, 명예 등과 같이 권리의 주체와 분리할 수 없는 인격적 이익을 누리는 것을 내용으로 하는 권리이다 이러한 개별적 인격권은 일반적 인격권의 구체화이다. 우리 민법은 인격권에 관하여 명문으로 규정하고 있지는 않지만, 751조에서 「타인의 신체, 자유 또는 명예를 해하거나 기타 정신상 고통을 가한 자는 재산 이외의 손해에 대하여도 배상할 책임이 있다」 고 규정하여 소극적으로 인격권을 인정하고 있다.

인격권은 권리의 주체와 분리할 수 없는 권리이므로, 양도할 수 없고 상속할 수도 없다.

3. 가족권(신분권)

가족권이란 가족관계에서의 일정한 지위에 따르는 이익을 누리는 것을 내용으로 하는 권리로서 친족권과 상속권으로 나누어진다. 친족권은 친족관계에서의 일정한 지위에 따르는 권리로서, 친권, 후견권, 부양청구권 등이 있는데, 의무적 색채가 강한 특징이 있다.

상속권은 일정한 친족적 지위에서 상속개시후, 상속인이 가지는 권리로서 재산적 성격이 강한 가족권으로서, 재산상속권, 유증을 받을 수 있는 권리, 유류분에 관한 권리 등이다.

4. 사원권

사원권은 단체의 구성원이 그 구성원이라는 지위에서 단체에 대하여 가지는 포괄적 권리를 말한다. 사원권은 공익권과 자익권으로 구분되는데, 공익권에는 결의권(73조), 소수사원권(70조 2항), 업무집행권, 감독권 등이 있고, 자익권에는 이익배당청구권, 잔여재산분재청구권, 사단의 설비를 이용하는 권리 등이 있다, 공익권은 양도와 상속이 인정되지 않으나, 자익권은 양도와 상속이 가능하다.

II 작용에 의한 분류

1. 지배권

지배권은 타인의 행위를 개재시키지 않고 일정한 객체를 직접 지배할 수 있는 권리이다. 물권, 지적재산권, 인격권 등이 이에 속한다. 지배권의 효력은 대내적으로는 객체에 대한 식접적 지배력과 대외적으로는 제3자의 침해행위가 있을 때 그 침해를 배제할 수 있는 효력이 있다. 그러므로 지배권에 대해 제3자의 위법한 침해행위는 당연히 불법행위가 되며, 권리자는 제3자의 침해행위의 배제를 청구할 수 있다.

이중 인격권에 대해서 학설의 대립(즉, 인격권은 존경의 권리, 불가침의 권리이지 권리주체가 스스로 권리객체가 되어 객체에 대한 지배권으로 보는 것은 타당하지 않다는 견해[37])이 있고, 채권을 채무자의 행위를 지배하는 권리로 보아 지배권의 일종으로 보는 소수설[38])이 있다.

2. 청구권

청구권은 특정인이 다른 특정인에 대하여 일정한 행위, 즉 작위 또는 부작위를 청구할 수 있는 권리이다. 채권이 가장 대표적인 청구권이지만 물권=지배권, 채권=청구권은 아니다. 물권의 주된 내용이 지배권이며, 채권의 주된 내용이 청구권이다. 채권은 청구권을 그 본체로 하나, 이외에도 급부를 수령하고 보유하는 효력, 채권자대위권, 채권자취소권 등이 있으므로 채권이 곧 청구권인 것은 아니다.

청구권은 어떤 권리를 기초로 하여 존재하는데, 채권이 발생하면 언제나 청구

---

37) 김상용, 103면.
38) 이은영, 112면.

권이 존재하며, 청구권은 또한 물권(물권적 방해배제청구권), 지적재산권, 친족권(동거청구권, 부양청구권), 상속권(상속회복청구권) 등에서도 발생한다.

3. 형성권

형성권은 권리자의 일방적 의사표시에 의해 법률관계의 변동 즉 발생·변동·소멸시키는 권리로서 취소권, 추인권, 해제권 등이 있다.

형성권에는 권리자의 의사표시만으로 법률관계의 변동을 가져오는 것과 소송을 제기하여 법원의 판결에 의해 비로소 법률관계의 변동의 효과를 발생하는 것이 있다. 형성권의 행사에는 조건과 기한을 붙이지 못하고, 행사의 철회도 인정되지 않는다.

◈ 형성권의 태양

권리자의 일방적인 의사표시만으로 효력발생하는 것	법원의 판결로만 효력발생하는 것
법률행위의 동의권(5조, 10조) 무능력자 상대방의 최고 · 철회 · 거절권 취소권(제140조) 추인권(제143조) 계약의 해제 · 해지권(제543조) 상계권(제492조) 매매의 일방예약완결권 약혼해제권(제805조) 재산상속포기권(제1041조)	채권자취소권(제406조) 친생부인권(제846조) 혼인취소권(제816조) 재판상 이혼(제840조) 입양취소권(제884조) 재판상 파양(제905조)

◈ 청구권으로 불리지만 실질은 형성권인 것

① 공유물분할청구권 (268조),
② 지료증감청구권 (286조)
③ 지상권자의 지상물매수청구권 (285조), 전세권자의 부속물매수청구권 (316조)
④ 지상권설정자의 지상권소멸청구권 (287조), 전세권설정자의 전세권소멸청구권 (311조)
⑤ 매매대금감액청구권(권리의 일부가 타인에게 속한 경우의 매도인의 담보책임 (572조)
⑥ 임차인, 전차인의 지상물, 부속물매수청구권 (643조, 647조)
⑦ 유류분 반환청구권 (1115조)

4. 항변권

항변권은 상대방의 청구권의 행사에 대하여 그 작용을 저지할 수 있는 권리이다. 항변권은 상대방의 청구권의 존재를 전제로 그 작용만 저지시킬 뿐이다. 이점에서 상대방의 권리를 부인하는 「이의」와 구별된다. 항변권의 행사 여부는 항변권자의 자유이고, 항변권의 행사로 상대방의 권리의 작용이 변경된다는 점에서 항변권은 일종의 형성권이라는 견해[39]가 있는데, 항변권은 당사자 간의 법률관계를 적극적 확정적으로 변동시키지는 않는다는 점에서 형성권과 다르다[40]. 항변권에는 권리의 행사를 일시적으로 저지시키는 연기적 항변권과 영구적으로 저지시키는 영구적 항변권이 있다. 전자의 예로는 쌍무계약의 동시이행항변권(536조), 보증인의 최고·검색의 항변권(437조) 등이 있고, 후자의 예로는 상속인의 한정승인의 항변권(1028조)이 있다.

Ⅲ. 기타의 분류

1. 절대권, 상대권

권리는 그것에 복종하는 의무자의 범위를 기준으로 절대권과 상대권으로 나눌 수 있다. 모든 자에게 주장할 수 있는 권리를 절대권, 특정인에 대해서만 주장할 수 있는 권리를 상대권이라 한다. 절대권은 모든 자가 의무자이므로 누가 그것을 침해하든 불법행위가 되지만 상대권은 특정의 의무자 이외의 자에 의해서는 권리침해가 되지 않아 예외적인 경우에만 불법행위가 성립된다.

2. 일신전속권, 비전속권

권리와 그 주체간의 긴밀함의 정도에 따라 일신전속권과 비전속권으로 나눠진다. 일신전속권은 권리의 성질상 권리주체만이 누릴 수 있다.

---

39) 곽윤직, 85면 ; 김증한/김학동, 56면.
40) 명순구, 50면.

귀속상의 일신전속권	타인에게 양도 상속에 의해 이전할 수 없는 권리 (비양도성, 비상속성)
행사상의 일신전속권	권리주체만이 행사할 수 있고, 타인이 대위하여 행사할 수 없는 권리(비대리성, 비대위성)

3. 주된 권리, 종된 권리

권리 가운데는 하나의 권리가 다른 권리를 전제로 하여 존재하는 경우가 있다. 이때 전제가 되는 권리가 주된 권리, 그것에 종속되는 권리를 종된 권리라 한다. 원본채권과 이자채권, 피담보채권과 저당권이 그 예이다.

4. 기성의 권리, 기대권

권리가 성립요건을 모두 갖추었는가에 따른 구별이다. 기대권은 권리발생요건 중 일부만 갖춘 상태에서 법에 의한 보호를 받는 권리를 말한다. 조건부권리(148조, 149조), 기한부권리(154조)가 그 예이다.

제 3 절 권리의 충돌과 경합

Ⅰ. 권리의 충돌

1. 의 의

동일한 객체에 대해 여러 개의 권리가 존재하는 경우 그 객체가 모든 권리를 만족시킬 수 없는 현상이 발생하는데, 이를 권리의 충돌이라 한다. 이 경우 여러개의 권리 상호간에 순위가 문제된다.

2. 권리의 순위

(1) 물권 상호간

원칙적으로 제한물권은 소유권에 우선하며, 제한물권 상호간에는 먼저 성립한 권리가 나중 성립한 권리에 우선한다(물권의 우선적 효력).

(2) 채권상호간

채권자평등의 원칙이 인정되어 동일 채무자에 대한 수 개의 채권은 그 발생원인, 발생시기의 선후, 채권액의 다과를 묻지 않고 평등하게 다루어져서 특정채권자만 우선적으로 변제 받지 못하는 것이 원칙이다. 따라서 모든 채권자는 채무자의 총재산으로부터 그 액에 비례해서 평등하게 만족을 얻는 것이 원칙이며 이는 채무자의 파산시 명백하게 드러난다. 하지만 파산 이외의 경우에는 순위가 없으므로 결국 먼저 채무자로부터 변제를 받은 자가 이익을 얻게 된다(先行主義).

(3) 물권과 채권간

물권과 채권이 병존하는 경우 성립시기를 불문하고, 물권이 우선하는 것이 원칙이다. 다만 부동산임차권을 등기하거나(621조) 주택임대차나 상가건물임대차의 경우 주택이나 상가를 인도받고 주민등록 또는 사업자등록을 하면 그 다음날부터 제3자에 대해 대항력을 취득하여 물권과 그 우열을 다툴 수 있게 된다.

Ⅱ. 권리의 경합

1. 의 의

하나의 생활사실이 수개의 법규에서 정하는 법률요건을 충족하여 그 결과 동일한 목적을 가진 수개의 권리가 발생하는 경우를 권리의 경합이라 한다. 권리의 경합중 가장 문제되는 것은 청구권의 경합이다. 택시기사의 과실로 승객이 다친 경우 채무불이행의 요건과 불법행위의 요건을 동시에 갖추게 되는데, 이때 채무불이행에 의한 손해배상청구권과 불법행위로 인한 손해배상청구권이 경합하는지에 대해서는 학설이 대립한다.

이 경우 이들 수개의 권리는 동일한 목적을 위하여 존재하므로 그 중 어느 하나의 권리를 행사하여 목적을 달성하면 나머지 권리는 소멸하게 된다. 하지만 각각의 권리는 독립적이므로 서로 무관하게 행사할 수 있고 각 권리는 단독으로 시효, 기타 원인으로 소멸할 수 있다

2. 권리경합의 예

채무불이행에 기한 손해배상청구권과 불법행위에 기한 손해배상청구권의 경합이나 임대차관계의 종료시 임대차계약에 기한 반환청구권(618조 이하)과 소유물반환청구권(213조)의 경합 등이 있다.

3. 효 과

① 수개의 권리는 동일한 목적을 위해 존재하므로 채권자는 그의 선택에 따라 그중에서 어느 권리를 행사할 수 있고, 그 중 하나를 행사하여 목적을 달성하면 나머지 권리는 그 존재목적을 상실하여 소멸하게 된다.

② 다만 각각의 권리는 독립하여 존재하고, 서로 무관하게 행사할 수 있으므로 각 권리는 단독으로 시효 기타의 사유로 소멸할 수 있다.

Ⅲ. 법조경합 (법규의 경합)

1. 의 의

하나의 생활사실이 수개의 법률규정이 정하는 법률요건을 충족하지만, 그중 한 법규가 다른 법규를 배제하여 전자의 법규만이 적용되어 전자에 의한 권리만 발생하게 될 뿐인 경우 이를 법규의 경합이라 한다.

법규의 경합은 수 개의 법규가 특별법과 일반법의 관계에 있을 때 흔히 발생한다. 예컨대 공무권이 직무상 고의, 과실로 위법하게 타인에게 손해를 가하면, 국가나 공공단체의 책임에 관해 민법 제756조와 국가배상법 제2조가 경합하나, 후자가 우선해서 전자를 배제하여 국가배상법에 의한 손해배상청구권만 발생한다.

2. 발생원인

① 수개의 법규가 일반법과 특별법 또는 원칙법과 예외법의 관계에 있는 때

② 어떤 법규가 그것과 경합하는 타 법규에 비하여 법규효과를 제한하고 있는 경우

3. 법조경합의 예

공무원이 직무수행을 하다가 고의 또는 과실로 타인에게 손해를 가한 경우 국가의 책임에 대해 공무원의 불법행위에 대한 국가의 배상책임(국가배상법 2조)와 사용자책임(민법 756조)이 경합하지만 특별법인 국가배상법이 우선적용되고, 사용자책임은 배제된다. 하자담보책임의 규정(580조)과 착오에 의한 취소규정(109조)이 동시에 충족되는 경우 다수설은 법조경합으로 보아 하자담보책임규정이 우선적용한다. 자동차운행으로 인한 인신손해의 경우 자동차손해배상보장법이 민법에 대해 특별법으로 우선적용된다. 무상임치인의 책임요건은 구체적 경과실이므로, 추상적 경과실을 요하는 불법행위책임과는 법조경합관계에 있어서 전자만이 인정된다.

제 4 절 권리의 행사와 의무의 이행

[1] 권리의 행사

Ⅰ. 권리행사의 의의

권리의 행사란 권리의 내용을 현실화하는 것을 말한다. 구체적인 권리의 행사가 없는 한 권리는 행사할 수 있는 잠재적인 가능성(힘)만 존재한다. 이러한 권리의 행사는 사실행위 (부동산의 경작, 이용 등)일 수도 있고, 법률행위(부동산의 양도, 임차권의 설정)일 수도 있다.

권리의 행사는 권리의 내용을 실현하는 것인데 반하여 권리의 주장은 권리의 존재가 다퉈지거나 권리행사가 방해받는 경우 타인으로 하여금 권리 자체의 존재를 승인하도록 하려는 권리의 주장과 구별된다,

Ⅱ. 권리행사의 방법

권리행사의 방법은 구체적인 권리의 내용에 따라 상이하지만 권리자 자신이 하는 것이 원칙이다. 그러나, 행사상의 일신전속권(권리자가 스스로 행사하지 않으면 효용이 없게 되는 권리)이 아니면, 타인으로 하여금 행사하게 할 수 있다.

지배권	객체를 지배하여 사실상 이익을 누리는 형식
청구권	상대방에 대하여 행위(급부)를 요구하거나, 결과를 수령하는 것
형성권	일방적 행위를 하는 것
항변권	청구권자의 이행청구를 거절하는 것

Ⅲ. 권리행사의 한계와 제한

1. 권리행사 자유의 원칙

2. 사권의 사회성 공공성에 따른 제한

Ⅳ. 의무이행

의무이행이란 의무자가 의무의 내용을 실현하는 것이다. 의무이행은 의무가 발생한 계약이나 법률의 규정에 맞게 하여야 한다. 나아가 신의성실의 원칙에 맞게 이행하여야 한다.

[2] 신의성실의 원칙

I. 서 설

1. 의 의

신의성실의 원칙이란 각인은 사회공동생활의 일원으로서 서로 상대방의 신뢰에 어긋나지 않게 성의있게 행동하여야 한다는 원칙이다. 이에 대해 상대방의 정당한 이익을 고려하여 행위할 의무를 부담한다는 원칙이라 하여 고려의 명제라는 소수설이 있다.

신의칙은 채권관계에서 중요시되지만 물권관계, 가족법관계 등 민법 전분야 뿐만 아니라 상법등과 같은 사법분야, 노동법, 경제법 등 사회법분야, 나아가 민사소송법, 행정법 등 공법분야에도 그 적용이 있다[41].

2. 근 거

신의칙의 법적 근거로는 민법 제2조 1항을 들 수 있다. 그 이론적 근거에 대해서는 권리의 사회성 공공성이 근거라는 견해[42]와 권리의 당연한 속성이 근거라는

41) 특히 민사소송법의 경우 1조 2항에 「당사자와 소송관계인은 신의에 따라 성실하게 소송을 수행하여야 한다」고 신의칙을 명문으로 규정하여 있다.

42) 곽윤직, 60면.

견해[43])로 나눠진다. 전자의 견해는 외형상으로는 권리행사라 하더라도 권리의 사회성이나 공공성에 어긋나는 권리의 행사는 정당한 것으로 평가할 수 없다고 하고, 후자의 견해는 법에 의해 보호되는 이익을 추구하지 않는 권리행사는 허용되지 않는다고 한다.

3. 규범의 성격

(1) 일반적 형평규범설[44])

이 견해는 신의칙은 민법 전반에 걸치는 기본적 규범으로 파악하는 견해이다. 특히 근대민법의 기본원리와 관련하여 신의칙은 공공복리의 실천원리 내지 행동원리이며, 신의칙에 의해 소유권의 자유, 계약자유 및 과실책임원리가 수정될 수 있다고 한다. 따라서 신의칙은 실존하는 법제도의 미비를 보완하고 수정할 수 있는 일반적 형평규범으로 본다.

(2) 이익형량수단설[45])

신의칙에 법형성력을 부정하면서, 신의칙은 이미 선재하는 권리적 보장을 수정하기 위한 이익교량의 수단이라고 이해하며 고려의 명제가 된다고 한다. 따라서 법률관계의 당사자들은 권리행사와 의무이행을 법률관계의 제도적 목적에 적합하게 하여야 한다고 하며, 신의칙은 법률관계 내지 권리의 속성으로부터 당연히 도출되는 것이므로 법률관계에 참여한 모든 자는 상대방의 정당한 이익을 고려하여 행위할 의무를 부담한다고 한다. 법률의 흠결이 있을 때에는 유추해석을 해야 하고, 내용이 불분명한 신의칙에 의해 해결하는 것은 법의 안정성을 해치게 되어 부당하다고 한다.

신의칙은 다른 제도(무능력, 기판력)와의 관계에서 한계가 있다. 즉, 무능력에 의한 취소가 신의칙에 반하더라도 허용되어야 한다.

(3) 판례의 태도

판례는 규범설과 같은 취지이나, 구체적 사안과 관련해서 신의칙은 여러 가지

43) 이영준, 63면.
44) 고상용, 44면 ; 곽윤직, 93면 ; 김상용, 113면 ; 김증한/김학동, 65면 ; 이은영, 77-78면
45) 이영준, 64면 ; 양창수, 주석민법(1), 85-87면.

형태의 다양한 실체적 규범을 마련해 주는 파생원칙의 일반조항이라는 관점을 유지한다. 판례에 따르면 신의칙은 추상적 규범이고 파생원칙은 구체적인 실체적 규범인 셈이다.

◆ 판 례

민법상 신의성실의 원칙이란 법률관계의 당사자는 상대방의 이익을 고려하는 형평에 어긋나거나 신의를 저버리는 내용 또는 방법으로 권리를 행사하거나 의무를 이행하여서는 안 된다는 추상적 규범을 말하는 것이고 이를 구체적인 법률관계에 적용함에 있어서는 상대방의 이익의 내용, 행사하거나 이행하려는 권리 또는 의무와 상대방의 이익과의 상관관계 및 상대방의 신뢰의 타당성 등 모든 구체적인 사정을 고려하여 그 적용 여부를 결정하여야 한다(대판 1992, 5. 22, 91다36642).

II. 연 혁

신의칙은 로마의 일반적 악의의 항변, 성의소권에서 유래한 것으로 당시에는 로마 시민법의 엄격성을 완화하기 위한 수단으로 보충적 형평법으로 발달하였다. 신의칙이 최초로 입법화된 것은 프랑스법에서였다. 그후 독일법에서 채권 일반의 원칙과 법률행위해석의 원칙으로 인정된 후, 스위스법에서 민법 일반에 대한 원칙으로 규정되기에 이르렀다. 우리 민법도 제2조 1항에서 규정하여 스위스 민법의 예에 따르고 있다.

신의칙은 채무자의 이행의 태양에 관한 기준(이행의 장소 · 시기 · 정도)으로 발달하여, 신의칙은 채권자에게 공통의 원칙이 되었고, 마침내 채권에 한하지 않고, 권리 · 의무 일반에 공통의 원칙이 되었다.

III. 기 능

1. 법률행위해석의 기준

(1) 법구체화기능

제정법의 테두리 내에서 그 불비를 보충하여 제정법을 의미적합하게 구체화하는 기능으로, 권리와 의무의 내용을 보다 구체적으로 정한다.

(2) 정의형평적 기능

개별적인 법률관계에 대하여 객관적인 법규정을 적용함으로써 발생하게 될 부작용을 회피하기 위해 제정법외의 근거에 의해 권리행사에 윤리적 행동을 요청하여 실질적 정의 형평을 실현하는 기능으로 구체적 타당성 있는 법적용을 가능하게 한다.

(3) 법수정적 기능

제정법의 적용이 사회의 진전에 따라 타당하지 않게된 경우 제정법을 수정하는 기능으로 계속적 계약관계에서 「부득이한 사유가 있을 때」 해지가 인정된다. 사회나 경제 전반에 걸친 총체적 파국이 발생한 경우, 입법자가 가까운 시일 내에 개입할 가능성이 없는 경우에만 정당화된다.

(4) 법창조적 기능

제정법규가 시대성·역사성에 위배된 때 새로운 법제도를 판례를 통하여 창조하는 기능이다.

2. 권리의 발생 변경 소멸

(1) 권리창설적 기능(부수적 주의의무의 성립/계약체결상의 과실)

신의칙은 급부의무 또는 명시적으로 규정된 종된 의무에 작용하여 이를 확장함으로써 부수적 의무와 이에 상응하는 권리를 발생하게 한다. 예컨대 매도인은 재산권이전의무를 지는 동시에 배려의무, 협조의무, 보호의무(계약체결상의 과실책임)와 같이 그 의무가 확장된다.

(2) 권리변경적 기능(급부의무의 수정)

이미 발생한 권리를 사정변경을 이유로 수정(계약의 변경 내지 해제)이 인정되어야 한다는 법리로 여기서 사정변경의 원칙이 파생한다.

(3) 권리소멸적 기능(권리남용금지)

신의칙에 위배하여 권리남용이 되면 이미 발생한 권리를 소멸시키기도 한다(예컨대, 친권남용에 있어서 친권박탈, 불공정한 법률행위의 법률효과 부인 등). 이 기능에서 실효의 원칙, 선행행위와 모순되는 행위의 금지원칙, 권리남용금지원칙이 문제된다.

IV. 요 건

1. 요건의 백지성

신의칙의 요건은 백지이므로 신의칙의 적용은 예견가능성을 박탈하고, 법적 안정성을 파괴할 우려가 있고, 법원의 형평감각에 의하여 자의로 법률효과를 부정할 수 있는 위험이 있다. 따라서 구체적으로 적용되는 경우를 유형화할 필요가 있다.

2. 법적 특별결합관계의 요부

(1) 요구설[46)]

선량한 풍속과는 달리, 신의칙이 적용되려면 법적 특별결합관계가 필요하다. 일정한 법률관계에 있는 자이어야 한다. 여기서의 법적 특별결합관계는 계약관계뿐만 아니라 단순한 사회적 접촉관계에 있는 자 상호간에도 존재한다고 한다.

(2) 불요설

신의칙은 권리행사에도 적용되는데, 예컨대 소유권행사와 같은 경우에는 법적 특별결합관계가 요구되지 않으므로, 신의칙이 특별결합관계에 있는 자 사이에서만 적용된다는 것은 큰 의미가 없다고 한다.

3. 고의 · 과실의 요부

신의칙의 적용취지는 잘못에 대한 제재가 아니라 당사자간의 형평에 반하는 결과의 방지이므로 고의나 과실을 요하지 않는다.

V. 효 과

권리의 행사가 신의칙에 반하는 경우에는 보통 권리남용이 되고, 의무이행이

---

46) 김형배, 32면.

신의칙에 반하는 경우에는 의무이행이 되지 않고, 채무불이행책임을 지게 된다.

◆ 판 례

✧ 신의성실의 원칙에 반하는 것 또는 권리남용은 강행규정에 위배되는 것이므로 당사자의 주장이 없더라도 법원은 직권으로 판단할 수 있다(대판 1989. 9. 29, 88다카17181 ; 1995. 12. 22. 94다42129).

✧ 신의성실의 원칙에 위배된다는 이유로 그 권리의 행사를 부정하기 위해서는 상대방에게 신의를 공여하였다거나 객관적으로 보아 상대방이 신의를 가짐이 정당한 상태에 있어야 하며, 이러한 상대방의 신의에 반하여 권리를 행사하는 것이 정의관념에 비추어 용인될 수 없는 정도의 상태에 이르러야 한다(대판 2007. 11. 29, 2005다64552 ; 대판 2009.11.26,고 2009다37619 등).

✧ 신의성실의 원칙은 법률관계의 당사자는 상대방의 이익을 배려하여 형평에 어긋나거나, 신뢰를 저버리는 내용 또는 방법으로 권리를 행사하거나 의무를 이행하여서는 아니 된다는 추상적 규범으로서, 신의성실의 원칙에 위배된다는 이유로 그 권리의 행사를 부정하기 위하여는 상대방에게 신의를 공여하였다거나, 객관적으로 보아 상대방이 신의를 가짐이 정당한 상태에 있어야 하고, 이러한 상대방의 신의에 반하여 권리를 행사하는 것이 정의관념에 비추어 용인될 수 없는 정도의 상태에 이르러야 하며, 또한 특별한 사정이 없는 한, 법령에 위반되어 무효임을 알고서도 그 법률행위를 한 자가 강행법규 위반을 이유로 무효를 주장한다 하여 신의칙 또는 금반언의 원칙에 반하거나 권리남용에 해당한다고 볼 수는 없다(대판 2002. 3. 15, 2001다67126).

Ⅶ. 신의칙 적용의 한계

1. 무능력자제도

소수자보호와 구체적 타당성을 위한 민법의 기초이념에 의해 인정되는 것이므로 신의칙에 우선한다.

2. 기판력제도

기판력은 신의칙의 상위제도이다.

3. 강행법규에 의한 한계

◆ 판 례

강행법규에 위반한 자가 스스로 그 약정의 무효를 주장하는 것이 신의칙에 위반되는 권리의 행사라는 이유로 그 주장을 배척한다면, 이는 오히려 강행법규에 의하여 배제하려는 결과를 실현시키는 셈이 되어 입법 취지를 완전히 몰각하게 되므로 달리 특별한 사정이 없는 한 위와 같은 주장은 신의칙에 반하는 것이라고 할 수 없고, 한편 신의성실의 원칙에 위배된다는 이유로 그 권리의 행사를 부정하기 위해서는 상대방에게 신의를 공여하였다거나 객관적으로 보아 상대방이 신의를 가짐이 정당한 상태에 있어야 하며, 이러한 상대방의 신의에 반하여 권리를 행사하는 것이 정의관념에 비추어 용인될 수 없는 정도의 상태에 이르러야 한다(대판 2004. 10. 28, 2004다5556).

Ⅷ. 파생원칙

신의칙은 민법 전편을 통하는 대원칙이고, 일반조항이므로 무분별한 적용은 법적 안정성을 해할 염려가 있다. 따라서 신의칙이 적용되는 경우를 구체화하려는 시도가 있었고, 파생원칙이 그러한 시도이다.

1. 금반언의 원칙(모순행위금지의 원칙)

(1) 의 의

권리자가 자신의 선행행위에 모순하는 행위를 하는 경우 그러한 권리행사는 허용되지 않는다는 원칙이다. 영미법에서는 금반언의 원칙이라고 한다.

(2) 민법에의 적용

452조(채권양도통지와 금반언)에서 명문으로 인정하고 있고, 125조(대리권수여표시에 의한 표현대리)도 이에 입각한 것이다.

(3) 성립요건

① 선행행위가 있을 것

문제되는 행위 이전에 행위자의 다른 행위가 있어야 한다. 이때 선행행위는 법률행위이어도 되고, 사실행위이어도 된다. 이러한 선행행위에 의해 상대방에게 일정한 법률관계의 존재 또는 부존재에 관한 신뢰를 야기하여야 한다. 이때의 상대방의 신뢰는 보호받을 가치가 있는 신뢰이어야 한다. 선행행위 자체가 부당하거나 불법적일 필요는 없다.

② 후행행위가 있을 것

선행행위와 양립할 수 없을 정도로 모순되는 행위가 있어야 한다. 선행행위에 의해 형성된 신뢰를 파괴할 만한 것이어야 한다.

③ 선행행위와 후행행위의 관련성

선행행위와 후행행위는 동일한 법률관계에 관한 것이거나 밀접한 관련이 있는 법률행위이어야 한다.

2. 사정변경의 원칙

(1) 의 의

법률행위의 성립의 기초가 된 사정이 그 후 당사자가 예견하지 못하였거나 당초 예견할 수 없었던 중대한 변경이 생긴 경우에, 당초의 법률행위의 효과를 그대로 유지하는 것이 오히려 신의칙에 반할 때, 당사자는 신의칙에 맞도록 그 법률행위의 내용을 변경된 사정에 맞게 변경할 것을 상대방에게 청구하거나, 계약을 해제・해지할 수 있다는 원칙이다.

(2) 인정 여부

우리 민법상 사정변경의 원칙에 기초한 규정들이 적지 않은데(218조, 286조, 557조, 627조, 628조, 689조 등), 일반원칙은 없다. 2조에 기초하여 사정변경의 원칙을 인정할 수 있는지 문제된다. 이에 대해 학설은 대체적으로 엄격한 요건하에 사정변경의 원칙을 인정해야 한다는 입장인데 반해 판례는 이 원칙을 일반적으로는 인정하지 않고, 다만 계속적 계약관계(특히 계속적 보증계약)에서는 이 원칙의 적용을 인정하고 있다.

◆ 판 례

✧ 회사의 임원이나 직원의 지위에 있기 때문에 회사의 요구로 부득이 회사와 제3자 사이의 계속적 거래로 인한 회사의 채무에 대하여 보증인이 된 자가 그 후 회사로부터 퇴사하여 임원이나 직원의 지위를 떠난 때에는 보증계약성립 당시의 사정에 현저한 변경이 생긴 경우에 해당하므로 사정변경을 이유로 보증계약을 해지할 수 있다고 보아야 하며, 위 계속적 보증 계약에서 보증기간을 정하였다고 하더라도 그것이 특히 퇴사 후에도 보증 채무를 부담키로 특약한 취지라고 인정되지 않는 한 위와 같은 해지권의 발생에 영향이 없다(대판 1989.11.28, 89다카8252).

✧ 토지의 소유자가 법률상 원인 없이 토지를 점유하고 있는 자를 상대로 장래 의 이행을 청구하는 소로서, 그 점유자가 토지를 인도할 때까지 토지를 사용 수익함으로 인하여 얻을 토지의 임료에 상당하는 부당이득금의 반환을 청구하여, 그 청구의 전부나 일부를 인용하는 판결이 확정된 경우에, 그 소송의 사실심 변론종결 후에 토지의 가격이 현저하게 앙등하고 조세 등의 공적인 부담이 증대되었을 뿐더러 그 인근 토지의 임료와 비교하더라도 그 소송의 판결에서 인용된 임료액이 상당하지 아니하게 되는 등 경제적 사정의 변경으로 당사자간의 형평을 심하게 해할 특별한 사정이 생긴 때에는, 토지의 소유자는 점유자를 상대로 새로 소를 제기하여 전소 판결에서 인용된 임료액과 적정한 임료액의 차액에 상당하는 부당이득금의 반환을 청구할 수 있다고 봄이 상당하다(대판 1993.12.21 92다46226).

(3) 요 건

사정변경의 원칙이 적용되기 위해서는 ① 법률행위 당시 기초가 되었던 사정이 현저히 변경되었을 것, ② 그 사정변경을 당사자들이 예견하지 못했고 예견할 수 없었을 것, ③ 그 사정변경이 당사자의 책임 없는 사유로 발생하였을 것, ④ 당초의 법률행위의 내용대로 당사자에게 구속력을 인정한다면 신의칙상 부당한 결과가 되어야 한다.

◆ 판 례

✧ **사정변경에 의한 계약해제**

채권을 발생시키는 법률행위 성립후 당시 환경이 된 사정에 당사자쌍방이 예견못하고 또 예견할 수 없었던 변경이 발생한 결과 본래의 급부가 신의형평의 원칙상 당사자에 현저히 부당하게 된 경우에 있어서 당사자가 신의형평의 요구하는 바에 따라 그 급부의 내용을 적당히 변경할 것을 상대방에게 제의할 수 있고 상대방이 이를 거절하는 때에는 당해계약을 해제할 수 있다는 규범인 소위 사정변경의 원칙은 민법의 해석상 용납되지 않는다.(대판 1955, 4. 14, 4286 민상231)

✧ **계속적 보증계약에 있어서 보증인의 책임 범위와 그 제한**

계속적 보증계약에서 보증인은 변제기에 있는 주채무 전액에 대하여 책임을 지는 것이 원칙이고, 다만 보증 당시 주채무의 액수를 보증인이 예상하였거나 예상할 수 있었을 경우에는 그 예상 범위로 보증책임을 제한할 수 있다 할 것이나, 그 예상 범위를 상회하는 주채무 과다 발생의 원인이 채권자가 주채무자의 자산 상태가 현저히 악화된 사실을 잘 알면서도(중대한 과실로 알지 못한 경우도 같다) 이를 알지 못하는 보증인에게 아무런 통보나 의사 타진도 없이 고의로 거래 규모를 확대함에 연유하는 등 신의칙에 반하는 사정이 있는 경우에 한하여 보증인의 책임을 합리적인 범위 내로 제한할 수 있다(1995. 12. 22. 94다42129; 대판 1988. 4. 27. 87다카2143(공1988, 906) ; 대판 1991. 10. 8, 91다14147(공1991, 2683); 대판 1992. 4. 28. 91다26348(공1992, 1692).

✧ 회사의 이사가 채무액과 변제기가 특정되어 있는 회사 채무에 대하여 보증계약을 체결한 경우에는 계속적 보증이나 포괄근보증과는 달리 이사직 사임이라는 사정변경을 이유로 이사가 일방적으로 그 보증계약을 해지할 수는 없다(대판 1998.7.24, 97다35276).

(4) 효 과

법률행위의 내용을 신의와 형평에 맞게 수정되거나 법률행위가 해제 또는 해지되어 효력을 잃게 된다.

3. 실효의 원칙

(1) 의 의

권리자가 그의 권리를 장기간 행사하지 않아, 상대방이 이제는 그 권리를 행사하지 않을 것으로 믿을 만한 정당한 사유가 있게 된 경우에, 새삼스럽게 권리를 행사하는 것이 신의칙에 반한다고 인정되는 때에는, 그 행사는 권리남용으로서 허용되지 않으며, 상대방은 그 권리행사에 대하여 "실효의 항변"으로써 대항할 수 있다는 원칙(장기간 방치 후의 권리행사는 권리남용이 된다는 원칙)이다.

◆ 판 례

실권 또는 실효의 법리는 법의 일반원리인 신의성실의 원칙에 바탕을 둔 파생원칙인 것이므로 공법관계 가운데 관리관계는 물론이고 권력관계에도 적용되어야 함을 배제할 수는 없다 하겠으나 그것은 본래 권리행사의 기회가 있음에도 불구하고 권리자가 장기간에 걸쳐 그의 권리를 행사하지 아니하였기 때문에 의무자인 상대방은 이미 그의 권리를 행사하지 아니할 것으로 믿을 만한 정당한 사유가 있게 되거나 행사하지 아니할 것으로 추인케 할 경우에 새삼스럽게 그 권리를 행사하는 것이 신의성실의 원칙에 반하는 결과가 될 때 그 권리행사를 허용하지 않는 것을 의미한다(대판 1988. 4. 27, 87누915).

(2) 요 건

① 권리자의 장기간 권리 불행사

권리는 청구권에 한하지 않고, 모든 권리가 대상이 된다.

② 의무자의 확신

의무자가 이제는 권리자의 권리행사가 없을 것이라는 확신을 갖게 되었을 것

③ 갑작스런 권리의 행사가 신의칙에 반하여야 한다.

◆ 판 례

실효의 원칙이 적용되기 위하여 필요한 요건으로서의 실효기간(권리를 행사하지 아니한 기간)의 길이와 의무자인 상대방이 권리가 행사되지 아니하리라고 신뢰할 만한 정당한 사유가 있었는지의 여부는 일률적으로 판단할 수 있는 것이 아니라 구체적인 경우마다 권리를 행사하지 아니한 기간의 장단과 함께 권리자측과 상대방측 쌍방의 사정 및 객관적으로 존재한 사정 등을 모두 고려하여 사회통념에 따라 합리적으로 판단하여야 한다(대판 1992. 12. 11, 92다23285 ; 대판 1992. 5. 26, 92다3670 ; 대판 1992. 1. 21, 91다30118 등).

(3) 효 과

이러한 요건을 충족한 권리행사는 허용되지 않게 되어, 권리자는 원하는 법률효과를 얻을 수 없게 되며, 반사적 효과로 의무자는 의무이행을 면하게 된다.

(4) 민법에서의 적용

독일의 학설·판례는 이를 일반원칙으로 승인하지만 우리나라의 판례는 이 원칙을 인정하지 않다가 1990년대 들어와 인정하고 있다. 그러나 권리는 원칙적으로 보호되어야 하는 것이므로 실효의 원칙은 예외적으로 인정되어야 한다.

◆ 판 례

✧ 일반적으로 권리의 행사는 신의에 좇아 성실히 하여야 하고 권리는 남용하지 못하는 것이므로 권리자가 실제로 권리를 행사할 수 있는 기회가 있었음에도 불구하고 상당한 기간이 경과하도록 권리를 행사하지 아니하여 의무자인 상대방으로서도 이제는 권리자가 권리를 행사하지 아니할 것으로 신뢰할 만한 정당한 기대를 가지게 된 다음에 새삼스럽게 그 권리를 행사하는 것이 법질서 전체를 지배하는 신의성실의 원칙에 위반하는 것으로 인정되는 결과가 될 때에는 이른바 실효의 원칙에 따라 그 권리의 행사가 허용되지 않는다고 보아야 할 것이다.

✧ 실효의 원칙이 적용되기 위하여 필요한 요건으로서의 실효기간(권리를 행사하지 아니한 기간)의 길이와 의무자인 상대방이 권리가 행사되지 아니하리라고 신뢰할 만한 정당한 사유가 있었는지의 여부는 일률적으로 판단할 수 있는 것이 아니라 구체적인 경우마다 권리를 행사하지 아니한 기간의 장단과 함께 권리자측과 상대방측 쌍방의 사정 및 객관적으로 존재한 사정 등을 모두 고려하여 사회통념에 따라 합리적으로 판단하여야 할 것이다.

✧ 근로자들이 면직된 후 바로 퇴직금을 청구하여 수령하였으며 그로부터 9년이 지난 후 1980년 해직공무원의보상등에관한특별조치법 소정의 보상금까지 수령하였다면 면직일로부터 10년이 다 되어 사용자로서도 그 면직처분이 유효한 것으로 믿고 이를 전제로 그 사이에 새로운 인사체제를 구축하여 조직을 관리, 경영하여 오고 있는 마당에 새삼스럽게 면직처분 무효확인의 소를 제기함은 신의 성실의 원칙에 반하거나 실효의 원칙에 따라 그 권리의 행사가 허용되지 않는다(대판 1992. 5. 26, 92다3670).

[3] 권리남용금지의 원칙

Ⅰ. 의 의

권리남용금지의 원칙이란 일응 권리의 행사인 것과 같은 외양을 지녔더라도 그 권리행사가 신의칙에 반하거나 권리행사의 결과 신의칙에 어긋나는 상태가 되는 경우 권리행사를 인정하지 않는다는 원칙이다. 권리남용금지의 원칙을 인정하는 근거에 대해서는 권리의 사회성 공공성에서 찾는 견해47)와 권리의 본질에서 구하는 견해48)가 있다.

전자의 견해는 권리의 행사가 외관상으로는 적법한 것으로 보이지만 실질적으로는 권리의 공공성·사회성에 반하므로 정당한 권리의 행사라고 할 수 없기 때문

47) 곽윤직, 120면 ; 김상용, 121면 ; 정기웅, 73면.
48) 이영준, 85면.

에 이를 금지하는 것이라 한다.

권리행사자유의 원칙에 대한 수정원리로서 권리의 사회성, 공공성의 사상이 주장되었고, 이러한 사상의 실천원리로서 신의성실의 원칙과 함께 권리남용금지의 원칙이 구체화되었다. 신의칙과 마찬가지로 권리남용금지의 원칙도 일반조항으로 규정되어 있어서 그 내용은 판례에 의해 구체화된다.

Ⅱ. 연혁

권리남용이 인정된 초기에는 타인을 해할 목적으로 하는 권리행사를 금지하였다(' 시카네의 금지'). 그러다가 권리의 공공성, 사회성의 사상이 인정되면서, 타인을 해할 목적이라는 주관적 요건을 권리남용의 요건으로 하지 않고, 객관적으로 권리의 행사가 그 본래의 사회적 목적 내지 승인을 벗어난 경우 권리행사로 인정하지 않았다.

Ⅲ. 신의칙과 권리남용금지의 원칙과의 관계

양자의 관계에 대해서는 신의칙은 채권법에 적용되고 권리남용금지의 원칙은 물권법에 적용된다고 하는 적용영역구분설이 주장되고 있는 반면, 권리남용금지의 원칙을 신의칙의 파생원칙으로 보는 견해가 있다. 생각건대 민법 제2조의 조문의 구조상 또한 신의칙의 적용범위의 확대와 관련하여 신의칙은 민법 전반에 걸친 기본원칙으로 보아야 하고, 권리남용금지의 원칙은 권리의 행사에 관한 가치판단을 통해 권리소멸이나 권리행사저지의 효과를 가져오는 경우에만 한정되어 사용된다.

Ⅳ. 요건

민법 제2조 2항은 권리남용금지의 원칙만을 선언하고 요건과 효과에 관해서는 아무런 규정을 하고 있지 않은데, 권리의 종류에 따라 요건과 효과가 다르기 때문이다. 하지만 권리남용금지에 관한 일반적 요건을 들면

1. 권리의 행사라고 볼 수 있는 행위가 있을 것

권리의 행사가 있어야 한다. 권리남용이 되기 위해서는, 권리가 존재해야 되고, 그 권리가 권리자에 의해 적극적이든 소극적이든 행사되어야 한다. 권리에는 넓은

의미의 법적 지위도 포함된다. 또한 권리의 불행사가 문제되는데, 권리자가 정당한 이유 없이 권리를 행사하지 않는 권리의 불성실한 불행사도 남용이 될 수 있다(예: 친권의 불행사).

2. 권리의 행사가 권리 본래의 사회적 목적에 부합하지 아니할 것

권리의 행사가 권리본래의 사회적 목적에 부합하지 않아야 한다. 권리본래의 사회적 목적에 반하는 경우는 획일적으로 정할 수는 없지만, 신의칙위반, 사회질서위반, 정당한 이익의 흠결, 공평의 이념위반 등의 경우를 권리본래의 사회적 목적에 부합하지 않은 행사로 볼 수 있을 것이다. 결국 권리행사자의 이익과 그로 인해 침해되는 상대방 또는 일반인의 이익과의 현저한 불균형이 나름대로 권리남용 여부를 결정하는 기준이 될 수 있다. 이를 권리남용의 객관적 기준이라 한다.

3. 위법성이 있을 것

4. 주관적 요건의 필요 여부

시카네의 금지의 법리에서는 가해의사 내지 가해목적이라는 주관적 의사 내지 목적이 그 요건이 있지만 현재의 학설은 객관적으로만 권리남용을 판단한다. 그러나 가해의 의사나 목적이 있는 경우에는 권리남용이 보다 더 쉽게 인정될 수 있다. 이에 관한 판례의 태도는 권리남용의 성립에 주관적 요건이 필요한지에 대해 일관된 입장을 보여주고 있지 못하다. 즉 주관적 요건이 인정되는 경우에만 권리남용이 성립한다는 판례, 주관적 요건과 객관적 요건이 모두 필요하다는 판례, 혹은 양 요건을 선택적으로 요구하는 판례, 나아가 객관적 요건만을 강조하는 판례 등이 혼재하여 있다. 이와 같이 우리 판례가 아직 주관적 요건을 강조하는 것은 권리남용금지원칙의 변천과정에 비추어 볼 때 우리 실정에 맞는 것으로 판단된다.

우리나라 학설은 불요설이 다수설[49]이다.

---

49) 김상용, 125면 ; 박영복, 44면 ; 백태승, 115면 ; 서광민, 92면 ; 이영준, 87면 ; 이은영, 88-89면.

◆ 판 례

✧ **상계권의 행사가 신의칙에 반하거나 상계에 관한 권리남용에 해당하기 위한 요건**

일반적으로 당사자 사이에 상계적상이 있는 채권이 병존하고 있는 경우에는 이를 상계할 수 있는 것이 원칙이고, 이러한 상계의 대상이 되는 채권은 상대방과 사이에서 직접 발생한 채권에 한하는 것이 아니라, 제3자로부터 양수 등을 원인으로 하여 취득한 채권도 포함한다 할 것인바, 이러한 상계권자의 지위가 법률상 보호를 받는 것은, 원래 상계제도가 서로 대립하는 채권, 채무를 간이한 방법에 의하여 결제함으로써 양자의 채권채무관계를 원활하고 공평하게 처리함을 목적으로 하고 있고, 상계권을 행사하려고 하는 자에 대하여는 수동채권의 존재가 사실상 자동채권에 대한 담보로서의 기능을 하는 것이어서 그 담보적 기능에 대한 당사자의 합리적 기대가 법적으로 보호받을 만한 가치가 있음에 근거하는 것이므로 당사자가 상계의 대상이 되는 채권이나 채무를 취득하게 된 목적과 경위, 상계권을 행사함에 이른 구체적·개별적 사정에 비추어, 그것이 위와 같은 상계 제도의 목적이나 기능을 일탈하고, 법적으로 보호받을 만한 가치가 없는 경우에는, 그 상계권의 행사는 신의칙에 반하거나 상계에 관한 권리를 남용하는 것으로서 허용되지 않는다고 함이 상당하고, 상계권 행사를 제한하는 위와 같은 근거에 비추어 볼 때 일반적인 권리 남용의 경우에 요구되는 주관적 요건을 필요로 하는 것은 아니다(대판 2003. 4. 11, 2002다59481).

Ⅴ. 효과

권리의 행사가 남용으로 인정되면 일반적으로 권리자가 의도한 법률효과가 발생하지 않는다. 권리남용의 구체적 효과는 권리의 종류와 남용의 형태에 따라 다르다.

1. 청구권의 남용의 경우

법은 그 청구권의 실현에 조력하지 않는다.

2. 형성권의 남용의 경우

당사자의 일방적 의사표시에 의해 생기는 법률관계의 발생 변경 소멸의 법률효과가 발생하지 않는다.

3. 지배권의 남용의 경우

타인의 권리침해에 대한 물권적 청구권 등의 방해배제청구권이 소멸하지 않는다.

4. **남용의 결과 타인에게 손해를 주면 불법행위가 성립**하여 권리남용자는 상대방의 손해를 배상해야 하며, 권리행사의 정지, 장래의 예방, 손해배상의 담보 등 필요한 조치를 취할 의무 부담한다.

◆ 판 례

✧ 불법행위로 인정된 경우

형식적으로는 권리행사라 하여도 그 권리행사로서 사회적 관념과 권리의 감정으로서 도저히 허용할 수 없는 정도의 막대한 손해를 상대방에게 입히게 한다거나 그 권리행사로서 사회질서와 신의에 어긋나는 결과를 사회에 초래케 한다거나 또는 권리자에게는 아무 이익이 없음에도 불구하고 오로지 상대방에게 손해와 고통을 줄 목적만으로써 행사한 경우에는 권리행사에 있어서의 정당성은 배제되어 권리행사 하기 보다는 오히려 불법행위라고 아니할 수 없는 것이다(대판 1964.7.14. 64아4)

5. 권리가 박탈되는 경우

권리남용으로 인정된다 하더라도 당연히 권리가 박탈되는 것은 아니고,. 권리를 박탈하기 위해서는 법률에 명문의 규정이 있어야 한다(예컨대 924조).

제 5 절

권리의 보호

Ⅰ. 서 설

권리자는 그의 정당한 권리행사를 통해 권리의 내용을 실현할 수 있다. 그런데, 권리가 의무자나 제3자에 의해 침해되는 경우 그에 대한 구제가 필요하다. 이것이 권리의 보호문제이다. 과거에는 권리자 스스로의 힘에 의한 보호 즉, 사력보호가 인정되었으나 오늘날에는 원칙적으로 국가구제에 의하고, 부득이한 경우에 한하여 예외적으로 사력구제가 인정된다.

Ⅱ. 국가보호

국가가 권리를 보호하는 것으로 재판제도와 조정제도가 있다.

Ⅲ. 사력구제

사력구제는 원칙적으로 인정되지 않고, 정당방위, 긴급피난, 자력구제 등과 같이 예외적으로만 인정된다.

1. 정당방위(761조 1항)

정당방위는 타인의 불법행위에 대하여 자기 또는 제3자의 이익을 방위하기 위해 부득이 타인에게 손해를 가하는 행위이다. 정당방위의 경우 위법성이 없으므로(761조 1항) 불법행위가 되지 않고, 따라서 행위자는 손해배상책임이 없다.

2. 긴급피난

긴급피난은 긴급한 위난을 피하기 위하여 부득이 타인에게 손해를 가하는 행위이다. 긴급피난도 위법성이 없으므로(761조 2항) 불법행위가 되지 않고 행위자에게 손해배상책임이 없다.

3. 자력구제

자력구제는 청구권을 보전하기 위해 국가기관의 구제를 기다릴 여유가 없는 경우 권리자 스스로의 힘(사력)으로 권리를 실현하는 행위이다. 민법은 점유의 침탈이 있는 경우에만 규정(209조)하고 있으나 그밖의 경우에도 인정하자는 견해가 통설이다.

제3장

권리의 주체

제 1 절 총설

Ⅰ. 권리의 주체

권리자라는 개념은 그 주체를 전제로 한다. 왜냐하면 권리는 일정한 이익을 누릴 수 있게 하기 위하여 법이 인정한 힘이기 때문이다. 권리가 귀속되는 자를 권리의 주체라 하고, 권리의 주체에는 자연인과 법인이 있다.

Ⅱ. 민법상 능력

1. 권리능력(Rechtsfähigkeit)

권리능력이란 권리의 주체가 될 수 있는 법률상의 지위 또는 자격을 말하는데, 법인격 또는 인격이라고도 한다. 오늘날 권리주체는 모두 의무의 주체도 되므로 권리능력은 권리의무능력이라고 할 수 있다.

그런데 권리능력이란 권리의 주체가 될 수 있는 일반적, 추상적인 자격을 의미하므로, 구체적, 현실적으로 어떤 권리를 취득하고 의무를 부담하느냐 하는 것과는 별개이다. 또 실제로 권리를 가지고 있는 권리자와 구별된다.

2. 의사능력

의사능력은 자기 행위의 의미나 결과를 정상적으로 판단할 수 있는 정신능력을 말한다.

3. 행위능력

행위능력은 단독으로 유효한 법률행위를 할 수 있는 능력을 말한다. 의사능력과는 달리 획일적으로 판단한다. 민법에서 단순히 능력이라고 하면, 행위능력을 의미한다.

4. 책임능력

책임능력이란 불법행위에서의 판단능력 즉 자기의 행위가 타인의 법익을 위법하게 침해하는 것에 대해 변식할 수 있는 능력을 말한다. 책임능력도 의사능력처럼 개별적 구체적으로 판단한다.

Ⅲ. 권리능력에 관한 규정의 강행규정성

권리능력에 관한 규정은 강행규정이어서, 권리능력을 제한하거나 포기할 수 없다. 스위스민법은 '어느 누구도 권리능력 및 행위능력의 전부 또는 일부를 포기할 수 없다'고 명문으로 규정하고 있다(동법 27조 1항). 우리 민법은 비록 이러한 명문의 규정은 두고 있지 않지만 동일하게 해석하고 있다.

제 2 절 자연인

[1] 권리능력

Ⅰ. 의의와 기능

1. 의 의

권리능력이란 권리의무의 주체가 될 수 있는 지위 또는 자격을 말한다. 권리능력이 있어야 비로소 권리를 가지고 의무를 부담할 수 있게 된다. 법인격이라고도 한다. 민법은 사람만이 권리주체가 될 수 있다는 것을 전제로 우리 인간을 자연인이라 하고, 인간 이외에 법에 의해 예외적으로 권리주체성이 인정되는 것을 법인이라 한다.

2. 권리능력평등의 원칙

권리능력평등의 원칙은 로마법에서 인정되던 노예제도를 인정하지 않고, 모든 사람은 출생을 하면 생존해 있는 동안 성별이나 연령, 계급, 직업, 종교 등에 의한 차별 없이 평등하게 권리능력을 인정받는다는 원칙을 말한다. 이는 근대 시민법의 기본원칙으로 신분에 따른 차별을 하던 중세의 봉건적 구속과 차별에서 개인을 해방시켰다. 이 원칙은 사람만이 권리능력을 가진다는 것과 권리능력은 모든 사람이 평등하다는 두 가지 의미를 가지고 있다.

이 원칙은 헌법의 인간의 존엄성 보장의 요구에서 당연히 도출되며, 민법은 제3조에서 이를 명문으로 규정하고 있다.

3. 권리능력의 기능

권리능력의 개념에 대해서는 여러 가지 점에서 비판이 되고 있다.

(1) 생존능력설[50)]

권리능력은 봉건적 구속에서 개인을 해방시켰다는 점에서 큰 의미가 있으나 모든 개인을 형식적으로 동일하게 취급함으로써 실질적으로 불평등 부자유를 초래하였으므로 개인을 추상적인 인격으로 볼 것이 아니라 구체적인 인간으로 보고, 사람다운 생존능력 보장하여야 한다고 한다.

이 견해에 대해서는 권리능력과 생존능력의 문제는 별개의 문제인데 이를 동일한 평면에 놓고 고찰하는 것은 문제가 있다고 비판한다.[51)]. 즉 사람다운 생존능력의 문제는 실천적 제도의 문제이지 권리능력제도의 결함은 아니라는 것이다. 권리능력개념은 선언적 기능과 권리귀속위치 확정기능을 갖고 있는 것이므로 사적자치의 원칙의 대전제로서 불가변적 가치를 갖고 있다고 한다.

(2) 행위능력화설

권리능력 개념의 추상적 기능에 불만을 품고 이를 실용적 개념으로 구성하는 견해가 있다. 권리능력 개념을 행위능력 개념에서 도출하여 권리능력을 유효하게 행위할 수 있는 법적인 능력으로 정의한다,

Ⅱ. 권리능력의 시기

1. 출생의 시기

민법 제3조는 “사람은 생존한 동안 권리와 의무의 주체가 된다.”고 규정하므로 사람은 “생존한 동안” 즉 출생한 때로부터 사망할 때까지 권리능력을 가진다.[52)]. 따라서 아직 출생하지 않은 태아는 권리능력이 없다. 어느 시기에 출생이 되었는가 하는 출생의 결정문제는 권리능력 취득시기의 문제이므로, 의학적인 견해에 따라 결정될 것이 아니고, 법적인 견지에서 결정되어야 할 문제이다. 출생의 시기에 관한 학설은 진통설, 일부노출설, 전부노출설, 독립호흡설의 대립이 있지만 통설은

---

50) 곽윤직, 73면.

51) 이영준, 845면 ; 이은영, 126면.

52) 민법 제3조에 대해서는 일반적으로 권리능력의 시기에 관한 규정으로 이해하는데(곽윤직, 74-75면 등), 권리능력의 의의를 선언하고 있을 뿐 권리능력의 시기에 관하여 구체적인 규정을 하고 있는 것은 아니라는 견해도 있다(이영준, 846면). 이 견해는 권리능력의 시기는 해석에 의하여야 한다고 한다.

형법과는 달리(형법에서는 진통설이 통설) 전부노출설의 입장이다. 즉 태아가 모체로부터 전부노출한 때를 출생으로 보고 있다.

살아서 출생한 이상 일순간이라도 살아있었으면 성별, 출생후의 생존 유무, 기형 여부, 인공수정아 등 불문하고 모두 권리능력을 취득하게 되고, 사산인 경우는 권리능력를 가졌던 일이 없었던 것이 된다.

학설	내용(권리능력취득시점)	비고
진통설	임산모가 분만에 앞서 주기적 진통을 느낄 때	형법에서의 통설
일부노출설	모체로부터 태아의 일부가 노출된 때	구형법상의 통설
전부설	모체에서 태아가 전부 노출된때	민법상의 통설
독립호흡설	태아가 모체로부터 완전히 분리된 후 독립하여 자기의 폐로 호흡한 때	

2. 출생의 시기의 중요성

출생의 시기를 어느 때로 보느냐는 연령, 성년이 되는 시기(4조), 누가 상속인이 되는가를 결정하는데 중요한데, 남편 갑이 아내 을과 태아 병과 모 정을 두고 사망한 경우, 병이 살아서 출생했으나 독립호흡을 하지 못하고 사망해도 전부노출설에 의하면 병은 갑의 사망시에 출생한 것으로 보므로 갑의 재산을 을과 공동상속한다(1000조, 1003조 1항). 그러나 독립호흡설에 의하면 병은 출생한 것이 아니므로 갑의 재산은 을과 정이 공동상속하게 된다.

3. 출생의 증명

출생 여부와 출생시기는 가족관계등록부의 기재에 의해 증명할 수 있지만, 이러한 가족관계등록부에 기재된 사실은 진실에 부합하는 것으로 추정될 뿐이다. 따라서 가족관계등록부의 기재사실에 반하는 증거에 의해 추정을 깨뜨릴 수 있다. 즉 가족관계등록부의 기재로 권리능력을 취득하는 것이 아니라 출생이라는 사실에 의해 실체적으로 권리능력을 취득한다.

Ⅲ. 태아의 권리능력

1. 태아보호의 필요성

태아라 함은 임신 후 자연적인 출생에 의해 모체로부터 전부 노출될 때까지의 생명체를 말한다. 자연인이 권리능력을 갖게 되는 것은 출생시부터 이므로(3조) 태아는 권리능력을 갖지 못하게 된다. 그러나 이를 획일적으로 적용할 때 상속이나 손해배상청구 등에서 태아에게 너무 불이익하거나 공평에 반하는 경우가 있게 되고, 그렇다고 하여 태아가 권리의 객체인 물건은 아니고, 모친의 육체의 일부이지만 가까운 장래에 사람으로 되기 때문에 권리능력을 전혀 인정하지 않는 것은 우리들의 법감정에 반하므로 태아를 특별히 보호할 필요가 있다.

2. 태아보호의 입법주의

(1) 일반적 보호주의와 개별적 보호주의

일반적 보호주의는 태아의 이익을 위해 모든 법률관계에서 태아를 출생한 것으로 보는 입법주의이고(로마, 스위스 31조 2항), 개별적 보호주의는 일반적으로 태아에게 권리능력을 인정할 필요는 없고, 특히 태아에게 권리능력을 인정하지 않으면 불합리한 경우에 한하여 태아를 출생한 것으로 보는 입법주의이다. 이 입법주의가 많은 국가에서 채용하고 있는 방식으로 우리 민법도 개별주의를 취하고 있다.

(2) 양자의 장단점과 우리 민법

일반주의는 태아의 이익을 망라적으로 보호할 수 있다는 장점이 있지만 "구체적인 경우에 과연 어떤 범위에서 출생한 것으로 보느냐"라는 어려운 해석 문제를 남긴다. 개별주의는 망라적이지 않기 때문에 태아 보호에 충분치 못하다는 단점이 있으나 적용범위가 명확하여 해석의 의문을 남기지 않는다는 장점이 있다.

3. 민법상 태아가 권리능력을 가지는 경우

(1) 불법행위에 기한 손해배상청구(제762조)

태아는 손해배상의 청구권에 관하여는 이미 출생한 것으로 본다(762조). 여기서 손해배상청구권은 불법행위에 기한 손해배상청구권을 말하며, 채무불이행에 기한 손해배상청구권은 이에 해당하지 않는다. 출생하여야 권리능력을 취득한다면 불법행위 당시에는 아직 태아이기 때문에 그후 출생하더라도 손해배상을 청구할 수 없게 될 것인데, 이는 태아에게 가혹하기 때문에 이미 출생한 것으로 취급하여 손해배상이 가능하도록 한 것이다.

제762조는 태아 자신이 불법행위에 의한 피해자가 되는 경우에만 관한 것이고, 직계존속의 생명 침해로 인한 직계존속의 재산상·정신상 손해배상청구권은 태아의 상속능력문제로 처리된다(1000조 3항). 즉, 본조는 부의 생명침해에 대한 태아 자신이 스스로 입은 손해배상을 청구하는 경우[53](예, 752조에 의한 부의 사망으로 인한 태아의 위자료 청구)와 태아 자신이 입은 불법행위에 대해 손해배상을 청구하는 경우(예. 모체에 대한 물리적 공격, 약물투여로 자가 기형으로 태어난 경우)에만 적용된다.

(2) 상속(1000조 3항)

태아는 재산상속, 대습상속, 유류분에 대하여서 이미 출생한 것으로 본다. 태아의 부가 출생 전에 사망한 경우 태아는 민법 제1000조 3항에 의해 출생한 것으로 간주되어 상속을 받는다. 출생하기 전에 상속분할하는 것에 대해서는 후술하는 태아의 권리능력취득시기에 관한 학설에 따라 달라진다.

(3) 유 증(1064조)

유증에 관하여 태아는 출생한 것으로 본다(1064조).

(4) 사인증여

① 긍정설[54](다수설)

사인증여에 대하여서는 유증의 규정을 준용하고 있는데(562조), 민법은 유증에 대하여 태아의 권리능력을 의제하고 있으므로(1064조), 사인증여에 대하여도 태아

---

53) 부의 손해배상청구는 본조가 아니라 1000조 3항에 의하여 처리된다.

54) 고상용, 84면 ; 곽윤직, 76면 ; 김용한, 95면 ; 박영복, 59면 ; 이은영, 133-134면 ; 정기웅, 101면.

의 권리능력이 의제되어야 한다고 한다.

② **부정설**[55]**(소수설)**

유증은 단독행위임에 반하여, 사인증여는 증여자의 사후에 효력이 생기는 계약이므로 양자는 구별하는 것이 좋고, 사인증여를 필요로 하는 경우에는 유증에 의하여 규율하면 족하므로 근거없이 사인증여에 대하여서까지 태아의 권리능력을 의제할 필요가 없다고 한다.

③ **판례(부정설)**

유증능력을 부정한다. 태아인 동안 법정대리인이 있을 수 없으므로 법정대리에 의한 수증행위도 할 수 없다고 한다(대판 1982.2.9, 81다534).

(5) 인지

858조에 의해 부는 태아를 인지할 수 있으나, 태아에게도 인지청구권이 인정되는지에 대해서는 견해가 대립한다.

① **부정설**[56]

제 858조의 반대 해석상 허용되지 않는다는 견해이다.

② **긍정설**[57]

제858조의 규정은 부의 인지가능성을 규정한 것일 뿐 태아의 인지청구권을 부정하는 취지는 아니므로 태아도 법정대리인을 통해 인지가 가능하다는 견해이다.

(6) 기타 법률관계에의 유추적용 인정 여부

태아의 권리능력을 인정할 필요가 있을 때에는 태아의 권리능력을 인정하고 있는 민법규정을 유추적용하는 것이 가능한가.

① **긍정설**[58]

태아의 인지청구권, 증여계약에서의 수증능력과 같이 태아 보호의 필요가 있을

---

55) 김상용, 139면 ; 김주수, 121면 ; 김증한/김학동, 102면 ; 백태승, 129면 ; 이영준, 849면.
56) 김상용, 140면 ; 백태승, 128면 ; 이영준, 849면.
57) 곽윤직, 76면 ; 이은영, 134면 ; 정기웅, 101면.
58) 곽윤직, 76면 ; 엄영진, 102면 ; 이은영, 135면 ; 양삼승, 민법주해(1),

때는 유추적용하여 태아의 권리능력을 인정하려는 견해이다.

② **부정설**59)

태아의 권리능력을 중요한 법률관계에 대해서만 예외적으로 인정하는 개별적 보호주의를 택한 민법의 근본 입장에 배치된다는 이유로 유추적용을 부정한다.

③ **판 례**

판례는 증여에 관하여 태아에게 수증능력이 없다고 하여 유추적용을 부정하였다(대판 1982. 2. 9, 81다534).

4. 태아의 권리능력 취득시기

민법은 「이미 출생한 것으로 본다.」고 규정하고 있는데, 이 규정의 의미가 문제된다.

(1) 정지조건설60)

태아로 있는 동안은 권리능력을 취득하지 못하나, 살아서 출생한 경우에는 권리능력 취득의 효과는 문제의 사건이 발생한 때로 소급하여 생긴다고 보는 견해이다. 그 근거는 ① 태아의 이익을 보호하는 법정대리인과 같은 기관이 현행법에는 없다는 점, ② 쌍생아, 3생아로 태어나든지, 사산의 경우에는 거래의 혼란이 생긴다는 점, ③ 태아가 반드시 부의 자라고는 볼 수 없다는 점, ④ 태아의 법정대리인이 존재할 수 없다는 점을 들고 있다.

이 견해에 의하면 사산하더라도 타인에게 예측하지 않은 손해를 줄 염려가 없다는 장점이 있으나 법정대리인이 인정되지 않아 태아인 동안에는 취득 또는 상속할 재산을 보존 관리할 수 없다는 단점도 있다.

(2) 해제조건설61)

이미 출생한 것으로 간주되는 각각의 경우에 태아는 개별적인 사항의 범위내

59) 김증한/김학동, 101면 ; 이영준, 850면.

60) 김기선, 85면 ; 김상용, 142면 ; 김주수, 16면 ; 이영준 850면

61) 고상용, 78면 ; 곽윤직, 77-78면 ; 김용한, 97면 ; 김증한/김학동, 103면 ; 송덕수, 315면 ; 양삼승, 주해민법(1), 252면 ; 윤형렬, 29면 ; 이은영, 136-138면 등 다수설

에서 처음부터 권리능력을 가지지만 사산한 경우에는 그 권리능력취득의 효과가 과거의 문제의 사건의 발생시까지 소급하여 무효가 된다는 견해이다. 그 근거는 ① 현대의학의 발달로 인하여 사산의 경우보다는 살아서 출생하는 경우가 많아지므로, 해제조건설을 취함으로써 상대방이나 제3자에 불측의 손해를 줄 우려는 정지조건설을 취함으로써 태아에 불이익을 줄 가능성보다는 훨씬 낮고, ② 태아에게 예외적으로 권리능력을 인정한 규정의 입법 취지는 제3자보다 태아의 이익을 더 보호하려는 것이다는 점을 들고 있다.

이 견해에 의하면 태아로 있는 동안에도 법정대리인에 의하여 재산의 관리가 가능하여 태아를 두텁게 보호할 수 있다는 장점이 있으나 태아가 사산하면 법정대리인의 행위가 소급하여 무효가 되므로 상대방 또는 제3자에게 예상하지 못했던 손해를 줄 염려가 있다는 단점이 있다.

(3) 판례

특정한 권리에 있어 태아가 권리를 취득한다 하더라도, 현행법상 이를 대행할 기관이 없어 태아로 있는 동안은 권리능력을 취득할 수 없고, 따라서 살아서 출생할 때에 출생 시기가 문제의 사건의 시기까지 소급하여 그때에 태아가 출생한 것과 같이 법률상 보아준다고 해석하여야 한다고 판시하여 정지조건설을 취하고 있다[62].

(4) 검토

양학설의 차이점은 이론적인 면에서 보면 권리능력의 시기가 의제된 것으로 보는가(정지조건설) 또는 출생의 사실이 의제되는 것으로 보는가(해제조건설)에 있고, 구체적인 면에서 보면 법정대리인에 의한 태아의 권리의 관리 보존이 인정되는가, 즉 태아를 위한 증거보전이나 집행보전과 같은 권리보전이 인정되는가의 여부에 차이가 있게 된다. 즉, 해제조건설은 이를 인정하는데 반해 정지조건설은 이를 부인한다. 예외적으로 태아의 권리능력을 인정하는 것이라면 태아인 동안에도 조치를 취할 수 있는 해제조건을 올바른 것으로 판단된다.

---

62) 대판 1976. 9. 14, 76다1365

Ⅳ. 외국인의 권리능력

1. 외국인의 의의

외국인이란 대한민국 국적을 갖지 않은 자를 말하며, 이에는 외국 국적을 가진 자와 무국적자가 포함된다.

2. 내외국인 평등주의(헌법 제6조 2항)

자연인의 권리능력은 성별, 연령, 직업, 국적과 관계없이 평등하다(내외국인평등주의). 다만 외국인에 대해서는 국가의 정책상 일정한 권리를 가질 수 없는 것으로 할 수 있다.

3. 외국인의 권리능력이 제한되는 경우

	예	비고
권리능력이 절대적으로 제 한 되 는 경우	한국선박과 항공기 소유권(선박법 제2조, 항공법 제6조),도선사의 자격취득(도선법 제6조 제1호)	외국인의 광업권을 제한하고 있던 광업법 제6조는 삭제되었고, 조광권을 제한하고 있던 광업법 제53조도 개정되어 제한이 없어졌다(1999년). 공증인법 제12조도 개정되었다. 즉 공증인의 자격을 정하고 있던 '대한민국 국민일 것'을 삭제하였다(1998년).
상호주의에 의한 제한	외국인의 토지의 취득 또는 양도의 제한(외국인토지법 제3조), 각종 지적재산권의 제한 예컨대 저작권(저작권법 제3조), 특허권(특허법 제25조), 상표권(상표법 제5조), 의장권(의장법 제4조), 실용신안권(실용신안법 제4조) 국가나 지방자치단체를 상대로 하는 손해배상청구(국가배상법 제7조), 수산업에 관한 권리의 취득(수산업법 제5조 제3항)	공인회계사법(1966.7.15. 법률 제1797) 제4조는 개정 공인회계사법(1997.1.13. 법률 제5255)에서는 폐지되었다.
국회의 동의를 요하는 경우		수산업법 제5조는 외국인에 대하여 수산업에 관한 면허 또는 허가를 할 때에는 국회의 동의를 얻도록 하였던 규정을 개정(1995.12.30)하여 해양수산부장관과 협의하도록 함으로써

		국회의 동의를 필요없는 것으로 하였다(수산업법 제5조 제1항). 또한 국회의 동의를 얻어서 광업권의 향유를 허가할 수 있도록 한 규정(광업법 제6조 제2항)도 1999.2.8.에 폐지되어 제한을 없앴다.

4. 권리능력 제한의 효과

외국인에게 권리능력이 제한되어 있는 권리를 취득하게 하는 계약은 무효가 된다. 다만 한국인이 국적을 상실하여 외국인이 되는 경우 이를 관철하면 가혹하므로 국적법 제16조에서 일정한 기간(3년)안에 양도하면 되도록 하고 있다.

◆ 판 례

광업권을 소유하고 있던 국민이 사망한 경우 그 상속인이 외국인일 때에는 국적법 제16조의 규정을 유추적용하여 일단 광업권을 상속한 다음 1년 이내에 광업법 제6조에 의한 허가를 받거나 대한민국 국민에게 양도를 하여야 하고, 이에 위반한 경우에는 그때 비로소 광업권을 상실한다고 해석함이 상당하다(대판 1995.5.23, 94다23500)

Ⅴ. 권리능력의 종기

1. 사 망

(1) 사망의 의미

자연인은 "생존한 동안"(3조) 권리능력이 인정되므로 사망에 의해 권리능력을 상실한다. 현대법에서 자연인의 권리능력이 소멸되는 유일한 사유이다.

(2) 사망시기

민법은 사망시기에 관해 규정을 하지 않아 학설은 대립하고 있다. 종전의 통설(심장정지설)은 심장과 맥박이 정지한 때라고 보았는데, 장기이식기술의 발달로 사망시기를 종전 심장박동이 정지한 때보다 빠른 뇌사(Hirntod)의 시점으로 하자는 뇌사설[63]이 등장하였는데, 뇌사설은 뇌사시점을 사망시기로 보아 그 후 장기를 때낼 수 있는 가능성을 부여하여야 한다고 주장하며, 절충설[64]은 통상의 경우는 심장정지설에 의하나 "장기이식에 관한 법률"에 의해 뇌사로 판정되면 장기이식이 인정되어야 한다는 입장이다.

◈ **장기등이식에관한법률**('99, 2. 8.**제정** 2000. 2. 9. **시행**)

뇌사시에 사망으로 보는 것이 아니고, 뇌사자가 장기적출 등으로 사망하였을 때 뇌사의 원인이 된 질병 또는 행위로 사망한 것으로 볼 뿐이다(동법 제1조, 4조 17조)

(3) 사망으로 인한 법률효과

사망자는 권리능력을 상실하게 되어 자신이 지니고 있던 재산과 가족관계에 관한 권리·의무를 모두 상실하게 된다. 사망으로 상속이 개시되고(997조), 유언의 효력이 발생하고(1073조 1항), 잔존배우자의 재혼이 가능해지고, 사인증여의 효력이 발생한다(562조). 이밖에 생명보험청구권(상법 727조, 730조)과 연금청구권이 발생한다.

(4) 가족관계등록부에의 기재

사망한 경우 신고의무자가 사망의 사실을 안 날로부터 1개월 내에 신고하여야 한다(가족관계등록에 관한 법률 제84조 1항). 이 가족관계등록부에의 기재는 출생신고의 경우와 마찬가지로 사망의 유무나 사망시기에 관한 실체적 진실을 좌우하지는 못한다. 즉 사망시로 기재된 시점에 사망하였을 것이라는 사실상 추정의 효력을 가져서 반증에 의해 가족관계등록부의 기재를 뒤집을 수 있다.

2. 동시사망의 추정

(1) 의 의

사망시기는 상속문제에 중대한 의미를 가지는데 사망시기의 입증이 곤란한 경우 중, 2인 이상이 동일한 위난으로 사망한 경우 누가 먼저 사망했는지 확인할 수

---

63) 고상용, 88면.
64) 이은영, 141면.

없는 경우 동시에 사망한 것으로 추정하는 제도(30조)이다. 이는 동사자간에는 상속이 생기지 않게 다루려는 데 그 취지가 있다. 이 제도는 동시에 사망한 것으로 추정하는 제도이므로, 다수사망자 중 한 명의 생존사실 또는 다른 시점에 사망한 사실을 증명하면 추정을 번복할 수 있다.

(2) 적용 예

갑이 자녀인 병과 함께 비행기사고로 사망한 경우, 아내 을과 모 정이 있는 경우의 상속관계는, 이 경우 갑이 병보다 먼저 사망한 것이 입증되면 을과 병이 갑을 상속하고 다시 병이 상속한 것이 을에게 상속된다. 하지만 반대의 경우는 갑의 재산은 을, 병이 함께 공동상속 한다. 즉 상속의 선후에 의해 상속인이 달라지게 된다. 그런데 민법 30조에 의하면 동시에 사망한 것으로 추정되므로 반증이 없는 한 을, 정이 공동상속한다.

(3) 추정의 효과

① 추 정

효과는 추정이므로 반증을 제기하면 추정은 깨어진다.

② 다른 위난에 대한 동시사망추정 여부

다수사망자가 다른 위난으로 사망한 경우에도 동시에 사망한 것으로 추정되는가에 관하여 학설이 대립하고 있다.

i) 긍정설[65)]

민법 제30조가 동일한 위난으로 사망한 경우만을 상정하여 규정하고 있지만 동시사망의 추정을 동일위난에 한정하면, 적용범위가 좁게 되어 추정규정이 없던 과거 의용민법시절과 유사한 상황에 놓이게 되므로, 다른 위난의 경우에도 본조를 유추적용해야 한다고 한다.

ii) 부정설[66)]

민법 30조가 명문으로 동일한 위난의 경우에만 동시사망을 추정하고 있으므로, 다수인이 다른 위난으로 사망하여 그 사망시기를 추정할 수 없는 경우에는 보통의

---

65) 고상용, 90면 ; 곽윤직, 82면 ; 김상용, 149면 ; 김주수, 112면 ; 명순구, 93면 ; 백태승, 140면 ; 서광민, 115면 ; 엄영진, 109면 ; 장경학 185-186면 ; 정기웅, 107면 ; 민법주해(1), 422면.

66) 김증한/김학동, 106면 ; 이영준, 856면 ; 이은영, 147면.

입증방법에 의하여야 하고 30조를 적용할 수는 없다는 견해이다. 민법 제30조는 예외규정이므로 제한적으로 해석하여야 하기 때문이라 한다. 보통의 입증방법에 의하여야 함은 동일한 위난에서나 상이한 위난에서나 차이가 없다. 입증이 어려운 경우 동시사망으로 추정하자는 것이므로 이 학설은 동어반복을 하고 있는 셈이다.

3. 인정사망제도

사망의 확증은 없으나 사망한 것이 거의 확실한 경우(화재, 지진, 항공기추락, 전쟁, 홍수 등) 이를 조사한 관공서가 사망자의 시읍면장에게 사망의 보고를 하여야 하고(가족관계등록에 관한 법률 제87조), 이 사망보고에 의해 가족관계등록부에 사망의 기재(가족관계등록에 관한 법률 제16조)를 하는 제도가 인정사망이다. 인정사망은 특별실종과 유사한 제도이다. 다만 특별실종 보다 요건이 간단하다는 점에서 더 많이 이용되고 있다.

인정사망을 민법에 규정하는 입법례도 있으나(스위스 민법 제34조) 우리나라에서는 민법에는 규정을 두고 있지 않고, 가족관계등록에 관한 법률에서 규정하고 있다.

인정사망에 의한 가족관계등록부의 기재는 사망일에 사망한 것으로 사실상 추정될 뿐이므로 반증으로 번복할 수 있다. 이에 관해 인정사망에 의해 사망으로 기재된 자가 생존하는 경우, 가족관계등록부의 기재를 신회한 제3자를 보호하기 위해 실종선고의 취소의 효과에 관한 민법 29조를 인정사망의 경우에도 유추적용하자는 견해[67]와 반대하는 견해[68]가 대립하고 있다.

[2] 의사능력과 책임능력

Ⅰ. 의사능력[69]

1. 의 의

모든 사람은 평등하게 권리능력을 가지고 있으나, 법률행위를 하기 위해서는 먼저 그 법률행위의 법적 의미를 판단하여 의사결정을 할 수 있어야 하는데, 이를 의

67) 김상용, 147면 ; 김용한, 94면 ; 명순구, 137면 ; 백태승, 139면.

68) 고상용, 66-67면 ; 송덕수, 320면.

69) 의사능력을 능력제도의 하나로 보는 통설에 대해 능력제도는 본래 행위자에 대한 획일적 기준의 자격제도인 반면에 의사능력은 자격제도가 아닌 행위상황의 문제라는 의미에서 의사능력은 독자적인 능력제도로 볼 수 없다는 견해가 있다(이은영, 136-137면).

사능력이라 한다. 여기서 의사능력 내지 판단능력은 법률상 전지전능한 사람의 그것을 의미하는 것이 아니라, 통상인이 가지는 정상적인 판단능력을 뜻한다. 통상인의 수준에 달하지 못하는 정신적 상태를 의사무능력이라 하고, 이러한 의사무능력자(예 : 유아, 만취자, 백치자)의 법률행위에 대해서는 법률효과가 인정되지 않는다.

판례[70]는 「의사능력이란 자신의 행위의 의미나 결과를 정상적인 인식력과 예기력을 바탕으로 합리적으로 판단할 수 있는 정신적 능력 내지는 지능을 말하는 것」이라 한다.

2. 의사능력의 판단기준

의사능력은 획일적 형식적으로 판단할 수는 없고, 개개의 구체적 법률행위에 대하여 개별적으로 행위자의 연령 지능 정신상태 및 행위의 성질 등을 고려하여 판단하여야 한다.

판례[71]도 「의사능력의 유무는 구체적인 법률행위와 관련하여 개별적으로 판단되어야 할 것」이라고 한다.

3. 의사무능력자가 한 법률행위의 효력

독일(민법 제105조)이나 스위스(18조), 프랑스 민법은 의사무능력자의 법률행위는 무효라는 규정을 두고 있지만, 우리 민법은 이에 대해 명문의 규정을 두고 있지 않다.

(1) 전면적 무효설[72]

의사무능력자의 법률행위는 절대적 무효라고 보는 견해로서 통설이다. 따라서 누구나 언제든지 무효를 주장할 수 있다. 각자의 행위가 법률효과를 발생하는 것은 원칙적으로 모든 사람은 자기의 의사에 의해서만 권리를 얻고 의무를 부담한다는 근대법의 기본원리에 의거한 것인데, 정상적인 의사가 없는 자의 행위는 그의 의사에 기한 것이라 볼 수 없기 때문이다. 법률효과가 발생하지 않는다는 의미에서 법률행위의 무효를 도출한다(의사이론의 논리적 귀결).

---

70) 대법원 2002. 10. 11. 선고 2001다10113 판결.
71) 대법원 2002. 10. 11. 선고 2001다10113 판결.
72) 곽윤직, 84면 ; 김상용, 151면 ; 김용한, 100면 ; 서광민, 119면 ; 송덕수, 110면 ; 엄영진, 110면 ; 윤형렬, 51면 ; 이영준, 858면 ; 이은영, 158면.

(2) 편면적 무효설[73)]

의사무능력자가 한 법률행위를 무효로 하는 것은 의사주의로부터 논리적으로 도출되는 결과라기 보다는 판단능력이 불충분한 의사무능력자를 보호하기 위한 것이므로 상대방은 무효를 주장할 수 없고 의사무능력자만이 주장할 수 있다는 편면적 무효로 이해한다. 편면적 무효설에 대해서는 무효를 취소와 동일하게 취급하는 결과가 되므로 양자를 준별하는 체계에 입각한 현행 민법의 해석으로는 문제가 있다는 비판이 있다[74)].

◆ 판 례

✧ 의사능력의 의미와 그 유무의 판단 방법과 의사능력을 흠결한 상태에서 체결된 계약의 효력

[1] 의사능력이란 자신의 행위의 의미나 결과를 정상적인 인식력과 예기력을 바탕으로 합리적으로 판단할 수 있는 정신적 능력 내지는 지능을 말하는 것으로서, 의사능력의 유무는 구체적인 법률행위와 관련하여 개별적으로 핀딘되이야 할 것이다.

[2] 원고가 직접 금융기관을 방문하여 금 50,000,000원을 대출받고 금전소비대차약정서 및 근저당권설정계약서에 날인하였다고 할지라도, 원고가 어릴 때부터 지능지수가 낮아 정규교육을 받지 못한 채 가족의 도움으로 살아왔고, 위 계약일 2년 8개월 후 실시된 신체감정결과 지능지수는 73, 사회연령은 6세 수준으로서 이름을 정확하게 쓰지 못하고 간단한 셈도 불가능하며, 원고의 본래 지능수준도 이와 크게 다르지 않을 것으로 추정된다는 감정결과가 나왔다면, 원고가 위 계약 당시 결코 적지 않은 금액을 대출 받고 이에 대하여 자신 소유의 부동산을 담보로 제공함으로써 만약 대출금을 변제하지 못할 때에는 근저당권의 실행으로 인하여 소유권을 상실할 수 있다는 일련의 법률적인 의미와 효과를 이해할 수 있는 의사능력을 갖추고 있었다고 볼 수 없고, 따라서 위 계약은 의사능력을 흠결한 상태에서 체결된 것으로서 무효라고 본 사례(대판 2002. 10. 11, 2001다10113).

✧ 의사능력이 인정되기 위하여 법률행위의 법률적 의미나 효과를 이해할 수 있어야 하는지 여부(적극)와 무능력자의 책임을 제한하는 민법 제141조 단서 규정이 의사능력의 흠결을 이유로 법률행위가 무효가 되는 경우에도 유추적용 되는지 여부(적극) 및 이익의 현존 여부의 증명책임의 소재(=의사무능력자)

[1] 의사능력이란 자신의 행위의 의미나 결과를 정상적인 인식력과 예기력을 바탕으로 합리적으로 판단할 수 있는 정신적 능력 내지는 지능을 말하는 것으로서, 의사능력의 유무는 구체적인 법률행위와 관련하여 개별적으로 판단되어야 하므로, 특히 어떤 법률행위가 그 일상적인 의미만을 이해하여서는 알기 어려운 특별한 법률적인 의미나 효과가 부여되어 있는 경우 의사능력이 인정되기 위하여는 그 행위의 일상적인 의미뿐만 아니라 법률적인 의미나

73) 김민중, 147면 ; 김주수, 133면 ; 장경학, 190면.
74) 김상용, 151면 ; 이영준, 868면.

효과에 대하여도 이해할 수 있을 것을 요한다.

[2] 무능력자의 책임을 제한하는 민법 제141조 단서는 부당이득에 있어 수익자의 반환범위를 정한 민법 제748조의 특칙으로서 무능력자의 보호를 위해 그 선의·악의를 묻지 아니하고 반환범위를 현존 이익에 한정시키려는 데 그 취지가 있으므로, 의사능력의 흠결을 이유로 법률행위가 무효가 되는 경우에도 유추적용 되어야 할 것이나, 법률상 원인 없이 타인의 재산 또는 노무로 인하여 이익을 얻고 그로 인하여 타인에게 손해를 가한 경우에 그 취득한 것이 금전상의 이득인 때에는 그 금전은 이를 취득한 자가 소비하였는가의 여부를 불문하고 현존하는 것으로 추정되므로, 위 이익이 현존하지 아니함은 이를 주장하는 자, 즉 의사무능력자 측에 입증책임이 있다.

[3] 의사무능력자가 자신이 소유하는 부동산에 근저당권을 설정해 주고 금융기관으로부터 금원을 대출받아 이를 제3자에게 대여한 사안에서, 대출로써 받은 이익이 위 제3자에 대한 대여금채권 또는 부당이득반환채권의 형태로 현존하므로, 금융기관은 대출거래약정 등의 무효에 따른 원상회복으로서 위 대출금 자체의 반환을 구할 수는 없더라도 현존 이익인 위 채권의 양도를 구할 수 있다(대판 2009. 1. 15, 2008다58367).

◆ 판 례

[1] 구 민사소송법(2002. 1. 26. 법률 제6626호로 전문 개정되기 전의 것) 제659조 제1항, 제726조 제1항 제3호, 제2항, 구 민사소송규칙(2002. 6. 28. 대법원규칙 제1761호로 전문 개정되기 전의 것) 제205조, 제146조의3 제1항, 제3항의 각 규정에 비추어 보면, 의사무능력자가 채권자와 금전소비대차계약을 체결하고 그 차용금채무를 담보하기 위하여 자신 소유의 부동산에 근저당권을 설정하여 준 후 위 근저당권에 기한 임의경매절차가 진행되어 배당이 실시된 경우에, 의사무능력자의 법정대리인 등은 위 배당절차에서 위 근저당권 및 피담보채권의 부존재를 주장하여 채권자의 배당액에 대하여 이의하고 나아가 채권자를 상대로 배당이의 소송을 제기하는 것이 가능하다. 한편, 의사무능력자나 소유자가 근저당권설정계약의 무효를 주장하면서도 그 근저당권에 기한 임의경매절차의 배당절차를 통하여 그에게 배당된 돈을 수령하는 등의 행위가 객관적으로 보아 경락인으로 하여금 위 임의경매절차가 유효하다는 신뢰를 갖게 하는 정도에 이르러서, 그 후 그 경매절차의 무효를 주장하는 것이 금반언의 원칙 또는 신의칙 위반에 해당한다고 볼 만한 사정이 있는 경우에는 의사무능력자나 소유자가 경락인을 상대로 다시 근저당권의 무효를 주장하면서 소유권이전등기의 말소를 구하는 소를 제기할 수는 없지만, 아직 배당금을 수령하지 아니한 의사무능력자나 소유자가 배당절차에서 근저당권설정계약의 무효를 주장하여 배당이의를 하는 것이 부당하다고 할 수는 없다.

[2] 의사무능력자가 사실상의 후견인이었던 아버지의 보조를 받아 자신의 명의로 대출계약을 체결하고 자신 소유의 부동산에 관하여 근저당권을 설정한 후, 의사무능력자의 여동생이 특별대리인으로 선임되어 위 대출계약 및 근저당권설정계약의 효력을 부인하는 경우에, 이러한 무효 주장이 거래관계에 있는 당사자의 신뢰를 배신하고 정의의 관념에 반하는 예외적인 경우에 해당하지 않는 한, 의사무능력자에 의하여 행하여진 법률행위의 무효를 주장하는 것이 신의칙에 반하여 허용되지 않는다고 할 수 없다(대판 2006.9. 22. 2004다51627).

4. 입 증

의사무능력을 이유로 법률행위의 무효를 주장하는 자가 입증책임을 부담한다.[75)]

Ⅱ. 책임능력

(1) 의 의

법률행위에 있어서의 의사능력의 관념은 불법행위에 있어서는 책임능력 또는 불법행위능력이라고 한다.

불법행위법은 과실책임주의를 취하고 있기 때문에 불법행위책임이 생기려면 자기의 행위의 결과를 변식할 수 있는 능력을 가지고 있을 것이 필요하다. 이를 가지지 않은 자는 불법행위책임, 즉 손해배상책임을 부담하지 않고(753조, 754조) 책임무능력자의 감독자가 그 책임을 진다(755조).

(2) 판단기준

책임능력의 유무는 불법행위자의 연령, 불법행위의 태양에 따라 구체적인 경우에 즉응하여 판단하여야 한다.

[3] 행위능력

Ⅰ. 행위능력 일반(총설)

1. 제한능력자제도 일반

의사능력의 유무는 개별적, 구체적으로 판단하여야 하는데, 표의자가 행위 당시에 자신에게 의사능력이 없었음을 입증하는 것이 어렵고, 행위의 상대방 기타 제3자도 행위당시에 표의자에게 의사능력이 있는지 여부를 알기가 어렵고 후일 의사무능력을 이유로 행위가 무효가 된다면 불측의 손해를 입게 될 수 있으므로, 법률행위를 독자적으로 유효하게 할 수 있는지 없는지를 획일적, 객관적으로 정할

75) 명순구, 101면 ; 송덕수, 110면 ; 이영준 ; 859면.

필요가 있고, 이를 행위능력이라 한다. 즉, 행위능력이란 단독으로 완전, 유효한 법률행위를 할 수 있는 지위 또는 자격을 말한다.

행위무능력자제도는 미성년자 또는 법원으로부터 한정치산선고 또는 금치산선고를 받은 자의 법률행위는 의사능력이 완전하지 않은 상태에서 행하여졌다는 입증이 없어도 이를 취소할 수 있게 함으로써 행위자를 보호하고, 거래상대방에게 불측의 손해를 주지 않게 하기 위한 제도이다. 이 제도는 객관적 · 획일적 기준에 의하여 의사능력을 객관적으로 획일화한 것이다.

◈ **행위무능력자제도(§§4-14의 구조)**

<table>
<tr><th colspan="2"></th><th>미성년자</th><th>한정치산자</th><th>금치산자</th></tr>
<tr><td colspan="2">규정</td><td>§4, §826의2</td><td>§9</td><td>§12</td></tr>
<tr><td rowspan="2">능력의 범위</td><td>원칙</td><td>법정대리인의 동의 요, 동의 없으면 취소 가(§5 ②)</td><td rowspan="2">좌동(§10)</td><td rowspan="2">취소할 수 있다(§13)</td></tr>
<tr><td>예외</td><td>§5①단서, §6, §8, §117, §1061, 근로계약체결</td></tr>
<tr><td colspan="2">법정대리인</td><td>친권자, 후견인(지정후견인, 법정후견인, 선임후견인)</td><td>후견인(법정후견인, 선임후견인)</td><td>후견인(법정후견인, 선임후견인)</td></tr>
<tr><td colspan="2">법정대리인의 권한</td><td>동의권, 대리권, 취소권</td><td>좌동</td><td>대리권, 취소권</td></tr>
<tr><td colspan="2">능력자로 되는 경우</td><td>20세, 혼인</td><td>한정치산선고의 취소(§11)</td><td>금치산선고의 취소(§14)</td></tr>
</table>

◆ 판 례

표의자가 법률행위 당시 심신상실이나 심신미약상태에 있어 금치산 또는 한정치산선고를 받을 만한 상태에 있었다고 하여도 그 당시 법원으로부터 금치산 또는 한정치산선고를 받은 사실이 없는 이상 그 후 금치산 또는 한정치산선고가 있어 그의 법정대리인이 된 자는 금치산 또는 한정치산자의 행위능력 규정을 들어 그 선고 이전의 법률행위를 취소할 수 없다(대판 1992.10.13, 92다6433).

2. 의사무능력과 행위무능력의 경합

(1) 문제의 제기

의사무능력자임과 동시에 행위무능력자가 법률행위를 하였을 때, 예컨대 금치산선고를 받은 자가 의사무능력 상태에서 법률행위를 한 경우 그 자의 법률행위는 의사무능력에 의한 무효인지 금치산에 의한 취소인지 문제된다. 이때 양자를 모두 인정할 것인가 아니면 행위능력은 의사무능력을 전제로 하므로 기초가 되는 의사능력이 없으므로 무효만 인정할 것인가 하는 문제가 제기된다.

(2) 학 설

① 취소설

행위무능력자제도가 의사무능력을 객관적으로 획일화한 제도이므로 행위무능력을 이유로 하는 취소만을 인정하여야 한다는 학설이다.

② 이중효설

의사무능력과 행위무능력이 경합하는 경우 의사무능력을 이유로 무효를 주장할 수도 있고, 행위무능력을 이유로 취소를 주장할 수도 있다는 견해로 우리나라에서의 통설이다. 취소권은 제척기간의 경과로 소멸하지만(146조), 무효를 주장할 때에는 이러한 제한이 없고, 행위무능력을 이유로 법률행위를 취소하는 경우 행위무능력자는 그 행위로 인하여 받은 이익이 현존하는 범위내에서 상환할 책임을 진다(141조) 이 규정은 의사무능력에 의한 무효의 경우에도 유추적용된다고 하여야 할 것이다.

3. 제한능력자제도의 적용범위

무능력자제도는 통상 빈번히 행해지고 또한 의사표시를 요소로 하는 「재산상의 법률행위」에 대해서만 적용된다.

Ⅱ. 미성년자

1. 미성년자의 의의

만 19[76]세에 달하지 않은 자로써 혼인한 적이 없는 자를 미성년자라고 한다(4

조, 826조의 2). 혼인의 성립과 동시에 미성년자는 성년자와 같은 능력을 가진다. 성년의제는 법률혼에 한하며[77], 성년의제는 사법관계에서만 적용된다. 따라서 선거법(공직선거법 제15조 1항)·청소년보호법(동법 제제2조 1호)·근로기준법(동법 제67조) 등의 경우에는 성년의제가 적용되지 않아 여전히 미성년자이다.

2. 미성년자의 행위능력

(1) 원 칙

미성년자는 단독으로 유효한 법률행위를 할 수 없다. 미성년자가 유효한 법률행위를 하기 위해서는 법정대리인의 동의가 필요하고(5조 1항), 동의가 없으면 그 행위를 취소할 수 있다(제5조 2항). 동의가 있음에 대해서는 법률행위의 유효를 주장하는 자에게 입증책임이 있다[78]. 동의의 대상이 되는 법률행위는 반드시 특정된 것일 필요는 없고, 포괄적 동의이어도 된다.[79] 법정대리인의 동의는 언제나 명시적이어야 하는 것은 아니고 묵시적으로도 가능하다[80]

(2) 예 외

미성년자가 법정대리인의 동의 없이 단독으로 유효하게 법률행위를 할 수 있는 경우가 있다.

① 단순히 권리만을 얻거나 의무만을 면하는 행위(5조 1항 단서)

이러한 법률행위는 미성년자에게 이익만을 주고 불이익을 주지 않기 때문에 법정대리인의 동의 없이 단독으로 할 수 있게 한 것이다. 이러한 행위로는 서면에 의하지 않은 증여의 해제, 부담 없는 증여를 받는 행위, 채무면제의 계약체결, 제3자를 위한 증여계약에 있어서 수익의 의사표시, 의무만을 부담하는 계약(무상수임, 무상수치)의 해제, 미성년자의 친권자에 대한 부양료청구[81] 등을 들 수 있다.

그러나 이익을 얻는 동시에 채권을 상실하는 변제의 수령이나, 의무를 부담하는 경제적으로 유리한 계약의 체결, 상속의 승인·포기 등은 단독으로 할 수 없다.

---

76) 만20세에서 만19세로 인하되었다.

77) 이에 대해 사실혼의 경우에도 성년의제를 인정하자는 견해가 있다(이은영, 162면).

78) 대판 1970, 2. 24, 69다1568.

79) 이은영, 168면 ; 민법주해 (1), 276면.

80) 대판 2007. 11. 16, 2005다71659, 71666, 71673.

81) 대판 1972, 7. 11, 72므5.

② 법정대리인이 "범위"를 정하여 처분을 허락한 재산의 처분행위(제6조)

법정대리인이 "범위"를 정하여 처분을 허락한 재산은 미성년자가 임의로 처분할 수 있다(6조). 여기서의 처분은 처분행위뿐만 아니라, 제3자에의 임대와 같은 사용·수익행위도 포함되지만, 미성년자의 전재산의 처분을 허락하는 것처럼 무능력자 제도의 취지에 반할 정도로 광범위하거나 포괄적인 처분 허락은 허용되지 않는다. 처분허락은 묵시적으로도 가능하다.[82)]

「범위」의 해석과 관련하여 학설이 대립하고 있다. 다수설[83)]은 여기서의 범위는 재산의 범위를 의미하므로 법정대리인이 사용목적을 정하여 준 경우에도 미성년자가 그 목적과 관계없이 처분해도 유효하다고 한다.[84)] 즉 사용목적이라는 주관적인 사유에 의해 무능력자와 거래하는 계약이 취소될 수 있다는 것은 거래안전을 위협하는 것이므로 사용목적에 관계없이 임의로 처분할 수 있다고 한다. 이에 대해 사용목적이 특정된 재산을 미성년자가 유해한 목적에 사용한 경우는, 미성년자가 취득한 물건의 종류 기타 제요인을 고려하여 사용목적도 처분행위의 유효성 판단에 고려해야 한다고 해석하여, 예를 들어 등록금을 과다한 유흥비로 쓴 경우 그러한 재산의 처분행위는 취소할 수 있다고 해석하는 소수설[85)]의 견해가 있다.

처분이 허락된 재산의 범위 내에서 새로이 채무를 부담하는 경우(예, 월 5만원의 용돈을 받는 미성년자가 12만원 상당의 물건을 4개월 할부로 구입하는 경우)에는 민법 제6조에 해당되어 동의가 필요없다는 견해[86)]와 동의가 필요하다는 견해[87)]가 대립하고 있다.

◆ 판 례

✧ 미성년자의 법률행위에 있어서 법정대리인의 묵시적 동의나 처분허락의 인정 여부에 대한 판단 기준

[1] 미성년자의 법률행위에 있어서 법정대리인의 묵시적 동의나 처분허락이 있다고 볼 수

---

82) 대판 2007. 11. 16, 2005다71659, 71666, 71673.

83) 고상용, 123면 ; 곽윤직, 89면 ; 김용한, 109면 ; 김주수, 149면 ; 김증한/김학동, 119면 ; 명순구, 112면 ; 박영복, 72면 ; 송덕수, 114면 ; 이영준, 869면 ; 이은영, 171면 ; 정기웅, 117면 ; 주해민법(1), 283면 ; 지원림, 71면.

84) 이에 반해 지정된 사용목적의 범위안에서만 처분할 수 있다는 소수설도 있다(김상용, 165면).

85) 김상용, 165면 ; 지원림, 67면.

86) 김주수, 127면 ; 이영준, 870면 ; 지원림, 71면.

87) 백태승, 154면.

있는지 여부를 판단함에 있어서는, 미성년자의 연령·지능·직업·경력, 법정대리인과의 동거 여부, 독자적인 소득의 유무와 그 금액, 경제활동의 여부, 계약의 성질·체결경위·내용, 기타 제반 사정을 종합적으로 고려하여야 할 것이고, 위와 같은 법리는 묵시적 동의 또는 처분허락을 받은 재산의 범위 내라면 특별한 사정이 없는 한 신용카드를 이용하여 재화와 용역을 신용구매한 후 사후에 결제하려는 경우와 곧바로 현금 구매하는 경우를 달리 볼 필요는 없다.

[2] 만 19세가 넘은 미성년자가 월 소득범위 내에서 신용구매계약을 체결한 사안에서, 스스로 얻고 있던 소득에 대하여는 법정대리인의 묵시적 처분허락이 있었다고 보아 위 신용구매계약은 처분허락을 받은 재산범위 내의 처분행위에 해당한다(대판 2007. 11. 16, 2005다71659, 71666, 71673).

③ 영업이 허락된 미성년자의 그 영업에 관한 행위(8조 1항)

i) 취 지

미성년자가 법정대리인으로부터 허락을 얻는 특정한 영업에 관하여는 성년자와 동일한 행위능력이 있는데(8조 1항), 이는 개별적인 거래행위별로 따로 동의를 요하지 않는다는 의미이다.

ii) 영 업

영업이란 널리 영리를 목적으로 하는 독립적 계획적, 계속적 사업으로 상업 농업 자유업이 포함된다. 타인에게 고용되어 종속적인 노동을 제공하는 것도 영업에 속하는지 견해가 대립된다. 영업에 속한다는 견해[88]가 있으나 민법 제8조를 확대적용하는 것으로서 무능력자제도의 취지에 비추어 타당하지 못하다.[89] 「영업에 관하여」는 그 영업을 하는데 있어서 직·간접적으로 필요하다고 인정되는 일체의 행위를 포함하는 넓은 개념이다.

iii) 허 락

법정대리인이 영업를 허락함에는 영업의 종류를 특정하여 해야 한다. 모든 종류의 영업를 허락하는 포괄적 허락이나, 일종의 영업의 일부에 한해 허락하는(문구점에서 만원 이하의 상품만 취급하는 허락) 것은 거래안전의 보호상 허용되지 않는다. 그러나 수종의 영업을 허락하는 것은 인정된다. 영업을 허락하는 방법은 특별한 방식을 요하지 않는다. 영업이 상업인 경우에는 상업등기를 해야 제3자에게 대항할 수 있다(상법 제6조, 제37조). 상업 이외의 영업이 허락된 경우에는 특별한

88) 고상용, 124면 ; 김용한, 110면 ; 장경학, 207면.
89) 곽윤직, 89면 ; 김상용, 162면 ; 송덕수, 115면 ; 이영준, 870면 ; 이은영, 171면.

공시방법이 없어서 거래안전이 위협될 수 있다. 묵시적 허락도 가능하다. 허락이 있었다는 입증책임은 영업허가가 있음을 이유로 법률행위의 유효를 주장하는 자에게 있다[90].(반대설도 있다).

ⅳ) 허락된 영업에 관한 법률행위

영업의 허락을 받은 미성년자는 그 영업에 관해 성년자와 동일한 행위능력이 인정된다. 따라서 법정대리인의 대리권도 이 범위에서는 소멸 한다.[91] 여기서 "영업에 관하여"라 함은 허락받은 영업을 하는데 직접, 간접으로 필요한 일체의 행위를 말하며, 영업과 관련한 소송사건에 관한 소송능력도 가진다(민소법 제55조).

④ 기 타[92]

ⅰ) 대리행위(117조)

민법 117조는 대리행위를 함에 있어서 행위능력을 요구하지 않으므로, 미성년자는 (한정치산자, 금치산자도) 행위당시 의사능력만 있으면 타인의 대리인으로서 하는 대리행위는 언제나 단독으로 유효하게 할 수 있다. 대리행위의 효과는 본인에게 귀속하므로 미성년자가 불이익을 받는 일이 없기 때문이다.

ⅱ) 유언행위(1061조)

만 17세가 되면 단독으로 유언할 수 있다.

ⅲ) 미성년자가 혼인한 경우(민법 제826조의 2)

혼인은 법률혼을 의미하며 사실혼은 제외된다. 혼인해소 후에도 다시 미성년자가 되지 않으며, 행위능력은 계속 갖는다. 그리고 성년으로 의제되는 것은 민법상의 법률행위에 한하고 공법상으로는 여전히 미성년자로 취급된다.

ⅳ) 회사의 무한책임사원이 된 미성년자가 그 사원자격에 기한 행위(상법 제7조)

미성년자가 법정대리인의 허락을 얻어 회사의 무한책임사원이 된 때에는 그 사원자격으로 인한 행위에는 능력자로 본다(상법 제7조).

ⅴ) 근로계약과 임금의 청구(근로기준법 제65조 1항, 66조)

법정대리인은 미성년자의 근로계약을 대리할 수 없고(근로기준법 65조 1항), 미

---

90) 곽윤직, 90면 ; 김민중, 165면 ; 김용한, 110면 ; 이영준, 870면 ; 이은영, 171면 ; 백태승, 155면. 이에 반해 미성년자가 불허락의 입증책임이 있다는 견해도 있다(장경학, 108면).

91) 백태승, 156면 ; 송덕수. 115면 ; 이영준, 870면 ; 이은영, 172면.

92) 아래의 것 외에도 일상적인 거래행위나 채무의 변제는 무능력자 단독으로 할 수 있다고 하는 견해가 있다(이은영, 172면).

성년자는 독자적으로 임금을 청구할 수 있다(동법 66조). 학설로는 미성년자가 근로계약을 체결함에 법정대리인의 동의를 요하는가에 대해 견해의 대립이 있다(긍정설의 근거: 민법과 근로기준법에 법정대리인의 동의를 면제하는 규정이 없으므로 5조 1항에 의해 법정대리인의 동의를 얻어야 하며, 미성년자의 근로계약체결방법은 법정대리인의 동의를 얻어 미성년자가 체결하는 방법과 미성년자의 동의를 얻어 법정대리인이 체결하는 방법이 있는데, 근로기준법은 후자를 금지하고 있기 때문이다).

(3) 동의와 허락의 취소 또는 제한

① 법정대리인은 미성년자가 법률행위를 하기 전에는 그가 한 동의(5조)와 허락(6조)을 언제든지 취소할 수 있다(7조). 여기서 취소는 처음부터 그러한 동의나 허락이 없었던 것으로 하려는 것이 아니라, 미성년자가 법률행위를 하기 전에 그 법률행위를 못하게 하려는 것으로 소급효가 없으므로 그 법적 성질은 철회이다. 이러한 취소(철회)의 의사표시는 동의나 허락을 받은 미성년자나 그 상대방에게 하여야 하는데, 미성년자에게 한 경우 명문의 규정은 없으나 8조 2항 단서와의 균형상 이 취소(철회)는 선의의 제3자에게 대항하지 못한다고 해석하여야 할 것이다(8조 2항 단서의 유추적용).[93]

② 영업허락(8조)의 취소와 제한

법정대리인은 그가 준 영업허락을 취소 또는 제한할 수 있다(8조 2항 본문). 여기서의 취소도 역시 철회로 해석된다. 따라서 허락의 취소가 있기 전에 미성년자가 행한 영업에 대한 행위는 그대로 유효하다. 영업의 제한은 두개 이상의 단위의 영업을 허락한 경우, 그 중 일부의 영업을 금지하는 것을 말한다. 영업의 제한 역시 장래를 향해서만 효력이 있다. 따라서 그 법적 성질은 일부철회이다.

친권자인 부모가 법정대리인인 경우에는 영업의 허락의 취소 또는 제한에 아무런 제한이 없지만, 후견인이 법정대리인으로서 친권자가 행한 영업의 허락을 취소 또는 제한함에는 친족회의 동의를 얻어야 한다(945조 단서). 법정대리인이 영업허락을 취소, 제한함에는 922조, 956조의 제약이 있어서 그 권한을 남용하지 못한다.

민법은 영업허락의 취소나 제한은 거래안전보호를 위해 선의의 제3자, 즉 미성년자와 거래한 선의의 상대방에게 대항하지 못한다(8조 2항 단서). 왜냐하면 허락

---

93) 고상용, 132면 ; 곽윤직, 91면 ; 김상용, 163면 ; 김용한, 108면 ; 김주수, 114면 ; 백태승, 116면 ; 송덕수, 115면 ; 이영준, 871면 ; 이은영, 175면 ; 장경학, 210면 ; 지원림, 72면.

의 취소나 제한은 공시방법이 없으므로 미성년자와 거래한 상대방 또는 제3자에게 불측의 손해를 입힐 염려가 있기 때문이다.

③ 재산처분의 허락(6조)이나 영업의 허락(8조)도 넓은 의미에서 동의가 있는 것으로 파악할 수 있다. 그러나 이 경우는 사전적이고 포괄적인 동의라는 점에서 개별적인 법률행위의 동의(5조)와는 그 성질이 다르다.

3. 미성년자의 법정대리인

(1) 법정대리인이 되는 자

미성년자의 법정대리인은 1차적으로 친권자가 되고(911조), 친권자가 없거나 친권자가 법률행위의 대리권이나 재산관리권을 행사할 수 없을 때에는 2차적으로 후견인이 된다(928조). 친권은 미성년자를 보호, 교양하기 위해 부모에게 인정되는 권리, 의무를 말하며, 친권자는 미성년자의 법률행위를 동의해 주거나 대리한다(동의권, 대리권). 친권자는 미성년자의 부모이며(909조 1항, 친권의 공동행사: 909조 2항), 후견인은 지정후견인 법정후견인 선임후견인이 있고, 그 순서를 법률에서 규정하고 있다(931조, 932조).

(2) 법정대리인의 권한

① 법률행위의 동의권(5조, 6조, 8조) 및 그 철회권(제7조, 8조 2항)

미성년자는 법정대리인의 동의, 허락을 얻어 단독으로 유효한 법률행위를 할 수 있으므로, 법정대리인은 무능력자의 법률행위에 대해 동의권을 가진다(5조 1항). 일정범위의 재산의 처분과 영업에 대한 허락도 동의권에 속한다. 동의를 주는 방법은 방식을 요하지 않고, 동의는 명시적이어야 하는 것은 아니고, 묵시적으로도 할 수 있다[94]. 또 예견할 수 있는 범위라면 개괄적으로도 할 수 있다. 동의는 미성년자에 대하여 하거나 미성년자와 거래하는 상대방에 대해 할 수 있다.

법정대리인의 동의가 있어도 미성년자가 유효한 법률행위를 하기 위해서는 의사능력이 있어야 한다.

다만 후견인이 미성년자의 일정한 행위에 대해 동의하려면 친족회의 동의가 있어야 한다(950조).

---

94) 대법원 2007.11.16. 선고 2005다71659, 71666, 71673 판결

② **법률행위의 대리권**(제920, 949조)

법정대리인은 미성년자의 재산에 관한 법률행위를 대리할 수 있는 대리권을 갖는다(920조 본문, 949조 1항). 친권자가 대리권이나 재산관리권을 행사할 때에는 「자기의 재산에 관한 행위와 동일한 주의」를 하여야 하고(922조), 후견인은 「선량한 관리자의 주의」로서 사무를 처리하여야 한다(956조, 681조). 대리권은 동의권과 병존하므로 법정대리인은 동의를 준 법률행위도 대리할 수도 있다. 그러나 미성년자 본인의 행위를 목적으로 하는 채무를 부담할 때에는 본인의 동의를 얻어야 대리할 수 있다(920조 단서, 949조 2항).

③ **법률행위의 취소권**(제5조, 140조) **및 추인권**(제143조)

법정대리인은 미성년자가 동의 없이 한 법률행위를 취소할 수 있다(5조 2항. 140조). 또한 법정대리인은 미성년자가 한 법률행위를 추인함으로써 법률행위를 확정적으로 유효하게 할 수 있다(143조).

◆ 판 례

✧ 미성년자의 법률행위에 대한 법정대리인의 동의가 묵시적으로도 가능한지 여부(적극)

행위무능력자 제도는 사적자치의 원칙이라는 민법의 기본이념, 특히, 자기책임 원칙의 구현을 가능케 하는 도구로서 인정되는 것이고, 거래의 안전을 희생시키더라도 행위무능력자를 보호하고자 함에 근본적인 입법 취지가 있는바, 행위무능력자 제도의 이러한 성격과 입법 취지 등에 비추어 볼 때, 신용카드 가맹점이 미성년자와 신용구매계약을 체결할 당시 향후 그 미성년자가 법정대리인의 동의가 없었음을 들어 스스로 위 계약을 취소하지는 않으리라고 신뢰하였다 하더라도 그 신뢰가 객관적으로 정당한 것이라고 할 수 있을지 의문일 뿐만 아니라, 그 미성년자가 가맹점의 이러한 신뢰에 반하여 취소권을 행사하는 것이 정의 관념에 비추어 용인될 수 없는 정도의 상태라고 보기도 어려우며, 미성년자의 법률행위에 법정대리인의 동의를 요하도록 하는 것은 강행규정인데, 위 규정에 반하여 이루어진 신용구매계약을 미성년자 스스로 취소하는 것을 신의칙 위반을 이유로 배척한다면, 이는 오히려 위 규정에 의해 배제하려는 결과를 실현시키는 셈이 되어 미성년자 제도의 입법 취지를 몰각시킬 우려가 있으므로, 법정대리인의 동의 없이 신용구매계약을 체결한 미성년자가 사후에 법정대리인의 동의 없음을 사유로 들어 이를 취소하는 것이 신의칙에 위배된 것이라고 할 수 없다(대판 2007.11.16, 2005다71659,71666,71673).

(3) 행사방법

법정대리인은 동의권과 대리권을 자유로이 선택하여 행사할 수 있으며 동의를 준 뒤에 다시 이를 대리하여도 무방하다. 그러나 미성년자가 의사능력이 없는 경우에는 동의는 불가하고 대리만이 가능하다.

(4) 대리권과 동의권의 제한

◈ 대리권이 제한되는 경우

- 미성년자의 행위를 목적으로 하는 채무를 부담하는 경우(고용, 도급 등)에는 미성년자 본인의 동의가 있어야 대리할 수 있다(920조 단서, 949조 2항).
- 법정대리인과 미성년자의 이익이 상반되는 행위는 대리권이 제한되어, 법원이 선임한 특별대리인이 대리하게 된다(921조).
- 제3자가 미성년자에게 증여한 재산에 관해 법정대리인의 관리를 배제하는 의사를 표시한 때, 그 재산에 관한 법률행위의 대리권이 없다(918조, 956조).
- 후견인인 일정한 사항에 관해 후견감독인의 동의가 있어야 대리할 수 있다(950조).
- 영업을 하는 일, 차재 또는 보증을 하는 일, 중요재산의 저분, 소송행위
- 부모의 원칙적인 친권의 공동행사(909조 2항).
- 영업을 허락한 경우, 그 범위에서 대리권이 소멸한다.
- 미성년자의 근로계약은 대리하여 체결하지 못하며, 임금청구도 대리하지 못하고 미성년자가 단독으로 청구할 수 있다(근로기준법 53조, 54조).

① 친권의 공동행사-부모는 원칙적으로 共同으로 代理한다(민법 제909조 1항).

ⅰ) 공동의 의미

부모는 친권을 공동으로 행사하게 되는데, 이때 공동의 의미에 대해서는 의사결정을 공동으로 하면 된다는 견해와 행위를 공동으로 하여야 한다는 견해[95]가 대립되고 있다.

ⅱ) 친권자중 일방이 공동명의로 자를 대리하거나 자의 법률행위에 동의한 경우

이 경우에는 다른 일방의 의사에 반하는 때에도 그 효력이 있다(920조의 2 본문). 그러나 상대방이 악의인 때에는 그러하지 아니한다(제920조의2 단서).

ⅲ) 친권자중 일방이 단독대리권을 행사한 경우

이때에도 920조의 2가 적용되는지 문제된다. 920조의 2는 친권자 일방이 공동명

95) 김상용, 166면

의로 대리행위를 하거나 동의한 경우에 상대방이 선의인 경우 적용되고, 단독명의로 한 경우에는 적용이 없다. 이 경우 일방이 한 대리행위의 효력에 대해서는 학설이 대립된다. 무권대리행위가 되어 다른 일방의 추인이 없는 한 효력이 생기지 않는다는 무권대리설[96], 무권대리행위가 되어 적법한 추인이 없는 한 효력이 생기지 않지만(130조), 상대방이 선의·무과실이면 표현대리의 보호를 받을 수 있다는 표현대리설[97], 공동대리의 법리(119조)를 유추적용하여 각자가 미성년자를 대리하거나 그 법률행위에 대해 동의, 허락, 추인할 수 있다는 공동대리설[98] 등이 있다.

② 이해상반행위 → 특별대리인 선임(민법 제921조)

친권자와 자 사이, 또는 수인의 자 사이에 이해가 상반되는 행위를 함에는 친권자는 법원에 특별대리인의 선임을 청구하여야 하며 이를 대리하지 못한다.

③ 미성년자의 근로계약체결과 임금청구

본인의 동의를 요하고(근로기준법 제53조, 제54조), 법정대리인이 대리하지 못한다(65조, 66조).

④ 영업의 허락과 대리권 소멸

미성년자에게 영업을 허락한 경우에는 그 영업에 관해서는 대리권이 소멸한다.

⑤ 후견인의 대리권 제한

후견인이 i) 영업을 하는 일, ii) 차재 또는 보증하는 일, iii) 소송행위를 하는 일, iv) 부동산 또는 중요한 재산에 관한 권리의 득실변경을 목적으로 하는 행위를 대리할 때에는 후견감독인의 동의를 얻어야 한다(950조, 945조, 951조). 후견감독인의 동의 없이 법률행위를 한 경우에는 후견감독인이나나 피후견인이 취소할 수 있다. 이때 상대방은 126조의 표현대리의 요건을 갖춘 경우 표현대리를 주장할 수 있다.

⑥ 미성년자 본인의 행위를 목적으로 하는 채무부담행위

미성년자 본인에게 신체적 구속을 초래할 내용의 행위(고용계약 등)를 대리함에는 미성년자 본인의 동의를 얻어야 한다(920조, 949조 2항).

---

96) 곽윤직, 92면 ; 이영준 873면.
97) 김주수, 116면 ; 김상용, 166면.
98) 이은영 177면.

⑦ **제3자가 미성년자에게 증여한 재산에 관하여 법정대리인의 관리를 배제하는 의사를 표시한 경우**에는 법정대리인의 대리권이 배제된다(제918조, 제956조). 부모 공동친권의 경우에는 부 또는 모중 어느 한쪽에 대해서만 관리권을 배제할 수 있다[99]

Ⅲ. 피성년후견인

1. 의 의

개정 민법에서는 종전의 금치산자제도를 대신하여 성년후견제도를 두었다. 종전에는 「심신상실의 상태에 있는 자」에 대해 일정한 자의 청구에 의해 「금치산선고」를 하게 되면 「금치산자」가 되어 후견인이라는 보호기관을 두는 규정을 개정하여, 성년후견제도로 개정하였다.

피성년후견인이란 「질병, 장애, 노령, 그 밖의 사유로 인한 정신적 제약으로 사무를 처리할 능력이 지속적으로 결여된 사람」에 대하여 일정한 자의 청구에 의하여 성년후견개시의 심판을 받은 자를 말한다(개정민법 제9조 1항). 사무처리능력이 지속적으로 결여된 사람이라도 성년후견개시의 심판을 받지 않았다면 피성년후견인이 아니다.

2. 성년후견개시심판의 요건

성년후견은 성년후견개시심판에 의하여 개시되는데, 성년후견개시심판을 하기 위한 요건으로는 「정신적 제약으로 사무를 처리할 능력이 지속적으로 결여」라는 실질적 요건과 「본인, 배우자, 4촌 이내의 친족, 미성년후견인, 미성년후견감독인, 한정후견인, 한정후견감독인, 특정후견인, 특정후견감독인, 검사 또는 지방자치단체의 장」의 청구라는 절차적 요건이 있어야 한다.

(1) 질병, 장애, 노령, 그 밖의 사유로 인한 정신적 제약으로 사무를 처리할 능력이 지속적으로 결여된 사람일 것

사무처리능력은 법률행위의 결과에 대해 인식하고, 판단할 수 있는 능력을 말한다. 서무처리능력의 존부는 개별 법률행위와의 관계에서 판단하는 것은 아니기 때

---

99) 고상용, 138면 ; 김상용, 167면 ; 김주수, 117면.

문에 사무처리능력은 법률행위와의 관계에서 상대적인 평가를 하는 의사능력과는 다른 개념이다. 따라서 사무처리능력을 결한 경우는 의사능력이 존재하지 않는 것으로 되지만 사무처리능력이 있어도 법률행위에 의해서는 의사능력이 없는 것으로 된다. 사무처리능력은 법적 평가이고, 정신의학적인 판단만으로 결정되는 것은 아니다. 지속적 결여는 때로 회복하더라도 통상은 그러한 상태에 있는 것을 말한다.

실질적 요건에 대해 정신적 제약과 능력의 지속적 결여의 두 요건이 필요한 것으로 보는 견해도 있으나[100] 정신적 능력의 제약이고 다만 그 정도가 「지속적 결여」인가 「부족」한 것인지에 따라 성년후견과 한정후견으로 나눈 것이다. 물론 사무를 처리할 능력이 부족하여 다른 사람의 도움이 필요한 경우를 「지속적 결여」와 「부족」으로 다 포섭되는지는 의문이다.

(2) 본인, 배우자, 4촌 이내의 친족, 미성년후견인, 미성년후견감독인, 한정후견인, 한정후견감독인, 특정후견인, 특정후견감독인, 검사 또는 지방자치단체의 장」의 청구가 있을 것

절차적 요건에서의 이번 개정법의 특징은 지방자치단체의 장이 청구권자로 들어왔다는 점이다[101]. 일본의 경우를 보면 지방자치단체의 장이 청구하는 경우는 건수는 적지만 성년후견제도의 이념에 부합되는 경우가 많아서 큰 의미가 있으므로 이번 개정법의 의미는 매우 크다고 생각한다. 검사의 청구권은 공익의 대변자라는 관점에서 인정되고 있다. 지방자치단체의 장은 치매에 걸린 고령자나 지적장애인 떠는 정신적 장애인에 대해 그 복지를 도모하기 위하여 특히 필요하다고 인정될 때 청구할 수 있다. 이것은 성년후견의 보호를 필요로 하는 자가 방치되지 않도록 하는 사회적 요청에 기해 이번 개정법률에서 인정된 것이다. 대상자는 당해 지방자치단체에 거주하는 자이지만 거주불명의 자에 대해서는 현재지의 지방자치단체의 장이 청구권을 가진다고 해석된다. 복지를 도모하기 위해 특히 필요하다고 인정될 때 청구권을 가지는 친족이 없거나 친족이 있더라도 서로 교류가 없는 경우 등 청구를 기대할 수 없는 경우본인 보호를 위해 성년후견이 필요한 경우를 말한다.

---

100) 백승흠, 성년후견제도의 도입과 과제, 법학논총 27집 1호, 한양대학교 법학연구소, 31면.

101) 일본의 경우에도 지방자치단체의 장이 청구권자이지만 민법에서 규정하지는 않고, 특별법에서 규정하고 있다.

⑶ 본인의사의 고려

가정법원에서 성년후견개시의 심판을 할 때에는 본인의 의사를 고려하여야 한다(개정민법 제9조 2항). 이는 피성년후견인의 자기결정권을 존중하기 위해서이다.

(4) 성년후견개시심판절차 : 필요적 선고

성년후견개시심판절차는 가사소송법 및 가사소송규칙에서 규정하고 있으며, 가정법원은 실질적·형식적 요건이 갖추어지면 가정법원은 반드시 성년후견개시의 심판을 하여야 한다. 성년후견개시의 공시는 무능력자제도에서처럼 가족관계등록부에 공시하지 않고(가사소송법 제9조, 가사소송규칙 7조 1항 2호)., 새로이 후견등기부에 의하도록 하였다.

3. 피성년후견인의 행위능력

⑴ 피성년후견인의 법률행위(재산상의 법률행위)는 가정법원이 날리 정하지 않은 한 완전히 유효한 법률행위를 하지 못하고, 원칙적으로 취소할 수 있다(10조 1항). 법정대리인인 성년후견인의 동의 유무를 불문하고 취소할 수 있다. 다만 다음의 두가지 예외가 있다.

하나는 가정법원에서 취소할 수 없는 피성년후견인의 법률행위의 범위를 정한 경우이다(10조 2항). 가정법원은 본인, 배우자, 4촌 이내의 친족, 성년후견인, 성년후견감독인, 검사 또는 지방자치단체의 장의 청구에 의하여 제2항의 범위를 변경할 수 있다(10조 3항).

다른 하나는 일용품의 구입 등 일상생활에 필요하고 그 대가가 과도하지 아니한 법률행위는 성년후견인이 취소할 수 없다(10조 4항).

⑵ 피성년후견인은 약혼(802조), 혼인(808조 2항), 협의이혼(835조) 등 친족법상의 법률행위는 성년후견인의 동의를 얻어 할 수 있다.

4. 법정대리인으로서의 성년후견인(929조, 930조)

가정법원의 성년후견개시심판이 있는 경우에는 그 심판을 받은 사람의 성년후견인을 두어야 하는데(929조), 가정법원에서 직권으로 선임한다(936조 1항). 가정법원이 성년후견인을 선임할 때에는 피성년후견인의 의사를 존중하여야 하며, 그 밖에 피성년후견인의 건강, 생활관계, 재산상황, 성년후견인이 될 사람의 직업과 경험, 피성년후견인과의 이해관계의 유무(법인이 성년후견인이 될 때에는 사업의 종류와 내용, 법인이나 그 대표자와 피성년후견인 사이의 이해관계의 유무를 말한다) 등의 사정도 고려하여야 한다(개정민법 제936조 4항).

개정법에서 달라진 것으로 성년후견인을 여러명 선임할 수도 있고(930조 2항), 성년후견인에는 법인도 될 수 있다 (930조32항).

5. 성년후견종료의 심판

성년후견개시의 원인이 소멸된 경우에는 가정법원은 본인, 배우자, 4촌 이내의 친족, 성년후견인, 성년후견감독인, 검사 또는 지방자치단체의 장의 청구에 의하여 성년후견종료의 심판을 한다(11조).

성년후견종료의 심판이 있게 되면 피성년후견인은 행위능력을 회복하고, 심판의 효력은 과거로 소급하지 않고 장래를 향하여 발생한다.

Ⅳ. 피한정후견인

1. 의 의

피한정후견인이란 질병, 장애, 노령, 그 밖의 사유로 인한 정신적 제약으로 사무를 처리할 능력이 부족한 사람으로서 일정한 자의 청구에 의하여 가정법원으로부터 한정후견개시의 심판을 받은 자를 말한다(12조 1항). 질병, 장애, 노령, 그 밖의 사유로 인한 정신적 제약으로 사무를 처리할 능력이 부족한 사람이더라도 한정후견개시의 심판을 받지 않은 자는 피한정후견인이 아니다.

2. 한정후견개시심판의 요건 및 선고절차

(1) 실질적 요건

① 질병, 장애, 노령, 그 밖의 사유로 인한 정신적 제약으로 사무를 처리할 능력이 부족할 것

가정법원은 질병, 장애, 노령, 그 밖의 사유로 인한 정신적 제약으로 사무를 처리할 능력이 부족하여야 한다.

② **낭비벽 요건의 삭제**

과거 한정치산선고의 요건이었던 낭비벽은 이번 성년후견제도를 새로 도입하는 과정에서 삭제되었다.

(2) 형식적 요건 : 청구권자에 의한 청구

본인, 배우자, 4촌 이내의 친족, 미성년후견인, 미성년후견감독인, 성년후견인, 성년후견감독인, 특정후견인, 특정후견감독인, 검사 또는 지방자치단체의 장의 청구가 있어야 한다.

구법에서는 미성년자의 후견인의 경우 청구할 수 있는지에 대해 견해의 대립이 있다. 미성년자와 한정치산자는 능력의 정도가 동일하므로, 미성년자에 대해 한정치산선고의 청구를 허용할 필요가 없다는 부정설[102]과 성년을 앞둔 미성년자에게 한정치산의 원인이 있는 경우에는 미리 그 선고를 받게 함으로써 보호상의 공백을 메울 수 있으므로 긍정하여야 한다는 긍정설[103](다수설), 원칙적으로는 청구할 수 없으나 성년이 되기 직전에는 청구할 수 있다는 견해[104]가 대립한다.

(3) 한정후견개시심판의 절차 : 필요적 선고

한정후견개시심판의 절차는 가사소송법 및 가사소송규칙에서 규정하고 있으며, 가정법원은 실질적·형식적 요건이 갖추어지면 반드시 한정후견개시심판을 하여야 한다(12조 1항). 한정후견개시의 공시는 후견등기부에 하게 된다.

3. 피한정후견인의 행위능력

피한정후견인은 과거 한정치산자와 달리 원칙적으로 행위능력이 있다. 가정법원은 피한정후견인이 한정후견인의 동의를 받아야 하는 행위의 범위를 정할 수 있는데, 이는 피한정후견인의 잔존능력을 최대한 활용할 수 있도록 하기 위한 것이다.

가정법원은 본인, 배우자, 4촌 이내의 친족, 한정후견인, 한정후견감독인, 검사

---

102) 곽윤직, 95면 ; 송덕수, 118면 ; 이은영, 164면.

103) 고상용, 134면 ; 김상용, 169면 ; 김용한, 114면 ; 김주수, 156면 ; 김증한/김학동, 126면 ; 명순구, 116-117면 ; 백태승, 164면 ; 서광민, 138면 ; 이영준, 875면 ; 지원림, 81면.

104) 이은영, 164면.

또는 지방자치단체의 장의 청구에 의하여 제1항에 따른 한정후견인의 동의를 받아야만 할 수 있는 행위의 범위를 변경할 수 있다(13조 2항).

한정후견인의 동의를 필요로 하는 행위에 대하여 한정후견인이 피한정후견인의 이익이 침해될 염려가 있음에도 그 동의를 하지 아니하는 때에는 가정법원은 피한정후견인의 청구에 의하여 한정후견인의 동의를 갈음하는 허가를 할 수 있다(13조 3항).

한정후견인의 동의가 필요한 법률행위를 피한정후견인이 한정후견인의 동의 없이 하였을 때에는 그 법률행위를 취소할 수 있다. 다만, 일용품의 구입 등 일상생활에 필요하고 그 대가가 과도하지 아니한 법률행위에 대하여는 그러하지 아니하다(13조 4항).

그러나 가족법상의 법률행위에 대해 미성년자와 피성년후견인에 대해서만 규정하고, 피한정후견인에 대해서는 규정을 두고 있지 않다. 여기서 한정후견인을 완전한 행위능력자로 다뤄야 하는지, 미성년자에 준하여 다뤄야 하는지 문제된다. 이는 무능력자제도하에서 한정치산자를 미성년자처럼 다루어야 하는지와 관련하여. 입법의 불비로서 미성년자, 금치산자와 동일하게 행위능력을 가지지 못한다는 견해[105]와 아무런 제한을 받지 않는다는 견해[106]가 대립하였던 것과 관련된다.

그런데 성년후견제도하에서 한정후견인은 원칙적으로 행위능력을 제한하는 것이 아니므로 당연히 가족법상의 법률행위에 대해서는 완전한 능력자로 다루어야 한다.

4. 법정대리인으로서 후견인

피한정후견인에게는 보호자로서 한정후견인을 두어야 한다(959조의 2). 한정후견인도 성년후견인처럼 여러명 둘 수 있고(959조의 3 제2항, 930조 3항). 법인도 한정후견인이 될 수 있다(959조의 3 제2항, 930조 3항). 가정법원에서 한정후견개시심판을 할 때에는 본인의 의사를 고려하여야 한다(제12조 2항에 의한 9조 2항 준용).

---

105) 곽윤직, 96면 ; 주해민법 303면.
106) 고상용, 136면 ; 김상용, 170면 ; 김용한, 115면 ; 김주수, 157면 ; 김증한/김학동, 127면 ; 명순구, 118면 ; 백태승, 165면 ; 서광민, 139면 ; 송덕수, 119면 ; 이영준, 876면 ; 이은영, 176면 ; 정기웅, 130면 ; 지원림, 81면.

(1) 한정후견인의 동의권

가정법원은 피한정후견인이 한정후견인의 동의를 받아야 하는 행위의 범위를 정할 수 있다(제13조 1항). 일용품의 구입 등 일상생활에 필요하고 그 대가가 과도하지 아니한 법률행위에 대하여는 동의를 요하지 않는다(제13조 4항 단서).

가정법원은 본인, 배우자, 4촌 이내의 친족, 한정후견인, 한정후견감독인, 검사 또는 지방자치단체의 장의 청구에 의하여 제1항에 따른 한정후견인의 동의를 받아야만 할 수 있는 행위의 범위를 변경할 수 있다(개정민법 제13조 2항).

한정후견인의 동의를 필요로 하는 행위에 대하여 한정후견인이 피한정후견인의 이익이 침해될 염려가 있음에도 그 동의를 하지 아니하는 때에는 가정법원은 피한정후견인의 청구에 의하여 한정후견인의 동의를 갈음하는 허가를 할 수 있다(개정민법 제13조 3항). 피한정후견인애개 상당정도의 판단능력이 있기 때문에 그 자기결정권을 한정후견인이 침해한 경우 가정법원이 대신하여 동의할 수 있도록 한 것이다.

(2) 한정후견인의 대리권

한정후견인은 성년후견인과는 달리 당연히는 법정대리인이 되지는 않는다. 본인 보호의 실효성을 도모하기 위하여 대리권이 필요한 경우 가정법원에서 대리권을 수여하는 심판을 받아야 한다(959조의4 제1항). 민법에서는 대리권수여심판을 청구할 수 있는 자에 대한 규정은 없지만 해석상 한정후견심판청구를 할 수 있는 자는 모두 청구할 수 있다고 해석하여야 할 것이다. 가정법원은 한정후견인이 피한정후견인의 신상에 관하여 결정할 수 있는 권한의 범위를 정할 수 있다(제959조의4 제2항에 의한 제938조제3항의 준용). 한정후견인에게 대리권이 수여된 후 그 권한의 범위가 적절하지 아니하게 된 경우에 가정법원은 본인, 배우자, 4촌 이내의 친족, 성년후견인, 성년후견감독인, 검사 또는 지방자치단체의 장의 청구에 의하여 그 범위를 변경할 수 있다(제959조의4 제2항에 의한 제938조 제4항의 준용).

일본은 자기결정권의 존중이라는 관점에서 대리권부여의 신청이 본인에 의하지 않은 경우에는 본인의 동의를 필요로 하고 있다(일본민법 876조의 4 제2항).

(3) 취소권

한정후견인의 동의가 필요한 법률행위를 피한정후견인이 한정후견인의 동의 없이 하였을 때에는 그 법률행위를 취소할 수 있다(13조 4항 본문). 이 취소권에 본인이 속임수를 쓴 경우에는 제한된다(17조 1항 2항).

5. 한정후견종료의 심판

한정후견개시의 원인이 소멸된 경우에는 가정법원은 본인, 배우자, 4촌 이내의 친족, 한정후견인, 한정후견감독인, 검사 또는 지방자치단체의 장의 청구에 의하여 한정후견종료의 심판을 한다(11조).

한정후견종료의 심판이 있으면 피한정후견인의 행위능력이 제한되고 있었다면 그 행위능력은 「장래에 향하여」 회복된다(소급효가 부정된다).

Ⅴ. 피특정후견인

1. 의 의

성년후견과 한정후견이 포괄적이고 지속적인 보호제도라고 한다면 개별적이고 일시적인 보호가 필요한 경우도 있을 수 있다. 이러한 경우를 위하여 이번 개정민법에서 새로 도입된 제도가 특정후견이다. 특정후견은 「일시적 후원 또는 특정한 사무에 관한 후원」이 필요한 경우에 이러한 사무만을 처리하기 위하여 영국의 정신능력법상의 제도를 참조하여 개정민법에서 새로 도입한 것으로 독특한 제도이다.

2. 특정후견심판의 요건

가정법원은 질병, 장애, 노령, 그 밖의 사유로 인한 정신적 제약으로 일시적 후원 또는 특정한 사무에 관한 후원이 필요한 사람에 대하여 본인, 배우자, 4촌 이내의 친족, 미성년후견인, 미성년후견감독인, 검사 또는 지방자치단체의 장의 청구에 의하여 특정후견의 심판을 한다(14조의 2 1항).

특정후견심판을 하기 위해서는 실질적 요건으로는 「질병, 장애, 노령, 그 밖의 사유로 인한 정신적 제약으로 일시적 후원 또는 특정한 사무에 관한 후원이 필요」하여야 하고, 절차적 요건으로는 「본인, 배우자, 4촌 이내의 친족, 미성년후견인, 미성년후견감독인, 검사 또는 지방자치단체의 장의 청구」가 있어야 한다(개정민법 제14조의 2 제1항). 특정후견은 일시적 또는 임시적인 제도라 할 수 있다. 특정후견은 본인의 의사에 반하여 할 수 없으나(개정민법 제14조의 2 제2항) 본인의 동의가 필수적인 것은 아니다.

특정후견은 개시와 종료를 따로 정할 필요는 없고, 특정후견에 의해 처리하여야 할 사무의 성질에 따라 정해지게 되므로 특정후견의 심판을 하는 경우에는 특정후견의 기간 또는 사무의 범위를 정하여야 한다(개정민법 제14조의 2 제3항). 성년후견이나 한정후견과는 달리 종료의 심판은 필요하지 않다. 사무처리가 종료되거나 기간이 경과되면 당연히 특정후견은 종료된다.

3. 특정후견의 내용

특정후견에 따른 보호조치로 가정법원은 피특정후견인의 후원을 위하여 필요한 처분을 명할 수 있는데(959조의 8), 처분은 재산관리에 관한 것일 수도 있고, 신상보호에 관한 것일 수도 있다. 그 처분으로는 피특정후견인을 후원하거나 대리하기 위한 특정후견인을 선임할 수 있다(959조의 9 제1항).

특정후견인은 복수로도 선임할 수 있고, 법인이 될 수도 있다(959조의 9 제2항에 의한 제930조제2항 · 제3항 준용).

가정법원은 피특정후견인의 후원을 위하여 필요하다고 인정하는 경우 기간이나 범위를 정하여 특정후견인에게 대리권을 수여하는 심판을 할 수 있고(959조의 11 제1항), 이 경우 가정법원은 특정후견인의 대리권 행사에 가정법원이나 특정후견감독인의 동의를 받도록 명할 수 있다(959조의11 제2항).

4. 피특정후견인의 행위능력

특정후견의 심판이 있어도 피특정후견인의 행위능력에는 아무런 영향을 미치지 않는다. 가정법원에서 특정후견인에게 대리권을 수여하는 심판을 하여 특정후견인에게 대리권이 부여되더라도 그 법률행위에 관하여 피특정후견인의 행위능력은 제한되는 것이 아니다.

5. 성년후견개시심판, 한정후견개시심판과의 관계

특정후견은 성년후견이나 한정후견과는 달리 종료의 심판은 필요하지 않다. 사무처리가 종료되거나 기간이 경과되면 당연히 특정후견은 종료된다. 다만 가정법원이 피특정후견인에 대하여 성년후견개시의 심판이나 한정후견개시의 심판을 할 때에는 종전의 특정후견의 종료 심판을 한다(14조의 3 제1항, 2항).

Ⅵ. 제한능력자의 상대방 보호

1. 상대방 보호의 필요성

제한능력자의 법률행위는 제한능력자 본인이나 그 법정대리인이 취소할 수 있고(140조), 그 취소로 선의의 제3자에 대해서도 대항할 수 있고, 취소하게 되면 그 법률행위는 소급적으로 무효가 되는데(141조), 취소할 것인가는 제한능력자 측에서만 결정할 수 있으므로 제한능력자와 거래한 상대방은 불안정한 상태에 놓이게 된다. 여기서 제한능력자를 보호하기 위해 희생되는 상대방을 보호하기 위한 제도가 필요하다. 민법은 확답촉구권(15조), 철회권 거절권(16조), 제한능력자측의 취소권배제(17조)를 규정하고 있다.

2. 상대방의 확답촉구권

(1) 의 의

제한능력자의 상대방이 가지는 확답촉구권이란 제한능력자측이 취소할 수 있는 행위를 취소할 것인지 여부의 확답을 촉구할 수 있는 권리로서, 확답이 있게되면 그 확답에 따라 취소 또는 추인의 효과가 발생하고, 확답이 없는 경우에는 법률의 규정에 의해 경우에 따라서 취소 또는 추인의 효과가 발생한다(일반적인 최고는 법률의 규정이 없어도 얼마든지 할 수 있으나 최고가 법률에 규정되어 있는 경우, 법률은 일정한 법률효과를 부여하고 있다).

(2) 성 질

확답촉구에 의해 생기는 법률효과는 확답을 촉구한 자의 의사에 의해 생기는 것이 아니라 법률규정에 의해 정하여 지므로, 확답촉구권은 준법률행위의 일종인 의사의 통지로 파악되며, 권리자의 일방적 의사표시에 의해 법률관계의 변동을 일으키게 하는 권리이므로, 일종의 형성권이다.[107]

---

107) 이에 대해 최고(확답촉구)의 효과가 무능력자(제한능력자) 측의 확답이 없는 경우에 한하여 보충적으로 생긴다는 점을 들어 형성권이라고 할 수 없다는 주장이 있다(이은영, 180면).

(3) 확답촉구의 방법

제한능력자의 상대방은 확답촉구권을 행사하려면 ① 취소할 수 있는 행위를 적시하고, ② 1월 이상의 유예기간을 정하고 ③ 추인할 것인지 여부의 확답을 요구하여야 한다(15조 1항).

(4) 확답촉구의 상대방

확답촉구의 상대방은 확답촉구를 수령할 능력이 있고(112조), 추인할 수 있는 자이어야 한다(140조, 143조). 따라서 제한능력자는 능력자로 된 후에는 확답촉구의 상대방이 될 수 있고(15조 1항), 능력자로 되기 전에는 법정대리인만이 상대방이 된다(15조 2항). 확답촉구의 상대방이 아닌 자에 대한 확답촉구는 효력이 없다.

(5) 확답촉구의 효과

① 추인 또는 취소의 확답을 하는 경우

확답촉구를 받은 자가 유예기간 내에 취소 또는 추인의 확답을 하면 그에 따른 효과가 발생하는데, 이는 취소 또는 추인이라는 의사표시의 효과이며, 확답촉구 자체의 효과는 아니다.

② 확답이 없는 경우

법정대리인이 단독으로 추인할 수 있는 경우에는 추인한 것으로(15조 2항), 단독으로 추인할 수 없고 특별절차를 밟아야 추인할 수 있는 경우는, 기간 내에 절차를 밟은 확답을 발하지 않으면 그 행위는 취소한 것으로 본다(15조 3항). 여기서 특별절차는 법정대리인인 후견인이 민법 950조 1항 1호 내지 3호의 사항에 관한 법률행위를 함에 후견감독인의 동의를 얻어야 하는 것이다.

3. 철회권과 거절권

(1) 제도의 취지

15조의 확답촉구에는 1개월 이상의 유예기간이 필요하고, 법률행위의 효력의 확정이 제한능력자 측의 확답에 의해 좌우되므로, 상대방이 적극적으로 행위의 효력발생을 원하지 않을 때는 유용하지 못하여, 민법은 16조에서 상대방이 제한능력자와 한 행위의 효력을 적극적으로 부인하여 그 구속으로부터 벗어날 수 있도록 하기 위해서, 상대방에게 철회권과 거절권을 제도를 인정하고 있다.

(2) 계약의 철회권

제한능력자와 체결한 계약은 제한능력자 측에서 추인하기 전에 상대방은 그 의사표시를 철회할 수 있다(16조 1항). 상대방의 철회권은 계약에 관해 인정된다. 철회의 대상이 되는 것이 계약체결시에 한 상대방의 청약 또는 승낙의 의사표시이다. 철회의 의사표시는 법정대리인 또는 제한능력자에게도 할 수 있다(16조 3항: 상대방 있는 단독행위).

상대방이 계약당시에 제한능력자임을 알았을 때는 철회권이 인정되지 않는다(16조 1항 단서). 이러한 상대방은 보호의 필요성이 없기 때문이다.

상대방의 철회가 있게 되면 계약은 소급하여 소멸된다. 계약상의 채권 채무가 이행된 경우에는 부당이득반환의 문제가 생기는데, 이는 취소에 준해 처리된다.

(3) 단독행위의 거절권

제한능력자의 단독행위는 제한능력자 측에서 추인할 때까지 상대방은 거절할 수 있다(16조 2항). 거절권을 행사하면 제한능력자의 단독행위는 무효가 된다. 여기서의 단독행위는 채무면제, 상계와 같은 상대방 있는 단독행위를 의미하고, 유언이나 재단법인설립행위와 같은 상대방없는 단독행위는 문제되지 않는다.

거절권은 제한능력자의 상대방이 의사표시를 수령할 때 표의자가 제한능력자임을 알았더라도 행사할 수 있는지 문제되는데, 단독행위는 제한능력자의 일방적 의사표시만 있고, 상대방은 그 의사표시를 수령한데 지나지 않으므로 제한능력자임을 알고 있다하여 상대방에게 책임을 물을 수는 없기 때문이다[108].

거절의 의사표시는 법정대리인 뿐만 아니라 제한능력자에 대해서도 할 수 있다(16조 3항).

---

108) 고상용, 143면 ; 곽윤직, 103면 ; 김증한/김학동, 134면 ; 백태승, 172면 ; 이영준, 880면 ; 이은영, 182-183면 ; 정기웅, 138면.

4. 취소권의 배제

(1) 의의(입법이유)

제한능력자가 상대방으로 하여금 자기가 능력자임을 오신하게 하거나 법정대리인의 동의가 있는 것으로 오신하게 하기 위해 속임수를 쓴 경우, 제한능력자를 보호할 필요가 없으므로, 상대방은 사기를 이유로 자신의 의사표시를 취소하거나(110조), 불법행위를 이유로 손해배상을 청구할 수 있다(750조). 그러나 이들 방법으로는 상대방의 보호에 충분하지 않기 때문에 민법은 속임수를 쓴 제한능력자의 취소권을 배제하여(17조) 법률행위가 처음에 예기한 대로의 효과를 발생케 하여 거래안전을 도모하고 있다(능력자와 거래한다는 상대방의 신뢰를 보호).

(2) 요 건

① 제한능력자가 자기를 능력자로 믿게 하려고 하였거나(17조 1항), 미성년자나 피한정후견인이 법정대리인의 동의가 있는 것으로 믿게 한 경우이어야 한다(17조 2항). 앞의 경우에는 피성년후견인도 포함되지만 뒤의 경우에는 피성년후견인은 포함되지 않는다. 이는 피성년후견인은 법정대리인의 동의가 있어도 언제나 취소할 수 있기 때문이다.

② **속임수[109]를 썼어야 한다**.

속임수란 기망수단을 말하는데 어느 정도이어야 하는지에 대해서는 견해가 대립된다.

i) 적극설[110](소수설, 판례)

가족관계증명서나 주민등록증을 위조하거나 법정대리인의 동의서를 위조하여 제시하는 등의 적극적인 기망수단을 쓴 경우에만 속임수로 보는 견해로, 상대방의 오신을 무익하거나 침묵하는 것으로는 속임수가 되지 않는다고 보고 있다. 판례[111]도 「민법 제17조에 이른바 무능력자(제한능력자)가 속임수로써 능력자로 믿게한 때에 있어서의 사술(속임수)을 쓴 것이라 함은 적극적으로 사기수단을 쓴 것

109) 개정전에는 사술(詐術)이라고 하였다.

110) 이은영, 184면. 고상용 교수는 기본적으로 다수설에 찬성하면서 단순한 침묵까지 속임수로 보는 것에는 의문을 제기하면서 무능력자(제한능력자) 보호와 상대방 보호 및 거래안전의 보호 사이에 구체적 타당성 있는 조화점을 찾아야 한다고 한다(고상용, 138면).

111) 대판 1971.12.14, 71다2045.

을 말하는 것이고 단순히 자기가 능력자라 사언함은 사술(속인수)을 쓴 것이라고 할 수 없다」고 하여 적극설의 입장이다. 17조는 제한능력자 보호의 예외이므로 엄격하게 해석하여야 하므로 판례가 타당하다고 한다.[112]

ii) 소극설[113]

적극적인 기망수단뿐만이 아니라, 침묵 등 부작위를 포함하는 기망수단으로 오신을 유발하거나 오신을 강하게 하는 것도 속임수에 해당한다고 보는 견해이다. 이 견해는 자신이 능력자라고 일컫는 것도 속임수가 될 수 있다고 한다.

iii) 사 견

속임수를 좁게 해석하는 판례와 소수설의 태도는 제한능력자 본인의 보호에 치중하고 있는데 반해, 속임수를 넓게 해석하는 다수설은 제한능력자 본인의 보호보다는 상대방의 보호와 거래의 안전을 더욱 중요시하는 견해이다. 제한능력자제도를 거래안전을 희생시키면서도 소수자인 제한능력자를 보호하는 제도라고 본다면 적극설의 입장이 타당하다고 생각된다.

③ **제한능력자의 속임수에 의하여** 상대방이 능력자로 믿거나 또는 법정대리인의 동의가 있다고 믿어야 한다.

오신에 대한 입증책임은 제한능력자 측에서 상대방의 오신부존재를 입증하여야 하다는 견해[114]도 있으나 상대방이 부담한다고 보는 것이 타당하다.[115]

④ **상대방은 그러한 오신으로 말미암아 제한능력자와 법률행위를 했어야 한다.**

제한능력자의 속임수와 상대방의 오신, 또한 오신과 법률행위간에 인과관계가 있어야 한다.

(3) 효 과(취소권의 배제)

이상의 요건이 갖추어지면 제한능력자 본인, 법정대리인 기타의 취소권자는 제한능력을 이유로 취소하지 못한다(17조 1항, 2항). 취소권이 상실되면 제한능력자

---

112) 박영복, 82면.

113) 곽윤직, 104면 ; 김상용, 178면 ; 김용한, 124면 ; 김주수, 168면 ; 김증한/김학동, 134면 ; 백태승, 173면 ; 이영준, 881면 ; 정기웅, 140면 ; 주해민법 1, 327면.

114) 고상용, 147면 ; 백태승, 174면 ; 정기웅, 140면.

115) 대판 1971, 12. 14, 71다2045.

와 상대방 사이의 법률행위는 확정적으로 유효하게 된다.

실제사례에서는 제한능력자 측에서 상대방에게 취소의 의사표시를 하는 경우, 상대방은 속임수가 있었음을 주장, 증명하여 취소에 대항할 수 있다.

[4] 주소

Ⅰ. 서설(사람과 장소의 관계)

주소란 사람의 생활의 근거가 되는 곳을 말한다(18조 1항). 민법상 부재와 실종의 기준이 되고, 채무의 이행지, 상속개시지에서 법적 의미가 있고, 민사소송법에서는 관할의 기준이 된다. 또 공법상 선거권 및 선거권행사에서 기준이 되는 등 주소는 중요한 의미를 가지고 있다. 이러한 모든 법에 관련이 있는 주소라는 개념에 대해 민법은 생활의 근거라고 표현하고 있다.

◈ 주소와 구별되는 개념들

개념	내용
본적지	구 호적법상의 개념으로서 친족법상의 家의 소재지를 말하며, 재산법상의 의미는 적다
주민등록지	본적지 이외에서 30일 이상 거주할 목적으로 특정한 장소에 주소 또는 거소를 갖는 자가 주민등록법에 의하여 등록하는 장소를 말한다. 주민등록지는 반증이 없는 한 주소로 추정된다
사업소·영업소	사업소는 사람이 사무를 집행하는 장소이고, 영업소는 영업을 하는 장소로서 본점과 지점이 있다.
법률행위지	법률행위가 이루어진 장소로서 섭외관계에 있어서 일정한 경우에 준거법을 결정하는 표준이 된다.
재산소재지	재산이 존재하는 장소를 말하며 채무변제의 제공(제467조), 임치물의 반환장소(제700조), 관할결정(민소법 제9조) 등 다양한 법률효과가 인정된다.

Ⅱ. 주소에 관한 입법주의

1. 형식주의와 실질주의

주소를 어떠한 표준에 따라 정하느냐를 두고 형식주의와 실질주의가 있다. 형식주의는 형식적 표준에 의하여 주소를 획일적으로 결정하는 입법주의이고, 실질주의는 생활의 실질적 관계에 의하여 구체적으로 주소를 결정하는 입법주의이다(우리 민법의 태도 : 이설 없음).

◆ 판 례

"민법 제18조 제1항은 생활의 근거되는 곳을 주소로 한다고 규정하는데, 생활의 근거가 되는 곳이란 생활관계의 중심적 장소를 말하고 이는 국내에서 생계를 같이 하는 가족 및 국내에 보유하고 있는 자산의 유무 등 생활관계의 객관적 사실에 따라 판정해야 한다." (대판 1990.8.14. 89누8064).

2. 의사주의와 객관주의

주소를 결정할 때 정주의 사실만으로 결정하는 객관주의와 정주의 사실 외에 정주의 의사를 요건으로 하여 주소를 결정하는 의사주의가 있다. 독일, 프랑스, 스위스가 의사주의를 취하고 있다. 의사제한능력자를 위한 법정주소제도가 없다는 점에서 우리 민법은 객관주의를 취한 것으로 해석하고 있다.

의사주의의 경우 정주의 의사를 외부에서 알기 어렵기 때문에 제3자에게 불측의 불이익을 줄 가능성이 있다.

3. 단일주의와 복수주의

주소의 개수와 관련하여 하나의 주소만 둘 수 있는 단일주의와 두 개 이상을 둘 수 있는 복수주의가 있다. 우리 민법은 복수주의를 취하고 있다(18조 2항).

우리 민법이 복수주의를 취한 것은 현대의 복잡한 생활관계에서 사람의 활동의 장소적 중심을 하나로 한하지 않고, 각종 생활관계에 대해 각각의 중심을 인정하여야 하기 때문이다.

Ⅲ. 주소의 법률상 효과

민법상 효과	다른 법률에 의한 효과
① 부재와 실종의 표준(민법 제22, 27조) ② 법인 사무소의 소재지(민법 제36조) ③ 변제의 장소를 정하는 표준(민법 제467조) ④ 상속의 개시지(민법 제998조)	① 어음법상 어음행위의 장소(어음법 제2조) ② 수표법상 수표행위의 장소(수표법 제8조) ③ 민사소송법상 재판관할의 표준(민소법 제2조) ④ 민사소송법상 부가기간 결정의 기준(민소법 제159조 2항) ⑤ 섭외사법상 준거법의 표준(섭외사법 제2조) ⑥ 국적법상 일반귀화와 국적회복의 요건(국적법 제5조 내지 제9조)

Ⅳ. 거소(19조, 20조), 현재지, 가주소(21조)

1. 거 소

민법은 주소와는 달리 거소에 대한 정의규정은 없다. 거소란 사람이 상당한 기간 계속하여 거주하는 장소로서 주소의 정도에 이르지 않는 곳을 말한다. 예컨대 지방출신학생이 서울로 유학하여 하숙하는 경우 하숙지인 서울이나, 병을 치료하기 위하여 요양하러 간 경우의 요양지 등을 가리킨다.

거소는 주소를 알 수 없는 경우(19조), 국내에 주소가 없는 자에 대해 거소를 주소로 본다(20조).

주소와 거소는 함께 있을 수 없다. 거소는 주소를 알 수 없을 때와 국내에 주소가 없을 때에 거소를 주소로 본다.

2. 가주소(21조)

어떤 거래에 있어서 일정한 장소를 선정하여 그 거래관계에서 주소로서의 기능을 부여한 장소를 말한다. 가주소를 정한 때에는 당해 거래에 관하여는 이를 주소로 본다(21조).

가주소가 설정되면 그 행위에 관하여는 이를 주소로 봄으로 원칙적으로 본 주소는 배제되는 것으로 추정된다.

3. 현재지

장소적 관계가 거소 보다도 희박한 곳을 말한다. 현재지는 거소보다 약한 개념으로 재산법상 법률효과가 인정되는 경우는 없다.

[5] 부재와 실종

Ⅰ. 서 설

1. 부재와 실종에 관한 민법의 태도

사람이 그의 주소를 떠나 용이하게 돌아올 가망성이 없는 경우는, 그의 잔존재산을 관리하여 직접적으로는 재산소유자인 부재자를 보호하고, 나아가 잔존배우자나 상속인을 보호하는 조치를 취할 필요성이 있게 된다. 우리 민법은 두단계의 조치를 취하는데, 1단계에서는 아직 생존하는 것으로 보고 그러한 자를 부재자라 하고, 그의 재산을 관리하기 위한 필요한 조치를 하는 부재자 재산관리제도를 두고, 그러한 부재자중 생사불명상태가 장기간 계속되는 경우 2단계로 넘어가 일정한 자의 청구로 실종선고를 하여 사망한 것으로 보아 그 자를 중심으로 하는 법률관계를 확정, 종결케 하는 실종선고제도를 두고 있다.

이와 유사한 제도로 '부재선고 등에 관한 특별조치법'에 의한 부재선고제도와 특별실종선고제도가 있는데, 이 두 제도는 모두 6. 25 사변과 관련된 것으로 후자는 시행기간이 만료되어 현재는 폐지되었고, 전자만이 아직 시행되고 있다.

Ⅱ. 부재자의 재산관리

부재자의 재산관리 - 상속인이라든가 채권자 등 이해관계인의 이해를 그리고 국가이익, 국민경제상의 이익을 도모하려는 제도이다(대결 1976, 12. 21, 75마551).

◆ 판 례

법원의 처분허가를 받은 부재자의 재산관리인이라 할지라도 부재자를 위한 것이 아닌 처분행위는 권한을 넘는 것이고, 그러한 경우 특별한 사정이 없는 한 거래의 상대방으로서는 그 권한이 있다고 믿는 것이 선의 · 무과실이라 할 수 없다(대판 1976, 12. 21, 75마551).

1. 부재자의 의의

부재자란 종래의 주소나 거소를 떠나서 당분간 돌아올 가망이 없어서, 종래의 주소나 거소에 있는 그의 재산이 관리되지 못하고 방치되어 있는 상태에 있는 자를 말한다. 판례도 부재자의 개념을 그의 잔류재산을 관리할 필요성이 있는가를 기준으로, 종래 주소나 거소를 떠나 있는 자라 해도, 그의 주소가 분명하고 그의 소유재산을 관리인을 통해 관리하고 있는 경우는 부재자라 할 수 없다고 판시하고 있다(대판 1960.4.21, 4292민상252). 부재자는 잔류재산을 관리할 필요성이 있으면 인정되고, 생사불명이어야 하는 것은 아니다. 생존이 분명한 자도 부재자가 될 수 있고, 생사불명인 자도 실종선고를 받을 때까지는 부재자이다.

부재자의 재산관리인이 있어도 반드시 재산관리인을 통해 법률행위를 하여야 하는 것은 아니며, 부재자는 본인으로서 독립하여 법률행위를 할 수 있다.

부재자는 자연인에 한하여 인정되고, 법인에 대해서는 부재자 개념을 인정할 수 없다.

2. 부재자의 재산관리

(1) 민법은 부재가가 스스로 재산관리인을 둔 경우와 재산관리인을 두지 않은 경우를 구별하여, 전자의 경우에는 본인의 의사를 존중하여 부득이한 경우에만 법원이 간섭하도록 하고, 후자의 경우에는 폭넓게 간섭할 수 있도록 하고 있다.

(2) 부재자 자신이 관리인을 둔 경우

① 원 칙

부재자가 선임한 관리인은 부재자의 수임인이며, 임의대리인이므로, 그의 권한·관리의 방법 등은 모두 부재자와 관리인 사이의 계약(위임계약)에 의하여 정하여 진다(680조 이하). 부재자가 관리인에게 재산처분권까지 위임한 경우에는 그 관리인이 그 재산을 처분할 때에는 가정법원의 허가를 받을 필요가 없다[116]. 대리권의 범위에 관하여 계약에서 정한 바가 없으면 민법 제118조에 의하여 "관리행

116) 대판 1973, 7. 24, 72다2136.

위"만(보존행위, 이용행위, 개량행위만)을 할 수 있을 뿐이다. 가정법원의 간섭은 원칙적으로 불필요하다.

② **특칙(사정변경에 의하여 가정법원의 간섭 시작)**

i) 관리권이 소멸한 경우

관리인의 관리권이 소멸한 때에는 그때부터 관리인이 처음부터 없었던 경우와 동일(22조)하게 보아 본인이 관리인을 두지 않은 경우와 마찬가지의 조치를 한다.

ii) 부재자의 생사가 불명하게 된 경우

부재자 본인의 감독이 미치지 못하므로, 가정법원은 재산관리인, 이해관계인 또는 검사의 청구에 의해 재산관리인을 개임할 수 있다(23조). 가정법원에서 재산관리인을 개임하는 경우에는 그 때부터 부재자가 재산관리인을 두지 않은 경우와 동일하게 취급한다. 가정법원은 재산관리인을 개임하지 않고 유임시키면서 감독만 할 수도 있다. 유임시킨 채로 감독만 하는 경우에는 가정법원은 관리인에 대하여 재산목록작성·재산 보존에 필요한 처분을 명하고(24조 3항), 관리인이 당초의 권한을 넘는 행위를 할 때에는 허가를 얻도록 하고 있고(25조 후단), 재산관리인으로 하여금 상당한 담보를 제공하게 할 수 있으며(26조 1항), 부재자의 재산으로 상당한 보수를 지급할 수 있다(26조 3항).

◆ 판 례

부재자가 6.25사변전부터 가사 일체와 재산의 관리 및 처분의 권한을 그 모인 "갑"에 위임하였다 가정하더라도 "갑"이 부재자의 실종후 법원에 신청하여 동 부재자의 재산관리인으로 선임된 경우에는 부재자의 생사가 분명하지 아니하여 민법 제23조의 규정에 의한 개임이라고 보지 못할바 아니므로 이때부터 부재자의 위임에 의한 "갑"의 재산관리 처분권한은 종료되었다고 봄이 상당하고, 따라서 그 후 "갑"의 부재자 재산처분에 있어서는 민법 제25조에 따른 권한 초과 행위 허가를 받아야 하며 그 허가를 받지 아니하고 한 부재자의 재산매각은 무효이다(대판 1977.3.22, 76다1437).

(3) 부재자 자신이 관리인을 두지 않은 경우

1) 재산관리에 필요한 처분

가정법원은 이해관계인 또는 검사의 청구에 의해 재산관리에 필요한 처분을 명하여야 한다(22조 1항). 이해관계인은 부재자의 재산관리에 법률상 이해관계를 가지는 자를 말하며, 상속인, 배우자, 부양청구권자, 채권자, 보증인 등이 이에 속한다.

가정법원이 명할 수 있는 「재산관리에 필요한 처분」으로는 재산관리인의 선임(가사소송규칙 41조)·잔류재산의 봉인, 경매 등(가사소송규칙 40조-49조)이 있으나, 재산관리인의 선임이 일반적인 방법이다.

2) 선임된 관리인

i) 지 위

부재자의 재산관리인은 부재자 본인의 의사에 의하여 선임되는 것이 아니고 법원에 의해 선임되었으므로 일종의 법정대리인이다. 재산관리인은 언제든지 사임할 수 있고(가사소송규칙 42조 2항), 가정법원은 개임할 수 있다(가사소송규칙 42조 1항).

ii) 권 한

재산관리인은 부재자의 재산에 관하여 관리행위(118조의 보존·이용·개량 행위)는 자유롭게 할 수 있으나, 이를 초과하는 처분행위를 하려면 반드시 가정법원의 허가를 얻어야 한다(25조 전단). 법원의 허가는 처분행위가 행해지기 전에 얻어야 하지만 처분행위가 행해진 후에 허가를 얻어도 된다. 부재자 재산관리인이 권한초과행위에 대하여 허가신청절차를 이행하기로 약정하였음에도 이를 태만히 할 경우 상대방은 허가신청절차의 이행을 소구할 수 있다[117]. 처분허가를 받은 경우 처분방법은 재산관리인이 임의로 정할 수 있다. 매각을 허가받은 재산에 대해 담보제공을 위하여 다시 허가받을 필요는 없다. 법원의 허가 없는 처분행위는 무효가 된다(대판 1977.3.22, 76다1437). 재산관리인이 법원의 허가범위를 넘는 처분행위를 한 때에는 무권대리가 되고, 상대방이 선의 무과실이라 하더라도 권한을 넘는 표현대리는 성립하지 않는다.[118]

관리인의 권한은 선임결정이 취소되지 않는 한 부재자에 대한 실종선고기간이 만료되거나[119] 부재자의 사망이 확인된 후에도 소멸하지 않는다.[120]

---

117) 대판 2000, 12. 26, 99다19278.
118) 대결 1976, 2. 26, 71스3.
119) 대판 1981, 7. 28, 80다2668.
120) 대판 1967, 2. 21, 66다2352 ; 대판 1971, 3. 23, 71다189.

◆ 판 례

✧ [1] 부재자 재산관리인의 부재자 소유 부동산에 대한 매매계약에 관하여 부재자 재산관리인이 권한을 초과하여서 체결한 것으로 법원의 허가를 받지 아니하여 무효라는 이유로 소유권이전등기절차의 이행 청구가 기각되어 확정되었다고 하더라도, 패소판결의 확정 후에 위 권한초과행위에 대하여 법원의 허가를 받게 되면 다시 위 매매계약에 기한 소유권이전등기청구의 소를 제기할 수 있다.

[2] 법원의 선임에 의한 부재자 재산관리인이 권한을 초과하여서 체결한 부동산 매매계약에 관하여 허가신청절차를 이행할 것을 약정하는 것은 관리권한행위에 해당한다고 할 것이고, 이러한 약정을 이행하지 아니하는 경우 매수인으로서는 재산관리인을 상대로 하여 그 이행을 소구할 수 있다.

[3] 재산관리인이 부재자를 대리하여 부재자 소유의 부동산을 매매하고 매수인에게 이에 대한 허가신청절차를 이행하기로 약정하고서도 그 이행을 하지 아니하여 매수인으로부터 허가신청절차의 이행을 소구당한 경우, 재산관리인의 지위는 형식상으로는 소송상 당사자이지만 그 허가신청절차의 이행으로 개시된 절차에서 만일 법원이 허가결정을 하면 재산관리인이 부재자를 대리하여서 한 매매계약이 유효하게 됨으로써 실질적으로 부재자에게 그 효과가 귀속되는 것이므로 법원에 대하여 허가신청절차를 이행하기로 한 약정에 터잡아 그 이행을 소구당한 부재자 재산관리인이 소송계속 중 해임되어 관리권을 상실하는 경우 소송절차는 중단되고 새로 선임된 재산관리인이 소송을 수계한다고 봄이 상당하다(대판 2002. 1. 11, 2001다41971).

✧ 법원의 처분허가를 얻었다 하더라도 부재자와 아무런 관계가 없는 남의 채무의 담보만을 위하여 부재자 재산에 근저당권을 설정하는 행위는 통상의 경우 객관적으로 부재자를 위한 처분행위로서 당연하다고는 경험칙상 볼 수 없다(대결 1976.12.21.자 75마551).

iii) 권 리

재산관리인은 보수청구권을 가지므로(26조 2항) 법원은 부재자의 재산으로 상당한 보수를 지급할 수 있다. 또 재산관리인이 재산관리를 위해 지출한 필요비와 그 이자 및 과실 없이 받은 손해의 배상을 청구할 수 있다(24조 2항, 688조). 이 경우 판례에 의하면 재산관리비용청구는 가정법원이 아닌 통상법원에 청구하여야 한다.[121][122]

iv) 의 무

재산관리인은 가정법원에 의해 임명되므로 부재자와의 사이에 계약관계가 없지만, 직무의 성질상 부재자와의 위임계약에 의해 재산을 관리하는 경우와 동일한 의무를 부담하는 것으로 해석하고 있다. 관리인은 선량한 관리자의 주의로 직무를 처리하여

121) 대결 1971, 2. 26, 71스3.

122) 이에 대한 비판으로는 곽윤직, 187면 참조.

야 하고(선관주의의무: 681조), 관리할 재산목록작성(24조 1항), 재산보존을 위해 가정법원이 명하는 처분의 수행(24조 2항), 담보제공(26조 1항) 등의 의무를 부담한다.

3) 재산관리의 종료

부재자의 재산을 관리할 필요가 없게 되면 재산관리는 종료한다. ① 부재자가 그 후에 스스로 재산관리인을 둔 때(22조 2항), ② 본인 스스로 재산관리를 할 수 있게 된 때, ③ 본인의 사망이 분명하게 되거나 실종선고가 있는 때에는 가정법원은 본인 또는 이해관계인의 청구에 의해 명한 처분을 취소해야 한다(22조 2항). 가정법원이 명한 처분을 취소하면 그 취소의 효력은 통상의 취소와는 달리 소급하지 않고 장래에 향해서만 효력이 있다. 따라서 취소전에 재산관리인이 그의 권한내에서 한 행위는 그대로 유효하다. 재산관리인 선임결정이 취소되기 전에 재산관리인의 처분행위에 기하여 경료된 등기는 법원의 처분허가 등 모든 절차를 거쳐 적법하게 경료된 것으로 추정된다.[123)]

Ⅲ. 실종선고

1. 의 의

실종선고(Todeserklärung)는 부재자의 생사불명의 상태가 장기에 걸쳐서, 사망의 개연성은 크지만 사망의 확증도 없는 경우에, 일정한 요건하에 법원이 실종선고를 하고, 일정시기를 표준으로 하여 사망과 동일한 법률효과가 생기게 함으로써, 그 부재자를 둘러싼 법률관계를 확정시키려는 제도이다. 이러한 실종선고를 받은 자를 실종자라 한다.

2. 실종선고의 요건

(1) 부재자의 생사불명

생사불명이란 생존의 증명도 사망의 증명도 할 수 없는 상태를 말한다. 그런데 생사불명은 모든 사람에게 불명일 필요는 없고, 법원·청구권자에게 불명이면 족하다. 판례는 호적상 이미 사망한 것으로 기재되어 있는 자는 그 호적상 사망기재

123) 대판 1991. 11. 26, 91다11810.

의 추정력을 뒤집을 수 있는 자료가 없는 한 그 생사가 불분명한 자라고 볼 수 없어 실종선고를 할 수 없다고 한다.[124)]

(2) 실종기간의 경과

생사불명이 일정기간 동안 계속되어야 한다. 이 기간을 「실종기간」이라 한다. 사망의 개연성 정도에 따라 보통실종과 특별실종으로 나누어 실종기간을 달리 하고 있다. 이 실종기간의 경과는 실종선고 신청의 요건인지 실종선고의 요건[125)]에 불과한지 논의된다. 후자로 해석하면 신청시에는 실종기간이 경과하지 않아도 되고 그후 실종기간이 경과하면 법원은 실종선고를 할 수 있게 된다. 생각건대 실종기간이 경과하여야 비로소 사망의 가능성이 커서 실종선고를 준비하여야 하므로 기간경과 전에 신청, 고시최고 등을 거친 후 선고만 기간경과 후에 하면 된다는 것은 법의 취지에 맞지 않는다고 생각된다.

① 보통실종의 경우

보통실종의 실종기간은 5년이다(27조 1항). 실종기간의 기산점은 부재자의 생존을 증명할 수 있는 최후의 시점(最後 消息時)이다(학설일치).

② 특별실종의 경우

민법은 특별실종으로 ⅰ) 전지에 임한 자(전쟁실종), ⅱ) 침몰한 선박 중에 있던 자(선박실종), ⅲ) 추락한 항공기 중에 있던 자(항공기실종), ⅳ) 기타 사망의 원인이 될 위난을 당한 자(위난실종)의 네가지가 있다(27조 2항). 특별실종의 실종기간은 1년이며(27조 2항), 그 기산점은 전쟁실종의 경우 전쟁이 종지한 때(정전, 항복선언, 휴전선언이 있는 때), 선박실종의 경우는 선박이 침몰한 때, 항공실종은 항공기가 추락한 때, 위난실종의 경우는 위난이 종료한 때이다. “사망의 원인이 될 위난”이라고 함은 화재·홍수·지진·화산 폭발 등과 같이 일반적·객관적으로 사람의 생명에 명백한 위험을 야기하여 사망의 결과를 발생시킬 가능성이 현저히 높은 외부적 사태 또는 상황을 가리킨다고 할 것이라면서 잠수장비를 착용하고 바다에 들어가서 해산물을 채취하다가 행방불명된 경우에는 “사망의 원인이 될 위난”이라고 할 수 없다고 한다[126)].

---

124) 대결 1997, 11. 27, 97스4.
125) 石田穰, 民法總則, 悠悠社, 1992, 84면.

(3) 청구권자의 청구

이해관계인이나 검사의 청구가 있어야 한다(27조 1항, 2항). 이해관계인이란 배우자 · 상속인 · 채권자 · 법정대리인 · 재산관리인 등과 같이 실종선고를 구하는 데에 법률상의 이해관계를 가지는 자를 말한다. 판례[127]는 「부재자의 법률상 사망으로 인하여 직접적으로 신분상 또는 경제상의 권리를 취득하거나 의무를 면하게 되는 사람」이라면서 「부재자의 자매로서 제2순위 상속인에 불과한 자」, 부재자의 처와 딸이 있는 경우 부재자의 친형, 부재자의 상속인의 내연의 처로부터 건물을 매수한 자는 이해관계인이 아니라고 한다.

◆ 판 례

✧ 실종선고를 청구할 수 있는 이해관계인의 범위

[1] 민법 제27조의 실종선고를 청구할 수 있는 이해관계인이라 함은 부재자의 법률상 사망으로 인하여 직접적으로 신분상 또는 경제상의 권리를 취득하거나 의무를 면하게 되는 사람만을 뜻한다.

[2] 부재자의 자매로서 제2순위 상속인에 불과한 자는 부재자에 대한 실종선고의 여부에 따라 상속지분에 차이가 생긴다고 하더라도 이는 부재자의 사망 간주시기에 따른 간접적인 영향에 불과하고 부재자의 실종선고 자체를 원인으로 한 직접적인 결과는 아니므로 부재자에 대한 실종선고를 청구할 이해관계인이 될 수 없다.(대결 1986, 10. 10. 86스20)

◈ 부재, 실종선고의 청구권자의 비교

민법은 부재자의 재산관리에 관하여 제22조 1항에서「이해관계인 또는 검사의 청구」가 있어야 한다고 규정하고 실종선고에 관하여 제27조에서 역시「이해관계인 또는 검사의 청구」가 있어야 한다고 규정하고 있다. 양조에서 규정한 '이해관계인'은 형식상 표현은 동일하지만 그 실질적 성질에 있어서는 다른 것을 알 수 있다.

---

126) 대결 2011.1.31, 2010스165
127) 대결 1986, 10. 10. 86스20

	부재자	실종선고
제도의 목적	재산관리만을 목적	실종자를 사망했다고 보고 재산상, 신분상의 모든 법률관계를 소멸시키는 것
청구목적과 그 청구권자	재산상 이해관계인이어야 하고 또한 위임재산관리인 및 법정재산관리인 등이 없어야 한다.	실종선고의 청구권자는 실종선고를 받은 자를 사망한 것으로 간주하기 때문에 신분상, 재산상 이해관계인 모두를 포함한다. 이는 실종선고로 인하여 일정한 권리를 얻고 의무를 면하는 등의 신분상 또는 재산상의 이해관계를 갖는 자에 한한다. 그러므로 법정대리인, 재산관리인, 후견인 등까지 포함하는 넓은 의미를 가진다. 그러나 부재자가 사망할 경우 제1순위의 상속인이 따로 있는 경우의 제2순위의 상속인은 이에 해당하지 않는다.
공통점	이해관계인의 의의에 있어 사실상의 이해관계가 아닌 법률상의 이해관계를 의미한다는 점에서는 동일하다. 검사를 공익의 대표자로 하여 청구권자로 인정하고 있는 것은 양자가 동일하다.	

(4) 공시최고

가정법원은 실종선고의 청구를 받으면 6개월 이상의 기간을 정하여 그 기간 내에 부재자 본인 또는 부재자의 생사를 아는 자에 대하여 신고하도록 공고하여야 한다(가소규 54조, 55조, 26조). 공시최고기간이 지나도록 신고가 없으면 법원은 실종선고를 하게 된다(필연적).

3. 실종선고의 효과

(1) 사망의 간주(28조)

가정법원이 실종선고를 하게 되면 실종선고를 받은 자는 사망한 것으로 본다(의제: 28조). 독일실종법이나 스위스민법(38조)이 추정하는데 반해, 우리 민법은 일본민법(31조)과 같이 사망을 의제하고 있어서, 본인의 생존 등의 반증이 있어도 선고의 효과를 다투지 못한다. 확실성과 획일성을 중시하여 의제주의를 택한 것이다. 실종선고의 효력을 번복하려면, 실종선고를 취소해야 효과를 뒤집을 수 있다. 사망의 효과는 청구인에 대해서만 발생하는 것이 아니고, 모든 사람에 대해서 발생한다(대세적 효력).

◆ 판 례

실종선고를 받은 자는 실종기간이 만료한 때에 사망한 것으로 간주되는 것이므로, 실종선고로 인하여 실종기간 만료시를 기준으로 하여 상속이 개시된 이상 설사 이후 실종선고가 취소되어야 할 사유가 생겼다고 하더라도 실제로 실종선고가 취소되지 아니하는 한, 임의로 실종기간이 만료하여 사망한 때로 간주되는 시점과는 달리 사망시점을 정하여 이미 개시된 상속을 부정하고 이와 다른 상속관계를 인정할 수는 없다(대판 1994.9.27, 94다21542).

(2) 사망으로 간주되는 시기

실종자가 사망한 것으로 간주되는 시기에 대해서는 우리나라에서는 보통실종인지 위난실종인지를 구별하지 않고 동일하게 취급한다.[128] 최후소식시주의, 선고시주의, 실종기간만료시주의 등의 입법주의가 있는데, 우리 민법은 실종기간의 만료시 주의를 취하여 실종기간이 만료된 때 사망한 것으로 본다(28조).

(3) 사망으로 간주되는 범위

실종선고는 실종자의 종래의 주소를 중심으로 하는 사법상의 법률관계를 종료시키는 범위에서 효력을 갖는다. 즉 실종선고는 실종자의 권리능력을 박탈하는 제도는 아니라고 보는 것이 통설이다(실종선고로 권리능력이 상실된다고 보는 소수설이 있다). 따라서 종래 주소를 중심으로 하는 법률관계만이 문제되는 것이고, 다른 곳에서의 법률관계나 종래의 주소지로 돌아온 후의 법률관계에는 사망의 효과가 미치지 아니한다. 또 실종선고는 사법상의 법률관계만 종료시키는 것이므로 공법상의 법률관계, 예컨대 공법상의 선거권, 피선거권의 유무, 범죄의 성부 등에는 아무런 영향을 미치지 아니한다.

(4) 실종선고와 생존추정

① 실종선고를 받은 경우

부재자가 실종선고를 받은 경우 실종자가 사망한 것으로 보는 시기까지 생존한 것으로 다루어야 하는지 문제된다. 이에 대해 실종기간 만료시까지 생존한 것으로 간주한다는 견해[129]와 추정된다는 견해[130]가 있다. 판례[131]는 앞의 입장이다.

---

128) 일본의 경우 위난실종의 경우에는 위난시에 사망한것으로 간주하고 있다(일본민법 31조 후단).

② 실종선고를 받지 않고 있는 경우

부재자가 「만약 실종선고를 받는다면」 사망한 것으로 보는 시기, 즉 실종기간 만료시까지는 생존한 것으로 추정하고, 이후에는 사망한 것으로 추정하는 견해[132]와 부재자가 실종선고를 받지 않는 한 기간(실종)에 관계없이 부재자의 생존을 추정한다는 견해[133], 그리고, 민법 제28조는 추정을 전제로 하지 않기 때문에 사실문제로서 해결하여야 한다는 견해[134]가 대립한다.

◆ 판 례

✧ 소송이 적법하게 계속된 후 당해 소송의 당사자에 대하여 실종선고가 확정된 경우에는 실종자가 사망하였다고 보는 시기는 실종기간이 만료한 때라 하더라고 소송상의 지위의 승계절차는 실종선고가 확정되어야만 비로소 이를 취할 수 있는 것이므로 실종선고가 있기까지는 소송상 당사자능력이 없다고는 할 수 없고 소송절차가 법률상 그 진행을 할 수 없게 된 때, 즉 실종선고가 확정된 때에 소송절차가 중단된다(대판 1983. 2. 22, 82사18).

✧ 갑판원이 시속 30노트 정도의 강풍이 불고 파도가 5-6미터 가량 높게 일고 있는 등 기상조건이 아주 험한 북태평양의 해상에서 어로작업 중 갑판위로 덮친 파도에 휩쓸려 찬 바다에 추락하여 행방불명이 되었다면 비록 시신이 확인되지 않았다 하더라도 그 사람은 그 무렵 사망한 것으로 확정함이 우리의 경험칙과 논리칙에 비추어 당연하다.
수난, 전란, 화재 기타 사변에 편승하여 타인의 불법행위로 사망한 경우에 있어서는 확정적인 증거의 포착이 손쉽지 않음을 예상하여 법은 인정사망, 위난실종선고 등의 제도와 그밖에도 보통실종선고제도도 마련해 놓고 있으나 그렇다고 하여 위와 같은 자료나 제도에 의함이 없는 사망사실의 인정을 수소법원이 절대로 할 수 없다는 법리는 없다(대판 1989.1.31, 87다카2954).

---

129) 고상용, 101면 ; 곽윤직, 114면 ; 이영준, 895면 ; 이은영, 199면.
130) 김상용, 194면 ; 김용한, 139면 ; 김증한/김학동, 148면 ; 백태승, 187면 ; 송덕수, 329면 ; 이영준, 895면 ; 정기웅, 160면 ; 지원림, 93면.
131) 대판 1977, 3. 22, 77다81, 82.
132) 김현태, 173면 ; 백태승, 187면.
133) 고상용, 77면 ; 김민중 210면 ; 김용한, 139면 ; 김주수, 153면 ; 김증한/김학동 148면 ; 엄영진, 147면 ; 이영준, 896면 ; 이은영, 199면 ; 장경학, 255면 ; 정기웅, 160면 ; 대판 1960, 9, 8, 4292 민상855 ; 대판 1977, 3. 22, 77다81, 82 ; 대판 1983, 2. 22, 82사18.
134) 곽윤직, 114면 ; 김상용, 194면 ; 송덕수, 330면.

4. 실종선고의 취소

(1) 의 의

실종선고에 의해 실종자는 사망한 것으로 보게 되므로 생존해 오거나 기타의 반증이 있어도 그것만으로는 사망의 효과를 번복하지 못한다. 실종선고의 효과를 번복하기 위해서는, 가정법원에서 실종선고를 취소하여야 한다(29조).

(2) 실종선고취소의 요건

① 실질적 요건

실종선고를 취소하기 위해서는 다음 세가지중 어느 하나의 증명이 필요하다(29조). ⅰ) 실종자가 생존하고 있는 사실(29조 1항 본문), ⅱ) 실종기간이 만료한 때와 다른 시기에 사망한 사실(29조 1항 본문), ⅲ) 실종기간의 기산점 이후의 어떤 시기에 생존하고 있었던 사실이다. ⅲ)의 사유는 민법에 규정은 없으나 실종기간의 기산점이 달라져서 사망으로 간주되는 시기가 달리지므로 상속관계 등에 영향을 미치게 되므로 실종선고취소사유가 되어야 한다(이설 없음).

② 절차상의 요건

본인·이해관계인 또는 검사의 청구가 필요하다(29조).

③ 공시최고는 불필요

④ 필요적 선고

이상의 요건이 갖추어지면 법원은 반드시 실종선고를 취소하여야 한다.

(3) 절 차

가사비송사건으로서, 가사소송법 및 가사소송규칙에 의한 심판절차(가사소송법 2조, 44조).

(4) 실종선고취소의 효과

① 원 칙

실종선고의 취소의 심판이 확정되면 실종선고는 처음부터 없었던 것으로 된다. 실종선고로 발생한 법률관계는 소급하여 무효로 된다. 그리하여 ⅰ) 실종자가 생존하여 있다는 이유로 취소된 경우에는, 상속이 무효로 되어 실종선고 당시의 재산을 회복하고 당시의 가족관계가 부활한다. ii) 실종기간 만료시와 다른 시기에 사망하였음을 이유로 취소가 된 경우에는, 실제 사망시기를 표준으로 다시 상속 및 가족관계가 정리된다. iii) 실종기간 기산점 이후의 생존을 이유로 취소되면 일단 선고전의 상태로 회복되고, 이해관계인이 원하면 다시 새로운 실종선고를 청구해야 한다.

② **예 외**

실종선고의 취소에 의한 「소급효의 원칙」을 관철하게 되면 실종선고를 신뢰한 이해관계인 또는 제3자는 불측의 손해를 받을 수 있다. 여기서 민법은 실종선고가 사실에 반함을 알지 못한 선의자를 보호하기 위해 두가지 예외를 두고 있다. 즉 「선의의 법률행위의 효력유지」와 「원상회복범위의 제한」의 두 가지 예외를 두고 있다.

i) 실종선고 후 그 취소 전에 선의로 한 행위의 효력에 영향을 미치지 않는다 (29조 1항 단서).

「실종선고 후 취소전에」 행해진 법률행위란 「실종선고 후 취소전에」 행해진 법률행위만 보호를 받으므로, 「실종기간 만료후 선고전에」 행한 행위에는 29조 1항 단서가 적용되지 않는다. 행위가 선의로 행해졌어야 하는데, 여기서 선의란 실종선고가 사실에 반함을 알지 못하는 것을 말한다. 알지 못하면 족하고, 알지 못한데 과실이 없을 것을 요하지는 않는다.[135)]

ⓐ **단독행위**

단독행위자가 선의이면 족하다. 따라서 상대방이 악의이더라도 그 행위는 유효하다(통설). 이에 대해 소수설은 그 행위는 유효이지만 단독행위의 상대방이 악의인 때에는 그에 의한 수익이 있으면 악의의 수익자로서 책임이 있다고 한다.[136)]

법률행위가 단독행위인 경우에는 단독행위자가 선의이면, 실종선고가 취소되어도 그 법률행위는 유효하다는 것이 다수설이다.

ⓑ **계 약**

문제는 법률행위가 계약인 경우, 「선의로 한 행위」가 되기 위해서는 계약당사자 중에 누가 선의이어야 하는가 하는 점이다.

---

135) 일본에서는 무과실이 필요하다는 견해가 있는데(석전양, 민법총칙, 89면), 이 견해도 특별한 것이 없는 한 과실이 있다고는 할 수 없다고 한다.

136) 김기선, 120면 ; 김상용, 197면 ; 명순구, 151-1522면 ; 채무면제의 경우에만 이를 인정한다(김증한/김학동, 151면).

◈ 제29조 1항 단서와 재산상의 행위와의 관계

쌍방선의설[137] (통설, 판례)	계약의 양당사자가 모두 선의인 경우에만 제29조 1항의 적용을 받아 계약이 유효로 되고, 반대로 양당사자가 악의이거나 당사자의 일방이 악의이면 그 후의 취득자는 선의라도 보호되지 않는다는 견해이다. 즉 그 법률행위는 무효가 되어 취득한 물건 또는 이득을 반환해야 되므로 실종자보호에 치중한 견해라 할 수 있다.
일방선의설[138] (김용한, 김주수)	모든 당사자에 대하여 획일적으로 결정할 것이 아니라 선의자에 대한 관계에서는 유효로, 악의자에 대해서는 무효로 하며 각 당사자에 따라 개별적 · 상대적으로 그 효력을 결정해야 하는 견해로 거래안전을 중시하는 견해라 할 수 있다.
전득자 선의설[139] (이은영, 양창수, 김민중)	전득자가 선의인 경우에는 29조 1항 단서의 적용을 받아 보호된다는 견해이다. 이 견해는 29조 1항 단서를'실종선고의 취소는 선의의 제3자에게 대항할 수 없다'는 의미로 본다.

◈ 제29조 1항 단서와 신분상의 행위와의 관계

신분상의 행위로서 제29조 1항 단서가 가장 문제되는 것은 잔존배우자의 재혼이다. 즉 잔존배우자가 재혼 후 실종선고가 취소되면 재혼의 효력은 어떠한가의 문제에 대하여 견해의 대립이 있다.

통설	재혼당사자 쌍방이 선의이면 실종선고가 취소되더라도 전혼은 부활하지 않으며, 재혼당사자에 일방 또는 쌍방이 악의이면 전혼은 부활하고 후혼은 중혼이 되어, 결국 전혼에는 이혼원인이 생기고(제840조 1항) 후혼은 취소할 수 있게 된다(제816조)고 하는 견해이다.
소수설[140]	재산상의 행위와 신분상의 행위의 차이점에 주목하여 제29조 1항 단서는 재산상의 행위만을 의미하며 신분상의 행위는 포함하지 않는다는 견해이다. 따라서 실종선고취소의 경우 취소의 소급효에 의하여 전혼이 부활하고 그 결과 재혼은 선의 · 악의에 관계 없이 중혼이 되어 3자간에 어느 혼인을 유지 발전시킬 것인가는 그들의 선택에 맡겨야 한다는 견해이다.

137) 곽윤직, 116면 ; 김상용, 198-199면 ; 김증한/김학동, 152면 ; 이영준, 897면 ; 한상호, 주해민법(1), 413면.

138) 김용한, 143면 ; 김주수, 138면.

139) 고상용, 106면 ; 명순구, 150면 ; 이은영, 205-206면 ; 양창수, 실종선고의 취소, 월간고시 1988. 6, 20면.

140) 고상용, 108면.

ii) 실종선고를 직접원인으로 하여 재산을 취득한 자의 반환범위

실종선고가 취소되면 실종선고를 직접원인으로 하여 재산을 취득한 자는 선의 악의를 불문하고 재산권을 상실한다. 실종자는 취득자에게 소유권에 기한 반환청구를 할 수 있다. 취득자가 그 재산을 처분한 경우에는 그 대가로 받은 것을 보유할 법적 원인이 없으므로 부당이득이 되어 실종자에게 반환하여야 한다(741조). 다만 그 이득 전부를 반환하도록 하는 것은 선의의 취득자에게 예상하지 못한 손해를 주는 경우가 있으므로 민법은 29조 2항에서 선의 악의에 따라 그 반환범위를 달리 규정하고 있다. 즉, 실종선고를 직접원인으로 하여 재산을 취득한 자가 선의인 경우에는, 그 받은 이익이 현존하는 한도에서 반환할 의무가 있고, 악의인 경우에는 그 받은 이익에 이자를 붙여서 반환하고 손해가 있으면 이를 배상하여야 한다(29조 2항).

ⓐ **반환의무자**

반환의무자는 실종선고를 직접원인으로 하여 재산을 취득한 자로써 상속인, 유증의 수유자, 생명보험 수익자 등이 이에 속하고, 전득자는 포함되지 않는다. 이는 민법 제29조 제2항은 실종선고를 직접원인으로 하여 재산을 취득한 자에 국한하여 적용되기 때문에 이로부터 다시 재산을 취득한 자는 포함되지 않는다고 한다[141][142].

ⓑ **반환범위**

aa) 반환의무의 법적 성질은 부당이득반환이고, 그 범위는 부당이득에서 수익자의 반환범위와 동일하다(748조). 따라서 선의의 수익자는 받은 이익이 현존하는 한도에서 반환할 의무가 있고, 악의의 수익자는 받은 이익에 이자를 붙여 반환하고 손해가 있으면 이를 배상해야 한다(29조 2항, 748조).

bb) 29조의 이득반환의무는 10년의 소멸시효에 걸린다. 다만 유체재산이 전득자에게 남아 있는 경우에는 물권적 청구권에 의해 반환하므로 소멸시효에 걸리지 않는다.

cc) 생존자가 표현상속인이나 전득자에게 재산회복청구를 하는 경우 이를 상속회복청구로 보아 제척기간(982조 999조)이 적용된다는 견해[143](다수설)와 상속회복청구는 유효하게 상속이 개시되는 것을 전제로 하는 문제이므로 상속개시가 부정되

---

141) 곽윤직, 116면 ; 송덕수, 333면 ; 이영준, 898면 ; 이은영, 202면.

142) 통설에 대해 전득자가 당사자의 쌍방 내지 일방의 악의로 영향을 받는 경우에 그 반환범위에 관해서도 반환자의 선의 및 악의에 따라서 민법 제29조 제2항을 준용하는 것이 타당하다는 소수설이 있다(이영섭).

143) 김주수, 189면 ; 백태승, 192-193면 ; 송덕수, 333면 ; 이영준, 899면 ; 한상호, 민법주해(1), 418면.

는 실종선고의 취소의 경우에는 그 적용이 없다는 반대 견해[144]가 대립되고 있다.

ⓒ **29조 1항 단서와 29조 2항과의 관계**

양자는 선택적 관계이다. 실종선고를 취소한 자는 29조 1항 단서에 의해 전득자에게 반환을 청구하든지 29조 2항에 의하여 직접 수익자에게 이득의 반환을 청구하든지 선택할 수 있다. 물론 29조 1항 단서에 의해 전득자에게는 반환청구를 할 수 없는 때에는 29조 2항에 의해 직접수익자에게만 반환청구할 수 있다.

5. 부재선고제도

(1) 의 의

미수복지구에 남아 있는 것으로 호적상 표시되어 있는 자에 관하여 일정한 요건하에 법원이 부재선고를 함으로써, 실종선고에서처럼, 그 자를 사망한 것으로 보아, 잔존배우자와 가족에게 재혼·상속의 길을 열어 주려는 제도이다.

❖ **『부재선고 등에 관한 특별조치법』 제정**

(2) 요 건

① **잔류자임이 분명할 것**

잔류자란 가족관계등록부에 군사분계선 이북 지역에 거주하는 것으로 표시된 사람을 말한다(동법 제2조).

② **청구권자의 청구**

잔류자임이 분명한 사람에 대하여는 가족이나 검사가 부재선고를 청구하여야 한다(동법 3조). 부재선고의 청구서에는 가족관계등록부의 증명서 및 원본적지(原本籍地) 관할 도지사가 발행하는 잔류자 확인서를 첨부하여야 한다(동법 제7조).

③ **공시최고**

부재선고를 할 때에는 1개월 이상의 기간 동안 공시최고를 하여야 한다(동법 8조 1항). 공시최고에는 1. 심판 청구인의 성명 및 주소, 2. 잔류자의 성명, 생년월일, 등록기준지 및 원본적(原本籍), 3. 잔류자는 공시최고일까지 군사분계선 이북

---

144) 김상용, 222면 ; 윤형렬, 114면 ; 지원림, 97면 ; 구연창, 고시계 86, 7, 87면,

지역이 아닌 곳에 거주하고 있는 사실을 신고하여야 하며, 그 신고를 하지 아니하면 부재선고를 받는다는 것, 4. 잔류자가 국내 또는 군사분계선 이북 지역이 아닌 곳에 거주하고 있는 사실을 아는 사람은 공시최고일까지 그 사실을 신고할 것, 5. 공시최고일을 기재하여야 한다(동법 제8조 2항).

공시최고의 공고는 가정법원의 게시판에 게시하여야 한다(동법 제8조 3항).

(3) 절 차

「부재선고 등에 관한 특별조치법」에 의하는 외에 가사소송법 및 가사소송규칙 중의 실종에 관한 규정을 준용한다(동법 제9조). 다만 부재선고에 대하여는 공고하지 아니한다(동법 9조 단서).

(4) 효 과

부재선고를 받은 사람은 가족관계등록부를 폐쇄한다. 이 경우 「민법」 제997조(재산상속)의 적용 및 혼인에 관하여는 실종선고를 받은 것으로 본다(동법 제4조).

❖ **부재선고를 받은 자가 사망으로 간주되는 시기는 가족관계등록부를 폐쇄한 때가 아니고, 부재선고를 받은 때이다.**[145)]

(5) 부재선고의 취소

법원은 1. 부재선고를 받은 사람이 사망한 사실이 증명된 경우, 2. 부재선고를 받은 사람이 군사분계선 이북 지역이 아닌 곳에 거주하고 있는 사실이 증명된 경우, 3. 잔류자가 거주하는 군사분계선 이북 지역이 그 이남 지역의 행정구역으로 편입된 경우 중 어느 하나에 해당하는 경우에는 본인, 가족 또는 검사의 청구에 의하여 부재선고를 취소하여야 한다(동법 제5조 1항).

부재선고가 취소되면 그 선고가 있은 후부터 선고가 취소되기 전까지 선의(善意)로 한 행위의 효력에는 영향을 미치지 아니한다(동법 제5조 1항 후단).

부재선고 취소의 경우에는 실종선고의 취소에 관한 「민법」 제29조 제2항을 준용한다(동법 제5조 2항).

---

145) 김민중 218면 ; 김상용, 202면 ; 이영준, 899면 ;

6. 인정사망

인정사망은 수해, 화재나 그 밖의 재난으로 인하여 사망한 사람이 있는 경우에는 이를 조사한 관공서는 지체 없이 사망지의 시·읍·면의 장에게 통보하여야 하고(가족관계의 등록 등에 관한 법률 87조), 이 통보에 의하여 가족관계등록부에 사망의 기록을 하는 것을 말한다(가족관계의 등록 등에 관한 법률 16조). 재난은 사망을 증명할 수 없으나 사망의 확률이 대단히 높아 생존가능성이 거의 없는 사고를 말한다.

인정사망을 둔 이유는 사망의 확률이 높음에도 불구하고 실정선고 절차를 밟게하는 것이 적당하지 않기 때문이다. 우리나라에서는 인정사망에 대해 민법에는 규정하지 않고, 가족관계등록에 관한 법률에서 규정하고 있을 뿐이다.

◈ 실종선고와 인정사망의 차이

		실종선고	인정사망
본질적 차이		사망간주	강한 사망추정
요건상 차이	생사불명문제	생존의 증면이나 사망의 증명이 불가능한 상태	사변으로 사망의 개연성이 확실한 경우
	기간의 경과문제	실종기간의 경과 필요	기간경과 불요
	청구 및 절차상의 문제	이해관계인 검사의 청구→공시최고→가정법원의 선고	관공서의 조사→시읍면장의 보고
효과상 차이	사망의 효력발생시기	실종기간만료시	사건발생시
	사망의 효력이 생기는 범위	종래의 주소지를 중심으로 한 사법상의 법률관계	좌동
사실에 반하는 경우의 차이	절차상의 차이	사망의제를 번복하기 위해서는 실종선고취소절차 필요	사망추정을 번복하기 위해서는 호적법상의 절차에 의한 정정이나 소송에서 사실입증으로 가능
	효과상의 차이	취소된 경우 29조에 의해 해결	29조와 같은 규정이 없으므로 준용할 것인지 여부에 대해 대립

제3절 법인

[1] 서 설

Ⅰ. 법인의 의의

법인이란 자연인이 아니면서 법인격이 인정되는 것을 말한다. 법인에는 일정한 목적을 위해 결합한 사람의 단체인 사단법인과 일정한 목적을 위하여 출연한 재산인 재단법인이 있다.

사단법인은 단체를 구성하는 개개인의 증감변동과 관계없이 단체대표자의 행위가 단체 자체의 행위로 되고, 구성원 전원이 가지는 재산이 단체 자신의 재산으로 인정된다. 재단법인은 일정한 목적을 위해 바쳐진 재산은 그 목적을 위해 독립한 존재가 되어, 이익을 받는 자의 증감변동이나 이를 운영하는 개인의 변경과 관계없이 독자의 존재를 계속한다.

1. 법인제도의 존재이유

법인에 권리능력을 인정하더라도 결국 법인의 활동은 자연인을 통해 할 수 밖에 없다. 그럼에도 불구하고 자연인과 구분하여 별도로 법인에게 권리능력을 인정하는 이유는 무엇인가. 그 이유는 첫째, 법률관계를 간편하게 처리하기 위해서이다. 즉, 자연인만이 권리주체가 된다면 단체를 둘러싼 법률관계는 대표자가 전원의 대리인이 되거나 구성원 전원의 명의로 법률행위를 하여야 하는데 이는 매우 복잡하고 번잡하다. 법인에 단체의 구성원과는 별개의 독립한 권리능력을 인정함으로써 간편하고 합리적으로 처리할 수 있게 된다. 단체에 대한 법률관계를 명료하게 할 필요가 있다. 둘째, 재산관계를 분별하는 기능이다. 사단법인의 경우 구성원 개인의 재산과는 별도의 주체에 속하는 재산이라고 구성함으로써 구성원 개인의 채권자는 법인의 재산에 간섭할 수 없도록 하여 법인의 재산적 기반을 안정시킬 수 있다. 셋째 책임의 제한과 분리이다. 즉, 단체의 재산은 구성원의 재산과 분리 독립하여 처리한다. 단체의 채무에 대해서는 법인의 재산으로 책임을 지고, 구성원 개인의 재산으로는 책임을 지지 않는다.

Ⅱ. 법인본질론

1. 의 의

법인은 이를 구성하는 개인이나 재산을 떠나서 법인격을 인정한 근거가 무엇인가에 대한 논의가 법인본질론이다. 법인본질론은 국가의 법인에 대한 입법정책과 관련하여 논의가 되어왔다. 법인에 대한 입법정책은 역사적으로 큰 변화가 있어 왔는데, 초기에는 법인의 설립을 원칙적으로 부인하고 필요한 경우에만 입법이나 허가에 의해 설립을 허용하였다(법인의제설의 배경). 그러다가 상공업의 발달에 따른 회사설립의 자유가 요구되면서 국가는 단체에 대한 정책을 변경하여 일정한 규칙에 따라 조직하면 자유로이 설립할 수 있다는 준칙주의를 거쳐, 오늘날에는 자유설립주의를 취하고 있는 실정이다(법인실재설의 입장). 따라서 오늘날의 법인본질론은 입법정책상의 입장 차이보다는 이미 제정된 민법이 양견해중 어느 이론을 기초로 입법된 것인지가 문제된다. 이에 관해 일반적으로 법인실재설에 입각하여 설명하여 오다가 근래에는 다시금 법인의제설이 새롭게 주장되고 있는데, 양이론은 대표권의 일탈, 남용과 법인과 이사의 불법행위책임과 관련하여 다른 해석을 하고 있다.

2. 종래의 논의

(1) 법인의제설

권리의무의 주체가 될 수 있는 것은 자연인인 개인뿐이며, 법인이란 권리주체임에 적합한 조직체에 대해 법률이 인격을 의제한 것이라고 보는 견해로서, 법인제도를 법률관계를 간명하게 처리하기 위한 법 기술로 파악한다. 법인 아닌 사단이 사단·법인 못지않게 중요한 역할을 하고 있음에도 법인격이 부여되지 않는 것을 보거나, 법인이 법인격을 갖더라도 그 기관을 구성하고 있는 자연인에 의해 법률행위나 불법행위를 할 수 밖에 없으므로 법인의 실재에는 한계가 있으며, 우리 민법은 법인설립에 허가주의와 등기주의를 취하여 설립의 자유를 제한하고 있는데, 이는 단체의 실재만으로 법인격을 인정하기 보다는 법정책적인 고려하여 선별적으로 법적 승인을 하겠다는 취지이므로 법인의제설을 기초로 하고 있다고 볼 수 있다.

(2) 법인부인설

이 견해는 법인은 독자적인 사회적 실체를 갖지 않으며, 법인을 구성하는 개인 또는 재산 자체가 법인의 본질이라는 견해로써 다시 일정한 목적에 바쳐진 재산이 법인의 본질이라는 목적재산설(무주재산설), 법인으로부터 이익을 얻고 있는 다수 개인이 법인의 본질이라는 향익자주체설, 그리고 현실적으로 법인재산을 관리하는 자가 법인의 본질이라는 관리자주체설이 있다.

(3) 법인실재설

단체는 법률에 의해 승인되기 이전에 사회적 실체로서 존재하고 있다고 보는 견해로서, 이에는 다시 사회적 실체가 무엇인가에 관해 단체는 사회적 유기체이며, 단체 고유의 생명과 의사를 가지는 의사주체이므로 당연히 법인격을 가진다고 보는 유기체설, 법인의 실체를「권리주체임에 적합한 법률상의 조직체」라고 보는 조직체설, 법인의 본질은 「독자의 사회적 작용을 담당함으로써, 권리능력을 가지는 데 적합한 사회적 가치를 가지는 실체」에 있다고 보는 사회적 가치설이 주장되고 있다. 우리나라의 다수설은 단체가 독자의 사회적작용을 하고 권리능력을 가지는데 적합한 사회적 가치를 가진다는 점에 법인의 본질이 있다고 하는 사회적 가치설의 입장이다.

3. 법인본질론의 실익

법인본질론은 법인의 능력, 특히 불법행위능력에 관해 다른 입장을 가지는데, 법인의 불법행위에 관한 민법 제35조의 규정을 법인실재설의 입장에서는 법인이 사회적 실체를 가졌다고 보므로 대표기관이 행한 불법행위를 법인 자신의 불법행위로 보게 되는 당연한 규정으로 보는데 반해, 법인의제설의 입장에서는 제35조 1항 후단에서 법인의 불법행위책임 이외에 기관개인이 손해배상책임을 지는 것은 법인실재설에 의할 때는 설명하기 어렵다고 한다. 법인이 행위능력에 관하여도, 법인의제설에 의하면 법인의 목적으로 열거되는 행위에 엄격하게 한정되는데 반해, 법인실재설에 의하면 법인의 사회적 작용을 중시하여 범위를 확정하는 태도를 취하며, 사회에 존재하는 단체에 법인실재설은 가급적 독자적인 법적 지위를 부여하려고 한다는 점에서 양 견해의 차이점이 있다.

◈ 법인본질론에 의한 학설의 차이

	법인실재설	법인의제설
권리능력의 범위 = 제34조의 목적 범위에 대한 해석	목적수행에 적당한 범위내, 일견 목적과 무관계하더라도 사회적 실재로서 요청되는 사항까지 넓게 권리능력을 인정	법률이 인정하는 목적내의 사항에 대해서만 권리능력 인정(좁게 된다).
행위능력 = 법인의 행위는 존재하는가	이사의 행위는 법인 자신의(기관으로서의) 행위이다 = 대표설	이사의 행위는 법인의 대리이다 = 법인 자신의 행위를 인정하지 않음 = 대리설
불법행위능력(35조)	법인 자신의 행위라고 인정되므로 당연히 인정 = 35조는 당연규정	원칙적으로 불법행위능력이 없다 = 35조는 보상책임의 원리에 의한 정책규정이다
이사 개인의 불법행위책임	당연히 부정된다.	당연히 긍정한다.
법인의 점유 = 이사의 점유	법인의 점유이고, 이사는 점유자가 아니다 = 이사는 점유소권의 피고적격도 없다.	법인 자신의 점유를 관념할 수 없으므로 이사의 직접점유, 법인의 간접점유
법인격 없는 사단·재단	실체에 따라 권리능력 인정	권리능력을 인정하는데는 소극적

4. 우리나라에서의 학설과 판례

과거 우리나라에서는 법인학설과 관련하여 실재설만이 존재하였다. 그런데 최근 들어 의제설을 주장하는 견해가 나오는 등 새로운 국면을 맞이 하고 있다.

(1) 법인의제설[146)]

법인은 권리주체임에 적합한 조직체에 대하여 법이 법인격을 부여한 것으로 법률관계를 간명하게 처리하려는 법기술이라고 한다.

(2) 목적구속적 조직체설[147)]

법인의 본질론은 법인의 본체 내지 실체가 무엇이냐에 대한 이론이라면서 법

146) 이영준, 903면 ; 이은영, 234면.
147) 김상용, 210-211면 ; 백태승, 201-202면.

인의 본체는 일정한 목적을 위하여 결합되어 있는 사람의 집단 또는 재산의 집단이라면서 법인은 이러한 사람의 집단 또는 목적재산위에 법률이 법인격을 부여한 것이므로 법인의 본체 내지 실체는 목적구속적 조직체로 파악한다. 법인의 실체는 일정한 목적을 위하여 인적 물적 요소가 결합되어 있는 목적구속적 조직체이고, 사단법인은 인적 요소가 재단법인은 물적 요소가 강한 조직체라고 한다.

(3) 2면성설[148)]

법인은 법기술적인 것과 동시에 실체를 갖춘 사회적 실체라면서 의제설과 실재설은 법인의 2면성중 어느 한면만을 파악한 것이어서 타당하지 않다고 하는 견해이다.

(4) 3계기설[149)]

법인을 성립시키는 계기에는 실체적 계기, 가치적 계기, 기술적 계기가 있다. 실체적 계기는 사회적 경제적 관점에서 거래의 주체가 되는데 적합한 실체가 존재하여야 한다(사단 · 재단). 가치적 계기는 정책적 견지에서 가지판단을 하여 거래의 주체가 될 만한 가치가 있다고 판단한 것에 한해 법인격이 부여된다(법인설립에 관한 입법). 기술적 계기는 법인은 자연인이 아닌 존재를 권리의무의 통일적인 귀속점으로 하는 기술이며 이러한 기술적 계기야말로 가래의 평면에서 법인의 본질을 이룬다(법인격 = 권리능력).

(5) 논의의 실익이 없다는 견해

오늘날에는 법인이론이 확립되어 있어서 법인의 본질에 대한 학설의 논의는 별로 실익이 없다고 한다. 다만 법인제도를 이해하는데 참고가 된다고 한다[150)]. 학리적 훈련의 의미가 있다고 하는 견해[151)]도 있다.

---

148) 고상용, 173면.
149) 김주수, 193면.
150) 곽윤직, 119면.
151) 명순구, 163면.

Ⅳ. 법인의 종류

1. 공법인 · 사법인

법인은 법률규정에 이해 성립하는데, 그 법률이 공법이면 공법인, 사법이면 사법인이 된다. 공법인으로는 국가 · 공공단체 · 영조물법인 등이 있고, 사법인으로는 사단법인 · 재단법인 등이 있다.

공법인과 사법인을 구별하는 실익은 공법인의 경우 ① 쟁송은 민사소송이 아니라 행정소송에 의하게 되고, ② 부담징수는 민사집행법상 강제집행절차에 의하지 않고 세법상의 특별절차에 의하여 집행하고, ③ 민법상의 불법행위책임을 지지 않고 국가배상법에 의한 손해배상책임을 부담하며, ④ 공법인의 기관이나 피용자에 대하여는 공무원의 직무에 관한 죄가 성립하며, ⑤ 공법인의 문서위조는 사문서위조가 아니라 공문서위조가 된다는 점에 있다.

2. 영리법인 · 비영리법인

영리법인은 구성원의 이익을 목적으로 하는 법인이고, 비영리법인은 영리 아닌 사업을 목적으로 하는 법인이다. 민법상의 사단법인 및 모든 재단법인은 모두 비영리법인이다. 비영리법인이라 하더라도 비영리사업의 목적을 달성하는데 필요하며 그 본질에 반하지 않는 정도의 영리행위는 허용된다.

3. 사단법인 · 재단법인

비영리법인의 구성요소가 사단인가 또는 재단인가에 따른 구분이다. 사단법인은 일정한 목적을 위하여 결합된 인적 결합체에 권리능력이 부여된 것이고, 재단법인은 일정한 목적을 위한 재산에 권리능력이 부여된 것이다.

◈ 사단법인과 재단법인의 차이

		사단법인	재단법인
설립행위	의의	2인 이상의 설립자의 장관작성(40조)	설립자의 정관작성과 재산출연
	성질	합동행위설(다수설) 특수계약설(김증한,이영준, 이은영)	설립자가 1인-상대방 없는 단독행위 설립자가 2인이상- 단독행위의 경합(다수설) 합동행위(소수설)

<table>
<tr><td rowspan="2"></td><td>태양</td><td>생전행위</td><td>생전행위, 사후행위</td></tr>
<tr><td>필요적
기재사항</td><td>①목적 ②명칭 ③사무소 소재지 ④자산에 관한 규정 ⑤이사의 임면에 관한 규정 ⑥ 사원자격의 득실에 관한 규정 ⑦ 존재시기나 해산사유를 정하는 경우 그 시기 또는 사유</td><td>①-⑤ 좌동</td></tr>
<tr><td rowspan="2">정
관
변
경</td><td>원칙</td><td>자주적인 정관변경</td><td>변경방법이 명시된 경우- 설립자의 의사집행
변경방법이 명시되지 않은 경우-원칙적으로 변경불가, 예외적으로 허용(46조)</td></tr>
<tr><td>요건</td><td>사원총회의 결의(총사원의 2/3의 찬성)
주무관청의 허가</td><td>설립자가 정관에서 변경방법을 정한 경우 - 그 방법에 따른 변경(45조 1항)
목적달성 재산보전을 위해 - 명칭, 사무소소재지 변경 가능(45조 2항)
목적달성이 불가능- 설립취지를 참작하여주무관청의 허가를 얻어설립자나 이사가 정관변경 가능(46조)</td></tr>
<tr><td colspan="2">기관</td><td></td><td>사원총회가 없다</td></tr>
<tr><td rowspan="2">해
산
사
유</td><td>공통된
해산사유</td><td colspan="2">① 존립시기의 만료 기타 정관에서 정한 해산사유의 발생
② 법인의 목적달성 또는 달성불능 ③ 파산 ④ 설립허가 취소</td></tr>
<tr><td>사단법인
특유의
사유</td><td>① 사원이 없게 된 때
② 총회의 결의(총사원3/4)</td><td></td></tr>
</table>

V. 법인격부인의 법리

1. 의 의

법인격부인의 법리는 법인제도는 궁극적으로 단체의 재산에 관한 법률관계를 간편하게 처리하기 위한 제도이므로 법인의 법인격이 이러한 목적에 위배되거나 악용될 경우에는 그 범위 내에서 법인격을 부정하여 법인과 단체의 구성원을 동일시하는 법리를 말한다.

2. 법인격부인론의 근거

(1) 신의칙에서 구하는 견해

◆ 판 례

기존회사가 채무를 면탈할 목적으로 기업의 형태·내용이 실질적으로 동일한 신설회사를 설립하였다면, 신설회사 설립은 기존회사의 채무면탈이라는 위법한 목적달성을 위하여 회사제도를 남용한 것이므로, 기존회사의 채권자에게 위 두 회사가 별개의 법인격을 갖고 있음을 주장하는 것은 신의성실 원칙상 허용될 수 없다 할 것이어서 기존회사의 채권자는 위 두 회사 어느 쪽에 대하여서도 채무 이행을 청구할 수 있고, 이와 같은 법리는 어느 회사가 채무를 면탈할 목적으로 기업의 형태·내용이 실질적으로 동일한 이미 설립되어 있는 다른 회사를 이용한 경우에도 적용된다(대판 2011.5.13, 2010다94472).

(2) 권리남용에서 구하는 견해

(3) 상법 171조 1항에서 구하는 견해

(4) 법인의 내재적 한계 내지는 34조에서 구하는 견해

3. 법인격부인론의 요건

(1) 법인격이 형해에 불과한 경우

형식적으로는 법인이지만 실제로는 법인의 실체를 가지지 못한 경우를 말한다. 예컨대 회사가 1인 주주에 의해 지배되어 마치 개인기업처럼 운영되는 경우를 말한다.

◈ 회사의 법인격을 부인하는 이론으로서 법인형해론의 요건

◆ 판 례

✧ 이른바 법인 형해론의 입장에서 회사의 법인격이 부인되기에 이르렀다고 보려면 회사의 대표이사가 회사의 운영이나 기본재산의 처분에 있어서 주식회사 운영에 관한 법적 절차 등을 무시하고 위법부당한 절차에 의하여 외형상 회사형태를 유지하는데 불과한 경우를 말한다.(大判 1977. 9. 13. 74다954)

✧ 회사가 외형상으로는 법인의 형식을 갖추고 있으나 법인의 형태를 빌리고 있는 것에 지나지 아니하고 실질적으로는 완전히 그 법인격의 배후에 있는 타인의 개인기업에 불과하

거나, 그것이 배후자에 대한 법률적용을 회피하기 위한 수단으로 함부로 이용되는 경우에는, 비록 외견상으로는 회사의 행위라 할지라도 회사와 그 배후자가 별개의 인격체임을 내세워 회사에게만 그로 인한 법적 효과가 귀속됨을 주장하면서 배후자의 책임을 부정하는 것은 신의성실의 원칙에 위반되는 법인격의 남용으로서 심히 정의와 형평에 반하여 허용될 수 없고, 따라서 회사는 물론 그 배후자인 타인에 대하여도 회사의 행위에 관한 책임을 물을 수 있다고 보아야 한다. 여기서 회사가 그 법인격의 배후에 있는 타인의 개인기업에 불과하다고 보려면, 원칙적으로 문제가 되고 있는 법률행위나 사실행위를 한 시점을 기준으로 하여, 회사와 배후자 사이에 재산과 업무가 구분이 어려울 정도로 혼용되었는지 여부, 주주총회나 이사회를 개최하지 않는 등 법률이나 정관에 규정된 의사결정절차를 밟지 않았는지 여부, 회사 자본의 부실 정도, 영업의 규모 및 직원의 수 등에 비추어 볼 때, 회사가 이름뿐이고 실질적으로는 개인 영업에 지나지 않는 상태로 될 정도로 형해화되어야 한다. 또한, 위와 같이 법인격이 형해화 될 정도에 이르지 않더라도 **회사의 배후에 있는 자가 회사의 법인격을 남용한 경우** 회사는 물론 그 배후자인 타인에 대하여도 회사의 행위에 관한 책임을 물을 수 있으나, 이 경우 채무면탈 등의 남용행위를 한 시점을 기준으로 하여, 회사의 배후에 있는 자가 회사를 자기 마음대로 이용할 수 있는 지배적 지위에 있고 그와 같은 지위를 이용하여 법인제도를 남용하는 행위를 할 것이 요구되며, 위와 같이 배후자가 법인제도를 남용하였는지 여부는 앞서 본 법인격 형해화의 정도 및 거래 상대방의 인식이나 신뢰 등 제반 사정을 종합적으로 고려하여 개별적으로 판단하여야 한다(대판 2008. 9. 11, 2007다90982 ; 대판 2010. 2. 25, 2008다82490 등 참조).

(2) 법인격이 남용된 경우

세금포탈, 강제집행면탈, 재산은닉 등 법률의 규정이나 계약상의 의무를 회피할 목적으로 독립된 권리주체로서의 법인 제도를 악용할 때에는, 그 범위 내에서 법인격을 부인해야 한다는 이론. 최근 판례는 법인격 부인을 긍정했다.

◆ 판 례

✧ 편의치적을 위하여 설립된 선박회사와 실제상 소유자인 선박회사와의 법인격의 동일성 여부

선박회사인 갑, 을, 병이 외형상 별개의 회사로 되어있지만 갑,회사 및 을,회사는 선박의 실제상 소유자인 병,회사가 자신에 소속된 국가와는 별도의 국가에 해운기업상의 편의를 위하여 형식적으로 설립한 회사들로서 그 명의로 선박의 적을 두고 있고(이른바 **便宜置籍**), 실제로는 사무실과 경영권 등이 동일하다면 이러한 지위에 있는 갑,회사가 법률의 적용을 회피하기 위하여 병,회사가 갑,회사와는 별개의 법인격을 가지는 회사라는 주장을 내세우는 것은 신의성실의 원칙에 위반하거나 법인격을 남용하는 것으로 허용될 수 없다(대판 1988. 11. 12. 87다카1671)

✧ 법인격부인론의 요건과 효과

회사가 외형상으로는 법인의 형식을 갖추고 있으나 이는 법인의 형태를 빌리고 있는 것에 지나지 아니하고 그 실질에 있어서는 완전히 그 법인격의 배후에 있는 타인의 개인 기업에 불과하거나 그것이 배후자에 대한 법률적용을 회피하기 위한 수단으로 함부로 쓰여지는 경우에는, 비록 외견상으로는 회사의 행위라 할지라도 회사와 그 배후자가 별개의 인격체임을 내세워 회사에게만 그로 인한 법적 효과가 귀속됨을 주장하면서 배후자의 책임을 부정하는 것은 신의성실의 원칙에 위반되는 법인격의 남용으로서 심히 정의와 형평에 반하여 허용될 수 없고, 따라서 회사는 물론 그 배후자인 타인에 대하여도 회사의 행위에 관한 책임을 물을 수 있다고 보아야 한다.(대판 2001. 1. 19, 97다21604 판결)

4. 효 과

법인격부인의 법리가 적용되는 경우 법인으로서의 존재 자체에는 영향이 없으나 당해 사안에 관한 법률관계에 한하여 법인격을 부정한다. 따라서 거래상대방은 법인의 배후에 있는 개인에 대해 책임을 물을 수 있다.

[2] 법인의 설립

Ⅰ. 법인설립에 관한 입법주의

1. 자유설립주의

법인의 설립에 아무런 제한을 주지 않고 법인으로서 실체만 갖추면 법인격을 인정하는 것을 자유설립주의라고 하는 바 우리 민법은 이를 명문으로 배제하고 있다(민법 제31조). 스위스 민법의 비영리사단법인의 경우 이 주의를 채택하고 있다.

2. 준칙주의

준칙주의는 법률이 정하는 일정한 조직을 갖춤으로써 법인의 성립을 인정하는 입법주의이다. 우리나라에서는 회사(민사회사 포함), 상호신용금고, 노동조합 등(이들 제 법인은 모두 등기를 성립요건으로 한다)의 경우 준칙주의에 의한다.

3. 인가주의

인가주의는 일정한 조직을 갖추고, 행정관청의 인가를 얻음으로써 법인의 성립을 인정하는 입법주의이다. 우리나라에서는 변호사회, 상공회의소, 농업협동조합, 수산업협동조합, 중소기업협동조합 등(이들은 모두 인가와 동시에 법인이 성립하나 등기를 성립요건으로 하는 것도 많다)의 경우 인가주의에 의한다.

4. 허가주의

허가주의는 일정한 조직을 갖추고, 행정관청의 허가를 얻음으로써 법인의 성립을 인정하는 입법주의이다. 우리나라에서는 민법상의 비영리법인, 학교법인(사립학교법 제10조), 의료법인(의료법 제48조), 증권거래소, 의사회, 치과의사회 등의 경우 허가주의를 취하고 있다.

5. 특허주의

특허주의는 특별한 법률에 의하여 법인의 성립을 인정하는 입법주의이다. 우리나라에서는 한국은행, 한국산업은행, 한국주택은행, 대한석탄공사, 한국마사회(한국외환은행은 국책은행에서 제외되어 특허주의 예(例)가 아님) 등의 경우 특허주의에 의하고 있다.

6. 강제주의

강제주의는 법인의 설립을 국가가 강제하는 것을 말한다. 변호사회(변호사법 제62조), 약사회, 수의사회, 상공회의소(상공회의소법 제43조, 제44조)의 경우가 이에 속한다.

◈ 법인에 관한 입법주의

입법주의	내용	예
자유설립주의	아무런 제한없이 법인으로서 실체만 갖추면 법인격을 인정하는 주의	스위스 민법의 비영리사단법인
준칙주의	법률이 정한 요건을 구비하면 당연히 법인이 성립하는 주의	영리법인, 노동조합
허가주의	주무관청은 자유재량에 의한 허가를 필요로 하는 주의	민법상의 비영리법인, 학교법인, 증권거래소
인가주의	법률이 정한 요건을 구비하고, 행정관청은 인가에 의하여 법인의 설립을 인정하는 주의	농업협동조합, 상공회의소, 중소기업협동조합, 수산업협동조합, 자동차 운수사업조합

특허주의	법인설립을 위하여 특별법의 제정을 필요로 하는 주의	한국은행, 한국수출입은행, 대한주택공사, 한국방송공사, 한국전력공사, 한국관광공사, 한국마사회
강제주의	법인의 설립을 국가가 강제하는 주의	변호사회, 약사회, 수의사회

Ⅲ. 비영리사단법인의 설립

1. 목적의 비영리성

영리 아닌 사업은 개개의 구성원인 사원의 경제적 이익을 목적으로 하지 않는 사업을 말하며, 반드시 공익을 목적으로 할 필요는 없다. 목적을 위하여 부수적으로 영리활동을 하는 것은 허용되지만 그 수익은 사업목적 수행을 위하여 사용하여야 하고, 구성원인 사원에게 분배하여서는 아니 된다.

2. 설립행위 (정관의 작성)

(1) 의의

사단법인 설립행위는 사단법인의 정관을 작성하는 행위이며[152], 정관작성은 2인 이상의 설립자가 법인의 근본규칙을 정하여 이를 서면에 기재하고 기명날인하는 것이다(40조).

(2) 법적 성질

사단법인의 설립행위는 장래에 성립할 사단에 법인격취득의 효과를 발생시키려는 의사표시를 요소로 하는 법률행위이다. 법률행위로서의 사단법인 설립행위의 법적 성질을 어떻게 이해하는가에 대하여 계약인가 아니면 합동행위인가에 관해 견해가 대립되고 있다.

계약설[153]은 사단법인 설립행위는 사단이라는 단체법적 효과의 발생을 목적으로 하는 계약, 즉 수인이 공동으로 조직체를 창설하고 표의자(당사자)는 스스로 그

---

152) 법인설립등기와 관청의 허가가 있어야 법인격을 취득하므로 정관작성 외에 등기신청 및 허가신청도 설립행위의 구성요소를 이룬다고 하는 견해가 있다(이은영, 253면).

153) 김증한/김학동, 175면 ; 이영준, 935면 ; 이은영, 258면.

조직체의 구성원으로 되는 것을 내용으로 하는 계약이라고 하고, 합동행위설[154]은 사단법인의 설립행위는 설립자가 상호 대립하지 않고, 상호 합동하여 법인설립이라는 공동목적에 협력하며, 각 당사자에게 동일한 법률효과가 발생하는 합동행위를 의미한다고 한다.

양견해는 민법 제108조[통정한 허위의 의사표시]와 제124조[자기계약, 쌍방대리]가 합동행위에도 적용되는지 여부를 둘러싸고 차이를 보이고 있다. 즉, 합동행위설에 의하면 사단법인 설립행위는 상대방 없는 법률행위이므로 124조의 적용이 없어서 설립자중의 1인은 다른 설립자를 대리하여도 무방하고, 합동행위를 이루는 의사표시의 일부가 행위제한능력자이나 의사흠결의 하자로 인하여 무효・취소되더라도 다른 의사표시의 효력에 영향을 미치지 않는다. 또 108조도 합동행위에는 상대방이 없다는 이유로 적용되지 않아서 사단의 설립을 인정할 수 있다는 점[155]에서 차이가 있다.

설립자중 1인이 제한능력자이거나 의사흠결사유가 있는 경우에도 나머지 설립행위자만의 설립행위로서 사단의 설립을 인정할 수 있다.

(3) 필요적 기재사항

정관에는 40조 소정의 필요적 기재사항을 반드시 기재하여야 한다. 필요적 기재사항으로는 ① 목적 ② 명칭 ③ 사무소의 소재지 ④ 자산에 관한 규정 ⑤ 이사의 임면에 관한 규정 ⑥ 사원자격의 득실에 관한 규정 ⑦ 존립시기나 해산사유를 정하는 때에는 그 시기 또는 사유가 있다.

목적은 영리를 목적으로 하지 않으면 된다(비영리). 명칭은 특별한 제한이 없으며, 사무소소재지는 사무소가 둘 이상인 경우 모두 기재하고, 주된 사무소를 정하여야 한다(36조 참조). 자산에 관한 규정은 자산의 종류, 운용방법, 회비 기타 출자의무 등에 관한 규정이다. 이산의 임면방법에 대한 제한은 없으므로 총회의 결의에 의하지 않도록 할 수도 있고, 사원이 아닌 자를 이사로 임명할 수 있도록 규정하여도 무방하다. 사원자격의 득실은 사원자격의 취득과 상실에 관한 것이다. 존립시기나 해산사유의 경우 설립자들이 이를 정한 경우에는 반드시 기재하여야 한다.

---

154) 고상용, 186면 ; 곽윤직, 133면 ; 김상용, 220면 ; 김용한, 158면 ; 김준호, 128면 ; 백태승, 231면 ; 송덕수, 355-356면 ; 윤형렬, 145-146면 ; 정기웅, 189면 ; 지원림, 114-115면..

155) 설립행위를 합동행위로 보면서도 허위표시의 실질적 이유를 들어 합동행위를 가장하는 경우 108조 1항을 유추적용하여 무효라고 보아야 한다는 견해도 있다(김주수, 213면).

◆ 판 례

✧ **사단법인의 정관의 법적 성질(=자치법규) 및 정관의 규범적인 의미 내용과는 다른 해석이 사원총회의 결의에 의하여 표명된 경우, 그 결의에 의한 해석이 구속력을 갖는지 여부(소극)**

[1] 사단법인의 정관은 이를 작성한 사원뿐만 아니라 그 후에 가입한 사원이나 사단법인의 기관 등도 구속하는 점에 비추어 보면 그 법적 성질은 계약이 아니라 자치법규로 보는 것이 타당하므로, 이는 어디까지나 객관적인 기준에 따라 그 규범적인 의미 내용을 확정하는 법규해석의 방법으로 해석되어야 하는 것이지, 작성자의 주관이나 해석 당시의 사원의 다수결에 의한 방법으로 자의적으로 해석될 수는 없다 할 것이어서, 어느 시점의 사단법인의 사원들이 정관의 규범적인 의미 내용과 다른 해석을 사원총회의 결의라는 방법으로 표명하였다 하더라도 그 결의에 의한 해석은 그 사단법인의 구성원인 사원들이나 법원을 구속하는 효력이 없다.

[2] 사단법인의 정관에 회장의 중임을 금지하는 규정만 두고 있을 뿐 전임자의 궐위로 인하여 선임된 이른바 보선회장을 특별히 중임제한 대상에서 제외한다는 규정을 두고 있지 않은 경우, 중임이 제한되는 회장에는 보선회장도 포함되는 것으로 해석함이 상당하다(대판 2000. 11. 24, 99다12437).

(4) 임의적 기재사항

정관에는 40조 이외의 사항도 기재할 수 있고, 이를 임의적 기재사항이라 한다. 임의적 기재사항에는 제한이 없으며, 임의적 기재사항도 일단 정관에 기재되면 필요적 기재사항과 효력에서 차이가 없다. 민법에서 「정관에 특별히 규정하고 있지 않으면 효력이 없다거나 정관에서 특별히 정하고 있는 경우에는 민법의 규정을 적용하지 않는다.」 라고 하는 경우(41조, 42조 1항, 58조 2항, 59조 1항. 62조 등) 이들은 모두 임의적 기재사항이다.

법인의 정관이나 그에 따른 세부사업을 위한 규정 등 단체내부의 규정은 특별한 사정이 없는 한 그것이 선량한 풍속 기타 사회질서에 위반되는 등 사회관념상 현저히 타당성을 잃은 것이거나 결정절차가 현저히 정의에 어긋난 것으로 인정되는 경우 등을 제외하고는 이를 유효한 것으로 시인하여야 한다.156)

156) 대판 1992.11.24, 91다29026 ; 대판 2009. 10. 15, 2008다85345.

3. 주무관청의 허가

주무관청의 허가가 있어야 한다. 주무관청은 법인의 목적사업을 주관하는 중앙행정관청을 말한다. 이때 허가는 주무관청의 자유재량행위이므로 허가 여부에 대해서는 다툴 수 없다.[157] 주무관청이 두 개 이상인 경우에는 어느 관청의 허가를 얻어야 하는지 문제되는데, 모든 관청의 허가를 받아야 한다는 견해[158], 어느 하나의 관청의 허가만 있으면 된다는 견해[159], 주된 사업을 관장하는 관청의 허가를 받으면 된다는 견해[160]가 대립된다. 둘 다로부터 허가를 받아야 한다.

4. 설립등기

법인은 주된 사무소의 소재지에서 설립등기를 함으로써 성립한다(33조). 즉 등기는 성립요건이다. 설립등기는 주무관청의 허가가 있은 날로부터 3주간내에 주된 사무소의 소재지에서 하여야 한다(49조 1항). 등기사항에 대해서는 민법 49조 1항에서 규정하고 있고, 설립등기절차에 대해서는 비송사건절차법에서 규정하고 있다(동법 제60조 이하).

◆ 판 례

✧ 대법원이 고시한 멸실회복등기 실시기간의 경과로 이미 존재한 법인등기의 회복등기를 못하게 되어 새로운 설립등기를 하였다 하여도 새로운 법인이 설립된다고 할 수 없고 종전의 법인만이 새로운 등기에 의하여 공시되는 것이다(대판 1971. 1. 26, 70다2596).

✧ 공익사업을 목적으로 하는 재단법인을 설립하기 위하여 소유 임야를 출연하고 제3자 등과 합의하여 정관을 작성하고 주무관청의 인가를 받아 법인을 설립하였다면 위 제3자가 설립자의 위임을 받아 설립업무를 수행하는 과정에서 설립목적의 범위를 넓히고 또 임원구성을 함부로 하는 등 배임적인 행위를 하였다 하더라도 이미 재산의 출연과 정당한 절차를 밟아 설립되어 활동중인 재단법인의 설립행위 자체를 무효로 할 사유가 될 수는 없다(대판 1993. 4. 13, 91다29064).

---

157) 대판 1979, 12. 26, 79누248.

158) 곽윤직, 132면 ; 김상용, 221면 ; 김주수, 214면 ; 백태승, 232면 ; 서광민, 190면 ; 송덕수, 357면 ; 윤형렬, 147면 ; 이영준, 936면 ; 정기웅, 118면.

159) 고상용, 188면 ; 김용한, 159면.

160) 김증한/김학동, 174면.

5. 설립중 사단법인

설립을 진행하고 있는 과정에 있는 법인의 성질을 이해하기 위해 법인설립의 과정을 보면 법인설립을 준비하기 위한 설립자 상호간의 계약이 성립하고(조합으로 파악), 정관을 작성하여 법인으로서의 실체를 갖춘 다음(설립중의 법인) 설립등기를 함으로써 법인격을 취득한다.

첫번째 단계는 발기인조합은 비법인사단이 아닌 조합으로 발기인조합의 행위로 인한 권리 의무는 발기인조합이나 발기인 개인에게 귀속되고, 법인에는 귀속되지 않는다. 이를 설립후 법인에 귀속시키기 위해서는 양수나 채무인수 등 별도의 이전행위가 있어야 한다[161].

두번째 단계인 설립중의 법인은 권리능력 없는 사단으로 파악하고 있다. 이러한 설립중의 법인은 그 후 권리능력을 취득한 사단법인과 동일성이 인정된다고 보는 것이 다수설이며, 따라서 설립중의 법인의 행위는 설립후의 법인의 행위로 본다. 문제는 법인에 귀속되는 행위의 범위이다. 학설은 모든 행위가 법인에 귀속된다는 견해[162]와 목적범위내의 행위만이 법인의 행위가 된다는 견해[163]로 나눠진다. 판례[164]는 법인의 설립 자체를 위한 행위만 법인에 귀속된다고 한다.

Ⅲ. 재단법인의 설립

1. 목적의 비영리성

비영리사단법인에서처럼 영리 아닌 사업을 목적으로 하여야 한다. 그 내용은 비영리사단법인에서와 동일하다.

2. 설립행위

(1) 의 의

재단법인 설립행위는 정관작성과 재산의 출연으로 이루어지는데(43조), 그 법적

161) 대판 1998, 5. 12, 97다56020.
162) 곽윤직, 134면 ; 김상용, 222면 ; 백태승, 233면.
163) 윤형렬, 150면 ; 이영준, 938면.
164) 대판 1990, 12. 26, 90누2536.

성질은 상대방없는 단독행위라고 파악하는 다수설과 출연행위는 설립자가 그의 재산권을 양도하는 법률행위인데, 이는 양도인(설립자)와 양수인(재단) 사이에 계약으로 이워지는 것이 원칙이라면서 출연행위는 양도계약이라는 소수설[165]이 있다. 수인의 설립자가 있는 경우에는 단독행위의 경합이다.

재단법인의 설립은 생전 행위로는 물론이고, 유언으로도 할 수 있다.

(2) 정관작성

① 필요적 기재사항

설립자는 정관을 작성하여야 한다. 정관에 기재하여야 할 사항은 사단법인의 정관에서와 같이 필요적 기재사항과 임의적 기재사항이 있다. 필요적 기재사항의 경우 사단법인에서와 대체로 동일하지만 사원자격의 득실에 관한 규정과 법인의 존립시기나 해산사유는 필요적 기재사항이 아닌 점이 다르다. 전자는 재단법인에 사원이 없기 때문이고, 후자는 설립자의 의사를 고려하여 재단법인의 영속성을 기하기 위해서이다.

② 정관의 보충

정관을 작성할 때 필요적 기재사항은 그중 하나라도 빠뜨리면 정관은 효력이 없다. 설립자가 필요적 기재사항 중 명칭이나 사무소 소재지, 이사의 임면방법을 정하지 않고 사망한 경우 이해관계인이나 검사의 청구에 의해 법원이 이를 정하도록 하여 재단법인이 설립되도록 하고 있다. 이는 설립자가 경미한 사항을 정하지 않고 사망한 경우 재단법인의 설립을 부인하는 것 보다 이를 보충하여 그의 의사를 실현하게 하는 것이 바람직하다는 취지에서 인정하는 것이다.

(3) 재산의 출연

① 의 의

재단법인 설립자는 반드시 재산을 출연해야 하는데, 출연재산의 종류는 묻지 않는다. 이러한 재산출연행위는 무상이므로, 생전처분으로 재단법인을 설립하는 경우에는 증여에 관한 규정을 준용하고(47조 1항), 유언으로 재단법인을 설립하는 경

165) 이은영, 264면.

우에는 유증에 관한 규정을 준용한다(47조 2항). 생전처분의 경우에는 증여에 관한 규정 중 서면에 의하지 아니한 증여와 해제(555조), 증여자의 재산상태변경과 증여의 해제(557조), 증여자의 담보책임(559조)이 준용되고, 유언의 경우에는 유증에 관한 규정 중 유언의 방식(1060조, 1065조 - 1072조), 유언의 효력(1073조, 1079-1085조, 1087조, 1090조)에 관한 규정이 준용된다.

◆ 판 례

✧ 재단법인 설립을 위하여 서면에 의한 증여(출연)를 한 경우, 출연자가 착오에 기한 의사표시를 이유로 출연의 의사표시를 취소할 수 있는지 여부(적극)와 재단법인의 출연자가 착오를 이유로 출연의 의사표시를 취소하는 경우, 재단법인의 성립 여부나 출연된 재산이 기본재산인지 여부와 관계없이 취소권을 행사할 수 있는지 여부(적극)

민법 제47조 제1항에 의하여 생전처분으로 재단법인을 설립하는 때에 준용되는 민법 제555조는 "증여의 의사가 서면으로 표시되지 아니한 경우에는 각 당사자는 이를 해제할 수 있다."고 함으로써 서면에 의한 증여(출연)의 해제를 제한하고 있으나, 그 해제는 민법 총칙상의 취소와는 요건과 효과가 다르므로 서면에 의한 출연이더라도 민법 총칙규정에 따라 출연자가 착오에 기한 의사표시라는 이유로 출연의 의사표시를 취소할 수 있고, 상대방 없는 단독행위인 재단법인에 대한 출연행위라고 하여 달리 볼 것은 아니다.

재단법인에 대한 출연자와 법인과의 관계에 있어서 그 출연행위에 터잡아 법인이 성립되면 그로써 출연재산은 민법 제48조에 의하여 법인 성립시에 법인에게 귀속되어 법인의 재산이 되는 것이고, 출연재산이 부동산인 경우에 있어서도 위 양당사자 간의 관계에 있어서는 법인의 성립 외에 등기를 필요로 하는 것은 아니라 할지라도, 재단법인의 출연자가 착오를 원인으로 취소를 한 경우에는 출연자는 재단법인의 성립 여부나 출연된 재산의 기본재산인 여부와 관계없이 그 의사표시를 취소할 수 있다(대판 1999. 7. 9, 98다9045).

✧ 재단법인의 기본재산은 재단법인의 실체를 이루는 것이므로, 재단법인 설립을 위한 기본재산의 출연행위에 관하여 그 재산출연자가 소유명의만을 재단법인에 귀속시키고 실질적 소유권은 출연자에게 유보하는 등의 부관을 붙여서 출연하는 것은 재단법인 설립의 취지에 어긋나는 것이어서 관할 관청은 이러한 부관이 붙은 출연재산을 기본재산으로 하는 재단법인의 설립을 허가할 수 없고, 또한 재단법인 설립과정에서 그 출연자들이 장래 설립될 재단법인의 기본재산으로 귀속될 부동산에 관하여 소유명의만을 신탁하는 약정을 하였다고 하더라도, 관할 관청의 설립허가 및 법인설립등기를 통하여 새로이 설립된 재단법인에게 아무 조건 없이 기본재산 증여를 원인으로 한 소유권이전등기를 마친 이후에까지 이러한 명의신탁계약이 설립된 재단법인에 효력이 미친다고 보면 재단법인의 기본재산이 상실되어 재단법인의 존립 자체에 영향을 줄 것이므로, 위와 같은 명의신탁계약은 새로 설립된 재단법인에 대해서는 효력을 미칠 수 없다(대판 2011.2.10, 2006다65774).

② 출연재산의 귀속시기

i) 문제제기

설립자가 재단법인에 출연한 재산은 48조에 의해 생전처분으로 재단법인을 설립하는 경우에는 법인이 설립하는 때(설립등기시 33조), 유언에 의하여 재단법인을 설립하는 경우에는 유언의 효력이 발생하는 때(유언자가 사망한 때 1073조 1항) 출연재산은 재단법인에 귀속한다. 그런데 이러한 48조의 규정은 우리민법이 물권변동에 관해 성립요건주의를 취하고 있고, 지시채권의 양도는 증서의 배서, 교부를, 무기명채권의 양도는 증서의 교부를 요건으로 하는 채권양도의 원칙과의 관계에서 해석상 곤란한 문제를 야기한다. 즉 법인에 출연한 재산이 부동산인 경우 등기(186조), 동산인 경우 인도(188조), 지시채권인 경우 배서와 교부(508조), 무기명채권인 경우 교부(523조)를 요하게 되는데, 이들 규정과 48조의 관계가 문제된다. 즉, 이러한 요건을 갖춘 때 비로소 법인의 재산이 되는지, 아니면 이러한 형식을 갖추지 않아도 법인의 설립등기 또는 설립자의 사망시에 당연히 법인의 재산이 되는지 문제가 생기는 것이다.

ii) 학 설

ⓐ **다수설**[166)]

제48조는 재단법인을 보호하기 위한 특별규정으로 보아 제186조에서 말하는 등기 없이도 제48조에서 정하는 시기에 당연히 재단법인에 귀속한다고 해석한다. 즉 제48조는 출연재산의 법인귀속을 되도록이면 직접 조속하게 인정함으로써 설립자의 의사를 존중하는 동시에 출연재산을 보호하기 위한 고려에서 마련된 특별규정으로 본다. 그래서 제48조를 제187조가 말하는 「기타의 법률규정」으로 보아 출연재산은 등기 없이도 제48조가 정한 시기에 당연히 법인에게 귀속한다고 새긴다.

ⓑ **소수설**[167)]

재단법인 설립행위는 분명히 법률행위이므로 재단법인 설립행위로 인한 물권의 이전은 법률행위에 의한 물권변동이므로 민법 제187조는 적용될 수 없고 제186조에 따라서 등기를 하여야만 재단법인에 이전한다고 해석한다. 즉 출연하는 재산

166) 고창현, 213면 ; 고상용, 192면 ; 곽윤직, 136면 ; 김상용, 225-226면 ; 김용한, 165면 ; 김주수, 219면 ; 송덕수, 360면 ; 엄영진, 178면 ; 정기웅, 193면.

167) 김증한/김학동, 180면 ; 백태승, 238면 ; 서광민, 196면 ; 이영준, 941면 ; 이은영, 267면 ; 지원림, 119면.

권의 이전에 아무런 형식을 요하지 않는 재산권은 법인의 성립 또는 설립자의 사망시에 당연히 법인에 귀속하지만 부동산물권과 같이 그 이전에 등기를 요하는 것은 법인의 성립 또는 설립자의 사망시에 법인에 출연부동산의 이전청구권이 생길 뿐이고, 출연부동산이 현실로 법인에 이전되는 것은 등기를 한 때라고 해석한다. 다만 이전등기를 하면 48조에 의하여 재단법인이 설립된 때에 소급하여 귀속한 것으로 의제된다고 해석한다.

ⓒ **판 례**

처음에는 다수설과 같이 재단법인설립에 있어서의 출연재산은 등기 없이 법인의 성립과 동시에 당연히 그 재단법인에 귀속한다고 하였다(대판 1973.2.28. 72다2344,2345). 그러나 후에 판례를 변경하여 출연자와 법인 간에는 다수설과 같이 등기 없이도 법인설립과 동시에 재단법인에 귀속하지만 법인이 취득한 부동산을 가지고 제3자에게 대항하기 위해서는 제186조의 원칙에 따라서 등기를 하여야 한다고 판결하였다(대판 전원합의체 1979.12.11, 78다481,482).

ⓓ **검 토**

소수설에 의하면 설립등기를 갖추더라도 출연재산에 관한 이전등기를 할 때까지는 전혀 재산이 없는 재단법인이 있게 되는데, 이는 재단법인의 본질에 반한다는 비판이 있다. 이에 대해 소수설은 출연부동산의 이전청구권도 재산권이라 하면서 재단법인에 재산이 없는 상태는 존재하지 않는다고 한다. 다수설은 민법 48조가 187조에서 말하는 기타의 법률에 속한다고 하고, 소수설은 187조에서 말하는 법률은 모든 법률을 말하는 것이 아니라 부동산물권의 변동에 효력을 미치는 법률의 규정을 의미하는 것으로 48조는 이에 속하지 않는다고 한다.

◈ 출연재산의 법인에의 귀속시기

출연재산		다수설	소수설
물권	부동산물권	48조에서 정한 시기	등기시
	동산물권	상동	인도시
채권	지명채권	상동	좌동
	지시채권	상동	배서 + 교부시
	무기명채권	상동	교부시

◆ 판 례

✧ 출연재산의 재단법인에의 귀속과 등기

민법 제48조는 재단법인 성립에 있어서 재산출연자와 법인과의 관계에 있어서의 출연재산의 귀속에 관한 규정이고, 이 규정은 그 기능에 있어서 출연재산의 귀속에 관하여 출연자와 법인과의 관계를 상대적으로 결정함에 있어서의 기준이 되는 것에 불과하여, 출연재산은 출연자와 법인과의 관계에 있어서 그 출연행위에 터잡아 법인이 성립되면 그로써 출연재산은 민법의 위 조항에 의하여 법인성립시에 법인에게 귀속되어 법인의 재산이 되는 것이고, 출연재산이 부동산인 경우에 있어서도 위 양당사자간의 관계에 있어서는 위 요건(법인의 성립) 외에 등기를 필요로 하는 것이 아니나, 제3자에 대한 관계에 있어서는 출연행위가 법률행위이므로 출연재산의 법인에의 귀속에는 부동산의 권리에 관해서는 법인성립 외에 등기를 필요로 한다.

유언으로 재단법인을 설립하는 경우에도 제3자에 대한 관계에서는 출연재산이 부동산인 경우는 그 법인에의 귀속에는 법인의 설립 외에 등기를 필요로 하는 것이므로, 재단법인이 그와 같은 등기를 마치지 아니하였다면 유언자의 상속인의 한 사람으로부터 부동산의 지분을 취득하여 이전등기를 마친 선의의 제3자에 대하여 대항할 수 없다(대판 1993.9.14, 93다8054).

iii) 입법론

우리나라 학설은 일치하여 민법 제48조와 관련하여 학설이 대립되는 것은 근본적으로 48조에 문제가 있기 때문이라고 한다. 물권변동에 관한 민법 제186조와 조화되는 방향으로 48조의 개정이 필요하다.

3. 주무관청의 허가

주무관청의 허가가 필요하다. 그 구체적 내용은 비영리 사단법인에서 설명한 것과 동일하다.

4. 설립등기

비영일사단법인에서 설명한 것과 동일하다.

5. 설립중 재단법인

설립중 재단법인은 재단법인으로서의 실체를 갖추고 있으나 아직 법인격을 취득하지 못한 상태를 말한다. 판례[168]는 「재단법인의 발기인은 법인설립인가를 받기 위한 준비행위로 재산의 증여를 받을 수 있고 그 등기의 명의신탁을 할 수 있으며 이러한 법률행위의 효과는 그 법인이 법인격을 취득함과 동시에 당연히 이를 계승한다.」고 한다.

[3] 법인의 능력

Ⅰ. 총 설

법인도 권리주체로서 권리능력, 행위능력, 불법행위능력이 인정되지만 자연인의 능력과는 다소 다르다. 법인에서의 권리능력은 법인이 어떠한 범위의 권리의무의 향유를 인정할 것인가의 문제이고, 행위능력은 그러한 권리와 의무를 향유하기 위해 어떤 종류의 행위를 누가 어떤 형식으로 해야 하는가의 문제이며, 불법행위능력은 누구의 어떠한 불법행위에 대해 법인이 손해배상책임을 부담하는가에 관한 문제이다.

법인의 능력에 관한 규정은 상행규정으로 특별한 규정이 없는 한 영리법인 비영리법인을 묻지 않고 모든 법인에 적용된다.

Ⅱ. 법인의 권리능력

1. 자연인과 법인의 권리능력의 비교

	자 연 인	법 인
의의	자유평등의 표현	단체활동발전의 표현
발생	출생	설립등기시
범위	제한 없음	성질, 목적, 법률의 규정에 의한 제한이 가능
소멸	사망	청산이 종료된 때

168) 대판 1973. 2. 28, 72다2344, 2345.

2. 권리능력의 제한

(1) 성질에 의한 제한

법인은 자연인의 천연의 성질을 전제로 하는 권리, 즉, 생명권, 친권, 정조권, 신체의 자유권 등은 가질 수 없다. 그러나 사람의 천연적 성질을 전제로 하지 않는 재산권, 성명권, 명예권 등은 가질 수 있다. 상속권은 성질상 법인이 누릴 수 없는 것은 아니지만 우리 민법이 상속인은 자연인에 한한다고 규정하고 있으므로(1000조 - 1004조) 법인은 상속능력이 없다. 그러나 법인은 유증은 받을 수 있으므로 포괄유증을 통해 상속과 동일한 효과를 얻을 수 있다(1078조).

(2) 법률에 의한 제한

법인의 권리능력은 법률에 의하여 인정되므로 법률에 의해 권리능력을 제한할 수 있다. 우리 현행법에서는 법인의 권리능력을 제한하는 일반적 규정은 없고, 개별적인 제한 규정만이 있다. 예컨대, 청산법인은 '청산의 범위내에서'만 권리능력이 인정된다는 민법 제81조와 또한 파산법인은 파산의 목적범위내에서만 권리능력이 인정된다는 채무자회생및파산에 관한 법률 제328조, 회사는 다른 회사의 무한책임사원이 되지 못한다는 상법 173조 등이 있다. 권리능력의 제한은 오로지 법률에 의해서만 제한되고, 명령에 의해서는 제한할 수 없다.

(3) 목적에 의한 제한

① 34조의 법적 성격

민법 제34조에서 법인은 정관에서 정한 목적의 범위내에서 권리 의무의 주체가 된다고 규정하고 있다. 통설과 판례는 「정관으로 정한 목적의 범위 내에서」의 목적범위가 권리능력과 행위능력 양자를 제한한다고 본다. 이 견해에 의하면 법인의 행위능력의 범위와 권리능력의 범위는 일치하고, 민법 제34조가 목적범위내에서 권리능력을 가진다고 규정하고 있지만 현실적으로는 권리능력의 범위 내에서 권리의무를 취득하여 법인은 그 범위 내에서 행위를 할 수 있는 결과 행위능력까지를 제한하고, 민법은 법인의 행위능력에 관한 규정을 두지 아니하여 법인의 권리능력을 규정하고 있는 민법 제34조로부터 법인의 행위능력의 범위를 도출하여야 한다. 이에 대해 소수설[169]은 이 규정은 권리능력을 제한하는 규정이 아니고,

행위능력을 제한하는 규정이라고 한다.

목적이 권리능력을 제한하는 것이 아니라 대표권을 제한하는 것이라는 견해에 의하면 대표권을 넘는 행위로서 표현대표가 성립하여 표현대리의 법리가 적용될 수 있다.

② 「목적의 범위 내」의 의미

민법은 법인에 대하여 정관으로 정한 목적의 범위 내에서 권리능력을 인정한다. 명문규정으로는 권리능력을 제한하고 있음에도 이를 행위능력을 제한하는 규정으로 이해하는 견해[170]가 있다.

그러나 「목적의 범위 내」라는 의미에 대하여 견해가 갈린다.

소수설(협의설)[171]은 목적을 달성하는 데 필요한 범위 내에서라고 하고, 다수설(광의설)[172]은 목적에 위반하지 않는 범위 내에서라고 해석한다. 전자의 견해는 법인의 구성원 보호에 후자의 견해는 거래안전 보호에 치중하는 것이다. 판례는 목적사업을 수행함에 필요한 행위가 법인의 목직범위 내에 있는 행위이어야 한다고 하지만[173] 실제로는 매우 신축적으로 해석한다. 즉, 정관에 정한 목적의 범위 내라 함은 정관에 열거한 목적과 그 목적을 달성함에 필요한 범위라고 하고[174], 목적을 수행하는 데 있어서 직접·간접으로 필요한 행위를 모두 포함한다.[175]

Ⅲ. 법인의 행위능력

1. 법인의 행위와 대표

법인이 권리능력이 인정되는 범위 내에서 구체적으로 권리를 취득하기 위해서는 법률행위를 하여야 한다. 그런데 관념적 존재에 지나지 않는 법인이 법률행위를 할 수 있는가, 즉 「법인의 행위」라고 할 수 있는 것이 있는가, 만약 있다면

169) 고상용, 200면.
170) 고상용, 200면.
171) 김주수, 227면.
172) 곽윤직, 140면 ; 김기선, 148면 ; 김상용, 230면 ; 김용한, 173면 ; 김증한/김학동, 189면 ; 백태승, 242면 ; 엄영진, 183면 ; 윤형렬, 159면.
173) 대판 1981, 1. 13. 80다1049.
174) 대판 1988. 1. 19, 86다카1384.
175) 대판 1991. 11. 22, 91다8821.

누가 어떻게 하는가가 문제된다. 이것이 행위능력의 문제이다. 의제설에 의하면 법인은 권리능력은 있으나 행위능력은 없기 때문에 법인의 행위라는 것은 없다. 따라서 법인이 권리를 취득하고 의무를 부담하기 위해서는 대리인에 의할 수밖에 없다. 반면에 실재설에 의하면 법인도 의사를 가지고 있고, 이 의사에 의해 행위를 하므로 법인의 행위는 있다고 한다. 이처럼 실재설의 입장에서 법인 자체의 행위를 인정하더라도 현실적으로는 법인 스스로 법률행위를 할 수는 없고, 자연인의 현실적 행위에 의하여야 한다. 그 자연인을 대표기관이라 한다. 법인의 권리능력의 범위 내에서 대표기관(이사, 임시이사, 특별대리인, 청산인)이 행한 행위가 법인의 행위로 인정된다.

즉 대표기관의 행위가 법인자신의 행위로 되는데, 이러한 대표기관과 법인과의 관계는 대리인과 본인간의 관계보다 밀접하여 "대표"라고 하지만 대표관계는 대리관계에 비슷하므로, 대표기관의 대표에는 대리에 관한 규정을 준용한다고 규정하고 있다(59조 2항)

2. 행위능력의 범위

민법은 법인의 행위능력에 대해 아무런 규정도 두고 있지 않지만 법인은 권리능력의 범위 안에서 행위능력을 갖는다. 이러한 범위를 벗어난 행위는 법인의 행위가 아니라, 대표기관 개인의 행위가 된다.

Ⅳ. 법인의 불법행위능력

1. 법인본질론과 불법행위능력

민법 제35조 1항은 일정한 요건하에 법인에게 손해배상책임을 인정하고 있다. 이사 기타 대표자의 불법행위에 대해 법인이 책임을 지는 이유는 무엇인지 논의가 되고 있다.

법인실재설에 의하면 법인의 대표기관의 행위는 곧 법인 자신의 행위가 되므로, 대표기관의 불법행위는 법인 자신의 불법행위가 된다고 하여, 35조 1항 전단의 규정을 당연한 규정으로 파악한다.[176] 35조 1항 후문은 피해자를 보다 두텁게 보

176) 김상용, 231-232면 ; 김용한, 177면 ; 김증한/김학동, 192면 ; 송덕수, 366면.

호하기 위한 정책적 고려와 대표기관으로 하여금 불법행위를 하지 않도록 방지하는 예방적 목적의 규정으로 이해한다. 이에 반해 법인의제설에 의하면 35조 1항 전단의 규정을 대표기관의 행위에 의해 제3자가 손해를 입은 경우, 행위자 개인만이 아니라 법인도 책임을 지게 하는 것이 사회적으로 타당하다는 고려에서 법정책상 인정한 규정으로 파악하고, 35조 1항 후문에서 법인이 불법행위책임을 지는 외에 기관 개인이 손해배상책임을 지는 것은 법인실재설에서는 설명하기 어렵고 법인의제설에 의할 때 설명할 수 있다고 한다[177].

2. 불법행위의 요건

(1) 법인의 대표기관의 행위일 것

법인의 대표기관으로는 이사, 임시이사(63조), 특별대리인(64조), 직무대행자(52조의2, 60조의2), 청산인(82조)이 있다. 사원총회나 감사처럼 대표기관이 아닌 기관의 행위에 대해서도 법인의 책임을 인정하여야 할 것인가에 대해서는 견해가 대립된다. 긍정하는 견해[178]는 예컨대 사원총회의 결의에 의하여 타인의 명예를 훼손하는 경우처럼 법인의 기관이면 비록 대표권이 없다할지라도 경우에 따라서는 법인의 불법행위책임을 인정하여야 한다고 한다. 그러나 35조 1항에 비추어 볼 때 부정하는 것이 타당하다[179].

또 이사에 의하여 선임되고 대리권이 수여된 대리인(지배인, 개개의 행위의 임의대리인)의 행위에 대하여 법인의 불법행위책임이 인정되는지 문제된다. 35조 1항을 유추적용하여 불법행위책임을 긍정하여야 한다는 견해[180]도 있으나 대리인은 법인의 기관은 아니며, 따라서 그의 행위에 의하여 법인의 불법행위가 성립하지 않고, 법인은 다만 사용자로서의 책임만 질뿐이다[181].

---

177) 고상용, 208면 ; 이영준, 946면. 다만 실제설을 취하면서 정책적 규정이라 하는 견해도 있다(백태승, 245-246면).

178) 고상용, 209면 ; 김용한, 178면 ; 김주수, 232면 ; 서광민, 201면 ; 이은영, 285면 ; 정기웅, 205면.

179) 곽윤직, 142면 ; 김상용, 239면 ; 백태승, 248면 ; 송덕수, 367면 ; 윤형렬, 163면 ; 이영준, 948면 ; 지원림, 127면.

180) 김용한, 178면 ; 이영준, 948면 ; 이은영, 286면.

181) 고상용, 209면 ; 곽윤직, 142면 ; 김상용, 240면 ; 김용한, 177면 ; 김주수, 231면 ; 백태승, 248-249면 ; 송덕수, 367면 ; 서광민, 202면 ; 윤형렬, 165면 ; 지원림, 127면.

민법 제35조에서 말하는 '이사 기타 대표자'는 법인의 대표기관을 의미하는 것이고 대표권이 없는 이사는 법인의 기관이기는 하지만 대표기관은 아니기 때문에 그들의 행위로 인하여 법인의 불법행위가 성립하지 않는다.[182)]

◆ 판 례

✧ 민법 제35조에서 말하는 '이사 기타 대표자'는 법인의 대표기관을 의미하는 것이고 대표권이 없는 이사는 법인의 기관이기는 하지만 대표기관은 아니기 때문에 그들의 행위로 인하여 법인의 불법행위가 성립하지 않는다(대판 2005.12.23, 2003다30159).

✧ 법인의 대표자가 그 직무에 관하여 타인에게 손해를 가함으로써 법인에 손해배상책임이 인정되는 경우에, 대표자의 행위가 제3자에 대한 불법행위를 구성한다면 그 대표자도 제3자에 대하여 손해배상책임을 면하지 못하며(민법 제35조 제1항), 또한 사원도 위 대표자와 공동으로 불법행위를 저질렀거나 이에 가담하였다고 볼 만한 사정이 있으면 제3자에 대하여 위 대표자와 연대하여 손해배상책임을 진다. 그러나 사원총회, 대의원 총회, 이사회의 의결은 원칙적으로 법인의 내부 행위에 불과하므로 특별한 사정이 없는 한 그 사항의 의결에 찬성하였다는 이유만으로 제3자의 채권을 침해한다거나 대표자의 행위에 가공 또는 방조한 자로서 제3자에 대하여 불법행위책임을 부담한다고 할 수는 없다. 이 때 <u>의결에 참여한 사원 등이 대표자와 공동으로 불법행위를 저질렀거나 이에 가담하였다고 볼 수 있는지 여부</u>는, 그 의결에 참여한 법인의 기관이 당해 사항에 관하여 의사결정권한이 있는지 여부 및 대표자의 집행을 견제할 위치에 있는지 여부, 그 사원이 의결과정에서 대표자의 불법적인 집행 행위를 적극적으로 요구하거나 유도하였는지 여부 및 그 의결이 대표자의 업무 집행에 구체적으로 미친 영향력의 정도, 침해되는 권리의 내용, 의결내용, 의결행위의 태양을 비롯한 위법성의 정도를 종합적으로 평가하여 법인 내부 행위를 벗어나 제3자에 대한 관계에서 사회상규에 반하는 위법한 행위라고 인정될 수 있는 정도에 이르러야 한다(대결 2009.1.30, 2006마930).

✧ 민법 제35조 제1항에서 정한 '법인의 대표자'에 당해 법인을 실질적으로 운영하면서 법인을 사실상 대표하여 법인의 사무를 집행하는 사람도 포함되는지 여부(적극) 및 그러한 사람에 해당하는지 여부의 판단 기준

민법 제35조 제1항은 "법인은 이사 기타 대표자가 그 직무에 관하여 타인에게 가한 손해를 배상할 책임이 있다" 라고 정한다. 여기서 <u>'법인의 대표자' 에는 그 명칭이나 직위 여하, 또는 대표자로 등기되었는지 여부를 불문하고 당해 법인을 실질적으로 운영하면서 법인을 사실상 대표하여 법인의 사무를 집행하는 사람을 포함한다</u>고 해석함이 상당하다. 구체적인 사안에서 이러한 사람에 해당하는지는 법인과의 관계에서 그 지위와 역할, 법인의 사무집행 절차와 방법, 대내적 · 대외적 명칭을 비롯하여 법인 내부자와 거래 상대방에게 법인의 대표행위로 인식되는지 여부, 공부상 대표자와의 관계 및 공부상 대표자가 법인의 사무를 집행하는지 여부 등 제반 사정을 종합적으로 고려하여 판단하여야 한다. 그리고 이러한 법리는 주택조합과 같은 비법인사단에도 마찬가지로 적용된다(대판 2011.4.28, 2008다15438).

182) 대판 2005. 12. 23, 2003다30159.

(2) 대표기관이 「직무에 관하여」 타인에게 손해를 가했을 것

① 직무관련성의 의미

「직무에 관하여」란 행위의 외형상 대표기관의 직무수행행위라고 볼 수 있는 행위뿐만 아니라 직무행위와 사회관념상 관련성을 가지는 행위를 포함한다(외형설). 판례[183)]도 「그 직무에 관한 것이라는 의미는 행위의 외형상 법인의 대표자의 직무행위라고 인정할 수 있는 것이라면 설사 그것이 대표자 개인의 사리를 도모하기 위한 것이었거나 혹은 법령의 규정에 위배된 것이었다 하더라도 위의 직무에 관한 행위에 해당한다고 보아야 한다.」고 하여 756조의 「사무의 집행에 관하여」와 동일한 의미로 보고 있다.

◆ 판 례

✧ 대표자의 행위가 직무에 해당하지 아니함을 피해자가 알았거나 중대한 과실로 알지 못한 경우, 법인에게 손해배상책임을 물을 수 있는지 여부(소극) 및 이 때 "중대한 과실"의 의미

법인의 대표자의 행위가 직무에 관한 행위에 해당하지 아니함을 피해자 자신이 알았거나 또는 중대한 과실로 인하여 알지 못한 경우에는 법인에게 손해배상책임을 물을 수 없다고 할 것이고, 여기서 중대한 과실이라 함은 거래의 상대방이 조금만 주의를 기울였더라면 대표자의 행위가 그 직무권한 내에서 적법하게 행하여진 것이 아니라는 사정을 알 수 있었음에도 만연히 이를 직무권한 내의 행위라고 믿음으로써 일반인에게 요구되는 주의의무에 현저히 위반하는 것으로 거의 고의에 가까운 정도의 주의를 결여하고, 공평의 관점에서 상대방을 구태여 보호할 필요가 없다고 봄이 상당하다고 인정되는 상태를 말한다(대판 2004. 3. 26, 2003다34045 ; 대판 2009. 11. 26, 2009다57033 등 참조).

② 법인의 대표자의 월권행위

i) 문제제기

행위의 외형상 대표기관의 직무집행행위라고 볼 수 있는 행위는 그것이 비록 월권행위라 하더라도 「직무관련성」이 인정될 수 있다. 이때 그 행위가 사실행위라면 제35조의 적용에 별 문제가 없지만, 법률행위인 경우에는 제126조와의 관계가 문제된다.

---

183) 대판 1969, 8. 26, 68다2320 ; 2004, 2. 27, 2000다15280.

ii) 학 설

학설은 법률상 대표권이 제한되어 거래행위가 무효가 되므로 표현대리가 적용될 여지가 없고 따라서 제35조의 책임만이 문제된다고 하는 제35조 적용설[184], 거래관계로 인한 법률행위에서는 어디까지나 거래행위로서의 효력유지에 노력해야 하기 때문에 먼저 제126조의 적용을 고려하고 그 적용요건이 부정되는 경우에 제35조의 적용을 검토하자는 제126조 우선적용설[185], 거래행위에 대하여는 거래법규인 표현대리만 문제삼아야 할 것이고 제35조를 적용한다면 제3자에게 선의나 무과실을 요구하지 않아서 표현대리에 비해 제3자의 보호에 치우치게 되므로 126조만 적용해야 한다는 제126조 적용설[186]. 양 책임이 적용요건과 효과에서 차이가 없으므로 어느 규정을 적용해도 관계가 없다고 하면서 경합을 인정하자는 선택적 적용설[187]이 대립한다.

iii) 판 례

외형이론을 적용하여 대표자 개인의 이익을 도모하는 경우 및 법령위반의 경우 모두 불법행위책임을 적용한다(제35조 적용설, 대판 1969. 8.26, 68다2320).

학교법인이 타인으로부터 금원을 차용하고자 할 때에는 사립학교법 제16조 규정에 의한 이사회의 결의를 거쳐야 하고, 또 같은 법 제 28조의 규정에 의한 감독청의 허가를 받아야 하는 것이며 이와 같은 절차를 거치지 않았다면 그 차금행위는 무효이다(대판 1974. 5.28, 74다244). 판례는 126조의 적용을 부인한다(대판 1983, 12. 27, 83다548).

◈ **35조와 126조에 의한 책임의 비교**

		35조	126조
요건상 차이		외형이론에 의하여 직무행위라고 인정되면 적용된다(상대방의 선의를 요하지 않는다).	권한외의 행위를 상대방이 권한이 있다고 믿을만한 「정당한 이유」가 있으면 적용된다.
효과상 차이	청구의 내용	손해를 한도로 하는 금전배상을 원칙으로 한다.	법률행위가 유효하여 이행책임을 부담
	상대방	법인외에 대표자에게도 책임을 추궁할 수 있다.	법인의 책임만을 물을 수 있다.

184) 김상용, 242면 ; 백태승, 251면 ; 윤형렬, 168면 ; 이영준, 947면.
185) 고상용, 215면 ; 고창현, 229면 ; 곽윤직, 143면 ; 김용한, ; 지원림, 122면.
186) 송덕수, 368면.
187) 김주수, 233면.

	과실상계	상대방에게 과실이 있으면 과실 상계를 한다.	과실상계 적용이 없다.
	상대방의 주관	중과실이 없으면 보호된다.	상대방이 선의무과실인 경우에만 인정된다.
	소멸시효	소멸시효는 3년/10년(766조)	일반 채권의 시효기간이 적용된다.

③ 대표권의 남용

i) 문제점(대표권남용, 표현대표책임과 법인의 불법행위책임 영역 구별)

법인의 대표기관이 그 대표권의 범위 내에서 한 행위는 설사 그것이 법인을 위한 것이 아니라 자기 또는 제3자의 이익을 위해 한 경우(이른바 대표권남용의 경우)에도 법인의 행위로서 유효하게 된다. 다만 그 행위의 상대방이 그와 같은 사실을 안 경우에도 법인에게 그 효과를 물을 수 있는지 문제되는데, 이것이 「대표권의 남용」의 문제이다.

대표권남용은 그 남용한 대표행위의 효력이 법인에 미친다는 것을 전제로 하는 것인데, 대표이사와 상대방 사이의 금전소비대차계약이 사립학교법 위반으로 무효가 되는 사안(대판 1974. 5. 28, 47다244)에서는 학교법인에게 그 효과가 미칠 여지가 없다는 점에서 대표권의 남용은 처음부터 문제되지 않는다는 견해가 있다.

ii) 학 설

학설은 대표기관이 대표행위를 한 경우에도 "대표의사"는 있는 것이므로 그 행위는 대표행위로서 유효하게 성립하나, 다만 상대방이 그 사정을 알았거나 알 수 있었을 경우에는 107조 제1항 단서를 유추적용하여 그 효력을 부정하여야 한다는 제107조 제1항 단서 유추적용설, 대표권의 남용은 그 남용행위의 위험을 본인과 상대방 어느 쪽에 분배하는가의 문제인데, 본인은 대표기관에 대해서 지배권, 이익권을 가지고 있으므로 원칙적으로 본인이 그 위험을 부담하여야 하나, 상대방에게 악의나 중과실이 있는 경우에 그의 권리행사는 신의칙에 반하는 권리남용이 되어 상대방이 그 위험을 부담한다고 보는 신의칙설[188], 대리제도는 대리인의 행위를 본인에게 귀속시킴으로서 본인의 사적 자치를 용이하게 하려는 것이므로 대리인의 행위는 본인이 대리권을 수요한 목적에 부합하여야 한다는 내재적 한계를 가지는 것이므로 대리인의 배임행위를 상대방이 알았거나 정당한 이유 없이 알지 못한 경

188) 고상용, 501면.

우에는 대리권이 부인된다는 대표권부인설이 대립하고 있다.

iii) 판 례

판례의 주류적 태도는 대표권남용을 상대방이 알았거나 알 수 있었을 경우에는 제107조를 유추적용하여 그 효력을 부정하는 107조 1항 단서 유추적용설을 취하고 있다[189].

(3) 불법행위에 관한 일반적 요건을 구비했을 것

민법 제35조 1항은 불법행위에 관한 일반규정인 750조의 특별규정이므로, 불법행위에 관한 일반적 요건을 갖추어야 한다. ① 고의 과실이 있을 것 ② 대표기관이 책임능력을 갖출 것[190], ③ 피해자의 권리가 위법하게 침해되었을 것, ④ 손해가 발생하였을 것 ⑤ 인과관계가 있을 것 등이다. 이에 대해 750조의 요건 대부분이 필요하지 않다는 견해[191], 750조의 요건 중 책임능력만 필요하지 않다는 견해[192]가 있다.

3. 불법행위의 효과

(1) 법인의 불법행위가 성립하는 경우

① 법인의 책임

법인의 불법행위가 성립하는 경우 법인은 피해자에게 손해를 배상하여야 한다(35조 1항 본문).

② 대표기관 개인의 책임

법인의 불법행위책임이 성립하더라도 불법행위를 한 대표기관 개인은 책임을 면하지 못한다(35조 1항 후단). 즉, 대표기관인 개인도 법인과 경합하여 손해배상

189) 권리남용설을 취한 판례가 하나 보인다(대판 1987. 10. 13, 86다카1522).

190) 책임무능력자가 대표기관인 경우 통설에 의하면 속수무책이므로 대리인은 제한무능력자임을 요하지 않는다는 민법 제117조를 유추적용하여 대표기관의 책임능력은 요건이 아니라는 견해도 있다(이영준, 870면 ; 이은영, 288면).

191) 김증한/김학동, 194면 ; 이은영, 288면.

192) 이영준 변호사는 대표기관에게 책임능력이 있어야 법인의 불법행위가 인정된다면 법인은 불법행위책임을 면하기 위해 책임무능력자를 대표기관으로 임명할 경우 속수무책이 된다는 이유로 117조를 유추적용하여 대표기관의 책임능력을 불법행위의 요건으로 하지 말아야 한다고 주장한다(이영준, 951면).

책임을 부담한다. 법인의제설의 입장에서는 대표기관의 행위는 기관 그 자신의 행위이므로 기관은 불법행위책임을 면하지 못하고, 단지 입법정책적으로 법인도 책임을 지는 것이라고 하는데 반해, 법인실재설의 입장에서는 기관의 행위가 법인의 행위가 되므로 기관 개인의 책임이 있을 수 없으나, 피해자를 두텁게 보호하고, 대표기관으로 하여금 직무와 관련한 불법행위를 하지 않도록 하는 예방적 목적에서 규정한 것으로 이해한다.

양자의 채무는 부진정연대채무로써 피해자는 법인 또는 대표기관 개인 중 어느 쪽에 대해서도 손해배상을 청구할 수 있다. 35조의 법인의 불법행위책임은 기관의 사용자로서 부담하는 책임이 아니고, 법인 자신의 책임이기 때문에 대표기관의 선임·감독에 관하여 과실이 없음을 입증하더라도 책임을 면하지 못한다. 법인이 피해자에게 손해배상을 하면, 법인은 기관 개인에 대하여 구상권을 행사할 수 있다(65조). 이는 대표기관이 그의 선량한 관리자의 주의의무(61조)를 게을리 했기 때문이다.

(2) 법인의 불법행위가 성립하지 않는 경우

법인의 불법행위가 성립하지 않으면 법인은 책임을 지지 않고, 기관 개인만 일반 원칙에 따라 책임을 진다(750조). 다만 민법은 피해자를 두텁게 보호하기 위하여 그 사항의 의결에 찬성하거나 그 의결을 집행한 사원, 이사 및 기타 대표자는 공동불법행위가 성립되는지 여부를 묻지 않고, 연대하여 배상책임을 지도록 하고 있다(35조 2항). 여기서 연대책임은 부진정연대책임으로 보는 것이 통설이다.

◆ 판 례

✧ 법인 내부의 사원총회 등에서 의결에 참여한 사원 등이 불법행위책임을 부담하는지 여부의 판단 기준

법인의 대표자가 그 직무에 관하여 타인에게 손해를 가함으로써 법인에 손해배상책임이 인정되는 경우에, 대표자의 행위가 제3자에 대한 불법행위를 구성한다면 그 대표자도 제3자에 대하여 손해배상책임을 면하지 못하며(민법 제35조 제1항), 또한 사원도 위 대표자와 공동으로 불법행위를 저질렀거나 이에 가담하였다고 볼 만한 사정이 있으면 제3자에 대하여 위 대표자와 연대하여 손해배상책임을 진다. 그러나 사원총회, 대의원총회, 이사회의 의결은 원칙적으로 법인의 내부행위에 불과하므로 특별한 사정이 없는 한 그 사항의 의결에 찬성하였다는 이유만으로 제3자의 채권을 침해한다거나 대표자의 행위에 가공 또는 방조한 자로서 제3자에 대하여 불법행위책임을 부담한다고 할 수는 없다. 이 때 의결에 참여한 사원 등이 대표자와 공동으로 불법행위를 저질렀거나 이에 가담하였다고 볼 수 있는지 여부는, 그 의결에 참여한 법인의 기관이 당해 사항에 관하여 의사결정권한이 있는지 여부 및 대표자의 집행을 견제할 위치에 있는지 여부, 그 사원이 의결과정에서 대표자의 불법적인 집행행위를 적극적으로 요구하거나 유도하였는지 여부 및 그 의결이 대표자의 업무 집행에 구체적으로 미친 영향력의 정도, 침해되는 권리의 내용, 의결 내용, 의결행위의 태양을 비롯한 위법성의 정도를 종합적으로 평가하여 법인 내부행위를 벗어나 제3자에 대한 관계에서 사회상규에 반하는 위법한 행위라고 인정될 수 있는 정도에 이르러야 한다(대판 2009.1.30., 2006다37465).

[4] 법인의 기관

Ⅰ. 서 설

1. 기관의 의의

법인은 자연인처럼 스스로 활동하지는 못한다. 따라서 법인이 사회에서 활동을 하기 위해서는 법인의 의사를 결정하고, 그에 기하여 내부의 사무를 처리하고, 외부에 이를 대표하는 조직이 필요하다. 이를 법인의 기관이라 한다. 대표기관, 업무집행기관, 의사기관, 감독기관 등이 그것이다. 법인과 기관의 관계에 대해 의제설은 기관을 인정하지 않고 법인과 별개의 인격으로서 법인의 대리인이 되고, 실재설에 의하면 기관은 법인이라는 조직체의 구성부분이 된다.

2. 기관의 종류

법인의 기관에는 의사집행기관인 이사, 최고 의사결정기관인 사원총회, 감독기관인 감사가 있다. 이사는 사단법인 재단법인 모두의 필수기관이고, 사원총회는 사단법인에서는 필수기관이지만 재단법인에는 없다. 그리고 감사는 사단법인 재단법인 보두 반드시 두어야 할 필요는 없지만 둘 수는 있는 임의기관이다.

Ⅱ. 이 사

1. 의 의

이사는 대외적으로 법인을 대표하고(대표기관), 대내적으로는 법인의 업무를 집행하는(업무집행기관) 상설적 필요기관이다(57조). 사단법인이든 재단법인이든 반드시 이사를 두어야 한다(57조). 이사는 자연인에 한하며 그 수와 임기에는 제한이 없다(57조, 제58조).

2. 이사의 임면

이사의 임면방법은 정관의 필요적 기재사항이므로(40조 5항, 43조) 정관에 의한다.

(1) 선 임

이사의 선임행위는 법인과 이사 간의 위임과 유사한 계약이다. 따라서 정관에 특별한 정함이 없으면 위임에 관한 규정이 적용된다(통설). 이사의 선임행위가 정관에서 정한 방법에 의하지 않거나 기타 흠이 있는 경우 이해관계인은 선임행위의 무효 취소의 소를 제기할 수 있다. 본안 판결 전에 가처분으로 이사의 직무집행을 정지할 수 있는데, 이때 직무집행이 정지된 이사가 행한 직무행위는 무효가 된다.

(2) 해임 및 퇴임

해임·퇴임도 정관에 의할 것이지만 정관에 정함이 없거나 불충분한 경우에는 대리에 관한 규정(59조 2항에 의한 127조의 준용)외에 위임에 관한 규정이 유추적용된다(689조,)[193]. 따라서 이사는 언제든지 사임할 수 있고[194], 재단법인의 이사를 사임하는 행위는 상대방 있는 단독행위라 할 것이어서 그 의사표시가 상대방에게 도달함과 동시에 그 효력을 발생하고 그 의사표시가 효력을 발생한 후에는 마음대로 이를 철회할 수 없다[195]. 이사의 사임행위는 법인의 승낙이 있어야만 효력이 발생하는 것은 아니다[196]. 이사의 임기가 만료되거나 이사직을 사임하는 경우에도 후임이사가 선임될 때까지 계속해서 이사의 직무를 수행할 수 있다.

---

193) 대판 1982, 3. 9, 81다614.
194) 대판 2008, 9. 25, 2007다17109.
195) 대판 1993, 9. 14, 93다28799.
196) 대판 1992, 7. 24, 92다479.

◆ 판 례

✧ 학교법인의 정관에 규정된 '임원의 선임 및 해임이 자신에 관한 사항일 경우 당해 이사장 또는 이사는 그 의결에 참여하지 못한다.'는 제척사유가 '이사장 호선'의 경우에도 적용되는지 여부(소극)

호선은 '특정한 사람들이 자기네 가운데서 어떠한 사람을 골라 뽑는 방법의 선거'를 일컫는데, 호선의 특성상 후보자 모두에게 의결에 참여할 기회를 부여하여도 호선의 본질에 반하지 아니한다 할 것이므로 비록 학교법인의 정관에 '임원의 선임 및 해임이 자신에 관한 사항일 경우 당해 이사장 또는 이사는 그 의결에 참여하지 못한다.'고 규정되어 있다 하더라도 적어도 이러한 제척사유는 위와 같은 방식의 '이사장 호선'에 관하여는 적용되지 아니한다(대판 2006.6.15, 2004다10909).

✧ 법인의 이사를 사임하는 행위는 상대방 있는 단독행위라 할 것이어서 그 의사표시가 상대방에게 도달함과 동시에 그 효력을 발생하고 그 의사표시가 효력을 발생한 후에는 마음대로 이를 철회할 수 없음이 원칙이나, 사임서 제시 당시 즉각적인 철회권유로 사임서 제출을 미루거나, 대표자에게 사표의 처리를 일임하거나, 사임서의 작성일자를 제출일 이후로 기재한 경우 등 사임의사가 즉각적이라고 볼 수 없는 특별한 사정이 있을 경우에는 별도의 사임서 제출이나 대표자의 수리행위 등이 있어야 사임의 효력이 발생하고, 그 이전에 사임의사를 철회할 수 있다(대판 2006.6.15, 2004다10909).

✧ 법인의 이사를 사임하는 행위는 상대방 있는 단독행위라 할 것이어서 그 의사표시가 상대방에게 도달함과 동시에 그 효력을 발생하고 그 의사표시가 효력을 발생한 후에는 마음대로 이를 철회할 수 없음이 원칙이나, 사임서 제시 당시 즉각적인 철회권유로 사임서 제출을 미루거나, 대표자에게 사표의 처리를 일임하거나, 사임서의 작성일자를 제출일 이후로 기재한 경우 등 사임의사가 즉각적이라고 볼 수 없는 특별한 사정이 있을 경우에는 별도의 사임서 제출이나 대표자의 수리행위 등이 있어야 사임의 효력이 발생하고, 그 이전에 사임의사를 철회할 수 있다(대판 2006.6.15, 2004다10909).

✧ 법인과 이사의 법률관계는 신뢰를 기초로 한 위임 유사의 관계이므로, 이사는 민법 제689조 제1항이 규정한 바에 따라 언제든지 사임할 수 있고, 법인의 이사를 사임하는 행위는 상대방 있는 단독행위이므로 그 의사표시가 상대방에게 도달함과 동시에 그 효력을 발생하고, 그 의사표시가 효력을 발생한 후에는 마음대로 이를 철회할 수 없음이 원칙이다. 그러나 법인이 정관에서 이사의 사임절차나 사임의 의사표시의 효력발생시기 등에 관하여 특별한 규정을 둔 경우에는 그에 따라야 하는바, 위와 같은 경우에는 이사의 사임의 의사표시가 법인의 대표자에게 도달하였다고 하더라도 그와 같은 사정만으로 곧바로 사임의 효력이 발생하는 것은 아니고 정관에서 정한 바에 따라 사임의 효력이 발생하는 것이므로, 이사가 사임의 의사표시를 하였더라도 정관에 따라 사임의 효력이 발생하기 전에는 그 사임의사를 자유롭게 철회할 수 있다(대판 2008.9.25, 2007다17109).

(3) 등 기

이사의 성명 · 주소는 등기사항이며(49조 2항), 이를 등기하지 않으면 이사의 선임 · 해임 · 퇴임에 대하여 제3자에게 대항할 수 없다(54조 1항). 이사의 변경등기는 효력발생요건은 아니고, 제3자에 대한 대항요건이다.[197]

3. 이사의 직무권한

(1) 직무집행의 방법

법인과 이사의 관계는 위임 유사의 계약관계이다. 따라서 이사는 선량한 관리자의 주의로써 직무를 수행하여야 한다(691조, 61조). 이사가 이 의무를 위반하여 직무를 수행하면 채무불이행을 이유로 손해배상책임을 부담하게 된다.

(2) 법인의 대표(대외적 권한)

① 대표권

이사는 법인의 사무에 대해서 각자 법인을 대표한다(59조 1항). 대표하는 사무는 제한이 없고, 법인의 행위능력에 속하는 모든 사항에 대해 대표권을 갖는다. 법인의 대표에 대해서는 대리에 관한 규정이 준용된다(59조 2항). 따라서 이사가 대표행위를 할 때에는 법인을 위한 것임을 표시하여야 하며(114조 현명주의), 무권대리 · 표현대리 등의 규정을 포함한 모든 대리의 규정이 법인의 대표에 준용된다.

이사가 수인 있는 경우 각자가 법인을 대표한다.

② 대표권의 제한

ⅰ) 정관에 의한 제한(59조 1항 단서)

이사의 대표권은 정관에 의하여 제한할 수 있다. 예컨대 일정한 행위에 대해 사원총회의 결의를 요하게 하거나 이사 전원이 공동대표로 하는 경우, 법인의 채무부담계약에 이사회의 결의 및 노회의 설립자의 승인을 얻고 주무관청의 인가를 받도록 경우[198]이다. 그러나 이사 전원의 의결로 잔여재산을 처분하도록 한 정관규정은 대표권에 대한 제한이 아니다[199]. 이러한 제한은 정관에 기재하지 않으면 그 효력

197) 대판 1967, 2. 21, 66다1347
198) 대판 1992, 2. 14, 91다24564

이 없고(41조), 정관에 기재한 경우에도 이를 등기하지 않으면 제3자에게 대항할 수 없다(60조). 여기서 제3자는 선의의 자로 한정되는지와 관련하여 견해가 대립된다. 다수설[200]은 악의의 제3자는 보호할 필요가 없다는 이유로 선의의 제3자로 한정된다고 하고, 소수설[201]과 판례[202]는 선의·악의를 모두 포함한다고 한다.

ii) 사원총회의 결의에 의한 제한

이사의 대표권은 사원총회의 의결에 의해서도 제한할 수 있다(59조 1항 단서). 이 제한은 정관에 기재할 필요는 없으나, 등기를 하여야만 제3자에게 대항할 수 있다(60조).

의결기관인 사원총회의 결의에 의한 이사의 대표권제한은 이사의 대표권의 범위를 제한하는 것으로 이는 오로지 대내적 제한으로서만 효력을 갖는다면서 이사가 이를 위반하는 경우 그 대표권행사의 효력은 대외적으로는 선의의 제3자에게 대항할 수 없고, 다만 이를 위반한 이사가 법인에 대하여 내부적으로 책임을 진다고 하는 견해[203]가 있다.

이 규정은 대표권행사에 관한 일반적 의무를 말한 것으로 이에 의하여 사원총회의 의결이 직접 대표권을 제한한다고는 할 수 없다고 한다. 즉 사원총회의 결의가 있었어도 이는 대내적인 업무집행방법을 정한 것으로 이를 위반한 이사의 행위는 대표권범위내의 행위라 하는 견해[204]가 있다.

iii) 이익 상반의 경우

법인과 이사의 이익이 상반되는 행위에 대하여는 이사가 개인적 이익을 도모하여 법인에 손해를 끼칠 염려가 있으므로 이를 미연에 방지할 목적으로 이사에게 대표권이 없는 것으로 규정한 것이다. 이 경우 이해관계인이나 검사의 청구에 의하여 법원이 특별대리인을 선임하여야 하고(제64조), 선임된 특별대리인이 그 사항에 대해서는 법인을 대표한다. 이러한 대표권제한은 법인과 이사 간의 이해가 상반되는 것을 전제하므로 이사가 법인에 재산을 증여하는 것처럼 이해가 상반되지

---

199) 대판 1995, 2. 10, 94다13473.

200) 곽윤직, 147면 ; 김상용, 247면 ; 김증한/김학동, 204면 ; 백태승, 259-259면 ; 윤형렬, 191면 ; 이은영, 278면 ; 정기웅, 215면 ; 최기원, 주해민법(1), 684면.

201) 고상용, 225면 ; 김용한, 184면 ; 지원림, 137면 ; 양창수, 민법연구(1), 123-126면.

202) 대판 1992, 2. 14, 91다24564

203) 윤형렬, 191면.

204) 김증한/김학동, 205면 ; 송덕수, 376면.

않는 경우에는 이사가 법인을 대표할 수 있다.

수인의 이사가 있고, 그 가운데 일부의 자와 법인의 이익이 상반되는 경우에는 다른 이사가 법인을 대표하므로 특별대리인을 선임할 필요는 없고[205], 다른 이사도 없는 경우에만 특별대리인이 선임되어 법인을 대표한다.

이사가 64조에 위반하여 법인을 대표하는 경우에는 무권대리행위가 된다(59조 2항).

ⅳ) 복임권의 제한

이사는 원칙적으로 스스로 대표권을 행사하여야 한다. 따라서 원칙적으로 복임권은 없다. 그러나 이사가 법인의 모든 사무를 스스로 행사하는 것은 어렵기 때문에 정관 또는 총회의 결의로 금지하지 아니한 사항에 한하여 특정의 행위를 대리하게 할 수 있다(62조). 이사의 복임권의 범위는 임의대리인과 법정대리인의 복임권의 중간에 속한다. 포괄적인 이사의 복임권은 인정되지 않는다.

이사에 의하여 선임된 대리인은 법인의 기관은 아니고, 법인의 대리인이다. 그는 이사의 이름이 아닌 법인의 이름으로 대리행위를 하여야 하고, 그 효과는 법인에 직접 귀속된다.

◆ 판 례

✧ [1] 재단법인의 대표자가 그 법인의 채무를 부담하는 계약을 함에 있어서 이사회의 결의를 거쳐 노회와 설립자의 승인을 얻고 주무관청의 인가를 받도록 정관에 규정되어 있다면 그와 같은 규정은 법인 대표권의 제한에 관한 규정으로서 이러한 제한은 등기하지 아니하면 제3자에게 대항할 수 없다.

[2] 법인의 정관에 법인 대표권의 제한에 관한 규정이 있으나 그와 같은 취지가 등기되어 있지 않다면 법인은 그와 같은 정관의 규정에 대하여 선의냐 악의냐에 관계없이 제3자에 대하여 대항할 수 없다(대판 1992.2.14, 91다24564).

✧ 민법 63조의 이사의 결원이 있는 경우란 정관 소정의 이사의 정원수에 부족이 있는 경우를 말한다 할 것이므로, 후임이사를 선임하지 않은 채 임기 만료로 퇴임한 이사가 있을 때는 이사의 결원이 있다 할 것이다(대결 1975. 3. 31. 74마562).

✧ 민법 63조의 규정에 의한 임시이사선임의 필요가 있는지의 여부를 결정할 권한은 사실심 법원의 권한에 속하며, 동조의 임시이사선임신청을 할 수 있는 이해관계인이라는 것은 임시이사가 선임되는 것에 관하여 법률상의 이해관계가 있는 자, 즉 사건 본인, 법인의 다른 이사, 사원, 채권자 등을 포함한다 할 것이므로, 그 법인의 정당한 최후의 이사였다가 퇴임

205) 반대하는 견해로는 고상용, 223면 ; 최기원, 민법주해(1), 696면.

한 자이거나 그 이사 선임 신청 당시 그 법인의 등기부상의 이사로서 동 법인의 업무처리를 담당해 온 자는 이에 해당된다(대결 1976. 12. 10.자 76마394).

✧ 비법인사단에 대하여는 사단법인에 관한 민법 규정 가운데 법인격을 전제로 하는 것을 제외하고는 이를 유추적용하여야 하는데, 민법 제62조에 비추어 보면 비법인사단의 대표자는 정관 또는 총회의 결의로 금지하지 아니한 사항에 한하여 타인으로 하여금 특정한 행위를 대리하게 할 수 있을 뿐 비법인사단의 제반 업무처리를 포괄적으로 위임할 수는 없으므로 비법인사단 대표자가 행한 타인에 대한 업무의 포괄적 위임과 그에 따른 포괄적 수임인의 대행행위는 민법 제62조를 위반한 것이어서 비법인사단에 대하여 그 효력이 미치지 않는다(대판 2011.4.28, 2008다15438).

(3) 업무집행(대내적 권한)

정관의 규정 및 총회의 의결에 따라 법인의 모든 내부적 사무를 집행할 권한이 있다(58조 1항). 이사가 수인인 경우에는 정관에 다른 규정이 없으면 그 과반수로써 결정한다(58조 2항). 이사에게는 선관주의의무(61조)가 요구되고, 임무해태시에는 연대배상책임(65조)을 진다.

이사의 주요사무는 ① 재산목록작성(55조 1항), ② 사원명부의 작성과 비치(55조 2항), ③ 사원총회소집(69조, 70조), ④ 총회의사록의 작성과 비치(76조), ⑤ 파산신청(79조), ⑥ 청산인이 되는 것(82조), ⑦ 각종의 법인등기신청 등이 있다.

◆ 판 례

✧ 금융기관인 은행은 주식회사로 운영되기는 하지만, 이윤추구만을 목표로 하는 영리법인인 일반의 주식회사와는 달리 예금자의 재산을 보호하고 신용질서 유지와 자금중개 기능의 효율성 유지를 통하여 금융시장의 안정 및 국민경제의 발전에 이바지해야 하는 공공적 역할을 담당하는 위치에 있는 것이기에, 은행의 그러한 업무의 집행에 임하는 이사는 일반의 주식회사 이사의 선관의무에서 더 나아가 은행의 그 공공적 성격에 걸맞는 내용의 선관의무까지 다할 것이 요구된다 할 것이고, 따라서 금융기관의 이사가 위와 같은 선량한 관리자의 주의의무에 위반하여 자신의 임무를 해태하였는지의 여부는 그 대출결정에 통상의 대출담당임원으로서 간과해서는 안될 잘못이 있는지의 여부를 금융기관으로서의 공공적 역할의 관점에서 대출의 조건과 내용, 규모, 변제계획, 담보의 유무와 내용, 채무자의 재산 및 경영상황, 성장가능성 등 여러 가지 사항에 비추어 종합적으로 판정해야 한다(대판 2002. 3. 15, 2000다9086).

✧ 회사와 회사의 대주주 겸 대표이사는 서로 별개의 법인격을 갖고 있을 뿐만 아니라, 회사의 대주주 겸 대표이사의 지시가 위법한 경우 회사의 임직원이 반드시 그 지시를 따라야 할

법률상 의무가 있다고 볼 수 없으므로, 회사의 임직원이 대주주 겸 대표이사의 지시에 따라 위법한 분식회계 등에 고의·과실로 가담하는 행위를 함으로써 회사에 손해를 입힌 경우 회사의 그 임직원에 대한 손해배상청구가 신의칙에 반하는 것이라고 할 수 없고, 이는 위와 같은 위법한 분식회계로 인하여 회사의 신용등급이 상향 평가되어 회사가 영업활동이나 금융거래의 과정에서 유형·무형의 경제적 이익을 얻은 사정이 있다고 하여 달리 볼 것은 아니다.

이사나 감사가 법령 또는 정관에 위반한 행위를 하거나 그 임무를 해태함으로써 회사에 대하여 손해를 배상할 책임이 있는 경우에 그 손해배상의 범위를 정함에 있어서는, 당해 사업의 내용과 성격, 당해 이사나 감사의 임무위반의 경위 및 임무위반행위의 태양, 회사의 손해 발생 및 확대에 관여한 객관적인 사정이나 그 정도, 평소 이사나 감사의 회사에 대한 공헌도, 임무위반행위로 인한 당해 이사나 감사의 이득 유무, 회사의 조직체계의 흠결 유무나 위험관리체제의 구축 여부 등 제반 사정을 참작하여 손해분담의 공평이라는 손해배상제도의 이념에 비추어 그 손해배상액을 제한할 수 있고, 나아가 책임감경사유에 관한 사실인정이나 그 비율을 정하는 것은 그것이 형평의 원칙에 비추어 현저히 불합리하다고 인정되지 않는 한 사실심의 전권사항에 속한다(대법원 2007.11.30. 선고 2006다19603).

(4) 이사의 직무집행정지 등에 관한 규정 신설(52조의 2)

◈ 대표기관의 직무사항

이사의 직무사항	과태료에 처하는 직무사항	청산인의 직무사항
①재산목록의 작성(55조 1항 전단) ②사원명부의 작성·비치(55조 2항) ③사원총회의 소집(6조9) ④총회의사록의 작성·비치(76조) ⑤파산신청(79조) ⑥청산인이 되는 것(82조) ⑦각종 법인등기	①재산목록의 작성(97조 2항) ②사원명부의 작성(97조 2항) ③총회의사록의 작성 (97조 5항) ④파산신청(97조 6항) ⑤등기(97조 1항)	①해산의 등기와 신청 ②현존사무의 종결 ③채권의 추심 ④채무의 변제 ⑤잔여재산의 인도 ⑥파산신청 ⑦청산종결의 등기와 신청

4. 이사회

민법에서는 이사회에 관한 규정이 없다. 이사회는 반드시 구성하여야 하는 것은 아니지만 민법상 대부분의 법인은 이사회에 관한 규정을 두고 있는 경우가 많다. 이사회의 소집은 정관에서 규정하고 있는 경우에는 그에 따라야 하고, 그렇지 않은 경우에는 이사회의 소집은 무효가 된다.[206] 정관에 이사회에 대한 규정이 없는 경우에는 소집이나 결의, 의사록 작성 등에 관하여 사원총회에 관한 규정을 유추적용한다.

◆ 판 례

✧ **소집절차의 하자와 비영리법인 이사회 결의의 효력**

민법상 비영리법인의 이사회결의가 법령 또는 정관이 정하는 바에 따른 정당한 소집권자가 아닌 자에 의하여 소집되고 적법한 소집절차도 없이 개최되어 한 것이라면 그 결과가 설사 적법한 소집통지를 받지 못한 이사가 출석하여 반대의 표결을 하였던들 이사회결의의 성립에 영향이 없었다고 하더라도 그 이사회결의는 당연 무효라 할 것이다(대판 1987. 3. 24, 85누973).

✧ **민법상 법인의 이사회에서 결의사항에 이해관계가 있는 이사가 의결권을 갖는지 여부(소극) 및 그 이사의 수가 의사정족수에 포함되는지 여부(적극)**

민법 제74조는 사단법인과 어느 사원과의 관계사항을 의결하는 경우 그 사원은 의결권이 없다고 규정하고 있으므로, 민법 제74조의 유추해석상 민법상 법인의 이사회에서 법인과 어느 이사와의 관계사항을 의결하는 경우에는 그 이사는 의결권이 없다. 이 때 의결권이 없다는 의미는 상법 제368조 제4항, 제371조 제2항의 유추해석상 이해관계 있는 이사는 이사회에서 의결권을 행사할 수는 없으나 의사정족수 산정의 기초가 되는 이사의 수에는 포함되고, 다만 결의 성립에 필요한 출석이사에는 산입되지 아니한다고 풀이함이 상당하다(대판 2009.4.9, 2008다1521).

5. 임시이사(63조)

법인설립 후 일시적으로 이사가 없거나 결원이 있는 경우에 이로 인하여 손해가 생길 염려가 있는 때에는 법원은 이해관계인이나 검사의 청구에 의하여 임시이사를 선임하여야 한다(63조). '이사가 없거나 결원이 있는 경우'라 함은 이사가 전혀 없거나 정관에서 정한 인원수에 부족이 있는 경우를 말하고, '이로 인하여 손해가 생길 염려가 있는 때'라 함은 통상의 이사선임절차에 따라 이사가 선임되기를 기다릴 때에 법인이나 제3자에게 손해가 생길 우려가 있는 것을 의미한다[207]. '이해관계인'이라 함은 임시이사가 선임되는 것에 관하여 법률상의 이해관계가 있는 자로서 그 법인의 다른 이사, 사원 및 채권자 등을 포함한다[208]. 임시이사는 이사

206) 대판 1960, 4. 25, 4291행상58.
207) 대법원 2009.11.19. 자 2008마699 전원합의체 결정
208) 대법원 2009.11.19. 자 2008마699 전원합의체 결정

의 임기만료로 결원이 된 경우에는 민법 제691조를 유추적용하여 후임이사가 선임될 때까지 이사의 직무를 수행할 수 있는 것으로 보기 때문에[209] 이 경우는 임시이사를 선임할 필요가 없다.

임시이사는 이사가 임명될 때까지 이사와 동일한 권한을 갖는 법인의 기관이다.

◆ 판 례

✧ 학교법인의 임시이사들이 그 선임사유가 종료한 때에 정식이사 선임 여부에 따른 법률관계

[1] **[다수의견]** (가) 일단 기존 정식이사의 퇴임이 확정되고 구 사립학교법(2005. 12. 29. 법률 제7802호로 개정되기 전의 것)상의 절차에 따라 임시이사가 적법하게 선임되었다면 그 선임사유가 무엇이든 통상적인 업무에 관한 이사로서의 권한은 임시이사에게 속하게 되므로, 민법 제691조를 유추하여 그 퇴임이사에게 종전의 직무를 계속 수행한다는 차원에서 일반적인 사무를 처리할 권한으로서의 긴급처리권을 인정할 여지가 없고, 나중에 임시이사가 그 임무를 종료한다고 하더라도 그 시점에 이르러 과거에 퇴임하였던 이사에 대하여 그와 같은 긴급처리권이 새로이 부여된다고 할 수도 없으며, 일반적인 사무처리 권한 중 후임이사 선임 권한만을 분리하여 그에 관한 일종의 부분적인 긴급처리권이 인정되거나 새로 부여된다고 할 수도 없다. 따라서 학교법인의 경우 구 사립학교법상의 임시이사가 선임되기 전에 적법하게 선임되었다가 퇴임한 최후의 정식이사(이하 '종전이사'라고 한다)에게 민법 제691조를 유추한 긴급처리권이 있다거나, 나아가 이를 전제로 하여 구 사립학교법상의 임시이사들이 정식이사를 선임하는 내용의 이사회결의의 효력 유무를 다툴 소의 이익이 인정된다고 할 수는 없다.

(나) 그러나 종전이사에게 민법 제691조를 유추한 긴급처리권이 인정되지 않는다 할지라도, 위와 같은 이사회결의의 효력 유무를 다툴 소의 이익이 인정되는지 여부는 다른 각도에서 별도로 살펴 보아야 할 문제이다. 학교법인에게 인정되는 헌법상의 사학의 자유는 순차로 선임되는 관계에 있다는 점에서 연결선상에 있다고 볼 수 있는 이사들에 의하여 실질적으로 구현되는 것이고, 그 중 종전이사는 보통 학교법인의 자주성과 정체성을 확보하는 임무와 가장 근접한 위치에 있는 자라 할 수 있으므로, 이처럼 학교법인의 자주성과 정체성을 대변할 지위에 있다고 할 수 있는 종전이사로서는, 구 사립학교법 제20조의2 제1항에 의한 이사취임승인의 취소 등에 뒤이어 같은 법 제25조에 의하여 교육인적자원부장관이 선임한 임시이사들로만 구성된 임원진이 존재하다가 임시이사 선임사유가 해소된 경우, 자신이 정식이사로서의 지위를 회복하는지 여부 또는 스스로 새로운 정식이사를 선임할 권한이 있는지 여부와 관계없이 학교법인의 설립목적을 구현함에 적절한 정식이사를 선임하는 문제와 관련하여 직접적인 이해관계를 가지는 사람이라 할 것이다.

(다) 결국, 종전이사들은 구 사립학교법상의 임시이사들이 정식이사를 선임하는 내용의 이사회 결의에 대하여 법률상의 이해관계를 가진다고 할 수 있으므로 그 무효 확인을 구할 소의 이익이 있다.

---

209) 대판 1996, 1. 26, 95다40915.

[**대법관 김영란, 박시환, 김지형, 이홍훈, 전수안의 반대의견**]

(가) 학교법인의 설립자는 학교법인에 대한 관계에 있어서 그 설립목적을 담은 정관에 의하여 사학의 설립 및 운영의 자유 등을 실현하는 것이지 그 외의 다른 방법으로 학교법인 및 이를 운영하는 주체인 이사의 업무에 영향을 주어서는 안 될 것이고, 이사 역시 학교법인에 대한 관계에서 관계 법령과 위와 같이 설립자의 설립목적이 화체된 정관에 따라 선량한 관리자의 주의의무로써 업무를 처리하면 될 뿐 그 권한을 설립자로부터 위임받거나 설립자를 위하여 업무를 처리하여야 하는 것은 아니므로, 학교법인의 설립목적을 영속성 있게 실현되도록 하는 것이 이사 제도의 본질이라는 다수의견의 견해에는 찬성할 수 없다.

(나) 종전이사들은 이미 오래전 정식이사의 직에서 퇴임함으로써 학교법인의 자주성과 정체성을 대변할 지위를 상실하였다고 보아야 하는데, 민법 제691조를 유추한 긴급처리권이 부여될 여지도 없는 종전이사들에게 위와 같은 권리 내지 지위가 부활한다고 볼 수도 없는 이상, 이들을 학교법인의 자주성과 정체성을 확보하는 임무와 가장 근접한 위치에 있는 자라고 볼 근거가 없고, 따라서 종전이사들은 구 사립학교법상의 임시이사들이 정식이사를 선임하는 것을 내용으로 하는 이사회결의에 대하여 직접적인 이해관계를 가진다고 볼 수 없다.

(다) 또한, 이미 임기가 만료하여 학교법인의 업무를 더 이상 수행하지 않는 종전이사들이 위 이사회결의에 대하여 직접적인 이해관계를 갖는지 여부에 관계없이 구 사립학교법 제25조 제1항에 정한 임시이사의 선임청구권 및 해임신청권을 보유하는 이해관계인에 해당한다고 보는 것은 부당하다.

[**다수의견에 대한 대법관 김황식, 박일환의 보충의견**] 확인의 소에 있어서 '법률적 사항 내지 법률관계'에 관한 '확인의 이익'을 요구하는 것은 국민에게 재판청구권을 인정하면서도 남소를 억제하여 재판제도가 합리적이고 효율적인 분쟁해결수단으로 자리할 수 있도록 하기 위함이다. 따라서 확인의 이익의 문제는 국민의 재판청구권의 행사와 밀접한 관계를 갖게 되며, 국민의 재판청구권을 합리적인 범위 내에서 확대해 나아가는 노력이 필요하므로, 확인의 이익에 관한 종래의 경직된 태도를 시정할 필요가 있다. 임시이사들에 의한 정식이사 선임에 대하여 종전이사들이 문제를 제기하며 법원의 판단을 구하여 온 이 사건에서, 종전이사들에게 확인의 이익을 부정함으로써 사실상 제기된 문제에 대하여 법적 판단의 길을 원천적으로 봉쇄하여 버리는 것이 과연 올바른 재판권의 행사인지 의문을 갖지 않을 수 없다.

[2] [**다수의견**] 학교법인의 기본권과 구 사립학교법(2005. 12. 29. 법률 제7802호로 개정되기 전의 것)의 입법목적, 그리고 같은 법 제25조가 민법 제63조에 대한 특칙으로서 임시이사의 선임사유, 임무, 재임기간 그리고 정식이사로의 선임제한 등에 관한 별도의 규정을 두고 있는 점 등에 비추어 보면, 구 사립학교법 제25조 제1항에 의하여 교육인적자원부장관이 선임한 임시이사는 이사의 결원으로 인하여 학교법인의 목적을 달성할 수 없거나 손해가 생길 염려가 있는 경우에 임시적으로 그 운영을 담당하는 위기관리자로서, 민법상의 임시이사와는 달리 일반적인 학교법인의 운영에 관한 행위에 한하여 정식이사와 동일한 권한을 가지는 것으로 제한적으로 해석하여야 하고, 따라서 정식이사를 선임할 권한은 없다고 봄이 상당하다.

[**대법관 김영란, 박시환, 김지형, 이홍훈, 전수안의 반대의견**] 학교법인은 기본적으로 민법상 재단법인에 해당하는 것이고, 다만 그 조직·운영에 관하여 법적 규제와 행정감독을 강화함으로써 사학의 공공성을 높이기 위하여 사립학교법이라는 특별법에 의하여 설립·운영되는 특수법인으로 규정하고 있는 것으로 보아야 한다. 따라서 학교법인에 대하여는 사립학교법이 우선 적용되나 그 외 사립학교법에 규정되지 않은 사항에 관하여는 민법의 재단법인에 관

한 규정이 적용되어야 한다. 그런데 민법 제63조에 의하여 법원이 선임한 임시이사는 일반 이사와 동일한 결의권이 있다는 것이므로, 비록 그 선임 주체가 다르다 하더라도 사립학교법 소정의 임시이사들 역시 정식이사와 동일한 권한이 있는 것으로 해석하여야 하고, 따라서 임시이사들로 구성된 이사회에서 정식이사를 선임한 이사회결의를 무효라고 볼 수 없다.

[**다수의견에 대한 대법관 김황식, 박일환의 보충의견**] 이사회의 권한에 관한 일반규정인 구 사립학교법 제16조 제1항 제4호는 이사회가 임원의 임면에 관한 사항을 심의·의결한다고 하여 후임이사의 선임권이 이사회에 있음을 규정하면서 위 이사회의 범위에 관하여 특별한 제한을 두고 있지는 아니한데, 만일 같은 호의 이사회에 임시이사만으로 구성된 이사회가 포함된다고 이해하고 이에 따라 이러한 이사회도 정식이사로 구성된 이사회와 마찬가지로 아무런 제한 없이 새로운 정식이사를 선임할 수 있다고 해석한다면, 이는 학교법인의 설립 및 운영의 자유를 위헌적으로 침해할 수 있는 방법을 허용하는 것으로서 합헌적 법률해석의 견지에서 허용될 수 없다.

[**다수의견에 대한 대법관 양승태의 보충의견**] 임시이사로 하여금 정식이사를 선임할 권한을 주는 것은 결국 구 사립학교법 제25조가 임시이사 재임기간의 기준으로 삼는 임시이사의 선임사유가 해소되었는지 여부의 판단 권한을 임시이사 자신에게 주는 셈으로서, 이는 아무 법적 근거도 없고 성질상 임시이사에게 그 권한을 부여하는 것이 매우 불합리하기도 하다. 또한, 국가권력이 파견한 임시이사에 의해 학교법인의 두뇌에 해당하는 이사회의 조직이 전면 개편될 수 있다면 결과적으로 국가가 간접적인 방법으로 사학을 접수하는 것이나 마찬가지로서 사학의 자율성은 근본적으로 훼손되고 말 것이므로 결국 헌법이 보장하는 교육의 자주성은 무너지고 말 것이다. 나아가 학교법인에는 적지 않은, 때로는 막대한 기본재산이 있게 마련인데, 임시이사가 정식이사를 선임함으로써 사학의 운영 주체가 변경되는 것은 그 재산의 귀속 주체에 실질적인 변경이 있는 것이나 마찬가지로서 재산권 침해의 문제도 야기된다. 물론 그 기본재산은 개인의 재산이 아니라 학교법인의 소유로서 공적인 성격의 재산임에 다언을 요하지 아니하지만, 정부기관이 학교법인의 의사를 배제한 채 선임한 임시이사가 다시 정식이사를 선임하여 학교법인의 이사회를 전혀 새로이 구성할 수 있다면 과연 그 전후의 법인 사이에 동일한 정체성이 유지되는지 심히 의문이 아닐 수 없고, 이러한 경우 비록 그 재산의 소유자가 형식상 동일한 학교법인이라 하여도 실질적으로는 귀속주체가 달라진 것에 다름없다 할 것이니, 이러한 결과는 결국 헌법 제23조가 보장하는 재산권에 관한 침해로서 허용되어서는 아니 되는 것이다.

[**반대의견에 대한 대법관 이홍훈의 보충의견**] 사립학교에서의 교육의 자주성 및 학교운영의 자율성은 교육의 공공성에 저촉되지 아니하는 한도 내에서만 존중될 수 있는 것이라고 보아야 한다. 그리고 우리 헌법과 구 사립학교법뿐만 아니라 공익법인의 설립·운영에 관한 법률의 그 어디에도 구 사립학교법 제25조 제1항에 의하여 교육인적자원부장관이 선임한 임시이사의 권한을 정식이사의 권한보다 제한하는 규정은 전혀 두고 있지 아니하므로 법의 일반 원칙에 따라서 구 사립학교법상의 임시이사는 민법상의 임시이사와 마찬가지로 정식이사와 동일한 권한을 가진다고 해석하여야 한다. 비영리 공익법인이면서 공법관계와 사법관계가 혼합되어 적용되는 특수법인인 학교법인의 임시이사의 지위와 권한을 명시적인 법적 근거도 없이 자의적인 해석에 의하여 제한하는 것은 법 해석의 한계를 일탈한 위법한 해석이라고 아니할 수 없다(대판 전원합의체 2007.5.17, 2006다19054).

✧ 민법 제63조는 법인의 조직과 활동에 관한 것으로서 법인격을 전제로 하는 조항은 아니라 할 것이고, 법인 아닌 사단이나 재단의 경우에도 이사가 없거나 결원이 생길 수 있으며, 통상의 절차에 따른 새로운 이사의 선임이 극히 곤란하고 종전 이사의 긴급처리권도 인정되지 아니하는 경우에는 사단이나 재단 또는 타인에게 손해가 생길 염려가 있을 수 있으므로, 민법 제63조는 법인 아닌 사단이나 재단에도 유추 적용할 수 있다고 봄이 상당하다. 이와 달리 법인 아닌 사단이나 재단의 경우에 법인에 관한 민법 제63조의 규정을 준용할 수 없다고 판시한 대법원 1961. 11. 16.자 4294민재항431 결정은 이 결정의 견해에 배치되는 범위 내에서 이를 변경하기로 한다(대법원 2009.11.19. 자 2008마699 전원합의체 결정).

6. 특별대리인

법인과 이사의 이익이 상반되어 이사가 법인을 대표할 수 없는 경우 이해관계인 또는 검사의 청구에 의해 특별대리인을 선임하여야 한다(64조). 특별대리인은 대리인이 아니고, 법인의 대표기관이다.

◈ 임시이사와 특별대리인의 비교

	임시이사	특별대리인
선임이유	이사가 없거나 결원이 있을 때	법인과 이사의 이익이 상반되는 때
선임청구권자	이해관계인 또는 검사	이해관계인 또는 검사
선임기관	법원	법원
성격	일시적 대표기관	임시적 대표기관

◆ 판 례

법인 대표자의 자격이나 대표권에 흠이 있어 그 법인이 또는 그 법인에 대하여 소송행위를 하기 위하여 민사소송법 제64조, 제62조에 따라 수소법원에 의하여 선임되는 특별대리인은 법인의 대표자가 대표권을 행사할 수 없는 흠을 보충하기 위하여 마련된 제도이므로, 이러한 제도의 취지에 비추어 보면 특별대리인이 선임된 후 소송절차가 진행되던 중에 법인의 대표자 자격이나 대표권에 있던 흠이 보완되었다면 특별대리인에 대한 수소법원의 해임결정이 있기 전이라 하더라도 그 대표자는 법인을 위하여 유효하게 소송행위를 할 수 있다(대판 2011.1.27, 2008다85758).

7. 직무대행자

직무대행자는 이사의 선임행위가 흠이 있는 것이어서 이해관계인의 신청으로 법원이 가처분으로 선임하는 임시적 기관이다.

이사의 직무집행을 정지하거나 직무대행자를 선임하는 가처분을 하거나 그 가처분을 변경 취소하는 경우에는 주사무소와 분사무소가 있는 곳의 등기소에서 이를 등기하여야 한다(52조의 2). 직무대행자는 단지 피대행자의 직무를 대행할 수 있는 임시의 지위에 놓여 있음에 불과하므로, 위 법인 등을 종전과 같이 그대로 유지하면서 관리하는 한도 내의 통상업무에 속하는 사무만을 행할 수 있을 뿐이고, 가처분재판에 다른 정함이 있거나 법원의 허가를 받은 경우에 한해 허용이 된다.

◆ 판 례

✧ 가처분재판에 의하여 법인 혹은 비법인사단 등의 대표자의 직무를 대행하는 자를 선임한 경우에 그 직무대행자는 단지 피대행자의 직무를 대행할 수 있는 임시의 지위에 놓여 있음에 불과하므로, 위 법인 등을 종전과 같이 그대로 유지하면서 관리하는 한도 내의 통상업무에 속하는 사무만을 행할 수 있을 뿐, 피대행자의 후임자 선출 등 위 법인 등의 근간인 임원진의 구성 자체를 변경하는 것은 가처분재판에 다른 정함이 있거나 법원의 허가를 받은 경우에 한해 허용이 된다 할 것이다(대판 1995. 4. 14, 94다12371 ; 대판 2000. 2. 11, 99두2949 등 참조). 그런데 위 법인 등의 대표자의 직무대행자의 권한은 특별한 사정이 없는 한 통상의 사무로 제한되더라도 그 법인 등의 총회 자체의 권한마저 통상의 사무로 제한되는 것은 아니므로 적법한 절차에 따라 소집된 그 법인 등의 총회에서 피대행자의 해임 및 후임자의 선출 등의 결의는 자유롭게 할 수 있는 것이고, 이와 같이 선임된 후임자의 권한은 직무대행자와 달리 통상의 사무로 제한되는 것은 아니다(대결 2005. 1. 29, 2004그113 참조). 다만, 법인 등 대표자의 직무대행자가 선임된 상태에서 피대행자의 후임자가 적법하게 소집된 총회의 결의에 따라 새로 선출되었다 해도 그 직무대행자의 권한은 위 총회의 결의에 의하여 당연히 소멸하는 것은 아니므로 사정변경 등을 이유로 가처분결정이 취소되지 않는 한 직무대행자만이 적법하게 위 법인 등을 대표할 수 있고, 총회에서 선임된 후임자는 그 선임결의의 적법 여부에 관계없이 대표권을 가지지 못한다(대판 1992. 5. 12, 92다5638 ; 대판 2004. 7. 22, 2004다13694 ; 대판 2010.2.11, 2009다70395 등 참조).

✧ 가처분결정에 의하여 재단법인의 이사의 직무를 대행하는 자를 선임한 경우에 그 직무대행자는 단지 피대행자의 직무를 대행할 수 있는 임시의 지위에 놓여 있음에 불과하므로, 가처분명령에 다른 정함이 있는 경우 외에는 재단법인을 종전과 같이 그대로 유지하면서 관리하는 한도 내의 재단법인의 통상업무에 속하는 사무만을 행할 수 있다. 그런데 가처분결정에 의하여 선임된 직무대행자가 항소를 취하하는 것은 재단법인의 통상업무에 속하지 않는다고 보아야 할 것이므로, 그 가처분결정에 다른 정함이 있거나 관할법원의 허가를 얻지 아니하고서는 이를 할 수 없다고 보아야 할 것이다(대판 2006. 1. 26, 2003다36225 ; 대판 2006.10.27, 2004다63408 참조).

Ⅲ. 감 사

1. 감사의 의의

법인은 정관 또는 총회의 결의로 감사를 둘 수 있다(66조). 정관 또는 총회의 의결로 둘 수 있는 감사는 단독으로 법인의 사무전반에 관한 사무집행을 감독하는 임의기관이다.

2. 감사의 직무권한(제67조)

감사의 직무는 다음과 같다. ① 법인의 재산상황을 감사하는 일, ②이사의 업무집행의 상황을 감사하는 일, ③ 재산상황 또는 업무집행에 관하여 부정, 불비한 것이 있음을 발견한 때에는 이를 총회 또는 주무관청에 보고하는 일, ④ 위 보고를 하기 위하여 필요 있는 때에는 총회를 소집하는 일이다.

감사도 이사의 경우와 마찬가지로 후인감사를 선임할 때까지 691조를 유추적용하여 종전직무를 계속할 긴급처리권이 인정된다[210]

Ⅳ. 사원총회

1. 의 의

사원총회는 사단법인의 사원으로 구성되는 최고 의사결정기관이며 필수기관이므로 정관의 규정에 의해서도 이를 두지 않거나 폐지할 수 없다.

2. 종 류

(1) 통상총회

통상총회는 적어도 1년에 1회 이상 소집되는 사원총회를 말한다(69조). 통상총회의 소집권자는 이사이고, 소집시기는 정관의 규정에 의하고, 정관에 규정이 없으면 총회의 결의로 정할 수 있고, 총회의 결의도 없는 경우에는 이사가 결정할 수 있다.

---

210) 대판 전원합의체 2007, 7. 19, 2006두19297.

(2) 임시총회

임시총회는 ① 이사가 필요하다고 인정하는 때(70조 1항), ② 감사가 필요하다고 인정하는 때(67조) ③ 총사원의 5분의 1 이상이 회의의 목적사항을 제시하여 청구하는 때(소수사원권, 70조 2항)에는 소집되는 사원총회를 말한다. 총사원의 5분의 1 이상이라는 정수는 정관으로 증감할 수는 있으나 소수사원권으로써 이를 완전히 박탈할 수는 없다.

소수사원의 소집청구가 있은 후 2주간 내에 이사가 총회소집의 절차를 밟지 아니한 때에는 청구한 사원은 법원의 허가를 얻어 이를 소집할 수 있다(70조).

(3) 총회의 소집(71조)

총회의 소집은 1주간 전에 그 회의의 목적사항을 기재한 통지를 발하고 기타 정관에 정한 방법에 의하여야 한다. 제71조의 규정은 '의사표시의 도달주의'의 예외(발신주의)이며, 총회소집의 통지는 관념의 통지로서 준법률행위이다. 1주간의 기간은 정관으로도 단축할 수 없지만 연장하는 것은 가능하다.

소집절차에 하자가 있는 경우 사원총회의 결의는 무효가 된다.

◆ 판 례

✧ 민법 제71조의 법정 유예기간 규정에 위반하여 소집한 종중총회 결의의 효력

종중원인 갑을 비롯한 10명의 종원이 1991.9.3. 연락 가능한 종원들에게 임시총회 소집통지를 한 다음 1991.9.8. 13:00경 종중총회를 개최하여 갑을 종중의 대표자로 선출하였다면, 그 종중총회의 소집절차는 "총회의 소집은 1주간 전에 통지를 발하고 기타 정관에 정한 방법에 의하여야 한다."고 규정한 민법 제71조의 규정에 위반되어, 특별한 사정이 없는 한 그 종중총회의 결의는 그 효력이 없다(대판 1995.11.7, 94다7669).

3. 사원총회의 권한

사원총회는 사단법인의 최고의사결정기관이므로 정관으로 이사나 기타 임원에게 위임한 사항을 제외하고는 법인의 사무 전부에 관하여 결의권을 갖는다(68조). 특히 정관의 변경(42조)과 임의해산(77조 2항)은 총회의 전권사항으로, 정관에 의해서도 이 권한을 박탈할 수 없다.

총회는 집행기관이 아니므로 대외적인 법인의 대표권이나 대내적인 업무집행권은 없다.

총회의 결의로 사원의 권리를 제한하거나 박탈할 수 있는가 하는 것이 문제되는데, 소수사원권(70조 2항)과 결의권(73조) 같은 사원의 고유권은 정관의 규정 또는 사원총회의 결의로도 제한 또는 박탈할 수 없다.[211)]

◆ 판 례

✧ 단체구성원에 대한 제명처분이 법원의 효력심사 대상이 되는지 여부

사단법인 부산시개인택시여객운송연합회와 같은 단체의 구성원인 조합원에 대한 제명처분은 조합원의 의사에 반하여 그 조합원인 지위를 박탈하는 것이므로 조합의 이익을 위하여 불가피한 경우에 최종적인 수단으로서만 인정되어야 할 것이고, 또, 조합이 조합원을 제명처분한 경우에 법원은 그 제명사유의 존부와 결의내용의 당부 등을 가려 제명처분의 효력을 심사할 수 있다(대판 1994. 5. 10, 93다21750).

4. 사원총회의 결의

(1) 총회의 성립

총회가 성립하기 위해서는 총회가 적법하게 소집되고, 각 사원에게 토의와 결의에 참가할 기회가 주어져야 하고, 의사정족수의 사원이 출석하여야 한다. 의사정족수는 정관에 규정이 있으면 그에 따르고, 정관에 정족수에 관한 규정이 없으면 2인 이상의 사원이 출석하면 총회는 성립한다.[212)]

◆ 판 례

✧ 민법상 사단법인 총회 등의 결의에 관한 의사정족수나 의결정족수 충족 여부가 다투어져 결의의 성립 여부나 절차상 흠의 유무가 문제되는 경우, 의사록 등의 증명력 및 그 증명력을 부인할 만한 특별한 사정에 관한 주장·증명책임의 소재(=결의의 효력을 다투는 측)

민법상 사단법인 총회 등의 결의와 관련하여 당사자 사이에 의사정족수나 의결정족수

211) 그 근거에 대해 헌법상의 소수자보호의 원칙으로부터 도출되는 권리이기 때문이라고 설명하는 견해가 있다(백태승, 266면).

212) 이에 대해 총사원 과반수 출석이 필요하다는 소수설이 있다(이영섭, 213면 ; 김증한/김학동, 211면).

충족 여부가 다투어져 결의의 성립 여부나 절차상 흠의 유무가 문제되는 경우로서 사단법인 측에서 의사의 경과, 요령 및 결과 등을 기재한 의사록을 제출하거나 이러한 의사의 경과 등을 담은 녹음 · 녹화자료 또는 녹취서 등을 제출한 때에는, 그러한 의사록 등이 사실과 다른 내용으로 작성되었다거나 부당하게 편집, 왜곡되어 증명력을 인정할 수 없다고 볼 만한 특별한 사정이 없는 한 의사정족수 등 절차적 요건의 충족 여부는 의사록 등의 기재에 의하여 판단하여야 한다. 그리고 위와 같은 의사록 등의 증명력을 부인할 만한 특별한 사정에 관하여는 결의의 효력을 다투는 측에서 구체적으로 주장 · 증명하여야 한다(대판 2011.10.27, 2010다88682).

(2) 결의사항

총회는 정관에 다른 규정이 없는 한 71조에 따라 통지한 사항에 대해서만 결의할 수 있다(72조).

(3) 사원의 결의권(73조)

각 사원의 결의권은 원칙적으로 평등하다(73조 1항). 정관에서 달리 정할 수 있지만(73조 3항) 결의권은 사원의 고유권이므로 박탈할 수는 없다. 정관에 다른 규정이 없으면 사원은 서면이나 대리인으로 결의권을 행사할 수 있다(73조 2항). 사단법인과 어느 사원과의 관계사항을 의결하는 경우에는 그 사원은 결의권이 없다(74조).

◆ 판 례

✧ 민법상 사단법인 총회의 표결 및 집계방법

민법상 사단법인 총회의 표결 및 집계방법에 관하여는 법령에 특별한 규정이 없으므로, 정관에 다른 정함이 없으면 개별 의안마다 표결에 참석한 사원의 성명을 특정할 필요는 없고, 표결에 참석한 사원의 수를 확인한 다음 찬성 · 반대 · 기권의 의사표시를 거수, 기립, 투표 기타 적절한 방법으로 하여 집계하면 된다(대판 2011.10.27, 2010다88682).

(4) 총회의 결의방법(75조)

총회의 결의는 민법 또는 정관에 다른 규정이 없으면 사원 과반수의 출석과 출석사원 결의권의 과반수로써 한다(75조 1항). 사원이 서면이나 대리인으로 결의권을 행사한 경우 출석한 것으로 한다. 그러나 정관변경은 총사원의 2/3, 임의해산은 총사원의 3/4 이상의 찬성이 있어야 한다.

5. 사원권

사원은 법인의 구성요소이나 기관은 아니다. 사원권이란 사원이 법인의 구성원으로서 법인에 대해 가지는 포괄적 권리이다. 사원권은 공익권과 자익권으로 나눠진다.

(1) 공익권

공익권이란 사단법인의 관리·운영에 참여하는 것을 내용으로 하는 권리로서, 결의권, 소수사원권, 업무집행권, 감독권 등이 이에 속한다.

(2) 자익권

자익권이란 사원 자신이 사단법인으로부터 이익을 추구하는 것을 내용으로 하는 권리로서 이익배당청구권(영리법인), 잔여재산분배청구권(영리법인), 시설이용권(비영리법인) 등이 이에 속한다.

(3) 사원권의 양도성

사단법인의 사원의 지위는 양도, 상속할 수 없다(56조). 판례는 「민법 제56조의 규정은 강행규정이라고 할 수 없으므로, 비법인사단에서도 사원의 지위는 규약이나 관행에 의하여 양도 또는 상속될 수 있다」고 한다(대판 1997. 9. 26, 95다6205).

◆ 판 례

✧ 사단법인의 사원지위의 양도 또는 상속 여부

"사단법인의 사원의 지위는 양도 또는 상속할 수 없다"고 한 민법 제56조의 규정은 강행규정은 아니라고 할 것이므로, 정관에 의하여 이를 인정하고 있을 때에는 양도 상속이 허용된다.

골프보급을 주된 목적으로 하는 사단법인의 사원의 지위는 1사람당 하나만 인정되는 것이고, 회원권의 수가 2개라고 하여 2개의 사원권이 인정되는 것은 아니라고 할 것이므로, 위 법인 회원권의 수가 2구좌에서 1구좌로 줄어든다고 하더라도 이는 법인이 운영하는 골프장 시설 이용권의 양이 줄어든다는 것을 의미할 뿐이고, 그로 인하여 위 법인의 사원의 지위를 박탈당하는 제명과는 성격을 달리하는 것이다(대판1992. 4. 14, 91다26850).

(4) 사원권의 소멸

사원의 지위는 사원의 사망, 탈퇴, 총회의 결의, 정관이 규정하는 사유에 의하여 소멸한다.

[5] 법인의 주소

법인도 자연인처럼 주소가 필요하다. 민법은 그 주된 사무소의 소재지를 법인의 주소로 하고 있다(36조). 주된 사무소는 법인의 수뇌부가 있는 곳을 말한다. 정관에 기재된 주된 사무소와 사실상 주된 사무소로 기능하는 곳이 서로 다른 경우에는 주된 사무소가 사실상 주된 사무소로 이전된 것으로 본다.

법인의 설립등기는 주된 사무소의 소재지에서 해야 하고(49조 1항), 사무소를 이전하는 경우 이를 등기하여야 제3자에게 대항할 수 있다(54조 1항).

[6] 정관의 변경

Ⅰ. 의 의

정관의 변경이란 법인이 동일성을 유지하면서 그 조직을 변경하는 것이다. 사단법인은 사람의 단체로서 자율적인 법인이므로 정관변경은 원칙적으로 허용되지만, 재단법인은 설립자에 의해 정해진 목적과 조직에 의해 타율적으로 활동하는 타율법인이므로 원칙적으로 정관을 변경할 수 없다.

Ⅱ. 사단법인의 정관변경(자유)

1. 요 건

(1) 사원총회의 결의

정관을 변경하기 위해서는 다른 규정이 없는 한 사원총회에서 총사원의 3분의 2 이상의 동의가 있어야 한다(42조 1항). 정관변경은 사원총회의 전권사항이다. 정관에서 정관의 변경을 금지한 경우에도 총사원의 동의를 얻어 변경할 수 있다(통설).

(2) 주무관청의 허가

정관변경은 주무관청의 허가를 얻어야 한다. 사원총회의 결의와 주무관청의 허가를 받으면 정관변경의 효력이 생긴다. 다만 변경사항이 등기사항일 경우에는 등기하여야 제3자에게 대항할 수 있다(54조).

2. 변경의 한계

(1) 목적변경

목적변경도 가능하나 변경된 목적도 비영리이어야 한다. 비영리목적을 영리목적으로 변경하는 것은 불가능하다.

(2) 정관변경금지규정

정관변경을 할 수 없다는 규정이 정관에 있더라도, 전사원의 동의가 있으면 변경이 가능하다.

(3) 법인의 본질에 반하는 정관변경은 무효

정관의 변경이 사단법인의 본질에 반하여 무효가 된다.

◆ 판 례

✧ 정관변경의 한계

종원 일부만이 참석한 종중회합에서 종중원의 일부를 종원으로 취급하지도 않고 또 일부 종원에 대하여는 영원히 종원으로서의 자격을 박탈하는 것으로 규약을 개정한 것은 종중의 원래의 설립목적과 종중으로서의 본질에 반하는 것으로서 그 규약개정의 한계를 넘은 무효이다(대판 1978.9.26, 78다1435).

III. 재단법인의 정관변경

재단법인은 설립자에 의하여 정하여진 정관에 의하여 운영되어야 하기 때문에 그 정관을 변경할 수 없는 것이 원칙이다. 다음과 같은 예외적인 경우에만 허용된다.

1. 정관규정에 의한 변경

재단법인의 정관은 그 변경방법을 정관에 정한 때에 한하여 변경할 수 있다(45조 1항). 이는 정관내용의 실행에 불과하다. 이때에도 주무관청의 허가가 있어야 정관변경의 효력이 발생한다(45조 3항). 변경된 사항이 등기사항이면, 등기하여야 제3자에게 대항할 수 있다(54조, 49조).

2. 명칭 사무소 소재지의 변경

목적달성·재산보전을 위해 필요한 경우 명칭 또는 사무소의 소재지를 변경할 수 있다(45조 2항).

3. 재단법인의 목적을 달성할 수 없는 경우(46조)

재단법인의 목적을 달성할 수 없는 때에는 설립자나 이사는 주무관청의 허가를 얻어 설립의 취지를 참작하여 그 목적 기타 정관의 규정을 변경할 수 있다(세46조). 이는 재단법인의 목적달성이 불능인 경우 그 법인을 해산할 수 밖에 없는데, 사회적으로 목적을 변경하여 존속시키는 것이 바람직스럽고, 또 설립자의 의사에도 부합할 것이기 때문이다. 설립취지를 참작한다는 것은 반드시 전의 목적과 유사하여야 한다는 의미는 아니다.[213]

4. 기본재산의 처분행위

재단법인의 기본재산은 정관의 필요적 기재사항이므로 그 처분행위는 정관변경에 해당하므로, 주무관청의 허가를 받아야 유효하다. 기본재산이 증가하는 경우에도 마찬가지이다.

◆ 판 례

재단법인은 일정한 목적을 위하여 바쳐진 재산이라는 실체에 대하여 법인격을 부여한 것이므로 그 <u>출연된 재산 즉 재단법인의 기본재산은 바로 법인의 실체인 동시에 법인의 목적을 수행하기 위한 가장 기본적인 수단</u>으로서 이를 처분한다는 것은 재단법인의 실체가 없어

213) 송덕수, 364면.

지는 것을 의미하므로 재단법인의 기본재산은 이를 함부로 처분할 수 없는 것이고, 재단법인이 정관의 변경을 초래하는 기본재산의 처분을 위하여 주무관청의 허가를 신청할 것인지 여부는 특별한 사정이 없는 한 재단법인의 의사에 맡겨져 있다고 할 것이므로, 채무자인 재단법인에 다른 재산이 없어 기본재산을 처분하지 않고는 채무의 변제가 불가능하다고 하더라도, 재단법인으로부터 기본재산을 양수한 자도 아니고 금전채권자들에 불과한 자에게는 강제이행청구권의 실질적인 실현을 위하여 필요하다는 사유만으로 기본재산의 처분을 희망하지도 않는 재단법인을 상대로 주무관청에 대하여 기본재산에 대한 처분허가신청절차를 이행할 것을 청구할 권한이 없다(대판 1998. 8. 21, 98다19202, 19219).

[1] 민법 제45조와 제46조에서 말하는 재단법인의 정관변경 "허가"는 법률상의 표현이 허가로 되어 있기는 하나, 그 성질에 있어 법률행위의 효력을 보충해 주는 것이지 일반적 금지를 해제하는 것이 아니므로, 그 법적 성격은 인가라고 보아야 한다.

[2] 인가는 기본행위인 재단법인의 정관변경에 대한 법률상의 효력을 완성시키는 보충행위로서, 그 기본이 되는 정관변경 결의에 하자가 있을 때에는 그에 대한 인가가 있었다 하여도 기본행위인 정관변경 결의가 유효한 것으로 될 수 없으므로 기본행위인 정관변경 결의가 적법 유효하고 보충행위인 인가처분 자체에만 하자가 있다면 그 인가처분의 무효나 취소를 주장할 수 있지만, 인가처분에 하자가 없다면 기본행위에 하자가 있다 하더라도 따로 그 기본행위의 하자를 다투는 것은 별론으로 하고 기본행위의 무효를 내세워 바로 그에 대한 행정청의 인가처분의 취소 또는 무효확인을 소구할 법률상의 이익이 없다(대판 전원합의체 1996. 5. 16. 선고 95누4810).

[7] 법인의 소멸

I. 의 의

법인의 소멸이란 법인이 그 권리능력을 상실하는 것을 말한다. 그런데 법인에는 상속이 없기때문에 재산관계를 정리하기 위하여 해산·청산의 절차가 필요하다. 해산이란 법인이 본래의 목적달성을 위한 적극적 활동을 정지하고, 청산절차에 들어가는 것을 말하고, 청산이란 해산한 법인의 재산관계를 정리하는 절차를 말한다. 해산 후 청산절차 종결시까지 법인은 제한된 범위 내에서 권리능력을 가지는데, 이를 청산법인이라고 하며. 종전의 법인과 동일성을 지닌다.

II. 해 산

법인의 해산이란 법인이 본래의 목적을 달성하기 위한 적극적인 활동을 정지하고, 청산절차에 들어가는 것을 말한다. 법인이 해산하면 청산인은 파산의 경우를 제외하고는 해산사유 등을 등기하여야 한다(85조 1항).

1. 해산사유

해산사유는 아래와 같다.

	사단법인	재단법인
공통사유	① 존속기간의 만료 기타 정관에 정한 해산사유의 발생 ② 법인의 목적달성 또는 달성불능 ③ 파산 ④ 설립허가의 취소	
특유한 사유	① 사원이 없게 된 때 ② 사원총회의 해산결의(총사원 4분의 3 이상의 동의 필요)	

III. 청 산

1. 의 의

법인의 청산이란 해산법인이 완전 소멸할 때까지 재산관계를 정리하는 절차를 말한다. 파산으로 해산하는 경우에는 채무자회생및파산에관한법률에서 정한 절차에 따라 청산하고, 그밖의 원인으로 해산하는 경우에는 민법에 따라 청산한다. 특히 청산절차에 관한 규정은 강행규정이므로 이에 반하는 정관규정은 무효이다.

2. 청산법인의 능력

청산법인은 청산의 목적 범위내에서만 권리를 가지고 의무를 부담한다(81조).

◆ 판 례

✧ 법인 해산시 잔여재산의 귀속권리자를 사원총회나 이사회의 결의에 따라 정하도록 한 정관 규정도 유효한지 여부와 민법상의 청산절차에 관한 규정에 반하는 잔여재산 처분행위의 효력 및 이사 전원의 의결에 의하여 잔여재산을 처분하도록 한 정관 규정이 등기하여야만 대항할 수 있는 청산인의 대표권에 대한 제한인지 여부

[1] 민법 제80조 제1항과 제2항의 각 규정 내용을 대비하여 보면, 법인 해산시 잔여재산

의 귀속권리자를 직접 지정하지 아니하고 사원총회나 이사회의 결의에 따라 이를 정하도록 하는 등 간접적으로 그 귀속권리자의 지정방법을 정해 놓은 정관 규정도 유효하다.

[2] 민법상의 청산절차에 관한 규정은 모두 제3자의 이해관계에 중대한 영향을 미치기 때문에 이른바 강행규정이라고 해석되므로 이에 반하는 잔여재산의 처분행위는 특단의 사정이 없는 한 무효라고 보아야 한다.

[3] 이사 전원의 의결에 의하여 잔여재산을 처분하도록 한 정관 규정은 성질상 등기하여야만 제3자에게 대항할 수 있는 청산인의 대표권에 관한 제한이라고 볼 수 없다(대판 1995.2.10, 94다13473 판결).

3. 청산법인의 기관

(1) 청산인

청산인은 대외적으로 청산법인을 대표하고 대내적으로 사무를 집행하며(87조 2항), 법인의 이사와 같은 지위를 가지므로 이사에 관한 규정을 준용한다(제96조).

청산인은 i) 정관에 정한 자, ii) 총회의 결의로써 선임된 자, iii) 파산의 경우를 제외하고는 해산 당시의 이사 순으로 된다(82조, 83조).

중요한 사유가 있을 때에는, 법원은 직권 또는 이해관계인이나 검사의 청구에 의하여 청산인을 해임할 수 있다(84조).

(2) 기타의 기관

본래의 감사·사원총회는 청산법인의 기관으로 존속한다.

4. 청산사무(청산인의 직무권한)

민법은 청산인의 직무권한으로 아래의 것들을 규정하고 있으나 이에 한정되는 것은 아니다. 청산의 본질상 필요한 사항도 청산인의 직무권한에 속한다.

(1) 해산의 등기와 해산신고(85조, 86조)

청산인은 취임후 3주간내에 해산의 사유 및 연월일. 청산인의 성명과 주소, 청산인의 대리권이 제한될 때 그 제한, 주된 사무소와 소재지에서 등기하고(85조 1항), 같은 기간내에 같은 사항을 주무관청에 신고하여야 한다(86조 1항). 등기한 사항에 변경이 생기면 3주간내에 변경등기를 하여야 한다(85조 2항, 52조). 청산중에 취임한 청산인은 그 성명 및 주소를 주무관청에 신고하여야 한다(86조 2항). 파산에 의한 청산의 경우에는 위의 절차를 법원에서 함으로 청산인이 이를 할 필요는 없다.

(2) 현존사무의 종결(87조 1항 1호)

(3) 채권의 추심(87조 1항 2호)

변제기가 도래하지 않은 채권이나 조건부채권처럼 즉시 추심할 수 없는 채권도 적당한 방법으로 환가하여야 한다.

(4) 채무의 변제(87조 1항 2호)

① **채권신고의 최고**(89조),

청산인은 취임한 날로부터 2월내에 3회 이상의 공고로 채권자에 대하여 일정한 기간(2개월 이상)내에 그 채권을 신고할 것을 최고하여야 한다(88조 1항). 이 공고에는 채권자가 기간내에 신고하지 아니하면 청산으로부터 제외될 것을 표시하여야 한다(88조 2항). 공고는 법원의 등기사항의 공고와 동일한 방법으로 하여야 한다(88조 3항). 청산인은 알고 있는 채권자에게 대하여는 각각 그 채권신고를 최고하여야 하며, 알고 있는 채권자는 청산으로부터 제외하지 못한다(89조).

② **변제**

청산인은 채권신고기간내에는 채권자에 대하여 변제하지 못한다(90조 본문). 법인은 채권자에 대한 지연손해배상의 의무를 면하지 못한다(90조 단서). 청산인은 변제기가 도래하지 않은 채권도 변제할 수 있다(91조 1항). 채권신고기간내에 신고하지 않은 채권자는 청산에서 제외되지만, 법인의 채권자에게 모두 변제한 후 귀속권리자에게 인도하지 않은 재산에 대해서만 변제를 청구할 수 있다(92조). 그러나 청산인이 알고 있는 채권자는 신고하지 않았더라도 제외할 수 없다(89조 단서).

◆ 판 례

손해배상 채권자가 채무자인 법인의 해산결의이전에 손해배상청구의 소를 제기한 이상 본조(89조)에서 말하는 채무자가 알고 있는 채권자에 해당한다 할 것이다(대판 1964, 6. 16, 64다5).

(5) 잔여재산의 인도

앞의 절차를 밟은 후에도 잔여재산이 있는 경우 귀속권자에게 인도한다. 잔여재산의 귀속권자는 ① 정관에서 지정한 자 또는 정관의 지정방법에 의하여 지정된 자(80조 1항), ② 이사 또는 청산인이 주무관청의 허가를 얻어(사단법인은 총회의 결의도 필요) 그 법인의 목적과 유사한 목적을 위하여 처분할 수 있다. 이 경우 사단법인은 총회의 결의를 요한다(80조 2항 단서). ③ 위에 의하여도 처분되지 아니한 재산은 국고에 귀속된다(80조 3항). 이는 비영리법인의 특색으로 구성원에게 배분할 수는 없다.

◆ 판 례

✧ 법인 해산시 잔여재산의 귀속권리자를 사원총회나 이사회의 결의에 따라 정하도록 한 정관규정도 유효한지 여부

민법 제80조 제1항과 제2항의 각 규정 내용을 대비하여 보면, 법인 해산시 잔여재산의 귀속권리자를 직접 지정하지 아니하고 사원총회나 이사회의 결의에 따라 이를 정하도록 하는 등 간접적으로 그 귀속권리자의 지정방법을 정해 놓은 정관 규정도 유효하다(대판 1995. 2. 10, 94다13473).

(6) 파산신청(93조)

청산절차 중에 법인의 재산이 채무 전체를 변제하는데 명확하게 부족한 경우에는(채무초과), 청산인은 지체 없이 파산선고를 신청하고 이를 공고하여야 한다(93조 1항). 법인의 파산으로 파산관재인이 정해지면 청산인은 그에게 사무를 인계하고 임무를 종료하게 된다(93조 2항).

(7) 청산종결의 등기와 신고

청산이 종결한 때에는 청산인은 3주간내에 이를 등기하고 주무관청에 신고하여야 한다(94조).

◆ 판 례

✧ 민법상의 청산절차에 관한 규정은 모두 제3자의 이해관계에 중대한 영향을 미치기 때문에 이른바 강행규정이라고 해석되므로 이에 반하는 잔여재산의 처분행위는 특단의 사정이 없는 한 무효라고 보아야 한다(대판 1995. 2. 10, 94다13473).

✧ 민법 제80조, 제81조, 제87조 등 법인의 청산절차에 관한 규정은 제3자의 이해관계에 중대한 영향을 미치기 때문에 강행규정이라고 해석되므로 청산법인 이나 그 청산인이 청산법인의 목적범위 외의 행위를 한 때는 무효라 할 것이다. 청산종결등기가 경료되었더라도 청산사무가 종료되지 아니한 경우에는 청산법인으로 존속한다(대판 1980. 4. 8, 79다2036).

[8] 법인의 등기

Ⅰ. 법인등기의 의의

거래안전을 위하여 법인의 조직이나 내용을 공시하여야 한다. 이것이 법인등기제도이다. 법인등기의 절차는 비송사건절차법에서 규정하고 있다(60조).

Ⅱ. 등기의 종류

1. 설립등기 (33조, 49조)

(1) 성립요건

법인의 설립등기는 법인의 성립요건이다. 기타 법인에 관한 등기는 대항요건이다. 법인의 등기절차는 비송사건절차법에 의한다. 법인설립의 허가가 있는 때에는 3주간 내에 주된 사무소 소재지에서 설립등기를 하여야 한다(49조 1항).

(2) 등기사항

설립등기사항은 ① 목적, ② 명칭, ③ 사무소, ④ 설립허가의 연월일, ⑤ 존립시기나 해산사유를 정한 때에는 그 시기 또는 사유, ⑥ 자산의 총액, ⑦ 출자의 방법을 정한 때에는 그 방법, ⑧ 이사의 성명, 주소, ⑨ 이사의 대표권을 제한한 때에는 그 제한 등이다(49조 2항)

2. 분사무소설치 및 사무소이전의 등기 (50조, 51조)

3. 변경등기(52조)

4. 해산등기(85조)

5. 청산종결의 등기(94조)

Ⅲ. 등기의 효력

설립등기(33조) 외에는 기타의 등기 전부는 대항요건이다. 등기의무 있는 이사나 청산인이 등기를 게을리하면 과태료의 제재를 받는다(97조)

Ⅳ. 등기 기간

사유발생 후부터 3주간이고, 주무관청의 허가를 요하는 경우는 그 허가서 도착일로부터 기산한다(53조).

[9] 법인의 감독

Ⅰ. 업무감독

법인의 일반사업에 대한 감독기관은 설립허가를 준 주무관청이고, 감독의 내용은 법인의 사업 및 재산상황의 검사, 설립허가의 취소 등이다(37조, 38조).

Ⅱ. 해산 및 청산의 감독

해산 및 청산에 관한 감독기관은 법원, 감독의 내용은 필요한 검사, 청산인의 개임 등 (95조, 84조)

◈ 법인의 감독

주무관청	법원
① 비영리법인의 허가 ② 정관변경의 허가 ③ 법인의 사무의 검사 · 감독 ④ 법인의 설립허가취소 ⑤ 해산의 신고 ⑥ 청산종결의 신고	① 임시이사의 선임 ② 특별대리인의 선임 ③ 법인의 파산신고 ④ 청산인의 선임 · 해임 ⑤ 법인의 해산 · 청산의 감독

[10] 법인이 아닌 사단 및 재단

I. 법인이 아닌 사단

1. 의 의

법인이 아닌 사단이라 함은 사단으로서의 실질은 갖추고 있으나 법인격을 취득하지 못한 단체를 말한다. 법인격 없는 사단, 비법인 사단, 권리능력 없는 사단이라고도 한다.

법인은 법률의 규정에 의하여 법인설립등기를 하여야 성립하므로 이를 행하지 않거나 못함으로써 인격 없는 사단이 된다. 이는 주로 설립자가 행정관청의 사전의 하가나 사후의 감독 기타 법적 규제를 받는 것을 원하지 않을 때 설립되게 되며, 종중, 교회, 동, 리, 자연부락[214], 제중, 복중, 친목계, 등록되어 있지 않은 사찰, 아파트입주자 대표회의[215], 주택조합[216], 회사채권자들이 그 채권을 확보할 목적으로 구성된 청산위원회[217], 어촌계[218], 주택건설촉진법에 의하여 설립된 재건축조합[219], 재단법인 성균관의 설립 이전부터 존재하던 성균관[220], 아파트부녀회[221] 등이 이에 해당한다.

214) 대판 1987, 3. 10, 85다카2508.
215) 대판 1991, 4. 23, 91다4478.
216) 대판 1997, 1. 24, 96다39721, 39738.
217) 대판 1996, 6. 28, 96다16582.
218) 대판 2000, 5. 12, 99다71931.
219) 대판 2001, 5. 29, 2000다10246.
220) 대판 2004, 11. 12, 2002다46423.
221) 대판 2006, 12. 21, 2006다52723.

◆ 판 례

✧ **비법인사단의 당사자능력을 인정하는 민사소송법 제52조의 규정 취지 및 여기서 말하는 '사단'의 의미와 사단법인의 하부조직을 별개의 독립된 비법인사단으로 인정하기 위한 요건**

민사소송법 제52조가 비법인사단의 당사자능력을 인정하는 것은 법인이 아니라도 사단으로서의 실체를 갖추고 그 대표자 또는 관리인을 통하여 사회적 활동이나 거래를 하는 경우에는 그로 인하여 발생하는 분쟁은 그 단체가 자기 이름으로 당사자가 되어 소송을 통하여 해결하도록 하기 위한 것이므로, 여기서 말하는 사단이라 함은 일정한 목적을 위하여 조직된 다수인의 결합체로서 대외적으로 사단을 대표할 기관에 관한 정함이 있는 단체를 말한다.

사단법인의 하부조직의 하나라 하더라도 스스로 단체로서의 실체를 갖추고 독자적인 활동을 하고 있다면 사단법인과는 별개의 독립된 비법인 사단으로 볼 수 있다(대판 2009. 1. 30, 2006다60908).

2. 본질과 적용법규

(1) 본 질

① 조합과의 구별

사단법인의 기초가 될 수 있는 단체로는 사단법인외에 조합도 있다. 사단과 조합은 단체성의 강약에 의해 구별된다.

◈ 법인과 조합

	사단	조합
의의	사단은 그 실질적인 면에서 구성원이 다수이고 구성원의 개성이 매몰되는 반면 단체의 독자성이 강하게 나타난다.	조합은 그 실질적인 면에서 구성원이 소수이고 단체성 보다는 구성원의 개성이 강하게 나타난다.
내부관계	① 구성원간의 개인적 관계는 원칙적으로 생기지 않으며 구성원과 단체 간에 자치법상의 권리의무가 생길 뿐이다 ② 따라서 그 구성원은 단체를 매개로 하여 간접적인 관계를 맺는다고 볼 수 있다.	① 구성원 간에는 상호 직접적·개인적 관계가 형성된다. 이는 계약관계이다. ② 따라서 조합원의 권리의무는 타조합원에 대한 권리의무로 관념된다. ③ 다만 조합의 의사를 결정함에 있어서 다수결에 의하지 않을 수 없는 경우가 있게 됨은 조합이 단순한 계약관계에 그치지 않고 단체로서의 속성도 가지고 있다.

외부 관계	① 외부적으로는 단체만이 권리·의무의 주체로서 나타나며 그 구성원은 외부로 등장하지 못한다. ② 따라서 그 구성원은 단체를 매개로 하여 간접적으로만 대외관계를 맺게 된다.	① 대외적으로는 단체로서의 조합이 권리의무의 주체가 되지 못하고 구성원인 조합원이 공동하여 직접 주체가 된다. ② 권리의무는 조합원 전원의 합유 또는 준합유가 되며(제271, 278조), 이것은 분할채권관계나 연대채무 등과는 다른 내용을 가진다.

◆ 판 례

✧ 민법상의 조합과 비법인사단의 구별기준

민법상의 조합과 법인격은 없으나 사단성이 인정되는 비법인 사단을 구별함에 있어서는 일반적으로 그 단체성의 강약을 기준으로 판단하여야 하는바, 조합은 2인 이상이 상호간에 금전 기타 재산 또는 노무를 출자하여 공동사업을 경영할 것을 약정하는 계약관계에 의하여 성립하므로(민법 제703조) 어느 정도 단체성에서 오는 제약을 받게 되는 것이지만 구성원의 개인성이 강하게 드러나는 인적 결합체인 데 비하여 비법인 사단은 구성원의 개인성과는 별개로 권리의무의 주체가 될 수 있는 독자적 존재로서의 단체적 조직을 가지는 특성이 있다 하겠는데 민법상 조합의 명칭을 가지고 있는 단체라 하더라도 고유의 목적을 가지고 사단적 성격을 가지는 규약을 만들어 이에 근거하여 의사결정기관 및 집행기관인 대표자를 두는 등의 조직을 갖추고 있고, 기관의 의결이나 업무집행방법이 다수결의 원칙에 의하여 행해지며, 구성원의 가입, 탈퇴 등으로 인한 변경에 관계없이 단체 그 자체가 존속되고, 그 조직에 의하여 대표의 방법, 총회나 이사회 등의 운영, 자본의 구성, 재산의 관리 기타 단체로서의 주요사항이 확정되어 있는 경우에는 비법인 사단으로서의 실체를 가진다고 할 것이다(대판 1992.7.10, 92다2431).

② 사단과의 구별

설립등기의 유무에 의해 구분된다.

(2) 적용법규

현행 민법은 권리능력 없는 사단에 대해서는 275조 1항에서「법인이 아닌 사단의 사원이 집합체로서 물건을 소유할 때에는 총유로 한다」고 규정하여 권리능력 없는 사단의 소유관계를 총유로 규정할 뿐이다. 입법례에 따라서는 조합의 규정을 적용하도록 하고 있는 것도 있다(독일 민법 제54조, 스위스 민법 62조). 권리능력 없는 사단은 법인등기를 하지 않았을 뿐 법인으로서의 실질을 갖추고 있으므로 사단법인에 관한 민법규정 중 법인격을 전제로 한 것을 제외하고는 모두 유추적용한다(통설).

◆ 판 례

우리 민법이 사단법인에 있어서 구성원의 탈퇴나 해산은 인정하지만 사단법인의 구성원들이 2개의 법인으로 나뉘어 각각 독립한 법인으로 존속하면서 종전 사단법인에게 귀속되었던 재산을 소유하는 방식의 사단법인의 분열은 인정하지 아니한다. 그 법리는 법인 아닌 사단에 대하여도 동일하게 적용되며, 법인 아닌 사단의 구성원들의 집단적 탈퇴로써 사단이 2개로 분열되고 분열되기 전 사단의 재산이 분열된 각 사단들의 구성원들에게 각각 총체적으로 귀속되는 결과를 초래하는 형태의 법인 아닌 사단의 분열은 허용되지 않는다. 교회가 법인 아닌 사단으로서 존재하는 이상, 그 법률관계를 둘러싼 분쟁을 소송적인 방법으로 해결함에 있어서는 법인 아닌 사단에 관한 민법의 일반 이론에 따라 교회의 실체를 파악하고 교회의 재산 귀속에 대하여 판단하여야 하고, 이에 따라 법인 아닌 사단의 재산관계와 그 재산에 대한 구성원의 권리 및 구성원 탈퇴, 특히 집단적인 탈퇴의 효과 등에 관한 법리는 교회에 대하여도 동일하게 적용되어야 한다. 따라서 교인들은 교회 재산을 총유의 형태로 소유하면서 사용·수익할 것인데, 일부 교인들이 교회를 탈퇴하여 그 교회 교인으로서의 지위를 상실하게 되면 탈퇴가 개별적인 것이든 집단적인 것이든 이와 더불어 종전 교회의 총유 재산의 관리처분에 관한 의결에 참가할 수 있는 지위나 그 재산에 대한 사용·수익권을 상실하고, 종전 교회는 잔존 교인들을 구성원으로 하여 실체의 동일성을 유지하면서 존속하며 종전 교회의 재산은 그 교회에 소속된 잔존 교인들의 총유로 귀속됨이 원칙이다. 그리고 교단에 소속되어 있던 지교회의 교인들의 일부가 소속 교단을 탈퇴하기로 결의한 다음 종전 교회를 나가 별도의 교회를 설립하여 별도의 대표자를 선정하고 나아가 다른 교단에 가입한 경우, 그 교회는 종전 교회에서 집단적으로 이탈한 교인들에 의하여 새로이 법인 아닌 사단의 요건을 갖추어 설립된 신설 교회라 할 것이어서, 그 교회 소속 교인들은 더 이상 종전 교회의 재산에 대한 권리를 보유할 수 없게 된다(대판 전원합의체 2006.4.20, 2004다37775).

3. 성립요건

권리능력 없는 사단으로 인정되기 위해서는 사단의 실질을 갖추어야 한다. 즉, 구성원이 확정되고, 대표자와 총회가 구성되어 단체로서의 조직을 갖추어야 하며, 대표의 방법, 총회의 운영, 재산의 관리 등 사단의 중요한 사항은 정관이나 규칙으로 규정되어야 한다.

4. 구체적 법률관계

(1) 내부관계

사단의 규칙(정관)과 규칙에 없는 사항에 대해서는 민법의 사단법인에 관한 규정을 유추적용한다(대판 1967, 7. 4, 67다549).

총회가 최고의결기관, 업무집행은 이사가 선관주의의무로 하여야 한다(681조)

◆ 판 례

✧ 비법인 사단에 대하여는 사단법인에 관한 민법 규정 가운데서 법인격을 전제로 하는 것을 제외하고는 이를 유추적용 할 것인바, 민법 제40조, 제58조, 제68조에 의하면 법인의 경우 정관의 규정에 따라 이사의 임면이나 수인의 이사의 사무집행이 이루어지는 것이며 총회의 권한을 정관에 의하여 이사 또는 기타 임원에게 위임할 수 있으므로, 그 실질이 비법인사단인 주택조합에서 최초 임원은 총회에서 선출하되 결원 임원은 임원회의 추천을 받아 조합장이 임명하고, 임원으로 구성된 운영위원회에서의 결의는 총회 결의와 동일한 효력을 가지도록 하는 내용을 규약으로 정한 경우, 그 규약에 정한 바에 따른 조합장에 의한 결원 임원의 임명 및 총회권한의 운영위원회에의 위임이 사단성의 본질에 반하는 것으로 볼 수 없다(대판 1997. 1. 24, 96다39721,39738).

✧ 비법인 사단에 대하여는 사단법인에 관한 민법 규정 가운데서 법인격을 전제로 하는 것을 제외하고는 이를 유추적용하여야 할 것인바, 민법 제62조의 규정에 비추어 보면 비법인사단의 대표자는 정관 또는 총회의 결의로 금지하지 아니한 사항에 한하여 타인으로 하여금 특정한 행위를 대리하게 할 수 있을 뿐 비법인사단의 제반 업무처리를 포괄적으로 위임할 수는 없다 할 것이므로, 비법인 시단 대표자가 행한 타인에 대한 업무의 포괄적 위임과 그에 따른 포괄적 수임인의 대행행위는 민법 제62조의 규정에 위반된 것이어서 비법인 사단에 대하여는 그 효력이 미치지 아니한다(대판 1996. 9. 6, 94다18522).

✧ 재건축조합은 민법상 비법인 사단으로서 민법의 법인에 관한 규정 중 법인격을 전제로 하는 조항을 제외한 나머지 조항이 원칙적으로 준용되므로, 그 창립총회에서는 민법 제75조 제1항에 따라 사원 과반수의 출석과 출석사원 결의권의 과반수로써 유효한 결의를 할 수 있다고 할 것이다(대판 1996. 10. 25, 95다56866 ; 대판 2006. 2. 23, 2005다19552, 19569 ; 대판 2010.2.25, 2009다93299 등 참조).

(2) 외부관계

① **당사자능력**

대표자가 정하여져 있으면 소송의 당사자능력을 갖는다(민소법 52조). 따라서 권리능력 없는 사단도 그 이름으로 소송당사자가 될 수 있고, 제3자는 권리능력 없는 사단에 대한 집행권원으로 사단재산에 대하여 강제집행할 수 있다. 결국 이 점에서는 사단법인과 별 차이가 없다.

② **등기능력**

종중 문중 기타 대표자나 관리자가 있는 법인이 아닌 사단이나 재단에 속하는 부동산의 등기에 관하여는 그 사단이나 재단을 등기권리자 등기의무자로 한다.

(3) 재산귀속관계

① **총유**(275조 1항)

법인 아닌 사단의 재산은 사원의 총유에 속한다(275조 1항). 사단법인의 소유형태는 단독소유인데 대하여 법인격 없는 사단의 소유형태는 총유이므로 양자 사이에는 차이가 있다. 소유권 이외의 재산권은 사원의 준총유가 된다(278조). 총유재산의 관리 처분은 정관이나 기타 규약에 의하여야 하고, 정관이나 기타 규약이 없다면 사원총회의 결의에 의하여야 한다(276조 1항). 이에 반하는 총유재산의 관리 처분에 관한 법률행위는 무효가 된다.

◆ 판 례

✧ 사원총회의 결의를 거치지 않은 총유물의 관리 처분행위의 효력

총유물의 관리 및 처분에 관하여는 정관이나 규약에 정한 바가 있으면 이에 따라야 하고, 그에 관한 정관이나 규약이 없으면 사원 총회의 결의에 의하여 하는 것이므로 정관이나 규약에 정함이 없는 이상 사원총회의 결의를 거치지 않은 총유물의 관리 및 처분행위는 무효라고 할 것이나, 총유물의 관리 및 처분행위라 함은 총유물 그 자체에 관한 법률적·사실적 처분행위와 이용, 개량행위를 말하는 것으로서 재건축조합이 재건축사업의 시행을 위하여 설계용역계약을 체결하는 것은 단순한 채무부담행위에 불과하여 총유물 그 자체에 대한 관리 및 처분행위라고 볼 수 없다(대판 2003. 7. 22, 2002다64780).

✧ 비법인사단이 타인 간의 금전채무를 보증하는 행위를 총유물의 관리 · 처분행위로 볼 수 있는지 여부(소극) 및 비법인사단인 재건축조합의 조합장이 채무보증계약을 체결하면서 조합규약에서 정한 조합 임원회의 결의 등 절차를 거치지 않은 경우, 그 보증계약의 효력(원칙적 유효)

[다수의견] 민법 제275조, 제276조 제1항에서 말하는 총유물의 관리 및 처분이라 함은 총유물 그 자체에 관한 이용 · 개량행위나 법률적 · 사실적 처분행위를 의미하는 것이므로, 비법인사단이 타인 간의 금전채무를 보증하는 행위는 총유물 그 자체의 관리 · 처분이 따르지 아니하는 단순한 채무부담행위에 불과하여 이를 총유물의 관리 · 처분행위라고 볼 수는 없다. 따라서 비법인사단인 재건축조합의 조합장이 채무보증계약을 체결하면서 조합규약에서 정한 조합 임원회의 결의를 거치지 아니하였다거나 조합원총회 결의를 거치지 않았다고 하더라도 그것만으로 바로 그 보증계약이 무효라고 할 수는 없다. 다만, 이와 같은 경우에 조합 임원회의의 결의 등을 거치도록 한 조합규약은 조합장의 대표권을 제한하는 규정에 해당하는 것이므로, 거래 상대방이 그와 같은 대표권 제한 및 그 위반 사실을 알았거나 과실로 인하여 이를 알지 못한 때에는 그 거래행위가 무효로 된다고 봄이 상당하며,

이 경우 그 거래 상대방이 대표권 제한 및 그 위반 사실을 알았거나 알지 못한 데에 과실이 있다는 사정은 그 거래의 무효를 주장하는 측이 이를 주장 · 입증하여야 한다.

[대법관 김영란, 김황식, 박일환의 별개의견] 법인 아닌 사단의 보증채무 부담행위는 결국 장래의 총유물의 처분행위와 같은 것이고 따라서 여기에도 총유물의 관리 · 처분에 관한 법리가 적용되어야 한다는 취지의 반대의견의 견해 및 거기서 들고 있는 논거들에 대하여 기본적으로 찬성한다. 그런데 통상 아파트재건축사업을 시행함에 있어 새로운 아파트를 신축하기 위하여는 시공업자의 선정부터 공사도급계약의 체결, 설계와 공사 시공 및 완공에 이르기까지 재건축조합으로서는 많은 의사결정과 법률행위들을 하여야 하는데, 그러한 아파트 신축과 관련한 주요한 사항들에 관하여 조합원총회에서 결의를 함에 있어서는, 그 아파트 신축과 관련하여 통상적으로 예상 가능한 세부적이고 구체적인 일련의 행위(이 사건에서는 보증채무 부담행위 포함)들이 계속 진행되는 것을 당연한 전제로 하는 것으로서, 그 결의 속에는 그에 따른 세부적이고 구체적인 일련의 행위들에 대한 결의까지 함께 이루어진 것이라고 봄이 상당하다.

[대법관 이홍훈, 전수안의 반대의견]

(가) 비법인사단이 부담하는 채무가 총유물 그 자체 또는 재산권 그 자체에 해당하지 않는다고 해서 곧바로 비법인사단이 타인 간의 금전채무를 보증하는 행위가 민법 제276조 제1항에서 말하는 총유물의 관리 · 처분에 해당하지 않는다고 단정하기는 어렵다. 왜냐하면 비법인사단이 부담하는 보증채무가 자연채무가 아닌 한, 그러한 보증채무 부담행위는 그 채무 변제를 위한 책임재산과 별도로 생각할 수 없기 때문이다. 그 채무의 변제기가 도래하고 주채무자가 채무를 이행하지 않으면 비법인사단은 자신이 보유하고 있는 현금이나 총유물을 처분하여 그 채무를 만족시켜야 하므로 결국 보증채무 부담행위는 비법인사단의 총유물의 처분으로 연결될 수밖에 없다. 그렇다면 비법인사단의 보증채무 부담행위는 장래의 총유물의 처분행위와 같다고 보아야만 한다.

(나) 총유물 자체의 관리·처분이 따르는 채무부담행위와 그렇지 않은 채무부담행위가 명확하게 구별되는 것은 아니다. 비법인사단이 현재 보유하고 있는 금전 또는 장래에 보유하게 될 금전도 총유물에 속함은 당연하고, 이러한 금전 처분행위도 정관 기타 규약에 달리 정함이 없는 한 사원총회의 결의에 의하지 않으면 무효라고 하여야 한다. 그런데 비법인사단이 현재 또는 장래에 보유하는 금전을 유상 또는 무상으로 지급하기로 하는 행위와 금전채무 보증행위가 실질적으로 다르다고 보아, 전자는 사원총회의 결의를 요한다고 하고 후자는 그럴 필요가 없다고 하는 것이 타당한지 의문이 든다. 총유물의 관리·처분을 수반하지 않는 금전채무 부담행위는 생각하기 어려우므로 현재 또는 장래에 보유하는 금전을 유상 또는 무상으로 지급하기로 하는 행위와 금전채무 부담행위는 결국 실질적으로 같다고 보아야 한다.

(다) 비법인사단이 채무로부터 벗어나기 위한 소송을 함에 있어서도 사원총회의 결의를 요한다고 한다면 비법인사단이 채무를 부담하는 행위는 더욱더 사원총회의 결의를 요한다고 보아야 한다.

(라) 비법인사단의 거래행위를 둘러싸고 발생하는 거래의 안전 문제는 총유물의 관리·처분에 관한 우리 민법과 대법원판례의 입장을 총체적으로 재검토하여 해결하거나 비법인사단으로 하여금 법인격을 취득하도록 유도하여 해결할 일이지 채무부담행위가 총유물의 관리·처분에 해당하지 않는다고 하는 방법으로 해결할 것은 아니다.

(마) 그렇다면 비법인사단의 대표자가 그 사단의 이름으로 채무를 보증하는 계약을 체결

하는 경우에도 총유물의 관리·처분에 관한 법리가 적용된다고 하여야 하고, 비법인사단인 재건축조합의 조합장이 보증계약을 체결함에 있어 조합규약에서 정한 조합 임원회의 결의를 거치지 아니하였다면 그 보증계약은 효력이 없다고 보아야 한다.

[반대의견에 대한 대법관 이홍훈의 보충의견] 타인 간의 금전채무를 보증하는 계약은 단순한 채무부담행위에 불과하여 총유물의 처분행위에 해당하지 아니하므로, 재건축조합의 대표자가 조합규약에 위반하여 보증계약을 체결하였다고 하더라도 바로 무효라고 할 수는 없다고 보는 다수의견의 해석은 총유에 관하여 조합원들이 선택한 규약 내용과 민법의 입법자가 선택한 공동소유의 형태와 내용에 모두 실질적인 수정을 가하는 것이어서 해석의 범위를 넘어서는 것이다. 총유물 처분행위의 개념을 다수의견과 같이 해석하게 되면, 총유에 있어서 비법인사단의 자율성을 보장하려는 민법 제275조 제2항의 입법 취지에 반할 뿐만 아니라, 비법인사단의 소유관계를 총유로 규정함으로써 비법인사단 자체의 존속과 그 구성원들의 이익보호를 도모하고자 한 입법자의 선택에도 어긋나며, 법률의 통일적인 해석과 적용도 곤란해지게 된다(대판 전원합의체 2007.4.19, 2004다60072,60089).

✧ 법인 아닌 사단의 구성원 개인이 총유재산의 보존을 위한 소를 제기할 수 있는지 여부 (소극)

민법 제276조 제1항은 "총유물의 관리 및 처분은 사원총회의 결의에 의한다.", 같은 조 제2항은 "각 사원은 정관 기타의 규약에 좇아 총유물을 사용·수익할 수 있다."라고 규정하고 있을 뿐 공유나 합유의 경우처럼 보존행위는 그 구성원 각자가 할 수 있다는 민법 제265조 단서 또는 제272조 단서와 같은 규정을 두고 있지 아니한바, 이는 법인 아닌 사단의 소유형태인 총유가 공유나 합유에 비하여 단체성이 강하고 구성원 개인들의 총유재산에 대한 지분권이 인정되지 아니하는 데에서 나온 당연한 귀결이라고 할 것이므로 총유재산에 관한 소송은 법인 아닌 사단이 그 명의로 사원총회의 결의를 거쳐 하거나 또는 그 구성원 전원이 당사자가 되어 필수적 공동소송의 형태로 할 수 있을 뿐 그 사단의 구성원은 설령 그가 사단의 대표자라거나 사원총회의 결의를 거쳤다 하더라도 그 소송의 당사자가 될 수 없고, 이러한 법리는 총유재산의 보존행위로서 소를 제기하는 경우에도 마찬가지라 할 것이다(대판 전원합의체 2005. 9. 15, 2004다44971).

② 채권·채무의 사단의 귀속

채무는 법인 아닌 사단의 구성원인 사원에게 총유적으로 귀속한다. 사원은 사단의 채무에 대해 별도로 책임을 지지 않는다[222](유한책임). 이에 대해 법인 아닌 사단에는 여러 가지 유형이 있는 만큼 모든 요소를 종합하여 때로는 무한책임을 인정하여야 한다는 소수설[223]이 있다.

---

222) 고상용, 260면 ; 곽윤직, 128면 ; 김상용, 280면 ; 김증한/김학동, 165면 ; 백태승, 221면 ; 송덕수, 344면 ; 윤형렬, 139면 ; 이영준, 931면 ; 이은영, 249면.

223) 김용한, 212면 ; 김주수, 207면.

③ **공시방법**

권리능력 없는 사단이나 재단에 속하는 부동산의 경우 그 사단이나 재단을 등기권리자 또는 등기의무자로 한다(부동산등기법 30조). 따라서 권리능력없는 사단의 명의로 등기할 수 있다.

◆ 판 례

✧ 종중이란 공동선조의 후손들에 의하여 선조의 분묘수호와 봉제사 및 후손 상호간의 친목도모를 목적으로 형성되는 자연발생적인 친족단체로서 그 선조의 사망과 동시에 그 자손에 의하여 성립되는 것으로서 그 대수(대수)에 제한이 없다(대판 1995, 6. 9, 94다42389).

✧ 소종중이나 자파종중의 명칭은 중시조의 관직이나 시호 다음에 그 소종중 또는 자파종중의 시조의 관직이나 시호 등을 붙여 부르는 것이 일반적인 관행 또는 관습이지만, 종중은 공동시조의 봉제사와 그 후손 상호간의 친목도모를 위하여 자연발생적으로 형성된 종족집단인 점에 비추어 그 종중이 어떠한 종중인가는 그 명칭 여하에 불구하고 봉제사의 대상인 공동시조와 구성원인 후손의 범위 및 분묘관리의 상황 등 그 실체적 내용에 의하여 판단되어야 한다(대판 1995, 6. 9, 94다42389).

5. 종 중

(1) 의 의

종중이란 공동선조의 분묘수호와 제사 및 종원 상호간의 친목 등을 목적으로 하여 구성되는 자연발생적 종족집단체로서 특별한 조직행위를 필요로 하지 않고, 공동선조의 후손중 성년이상의 남녀는 당연히 그 구성원이 된다. 공동선조의 후손이 아닌 자는 종중원이 될 수 없으며, 공동선조의 후손을 종중원에서 배제할 수도 없다.

◆ 판 례

✧ **종중의 구성원**

【다수의견】 종중이란 공동선조의 분묘수호와 제사 및 종원 상호간의 친목 등을 목적으로 하여 구성되는 자연발생적인 종족집단이므로, 종중의 이러한 목적과 본질에 비추어 볼 때 공동선조와 성과 본을 같이 하는 후손은 성별의 구별 없이 성년이 되면 당연히 그 구성원이 된다고 보는 것이 조리에 합당하다.

【별개의견】 일반적으로 어떤 사적 자치단체의 구성원의 자격을 인정함에 있어서 구성

원으로 포괄되는 자의 신념이나 의사에 관계없이 인위적·강제적으로 누구든지 구성원으로 편입되어야 한다는 조리는 존재할 수 없으며 존재하여서도 안 되는데, 주지하는 바와 같이 결사의 자유는 자연인과 법인 등에 대한 개인적 자유권이며, 동시에 결사의 성립과 존속에 대한 결사제도의 보장을 뜻하는 것이고, 그 구체적 내용으로서는 조직 강제나 강제적·자동적 가입의 금지, 즉 가입과 탈퇴의 자유가 보장되는 것을 말하며, 특히 종중에서와 같이 개인의 양심의 자유·종교의 자유가 보장되어야 할 사법적(사법적) 결사에 있어서는 더욱 그러하다는 점 등에서 공동선조와 성과 본을 같이 하는 후손은 성별의 구별 없이 성년이 되면 조리에 따라 당연히 그 구성원이 된다고 보는 다수의견의 견해에는 반대하고, 성년 여자가 종중에의 가입의사를 표명한 경우 그 성년 여자가 당해 종중 시조의 후손이 아니라는 등 그 가입을 거부할 정당하고 합리적인 이유가 없는 이상 가입의사를 표명함으로써 종중 구성원이 된다고 보아야 한다.

【다수의견에 대한 보충의견】 별개의견이 본인의 의사와 관계없이 종중 구성원이 되는 점에 대하여 결사의 자유와 양심의 자유 등을 들어서 부당하다고 비판하는 것은 종중의 본질과 종중이 통상적인 사단법인 또는 비법인사단과 구별되는 특성을 고려하지 않은 것일 뿐만 아니라, 본인의 의사와 관계없이 종중 구성원이 되는 점이 왜 성년 남자에게는 문제될 것이 없고 성년 여성에게만 문제가 되는지 납득하기 어렵고, 성별에 의하여 종원 자격을 달리 취급하는 것은 정당성과 합리성이 없다(대판 전원합의체 2005. 7. 21, 2002다1178).

⑵ 종중의 요건

종중이라 함은 원래 공동선조의 후손 중 성년 이상의 남자를 종원으로 하여 구성되는 종족의 자연발생적 집단으로서 선조의 사망과 동시에 자손에 의하여 성립하는 것이고 성립을 위하여 특별한 조직행위를 필요로 하는 것이 아니며, 다만 목적인 공동선조의 분묘수호, 제사봉행, 종원 상호간의 친목을 위한 활동을 규율하기 위하여 규약을 정하는 경우가 있고, 또 대외적인 행위를 할 때에는 대표자를 정할 필요가 있는 것에 지나지 아니하며, 반드시 특정한 명칭의 사용 및 서면화된 종중규약이 있어야 하거나 종중의 대표자가 계속하여 선임되어 있는 등 조직을 갖추어야 하는 것도 아니다.[224)]

⑶ 종중의 기관

① 대표자

종중의 대표는 종중규약이나 특별한 관례가 있으면 그에 따르고, 그것이 없으면 일반 관습에 의하여 종장 또는 문장이 그 종중원중 성년 이상의 남녀를 소집하

---

224) 대판 1998. 7. 10, 96다488.

여 출석자 과반수 결의로 선출하게 된다. 문장(門長)이나 연고행존자(年高行尊者)라 하더라도 그것만으로 당연히 종중재산에 대해 대표권을 갖는 것은 아니다.[225]

② 종중총회

종중총회는 종중의 규약에 달리 정함이 없으면 종원중에서 항렬이 가장 높고 나이가 많은 사람(연고행존자)이 소집하여야 한다.[226] 종중규약이나 관행에 의해 매년 일정한 날에 일정한 장소에서 정기적으로 종중원들이 집합하여 종중의 대소사를 처리하도록 되어 있는 경우에는 별도의 소집절차가 필요없다.[227] 일부 종중원에게 소집통지를 결여한 채 개최된 종중총회의 결의는 효력이 없는 것이기는 하나[228], 적법한 대표자 자격이 없는 비법인사단의 대표자가 한 소송행위는 후에 대표자 자격을 적법하게 취득한 대표자가 그 소송행위를 추인하면 행위시에 소급하여 효력을 갖게 되고[229], 이러한 추인은 상고심에서도 할 수 있다고 한다.

종원의 권리를 제한하는 종중총회의 결의는 종원이 가지는 고유하고 기본적인 권리의 본질적 내용을 침해하므로 그 효력을 인정할 수 없다[230].

◆ 판 례

✧ 종중총회의 소집통지대상이 되는 종원의 범위확정 방법과 그 소집통지 방법 및 일부 종중원에 대한 소집통지를 결여한 종중총회 결의의 효력(무효)

종중총회는 특별한 사정이 없는 한 족보에 의하여 소집통지 대상이 되는 종중원의 범위를 확정한 후 국내에 거주하고 소재가 분명하여 통지가 가능한 모든 종중원에게 개별적으로 소집통지를 함으로써 각자가 회의와 토의 및 의결에 참가할 수 있는 기회를 주어야 하고, 일부 종중원에게 소집통지를 결여한 채 개최된 종중총회의 결의는 효력이 없으나, 그 소집통지의 방법은 반드시 직접 서면으로 하여야만 하는 것은 아니고 구두 또는 전화로 하여도 되고 다른 종중원이나 세대주를 통하여 하여도 무방하다(대판 2001. 6. 29, 99다32257).

---

225) 대판 1983, 12. 13, 83다카1643.
226) 대판 1992, 12. 11, 92다18146.
227) 대판 2005, 12. 8, 2005다36298.
228) 대판 2007. 9. 6, 2007다34982 ; 대판 2010.3.25, 2009다95387 등.
229) 대판 1997. 3. 14, 96다25227 ; 대판 2001. 7. 27, 2001다5937 ; 대판 2010.3.25, 2009다95387 등.
230) 대판 2006, 10. 26, 2004다47024.

(4) 종중의 재산관계

종중소유의 재산은 총유에 속한다(275조). 따라서 규약에 달리 정함이 없으면 관리 및 처분은 종중총회의 결의에 의한다. 따라서 이러한 절차를 거치지 않으면 비록 종중 대표자에 의한 종중 재산의 처분이라고 하더라도 그 행위는 무효이다.[231]

6. 교 회

(1) 의의 및 성질

교회는 기독교 교리를 신봉하는 다수인이 공동의 종교 활동을 목적으로 집합체를 형성하고 규약 기타 규범을 제정하여 의사결정기관과 대표자 등 집행기관을 구성하고 예배를 드리는 등 신앙단체로서 활동함과 함께 교회 재산의 관리 등 독립된 단체로서 사회경제적 기능을 수행한다.

교회는 주무관청의 허가를 받아 설립등기를 마치면 민법상 비영리법인으로서 성립하고, 이러한 절차를 거치지 않았더라도 법인 아닌 사단의 일반적인 요건을 갖추었다고 인정되는 경우에는 그 교회는 법인 아닌 사단으로서 성립·존속하게 된다.

(2) 교회의 분열

과거 대법원판례는 「동일교단에 소속하는 교회의 교인들이 소속교단을 두고 의견이 대립되어 일부는 종전의 소속교단에 남아 있기로 하는 한편 일부는 그 교회의 소속교단을 변경하기로 결의하고 새로운 교단에 가입한 경우에는 원래의 교회는 종전의 교단에 소속하는 교회와 교단변경을 결의 찬동하는 교인들에 의하여 새로운 교단에 가입한 교회의 2개로 분열된 것」이라고 하였다.[232]

이에 대한 많은 학설의 비판이 있었고, 판례도 전원합의체판결에서 다시 한번 심의하였으나 종전의 입장을 유지하였다.

---

231) 대판 1996. 8. 20. 96다18656 ; 대판 2000. 10. 27. 2000다22881 : 대판 2007.6.29, 2005다69908 등.

232) 대판 1988. 3. 22, 86다카1197 등.

◆ 판 례

종전교회가 소속한 교단 헌법에 "교단의 교리나 법규를 준행하지 않거나 이탈한 자는 재산의 사용권을 가지지 못 한다"고 규정되어 있는 경우, 교회와 소속교단과의 관계는 교회의 기본적 독립성이 인정되는 범위에서 정립되어야 하고 교회의 기본재산은 특별한 사정이 없는 한 교회의 교인들이 자기들을 위하여 소유, 사용할 의사를 가진 것이라고 보아야 하며 종교자유의 원칙상 교회의 교인들이 소속교단을 탈퇴하거나 변경할 수 있으며 교회에서 탈퇴하지 않는 이상 교회구성원의 지위를 상실하는 것은 아닌 점 등에 비추어 보면 위 규정이 종전교회의 교인들이 교회 자체를 탈퇴하여 교회구성원의 지위를 상실하는 경우가 아니라 다수교인들이 소속교단을 탈퇴하고 새로운 교단에 가입하여 별개의 교회를 결성함으로써 종전교회가 2개의 교회로 분열된 경우에까지 구속력을 가진다고 할 수 없다.

교회의 구성원이 계속적으로 변경되어 가는 교회의 속성에 비추어 볼 때 분열된 각 교회는 새로운 교인들을 받아들일 수 있는 것이어서 분열 이후에는 반드시 분열 당시의 교인들에 한하여서만 종전교회의 재산에 대한 사용 수익의 권한이 있는 것은 아니다.

【반대의견 1】

교회의 분열은 인정하나, 하나의 총유단체인 교회가 두 개의 총유단체인 각 교회로 분열되면 종전 총유단체인 교회에 속한 재산은 분열 후의 두 개의 총유단체인 각 교회의 공유로 되고 각 교회의 공유지분은 총유의 형태로 각 교회 및 그 구성원에게 귀속된다고 보는 것이 타당하고, 이 경우에 있어서 각 교회의 공유지분비율은 분열 당시 총유재산에 대하여 개별적 사용수익권을 가진 교인의 각 교회별 비율, 즉 각 교회의 세례교인의 수에 의하여 결정하는 것이 가장 합리적이다.

【반대의견 2】

가. 민법은 사단법인의 구성원의 탈퇴나 사단법인의 해산은 인정하지만 사단법인의 구성원들이 2개의 법인으로 나뉘어 각각 독립한 법인으로 존속한다고 하는 식의 사단법인의 분열은 인정하지 아니하며, 따라서 사단법인이 분열되는 경우에 종전법인의 재산의 귀속에 관하여도 규정하는 바가 없는바, 그렇다면 사단법인과 유사한 실질을 가지는 권리능력 없는 사단에 대하여도 사실상의 분열은 몰라도 법적 의미에 있어서의 분열은 이를 인정할 여지가 없으며, 가령 그와 같은 분열을 인정한다 하더라도 그 경우의 재산귀속관계 기타의 법률관계에 관하여 직접 적용할 법규는 물론 유추적용 할 법규도 실정법상 찾아볼 수 없다.

나. 교회가 사실상 분열된 경우에는 사단법인의 해산결의에 관한 민법 제78조를 유추적용하여 사단법인의 총회라 할 수 있는 지교회의 공동의회에서 재적회원의 4분의 3 이상의 찬성으로 교단변경을 결의할 수 있게 함이 타당하고, 이와 같이 교인들의 총의에 따라 소속교단을 적법하게 변경하게 되면 종전교회의 교인들의 총유에 속하였던 교회의 재산은 변경된 교회의 교인들의 총유로 귀속되며, 위와 같은 적법한 절차 없이 교인들의 집단탈퇴로 새로운 교회가 생긴 것에 불과한 경우에는 종전교회의 교인들의 총유에 속하였던 모든 재산은 종전교회와 동일성을 유지하는 종전교회의 교인들의 총유로 계속하여 남는 것이고, 종전교회와 법적으로 무관한 새로운 교회 또는 그 교인들이 이에 대하여 어떤 형태이든 권리를 가질 수는 없다(대판 전원합의체 1993.1.19, 91다1226).

그러다가 2006년 대법원전원합의체 판결에서 교회의 분열을 인정하지 않는 판결이 나오게 되었다. 교단에서의 탈퇴 내지 소속 교단의 변경은 사단법인 정관변경에 준하는 의결권을 가진 교인 2/3 이상의 찬성에 의한 결의를 필요로 한다[233]. 교단에 속하지 않는 독립 교회가 특정 교단에 가입하고자 결의하는 경우에도 이러한 법리는 동일하게 적용된다.

◆ 판 례

✧ **교인들이 집단적으로 교회를 탈퇴한 경우, 법인 아닌 사단인 교회가 2개로 분열되는지 여부와 종전 교회 재산의 귀속관계(=탈퇴한 교회 소속 교인들의 총유)**

【다수의견】

[1] 우리 민법이 사단법인에 있어서 구성원의 탈퇴나 해산은 인정하지만 사단법인의 구성원들이 2개의 법인으로 나뉘어 각각 독립한 법인으로 존속하면서 종전 사단법인에게 귀속되었던 재산을 소유하는 방식의 사단법인의 분열은 인정하지 아니한다. 그 법리는 법인 아닌 사단에 대하여도 동일하게 적용되며, 법인 아닌 사단의 구성원들의 집단적 탈퇴로써 사단이 2개로 분열되고 분열되기 전 사단의 재산이 분열된 각 사단들의 구성원들에게 각각 총유적으로 귀속되는 결과를 초래하는 형태의 법인 아닌 사단의 분열은 허용되지 않는다. 교회가 법인 아닌 사단으로서 존재하는 이상, 그 법률관계를 둘러싼 분쟁을 소송적인 방법으로 해결함에 있어서는 법인 아닌 사단에 관한 민법의 일반 이론에 따라 교회의 실체를 파악하고 교회의 재산 귀속에 대하여 판단하여야 하고, 이에 따라 법인 아닌 사단의 재산관계와 그 재산에 대한 구성원의 권리 및 구성원 탈퇴, 특히 집단적인 탈퇴의 효과 등에 관한 법리는 교회에 대하여도 동일하게 적용되어야 한다. 따라서 교인들은 교회 재산을 총유의 형태로 소유하면서 사용·수익할 것인데, 일부 교인들이 교회를 탈퇴하여 그 교회 교인으로서의 지위를 상실하게 되면 탈퇴가 개별적인 것이든 집단적인 것이든 이와 더불어 종전 교회의 총유 재산의 관리처분에 관한 의결에 참가할 수 있는 지위나 그 재산에 대한 사용·수익권을 상실하고, 종전 교회는 잔존 교인들을 구성원으로 하여 실체의 동일성을 유지하면서 존속하며 종전 교회의 재산은 그 교회에 소속된 잔존 교인들의 총유로 귀속됨이 원칙이다. 그리고 교단에 소속되어 있던 지교회의 교인들의 일부가 소속 교단을 탈퇴하기로 결의한 다음 종전 교회를 나가 별도의 교회를 설립하여 별도의 대표자를 선정하고 나아가 다른 교단에 가입한 경우, 그 교회는 종전 교회에서 집단적으로 이탈한 교인들에 의하여 새로이 법인 아닌 사단의 요건을 갖추어 설립된 신설 교회라 할 것이어서, 그 교회 소속 교인들은 더 이상 종전 교회의 재산에 대한 권리를 보유할 수 없게 된다.

【대법관 박시환의 별개의견】

우리 민법이 사단법인의 분열을 특별히 금지하지도 아니하였고 또 사단법인의 분열을 금지하여야 할 특별한 이유도 보이지 않으므로 사단법인의 분열은 우리 민법하에서도 허용되는 것이라고 보아야 한다. 그리고 구성원들의 자발적 의사에 기인하지는 않았으나 다른 어떠한 사정으로 인하여 사단법인이 사실상 분열된 상태가 초래되어 하나의 사단으로 회복될 가

233) 대판 2008, 1. 10, 2006다39683.

능성이 없어진 경우, 그 상태를 그대로 기정사실로 인정하여 사단법인이 분열된 것으로 보아 법률관계를 정리하는 것 또한 굳이 허용되지 않는 것이라고 할 것은 아니다. 교회의 분열을 인정하는 전제 하에서 교회 분쟁을 설명하는 법리를 구성하는 것이 타당할 것이고, 이와 같이 교회의 분열을 허용하는 경우, 종전 교회에 속한 권리의무가 분열된 각 교회에 공유적 형태로 분리하여 포괄승계되는 것으로 볼 수밖에 없을 것이고(채무는 분열된 각 교회가 부진정 연대의 관계로 부담하는 것으로 보아야 할 것이다), 각 교회의 공유지분 비율은 분열 당시 분열된 각 교회의 등록된 세례교인의 수에 의하여 결정되는 것이 합리적이라고 할 것이다.

【대법관 강신욱의 반대의견】

종전 판례가 각종의 법인 아닌 사단 중 오직 교회에 대하여만 분열 개념을 허용하고 분열 전 교인들의 총유권을 인정해 온 것은, 교회가 본질적으로 같은 기독교 신앙을 기초로 하는 교인들의 모임인 신앙단체로서 교인들이 신앙노선의 차이에서 별도로 예배주관자를 두고 그의 인도하에 종교활동을 하거나 소속 교단을 달리하는 집단으로 나누어진 경우에는 더 이상 신앙단체로서의 본질적 기초를 같이 할 수 없으므로 분열되었다고 평가할 수밖에 없다는 점을 직시하고 나아가 교회 재산은 대체로 소속 교인들의 헌금을 기초로 형성되므로 설령 일부 교인들이 종전 교회를 탈퇴한다고 할지라도 탈퇴한 교인들이 종전 교회 재산 형성에 기여한 이상 그 재산에 대한 총유권자로서의 지위, 즉 사용·수익권을 보장해 주어야 한다는 점에서 비롯된 것이므로, 종전 판례가 민법상 사단법인에 관한 규정 또는 법인 아닌 사단에 관한 법리와 모순된다고 볼 수 없으며 오히려 교회 운영의 실제를 반영하고 있는 이상 종전의 확고한 판례를 변경하여야 할 아무런 필요성이 없다. 나아가 다수의견에 따를 경우 소수자의 종교의 자유를 침해하는 문제점이 발생한다. 따라서 일단 종전 판례를 유지하고 분열 후 종전 교회의 재산에 관한 권리관계 내지 법률관계를 합리적으로 규율할 수 있는 법리를 찾아내고 발전시켜 나가는 것이 바람직하다.

【다수의견에 대한 대법관 김영란의 보충의견】

(가) 종전 판례에 의한 결론이 사실상 교회 내부의 분쟁에 대하여 간섭하지 아니하고 당사자 사이에서 자율적인 해결을 촉구한다는 것이 지나쳐서 실제의 분쟁을 해결함에 있어 분쟁을 해결하는 기능을 방기하여 버렸고, 교회에 한하여 단체법의 기본원리와 다른 여러 이론을 적용할 당위에 대해서도 설득력을 잃게 된 이상 법인 아닌 사단의 일반 이론에 따라 교회의 재산 귀속에 대하여 판단하고 이로써 법률적으로 분쟁을 해결하도록 하여야 한다.

(나) 별개의견 중 공유설(대법관 박시환의 별개의견)은 이론적 근거가 박약할 뿐더러 현실적으로도 분쟁해결기능을 발휘하지 못한다. 사단이 분열된 사회적 현실을 받아들이더라도 분열된 각 사단에게 부여되는 법률효과로서 재산관계에 대하여는 종전 사단의 정관 등으로 정하지 않은 이상 민법 제275조 내지 제277조가 적용되어 종전 사단의 재산에 대한 권리는 그 구성원으로서의 지위에 수반하여 득실을 결정하지 않을 수 없으며, 이는 우리 민법이 법인 아닌 사단의 재산형태로서 총유를 규정한 이상 부득이한 결과이다.

(다) 반대의견이 종전 판례가 유지되어야 할 이유로서 소수자의 종교의 자유를 드는 점에 대하여도 찬성하기 어렵다. 소수파로 되는 교인들이라 하더라도 자신들이 신봉하는 교리를 좇아 스스로 교회를 선택하거나 선택하였던 교회에서 탈퇴하여 원하는 교회를 찾아감으로써 종교의 자유를 향유할 수 있는 이상 이를 넘어서서 개개 교인들의 종교의 자유를 내세워 이를 기준으로 교회 재산의 귀속을 결정하여야 한다는 것은 구성원의 개성이 매몰되는 단체법원리를 부인하는 것이다.

【다수의견】

[2] 특정 교단에 가입한 지교회가 교단이 정한 헌법을 지교회 자신의 자치규범으로 받아들였다고 인정되는 경우에는 소속 교단의 변경은 실질적으로 지교회 자신의 규약에 해당하는 자치규범을 변경하는 결과를 초래하고, 만약 지교회 자신의 규약을 갖춘 경우에는 교단변경으로 인하여 지교회의 명칭이나 목적 등 지교회의 규약에 포함된 사항의 변경까지 수반하기 때문에, 소속 교단에서의 탈퇴 내지 소속 교단의 변경은 사단법인 정관변경에 준하여 의결권을 가진 교인 2/3 이상의 찬성에 의한 결의를 필요로 하고, 그 결의요건을 갖추어 소속 교단을 탈퇴하거나 다른 교단으로 변경한 경우에 종전 교회의 실체는 이와 같이 교단을 탈퇴한 교회로서 존속하고 종전 교회 재산은 위 탈퇴한 교회 소속 교인들의 총유로 귀속된다.

【대법관 손지열, 박재윤, 김용담, 김지형의 별개의견】

교회가 그 소속 교단을 변경하는 것은, 신앙공동체라는 관점에서 볼 때 단순히 교회가 사단으로서의 활동목적이나 명칭을 변경하는 수준에 그치는 것이 아니라, 교회 존립의 핵심요소인 교리의 내용이나 신앙의 표현인 예배의 양식에 변경을 초래함은 물론 선교와 교회행정에 관한 공동노선과 활동체제에 근본적 변화를 일으키는 것으로서, 이는 신앙공동체인 교회의 정체성과 동일성에 중대한 영향을 미치는 것으로 평가하여야 하고, 법적인 관점에서 보더라도 교회가 소속 교단을 변경한다는 것은 교회가 종전 교단에 소속해 있으면서 단지 사단법인의 정관에 준하는 성질을 가지는 자치규범이나 그 활동목적을 변경하는 정도에 그치는 것이 아니라, 종전 교단에 소속하였던 교회의 교인들이 그 교회를 해체하고 새로운 교단에 소속된 교회를 새롭게 조직하는 데 이르는 것으로 평가하여야 할 것이므로, 교단변경의 성격을 이와 같이 평가한다면, 교회의 소속 교단의 변경에 관하여는 사단법인의 정관변경에 관한 민법 제42조 제1항을 유추적용할 것이 아니라 사단법인의 해산결의에 관한 민법 제78조를 유추적용함이 옳고, 따라서 교회는 교회의 규약 등에 정하여진 적법한 소집절차를 거친 총회에서 의결권을 가진 교인 3/4 이상의 동의를 얻은 경우에 한하여 적법하게 소속 교단을 탈퇴하거나 변경할 수 있다고 보는 것이 옳다.

【다수의견에 대한 대법관 김영란의 보충의견】

교단변경은 종전의 교회가 동일성을 유지하면서 존속하되 소속 교단만을 달리한다는 점을 당연한 전제로 하며, 따라서 교단변경에 있어서 법인 소멸을 위한 절차규정은 유추적용될 여지가 없다는 논리적 귀결로서 교단변경결의의 요건으로 사단법인 해산결의요건에 관한 민법 규정만을 유추적용할 수는 없다(대판 전원합의체 2006.4.20, 2004다37775).

✧ **일부 교인들이 소속 교단을 탈퇴하고 다른 교단에 가입하기로 하는 내용의 교단변경 결의를 한 경우, 교단변경에 찬성한 교인들이 종전 교회에서 탈퇴한 것인지 여부의 판단 기준**

<u>일부 교인들이 소속 교단을 탈퇴하고 다른 교단에 가입하기로 하는 내용의 교단변경을 결의하는 것은 종전 교회를 집단적으로 탈퇴하는 것과 구별되는 개념</u>으로, 교단변경에 찬성한 교인들이 종전 교회에서 탈퇴하였다고 평가할 수 있을지 여부는 법률행위 일반의 해석 법리에 따라, 교회를 탈퇴한다는 취지의 의사표시를 하였는지 여부, 종전 교회가 따르던 교리와 예배방법을 버리고 다른 교리와 예배방법을 추종하게 되었는지 여부, 종전 교회와 다른 명칭을 사용하거나 종전 교회의 교리 등을 따르기를 원하는 나머지 교인들을 의도적으로 배제한 채 독립한 조직을 구성하거나 종전 교리를 따르지 않는 새로운 목사를 추대하여 그

를 중심으로 예배를 보는 등 종전 교회와 별도의 신앙공동체를 형성하였다고 볼 수 있는지 여부, 스스로 종전 교회와 다른 조직임을 전제로 하는 주장이나 행위 등을 하여 왔는지 여부, 교단변경에 이르게 된 경위, 즉 단순히 종전 교회의 소속 교단만을 변경하는 데 그치겠다는 의사에서 결의에 나아간 것인지 아니면 만약 교단변경의 결의가 유효하게 이루어지지 아니하여 종전 교회의 소속 교단이 그대로 유지된다면 종전 교회에서 탈퇴하겠다는 의사를 갖고서 결의에 나아간 것인지 여부, 교단변경 결의가 유효하게 이루어지지 아니하는 경우 교회재산의 사용수익권을 잃는 것을 감수하고서라도 새로운 교회를 설립할 것인지 아니면 사용수익권을 보유하면서 종전 교회에 남을 것인지 사이에서 교인들이 어떠한 선택을 하였다고 볼 것인지 여부 등 여러 사정을 종합적으로 고려하여 판단하여야 할 것이다(대판 2010.5.27, 2009다67665,67672])

Ⅱ. 권리능력 없는 재단

1. 의 의

권리능력 없는 재단이란 재단법인의 실질은 갖추고 있으나 법인격을 취득하지 못한 재단을 말한다.

재단법인도 법률의 규정에 의하여 법인설립등기를 하여야 성립하므로, 목적재산과 조직은 존재하지만 법인등기를 하지 않거나 못함으로서 법인격을 취득하지 못한 재단을 말한다. 보통 한정승인을 한 상속재산, 상속인없는 상속재산, 파산재단, 유치원, 종교재단 등이 이에 해당한다고 한다[234]. 그러나 이러한 재산은 일정한 목적을 위하여 출연한 것이 아니라 어떤 자의 사적 재산에 속하는 것을 채권자 기타 제3자의 권리를 보호하기 위하여 법률상 그 자의 재산과 구별하여 다루는 경우의 재산으로 일정한 목적을 위하여 출연한 재산이어야 하는 법인 아닌 재단에서의 재단과 구별된다.[235]

학교는 권리능력 없는 재단이 아니다(대판 1977, 8. 23, 76다1478).

2. 법률관계

권리능력 없는 재단의 설립은 설립자의 단독행위의 성질을 가지며, 이에 관하여는 증여, 유증에 관한 규정이 준용된다(47조).

234) 윤형렬, 140면.
235) 김상용, 283면 ; 백태승, 223면 ; 송덕수, 352면.

비법인재단의 재산관계는 부동산의 경우 재단 명의로 그 대표자 또는 관리인이 등기신청을 하여 재단 이름으로 등기할 수 있으므로(부동산등기법 제30조) 결국 재단의 단독소유가 된다.

부동산 이외의 재산권의 경우 아무런 규정이 없으므로 문제된다. 따라서 이 관계를 어떻게 보아야 할지에 대해 견해가 대립되고 있다. 권리능력 없는 재단은 법인격이 인정되지 않으므로 특별한 공시수단이 없는 한 재단의 단독소유가 될 수 없고, 구성원도 없으므로 구성원의 공동소유로도 인정할 수 없다면서 신탁의 법리에 따라야 한다는 견해[236)]와 공시방법이 없는 것은 법인 아닌 사단에서도 마찬가지이고, 법인 아닌 재단도 하나의 실체임을 들어 권리능력 없는 재단에 귀속된다는 견해[237)]로 대립된다. 법률행위를 하는 경우 전자에 따르면 대표자인 관리자 개인 명의로 하여야 하고[238)], 후자의 견해에 의하면 단체의 대표행위로 하여야 한다[239)]고 한다.

내부관계에 대해서는 법인격을 전제로 하는 것을 제외하고는 재단법인에 관한 규정이 유추적용된다.

법인 아닌 재단의 채무에 대해서는 재단에 귀속되고, 재단의 채무로만 책임을 진다는 견해[240)], 재단의 책임재산이 부족할 때에는 대표자가 담보책임을 져야 한다는 견해[241)]가 있다.

---

236) 곽윤직, 129면 ; 김주수, 208면 ; 김증한/김학동, 169면 ; 윤형렬, 142면.
237) 고상룡, 264면 ; 김상용, 284면 ; 백태승, 224면 ; 송덕수, 353면 ; 이영준, 933면 이은영, 251면 ; 지원림, 112면.
238) 곽윤직, 129면 ; 김주수, 209면 ; 윤형렬, 142면.
239) 고상용, 264면 ; 김상용, 284면 ; 송덕수, 353면 ; 이은영, 251면.
240) 송덕수, 353면 ; 이영준, 933면 ; 지원림, 112면.
241) 김상용, 284면.

제4장

권리의 객체

제 1 절

총 설

1. 권리의 객체의 의의

권리란 일정한 이익을 누릴 수 있는 법률상의 힘이다. 이 권리가 성립하려면 당연히 그 대상이 필요하다. 구체적으로 권리가 성립할 수 있는 대상을 권리의 객체라 한다.

권리의 종류에 따라 그 객체가 달라지는데, 구체적으로 물권의 경우는 물건을 지배하는 이익인데, 이를 위해서는 물건이 있어야 하고, 채권에서는 채무자의 행위(급부), 형성권은 법률관계, 무체재산권은 정신적 산물, 인격권에서는 권리자 자신의 인격적 이익 등이 권리의 객체에 해당한다. 이러한 권리의 객체 중에서 민법은 물건에 관해서만 통칙적 규정을 두고 있다.

2. 권리의 객체의 종류

권리의 종류	권리의 객체
물권	물건(동산 · 부동산)
채권	급부(특정인의 행위)
무체재산권	정신적 산물(저작 · 발명)
형성권	법률관계
인격권	권리주체 자신
친족권	친족법상의 지위
상속권	상속재산

3. 민법규정

우리 민법은 권리객체에 대한 일반적인 규정이 없이 단지 민법 제98조 이하에서 물권의 객체인 "물건"에 대하여만 규정하고 있다. 이와 같은 민법의 입법태도에 대해서는 논란의 여지가 있다. 물건은 물권의 객체로서만 의미가 있는 것이 아니고, 채권과 같은 권리와도 관련이 있기 때문에 총칙에서 규정하고 있는 것이다[242].

제2절 물건

Ⅰ. 서

1. 물건의 의의

민법상 물건이란 유체물 및 전기 기타 관리할 수 있는 자연력을 말한다(98조). 민법 제98조는 재산권의 객체라는 의미로 사용치 않고 그 범위를 유체물 및 관리할 수 있는 자연력으로 사용하고 있다.

2. 민법상의 물건의 요건

(1) 유체물이거나 또는 관리가능한 자연력일 것

유체물이란 물리적으로 공간의 일부를 차지하고 사람의 오감에 의해 그의 존재를 지각할 수 있는 형태를 가진 물건을 말한다. 무체물은 형체가 없는 물질로서 무체물은 자연력만이 물건이 될 수 있다. 자연력은 관념상 그의 존재를 인식할 수 있는 대상을 말한다.

관리가능성을 물건의 요건으로 한 것은 배타적 지배가 불가능한 것을 민법상 물건에서 제외한다는 의미이다. 지배 내지 관리할 수 없는 물건은 법률상 사용·수익·처분할 수 없으므로 권리의 객체가 될 수 없기 때문이다. 이러한 자연력으로서는 전기·열·빛·소리·향기·에너지 등을 들 수 있다. 관리가능성, 즉 배타적 지배의 가능성은 상대적이며, 시대에 따라 변천한다. 오늘날 그 범위가 확대되고 있다. 관리할 수 있는 자연력으로는 전기, 열, 빛, 음향, 향기, 에너지 등이 있고, 관리하는 것이 불가능한 자연력으로는 공기, 전파, 바다 등이 있다.

(2) 외계의 일부일 것(비인격성)

① 자기의 신체에 대해서는 인격권이 성립할 뿐 소유권은 성립하지 않는다. 즉

---

242) 서광민, 251면.

사람은 권리의 주체이므로 다른 권리의 객체로 될 수 없다.

② 신체의 일부나 인체에 고착된 의치, 의안, 의수, 의족 등은 물건이 아니지만 신체로부터 분리되면 물건으로 취급하고(모발, 혈액, 치아), 분리당한 사람의 소유에 속한다. 인체의 일부를 분리시키는 채권계약 또는 절단된 물건의 처분행위도 사회질서에 반하지 않는 한 유효하다.

③ 시체 · 유골의 물건성

i) 긍정설

시체의 물건성을 인정하는 견해[243]로서 다시 시체가 소유권의 객체가 될 수 있는가와 관련하여 소유권은 사용 · 수익 · 처분이 아니라 오로지 매장 · 제사 · 공양 등을 내용으로 하는 특수한 소유권의 객체가 된다고 하는 견해(특수 소유권설)[244]와 관습법상의 관리권이라는 견해(관습법상의 관리권설)[245]가 있다. 전자의 견해는 누구에게 소유권이 귀속되는가와 관련하여 제사주재자에게 귀속한다(1008조의 3 참조)는 견해[246]와 호주승계인에게 속한다는 견해[247]가 대립되고 있다.

ii) 부정설[248]

시체가 인간의 존엄과 가치에 대한 인식을 자극하지 않게된 경우를 제외하고는 물건성을 부정한다.

◆ 판 례

✧ 망인의 유체·유골의 승계권자 및 피상속인이 생전행위 또는 유언으로 자신의 유체·유골의 처분 방법을 정하거나 매장장소를 지정한 경우 그 효력

【다수의견】

(가) 사람의 유체·유골은 매장·관리·제사·공양의 대상이 될 수 있는 유체물로서, 분묘에 안치되어 있는 선조의 유체·유골은 민법 제1008조의3 소정의 제사용 재산인 분묘와 함께 그 제사주재자에게 승계되고, 피상속인 자신의 유체·유골 역시 위 제사용 재산에 준하여 그 제

243) 곽윤직, 169면 ; 김기선, 195면 ; 김증한/김학동, 233면 ; 윤형렬, 230면 ; 이은영, 301면.

244) 곽윤직, 169면 ; 김용한, 216면 ; 김주수, 270면 ; 김증한/김학동, 233면 ; 송덕수, 396면 ; 이은영, 301면.

245) 백태승, 281면.

246) 곽윤직, 169면 ; 김용한, 216면 ; 김주수, 270면.

247) 김증한/김학동, 233면.

248) 김상용, 288면 ; 명순구, 268면 ; 백태승, 282면 ; 이영준, 988면.

사주재자에게 승계된다.

(나) 피상속인이 생전행위 또는 유언으로 자신의 유체·유골을 처분하거나 매장장소를 지정한 경우에, 선량한 풍속 기타 사회질서에 반하지 않는 이상 그 의사는 존중되어야 하고 이는 제사주재자로서도 마찬가지이지만, 피상속인의 의사를 존중해야 하는 의무는 도의적인 것에 그치고, 제사주재자가 무조건 이에 구속되어야 하는 법률적 의무까지 부담한다고 볼 수는 없다.

【대법관 박시환, 대법관 전수안의 반대의견】

피상속인의 유체·유골은 제사용 재산인 분묘와 함께 제사주재자가 이를 승계한다고 본 다수의견에는 찬성한다. 그러나 제사주재자가 피상속인의 유체·유골에 대한 관리·처분권을 가지고 있다고 하여 정당한 사유 없이 피상속인의 의사에 반하여 유체·유골을 처분하거나 매장장소를 변경하는 것까지 허용된다고 볼 수는 없다.

【대법관 안대희, 대법관 양창수의 반대의견】

(가) 장례의 방식이 다양화하여 분묘 없는 장례가 빈번하게 되고 또한 매장 또는 분묘개설을 강행할 근거가 없는 이상, 유체의 귀속은 분묘의 귀속과 분리하여 처리되어야 한다.

(나) 망인이 자신의 장례 기타 유체를 그 본래적 성질에 좇아 처리하는 것에 관하여 생전에 종국적인 의사를 명확하게 표명한 경우에는, 그 의사는 법적으로도 존중되어야 하며 일정한 법적 효력을 가진다고 함이 타당하다. 나아가 망인의 의사대로 이미 장례나 분묘개설 기타 유체의 처리가 행하여진 경우에는, 다른 특별한 사정이 없는 한 유체의 소유자라고 하더라도 그 소유권에 기하여 그 분묘를 파헤쳐 유체를 자신에게 인도할 것을 청구할 수 없다 (대판 전원합의체 2008. 11. 20, 2007다27670).

(3) 독립한 물건일 것

물건은 독립되어야 한다. 즉 물건은 하나의 독립한 존재이어야 한다(일물일권주의의 원칙). 독립한 물건인지 여부는 사회통념 또는 거래관념에 의해 결정한다. 따라서 물건의 일부나 구성부분은 원칙적으로 하나의 물건이 아니다. 그러나 물건의 일부나 집단 위에 하나의 물권을 인정하여야 할 사회적 필요나 실익이 있고(예: 공장저당권 등), 공시가 가능할 때는 예외적으로 물건으로 될 수 있다(예 : 선박, 중기, 자동차 등). 또 물건의 본질적 구성부분(어느 부분을 훼멸하거나 또는 그 본질을 변하게 하지 않고서는 분리할 수 없는 것)은 분리하여 독립한 물건으로 될 수 없어 독립한 권리의 객체가 되지 않고, 주된 물건의 소유자가 그 소유권을 취득하고 주종을 구분할 수 없으면 공유로 한다.

◆ 판 례

건축중인 건물을 언제 독립한 건물로 볼 수 있느냐의 문제는 반드시 그 물리적 구조만으로 결정할 수는 없지만 건물의 기능과 효용면에서 적어도 기둥과 지붕 그리고 주벽만이라도 이루어져야 한다(대판 1977. 4.26. 76다1677).

Ⅱ. 물건의 분류

1. 단일물 · 합성물 · 집합물

(1) 단일물

단일물이란 형체상 단일한 일체를 이루고 각 구성부분이 개성을 잃고 있는 물건으로 1개의 물건이다. 예외적으로 물건의 일부가 권리의 객체로 되는 경우가 있다. 부동산의 일부가 용익물권의 객체가 될 수 있고, 임대차는 물건의 일부에 대해서도 성립된다.

(2) 합성물

각 구성부분이 개성을 잃지 않고 결합하여 단일한 형태를 이루고 있는 물건(건물, 자동차, 선박, 보석시계 등). 물건의 소유자가 각각 다른 경우, 이것이 결합하여 합성물이 되면 부합, 가공, 혼화의 법리에 따라 소유권의 변동이 있게 된다(256조 이하).

(3) 집합물

집합물이란 복수의 물건이 결합하여 경제적으로 단일한 가치를 가지고, 거래상 하나의 물건으로 다루어지는 것을 말한다(한 상점 안의 상품, 도서관의 장서, 공장시설과 기계, 한 목장의 가축 등). 집합물은 일물일권주의의 원칙상 원칙적으로 하나의 물건이 아니나, 사회경제적 필요가 있고 공시방법이 있는 경우에는 특별법에 의하여 거래상 하나의 물건으로 다루어지는 경우가 있다(광업재단저당법, 공장저당법 등). 이러한 특별법이 없으면 집합물은 하나의 물건으로 다루어지지 않는다.

2. 융통물과 불융통물

사법상 거래의 객체가 될 수 있는가의 여부에 따른 구별이다. 사법상의 거래가 제한된 것을 불융통물, 그렇지 않은 것을 융통물이라 한다. 불융통물은 과거에는 그 성질상 또는 일정한 정책적 목적을 위하여 사인의 지배를 제한한 것이기 때문에 원칙적으로 거래의 대상이 될 수 없었다. 그러나 오늘날에는 반드시 그렇게 엄격하게 해석할 것은 아니다. 성격이나 규제목적 등에 의하여 거래의 제한이나 제약을 일률적으로 생각할 필요는 없다. 예컨대 도로부지는 공공용물이지만 사인의 소유에 속하는 경우가 있다(도로법).

불융통물로는 공용물, 공공용물, 금제물이 있다. 공용물은 국가나 지방자치단체의 소유로서 국가나 지방자체단체의 공적 목적에 사용되는 물건으로서 관공서의 청사, 국공립학교 등이 이에 속한다. 공공용물은 공중의 일반적인 사용에 제공되는 물건으로 도로, 하천, 항만, 공원 등이 이에 속한다. 다만 도로는 사인에게 속할 수 있다(도로법 제5조).

금제물은 법령의 규제에 의해 가래가 금지된 물건으로, 이에는 소유 또는 소지가 금지되는 것과 단지 거래만이 금지 또는 제한되는 것이 있다. 전자의 예로는 아편, 음란물, 위조통화 등이 있고, 후자의 예로는 국보, 지정문화재 등이 있다.

3. 가분물과 불가분물

분할에 의하여 그 물건의 성질이나 가치에 변화가 생기지 않는 물건을 가분물, 그렇지 않은 물건을 불가분물이라 한다. 가분물로는 금전이나 쌀 등이 있고, 불가분물로는 건물, 소, 말 등이 있다.

가분물과 불가분물의 구별실익은 공유물의 분할(269조), 다수 당사자의 채권관계(408조 이하)에서 찾을 수 있다.

4. 대체물과 부대체물

거래에서 물건의 개성을 중요시 하는지 여부에 따른 객관적 구별이다. 대체물은 물건의 개성이 중요시 되지 않아 동종 동질 동량의 물건으로 바꾸어도 영향을 주지 않는 물건이고, 부대체물은 대체성이 없어서 영향을 주는 물건이다.

이 구별은 소비대차(598조), 소비임치(702조)에서 실익이 있다.

5. 특정물과 불특정물

물건을 거래하는 거래당사자가 그 물건의 개성에 착안하여 거래를 했는가에 따른 구별로 개성에 착안한 것을 특정물, 그렇지 않은 것을 불특정물이라 한다. 특정물은 당사자가 동종의 다른 물건과 바꾸는 것을 허용하지 않는 물건이고, 불특정물은 동종의 다른 물건으로 바꾸는 것을 허용한 물건이다.

구별실익은 채권목적물의 보관의무(374조), 변재장소(467조), 매도인의 담보책임(570조)에서 차이가 있다.

제3절 동산과 부동산

Ⅰ. 동산과 부동산의 구별

1. 구별이유

동산과 부동산의 구별은 게르만법에서 유래한다. 양자를 구별하는 이유는 첫째 부동산은 동산에 비해 경제적으로 가치가 크므로 특별히 보호하여야 할 필요가 있다는 점, 둘째 부동산은 움직일 수 없기 때문에 그 권리관계를 공적 장부에 의해 공시하는데 적합하다는 점에 있다.

2. 동산과 부동산의 구별

내용	동산	부동산
물권변동의공시방법	인도(점유의 이전: 188조 1항)	등기(186조)
공신력의 유무	있다(249조)	없다.
상린관계	인정 안함	인정(215조 - 243조)
무주물선점(252조)	인정(25조 1항)- 점유자가 소유권 귀속	인정 안함 -국가에 귀속
부합의 효과	합성물의 소유권은 주된 동산의 소유자에게 귀속(257조) 주·종의 구별이 없으면 공유)	부동산의 소유자가 부합한 물건의 소유권을 취득(256조)
시효취득	선의인 경우 5년의 점유(제246조) 그렇지 않으면 10년	등기한 자의 10년의 점유(245조) 그렇지 않으면 20년
용익물권 인정여부	불인정	인정
재판관할의 특별규정		민사소송법 18조
강제집행의 절차·방법	압류만 가능(민사소송법 525조 이하)	모두 가능(민사소송법 599조 이하)

Ⅱ. 동산

1. 개념

토지와 그 정착물 이외의 물건은 동산이다. 가식의 수목이나 공중전화박스처럼 토지에 정착하지 않은 부착 물건은 동산이다. 동물도 동산이다. 그런데 최근의 입법례에서는 생명을 가지지 않은 물건과 구별되는 존재로 취급하는 경향을 보이는 입법례가 나오고 있다[249]. 선박, 자동차, 항공기, 건설기계 등은 동산이지만 양도시에 등기 또는 등록을 요하게 함으로써 동산이면서 양도에 대해서는 법률상 부동산처럼 취급하고 있다. 상품권, 승차권, 입장권 등 무기명채권은 동산이 아니고 채권이다.

2. 특수한 동산(금전)

금전은 동산이지만 보통의 동산과는 달리 물질적인 이용가치는 거의 없고, 그것이 나타내는 추상적인 가치(금액)만 의미가 있는 비개성적이고 추상적인 것으로 극히 대체성이 큰 특수한 것이다. 통상적으로 금전에는 개성이 없어서 「특정의 금전」의 반환청구를 인정할 실익이 없다. 따라서 타인의 점유에 속해버린 금전에 대하여 물권적 반환청구권은 인정되지 않고, 채권적 반환청구권이 인정된다. 금전의 소유권은 언제나 점유자에게 있다.

Ⅲ. 부동산

토지와 그의 정착물은 부동산이다(제99조 1항). 서양에서는 "지상물은 토지에 따른다"는 법언에 따라 토지만을 부동산으로 하고, 건물, 수목 등의 토지의 정착물이나 지상물은 독립한 부동산으로 다루지 않는 것이 일반적이다(토지의 본질적 구성부분). 이에 반해 우리 민법은 토지 뿐 아니라 토지의 정착물도 이를 독립한 부동산으로 다루고 있다.

249) 1998년 오스트리아 민법전에서 동물은 물건이 아니더라는 취지의 규정을 도입하였고(오스트리아 민법 285 a 조), 독일에서도 동물은 물건이 아니다. 다른 특별한 규정이 없는 한 동물에는 물건에 관한 규정이 준용된다라는 규정을 신설하였다(독일민법 제90 a 조),

1. 토지

토지는 대표적인 부동산으로 사람의 생활기반을 형성하는 중요한 자산으로 민법에서는 권리의 득실변경에 대해 엄격하게 취급하고 있다.

토지는 일정 범위의 지면과 정당한 이익이 있는 범위내에서 그 상하를 말한다. 토지의 구성물(암석, 흙, 지하수 등)은 토지의 구성부분으로서 별개의 물건이 아니다. 미채굴의 광물은 광업권 또는 조광권의 객체이고, 토지소유권의 객체는 아니다. 국가의 배타적인 채굴취득허가권의 객체가 된다는 견해[250]와 국가의 소유에 속하는 독립된 부동산이라는 견해[251]가 대립된다. 지하수는 토지의 구성부분으로 토지소유자의 배타적 지배의 대상이 된다.

토지의 지표에 인위적으로 선을 그어 나누어 지번을 부여하여 1필의 토지가 된다. 1필의 토지의 일부는 분필절차를 밟기 전에는 이를 양도하거나 담보물권을 설정하거나 또는 시효취득하지 못한다. 그러나 용익물권을 설정하는 것은 가능하다.

지금까지 토지는 주로 지표면을 중심으로 한 이용관계가 주로 문제되었지만 최근에는 고층빌딩, 고가시설, 인공지하시설 같은 공중이나 지하공간의 이용이 문제되고, 이에 대한 새로운 법리가 모색되고 있다.

바다에 대해서는 어업권 등이 성립할 수 있으나 사적 소유권은 인정되지 않는다.

2. 토지의 정착물

(1) 의 의

토지의 정착물이란 토지에 고정적으로 부착되어 용이하게 이동될 수 없는 물건으로서, 고정된 상태로 사용하는 것이 그 물건의 거래상의 성질로 인정되는 것이다.

토지의 정착물 중에는 독립한 부동산이 되는 것과 정착하고 있는 토지의 일부에 지나지 않는 것이 있다(교량, 돌담, 도로의 포장 등).

---

250) 고상용, 285면 ; 김용한, 277면 ; 김증한/김학동, 240면 ; 박영복, 147면 ; 백태승, 299면 ; 이영준, 993면.

251) 곽윤직, 175면 ; 김상용, 297면 ; 김병제, 주해민법(2), 42면 ; 송덕수, 399면 ; 엄영진, 233면 ; 장경학, 371면.

(2) 현행법상 토지와는 별개의 부동산으로 다루어지는 정착물

① 건 물

건물은 토지의 정착물중 가장 중요한 것으로 토지와는 별개의 독립한 부동산이 되며, 건물에 관한 물권변동은 건물등기부에 등기해야 효력이 생긴다.

아파트, 연립주택 등에서 1동의 건물이 '구분소유'로 구성되어 있으면 건물의 일부가 독립한 소유권의 객체가 된다(집합건물의소유및관리에관한법률). 따라서 1동의 건물로 등기되어 있는 것을 구분 또는 분할등기를 하기 전에는 일부만을 처분하지 못한다. 하지만 1동의 건물의 일부에 대한 전세권 설정은 가능하다.

◆ 판 례

건축주의 사정으로 건축공사가 중단되었던 미완성의 건물을 인도받아 나머지 공사를 마치고 완공한 경우, 그 건물이 공사가 중단된 시점에서 이미 사회통념상 독립한 건물이라고 볼 수 있는 형태와 구조를 갖추고 있었다면 원래의 건축주가 그 건물의 소유권을 원시취득하고, 최소한의 기둥과 지붕 그리고 주벽이 이루어지면 독립한 부동산으로서의 건물의 요건을 갖춘 것이라고 보아야 한다(대판 2002. 4. 26, 2000다16350).

② 입목법에 의한 수목

수목은 그것이 생육하고 있는 토지와 분리되면 동산이 되나, 분리되지 않는 상태에서는 토지의 일부가 된다. 수목은 이를 토지와 분리하여 독립한 물건으로 거래할 사회적, 경제적 필요성이 있어서 「입목에 관한 법률(1973년)」을 제정하여 수목의 집단을 소유권보존등기를 하여 토지와 분리, 독립한 부동산으로서 소유권과 저당권의 객체로 할 수 있도록 하였다.

③ 입목법의 적용을 받지 않는 수목의 집단

입목법의 적용을 받지 않는 수목의 집단은 토지의 정착물로서 토지의 일부이지만 명인방법을 갖춘 경우에는 독립한 부동산으로 거래의 객체가 된다. 소유권의 객체가 될 뿐이고, 저당권의 객체는 되지 못한다.

④ 명인방법을 갖춘 미분리 과실(과일)

과일과 같은 미분리과실은 수목의 일부이지만, 명인방법을 갖추면 독립한 물건으로 거래의 목적으로 할 수 있다. 다만 이 명인방법을 갖춘 미분리과실이 동산인지 부동산이지 문제되는데, 부동산이라는 견해[252]와 동산이라는 견해[253]가 대립한다.

⑤ 농작물(담배잎, 뽕잎, 입도 등)

토지에서 경작, 재배되는 농작물은 토지의 일부에 지나지 않으나, 정당한 권원에 의해 타인의 토지에서 경작, 재배한 경우에는 토지에 부합하지 않고 토지와는 별개의 물건으로 다루어진다(256조 단서). 그런데 판례는 성숙한 농작물은 경작자가 위법하게 타인의 토지에 경작한 경우에도 그 소유권은 경작자에게 있다고 한다. 이 판례의 태도에 대해 부합에 의해 토지소유자에게 귀속되어야 한다면서 부당하다고 하는 견해[254]와 농작물은 파종에서 수확까지 불과 몇 개월만 소요되고, 경작자에게 소유권을 인정하더라도 토지소유자에게 중대한 불이익을 주는 것은 아니라는 이유로 타당하다는 견해[255]가 대립된다. 생각건대 판례와 다수설은 경작자가 사회적 약자라는 점, 농작물을 경작하는데 노동력을 투입한 점 등을 고려하여 판단한 것으로 보이지만 이론적으로는 위법하게 경작한 경우까지 경작자에게 소유권을 인정하는 것은 무리가 있다고 생각된다. 또 농작물이 충분히 성숙되지 않은 경우 토지소유자가 물권적 청구권을 행사하였을 때 경작자를 보호하기가 어렵다. 따라서 부합이론에 따라 농작물은 토지소유자에게 귀속되고, 경작자는 토지소유자에게 부당이득반환청구권을 인정하는 것이 타당하다고 생각된다.

이 경우 미분리과실에서처럼 명인방법을 갖출 필요도 없다. 농작물만 해당되고 수목이나 과목은 해당되지 않는다.

---

252) 김상용, 300면 ; 김용한, 226면 ; 김증한/김학동, 243면 ; 명순구, 283면 ; 백태승, 304면 ; 송덕수, 401면 ; 윤형렬, 243면 ; 이영준, 997면 ; 김병세, 주해민법(2), 58면.

253) 고상용, 283면 ; 곽윤직, 179면 ; 김주수, 209면 ; 장경학, 377면 ; 지원림, 159면.

254) 곽윤직, 179면 ; 백태승, 296면 ; 송덕수, 402면.

255) 김상용, 301면 ; 김주수, 282면 ; 김증한/김학동, 244면 ; 윤형렬, 244면.

제 4 절

주물과 종물

Ⅰ. 서 설

1. 의 의

물건의 소유자가 그 물건의 상용에 공하기 위하여 자기 소유인 다른 물건을 이에 부속하게 한 때에는 그 물건을 주물이라 하고, 주물에 부속된 다른 물건을 종물이라 한다(100조 1항).

판례가 인정한 주물 종물의 예로는 몽리농지와 농지에 부속한 양수장시설[256], 본채와 본체에서 떨어져 축조되어 있는 낡은 가재도구 등의 보관장소로 이용되는 방과 연탄창고 및 공동변소[257], 횟집으로 사용할 점포건물과 신축한 수족관건물[258], 백화점과 백화점건물 지하 2층 기계실에 설치되어 있는 전화교환설비[259], 주유소와 주유기[260] 등이 있다.

2. 제도 취지

복수의 물건이 각각 경제적 독자적 존재라 하여도 서로 합쳐서 경제적 가치를 발휘하는 경우 양자의 결합관계를 파괴함이 없이 사회적 경제적 의의를 다하게 한 것이다.

Ⅱ. 종물이 요건

1. 주물의 상용에 이바지 할 것

주물의 상용에 이바지한다는 것은 사회관념상 계속해서 주물의 경제적 효용을

256) 대판 1967, 3. 7, 66누176.
257) 대판 1991, 5. 14, 91다2779.
258) 대판 1993, 2. 12, 92도3234.
259) 대판 1993, 8. 13, 92다43142.
260) 대판 1995, 6. 29, 94다6345 ; 대판 2000, 10. 28, 2000마5527.

다하게 하는 작용을 하는 것을 말하며, 일시적인 경우는 제외된다. 예컨대 배와 노 등을 들 수 있다.

◈ 판 례

종물은 주물의 상용에 이바지하는 관계에 있어야 하고, 주물의 상용에 이바지한다 함은 주물 그 자체의 경제적 효용을 다하게 하는 것을 말하는 것으로서 주물의 소유자나 이용자의 상용에 공여되고 있더라도 주물 그 자체의 효용과 직접 관계가 없는 물건은 종물이 아니다(신, 구폐수처리시설이 그 기능면에서는 전체적으로 결합하여 유기적으로 작용함으로써 하나의 폐수처리장을 형성하고 있지만, 신폐수처리시설이 구폐수처리시설 그 자체의 경제적 효용을 다하게 하는 시설이라고 할 수 없으므로 종물이 아니라고 한 사례)(대판 1997. 10. 10, 97다3750)

2. 주물에 부속시킬 정도의 장소적 관계가 있을 것

주물과 종물 사이에 경제적 효용에 있어서 주종의 관계가 인정되려면 주물과 종물은 장소적으로 밀접한 관계에 있어야 한다. 일시적으로 분리되더라도 종물성을 잃지는 않는다.

3. 주물과는 독립된 별개의 물건일 것

종물은 주물의 구성부분은 아니며, 주물의 경제적 효용을 돕기 위하여 경제적으로 부속되어 있는 물건에 지나지 아니하므로, 법률상 독립한 물건이어야 한다. 독립된 물건이면 되고, 동산이건 부동산이건 관계없다. 정와조는 건물의 구성부분이므로 종물이 될 수 없다[261].

판례에 의하면 주유소의 주유기, 횟집으로 사용할 점포 건물의 수족관, 백화점 건물의 지하 2층 기계실에 설치되어 있는 전화교환설비 등은 독립한 물건으로 주물의 상용에 공하는 종물이라고 한다.

4. 주물 종물 모두 동일 소유자에게 속할 것

다른 소유자에게 속하는 것에 주물 종물이론을 인정하면 주물의 처분으로 제3자의 권리를 침해할 수 있기 때문에 인정하는 요건이다. 다만 제3자의 권리를 침

261) 대판 1993, 2. 10, 93다42399.

해하지 않는다면 다른 소유자에게 속하는 물건에도 경제적 효용을 중시하여 주물·종물관계를 인정할 수 있다.

◆ 판 례

✧ 종물이 타인 소유인 경우에도 민법 제100조가 적용되는지 여부(적극)

민법 제100조는 종물에 관하여 자기 소유인 다른 물건이라고 규정하고 있어 종물이 주물 소유자의 소유물인 것을 전제로 하고 있지만, 종물이 타인의 소유라고 하더라도 그 타인의 권리를 해하지 아니하는 범위에서 민법 제100조가 적용된다고 할 것이고, 따라서 주물이 처분된 경우에 종물의 소유자가 동의 또는 추인하거나, 종물이 동산인 경우에 상대방이 선의취득의 요건을 갖추면 종물의 소유권을 취득하게 되는 것이며, 또한 동산의 선의취득을 주장하는 자는 점유취득시에 무과실이었다는 점을 주장입증하여야 한다(대판 2002. 2. 5, 2000다38527).

✧ 주물의 소유자가 아닌 사람 소유인 물건이 종물이 될 수 있는지 여부(소극)와 저당부동산의 상용에 공하여진 물건이 부동산의 소유자 아닌 자의 소유에 속하는 경우, 저당부동산의 낙찰자가 그 소유권을 취득하는지 여부(소극) 및 이때 낙찰자의 선의취득을 인정하기 위한 요건

종물은 물건의 소유자가 그 물건의 상용에 공하기 위하여 자기 소유인 다른 물건을 이에 부속하게 한 것을 말하므로(민법 제100조 제1항) 주물과 다른 사람의 소유에 속하는 물건은 종물이 될 수 없다.

저당권의 실행으로 부동산이 경매된 경우에 그 부동산에 부합된 물건은 그것이 부합될 당시에 누구의 소유이었는지를 가릴 것 없이 그 부동산을 낙찰받은 사람이 소유권을 취득하지만, 그 부동산의 상용에 공하여진 물건일지라도 그 물건이 부동산의 소유자가 아닌 다른 사람의 소유인 때에는 이를 종물이라고 할 수 없으므로 부동산에 대한 저당권의 효력에 미칠 수 없어 부동산의 낙찰자가 당연히 그 소유권을 취득하는 것은 아니며, 나아가 부동산의 낙찰자가 그 물건을 선의취득하였다고 할 수 있으려면 그 물건이 경매의 목적물로 되었고 낙찰자가 선의이며 과실 없이 그 물건을 점유하는 등으로 선의취득의 요건을 구비하여야 한다(대판 2008.5.8, 2007다36933,36940).

Ⅲ. 종물의 효과

1. 처분에서 수반성

종물은 주물의 처분에 따른다(100조 2항). 여기서 처분은 소유권양도 제한물권 설정과 같은 물권적 처분뿐만 아니라 매매와 같은 채권적 처분도 포함하는 넓은 의미이다.

2. 저당권의 효력범위

주물 위에 저당권이 설정된 경우에 그 저당권의 효력은 종물에도 미친다(제358조). 저당권 설정 후의 종물도 포함된다. 판례에 의하면 민법 제358조의 규정은 저당부동산의 종된 권리에도 유추적용되므로, 건물에 대한 저당권의 효력은 그 대지이용권인 지상권이나 임차권에도 미친다고 한다.

3. 종물만에 대한 강제집행 허용 여부

채권자는 종물에만 강제집행할 수는 없다. 왜냐하면 종물만에 대한 강제집행을 인정한다면 물건의 경제적 가치를 부당하게 훼손되고, 이것을 금지하더라도 개인의 권리를 부당하게 제한하는 것이 되지는 않기 때문이다.

◆ 판 례

✧ 저당권의 실행에 의한 경매절차에서 부동산을 경락받은 자 및 그 승계인과 그 저당권이 설정된 이후에 종물에 대하여 강제집행을 한 자간의 권리관계

부동산의 종물은 주물의 처분에 따르고, 저당권은 그 목적 부동산의 종물에 대하여도 그 효력이 미치기 때문에, 저당권의 실행으로 개시된 경매절차에서 부동산을 경락받은 자와 그 승계인은 종물의 소유권을 취득하고, 그 저당권이 설정된 이후에 종물에 대하여 강제집행을 한 자는 위와 같은 경락인과 그 승계인에게 강제집행의 효력을 주장할 수 없다(대판 1993. 8. 13, 92다43142)

4. 민법 제100조 2항의 성격

임의규정이므로 다른 약정을 할 수 있다.

Ⅳ. 종물이론의 확장

종물이론은 물건 상호간의 관계에 적용되는 것이지만 권리상호간, 나아가 물건과 권리간의 관계에도 적용된다. 이자채권도 원본채권과 운명을 같이 하고, 건물의 저당권 설정시 건물사용을 위한 지상권에도 효력 미친다(判例).

제 5 절

원물과 과실

Ⅰ. 의 의

물건으로부터 생기는 경제적 수익을 과실이라 하고 과실을 생기게 하는 물건을 원물이라 한다(권리의 과실은 과실이 아님). 민법은 천연과실과 법정과실의 두 가지를 인정하고 있으나, 양자는 물건으로부터 생기는 경제적 수익이라는 점에서 공통할 뿐이고 그 본질은 다르다.

Ⅱ. 천연과실

1. 의 의

다수설에 의하면 천연과실이란 물건의 용법에 의하여 수취하는 산출물을 말한다. '물건의 용법에 의하여'란 원물의 경제적 용도에 따라 수취하는 과실을 말한다. 이에 대해 소수설[262]은 용법에 의하여 수취된 것인지 여부를 묻지 않는다. 양학설은 용법에 의하지 않은 수취물인 화분에 열린 과일, 경주용 말의 새끼 등도 천연과실인지 달라지게 된다.

산출물은 과수의 열매, 우유, 가축의 새끼같은 자연적, 유기적으로 생산되는 물건은 물론 광물, 석재, 토사같은 인공적, 무기적으로 수취되는 물건도 포함한다.

천연과실은 원물로부터 분리되기 전에는 원물의 구성부분에 지나지 않다가 분리와 더불어 독립한 물건이 된다. 분리는 자연적으로 이루어지든 인공적으로 이루어지든 관계없다. 이 독립한 물건의 소유권귀속이 중요한 문제가 된다.

2. 귀 속

천연과실이 원물로부터 분리하여 독립한 물건이 된 때 누구에게 귀속하느냐에 관해, 로마법의 분리주의 내지 원물주의와, 게르만법의 생산주의가 대립한다. 우리 민법

262) 양창수, 민법 제102조 제1항에 의한 천연과실의 귀속, 저스티스 83호, 39면 ; 이영준, 1001면.

은 과실의 취득에 대하여 천연과실은 그 원물로부터 분리하는 때에 이를 수취할 권리자에게 속한다고 하여(102조 1항) 로마법의 분리주의(元物主義)를 채택하고 있다.

3. 수취권자

과실의 수취권자는 원칙상으로는 원물의 소유자이지만(102조 1항), 이는 임의규정이며, 예외적으로 선의의 점유자(201조), 지상권자(279조), 전세권자(303조), 매도인(587조), 사용차주(609조), 임차인(618조), 친권자(923조), 수유자(1079조)가 과실을 수취할 수도 있다. 한편 유치권자(323조), 질권자(343조), 저당권자(359조)는 자기 채권의 변제에 충당하는 권리로서 갖는 과실수취권자이다.

Ⅲ. 법정과실

1. 의 의

물건의 사용대가로 받는 금전 기타의 물건을 말한다(101조 2항). '물건의 사용대가' 는 타인에게 물건을 사용하게 하고, 사용 후에 원물 자체 또는 동종・동질・동량의 것을 반환하여야 할 법률관계가 있는 경우에 인정된다. 따라서 차임이나 지료 등이 이에 속한다.[263] 이자가 법정과실인지에 대해서는 견해가 대립된다. 다수설은 금전도 물건이므로 그 이용대가인 이자를 법정과실로 보고 있고, 소수설[264]은 이자는 물건의 수익이 아니라 원본채권의 수익이므로 법정과실이 아니나, 그 귀속에 관하여는 민법 제102조 2항을 유추적용하여야 한다고 한다.

다만 원물과 과실은 모두 물건이어야 하므로 노동의 대가, 권리사용의 대가인 임금이나 권리사용대가인 주식배당금, 특허권 사용료, 건설이자배당 등은 법정과실이 아니다. 지연이자는 법정과실이 아니다.

◆ 판 례

자연공원법(1995. 12. 30. 법률 제5122호로 개정된 것) 제26조 및 제33조의 규정내용과 입법목적을 종합하여 보면, 국립공원의 입장료는 토지의 사용대가라는 민법상 과실이 아니라

---

263) 국립공원의 입장료는 토지의 사용대가라는 과실이 아니다(대판 2001, 12. 28, 2000다27749).
264) 김주수, 288면 ; 김상용, 307면.

수익자 부담의 원칙에 따라 국립공원의 유지·관리비용의 일부를 국립공원 입장객에게 부담시키고자 하는 것이어서 토지의 소유권이나 그에 기한 과실수취권과는 아무런 관련이 없고, 국립공원의 유지·관리비는 원칙적으로 국가가 부담하여야 할 것이지만 형평에 따른 수익자 부담의 원칙을 적용하여 국립공원 이용자에게 입장료를 징수하여 국립공원의 유지·관리비의 일부에 충당하는 것도 가능하다고 할 것이며, 징수된 공원입장료 전부가 자연공원법 제33조 제2항에 의하여 국립공원의 관리와 국립공원 안에 있는 문화재의 관리·보수를 위한 비용에만 사용되고 있는 점 등에 비추어 국립공원 내 토지소유자에게 입장료 수입을 분배하지 않고 공원관리청에 전부 귀속되도록 규정한 자연공원법 제33조 제1항이 헌법상의 평등권이나 재산권 보장을 침해하는 규정이라고 볼 수 없다(대판 2001. 12. 28, 2000다27749).

2. 귀 속

법정과실은 수취할 권리의 존속기간 일수의 비율로 취득한다(102조 2항). 이 규정은 권리귀속을 정한 것이 아니라, 당사자사이의 내부관계를 정한 것에 불과하므로 이와 달리 특약을 하면 특약에 의한다.

3. 사용이익

토지 또는 건물의 사용에 따른 이익을 말하는데 이는 과실에 준하는 것으로 해석한다. 판례는 건물을 사용함으로써 얻는 이득은 그 건물의 과실에 준하는 것이므로, 선의의 점유자는 비록 법률상 원인 없이 타인의 건물을 점유 사용하고 이로 말미암아 그에게 손해를 입혔다고 하더라도 그 점유・사용으로 인한 이득을 반환할 의무는 없다고 판시한 적이 있다.

제 5 장

권리의 변동

제 1 절 총설

Ⅰ. 법률관계의 변동

법률관계도 생활관계의 변화에 따라 변동 즉 발생, 변경, 소멸한다. 이때 발생 변경 소멸을 법률효과, 그 원인을 법률요건이라 한다.

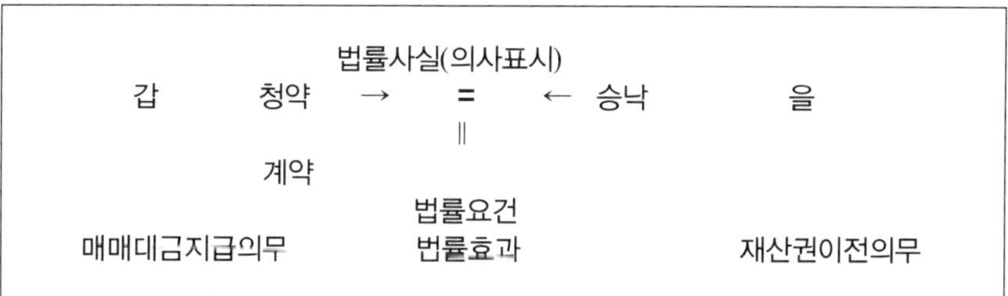

Ⅱ. 권리변동의 모습

1. 권리의 발생 (취득)

(1) 절대적 발생(원시취득)

원시취득은 타인의 권리에 기함이 없이 원시적으로 취득하는 것이다. 원시취득을 하면 전주의 권리제한은 소멸하여 아무런 제한이나 하자가 없는 권리를 취득하게 된다.

(예) 무주물 선점(252조), 습득(253조), 시효취득(245조), 선의취득(이설 없음), 부합・혼화・가공, 건물의 신축. 인격권과 가족권의 취득(출생) 등

(2) 상대적 발생(승계취득)

승계취득은 타인의 권리에 기해 이를 승계하여 취득하는 것이다. 승계취득의 경우 구권리자의 권리에 제한이나 하자가 있었으면, 신권리자의 권리에도 그러한 제한, 하자가 그대로 승계되어 존속하며, 구권리자가 갖고 있던 권리 이상을 취득

하지 못한다.

승계취득에는 이전적 승계와 설정적 승계가 있다.

① 이전적 승계(매도, 증여)

이전적 승계는 구권리자의 권리가 동일성을 유지하면서 신권리자에게로 이전되는 것(매매, 교환)으로 구권리자는 권리를 잃게 되고, 신권리자가 구권리자의 권리를 취득하게 된다. 이는 권리주체가 변경되는 것으로 본래적 의미의 승계취득이라 할 수 있다.

이전승계에는 개개의 권리가 개개의 원인에 의하여 승계하는 특정승계와 하나의 원인에 의하여 다수의 권리가 일괄해서 승계하는 포괄승계가 있다. 전자의 예로는 매매, 증여를 들 수 있고, 후자의 예로는 상속, 포괄유증, 회사의 합병 등을 들 수 있다.

② 설정적 승계(제한물권의 설정)

설정적 승계는 구권리자의 권리는 그대로 존속하면서, 신권리자가 그 권리의 일부를 취득하는 경우이다. 구권리자는 그 권리를 보유하면서 신권리자가 취득한 권리에 의해 제한을 받게 된다. 소유권에 기한 제한물권의 설정, 임차권이 취득되는 경우 등이 이에 속한다.

2. 권리의 소멸(상실)

권리의 소멸은 권리주체의 입장에서 볼 때 권리를 상실하는 것이다. 권리의 소멸에는 절대적 소멸과 상대적 소멸이 있다.

(1) 절대적 소멸(객관적 소멸)

권리 자체가 사회에서 없어지는 것으로 목적물의 멸실에 의한 권리의 소멸 등이 이에 속한다.

(2) 상대적 소멸(주관적 소멸)

권리 자체가 없어지는 것이 아니고, 주체가 변경되는 것으로 주체의 변경을 전주의 입장에서 본 것이다. 이는 다른 측면에서 보면 권리의 이전중에서 승계취득의 경우이다.

3. 권리의 변경

권리의 변경이란 권리가 동일성을 유지하면서, 주체 · 내용(성질 · 수량) · 작용(저당권의 변경 등)에 관하여 변화가 있는 것을 말한다.

(1) 주체의 변경

주체의 변경은 권리의 승계를 의미한다.

(2) 내용의 변경

① 질적 변경

권리의 내용이 질적으로 변경되는 것으로 본래의 채무가 이행불능이 되어 손해배상채무로 변하는 것이나 선택채권의 선택, 물상대위 등이 이에 속한다.

② 양적 변경

권리의 내용이 양적으로 변경되는 것으로 제한물권의 설정으로 인하여 소유권의 내용이 감소하거나 제한물권의 소멸로 인하여 소유권의 내용이 회복되는 것 등이 이에 속한다.

(3) 작용의 변경

작용의 변경은 권리의 작용 즉 효력에서 변경이 있는 것으로 저당권의 순위승진이나 임차권등기나 채권양도통지로 인한 대항요건의 취득 등이 이에 속한다.

Ⅲ. 권리변동의 원인(법률요건과 법률사실)

1. 법률요건

법률효과를 발생하게 하는 원인을 법률요건(구성요건)이라 하는데, 이는 법률행위와 법률규정 두 가지로 나눌 수 있다. 즉 법률요건은 법률효과를 발생케 하는 전제조건이 되어 법률요건은 권리변동의 원인이 된다.

2. 법률사실

(1) 법률사실의 의의

법률사실이란 법률요건을 구성하는 개개의 사실이다. 법률요건은 하나의 법률사실로서 구성될 수 있으나(채무면제, 유언 등), 보통 다수의 법률사실로 이루어진다(청약의 의사표시와 승낙의 의사표시가 합치됨으로써 성립하는 계약).

(2) 법률사실의 체계

법률사실에 대해서는 아래의 표처럼 분류하는 것이 우리나라에서의 일반적인 기술방법이었다. 최근들어 이러한 방법은 미시적인 구분방법이라면서 과거 독일의 개념법학의 산물로 구분을 위한 구분일 뿐 그 구분의 실익에 대해 의문을 제기[265]하면서 법률사실을 의사표시(Willenserklärung), 준법률행위(Geschäftsähnliche Handlungen), 사실행위(Realakte)로 구분하는 견해[266]도 있다. 이 견해에 의하면 의사표시는 일정한 법률효과의 발생을 목적으로 하는 내부의 의사를 표시하는 것으로서 법률행위의 불가결의 요소이고, 준법률행위는 표의자의 통지 또는 표현에 표의자가 어떤 법적 효과를 의욕하였는지 여부와 관계없이 법률이 일정한 법적 효과를 주고 있는 것이다. 사실행위는 그 행위에 의하여 표시되는 의식의 내용이 무엇인지를 묻지 않고, 일정한 행위가 있다는 것 또는 그 행위에 의하여 생긴 결과만이 법률에 의하여 일정한 법적 효과가 인정되는 행위를 말한다.

이러한 종래의 분류방법은 법률사실을 전체적으로 파악하고, 서로의 차이를 분명하게 인식하는데 큰 도움을 준다.[267]

---

265) 명순구, 316면 ; 백태승, 316면 : 이영준, 104면.
266) 백태승, 316면
267) 송덕수, 70면.

◈ 법률사실의 분류

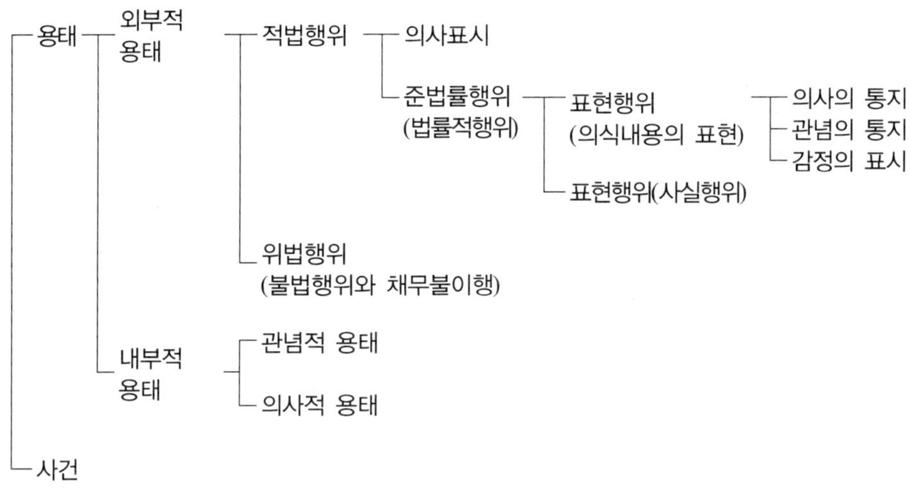

1. 용태

용태는 사람의 의식이나 정신작용에 의한 법률사실로써, 다시 정신작용이 외부의 행위로 나타나는 외부적 용태(행위=작위+부작위)와 외부에 나타나지 않고 내심의 의식에 머물러 있는 내부적 용태로 구분된다.

(1) 외부적 용태(행위)

의사가 외부로 표현되는 용태로서 행위를 말한다. 행위에는 적극적인 작위 뿐만 아니라 소극적인 부작위도 행위에 포함되지만 무의식적인 것은 행위가 아니다. 용태에는 법적 평가에 따라 적법행위와 채무불이행 및 불법행위와 같은 위법행위로 나눠진다. 즉 행위의 위법성에 근거하여 법률효과가 발생한다.

① 적법행위

적법행위는 법률이 가치가 있는 것으로 평가하여 허용되는 행위로서, 적법행위에는 의사표시와 준법률행위가 있고, 준법률행위는 다시 의식 그 자체가 표현되는 표현행위와 의식 그 자체는 표현되지 않고 일정한 의식에 기해 행위만을 하는 비표현행위(사실행위)로 구분된다.[268)]

의사표시와 준법률행위는 모두 사람의 정신작용이 외부적인 행위로 나타난다는 점에서 동일하나, 의사표시는 외부에 표시된 대로 효과가 발생하는 데 반해, 준법률행위는 표현된 대로 효과가 발생하는 것이 아니라 법률에 규정된 효과만 발생하는 점에서 차이가 난다.

i) 의사표시

일정한 법률효과의 발생을 목적으로 하는 의사의 외부적 표시로서 행한다. 따라서 선점, 유실물습득, 매장물발견, 가공, 사무관리 등과 같이 의사의 외부적 표시가 아닌 것들은 (의사)표시를 결했기 때문에 의사표시가 아니다.

관념의 통지는 그것을 전제로 다른 의사표시가 행해질 수는 있어도, 그 자체로서는 어떠한 법률효과 즉 권리의무관계의 변동을 발생시키는 것을 목적으로 하지 않기 때문에 의사표시가 아니고, 법률행위로 되지 않는다.

의사의 통지는 단순한 사실이 아닌 의사의 표시이지만 그 목적은 행위의 직접적인 효과와는 반드시 일치하지는 않는다.

ii) 준법률행위(geschäftsähnliche Handlung)

a) **표현행위**

사람의 정신작용에 기한 의식내용 그 자체를 외부로 표현하는 행위이나, 의사표시와는 달리 표현된 대로 효과가 발생하지 않고, 법률에 규정된 일정한 효과만 발생한다. 하지만 표현행위도 의식내용의 표시하는 점에서 그 성질이 허용하는 한 법률행위에 관한 규정이 유추적용된다.

구분	의사의 통지	관념의 통지	감정의 표시
의의	의사를 외부에 표시하는 점에서는 의사표시와 같지만, 그 의사가 법률효과에 행해진 효과의사가 아닌 점에서 의사표시와 다르다	외부에 표시된 의식내용이 무엇을 의욕하는 의사가 아니라, 과거 또는 현재의 사실을 알리는 것	표시된 의식내용이 용서와 같은 감정인 경우
예	각종 최고, 거절[269)]	사원총회소집통지(71조), 대리권을 수여하였다는 통지(125조), 채권양도의 통지나 승낙, 채무의 승인, 공탁의 통지, 연착승낙의 통지 등과 같이 각종의 통지	용서(556조 2항, 841조)

268) 적법행위를 의사표시, 의사실현, 사회정형적 행위, 준법률행위로 나누는 견해도 있고(고상용, 298면 ; 김상용, 313-314면 ; 김주수, 292-293면), 법률행위와 준법률행위로 나누는 견해도 있다(윤형렬, 299면).

b) 비표현행위(사실행위)

사람의 정신작용에 의해 행위가 이루어지나, 그 내심의 의식내용이 무엇이냐를 묻지 않고, 행위가 행하여져 있다는 것 또는 그 행위에 의해 생긴 결과만이 법률상 의미가 있는 것으로 인정되는 행위를 말한다. 비표현행위에는 의사표시에 관한 규정이 유추적용될 수 없고, 법률상으로는 사건과 마찬가지로 다루어진다.

◈ **순수사실행위와 혼합사실행위**[270]

구분	순수사실행위	혼합사실행위
의의	외부적 행위 내지 결과만 있으면 곧 법률효과를 부여하는 경우	행위외에 일정한 의식 내지 정신작용이 필요한 경우
예	① 매장물 발견(254조) ② 주소의 설정(18조) ③ 가공(259조)	① 선점(252조) ② 부부의 동거(826조) ③ 사무관리(734조) ④ 물건의 인도(188조) ⑤ 유실물 습득(253조)

② 위법행위

위법행위는 법률이 가치가 없는 것으로 평가하여 허용하지 않는 행위이다. 위법행위를 한 자에게 불이익한 효과를 발생시키는 법률사실이다. 불법행위와 채무불이행이 이에 속한다.[271]

(2) 내부적 용태

내부적 용태란 내부적 의사 내지 내부적 관념을 말하며, 내부적 용태에는 그 자체만으로는 아무런 법적효과를 발생하지 않으나, 예외적으로 일정한 경우 다른 법률사실과 관련하여 법률적 의미를 가져 법률사실이 되는 경우가 있다.

내부적 용태는 다시 관념적 용태와 의사적 용태로 구분한다.[272]

---

269) 거절을 의사표시라고 하는 견해도 있다(김증한/김학동, 257면).
270) 의사사실행위도 인정하여야 한다는 견해도 있다(이영준, 105면).
271) 채무불이행은 채무를 부담한다는 당사자의 의사에 기해 발생하므로 위법행위가 아닌 의사표시에 포함시켜야 한다는 견해가 있다(이영준, 106면.).
272) 이러한 구분에 대해 부정적인 견해도 있고(명순구, 313면), 관념적 용태를 내부적 관념, 의사적 용태를 내부적 의사라고 하는 견해도 있다(윤형렬, 301면).

	관념적 용태	의사적 용태
의의	일정한 사실에 대한 관념 또는 인식이 있느냐 없느냐에 대한 내심적 의식	어떤 사람이 일정한 의사를 가지고 있느냐 없느냐에 대한 내심적 의식
예	선의, 악의(107조 2항, 108조 2항, 109조 2항, 110조 3항), 정당한 대리인이라는 신뢰(126조)	소유의 의사(197조), 제3자의 변제에 있어서의 채무자의 허용 − 불허용의 의사(469조), 사무관리에 있어서의 본인이 의사(734조)

2. 사건(Ereignis)

사건은 사람의 정신작용에 기하지 않은 법률사실로서 사람의 출생, 사망, 실종, 시간의 경과, 물건의 자연적 발생과 소멸과 같은 것이 이에 속한다.

또한 사람에 의한 과실의 분리, 물건의 파괴, 부합 등과 같이, 사람의 정신작용에 의하는 것이더라도 사람의 행위에 의하지 않고 생기는 과실의 분리, 물건의 파괴와 같이 동일한 효과가 생기는 경우에도 이를 사건에 포함시키고 있다.[273)]

273) 사람의 정신작용에 기초한 것은 사건이 아니라는 견해도 있다(송덕수, 72면).

제 2 절

법률행위

[1] 서설

Ⅰ. 사적 자치와 법률행위 자유의 원칙

근대 민법전에서는 사인의 법률관계는 본인의 자유로운 의사에 의한 자기결정에 맡겨져 있다는 원칙을 기본이념으로 한다. 이를 사적 자치라 한다. 즉 개인이 자기 의사에 의해 법률관계를 스스로 형성할 수 있다는 원칙이다. 사적 자치는 자유주의적 개인주의적 민법에서 발현되며 계약에 구속되는 근거는 본인의 의사다라는 철학적 이념에 기한 것이다. 그러나 사적 자치는 무제한적으로 허용되는 것은 아니고, 법질서의 한계 내에서 개인은 자기의 법률관계를 자기의 의사에 따라 스스로 형성할 수 있다는 원칙이다.

이러한 사적 자치의 원칙은 인간은 이성을 가진 인격적 존재로서, 그의 인격을 자유롭게 전개할 수 있다는 행위의 자유의 한 부분을 이루고 있다. 이러한 사적 자치에 의해 형성된 법률관계는 그것이 자기의사에 의한 자기결정에 의해 형성되었기 때문에 법은 그 개인에 대해 그 법률관계에 법규에 같은 효력을 인정하고 개인은 그 법률관계에 대해 스스로 책임을 지게 된다.

사적 자치에서 가장 중요한 요소는 개인의 의사이며, 이 개인의 의사에 의해 개인은 자기결정을 하여 법률관계를 형성할 수 있게 된다. 즉 의사의 표시에 의해 사적 자치의 원칙이 실현되는 것이다.

이러한 사적 자치를 실현하는 수단이 바로 법률행위이어서, 사적 자치의 원칙을 법률행위자유의 원칙[274]이라고도 한다(또한 법률행위중에서 가장 중요한 것은 계약이므로 계약자유의 원칙이라고도 한다). 즉 자기결정에 바탕을 둔 법률행위에 의해 자유로이 법률관계가 이루어지고, 개인은 자유로이 자기의 인격 내지 '의사를 실현하게 된다.

---

274) 법률행위에는 계약과 단독행위가 있는데, 계약의 경우에는 법률행위자유의 원칙이 타당하지만 단독행위의 경우에는 자유가 아니므로 이런 의미에서 법률행위자유의 원칙이라는 용어에는 문제의 여지가 있다.

그러나 사적 자치는 절대무제한의 자유가 아니고, 법질서에 의한 일정한 제한이 가하여지므로, 사적 자치는 법질서의 범위내에서의 개인의사에 의한 법률관계의 자기형성의 원칙이다.

또한 사적 자치는 근대민법의 제정당시에는 선량한 풍속에 반하지 않으면 제한이 거의 없었으나 점차 그 제한이 확대되고 있다.

Ⅱ. 법률행위와 의사표시

1. 법률행위의 의의

우리 민법은 여러 곳에서 법률행위라는 용어를 사용하면서도 법률행위가 무엇인지 법률행위에 대한 개념정의는 하지 않고 있다. 법률행위라는 개념은 19세기 독일에서 Savigny에 의해 만들어진 개념이다. 법률행위는 일정한 법률효과의 발생을 목적으로 하는 하나 또는 수개의 의사표시를 불가결의 요소로 하는 법률요건이다.

(1) 법률행위는 사적 자치를 실현하기 위한 법률상의 수단이 되는 법률요건이다. 즉 법은 개인의 일정한 사법상의 법률효과를 원하는 의사의 표시행위를 법률요건으로 하여 그가 원하는 대로의 법률효과를 인정한다.

(2) 법률행위는 의사표시를 불가결의 요소로 한다. 의사표시 이외에 다른 법률사실이 요구되는 법률행위도 있지만, 법률행위가 있기 위해서는 반드시 의사표시가 있어야 한다.

(3) 법률행위가 행위자가 원하는 대로의 일정한 사법상의 효과를 발생케 한다. 즉 행위자가 원한 효과를 법률이 인정하고 그의 달성에 조력하는데 법률행위의 본질이 있다.

2. 의사표시의 의의

의사표시는 일정한 법률효과의 발생을 목적으로 하는 내심의 의사를 외부에 표시하는 행위로서 법률행위의 불가결의 요소가 되는 법률사실이다. 의사표시는 표의자가 의욕한대로 법률효과를 발생케함으로써 사적 자치를 실현하게 한다.

의사표시가 단독으로 또는 다른 법률사실과 결합하여 하나의 법률행위를 이루게 되면 표의자가 의욕한대로의 법률효과가 발생하게 되고, 법질서도 이를 승인하고 그 실현에 조력한다.

3. 법률행위와 의사표시의 관계

법률행위는 의사표시를 불가결의 요소로 한다. 하나의 의사표시로 되어 있는 법률행위가 단독행위이고, 두 개 이상의 의사표시에 의한 법률행위가 계약과 합동행위이다. 의사표시 자체만으로 표의자가 원한대로의 효과가 발생하지 않고, 법률행위가 됨으로서 비로소 당사자가 원하는 대로의 효과가 발생한다.

예컨대 매매는 청약의 의사표시와 승낙의 의사표시가 합치하여 매매라는 계약, 즉 법률행위가 성립한다. 그리고 매매라는 법률행위에 의해 일정한 법률효과(목적물의 소유권이전채권, 대금채권)가 발생하게 된다. 이 경우 각각의 의사표시 자체는 법률행위가 아니라, 매매라는 법률행위의 요소를 이루고 있는 것이다.

이와 같이 법률행위는 의사표시는 불가결의 요소로 하므로, 의사표시에 관해 이를 무효로 하거나 취소할 수 있는 사정이 있으면, 법률행위 전체에 영향을 미친다.

의사표시는 법률행위의 성립의 불가결의 요소라고 이해되어 왔는데, 의사표시가 없는 법률행위가 성립할 수 있는지 문제되는데, 의사실현에 의한 법률행위나 사회 정형적 행위에 의한 법률행위의 경우에 이것이 의사표시가 없는 법률행위인지에 대해 견해가 대립되고 있다.

우리민법 532조에서 계약의 성립에 있어서 의사실현행위는 의사표시로 인정되는 사실이라고 규정하여 의사실현의 경우, 예를 들어 송부된 학용품을 사용하는 경우, 이를 의사표시로 인정할 것인가 아니면 의사표시와 구별되는 법률사실로 인정할 것인가의 문제가 있고, 버스의 승차, 주차장의 이용 등 사회 정형적 행위의 경우 이를 의사표시가 의제되었다고 보기보다, 사실상의 급부의 제공과 사실상의 급부의 수취에 의해 계약관계가 성립되었다고 보아(사실적 계약관계이론) 이를 의사표시 없는 법률행위로 보아, 사회 정형적 행위를 역시 의사표시와 구별되는 법률사실로 구분해야 한다는 견해가 있다(이에 대하여 이러한 경우들을 추단된 의사표시로 보아 기존 의사표시이론으로 해결하면 된다는 반론이 있다(or 포함적 의사표시).

Ⅲ. 의사표시의 구성요소

1. 서 설

의사표시는 내심의 의사와 이의 외부에 대한 표시행위로 구성되어 있다. 즉 내부적인 의사적 요소와 외부적인 행위적 요소로 구성되어 있다.

2. 의사적 요소

(1) 효과의사(Erfolgswille)

효과의사는 일정한 법률효과의 발생을 의욕하는 의사이다. 효과의사는 구체적인 법률효과를 내용으로 하는 점에서 오직 일반적으로만 어떻든 법률행위적으로 활동한다고 하는 의사를 전제로 하는 표시의사와 구별된다.[275]

① 효과의사의 내용

경제적 사회적 결과 즉, 사실적 효과를 의욕하는 의사, 다만 사실적 효과는 법이 법률효과를 부여할만한 가치가 있어야 한다는 사실적 효과설[276]과 효과의사는 일정한 법률효과를 의욕하는 의사, 효과의사는 단순히 심리적 사실로서의 의사가 아니라 규범적 존재로서의 의사라는 법률적 효과설[277]이 대립한다. 후설에 따르면 호의관계와의 구별이 용이해진다.

② 효과의사의 본질

효과의사는 내심의 진정한 효과의사(진의, 내심의 효과의사)와 표시행위로 부터 추단되는 효과의사(표시상의 효과의사)로 구분되는데, 효과의사의 본체가 내심의 효과의사인지 아니면 표시상의 효과의사인지에 관해 다투어지고 있다. 이에 관해 다수설[278]은 효과의사는 표시행위로부터 추단되는 표시상의 효과의사로 파악한다. 즉 효과의사의 본체를 표시상의 효과의사로 파악한다. 그러면서 표시상의 효과의사와 내심의 효과의사가 부합하지 않는 경우에도 언제나 표시상의 효과의사에 따른 결과가 발생하면 표의자에게 가혹한 경우가 있게 되므로 법률은 일정한 경우에

275) 민법주해 II, 138면.
276) 곽윤직, 197면 ; 김기선, 241면.
277) 송덕수, 83면 ; 이은영, 450면 ; 이영준, 126면.
278) 곽윤직, 198면 ; 김기선, 214면 ; 이은영, 449면 ; 장경학, 410면.

는 의사표시로부터 효과가 발생하는 것을 부인하거나 또는 일단 발생하지만 취소할 수 있는 것으로 하고 있다고 한다.

이에 반해 소수설[279]은 내심의 효과의사가 효과의사의 본체라고 한다. 표시행위는 의사를 완성하는 것이므로 표시행위 없이 의사표시는 존재할 수 없고 따라서 내심적 효과의사와 표시상의 효과의사가 일치하지 않는 때에는 의사표시가 이른바 표시상의 효과의사에 따라서 효력을 발생하는 경우가 있지만 이것은 법률행위의 규범적 해석의 결과이고 표시상의 효과의사가 의사표시의 요소이기 때문은 아니라는 견해가 있다.

(2) 표시의사(Erklärungswille)

① 의 의

표시의사는 효과의사를 외부에 표시하려는 의사이다[280]. 즉 효과의사와 표시행위를 매개하는 의사이다. 표시의사는 표시자가 그의 행위에 대해 법적으로 의미있는 의사표시임을 의욕 또는 인식하고 있는 것이다.

예) 경매장에서 친구를 부르기 위해 손을 드는 경우(트리에 경매사건)

② 표시의사도 의사표시의 요소인가

표시의사가 의사표시의 구성요건인가에 대해서는 견해가 대립되는데, 다수설[281]에 의하면 표시의사는 의사표시의 요소가 아니라고 한다. 그 이유는 의사표시에 관한 표시주의이론이 존중되어야 하기 때문이라거나[282], 행위자가 추단된 효과에 대응하는 내심의 의사를 가지지 아니한 때에는 그 이유 여하를 막론하고 이와 동일하게 생각하는 것이 타당하다거나[283], 표시의사가 의사표시의 구성요소라고 하면 표시의사가 없는 표시행위는 의사표시로 되지 않는데 그러한 결과는 거래의 안정을 해할 것이기 때문이라고 한다[284]. 표시의사 없는 표시행위도 의사표시가 되어 표시상의 착오로 처리한다. 예컨대 트리어 경매사건의 경우 다수설에 의하면 관광객의 표시의사의 존부여하에 불구하고 의사표시는 성립하게 되며, 표시의사가 없는

279) 이영준, 131면 백태승, 323면 ; 송덕수, 민법주해(2), 141-142면.
280) 행위자가 표시행위를 한다는 인식이라는 견해도 있다(이영준 123-124면).
281) 고상용, 395면 ; 곽윤직, 198면 ; 백태승, 322면 ; 이은영, 453면.
282) 곽윤직, 198면.
283) 김증한, 210면.
284) 고상용, 395면.

경우에는 표시상의 착오가 있는 것으로 보아 착오의 문제로 처리한다.

소수설[285)]에 의하면 표시의사를 의사표시의 요소로 파악하므로, 표시의사가 없는 경우에는 의사표시 그 자체가 성립하지 않고 따라서 법률행위도 성립할 수 없다. 이 견해에 따르면 표시의사는 표시상의 착오와 내용의 착오를 구별하는 기준이 된다.

3. 행위적 요소(표시행위: Erklärungshandlung)

(1) 의의

표시행위란 효과의사를 외부에 표현하는 행위, 다시 말하면 효과의사를 외부에 표시해서 효과의사의 내용대로 법률효과를 발생시키는 행위이다.

표시행위는 보통 언어, 문자로 행해지지만 때론 머리를 끄덕이거나 신호를 보내는 등의 일정한 거동으로 하는 경우도 있고, 때로는 침묵이 표시행위로 되는 경우도 있다. 또한 요식행위는 경우에는, 표시행위가 일정한 방식을 갖추어서 행해져야 한다.

표시행위가 가지는 의미에 대해 의사주의에서는 표시행위는 단지 내적인 의사의 표현수단으로서의 의미만을 갖는데 반해 표시주의에서는 표시행위는 의사의 표현수단에 그치는 것이 아니고 법률효과의 본래의 근거이다. 의사와 표시의 일체성을 주장하는 효력주의에 의하면 표시행위는 그것으로부터 분리된 내적인 의사에 대한 단순한 표현수단만이 아니고 오히려 의사는 표시행위에서 실현된다. 즉 표시행위는 의사의 실현이다. 따라서 효력주의에서는 의사표시의 효력근거를 일체로서의 의사와 표시행위(표시행위에서 완성된 의사)에서 찾게 된다. 새롭게 이해된 의사주의의 입장에서는 의사와 표시행위와의 관계는 효력주의에서와 같이 파악된다.[286)]

(2) 명시적 의사표시와 묵시적 의사표시

① 의 의

명시적 의사표시는 언어나 문자 등에 의해 분명히 표현된 의사표시를 말하고, 묵시적 의사표시는 법률행위의 제반사정에 비추어 의사표시가 있었다고 인정되는 경우이다. 묵시적 의사표시로는 거동에 의한 의사표시, 포함적 의사표시, 전혀 표시가 없으나 주위사정에 의하여 인정되는 의사표시 등이 있다.

---

285) 고상용, 386면 ; 김상용, 326-326면 ; 이영준, 125면.
286) 민법주해 II, 142면.

② 구별실익

양자는 표시가치의 대소에 불과할 뿐이고 우리 민법에서는 구별할 실익이 없다는 견해[287]와 법률행위의 내용이 비정상적이면 비정상적일수록 명시적 의사표시를 요한다는 이유로 구별의 실익을 인정하는 견해[288]가 있다.

③ 침묵에 의한 의사표시

침묵은 원칙적으로 의사표시가 될 수 없다. 긍정도 부정도 아니다. 침묵에 의한 의사표시가 의사표시가 되기 위해서는 「특별한 정황」이 있어야 한다. 「특별한 정황」이란 침묵을 의사표시로 만드는 당사자의 약정 또는 관행 등을 말한다. 문제는 표의자가 특별한 정황에 대한 인식을 하여야 하는가라는 것이다. 이에 대해 학설은 대립되고 있는데, 긍정설[289] 이러한 인식에 의하여 침묵은 언어 문자에 의한 통상의 의사표시와 동일한 의사표시로 평가되는 것이라면서 인식은 「표시의사」에 해당하는 것이라 한다. 부정설[290]은 침묵에 의한 의사표시를 침묵자의 진의와 관계 없는 간주된 의사표시로 보기 때문에 부인한다..

④ 추단적 의사표시(포함적 의사표시)

i) 의 의

추단적 의사표시 또는 포함적 의사표시란 직접 효과의사의 표명을 목적으로 한 것은 아니지만 그로부터 일정한 효과의사를 추단할 수 있는 행위를 말한다.

행위자가 실행행위 특히 이행 및 수령행위를 할 때 이것에 일정한 의사표시가 내포되어 있는 경우를 말한다(간접적 의사표시).

ii) 인정 여부

추단적 위사표시를 의사표시로 인정할 것인가와 관련하여 견해는 갈라진다. 긍정설[291]은 추단적 의사표시는 직접적으로 효과의사를 표시하는 것은 아니지만 그로부터 일정한 효과의사를 간접적으로 추단할 수 있으므로 의사표시로 인정하여야 한다고 한다. 부정설[292]은 우리 민법은 의사실현(532조), 묵시적 계약갱신(639조),

---

287) 곽윤직, 279면
288) 김증한/김학동, : 이영준, 135면 ; 이은영, 454면.
289) 이영준, 137면.
290) 이은영, 457면
291) 송덕수, 86면 ; 이영준. 292면
292) 이은영. 456면.

법정추인(145조)을 명문으로 규정하고 있으므로 독일처럼 추단적 의사표시를 별도의 유형으로 인정할 필요가 없다고 한다.

긍정설이 들고 있는 추단적 의사표시의 예로는 소비대차의 기간이 만료되었는데 차주가 기간만료후의 이자를 지급하고 대주가 이를 수령하면 이 경우 지급과 수령은 소비대차계약기간의 연장의 합의(1차적 행위)의 이행행위(2차적 행위)의 의미를 갖는다. 지급 및 수령행위는 소비대차계약기간의 연장의 합의를 포함하는 것이다. 임대차의 묵시적 갱신(639조), 취소할 수 있는 법률행위의 법정추인(145조), 유상으로 제공된 급부의 수령(예, 유료주차장에 차를 세우는 행위 등), 추인행위, 소제기행위(청구권의 표시, 일정한 법률효과의 주장) 등이 있다.

추단적 행위를 한 자에게 추단성에 대한 인식에 없어도 의사표시는 존재하고, 단지 착오에 의해 취소할 수 있을 뿐이다.[293)]

포함적 행위에 의해 의사표시가 성립하는 것을 저지하려면 명시적 이의를 제기하면 된다. 그러나 이의가 행위와 모순될 때에는 의사표시의 성립을 저지하지 못한다. 행위와 모순된 이의는 고려되지 않기 때문이다(행위에 모순되는 이의는 효력이 없다는 원칙).

⑤ 의사실현에 의한 의사표시

i) 의 의

의사실현은 의사표시와 같이 일정한 효과의사를 상대방에게 표시할 목적으로 행하여 진 것으로 볼 수 없는 행위이지만 그것으로부터 일정한 효과의사를 추단할 수 있는 행위이다. 의사표시와는 달리 내심적 효과의사가 표시행위를 통하여 표시되는 것이 아니라 표시행위라 볼 수 없는 행위에 의하여 그 의사가 확인될 수 있다는 것에 불과하다. 내심적 효과의사의 표시라고 볼 수 없는 행위가 있다는 점에서 의사표시와 다를 뿐 의사표시와 기본구조는 비슷하다고 한다. 의사실현에 의한 계약 성립(532조), 취소할 수 있는 법률행위의 법정추인(145조), 자기계약과 쌍방대리(124조), 소유권의 포기 등이 있다.

ii) 의사표시인지 여부

의사실현에도 자기결정이 있으므로 의사표시이다[294)]. 다만 단 타인에 대한

293) 송덕수, 86면
294) 송덕수, 86면 ; 이영준, 143면

「통지의 의미가 없는 점」에서 의사표시와 차이가 있다. 이네 따라 해석과 착오에서 특별취급을 하여도 된다거나[295], 착오의 규정은 유추적용 인정[296]하거나, 착오에서 다소 다른 취급을 하면 된다[297]고 한다.

iii). 추단적 행위와의 관계

의사실현에 의한 의사표시와 추단적 행위와의 관계에 대해 추단적 행위의 일종이라는 견해[298]와 「의사실현을 표시행위에 해당하지 않는다」하여 의사표시에서 제외하는 견해도 있다.

⑥ **법률이 의제하는 의사표시**

i) 의의

일정한 행위 또는 침묵이 있는 경우 일정한 의사표시가 존재하거나 계약이 성립하는 것으로 법률에 의하여 의제하는 경우를 말하며 민법상 의제된 의사표시로는 추인의 의제(15조), 추인 거절의 의제(131조 본문), 법정갱신(639조 1항 전단) 등이 있다

ii) 의사표시규정의 유추적용 여부

법률이 의제하는 의사표시에 대해 의사표시에 관한 규정을 유추적용하여야 하는지 견해는 대립된다. 유추적용을 긍정하는 견해[299]는 추인 또는 갱신이 있는 것으로 의제되는 경우(15조, 639조)에는 의사표시에 관한 규정을 유추적용해야 한다면서 사실상 법률상의 사유로 인하여 의사표시를 할 수 없었던 경우에는 추인, 갱신의 무효 또는 취소를 주장할 수 있다고 한다. 반면 유추적용을 부정하는 견해는 유추적용을 인정하는 것은 법률관계를 획일적으로 하려는 간주규정의 취지에 부합하지 않는다면서 의제된 의사표시는 의사표시가 아니기 때문에 의사표시에 관한 규정을 준용할 수 없다고 한다.

⑦ **자동화된 의사표시(전자적 의사표시)**

i) 의 의

의사표시가 컴퓨터와 같은 자동화된 설비에 의하여 이루어지는 것을 말한다.

---

295) 송덕수, 86면.
296) 백태승, 326면
297) 이영준, 143면.
298) 송덕수, 86면
299) 이영준, 144면

전자적 의사표시라고도 한다. 컴퓨터를 통해 상품을 주문하거나 금전지급기에서 금전을 지급받는 것 등을 들 수 있다.

ii) 종 류

표의자가 의사를 형성하고 그 전달만 자동화된 설비를 통하는 것(FAX)과 의사표시의 전과정이 컴퓨터에 의하여 만들어지고 전달되는 것(컴퓨터표시)로 나눠진다. 후자에서 인간의 의사가 존재하지 않는 것이 아닌가 하는 점에서 주로 문제된다.

iii) 의사표시인지 여부

자동화된 의사표시를 인간의 의사표시라고 평가할 수 있는지 문제된다. 자동화된 의사표시는 형성과정이 독특할 뿐 의사표시와 동일하게 취급한다[300][301]. 왜냐하면 컴퓨터가 독자적으로 의사를 형성하는 것이 아니고, 인간이 만든 프로그램에 따라 기계가 작동할 뿐이기 때문이다. 자동화된 시설에 의하여 표시가 이뤄지므로 착오 및 의사표시의 효력(도달)에서 특수한 문제가 발생한다.

[2] 법률행위의 요건

◈ 법률행위의 요건

	성립요건	효력발생요건
일반적 요건	① 당사자 ② 목적 ③ 의사표시	① 당사자가 행위능력을 가질 것 ② 목적이 확정할 수 있고, 가능하고, 적법하고, 사회적 타당성을 가질 것 ③ 의사와 표시가 일치하고, 의사에 하자가 없을 것
특별 요건	혼인에서 신고(812조) 법인설립에서 주무관청의 허가(33조)	제한능력자의 법률행위에서 법정대리인의 동의 조건의 성취, 기한의 도래 유언에서 유언자의 사망

성립요건과 효력발생요건은 입증책임부담면에서 구별실익이 있다. 성립요건은 법률행위의 효과를 주장하는 당사자가 입증하여야 하고, 효력요건은 법률행위의 무효를 주장하는 당사자가 그것의 부존재를 입증하여야 한다.

---

300) 김상용, 333면 ; 백태승, 330면 ; 송덕수, 86면 ; 이영준, 144면.
301) 독자적인 법원리가 필요하다는 소수설이 있다(이은영, 459면).

[3] 법률행위의 종류

Ⅰ. 단독행위, 계약, 합동행위[302)]

법률행위의 요소인 의사표시의 수와 태양에 의한 분류이다.

1. 단독행위

(1) 의 의

단독행위란 하나의 의사표시만으로 성립하는 법률행위이다. 단독행위에서는 의사표시와 법률행위가 동일하다.

(2) 종 류

단독행위는 그 의사표시가 특정의 상대방에게 도달을 필요로 하는 것인가의 여부에 의해 상대방 있는 단독행위와 상대방 없는 단독행위로 구분된다. 상대방 있는 단독행위는 의사표시가 상대방에게 도달하는 때에 효력이 발생하며, 상대방 없는 단독행위는 성립과 동시에 효력이 발생한다.

① 상대방 있는 단독행위

단독행위가 효력을 발생하기 위해서는 의사표시가 상대방에게 도달해야 하는 것이(111조) 상대방 있는 단독행위이다. 상대방은 특정인인 경우가 대부분이지만 불특정 다수인인 경우도 있다. 동의, 채무변제, 상계, 추인, 취소, 해제, 해지 등이 이에 속한다.

② 상대방 없는 단독행위

단독행위의 의사표시를 수령할 자가 특정되지 않고, 표의자의 의사표시만 있으면 효력을 발생하는 것이 상대방없는 단독행위이다. 유언, 재단법인 설립행위, 권리의 포기 등이 이에 속한다. 상대방 없는 단독행위는 의사표시의 진실성, 명백성을 확보하기 위해 대부분 요식행위이다(유언은 특정인에게 재산을 상속시키는 것을 내용으로 하므로 특정이행관계인이 존재하지만 유언의 비밀을 보장할 필요에서 상대방없는 단독행위로 규정).

---

302) 일방적 법률행위와 다면적 법률행위로 구분하는 견해도 있다(김상용, 345면 이하).

(3) 단독행위에 특수한 법리

① 법정주의

일방당사자의 의사표시만으로 권리변동이 되는 것은 다른 당사자의 이익을 무시하여 그의 이익을 해할 우려가 있어서 민법은 자기결정의 원칙에 따라 계약에 의한 권리, 의무발행을 원칙으로 하고 단독행위는 예외적으로 법률의 규정에 의해 인정되는 경우에만 효력이 발생한다.

② 조건과 기한의 불허용

단독행위는 일방적인 의사표시에 의해 법률관계가 형성되므로 예외적으로 허용되는 것이다. 여기에 조건과 기한을 붙일 수 있다면 상대방의 법적 지위는 너무나 불안하게 되므로 단독행위에는 조건이나 기한을 원칙적으로 붙일 수 없다. 상대방의 지위를 불안하게 하는 것이 아니라면(채무면제, 유증) 조건이나 기한을 붙일 수 있다.

2. 계 약

광의의 계약은 2인 이상의 당사자가 청약과 승낙이라는 서로 대립하는 의사표시를 하여 그 합치로 성립하는 법률행위로서, 복수의 의사표시의 방향이 평행적, 구심적이 아닌 대립적, 교환적인 면에서 합동행위와 구별된다.

협의의 계약은 채권관계의 발생을 목적으로 하는 채권계약을 의미하며, 민법 제3편 2장에서 규율하는 계약은 채권계약이다.

3. 합동행위

합동행위란 평행적, 구심적으로 방향을 같이하는 두 개 이상의 의사표시가 합치하여 성립하는 법률행위로서 사단법인설립행위가 이에 속한다.

합동행위에 대해서는 이 개념을 인정할 것인지 여부를 두고 견해가 대립되고 있다. 합동행위인정설[303]은 의사표시 규정 중에 특히 허위표시(108조), 자기계약 쌍방대리(124조)의 규정이 계약에만 적용되고 합동행위에는 적용되지 않는다는 점에서 인정실익이 있다고 하며, 합동행위를 구성하는 의사표시의 일부가 의사의 흠결이나 하자로 무효, 취소되더라도 다른 의사표시에 직접 영향을 미치지 않는다고

---

303) 고상용, 306면 ; 곽윤직, 201면 ; 김상용, 352-353면 ; 김용한, 241면 ; 김주수, 225-226면 ; 정기웅, 312면.

한다. 이에 대해 합동행위부인설[304]은 계약의 일종으로 보고 있다. 부인설은 합동행위의 개념을 인정하지 않더라도 무효취소제도 또는 자기계약 쌍방대리금지의 목적 자체에서 같은 결론을 도출할 수 있다고 한다.[305]

Ⅱ. 요식행위와 불요식행위

법률행위를 일정한 방식[306]에 따라서 행하여져야 하는지 여부에 따른 구분이다. 일정한 방식에 따라 행하여져야 효력이 인정되는 법률행위를 요식행위라 하고, 방식에 구속되지 않고 자유롭게 할 수 있는 법률행위를 불요식행위라 한다. 우리 민법에서 요식행위로는 법인의 설립행위, 혼인, 유언, 파양 등이 있다.

불요식행위가 원칙이지만 당사자로 하여금 신중하게 행위를 하게 하거나 법률관계를 명확하게 하기 위해 일정한 방식을 요구한다. 요식행위에서 방식을 갖추지 않으면 법률행위는 불성립 또는 무효가 된다.

Ⅲ. 생전행위와 사인행위

법률행위의 효력의 발생시점이 행위자의 생전인지 사후인지에 따른 구별이다. 유증, 사인증여와 같이 행위자의 사망으로 법률행위의 효력이 발생하는 법률행위를 사인행위라 한다.

Ⅳ. 채권행위, 물권행위, 준물권행위

물권행위와 준물권행위를 처분행위라고도 한다.

1. 채권행위

당사자 사이에 채권, 채무를 발생시키는 법률행위이다(의무부담행위).

---

304) 김중한/김학동, 278면 ; 김형배/김규완/김명숙, 75면 ; 박영복, 170-171면 ; 이영준, 181-182면 ; 이은영, 338면.

305) 이영준, 182면.

306) 재판상 행사하여야 할 법률행위도 요식행위라는 견해가 있고(김상용, 356면), 요물계약에 대해서는 요식행위라는 견해도 있고(김상용, 356면 ; 이영준, 182면), 둘 다 요식행위가 아니라는 견해도 있다(송덕수, 94면).

채권행위에 의해서는 당사자에게 존재하는 권리가 직접적으로 변경되지 않고, 이행이라는 문제를 남겨서, 발생한 채권이 이행이 되어야 법률행위의 목적이 달성된다.

2. 물권행위

물권의 변동, 즉 물권의 발생, 변경, 소멸을 일으키게 하는 법률행위이다(소유권의 이전, 지상권의 설정행위, 저당권의 설정행위).

물권행위는 직접 물권의 변동을 가져오고, 이행이라는 문제를 남기지 않는데 특색이 있다. 물권행위에 관해 성립요건주의(물권변동의 효력은 물권행위 이외에 등기나 물건의 인도를 요건으로 하는 입법주의, 독일, 우리나라)와 대항요건주의(물권행위만에 의해 물권변동의 효력이 발생하는 입법주의, 불란서, 일본).

3. 준물권행위

물권 이외의 권리(채권, 무체재산권 등)를 변동시키고 이행이라는 문제를 남기지 않는 법률행위이다(채권양도, 채무면제, 무체재산권의 양도).

물권행위와 준물권행위를 처분행위라 하며, 법률관계의 변동을 가져오는 형성권의 행사도 역시 처분행위이다. 처분행위가 있게 되면 당해권리가 변동되며 처분행위에 의한 권리의 변동은 모든 사람에 대해 효력이 있는 반면, 의무부담행위는 일정한 사람에게만 효력이 있다. 처분행위의 대상은 권리이므로, 처분행위를 하기 위해서는 처분권이 있어야 하며 처분권한 없는 자의 처분행위는 무효이다.

◈ 처분행위와 의무부담부행위

	의무부담부행위	처분행위
의의	일정한 급부를 할 의무를 낳게 하는 법률행위	기존의 법률행위를 변경(이전 · 부담 · 소멸)시키는 법률행위
유효요건	행위자에게 아무런 권한도 필요없다.	행위자에게 처분권한이 있어야 한다(처분권한은 효략발생시에 있어야).
우선순위의 유무	없다	있다
효력범위	일정한 상대방에게 효력발생	모든 자에게 효력발생

Ⅴ. 재산행위와 가족법상의 행위

법률행위의 결과 발생하는 법률효과가 재산법상의 법률행위인가 아니면 가족법상의 법률행위인가에 따른 분류방법이다.

Ⅵ. 출연행위와 비출연행위

재산행위는 다시 출연행위와 비출연행위로 구분되는데, 출연행위는 자기의 재산의 감소와 타인의 재산의 증가를 가져오는 법률행위(매매, 임대차, 채권양도 등)를 말하고, 비출연행위는 타인의 재산을 증가케 함이 없이 자기 재산을 감소시키거나 직접 재산의 증감을 일어나게 하지 않는 법률행위(소유권의 포기, 대리권의 수여 등)를 말한다.

1. 유상행위와 무상행위

출연행위는 다시 자기의 출연에 대해 상대방으로부터 그것에 대응하는 대가적 출연을 받는 유상행위(매매, 임대차, 고용)와 대가적 출연이 없는 무상행위(증여, 사용대차, 무이자소비대차)로 구분된다. 유상행위 중 유상계약에 관해서는 매매에 관한 규정을 준용한다(567조).

2. 유인행위와 무인행위

출연행위는 자기의 재산을 감소시키면서 타인의 재산을 증가시키는데 이는 일정한 목적이나 원인이 있다. 이 원인이 출연행위의 조건이나 내용으로 되느냐 여부에 따라 유인행위와 무인행위로 나누어진다. 어떤 법률행위의 효력이 그 원인된 법률행위의 존부 또는 효력유무에 의해 영향을 받는 경우 이 법률행위를 유인행위라 하고, 그렇지 않은 경우를 무인행위라 한다.

유인성, 무인성의 학설대립이 있는 법률행위에 있어서는 원인인 법률행위가 무효, 취소, 해제되었거나 기타 법률상 원인이 불성립하였을 때 그 이행행위로 행해진 법률행위가 원인의 흠결 또는 부존재의 결과로 실효하게 되느냐 하는 점이다.

우리나라에서 무인행위인가 유인행위인가가 문제가 되는 법률행위는 물권행위의 무인성, 유인성과 수권행위의 유인성, 무인성이고, 어음행위에 대해서는 무인행위라고 인정하고 있다.

Ⅶ. 신탁행위

1. 신탁법상의 신탁행위

신탁법에서 신탁이란 신탁설정자(위탁자)가 특정의 재산권을 수탁자에게 이전하거나 기타의 처분을 하고, 수탁자로 하여금 일정한 자의 이익을 위하여 또는 특정의 목적을 위하여 그 재산권을 관리·처분하게 하는 법률관계를 말한다(신탁법 1조, 2조). 민법상의 신탁행위에 서는 신탁재산의 소유권을 외부적으로는 수탁자에게, 내부적으로는 신탁자에게 귀속하는 이중적 법률관계가 발생하지만, 신탁법상 신탁행위는 신탁재산을 수탁자에게 절대적으로 이전하고 신탁설정자에게 그 계약에 따른 이익을 받을 채권만을 발생시킨다.

2. 민법학상의 신탁행위

민법상의 신탁행위란 채권추심을 위해 채권을 양도하는 경우처럼 당사자가 어떤 경제적 목적(채권추심)을 달성하기 위해 그 목적달성에 필요한 한도를 넘는 권리를 이전하면서(채권양도), 권리를 이전받은 자는 그 권리를 경제적 목적의 범위를 넘어서 행사해서는 안될 의무를 부담하는 법률행위이다. 신탁행위에 의하여 설정된 법률관계는 신탁자와 수탁자 사이의 내부적인 실질적 법률관계와는 다른 외관을 갖는다. 수탁자의 권리는 신탁자에 대해서는 의무관계에 결부되어 있으나, 수탁자는 외부에 대하여 원칙적으로 진정한 권리자로서의 지위를 갖는다.

종래 채권담보를 위한 소유권이전형식의 양도담보의 설정을 민법학상의 신탁행위로 보다가, 가등기담보등에 관한 법률이 제정되어, 양도담보설정행위는 양도담보권이란 변칙적인 담보물권설정행위로 파악하고 신탁행위로 파악하지 않고 있다(반대견해 있음)

Ⅷ. 독립행위, 보조행위

법률행위가 직접 법률관계의 변동을 발생하게 하는 경우를 독립행위라 하고, 다른 법률행위의 효과를 단순히 보충하거나 확정하는데 불과한 행위를 보조행위라고 한다(예 : 동의, 추인, 허가, 대리권의 수여 등).

Ⅸ. 주된 행위, 종된 행위

어떤 법률행위가 유효하게 성립하기 위하여 다른 법률행위의 존재를 필요로 하는 행위를 '종된 행위'라 하고, 그 전제가 되는 행위를 '주된 행위'라 한다. 보증계약이나 부부재산계약은 주된 행위인 금전소비대차계약이나 혼인을 전제로 하는 종된 행위이다. 종된 행위는 주된 행위와 법률상 효력을 같이 한다.

[4] 법률행위의 목적

Ⅰ. 서 설

법률행위의 목적은 법률행위의 당사자가 법률행위에 의해 발생시키려고 하는 법률효과를 말하며, 법률행위의 내용이라고도 한다. 법률행위의 목적은 결국 의사표시에 의해 정해진다. 법률행위는 사적 자치를 달성하기 위한 수단이므로 법률행위의 목적은 그것이 사적 자치가 허용되는 사항에 관한 것이고, 그 범위에 속한 것이어야 하므로, 법률행위의 목적도 법에 의하여 승인되고 보호되는 것이어야 한다. 우리 민법은 103조에서 사회적 타당성을 요구 하고, 105조에서 간접적으로 적법성을 요구하고 있다. 이밖에도 확정성과 실현가능성을 요구하므로 결국 법률행위가 유효하려면 목적이 확정성, 가능성, 적법성, 사회적 타당성이라는 요건을 갖출 것이 요구된다.

Ⅱ. 목적의 확정성

법률행위의 목적은 법률행위 당시에 확정되어 있거나 확정되어 있지 않으면 적어도 법률행위의 내용을 실현할 때까지는 확정할 수 있어야 한다. 확정할 수 있다는 것은 확정할 수 있는 방법과 기준이 있어야 한다. 목적이 확정되어 있지 않고, 또 장차 확정할 수도 없으면 법률행위의 목적을 실현할 수가 없으므로 무효가 된다. 그러나 부수적인 사항을 확정할 수 없다 하여 법률행위 자체를 무효로 하는 것은 타당하지 않다.

민법은 이러한 경우를 위하여 많은 규정을 두고 있다. 예컨대 종류채권의 경우 목적물의 품질을 정하지 않은 경우에는 중등품으로 이행하여야 한다고 하며(375

조), 채무의 이행장소를 정하지 않은 경우에는 지참채무인 것이 원칙이다(467조)는 규정을 두고 있다.

확정은 법률행위의 내용을 강제집행할 수 있을 정도로 확정되어야 한다.

◆ 판 례

✧ 주식 매매계약 체결 당시 가격을 확정하지 않았으나 그 확정 방법과 기준을 정한 경우, 그 계약의 성립 여부(적극)

매매계약은 당사자 일방이 재산권을 상대방에게 이전할 것을 약정하고 상대방이 그 대금을 지급할 것을 약정하는 계약으로 매도인이 재산권을 이전하는 것과 매수인이 그 대가로서 금원을 지급하는 것에 관하여 쌍방 당사자의 합의가 이루어짐으로써 성립하는 것이므로, 특별한 사정이 없는 한 부실기업 인수를 위한 주식 매매계약의 체결시 '주식 및 경영권 양도가계약서'와 '주식매매계약서'에 인수 회사의 대표이사가 각 서명날인한 행위는 주식 매수의 의사표시(청약)이고, 부실기업의 대표이사가 이들에 각 서명날인한 행위는 주식 매도의 의사표시(승낙)로서 두 개의 의사표시가 합치됨으로써 그 주식 매매계약은 성립하고, 이 경우 매매 목적물과 대금은 반드시 그 계약 체결 당시에 구체적으로 확정하여야 하는 것은 아니고 이를 사후에라도 구체적으로 확정할 수 있는 방법과 기준이 정하여져 있으면 족하다(대판 1996. 4. 26, 94다34432).

Ⅲ. 목적의 가능성

1. 의 의

법률행위의 목적은 실현할 수 있어야 한다. 목적의 실현이 불가능하면 그 법률행위는 무효가 된다. 법률행위의 목적이 실현될 수 있는지 여부는 물리적으로 판단하는 것이 아니고, 사회통념에 따라 판단한다. 따라서 물리적으로는 가능하다고 하더라도 사회관념상 불가능하다고 평가되는 경우에는 불능이 된다. 예컨대 한강에 떨어진 반지를 찾아내는 계약이 여기에 해당한다. 불능은 확정적이어야 한다. 일시적으로 불능이라 하더라도 가능으로 될 가능성이 있으면 불능이 아니다.

◈ **법률행위 목적의 불능**

원시적 불능	법률행위 성립	후발적 불능
객관적·원시적 불능 - 무효		채무자에게 귀책사유 - 이행불능
전부불능 - 계약체결상의 과실(535조)		채권자에게 귀책사유 - 위험부담 (채권자부담주의)
일부불능-담보책임(574조)		쌍방에게 취책사유 없는 경우 - 위험 부담
주관적·원시적 불능 - 유효 담보책임(570조)		
신뢰이익의 배상		이행이익의 배상

2. 불능의 분류

(1) 원시적 불능과 후발적 불능

이는 불능이 어느 시점에서 발생하였는가에 따른 분류로서 불능의 분류중 가장 중요하다. 원시적 불능은 법률행위가 성립될 당시에 이미 불능인 경우이고, 후발적 불능은 법률행위의 성립당시에는 가능했지만 그 이행전에 불능으로 된 경우이다. 원시적 불능인 경우에는 그 법률행위는 무효이며, 다만 계약체결상의 과실문제(535조)가 발생할 수 있다. 후발적 불능인 경우에는 무효가 되지 않고, 그 불능이 채무자의 귀책사유에 의했는지에 따라 이행불능(390조)의 문제가 되거나 위험부담의 문제(537조, 538조)가 된다.

(2) 전부불능과 일부불능

이는 불능이 어느 범위에서 발생하였는가에 따른 구별이다. 전부불능은 법률행위의 목적의 전부가 불능인 경우이고, 일부불능은 목적의 일부만이 불능인 경우이다.

법률행위의 목적이 전부불능인 경우에는 법률행위 전체에 대하여 원시적 불능·후발적 불능에 의한 법률효과가 발생한다. 법률행위의 일부가 불능이면 일부무효의 법리(제137조)에 따라 원칙적으로 법률행위 전부가 무효가 되나, 불능인 부분이 없었더라도 법률행위를 하였으리라고 인정될 때에는 불능인 부분을 제외한 나머지 부분은 유효하게 된다.

(3) 법률적 불능과 사실적 불능

이는 불능의 이유가 법률상의 이유인지 물리적인 이유인지에 따른 구별로써, 구분의 실익이 없다.

Ⅳ. 목적의 적법성

1. 서 설

법률행위가 유효하려면 그 목적이 적법하여야 한다. 법률행위의 목적이 적법하여야 한다는 것은 법률행위의 내용이 민법의 모든 규정이나 다른 법률의 규정에 적합하여야 한다는 의미는 아니다. 왜냐하면 우리 민법이 사적 자치를 인정하고 있으므로 민법의 규정과 다른 법률행위를 할 수 있으므로 이 범위내에서는 민법이나 다른 법률규정과 다른 법률행위를 하더라도 적법성을 훼손하는 것은 아니기 때문이다. 그러나 사적 자치는 무제한 허용되는 것이 아니고, 일정한 한계가 있는데, 이것이 선량한 풍속 기타 사회질서이다. 민법상 '선량한 풍속 기타 사회질서'에 관한 규정(103조)을 강행규정이라 하고, 그렇지 않은 규정을 임의규정이라고 한다. 따라서 법률행위의 목적은 사적 자치의 한계인 강행법규에 위반되지는 않아야 한다. 강행법규에 반하는 법률행위는 부적법한 것으로 무효가 된다. 민법 제105조는 이를 간접적으로 규정한다. 강행규정에 반하는 법률행위는 무효이므로, 법률행위의 목적이 적법하다는 것은 강행규정에 반하지 않는다는 의미이다. 우리 민법은 사적 자치를 인정하고 있지만 이를 무제한 인정하는 것은 아니고, 법질서 내에서만 인정된다. 강행법규는 사회질서와 더불어 사적 자치의 한계를 이루고 있다.

적법성과 사회적 타당성과의 관계에 대해서는 양자 모두 사적 자치의 한계를 선언한 것으로 그 한계를 넘는 법률행위는 위법한 것으로 허용되지 않으므로 양자를 동일한 것으로 이해하고, 사회적 타당성을 적법성에서 분리 독립시킨 것은 우리 민법체계에 반한다고 하여 동일하다는 견해[307]도 있으나 통설은 별개의 요건으로 이해한다. 즉, 법률행위의 목적이 개개의 강행법규에 반하지 않는 것이 적법성이고, 포괄적 일반적인 강행법규에 위반하지 않는 것을 사회적 타당성이라 한다.

307) 이영준, 208면 ; 이은영, 361면.

따라서 적법성은 사회적 타당성의 구체적 표현으로 적법성은 일반규정적 성격인 사회적 타당성에 비하여 특별규정으로 이해하여야 한다. 법률행위의 목적이 개개의 강행규정에는 반하지 않으나 선량한 풍속 기타 사회질서에 위반되면 무효로 될 수 있기 때문에 구별하는 것이 타당하고, 구체적인 법적용에 있어서는 법률행위의 적법성은 사회적 타당성에 우선하여 검토하여야 한다.[308)]

2. 강행법규의 내용

(1) 강행법규와 임의법규

법규는 강행법규와 임의법규로 구분되는데, 강행법규는 선량한 풍속 기타 사회질서에 관한 규정으로서 당사자의 의사에 의해 배제하거나 변경할 수 없는 법규를 말하고, 임의법규는 선량한 풍속 기타 사회질서에 관계없는 규정으로서 법률행위 당사자의 의사에 의해 배제하거나 변경할 수 있는 법규를 말한다. 강행법규에 반한 법률행위는 위법한 것으로 무효이나, 임의법규를 위반한 경우에도 그 법률행위는 유효하고 적법하다.

(2) 강행법규 판정의 표준

어떤 법규정이 강행법규인지 임의법규인지를 구별하는 것은 대단히 중요하지만 그 구별기준은 명백하지 않다. 경우에 따라서는 법률 자체에서 강행규정임을 명시적으로 언급하는 경우도 있지만(289조, 608조, 652조 부동산실명법 제4조 등) 일반적으로는 그러하지 아니하다. 결국 양자의 구별은 해석에 의하게 되는데, 일반적 기준은 없고, 개별적으로 그 법규의 성질, 의미, 목적 등을 고려하여 개인의 의사에 의해 적용을 배제해도 좋은지 여부에 따라 결정할 수 밖에 없다. 단순히 일정한 행위를 하려는 것을 금하려는 것이 입법취지이면 단속법규이고, 법규가 정하는 내용의 실현을 완전히 금지하는 것이라면 효력규정이다.[309)]

(3) 민법상 강행규정

민법에서 강행법규로 볼 수 있는 주요한 것으로는 ① 사회의 기본적 윤리관을

308) 곽윤직, 214면 ; 백태승, 348면 ; 송덕수, 128면.
309) 곽윤직, 212면 ; 송덕수, 130면.

반영하는 규정(2조, 103조), ② 법률질서의 기본구조에 관한 규정(권리능력, 행위능력, 법인제도 등에 관한 규정), ③ 가족관계질서의 유지에 관한 규정, ④ 제3자 내지 사회일반의 이해관계에 영향을 크게 미치는 규정, ⑤ 거래의 안전을 위한 규정, ⑥ 경제적 약자를 보호하기 위한 사회정책적 규정(104조, 608조 등) 등이 있다.

(4) 쌍방적 강행규정과 편면적 강행규정

강행규정은 법률행위의 당사자 쌍방에게 강행규정인 것이 일반적이지만(쌍방적 강행규정), 사회적, 경제적 약자보호를 위한 강행규정은 법규정보다 약자에게 불리한 약정은 무효이나 강자에게 불리한 약정은 유효하다(편면적 강행규정).

3. 단속법규와의 관계

행정상의 목적을 위해 일정힌 행위를 금지하거나 제한하는 법규정을 단속법규라 한다. 단속법규와 강행법규의 관계에 대해서는 견해가 대립된다.

다수설[310)]은 강행규정을 효력규정과 단속규정으로 구분하고, 효력규정을 위반한 경우에는 사법상의 효력이 부정되는데 반해 단속규정을 위반한 경우에는 벌칙의 적용이 있지만 행위 자체의 사법상의 효력에는 영향이 없다고 한다. 따라서 강행규정위반으로 무효가 되는 것은 효력규정위반의 법률행위라 한다. 무효는 절대적 무효로 당사자는 물론 전득자에게도 무효를 주장할 수 있고, 추인할 수 없다.

소수설[311)]은 법률이 일정한 행위를 금지하고 있는 법규정을 금지규정이라하고 금지규정을 강행규정과 단속법규로 구분하고, 단속규정을 효력규정과 단순한 단속규정으로 구분하여, 전자는 사법상의 효력이 부정되며 후자는 사법상의 효력에는 영향이 없다고 한다.

4. 강행법규위반의 모습

강행법규를 위반하는 모습은 두 가지가 있다.

(1) 직접적 위반

강행법규나 효력규정 자체를 정면으로 위반하는 경우, 그 행위는 무효이다. 법률

310) 곽윤직, 211면 ; 김증한/김학동, 307면 ; 김주수, 327면 ; 김용한, 254면.
311) 고상용, 324면 ; 김상용, 375면 ; 박영복, 181면 ; 백태승, 349-350면 ; 이영준, 217면.

행위의 일부가 강행법규에 위반인 경우에는 일부무효의 법리에 의해 해결한다(137조). 강행법규나 효력규정에 위반되는지 여부는 법률행위 당시를 기준으로 결정한다.

(2) 간접적 위반(탈법행위)

① 의 의

탈법행위란 강행법규나 효력규정을 직접 위반하지는 않으나 강행법규나 효력규정이 금지하고 있는 것을 회피수단에 의해 실질적으로 실현하는 행위를 말한다. 예컨대 담보가 금지되는 연금수급권을 채권자에게 연금증서를 교부하고 대리권을 수여하여 추심을 위임하고 추심한 연금을 변제에 충당케 한다는 약정을 하고, 원금과 이자의 완제가 있을 때까지 추심위임을 해제하지 않는다는 특약을 하면, 이는 실질적으로 연금수급권을 담보로 하는 것과 동일한 효과에 도달하게 된다.

② 인정 여부

탈법행위의 개념을 인정할 것인지에 대해 통설[312)]은 해석의 문제이지만 위반의 모습에 착안하여 효력 여부를 판단하는 것은 의미가 있으므로 그 개념을 인정한다. 이에 따르면 강행법규위반을 직접적 위반과 간접적 위반으로 구분하여 후자를 탈법행위라 하고, 그 효력은 무효라고 한다. 이에 반해 탈법행위에 대해 직접위반과 간접위반의 구별이 명료하지 않고, 탈법행위이론을 법률 법률행위해석의 이론외에 별도로 인정하는 것은 민법체계에 반하고 실제 필요성도 없다는 이유로 부정하는 견해[313)]도 있다. 즉 탈법행위의 문제는 종국적으로 강행법규 또는 효력규정 해석의 문제라면서 강행법규위반외에 독립하여 탈법행위의 개념을 인정할 필요가 없다고 한다.

◆ 판 례

✧ 온천공 발견신고자의 명의를 변경하기로 하는 계약이 탈법행위로서 무효인지 여부(소극)

온천법 제19조 제2항에서는 "시장·군수는 행정자치부령이 정하는 바에 의하여 온천자원조사를 실시하고 온천관리대장을 작성·비치하여야 한다."고 규정하고 있고, 온천법시행규칙 제15조 제3항에서는 " 법 제19조 제2항의 규정에 의한 온천관리대장은 별지 제11호 서식과 같다."고 정하고 있으며, 별지 제11호 서식은 소재지, 온천발견상황, 온천지구 및 온천공보호구역 지정상황, 개발계획수립 및 개발추진상황, 온천현황, 이용현황, 온천자원보전관리,

312) 곽윤직, 213면 ; 백태승, 357-358면 ; 윤형렬, 325면.
313) 이영준, 225면.

온천자원보전관리조치상황을 기재하도록 되어 있고, 온천발견상황란에서 발견신고일자, 신고수리일자, 발견자 인적 사항을 기재하도록 되어 있을 뿐, 온천법이나 관계 법령을 살펴보아도 온천발견자 신고상의 명의변경이나 그 지위승계의 허용가능성이나 명의변경절차에 관하여는 전혀 규정을 찾아볼 수 없으므로, 온천관리대장에 온천발견자의 성명을 등재하는 행위는 행정사무집행상의 편의를 위한 것에 불과하여 온천발견자 신고상의 양도인 명의를 양수인 명의로 직접 변경할 것의 이행을 구하는 것은 허용될 수 없는 것이라 할 것이나, 온천공 발견신고자의 명의를 변경하기로 하는 당사자 사이의 계약은 사적자치의 원칙에 따라 이를 금지하는 강행규정이 없는 이상 보호되어야 하고, 비록 해당 법규에서 위 명의를 변경하는 근거 규정을 두지 않았다는 사유만으로는 당사자 사이의 계약이 탈법행위로서 무효가 된다고는 할 수 없다(대판 2004. 8. 20, 2002다20353).

③ 탈법행위의 금지

이러한 탈법행위는 정면으로 강행법규나 효력규정에 위반하는 것은 아니지만 법규의 정신에 반하고 법률이 허용하지 않는 결과의 발생을 목적으로 하여 무효이다.[314][315]

탈법행위에 대해서는 역사적으로 로마법에서 연유하여 독일보통법 이래 독립된 이론으로 발전되어 왔으며, 탈법행위에 관하여는 법률에 명문의 규정이 있든 없든 상관없이 무효라고 하여야 하며, 법률행위의 일부만 탈법행위가 되는 경우에는 역시 일부무효의 법리(137조)에 의해 해결한다.

탈법행위로 무효가 되는 경우는 연금수급권의 담보제공금지규정(공무원연금법 32조, 군인연금법 7조), 탈법행위를 금하는 규정을 둔 경우(독점금지 및 공정거래에 관한 법률 15조, 19조 5, 하도급거래공정화에관한법률 20조)) 가 있다.

---

314) 법률중에는 탈법행위를 금지하는 분명한 규정을 두고 있는 것도 있다. 독점규제및공정거래에관한법률 제15조(탈법행위의 금지) ① 누구든지 제7조(기업결합의 제한)제1항 및 제3항, 제8조의2(지주회사 등의 행위제한 등)제2항 내지 제4항, 제8조의3(채무보증제한기업집단의 지주회사 설립제한), 제9조(상호출자의 금지등), 제10조(출자총액의 제한)제1항, 제10조의2(계열회사에 대한 채무보증의 금지)제1항 또는 제11조(금융회사 또는 보험회사의 의결권 제한)의 규정의 적용을 면탈하려는 행위를 하여서는 아니된다.
② 제1항의 규정에 의한 탈법행위의 유형 및 기준은 대통령령으로 정한다.

315) 효력규정을 위반하는 탈법행위는 원칙적으로 무효이지만 예외적으로 ① 회피행위가 효력규정이 말하는 행위와 별개의 독자적 법률행위 유형을 이루고, 그 행위가 사회적 타당성을 갖는 경우, ② 효력규정이 법정의 형식을 갖춘 경우에만 대외적 효력을 인정하려는 취지인 경우에는 행위당사자간에 대내적 효력은 유효하다고 하는 견해가 있다(이은영, 408면).

◆ 판 례

✧ **국유재산에 관한 사무에 종사하는 직원이 타인 명의로 국유재산을 취득및 전매한 행위의 효력(무효)**

구 국유재산법(1976. 12. 31. 법률 제2950호로 개정되기 전의 것) 제7조는 같은 법 제1조의 입법 취지에 따라 국유재산 처분 사무의 공정성을 도모하기 위하여 관련 사무에 종사하는 직원에 대하여 부정한 행위로 의심받을 수 있는 가장 현저한 행위를 적시하여 이를 엄격히 금지하는 한편, 그 금지에 위반한 행위의 사법상 효력에 관하여 이를 무효로 한다고 명문으로 규정하고 있으므로, 국유재산에 관한 사무에 종사하는 직원이 타인의 명의로 국유재산을 취득하는 행위는 강행법규인 같은 법 규정들의 적용을 잠탈하기 위한 탈법행위로서 무효이고, 나아가 같은 법이 거래안전의 보호 등을 위하여 그 무효로 주장할 수 있는 상대방을 제한하는 규정을 따로 두고 있지 아니한 이상, 그 무효는 원칙적으로 누구에 대하여서나 주장할 수 있으므로, 그 규정들에 위반하여 취득한 국유재산을 제3자가 전득하는 행위 또한 당연무효이다.(대판 1997. 6. 27. 97다9529).

④ 탈법행위의 한계

탈법행위를 언제나 무효로 볼 것인가가 탈법행위의 한계 내지 범위의 문세인데, 강행법규의 입법취지가 그 법규의 위반행위에 의해 생기는 결과(효과)를 절대로 인정하지 않거나 금지하려는 것인 경우에는 무효가 될 것이지만, 강행법규의 취지가 그러한 법규가 금지하고 있는 결과나 효과보다는 그러한 결과를 발생하게 하는 특정의 행위 그 자체를 금지하는데 있는 경우에는 탈법행위는 유효하다고 해석된다. 동산양도담보의 경우 질권설정금지규정(332조)와 유질계약금지규정(339조)에 위반하여 탈법행위로 무효인지 논의되다가 탈법행위가 아니라고 하였고, 자동차지입행위에 대해서도 탈법행위가 아니라고 하였으며[316], 근로자의 자유의사에 의한 중간퇴직을 한 후 중간퇴직금을 지급한 행위에 대해 탈법행위가 아니라고 하였다[317].

근본적으로 탈법행위를 초래하는 원인은 법규와 사회의 현실적 요청과의 괴리에서 생기는 것이므로 단순한 법규의 해석을 통해서가 아니라, 새로운 사회적, 경제적 사정에 적절한 입법적 조치의 강구가 근본적인 해결책이 된다.

316) 대판 4294민상 775.
317) 대판 1992. 9. 14, 92다17754.

◆ 판 례

✧ 근로자의 선택에 따라 근로자를 중간퇴직처리한 뒤 중간퇴직금을 지급한 행위가 근로기준법상의 퇴직금규정에 위배되는 탈법행위로서 무효인지 여부(소극)

근로자가 자의로 사직서를 제출하여 중간퇴직한 이상 적어도 퇴직금 계산의 기초가 되는 근로관계에 관한 한 그때까지의 근로계약관계는 위 퇴직일로써 일단 종료되었다고 봄이 상당하고, 위 퇴직의 의사표시를 진의 아닌 의사표시로서 퇴직금 산정에 있어서 무효라고 볼 수 없으며, 중간퇴직을 할 것이냐의 여부가 기본적으로 근로자의 자유로운 선택에 맡겨져 있는 이상 이러한 근로자의 선택에 따라 근로자를 중간퇴직 처리한 뒤 그 중간퇴직금을 지급한 행위를 근로기준법상의 퇴직금규정에 위배되는 탈법행위로서 무효라고 할 수도 없다(대판 1992. 9. 14, 92다17754).

V. 목적의 사회적 타당성

1. 서 설

(1) 103조의 의의

법률행위가 유효하려면 그 목적은 사회적 타당성이 있어야 하며, 사회적 타당성이 없는 법률행위는 사회질서위반의 법률행위로서 무효이다. 우리민법 103조는 '선량한 풍속 기타 사회질서에 위반한 사항을 내용으로 하는 법률행위는 무효로 한다'고 규정하여 법률행위가 개개의 강행법규에는 위반하지 않는다 하더라도 사회적 타당성이 없다는 이유로 무효가 될 수 있다.

(2) 기 능

이러한 사회적 타당성은 법률행위의 자유, 즉 사적 자치의 한계를 이루어서 법률행위가 사회적 타당성을 잃으면 효력을 발생할 수 없다는 점에서 103조는 사적자치의 내재적 한계규정이라 할 수 있다. 성문법주의국가에서 허용되지 않는 법률행위를 하나하나 빠짐없이 규정할 수가 없고, 시대의 변화에 따라 허용되는 행위의 범위가 변하기도 하므로, 103조와 같은 일반적, 포괄적인 규정에 의할 수 밖에 없다. 이로써 시대의 변화에 따라 발생하는 법의 흠결을 보충할 수 있게 된다. 즉, 법과 도덕의 가교역할을 하여 도덕규범을 법규범화하는 기능을 한다. 그러나 이같은 일반적, 포괄적 규정을 폭넓게 활용하는 것은 다른 측면에서 법적 안정성을 해치는 결과를 가져올 수 있고 '일반규정에로의 도피'의 위험성을 지니고 있다.

◆ **판 례**

✧ **민법 제103조 소정의 '반사회질서의 법률행위'의 의미**

민법 제103조에 의하여 무효로 되는 반사회질서 행위는 법률행위의 목적인 권리의무의 내용이 선량한 풍속 기타 사회질서에 위반되는 경우뿐만 아니라, 그 내용 자체는 반사회질서적인 것이 아니라고 하여도 법률적으로 이를 강제하거나 법률행위에 반사회질서적인 조건 또는 금전적인 대가가 결부됨으로써 반사회질서적 성질을 띠게 되는 경우 및 표시되거나 상대방에게 알려진 법률행위의 동기가 반사회질서적인 경우를 포함한다.(대판 2000. 2. 11, 99다56833).

2. 사회질서의 의의

사회적 타당성이 없는 법률행위의 효력을 부인하는 것은 로마법 이래 인정되어 온 것으로 세계 각국의 입법례에서도 규정하고 있다[318]. 일본민법과 우리민법은 선량한 풍속 이외에 사회질서를 규정하고 있다.

여기에서 선량한 풍속과 사회질서의 관계가 문제되는데, 다수설(사회질서 상위개념설[319])은 선량한 풍속을 상위개념인 사회질서의 일종으로 보고 「사회질서」가 제103조의 중심개념을 이룬다고 한다. 이에 대해, 양자를 별개의 개념으로 파악하는 견해(병존개념설[320])도 있다. 즉 선량한 풍속은 사회의 일반적인 윤리개념인데 반하여, 사회질서는 공익개념으로서 국가, 사회의 일반적 이익 내지 공공의 질서를 뜻한다면서 양자는 병존개념 또는 대비개념이고, 후자가 전자의 포괄개념은 아니라고 한다. 또 행위의 사회적 타당성을 의미하는 추상적인 일반조항으로서 양자를 합쳐서 사회질서라고 하면 충분하다는 견해(사회질서 일반조항설[321])도 있다.

이러한 선량한 풍속 기타 사회질서의 구체적 내용은 시대에 따라 변천하게 되

318) 독일민법은 '선량한 풍속에 반하는' 법률행위는 무효이다(동법 138조)라고 규정하고 있고, 스위스채무법도 역시 계약의 내용이 '선량한 풍속에 반하는 경우' 무효라고 규정하고 있다(동법 20조 1항). 또한 불란서민법은 급부의 원인이 '선량한 풍속 또는 공공의 질서'에 반하면 그 원인을 불법으로 하고 있고(1133조), 영미법에서는 '공공의 질서'에 반하는 행위의 효력을 부인하고 있다.

319) 곽윤직, 215면 ; 김기선, 229면 ; 김용한, 260면 ; 송덕수, 133면 ; 황적인, 162면.

320) 김상용, 384면 ; 김증한, ; 명순구, 380면 ; 이영준, 228-229면 ; 이은영, 364면.

321) 고상룡, 334면 ; 김증한/김학동, 310면 ; 박영복, 186면 ; 백태승, 362면 ; 이은영, 367면 ; 정기웅, 331면 ; 주해민법(2), 218면.

며 판례를 통해 구체화된다.

3. 반사회적 법률행위의 유형

사회질서위반의 법률행위는 시대와 장소에 따라 변하므로, 그 구체적인 내용은 판례에 의해 밝혀질 수 밖에 없으며, 법원은 개인적, 주관적 윤리관에 의해서가 아니라 객관적인 기준[322]에 의해 판단하여야 하며, 법원은 103조의 적용을 통해 당시의 법의 이념을 구체화할 수 있게 된다.

(1) 정의의 관념에 반하는 법률행위

① 법률행위 자체가 범죄행위에 해당하는 경우

정의관념에 반하는 법률행위는 형사법규에 저촉되는 경우가 많겠지만 반드시 형사법규에 저촉되는 범죄행위에 국한되는 것은 아니다. 범죄 기타 불법행위를 권하거나 이에 가담하는 법률행위로서 밀수를 위한 자금대차나 출자행위[323], 편취물품에 대한 동산양도담보계약[324], 부동산의 이중매매의 경우, 경매나 입찰에서의 담합행위, 수사기관에서 진술하거나 법정에서 증언하는 대가로 일정한 금원을 지급받기로 하는 약정[325], 일방의 우월한 지위를 이용한 계약[326], 영리를 목적으로 윤락행위를 하도록 권유 · 유인 · 알선 또는 강요하거나 이에 협력하는 것[327] 등이 이에 속한다.

② 이중매매

i) 의 의

이중매매란 특정물의 매도인이 매매계약을 체결하고 등기 · 인도 등을 하지 않은 상황에서 다른 사람(제2매수인)과 동일 목적물에 관한 매매계약을 체결하는 것으로

---

322) 곽윤직 교수는 국민 전체의 건전한 관념을 들고 있다(곽윤직, 215면).

323) 대판 1956, 1. 26, 4288민상96.

324) 대판 1989. 10. 13, 88다카19415

325) 대판 2001, 4. 24, 2000다71999.

326) 금전 소비대차계약과 함께 이자의 약정을 하는 경우, 양쪽 당사자 사이의 경제력의 차이로 인하여 그 이율이 당시의 경제적·사회적 여건에 비추어 사회통념상 허용되는 한도를 초과하여 현저하게 고율로 정하여졌다면, 그와 같이 허용할 수 있는 한도를 초과하는 부분의 이자 약정은 대주가 그의 우월한 지위를 이용하여 부당한 이득을 얻고 차주에게는 과도한 반대급부 또는 기타의 부당한 부담을 지우는 것이므로 선량한 풍속 기타 사회질서에 위반한 사항을 내용으로 하는 법률행위로서 무효이다(대판 전원합의체 2007. 2. 15, 2004다50426).

327) 대판 2004, 9. 3, 2004다27488, 27495

서, 우리 민법이 물권변동에 관해 형식주의를 취하고 있기 때문에 가능한 현상이다.

이중매매는 계약자유의 원칙상 원칙적으로 유효하다. 다만 제2의 매매가 사회질서를 위반한 것으로 보아 무효로 되는 경우가 있을 수 있다.

ii) 제2매매계약이 무효로 되기 위한 요건

이중매매가 반사회성을 띠는 경우에는 무효로 되는데 매도인의 배임행위와 제2매수인의 적극가담행위가 있는 경우가 이에 해당한다.

α) 매도인의 배임행위

제1매수인이 등기를 경료하지 않아 소유권은 취득하지 못했지만 매도인에게 대금을 지불하고 점유를 이전받아 사실상의 소유자의 지위인 단계에 있어야 매도인의 이중매매행위가 배임행위가 된다는 견해와 형법상 배임죄는 매도인이 제1매수인으로부터 중도금까지 지급받은 후 목적물을 처분할 때에도 성립하므로, 반사회성을 띠는 배임행위는 매도인이 중도금을 받은 후부터 목적부동산을 처분하는 행위를 가리킨다는 견해가 대립된다.

β) 제2매수인이 매도인의 배임행위에 적극가담

제2매수인이 배임행위에 적극 가담하는 등 정의관념에 반하는 행위를 하여야 한다. 매도인이 이중매매한다는 사실은 안 것만으로는 그 이중매매를 무효라고 할 수 없고[328], 그 사실을 알고도 매도인의 배임행위에 적극 가담하여 이중매맥{약을 체결하여야 한다. 종래의 판례[329]는 '만일 문제가 되면 자기가 전부 책임을 지겠다는 등 설득을 함으로써 배임행위에 적극 가담했다는 비난가능성이 존재하여야 한다'고 좁게 보았으나, 최근에는 "제2매수인이 다른 사람에게 매매목적물이 매도된 것을 안다는 것만으로는 부족하지만 적어도 매도사실을 알고도 매도를 요청하여 매매계약에 이르는 정도이면 된다."[330]고 함으로써 요건을 완화하고 있다.

◆ 판 례

✧ "이중매매를 사회질서에 반하는 법률행위에 해당한다고 하여 민법 제103조에 의하여 무효라고 하기 위하여는 제2매수인이 이중매매한 사실을 안 것만으로는 부족하고, 나아가 매도인의 배임행위(또는 배신행위)를 유인, 교사하거나 이에 협력하는 등 적극적으로 가담하여

---

328) 대판 1965, 7. 6, 65다935.

329) 대판 1969. 11. 29

330) 대판 1994. 3. 11, 93다55289.

야 한다고 해석하여야 할 것인 바(대판 1981. 1. 13, 80다1034 ; 1983. 12. 13, 83다카1347).

✧ 대법원 1981. 12. 22.선고, 81다카197 판결(공 675호 215)은 "이중매매에 있어서 매도인의 범죄행위에 적극 가담하여 사회정의관념에 반하는 반사회적 법률행위로서 그 매매가 무효로 되는 경우의 이른바 적극 가담하는 행위는 타인과의 매매사실을 알면서 매도를 요청하여 매매계약에 이르는 정도로 족하다" 고 판시

✧ 부동산을 갑이 은행으로부터 을의 이름으로 매수하고 을은 그 즉시 갑에게 그 소유권을 양도하여 주기로 약정하였는데, 을이 갑에 대한 위 소유권이전등기의무를 면탈하기 위하여 갑에 대한 양도절차의 이행을 거부하자 갑이 은행을 상대로 처분금지가처분을 하였는데도 을은 위 은행을 상대로 소유권이전등기소송을 제기하여 그 승소의 확정판결을 받아서 병의 을에 대한 가장채권에 기한 병의 채무명의를 이용하여 을 명의로의 대위에 의한 소유권이전등기를 마침과 동시에 강제경매를 하게 하기에 이르고 병이 이에 적극 가담한 것이라면 이는 법이 보호할 수 없는 반사회적인 행위로서 이중매매의 매수인이 매도인이 배임행위에 적극 가담한 경우 등과 마찬가지의 법리가 적용되어 무효이고, 갑은 위 강제집행절차에서 그 무효를 주장하고 제3자(소유권자)로서 그 집행의 배제를 구할 수 있다(대판 1988, 9. 27, 84다카2267).

✧「부동산의 이중매매가 그 매수인이 매도인의 배임행위에 적극 가담함으로써 이루어진 때에는 반사회적 법률행위로서 민법 제103조에 의하여 무효라 함이 당원의 일관된 견해인 바」라고 전게하고 나서 「이중매매의 매수인이 매도인의 배임행위에 적극 가담하는 방법으로 매도인과 매수인이 직접 매매계약을 체결하는 대신에 매도인이 채무를 부담하고 있는 것처럼 거짓으로 꾸며 가장채권에 기한 채무명의를 만들고 그에 따른 강제경매절차에서 매수인이 경락 취득하는 방법을 취한 경우에도 또한 마찬가지의 법리가 적용된다고 할 것이며」라고 판시하였다(대판 1985, 11. 26, 85다카1580).

(2) 인륜에 반하는 행위

친자간 또는 부부간의 인륜에 반하는 행위도 선량한 풍속 기타 사회질서에 반하여 무효가 된다. 자와 부모가 동거하지 않기로 하는 계약, 자가 부모에게 불법행위로 인한 손해배상청구를 하는 행위, 첩계약, 대리모계약 등이 있다. 첩계약은 부부간의 인륜에 반하는 행위로서 설령 처가 동의를 한다 하더라도 언제나 무효이다[331]. 그러나 불륜관계를 단절하면서 첩의 생존을 유지하기 위한 생활비를 지급하거나 출생한 자녀의 양육비지급에 관한 약정은 유효하다.[332]

331) 대판 1967, 10. 6, 67다1134
332) 대판 1980, 6. 24, 80다458

(3) 개인의 자유를 극도로 제한하는 행위

매춘행위를 하는 약정, 어떤 일이 있어도 이혼하지 않겠다는 이혼 절대금지 각서 등과 같이 개인의 신체적, 정신적 자유를 극심하게 제한하는 행위와 과도하게 장기간 영업하지 않기로 하는 경업금지의 약정과 같이 개인의 경제적 자유를 지나치게 제한하는 행위가 이에 속한다. 그러나 해외연수 근로자가 귀국후 일정기간 동안 근무하지 않으면 소요경비를 배상한다는 사규나 역정[333)]이나 세입자카드가 발급될 때까지 살아야 한다는 조건이 붙어 있는 세입자입주권의 매매계약[334)]은 사회질서에 반하지 않는다고 한다.

(4) 생존의 기초가 되는 재산의 처분행위

자기가 장래 취득할 모든 재산을 양도한다는 계약은 생존을 곤란케 하므로 사회질서위반으로 무효가 된다. 판례도 사찰이 그 존립에 필요한 필수불가결한 재산인 임야를 증여하는 행위는 반사회질서적 법률행위로 무효라고 하고 있다.

(5) 지나치게 사행적인 행위

도박계약이나 도박자금을 대부하는 행위처럼 사람의 사행심을 지나치게 자극하는 사행계약은 반사회질서적 법률행위로 무효가 된다. 그러나 경마투표권(한국마사회법 제6조), 법률에서 허가하고 있는 복권(복권및복권기금법 제2조, 제3조 1항)은 반사회성이 조각된다.

(6) 폭리행위 (104조)

타인의 무력, 궁박을 이용해서 부당한 이익을 얻으려는 행위는 반사회질서적 법률행위로 무효가 된다. 자세한 것은 후술한다.

4. 사회질서 위반의 모습

사회질서위반의 법률행위로서 무효가 되는 경우에도 법기술적으로 법률행위의 어쩐 측면에서 사회질서위반이 생기는가라는 형식적, 형태적 유형을 분류하면,

---

333) 대판 1982, 6. 22, 82다카90.
334) 대판 1991, 5. 28, 90다19770.

(1) 법률행위의 중심적 내용이 반사회질서적인 경우

(2) 법률행위의 내용 그 자체는 사회질서에 위반하지는 않으나 그것이 법률적으로 강제됨으로써 사회질서에 위반하는 경우(과도한 위약벌의 약정)

(3) 사항 자체는 반사회성이 없지만 금전적 이익과 관련됨으로써 사회질서에 반하는 경우

내용 자체는 반사회질서적인 것이 아니지만 금전적 대가와 결부됨으로써 반사회성을 띄게 되는 것은 103조 위반이 된다.

(4) 법률행위의 조건이 사회질서에 반하는 경우(151조 1항)

조건이 선량한 풍속 기타 사회질서에 반할 때에는 조건만 무효가 되는 것이 아니라 법률행위 전체가 무효로 된다. 지방자치단체가 골프장사업계획승인과 관련하여 사업자로부터 기부금을 지급받기로 한 증여계약은 공무수행과 결부된 금전적 대가로서 그 조건이나 동기가 사회질서에 반하므로 민법 제103조에 의해 무효가 된다[335].

(5) 법률행위의 동기가 사회질서에 반하는 경우(동기의 불법)

① 의 의

동기의 불법이란 법률행위 자체는 사회질서에 위배되지 않으나, 당사자가 그 의사표시를 하게 된 동기에 반사회성이 있는 경우를 말한다. 예를 들면 도박자금을 마련하기 위해 돈을 빌린다든가 범행의 준비장소로 쓰기 위해 집을 세든 경우 그 소비대차, 임대차가 무효로 되는가의 문제이다. 반사회질서 행위가 무효로 되기 위해서는 당사자가 그 법률행위가 양속질서에 반하는 사정을 인식하여야 하는 문제(양속질서위반으로 무효가 되기 위해 주관적 요건을 요하는가의 문제)와 구별된다.

② 동기의 불법과 법률행위의 효력

i) 표시설[336]

동기는 표시된 때에 한하여 법률행위의 내용을 이루므로 불법의 동기가 표시된 경우에 한하여 법률행위가 사회질서에 반하여 무효가 된다는 견해이다. 표시되지 않은 내심의 동기 때문에 법률행위를 무효로 한다면 거래의 안전을 해하기 때문이라 한다.

---

335) 대판 2009.12.10, 2007다63966
336) 곽윤직, 219면 ; 지원림, 196-197면.

ii) 인식설[337)]

불법의 동기가 표시된 경우는 물론이고 표시되지 않았더라도 상대방이 그 동기가 반사회적이라는 것을 알았거나 알 수 있었을 때에는 법률행위가 반사회성을 띠게 되어 무효라는 견해이다. 법률행위가 사회질서에 위반하는 여부는 동기를 고려함으로써만 정당하게 판단할 수 있고, 상대방이 표의자의 불법동기를 알았거나 통상의 주의를 기울였다면 알 수 있었는데도 이에 협력하는 의사표시를 하였다는 사실이 의사표시에 반사회성을 부여한다는 점을 근거로 한다. 이 견해는 동기, 목적이 불법인데도, 표시가 되지 않았다는 이유로 그러한 법률행위를 언제나 유효하다고 한다면 민법이 반사회적인 법률행위를 금하고자 하는 취지를 크게 손상할 것이라는 데 근거를 두고 있다.

iii) 객관설

불법성을 띤 동기가 표시되었는가에 관계없이 동기를 포함하여 법률행위의 반사회성을 객관적으로 파악하는 견해이다. 불법인 동기가 표시되면 대개 반사회성이 인정되며 그 외에도 통상의 주의를 다하였다면 상대방이 알 수 있었던 경우나 양당사자가 사회질서에 반하는 동일한 목적을 추구하는 경우에는 표시되지 않아도 그 법률행위는 무효라고 한다.

① **이익형량설**[338)]

당사자가 불법동기에 관여한 정도, 사법적 구제에 따른 양당사자의 이익형량, 거래의 안전 등을 고려하여 종합적으로 판단한다.

② **유형구분설**[339)]

동기는 계약의 내용이 아니므로 원칙적으로 계약의 내용에 아무런 영향을 미치지 않는다. 동기가 표시되거나 표시되지 않았더라도 통상의 주의를 하였더라면 상대방의 동기를 알 수 있었던 경우에는 법률행위는 반사회성을 띠며, 계약의 당사자가 동일한 동기를 가지고 동일한 목적을 추구하는 경우에는 그것이 표시되지 않았더라도 계약의 내용으로 취급해야하며, 단독행위는 그 목적 또는 동기가 사회질서에 반하는 경우에 표시 여부를 묻지않고 무효가 된다고 한다.

---

337) 김상용, 392면 ; 김증한/김학동, 312면 ; 백태승, 370면 ; 서광민, 321-322면 ; 송덕수, 142면 ; 윤형렬, 334면.

338) 고상용, 341면 ; 김상용, 392면 ; 김주수, 249면 ; 정기웅, 335면.

339) 이영준, 254면 이하 ; 이은영, 370면.

iv) 판 례

판례의 입장은 명백하지 않다. 부정축재처리법을 회피할 의도로 행해진 소유권 이전등기는 등기만이 사회질서에 반하므로 무효가 아니라고 판시하면서, 법률행위가 선량한 풍속 기타 사회질서에 위반한 사항을 단지 법률행위의 동기 혹은 수단으로 한 것에 불과한 것은 이로써 법률행위를 무효로 할 수 없다(.대판 1972. 10. 31, 72다1271)고 한 반면, 도박자금에 제공할 목적으로 금전대차를 한 때에는 대차계약은 103조 위반으로 무효(72다2249)라고 하였다.

◆ 판 례

✧ 도박자금을 위한 금전대차

도박자금에 제공할 목적으로 금전의 대차를 한 때에는 그 대차계약은 민법 제103조의 반사회질서의 법률행위로 무효이다(대판 1973. 5. 22, 72다2249).

✧ 동기 연유의 반사회성

법률행위가 선량한 풍속 기타 사회질서에 위반한 사항을 그 내용으로 한 것이 아니고 단지 법률행위의 연유, 동기 혹은 수단으로 한 것에 불과한 것은 이로써 법률행위를 무효로 할 수 없다. 선고 72다1271, 72다1272 판결 [집20(3)민080]

v) 검 토

동기는 법률행위의 목적을 정해주지만 구성상 법률행위와는 별개의 것이므로 동기가 법률행위의 내용으로 구성 내지는 편입된 것으로 평가되지 않는 한, 동기는 거래의 안전상 원칙적으로 고려하지 않는 것이 타당하다. 결과적으로 동기의 불법이 고려되는지는 법률행위 해석의 문제이며, 표시여부 상대방의 인식여부 등은 이러한 법률행위 해석에서 중요하게 고려해야할 사항이라고 본다.

살인을 하기 위해 무기를 매수한다든가, 도박을 하기 위해 자금을 빌린다든가, 추업을 영위하기 위해 주택을 임차한다든가 하는 경우, 그 매매, 임대차, 소비대차라는 법률행위가 유효인가 무효인가가 문제인데, 이러한 경우는 표의자가 의사표시를 하게 된 이유인 동기가 불법인 경우이다. 그런데 동기는 의사표시에 앞서는 과정이므로 의사표시의 구성요소가 아니다. 이 동기의 불법이 법률행위의 불법을 초래하는가에 관해 견해가 대립되어 있다.

독일민법[340]과는 달리 우리 민법은 '법률행위의 내용'이 선량한 풍속 기타 사회질서에 반하는 경우 무효라고 하고 있다.

판례는 동기가 상대방에게 표시된 경우 뿐 아니라, 표시되지 아니한 경우에도 상대방이 이미 알고 있는 경우에는 동기의 반사회성이 법률행위의 반사회성을 초래한다고 한다.

5. 반사회질서적 법률행위의 요건

(1) 객관적 요건

반사회질서적 법률행위로 인정되기 위해서는 당해 법률행위의 내용이 사회질서에 반하여야 한다. 법률행위가 반사회질서적이냐의 판단은 법률행위시를 기준으로 한다. 법률행위시에 사회질서에 반하지 않으면 그후 사회질서에 반하게 되더라도 그 법률행위는 무효로 되지 않는다. 이행되지 않은 부분이 남아 있는 경우에는 이행해서는 안된다. 왜냐하면 이행하면 사회질서에 반하기 때문이다. 법률행위시에 사회질서에 반하였는데, 그후 사정이 바뀐 경우 문제가 되는데, 이에 대해 여전히 사회질서에 반하는 것을 된다는 견해[341]와 이제는 유효가 된다는 견해[342]로 대립된다.

(2) 주관적 요건 여부

주관적으로 법률행위를 할 당시에 그 법률행위를 선량한 풍속 기타 사회질서에 반하게 만드는 사정을 당사자가 인식하고 있어야 하는지 문제된다. 이에 대해 자신의 행위가 사회질서에 반함을 인식하여야 한다는 견해[343], 당해 법률행위의 반사회질서성 그 자체에 대한 인식할 필요는 없으나 그 법률행위를 사회질서에 반하게 하는 사정에 대한 인식은 필요하다는 견해[344], 인식은 요건이 아니라는 견

340) 독일 민법은 138조 1항에서 '법률행위'가 선량한 풍속에 반하면 무효로 한다고 규정하고 있다).

341) 김상용, 393면.

342) 이영준, 247면.

343) 김증한/김학동, 311면 ; 이영준, 253면.

344) 지원림 교수는 「일률적으로 판단할 것은 아니라면서 법률행위의 내용 자체가 사회질서에 반하는 경우에는 당사자의 인식을 문제삼을 필요가 없고, 법률행위의 내용 자체가 사회질서에 반하는 것이 아니라 당사자의 동기나 법률행위 당시의 객관적 사정이 사회질서에 반하는 경우에는 동기의 불법의 문제로 다루어야 한다」고 한다(지원림, 194-195면). 김상용 교수는 「주관적 요건이 중요한 경우는 법률행위의 반시회성을 그 법률행위를 하게 된 사정에 기초

해[345])가 대립된다.

6. 반사회질서적 법률행위의 효과

(1) 무 효

사회질서에 반하는 법률행위는 무효이다. 따라서 이러한 법률행위에 기해 급부의 이행을 청구하거나 채무불이행을 주장하여 손해배상을 청구하는 것은 허용되지 않는다. 무효는 절대적 무효이므로 이를 전득한 제3자는 선의이더라도 보호받지 못한다. 또한 법률행위의 일부가 사회질서에 반하는 경우에는 일부무효의 법리에 의한다(137조).

(2) 반사회적 법률행위와 불법원인급여

또한 사회질서위반의 법률행위가 채권행위인 경우에는 이행전에는 채권의 효력이 생기지 않으므로 이행할 필요가 없고, 당사자 사이에서 이미 이행된 경우에는, 급부자가 부당이득으로 반환을 청구할 수 있는가가 문제된다. 이미 이행한 급부는 수익자에게 부당이득이지만 민법 746조가 규정하는 불법원인급여에 해당함으로 반환을 청구하지 못한다. 그렇다면 제103조와 제746조는 법률행위의 무효와 관련하여 어떠한 관계에 있는지 문제된다. 양자와의 관계에 대해 다수설[346])과 판례는 746조의 불법을 '선량한 풍속 기타 사회질서위반'으로 보아 103조와 746조는 표리관계에 있어서, 103조는 사회질서에 반하는 법률행위에 대해 그 법률행위의 실현을 사전에 저지하는 제도가 되며, 746조는 그 법률행위에 기해 이미 급여한 후에는 급부자의 반환청구를 거부하는, 즉 법이 인정하지 않는 급부에 관해서는 법적 구제를 거부하는 제도이다. 따라서 양 규정의 취지와 법적 보호의 거부 내용은 서로 같다고 한다(동일개념설).

하여「판단하여야 할 때」라고 하면서 인식하고 있는 것이 보통이고, 인식하고 있는 것으로 추정된다고 한다(김상용, 393면).

345) 이은영, 364면.

346) 곽윤직, 309면 ; 백태승, 372면 ; 서광민, 323면

◆ 판 례

✧ 선량한 풍속 기타 사회질서에 위반하여 무효인 부분의 이자 약정을 원인으로 차주가 대주에게 임의로 지급한 이자의 반환을 청구할 수 있는지 여부(적극)

[다수의견] 선량한 풍속 기타 사회질서에 위반하여 무효인 부분의 이자 약정을 원인으로 차주가 대주에게 임의로 이자를 지급하는 것은 통상 불법의 원인으로 인한 재산 급여라고 볼 수 있을 것이나, 불법원인급여에 있어서도 그 불법원인이 수익자에게만 있는 경우이거나 수익자의 불법성이 급여자의 그것보다 현저히 커서 급여자의 반환청구를 허용하지 않는 것이 오히려 공평과 신의칙에 반하게 되는 경우에는 급여자의 반환청구가 허용되므로, 대주가 사회통념상 허용되는 한도를 초과하는 이율의 이자를 약정하여 지급받은 것은 그의 우월한 지위를 이용하여 부당한 이득을 얻고 차주에게는 과도한 반대급부 또는 기타의 부당한 부담을 지우는 것으로서 그 불법의 원인이 수익자인 대주에게만 있거나 또는 적어도 대주의 불법성이 차주의 불법성에 비하여 현저히 크다고 할 것이어서 차주는 그 이자의 반환을 청구할 수 있다.

[대법관 고현철, 김황식, 박일환, 안대희의 반대의견] 사회통념상 허용될 수 있는 한도를 초과하는 부분의 이자 약정이 일정한 요건하에 민법 제103조에 위반된 법률행위로서 무효로 평가될 수 있다 하더라도, 사회통념상 허용될 수 있는 한도란 약정 당시의 경제적 · 사회적 여건의 변화에 따라 유동적일 수밖에 없고 법률적인 평가나 가치판단이 개입되어야만 비로소 그 구체적인 범위를 확정할 수 있어 그 무효의 기준과 범위에 관하여 대주에게 예측가능성이 있다고 보기는 어려우며, 따라서 대주가 차주로부터 적정이율을 초과하는 이자를 지급받았다고 하더라도 대주가 명확하게 불법성을 인식했다고 평가하기는 어렵다. 적정이율을 초과하는 이자 약정이 민법 제103조에 위반되어 무효라고 보더라도 당사자 사이의 약정에 따라 이자가 지급된 이상 그 불법원인은 대주와 차주 쌍방 모두에게 있다고 볼 수밖에 없고, 일반적으로 차주가 대주보다 경제적으로 열악한 지위에 있다는 점을 감안하더라도 대주가 불법성을 명확하게 인식했다고 평가하기는 어렵다는 점에 비추어 보면, 일률적으로 대주의 불법성이 차주의 그것에 비해 현저히 크다고 단정할 수만은 없으며, 임의로 이자를 지급함으로써 이미 거래가 종료된 상황에서 다시 차주의 반환청구를 허용한다면 법적 안정성을 해칠 우려도 있으므로 결국 민법 제746조 본문에 따라 차주의 반환청구는 허용될 수 없다(대판 전원합의체 2007.2.15., 2004다50426).

Ⅵ. 불공정한 법률행위

1. 의 의

불공정한 법률행위란 당사자의 궁박 경솔 또는 무경험으로 인하여 현저하게 공정을 잃은 법률행위를 말한다. 폭리행위라고도 한다. 민법은 제104조에서 불공정한 법률행위는 무효가 된다고 규정하고 있다.

폭리행위도 인정하던 계약자유에서 법률행위의 공정성과 윤리성 강조와 연관된 규정이다. 판례도 제104조에 규정된 불공정한 법률행위는 객관적으로 급부와 반대급부 사이에 현저한 불균형이 존재하고, 주관적으로 그러한 균형을 잃은 거래가 피해당사자의 궁박, 경솔 또는 무경험을 이용하여 이루어진 경우에 한하여 성립하는 것으로서 약자적 지위에 있는 자의 궁박, 경솔 또는 무경험을 이용한 폭리행위를 규제하는 데에 그 목적이 있다고 한다[347]. 소수설[348]은 103조가 746조 보다 더 넓다면서 746조의 무효는 인격적 비난을 받아 마땅한 선량한 풍속 위반으로 한정할 필요가 있는 것에 한정한다면서 양자의 적용범위를 달리 한다.

104조와 103조의 관계에 대해서는 견해가 대립된다. 다수설은 104조는 103조의 예시규정이라 하고, 소수설[349]은 104조와 103조는 별개규정이라고 한다.

2. 적용범위

104조의 불공정한 법률행위는 금전소비대차에 한하지 않으며, 법률행위 전반에 적용된다. 그런데 유상계약에 적용되는지, 무상행위에도 적용될 수 있는지 문제된다. 학설은 소유권포기나 증여 등 무상행위에도 적용된다는 긍정설[350]과 재산상의 유상행위에만 적용되고 증여와 같은 무상행위에는 적용되지 않는다는 부정설[351]로 갈라지는데, 판례는 무상행위에는 그 공정성을 논의할 수 있는 성질의 법률행위가 아니라고 하여 부정설의 입장이다[352].

어촌계의 총회의 결의를 폭리행위라고 함[353]으로써 대가관계를 산정할 수 있다면 합동행위에도 104조의 적용이 있다. 그러나 경매의 경우에는 당사자의 의사에 의하지 않고 대금이 정해지므로 104조의 적용이 없다[354].

347) 대판 1988, 9. 13, 86다카563.
348) 고상용, 347면.
349) 고상용, 350면 ; 김증한/김학동, 319면.
350) 김증한/김학동, 320면 ; 김준호, 337면 ; 이영준, 270면 ; 이은영, 410면.
351) 곽윤직, 220면 ; 김상용, 401면 ; 김주수, 343면 ; 송덕수, 143면 ; 백태승, 376면.
352) 대판 1997, 3. 11, 96다49650
353) 대판 1999, 7. 27, 98다46167.
354) 대판 1980, 3. 21, 80마77

3. 요 건

(1) 객관적 요건

① 급부와 반대급부간의 현저한 불균형

급부와 반대급부간에 현저한 불균형이 객관적으로 존재하여야 한다. 어느 정도의 급부의 차이가 있어야 현저한 불균형인지를 결정하는 기준은 없다. 결국 구체적인 경우에 법관의 재량으로 결정된다. 불균형 여부는 획일적으로 결정할 수는 없고, 법률행위와 관련된 모든 사정을 고려하여 불균형이 존재하는지 결정하여야 한다. 당사자의 주관적 가치에 의할 것이 아니라 객관적 가치에 의하여 판단되어야 한다.

② 불균형 여부의 판단시점

i) 학 설

다수설[355]은 법률행위시를 기준으로 판단하여야 한다고 하고, 이에 대해 소수설[356]은 법률행위시 및 이행기 모두에 급부와 반대급부 사이에 현저한 불균형이 있어야 한다고 한다. 또 다른 소수설[357]은 법률행위시가 기준시점이지만 이행기에 불균형이 없어진 경우에는 무효를 주장할 수 없다고 한다.

ii) 판 례

판례는 원칙적으로 현저한 불균형의 기준을 법률행위시로 판단하였으나[358], 토지를 저당 잡히고 백미를 대차하면서 변제기 초과시에는 저당토지로 대물변제 하기로 한 사안에서 "대차의 목적물 가격과 대물변제의 목적물 가격에 불균형이 있느냐 여부를 결정할 시점은 대물변제의 효력이 발생할 변제기 당시를 기준으로 하여야 할 것이다"라고 판시[359]하였는 바, 이 판결의 해석을 둘러싸고 견해가 대립한다.

이 판례는 이행기를 기준시점으로 본 것이라고 해석하는 견해[360]와 이 판례에서 변제기는 대물변제의 목적물에 의하여 담보되는 피담보채권액의 전액(채권 및 그 변제기까지의 이자의 합산액)과 목적물의 가격을 비교하기 위한 전제조건으로

---

355) 고상용, 356면 ; 곽윤직, 221면 ; 김상용, 402-403면 ; 김증한/김학동, 320면 ; 백태승, 377면 ; 서광민, 325면 ; 이영준, 278면.
356) 김주수, 345면.
357) 이은영, 416면.
358) 대판 1956. 2. 10, 428민상401
359) 대판 1965, 6. 15, 65다610
360) 곽윤직, 221면.

피담보채권액을 확정하기 위하여 사용한 개념에 불과할 뿐 이행기를 기준시점으로 본 것은 아니라는 견해[361]로 나뉘어 있다.

(2) 표의자에 대한 요건

① 궁박 경솔 무경험[362]

당사자의 궁박, 경솔 또는 무경험을 이용하였어야 한다. 궁박은 급박한 곤궁을 말하며, 경제적 원인에 한하지 않고, 명예의 손상위기와 같은 정신적 심리적 곤궁도 포함한다. 당사자가 궁박한 상태에 있었는지 여부는 그의 신분과 재산상태 및 그가 처한 상황의 절박성의 정도 등 제반 상황을 종합하여 구체적으로 판단하여야 한다.[363] 경솔[364]이란 의사를 결정할 때 그 행위의 결과에 관해 보통인이 베푸는 고려를 하지 않는 심적 상태를 말한다[365]. 무경험이란 거래일반에 관한 일반적인 생활체험이 불충분한 것이라고 보는 견해와, 문제되는 법률행위에 관해 평균의 거래당사자가 가지는 식견이나 경험이 없는 상태라고 보는 견해가 대립한다. 판례[366]는 일반적인 생활경험의 부족을 의미하고, 어느 특정 영역에서의 경험부족이 아니라 거래 일반에 대한 경험부족을 의미한다고 한다.

궁박, 경솔, 무경험은 셋 다 갖출 필요는 없고. 그중 하나만 갖추면 된다[367].

대리인에 의해 법률행위를 한 경우 궁박, 경솔, 무경험을 누구를 기준으로 판단할 것인가가 문제되는데, 경솔과 무경험은 대리인을 기준으로 판단하고, 궁박은 본인을 기준으로 판단한다.

② 판단시점

궁박 · 경솔 또는 무경험을 판단하는 시점뿐만 아니라 현저한 불균형의 여부를 판단하는 시점도 법률행위시라고 할 것이다(통설, 판례).

---

361) 고상룡, 356면 ; 김상용, 403면.

362) 궁박 경솔 무경험에 대해서는 주관적 요건이라고 하는 견해(곽윤직, 221면 ; 송덕수, 153면 ; 이은영, 413면)와 객관적 요건으로 다루는 견해(김형배, 165면 ; 윤형렬, 347면가 대립된다.

363) 대판 1992, 4. 14, 91다23660

364) 독일에서는 1976년에 경솔을 요건에서 삭제하고, 그 대신 「판단능력의 부족 또는 현저한 의사결정능력의 박약」이라고 규정하고 있다.

365) 이에 대해 경솔을 선천적 경솔 또는 주위사정으로부터 피할 수 없었던 고려의 부족상태라고 하는 소수설이 있다(이영준, 275면 ; 김증한/김학동, 321면).

366) 대판 2002, 10. 22, 2002다38927.

367) 대판 1993, 10, 12, 93다19924.

(3) 상대방에 대한 요건

상대방의 궁박, 경솔, 무경험을 폭리자가 이용하였어야 한다. 사정을 알고 이용하려는 의사 즉 악의가 있어야 한다[368].

이러한 견해(의도설)에 대해 폭리자의 의도는 필요하지 않지만 상대방이 궁박, 경솔, 무경험으로 인해 행위한다는 인식은 필요하다는 견해[369](인식설)와 소송에서 상대방의 의도와 인식은 증명하기 어렵다는 이유로 의도와 인식 모두 요건이 아니라는 견해[370]가 대립하고 있다.

이에 대해 판례는 의도설을 취하여 불공정한 법률행위의 인정에 소극적이다.

판례[371]는 「피해당사자가 궁박, 경솔 또는 무경험의 상태에 있었다고 하더라도 그 상대방 당사자에게 위와 같은 피해당사자측의 사정을 알면서 이를 이용하려는 의사 즉 폭리행위의 악의가 없었다면 불공정한 법률행위는 성립하지 않는다」고 하여 다수설과 같은 입장이다.

(4) 입증책임

불공정한 법률행위가 성립하기 위한 요건은 법률행위의 무효를 주장하는 자가 모두 입증해야 한다. 즉, 매도인측에서 매매계약이 불공정한 법률행위로서 무효라고 하려면 객관적으로 매매가격이 실제가격에 비하여 현저하게 헐값이고 주관적으로 매도인이 궁박, 경솔, 무경험 등의 상태에 있었으며, 매수인측에서 위와 같은 사실을 인식하고 있었다는 점을 주장 입증하여야 한다. 판례에 의하면 법률행위가 현저하게 공정을 잃었어도 궁박 경솔하게 이뤄진 것으로 추정되지 않는다.

4. 효과

(1) 불공정한 법률행위의 무효

불공정한 법률행위는 무효이므로, 아직 급부가 이행되지 않은 경우에는 폭리자도 피폭리자도 급부의 이행을 청구할 수 없다. 이때 무효는 절대적 무효로서 추인

---

368) 곽윤직, 221면 ; 김상용, 404면 ; 김주수, 313면 ; 백태승, 378면. ; 정기웅, 338면 ; 지원림, 209면.

369) 고상용, 363면 ; 이영준, 276면.

370) 이은영, 415면.

371) 대판 1991.7.9, 91다5907.

에 의해 유효로 되지 않는다[372].

무효인 불공정한 법률행위에 의해 당사자 사이에 이미 급부가 이행된 경우 그 반환을 어떻게 처리할 것인가가 문제인데, 불공정한 법률행위의 경우는 폭리를 취한 자에게만 불법성이 있고, 상대방에게는 불법성이 없으므로 746조 단서가 적용되는 경우가 많을 것이어서 폭리자에 대해 이미 수령한 급부의 반환을 청구할 수 있다고 해석된다. 따라서 피폭리자는 반사적으로 이득을 얻는 것이 된다.

(2) 법률행위의 일부의 폭리

법률행위의 일부에 폭리행위가 있을 때에는 일부무효의 법리(137조)에 의한다.

[5] 법률행위의 해석

Ⅰ. 의 의

1. 의 의

법률행위의 해석이란 법률행위의 목적 내지 내용을 명확히 하는 것이다. 이는 결국 그 법률행위를 구성하고 있는 의사표시의 내용을 정확하게 파악하는 것을 의미한다. 따라서 법률행위의 해석은 의사표시, 즉 법률행위적 의사표시의 규범적 의미내용을 탐구하는 것을 말한다.

2. 필요성

법률행위의 내용은 언제나 명료하게 표현되거나 논리적으로 정돈되어 있는 것은 아니다. 즉 의사표시의 존부에 관한 결정이 필요한 경우, 의사와 표시가 일치하지 않은 경우, 표의자가 표시행위에서 사용한 개념이 객관적인 문언의 의미와 다른 경우, 표시행위가 다의적인 경우에는 법률행위의 해석이 필요하다.

Ⅱ. 법률행위해석의 대상

법률행위는 의사표시를 요소로 하므로 법률행위의 해석은 곧 의사표시의 해석

372) 대판 1994. 6. 24, 94다10900.

이 된다. 의사설과 표시설의 논쟁이 있었으나, 표의자의 의사와 표시행위가 모두 중요하다고 할 것이다.

1. 상대방 없는 의사표시

보호해야할 상대방이 없기 때문에 표의자의 의사가 존중되어야 한다.

2. 상대방 있는 의사표시

밝히는 해석은 상대방 있는 의사표시의 경우 의사표시의 객관적 규범적 의미를 탐구해야 한다. (예외) 의사표시의 당사자가 의사표시를 사실상 같은 의미로 이해한 경우에는 법질서가 당사자에게 그들 쌍방이 생각한 것과 다른 의미를 의사표시에 부과하도록 강요할 이유가 없다. 따라서 표의자와 상대방에 의하여 「일치하여 생각된 의미」가 표준이다.

◆ 판 례

법률행위의 해석은 당사자가 그 표시행위에 부여한 객관적 의미를 명백하게 확정하는 것으로서, 서면에 사용된 문구에 구애받는 것은 아니지만 어디까지나 당사자의 내심적 의사의 여하에 관계없이 그 서면의 기재내용에 의하여 당사자가 그 표시행위에 부여한 객관적 의미를 합리적으로 해석하여야 한다(대판1996, 10. 25, 96다16049).

Ⅲ. 법률행위해석의 방법

1. 자연적 해석

(1) 의 의

자연적 해석이란 표현의 문자적, 언어적 의미에 구속되지 않고 표의자의 실제의 의사, 즉 내심적 효과의사를 밝혀 확정하는 것을 말한다. 법률행위 해석의 1차적인 작업은 표의자의 내심의 효과의사를 밝히는 것이며, 이러한 표의자의 내심의 효과의사를 탐구함에는 표시행위 뿐만 아니라 그 외에 존재하는 모든 사정을 함께 고려해야 한다.

이는 자기결정의 원칙에 충실한 해석이며, 이러한 자연적 해석방법이 적용되는 전형적인 경우의 하나는 상대방 없는 단독행위의 해석에서이다. 표의자의 진정한 의사가 중요할 뿐 상대방의 신뢰는 보호할 필요가 없기 때문이다. 이밖에도 falsa demonstratio non nocet(그릇된 표시는 해가 되지 않는다, 오표시무해의 원칙)도 자연적 해석의 예이다. 상대방 있는 단독행위나 계약의 경우 상대방이 표의자가 의욕한 바를 알지 못했지만 주의를 하였더라면 알 수 있었을 경우에 자연적 해석에 의할 수 있는지 긍정하는 견해[373]와 부정하는 견해[374]가 대립된다.

이는 표의자 및 그 상대방이 표시행위를 본래의 의미대로 이해하지 않고, 양당사자가 일치하여 이와 다른 의미로 이해하는 경우에는 그 법률행위는 표시자와 상대방이 실제로 이해한 의미대로 성립한다는 원칙이다(상어고기: 고래고기). 즉 이 경우 표시행위대로 법률행위가 성립하는 것이 아니라 내심의 의사대로 법률행위의 성립이 인정된다.

(2) 해석기준

표의자의 진정한 의사를 탐구할 때 당사자가 기도한 목적과 계약 당시의 사정을 함께 고려하여야 한다.

◆ 판 례

부동산의 매매계약에 있어 쌍방 당사자가 모두 특정의 갑 토지를 계약의 목적물로 삼았으나 그 목적물의 지번 등에 관하여 착오를 일으켜 계약을 체결함에 있어서는 계약서상 그 목적물을 갑 토지와는 별개인 을 토지로 표시하였다 하여도, 갑 토지에 관하여 이를 매매의 목적물로 한다는 쌍방 당사자의 의사합치가 있은 이상 그 매매계약은 갑 토지에 관하여 성립한 것으로 보아야 하고 을 토지에 관하여 매매계약이 체결된 것으로 보아서는 안 될 것이며, 만일 을 토지에 관하여 그 매매계약을 원인으로 하여 매수인 명의로 소유권이전등기가 경료되었다면 이는 원인 없이 경료된 것으로서 무효이다(대판 1996.8.20, 96다19581, 19598).

---

373) 백태승, 385면 ; 윤형렬, 398면.
374) 김증한/김학동, 285면 ; 송덕수, 104면.

2. 규범적 해석

(1) 의 의

규범적 해석이란 표시행위의 객관적 규범적 의미를 밝히는 것으로 본래의 의미의 해석이다, 상대방 있는 의사표시의 경우, 내심의 효과의사와 표시행위가 일치하지 않는 경우, 상대방의 시각에서 표시행위에 따라 그 의미를 객관적, 규범적으로 탐구하는 해석방법이다. 자연적 해석이 내심의 효과의사를 탐구하는 것이라면 규범적 해석은 표시행위로부터 추단되는 표시상의 효과의사를 탐구하는 것이다. 규범적 해석의 근거는 상대방 있는 의사표시에서 상대방의 신뢰보호와 자기책임원칙에서 찾을 수 있고, 규범적 해석의 표준은 의사표시에 부수하는 제반사정, 관습, 임의규정, 신의성실의 원칙이 된다.

(2) 규범적 해석을 한 사례

채권자가 채무자로부터 받을 채권의 총액이 576,000원이었으나 그 중에서 금 36만원을 수령하면서 영수증에 '총완결'이라는 문언을 부기한 경우에는 더 받을 금원을 탕감한 것이다[375].

음식점 경영을 위하여 임대차계약을 체결하면서 종업원이나 고객의 부주의로 인한 경우는 물론 그 밖에 모든 경우의 화재에 대하여도 임차인이 그 손해를 부담하기로 특약을 하였다면 위의 '모든 경우'라 함은 이른바 '불가항력의 경우'까지도 포함하는 뜻이라고 해석함이 상당하다[376].

◆ 판 례

계약을 체결하는 행위자가 타인의 이름으로 법률행위를 한 경우에 행위자 또는 명의인 가운데 누구를 계약의 당사자로 볼 것인가에 관하여는, 우선 행위자와 상대방의 의사가 일치한 경우에는 그 일치한 의사대로 행위자 또는 명의인을 계약의 당사자로 확정해야 하고, 행위자와 상대방의 의사가 일치하지 않는 경우에는 그 계약의 성질·내용·목적·체결 경위 등 그 계약 체결 전후의 구체적인 제반 사정을 토대로 상대방이 합리적인 사람이라면 행위자와 명의자 중 누구를 계약 당사자로 이해할 것인가에 의하여 당사자를 결정하여야 한다(대판 2011.2.10, 2010다83199,83205).

---

375) 대판 1969. 7. 8, 69다563
376) 대판 1979.5.22, 79다508

3. 보충적 해석

(1) 의 의

보충적 해석이란 법률행위의 내용에 틈(간극)이 있는 경우 이를 해석에 의하여 보충하는 것이다, 보충적 해석은 자연적 해석과 규범적 해석에 의해 법률행위의 성립이 인정된 후에 당사자가 어떤 사항을 규정하지 않는 것이 판명된 경우에 비로소 문제되어, 보충적 해석의 단계로 이행하게 된다. 보충적 해석이 법률행위의 해석인지에 대해서는 견해가 대립된다. 보충적 해석은 해석에 의해 법률행위를 보충하는 것이라는 해석설과 법률행위에 의해 성립된 법률관계에 관해 보충적으로 임의법규를 적용하는 것이라는 법적용설이 대립한다. 그리하여 전자의 견해는 법률행위의 흠결이 있을 때 그러한 흠결이 없었더라면 어떻게 규정하였을까를 확정하여 그 흠결을 보충한다고 한다. 보충적 해석은 1차적으로 관습에 의해, 관습이 없는 경우 임의법규, 임의규정이 없거나 있어도 보충할 수 없는 경우에는 제반사정과 신의칙에 의해 보충하게 된다.

(2) 보충적 해석의 예

불법행위로 인한 손해배상에 관하여 가해자와 피해자사이에 피해자가 일정한 금액을 지급받고 그 나머지 청구를 포기하기로 합의가 이루어진 때 에는 그 후 그 이상의 손해가 발생하였다 하여 다시 그 배상을 청구할 수 없는 것이나, 다만 그 합의가 손해발생의 원인인 사고 후 얼마 지나지 아니하여 손해의 범위를 정확히 확인하기 어려운 상황에서 이루어진 것이고 후발손해가 합의당시의 사정으로 보아 예상이 불가능한 것으로서 당사자가 후발손해를 예상하였더라면 사회통념상 그 합의금액으로는 화해하지 않았을 것이라고 보는 것이 상당할 만큼 그 손해가 중대한 것일 때에는 당사자의 의사가 이러한 손해에 대해서까지 그 배상청구권을 포기한 것이라고 볼 수 없으므로 다시 그 배상을 청구할 수 있다고 보아야 할 것이다[377].

(3) 보충적 해석의 한계

보충적 해석은 법률행위의 내용에서 흠결을 보충하는 것이므로 당사자간에 합의된 내용은 존중하여야 한다. 보충적 해석의 결과는 당사자의 의사나 계약내용에

377) 대판 1991.4.9, 90다16078

반하지 못하고, 계약의 대상을 변경하거나 확대하지도 못한다. 유효한 계약을 무효로 하지도 못한다.[378)]

Ⅳ. 해석의 기준

법률행위의 해석기준의 원칙으로서 일반적으로 당사자가 기도하는 목적 및 법률행위 당시의 제반사정·관습·신의성실의 원칙, 혹은 임의규정을 들고 있다.

1. 당사자가 기도하는 목적

당사자가 기도한 목적이란 당사자가 그 법률행위에 의하여 달성하고자 하는 사회적·경제적 목적을 말한다. 계약서에 사용된 문자의 의미는 계약당사자가 기도하는 목적과 계약 당시의 제반사정을 참작하여 합리적으로 해석하여야 한다(판례). 의사표시가 행해진 당시의 사정[379)]도 표시행위로부터 개념적·논리적으로 분리되는 것이므로 법률행위해석의 기준이 된다.

◆ 판 례

의사표시의 해석은 당사자가 표시행위에 부여한 객관적인 의미를 명백하게 확정하는 것으로서(대판 1988, 9. 27, 86다카2375, 2376), 당사자가 표시한 문언에 의하여 그 객관적인 의미가 명확하게 드러나지 않는 경우에는 그 문언의 내용과 그 의사표시가 이루어진 동기 및 경위, 당사자가 그 의사표시에 의하여 달성하려고 하는 목적과 진정한 의사 등을 종합적으로 고찰하여 사회정의와 형평의 이념에 맞도록 논리와 경험의 법칙, 그리고 사회일반의 상식에 따라 합리적으로 해석하여야 할 것이다(대판 1990, 11. 13, 88다카15949 ; 대판 1990, 12. 21, 90다6583 ; 대판 1992, 5. 26, 91다35571 ;대판 1993, 6. 8, 92누18009).

2. 임의규정

법률행위의 당사자가 법령 중의 선량한 풍속 기타 사회질서에 관계 없는 규정과 다른 의사를 표시한 때에는 그 의사에 의한다(105조). 즉 당사자의 의사표시의

---

378) 김상용, 415-416면.

379) 의사표시가 행해진 당시의 사정으로는 표의자의 표시행위와 관련된 정황, 표시행위가 행하여진 장소, 법률행위가 행하여진 시간, 당사자 사이에 이미 계약관계가 존재하는 경우에는 당사자간 거래에서 지금까지의 관계, 표의자의 특별한 언어사용 등이 있다(김상용, 417-418면).

내용이 임의규정과 다를 때에는 임의규정이 배척된다. 임의규정과 같을 때에는 임의규정이 해석에 의하여 확정된 법률행위에 대하여 효력을 부여해준다. 임의규정도 법률행위해석의 기준이 되는지 여부에 대해 학설은 대립된다.

(1) 긍정설(多數說)[380)]

민법 105조에 의하면 의사표시의 내용이 임의규정과 다를 때에는 임의규정은 그 적용이 배제되는데 이 규정을 반대해석하면 특별한 의사표시가 없는 경우 또는 의사표시가 있어도 불명료한 경우에는 임의규정이 적용된다고 해석할 수 있다.

(2) 부정설[381)]

임의규정는 해석에 의하여 확정된 법률행위에 적용되는 것이므로 이 경우 법률행위해석의 표준이 문제로 되는 것이 아니라 법률의 적용이 문제로 된다고 하는 견해이다. 그리고 민법 제105조는 사적자치의 원칙을 규정하고 있을 뿐이고 임의법규가 의사표시 해석의 기준으로 된다는 것을 선언하지는 않는다고 한다. 이 견해는 임의규정을 보충규정과 해석규정으로 나누는 것은 논리적으로 불가능하다고 긍정설을 비판한다.

3. 사실인 관습

(1) 의 의

법률행위의 당사자가 이에 따를 것이라는 의사를 가지고 있는 것으로 인정되는 거래상의 관습을 말한다(106조). 사회관행에 의하여 발생한 사회생활규범인 점에서 관습법과 같으나 사회의 법적 확신이나 인식에 의하여 법적 규범으로서 승인된 정도에 이르지 못한 것이라는 점에서 관습법과 다르다. 관습법은 법원으로서 법령과 같은 효력을 갖는 관습으로서 강행법규에 저촉하지 않는 한 법칙으로서 효력이 있는 것이며, 사실인 관습은 법령으로서의 효력이 없는 단순한 관행으로서 법률행위 당사자의 의사를 보충함에 그친다.

---

380) 고상용, 423면 ; 곽윤직, 227면 ; 김기선, 238면 ; 김용한, 275면 ; 김주수, 234면 ; 김증한/김학동, 286면 ; 이은영, 437면 ; 정기웅, 352면.

381) 김상용, 416-417면 ; 백태승, 390면 ; 이영준, 328면 ; 주해민법(2), 192면.

(2) 법적 성질

사실인 관습의 법적 성질이 임의법규에 준하는 것인지 여부에 관해 논란의 여지가 있다. 사실인 관습은 법적 확신을 결하고 있기 때문에 법은 아니고, 따라서 법률인 임의법규와 동일하게 취급할 수는 없다. 사실인 관습은 법률행위의 해석의 기준에 불과하므로 직권조사사항이라고 할 수도 없다[382]. 판례는 사실인 관습은 일종의 경험칙이므로 직권조사사항이라고도 하고[383], 당사자가 주장 입증하여야 법원에서 고려할 수 있다[384]고도 한다.

(3) 요 건

사실인 관습이 법률행위해석의 기준이 되기 위해서는

① 사실인 관습이 존재할 것

② 관습이 선량한 풍속 기타 사회질서에 반하지 않을 것

강행규정에 위반하지 않고, 임의규정과는 다른 관습이 있어야 한다.

③ 당사자의 의사가 명확하지 않을 것

당사자의 의사가 명확하지 않은 경우에 106조가 적용된다. 당사자의 의사가 명확하지 않다는 것은 당사자가 사실인 관습에 의하여 법률행위를 규율하고자 하는 의사를 가지고 있는지 여부가 명확하지 않아서 법률행위의 해석을 필요로 하는 상태를 말한다. 당사자가 관습에 의할 것을 명확하게 표시하거나 관습에 의하지 않겠다고 표시한 경우에는 사실인 관습은 법률행위 해석의 표준이 될 수 없다.

관습의 존재를 당사자가 알 필요는 없다.

④ 서로 다른 관습이 여러개 있는 경우

지역간 계층간 관습이 서로 다른 경우 어느 관습을 해석의 표준으로 삼을 것인지 곤란한 문제가 생긴다. 의사표시의 해석은 표의자의 진의를 밝히는 것이므로 표의자가 속하는 지역이나 계층의 관습을 표준으로 하여야 한다[385]거나 관습은 법

382) 김상용, 419면 ; 이영준, 333-334면.
383) 대판 1977, 4. 12, 76다1124.
384) 대판 1983, 6. 14, 80다3231.
385) 이영준, 307면.

률행위의 모든 당사자의 영역에서 존재하는 것이므로 법률행위의 중점이 있는 지역의 관습(이행지의 관습)을 고려하여야 한다[386]거나 당사자 모두에게 공통되지 않는 경우에는 해석의 표준이 될 수 없다는 견해[387]로 갈라진다.

(4) 사실인 관습과 관습법

◈ 사실인 관습과 관습법의 차이점

사실인 관습	관습법
법적 확신이 결여된 단순한 사실인 관행	법적 확신을 갖춘 법규범
당사자가 주장한 때에 한하여 법원은 사실인 관습의 존재 여부를 심사	관습법의 존재여부는 법원이 직권으로 조사
강행법규에 위반하지 않는 한 법률행위 해석의 기준	강행법규 · 임의법규가 존재
당사자의 의사가 불분명한 때에 그 의사를 확정하는 자료	법률사실에 적용
법률행위에만 관계	모든 민사에 관계

◈ 판 례

✧ 사실인 관습은 일반생활에 있어서의 일종의 경험칙에 속한다 할 것이고, 경험칙은 일종의 법칙인 것이므로 법관은 어떠한 경험칙의 유무를 판단함에 있어서는 당사자의 주장이나 입증에 구애됨이 없이 스스로 직권에 의하여 판단할 수 있다(대판 1976, 7. 13, 76다983).

✧ 퇴직금 산정시에 과거에 관계법규에 위배된 퇴직금산정을 여러 해 반복하였다 하여 그것이 바로 관습이 되었다고는 볼 수 없다(대판 1976, 7. 13, 76다983).

✧ 우리나라 보세운송업계에 있어서는 보세운송업자가 콘테이너에 적재된 수입화물을 하주의 보세장치장까지 운송하여을 때 즉시 화물반출작업이 가능한 경우를 제외하고는 통관절차와 화물반출작업으로 소요되는 시간을 일반적으로 3일 정도로 보아 콘테이너와 콘테이너를 실은 샷시를 보세장치장에 둔 채 견인차만 회송하여 갔다가 하주가 3일 이내에 화물의 통관절차를 마치고 화물을 반출하였을 때에는 별도의 사용료를 받지 아니하나, 3일이 경과하였을 때에는 시간에 따라 운송료 외에 별도로 샷시의 사용료를 받는 사실상의 관습이 있다(대판 1991, 4. 26, 91다1523)

---

386) 주해민법(2), 190면.
387) 김상용, 421면.

4. 신의성실원칙

당사자가 기도한 목적이나 사실인 관습들에 의하여 법률행위의 내용을 확정할 수 없는 경우에 신의성실의 원칙(또는 조리)으로 법률행위의 의미를 구체화해야 한다. 하지만 신의칙은 법률상의 행동원리가 아니며, 다만 해석상의 기술로서 법률행위 당사자의 권리행사 및 의무이행과 관련해서 그 구체적 타당성을 판단하는 기준이 될 뿐이고, 적극적 법형성규범이 될 수는 없다.

◎ 예문해석

예문해석이란 계약서의 문언 중에 부당한 내용의 계약조항이 존재하는 경우 이를 예문이라 하여, 당사자가 이에 구속될 의사가 없기 때문에 계약 내지 그러한 조항을 무효라고 해석하는 하는 것을 말한다. 하지만 법률행위의 해석은 법률행위의 내용이 명료하지 않은 경우에만 개입할 수 있는 것이라는 점에서 보면 문제가 있다.예문해석은 부동문자로 인쇄되어 사용되고 있는 약관의 부당성으로부터 거래상대방을 보호하기 위한 판례의 해석원칙이기 때문에 부동문자로 인쇄되어 사용되고 있는 계약서, 즉 약관상의 문언에 관해서만 인정되고, 당사자들이 개별적으로 합의한 개별약정에 관해서는 인정되지 않는다.

Ⅴ. 법률행위의 해석이 법률문제인가?

법률행위의 해석이 법률문제인가 아니면 사실문제인가에 대해 견해가 대립되고 있는데, 법률문제로 보면 법률행위의 해석은 당사자가 주장, 입증하지 않아도 법원이 직권조사하여 확정해야 하고, 당사자는 법률행위의 해석에 관해 상고할 수 있게 된다. 이에 관해 다수설[388]은 법률행위 해석은 단순히 당사자의 내심의 효과의사 내지 가상적 의사를 확정하는 것에 그치지 않고, 그 확정된 의사에 대한 법적 가치판단을 하는 것이므로 법률문제로 보고 있다. 이에 대해 소수설은 통상의 법률행위의 해석은 사실문제이지만 사실의 인정이 법률에 위배되는 때에는 법률문제가 되어 상고이유가 된다고 견해[389]와 자연적 해석은 사실문제이지만 규범적 해석과 보충적 해석은 법률문제라고 한다.[390]

---

388) 고상용, 382면 ; 곽윤직, 228면 ; 김상용, 434-435면 ; 김주수, 320면 ; 이은영, 438면 ; 정기웅, 354면.

389) 이영준, 358면.

390) 송덕수, 108면 ; 윤형렬, 571면 ; 지원림, 217면. 송덕수 교수는 규범적 해석에서도 표시행위의 확정과 관습의 존재 여부의 확정은 사실문제라고 한다.

제3절 의사표시

[1] 서 설

		비진의표시	허위표시	착오
의의		표의자가 진의아님을 알고 한 의사표시	상대방과 통정하여서 하는 진의아닌 의사표시	표시행위로부터 추단되는 의사와 진의가 일치하지 않는 의사표시로서 표의자가 그 불일치를 알지 못하는 것
요건		의사표시가 있을 것 표시와 진의가 일치하지 않을 것 표의자가 진의와 표시간의 불일치를 알고 있을 것 표의자가 그러한 행위를 한 이유나 동기는 불문	의사표시가 있을 것 표시와 진의가 일치하지 않을 것 표의자가 진의와 표시간의 불일치를 알고 있을 것 진의와 다른 표시를 하는데 관하여 상대방과 합의가 있을 것 표의자가 그러한 행위를 한 이유나 동기는 불문	의사표시가 존재하고, 표의자의 착오가 있을 것 법률행위의 내용의 중요부분의 착오가 있을 것 표의자에게 중대한 과실이 없을 것 취소배제사유가 없을 것
효과	당사자간의 효과	원칙; 표시된대로 효력 발생(§107① 본문) 예외 ; 상대방이 표의자의 진의 아님을 알거나 알 수 있었을 때에는 무효((§107①단서)	언제나 무효(§108①) 일부가 허위표시인 경우는 일부무효의 법리 적용 합의에 의해 허위표시의 철회 가능	중요한 부분에 착오기 있을 때 - 법률행위의 취소 표의자의 중대한 과실에 의한 경우 - 취소 배제(§109①단)
	제3자에대한 효과	비진의표시가 예외적으로 무효가 되는 경우 선의의 제3자에 대항하지 못한다(§107②)	무효는 선의의 제3자에 대항하지 못한다(§108②) 선의의 제3자가 무효를 주장할 수 있는 가(긍정설이 다수설) 허위표시를 철회한 경우 허위표시로 인한 외형을 제거해야 선의의 제3자에 대항 가	착오로 인한 취소는 선의의 제3자에 대항하지 못한다(§109②)
적용범위	단독행위	상대방있는 단독행위 - 적용 상대방 없는 단독행위 -§107① 본문 적용(이론 없음)	상대방있는 단독행위 - 적용 상대방 없는 단독행위 -적용된다는 견해와 적용되지 않는다는 견해	

		§107①단, §107② - 적용의 여지가 없다는 견해와 §107①단를 유추적용해야 한다는견해	※합동행위 - 긍정하는 견해 부정하는 견해(언제나 유효다)	
	가족법상 의 행위	§107는 적용되지 않고 언제나 무효	적용될 여지가 없고, 언제나 무효 선의의 제3자에 대해서도 언제나 무효	적용되지 않는다. 특히 착오로 인한 혼인과 입양은 무효(§815 1호, §883 1호)
	준법률 행위	성질에 따라 유추적용 (채권양도의 통지 §450)		원칙적으로 준용, 사실행위에는 적용이 없다.
	어음행위 등	§107①단 의 적용이 배제 (언제나 유효)		
	공법상 행위	적용되지 않는다.	적용되지 않는다	행정처분이나 소송행위에는 적용이 없다

[2] 비진의 의사표시

Ⅰ. 의 의

진의아닌 의사표시(비진의표시)란 표의자가 진의 아님을 알고 한 의사표시를 말한다. 즉 표의자가 표시행위가 표의자의 내심의 효과의사와 다르다는 것을 스스로 알면서 한 의사표시이다. 심리유보(Mentalreservation) 단독허위표시라고도 한다.

의사의 의식적 흠결인 점에서 허위표시와 같으나, 표의자가 단독으로 하고, 상대방이 있는 경우에도 통정(통모)하는 일이 없으므로 통정허위표시와 다르므로, 이를 단독허위표시라고도 한다.

Ⅱ. 요 건

1. 의사표시가 있을 것

비진의표시는 의사표시의 일종이므로, 의사표시가 존재하기 위해서는 일정한 효과를 추단할 만한 가치있는 행위가 있어야 한다. 따라서 명백한 농담, 배우의 무대에서의 대사, 교수가 보여주는 표본으로서의 어음, 수표를 교부하는 행위는 의사표시라 할 수 없으므로 비진의표시의 문제가 생기지 않는다.

◆ 판 례

물의를 일으킨 사립대학교 조교수가 사직원이 수리되지 않을 것이라고 믿고 사태수합을 위하여 형식상 이사장 앞으로 사직원을 제출하였던 바 의외로 이사회에서[본인의 의사이니 하는 수 없다고 하여 사직원이 수리된 경과 위 조교수의 사직원이 설사 진의에 이르지 아니한 비진의 의사표시라 하더라도 학교법인이나 그 이사회에서 그러한 사실을 알았거나 알 수 있었을 경우가 아니라면 그 의사표시에 따라 효력을 발생하는 것이다(대판 1980.10.14, 79다2168).

2. 의사와 표시가 불일치하여야 한다.

내심의 효과의사와 표시상의 효과의사가 객관적으로 일치하지 않아야 한다.

여기서 '진의'란 특정한 내용의 의사표시를 하고자 하는 표의자의 생각을 말하는 것이지 표의자가 진정으로 마음 속에서 바라는 사항을 뜻하는 것은 아니므로 표의자가 의사표시의 내용을 진정으로 마음 속에서 바라지는 아니하였다고 하더라도 당시의 상황에서는 그것이 최선이라고 판단하여 그 의사표시를 하였을 경우에는 이를 내심의 효과의사가 결여된 진의 아닌 의사표시라고 할 수 없다[391].

3. 표의자 스스로 의사와 표시의 불일치를 알고 있어야 한다.

이 경우 표의자가 상대방이 진의 아님을 알지 못하리라고 생각하든 알리라고 기대하든 우리 민법상 모두 비진의표시이다.

4. 의사와 다른 표시를 하게 된 동기나 목적은 고려되지 않는다.

이유나 동기가 상대방이나 제3자를 속이려고 한 것이든, 죽어가는 사람을 진정시키기 위해 한 것이든 불문한다.

---

391) 대판 2001, 1. 19, 2000다51919

Ⅲ. 효 과

1. 원 칙

진의아닌 의사표시는 표시된 대로 효력을 발생한다(107조 1항 본문). 이 경우 표의자를 보호할 필요가 없으므로 표시주의 이론에 따르고 있다.[392)]

◆ 판 례

돈 36만원을 피고로부터 수령하고 영수증을 작성교부한 원고상사의 상무 소외 김봉조가 같은 영수증(을 1호증)에 "총완결"이라고 써준 것은......돈 36만원을 영수하고 그것으로 모두 결재가 끝났다는 것을 표시한 원고의 의사표시라고 해석되며 그 의사표시의 상대방인 피고가 그 당시 그러한 의사표시가 진의 아닌 것으로 알지 아니하였다면 그것이 원판결 판단과 같이 돈받기 위하여 피고의 요구에 따라 거짓 기재한 것이라 하여도 그 사실 자체만으로는 위 총완결이라는 원고의 의사표시가 당연무효라 할 수 없을 것(대판 1969.7.8, 69다563).

2. 예 외

(1) 무 효

상대방이 표의자의 진의 아님을 알았거나 알 수 있었을 경우에는 그 비진의표시는 무효이다(107조 1항 단서). 즉 민법은 이러한 경우 표의자 본인의 진의를 존중해서 비진의표시를 무효로 하고 있다. 따라서 상대방이 비진의표시를 알고 있는 경우(악의)와 상대방이 진의 아님을 알 수 있었을 경우(과실에 의한 부지)에는 그 비진의표시는 무효가 되어 효력을 발생하지 않는다.[393)]

비진의라는 사실의 지, 부지나 과실 유무를 판단하는 기준시점에 관해 의사표시의 도달과 관련하여 학설의 대립이 있다. 즉, 의사표시가 상대방에게 도달한 때를 기준으로 해야 한다는 도달시설[394)]과 도달시점과 별개로 상대방이 그 의사표시를 안 때(요지시)라고 하는 요지시설[395)]이 대립하는데, 후설이 다수설이다. 인지(가

---

392) 이에 대해 비진의표시가 표시된 대로 효력이 발생하는 것은 표의자가 이를 의욕하였기 때문이다. 즉, 표의자가 진의를 상대방 모르게 숨기고 그와 다른 표시행위를 하면서 상대방이 표시된대로도 법률효과가 발생한다고 믿도록 하는 것이 표의자의 의사이고, 이 의사에 따라 비진의표시는 표시된대로 효력이 발생하는 것이다는 소수설이 있다(이영준, 367-368면).

393) 알 수 있었을 경우를 무효로 하고 있는 것에 대해서는 입법론적으로 부당하다는 견해(곽윤직)와 타당한 견해(이영준, 김상용)가 있다.

394) 김상용, 442면 ; 이영준, 376면 ; 이은영, 477면.

능성)의 입증책임은 107조 1항 단서는 예외규정이므로, 상대방의 악의나 과실의 유무는 당해 의사표시의 무효를 주장하는 자가 입증해야 한다[396].

◆ 판 례

근로자가 회사의 경영방침에 따라 사직원을 제출하고 회사가 이를 받아들여 퇴직처리를 하였다가 즉시 재입사하는 형식을 취함으로써 근로자가 그 퇴직전후에 걸쳐 실질적인 근로관계의 단절이 없이 계속 근무하였다면 그 사직원제출은 근로자가 퇴직을 할 의사없이 퇴직의사를 표시한 것으로서 비진의의사표시에 해당하고 재입사를 전제로 사직원을 제출케 한 회사 또한 그와 같은 진의 아님을 알고 있었다고 봄이 상당하다 할 것이므로 위 사직원제출과 퇴직처리에 따른 퇴직의 효과는 생기지 아니한다(대판 1988.5.10, 98다카2578).

(2) 손해배상책임

비진의표시가 무효가 되는 경우, 표의자가 상대방에 대해 불법행위에 기한 손해배상책임을 지는지 문제된다. 상대방이 악의인 경우에는 문제가 되지 않지만, 상대방이 선의이지만 선의인데 과실이 있는 경우 학설이 대립하고 있다.

① **부정설**[397]

독일민법의 경우에는 희언표시의 경우 무효로 하면서, 표의자에 대해 상대방의 신뢰손해의 배상을 인정하지만, 우리 민법에는 그와 같은 규정이 없고, 우리 민법은 상대방이 '알았거나 알 수 있었을 것'을 귀책사유로 하고 있으므로 손해배상책임은 부정된다고 한다.

② **긍정설**[398]

표의자가 비진의표시를 하였는데도 상대방이 이를 신뢰해서 손해를 입었다면 표의자는 불법행위책임(750조)이나 계약체결상의 과실책임(535조의 유추적용)에 기해 손해를 배상해야 하며, 단 상대방도 진의 아님을 알 수 있었으므로 과실상계(396조)가 가능하다고 한다.

---

395) 고상용, 391면 ; 곽윤직, 232면 ; 김용한, 284면 ; 김주수, 357면 ; 김증한/김학동, 330면; 백태승, 409면 ; 송덕수, 152면 ; 윤형렬, 419면 ; 정기웅, 367면 ; 지원림, 225면.

396) 대판 1992.522, 92다2295

397) 곽윤직, 232면 ; 백태승, 410면 ; 송덕수, 152면 ; 윤형렬, 419면 ; 지원림, 225면.

398) 고상용, 391면 ; 김상용, 443면 ; 김주수, 367면 ; 이영준, 377면 ; 이은영, 480면.

(3) 제3자에 대한 관계

민법은 비진의표시가 예외적으로 무효인 경우, 그 무효는 선의의 제3자에게는 대항하지 못한다(107조 2항). 이는 거래의 안전을 위해서 이다. 그러나 제3자가 무효를 주장하는 것은 가능하다.

Ⅳ. 적용범위

1. 법률행위

107조는 법률행위를 구성하는 의사표시에 적용되어, 계약의 경우 뿐만 아니라, 상대방 있는 단독행위의 경우에도 적용된다.

상대방 없는 단독행위의 경우에도 적용되는가가 문제되는데, 107조 1항 본문이 상대방 없는 단독행위에 적용됨에는 의문의 여지가 없으나, 107조 1항 단서와 2항이 적용될 것인가에 관해 적용될 여지가 없이 언제나 유효하다는 견해[399]와 예를 들어 진의아닌 유언에 있어서 수유자로 될 자가 진의아님을 알고 있는 경우 그러한 유언을 유효로 할 필요가 없으므로 상대방없는 단독행위의 경우에도 107조 1항 단서를 유추적용해야 한다는 견해[400]가 대립하고 있다.

2. 가족법상의 행위

가족법상의 행위는 당사자의 진의를 절대적으로 필요로 하므로 107조는 적용되지 않고 언제나 무효이다. 혼인과 입양의 경우에는 명문의 규정을 두고 있다(815조1호, 883조1호).

3. 준법률행위

107조는 준법률행위의 경우에도 성질에 따라 유추적용될 수 있다.

---

399) 곽윤직, 232면 ; 김준호, 357면 ; 김증한/김학동, 331면 ; 송덕수, 153면.

400) 고상용, 392면 ; 김상용, 444면 ; 김용한, 285면 ; 김주수, 358면 ; 백태승, 411면 ; 윤형렬, 420면 ; 장경학, 465면.

4. 주식인수의 청약

상법에서는 주식인수청약의 효력을 확보하기 위해서 주식인수의 청약에 관해 107-1단서의 적용을 배제하고 있으므로(상법 302조 3항, 425조 1항) 회사가 청약자의 인수청약이 진의가 다르다는 것을 알았다 해도 언제나 유효하다.

5. 어음행위, 공법행위, 소송행위

이러한 행위에는 107조의 적용이 배제된다.

[3] 허위표시(Scheinerklarung)

Ⅰ. 서 설

1. 의 의

허위표시는 상대방과 통정해서 하는 진의 아닌 의사표시를 말한다. 즉 표의자가 진의 아닌 의사표시를 하는데 관해 상대방과의 사이에 합의가 있는 경우이며, 통정허위표시라고도 한다. 또한 허위표시를 요소로 하는 법률행위를 가장행위라고도 한다. 의사표시의 기본원칙에 비추어 볼 때 허위표시의 합의에는 그 표시에 의해 생길 법률효과를 의욕한다는 효과의사가 존재하지 않으므로 허위표시는 무효이다.

2. 구별개념

(1) 은닉행위

허위표시 속에 달리 진실한 행위를 하려는 의사가 수반하는 것. 은닉행위는 당연 무효는 아니고, 진의로 다른 행위를 할 의사가 있으므로 은닉행위 그 자체로서 의사표시 내지 계약으로서의 요건을 갖추었는지에 따라 유효성이 정해진다.

(2) 신탁행위

상대방에게 그 행위의 경제적 목적을 넘는 권리를 주고, 상대방으로 하여금 그 경제적 목적의 범위의 범위내에서만 그 권리를 행사하게 하는 행위. 권리를 이전하려는 진의가 있기때문에 허위표시가 아니다.

(3) falsa demonstratio non nocet

일정한 의사표시에 관해 당사자의 이해와 표시가 상이할 경우로서 이때는 당사자가 사실상 일치하여 제대로 이해했다면 이해한대로 의사표시의 효력을 인정. 표시의 의미에 대해 당사자의 이해가 일치하므로 허위표시는 아니다.

(4) 허수아비행위

허수아비행위는 본인이 법률행위를 할 수 없거나 전면에 나서서 법률행위를 하는 것을 꺼리는 경우, 본인은 배후에 있으면서 다른 사람을 내세워서 법률행위를 하는 경우를 말한다. 허수아비행위는 허수아비가 스스로 법률효과를 받겠다는 의사가 존재하므로 허위표시는 아니다. 허수아비는 대부분 간접대리인이 된다.

Ⅱ. 요건

1. 의사표시가 있을 것

허위표시가 성립하기 위해서는 의사표시가 있어야 하는데, 당사자의 법률행위는 계약인 경우가 대부분이나 단독행위인 경우도 있다. 허위표시는 보통 양당사자가 제3자(예: 채권자, 세무관청)를 속이려는 목적에서 행해지므로, 단순한 허위의 의사표시만으로는 부족하고 유효한 의사표시가 있는 것과 같은 외관이 있어야 한다.

2. 진의와 표시가 일치하지 않을 것

당사자의 내심의 효과의사(진의)와 표시상의 효과의사가 일치하지 않아야 한다. 즉 외양에 의해 표시된 법률효과를 당사자가 실제로 의욕하지 않았어야 한다. 즉 허위표시의 경우에는 의사표시의 당사자 사이에 법률효과에 관한 의욕이 없으므로 효과의사가 존재하지 않는다. 이런 점에서 간접대리, 신탁행위의 경우는 그에 상응하는 효과의사가 있는 경우이며, 따라서 이러한 행위는 허위표시가 아니다.

3. 표의자가 진의와 표시의 불일치를 알고 있을 것

이점에서 진의와 표시의 불일치를 모르고 있는 착오와 구별된다.

4. 통정이 있을 것

의사와 표시의 불일치를 표의자 스스로 알고 있을 뿐 아니라, 표의자와 상대방 사이에 통정이 있어야 한다. 즉 가장행위를 한다는 점에 관해 당사자 상호간의 양해 내지 합의가 있어야 한다

당사자간의 통정(합의)이 결여되면 가장행위의 미수가 된다. 이는 상대방이 허위표시로 받아들일 것이라고 기대하고 비진의표시를 했으나 상대방이 이를 진실한 의사표시로 받아들인 경우로서 107조의 비진의표시가 될 뿐이며, 단지 상대방이 진의 아님을 알 수 있었던 경우에는 동조 단서에 의해 무효로 된다.

5. 허위표시를 하게 된 목적이나 동기는 고려되지 않는다.

허위표시는 제3자를 기망하려는 목적으로 행해지는 것이 보통이나 반드시 그러한 동기나 목적을 요구하는 것은 아니다.

Ⅲ. 효 과

1. 당사자간의 효과

당사자간에는 언제나 무효이다(108조 1항). 따라서 가장행위에 기하여 아직 이행을 하고 있지 않으면 이행할 필요가 없고, 이미 이행을 하였으면 부당이득반환을 청구할 수 있다. 이때 746조가 적용되는지 여부와 관련하여 견해가 대립된다. 통설은 허위표시 그 자체는 불법이 아니므로 746조는 적용되지 않는다고 하고, 소수설은 가장행위가 불법행위의 성질을 띨 경우에는 746조가 적용된다고 한다.

허위표시가 406조의 요건을 갖춘 경우 채권자취소권이 적용되는가에 대해서도 견해가 갈라진다. 통설은 가장행위의 취소를 인정할 필요가 있을 때에는 취소를 인정하는 것이 타당하다고 하여 긍정설의 입장이다. 판례도 채무자와 수익자 사이의 허위표시가 406조의 요건에 해당하면 채권자는 사해행위로서 취소권행사의 목적으로 할 수 있다.

2. 제3자에 대한 효과

(1) 원칙적 무효

원칙적으로 제3자에게도 무효, 다만 선의의 제3자에 대항할 수 없다(108조 2항).

(2) 제3자

이때 제3자는 허위표시의 당사자 및 포괄승계인 이외의 자로서 허위표시를 기초로 하여 새로운 이해관계를 맺은 자를 의미한다. 새로운 이해관계를 맺었는지 여부는 실질적으로 검토하여야 한다[401]. 가장매매의 매수인(가장양수인)으로부터 그 목적물을 다시 매수한 자, 가장양수인에게 돈을 빌려 주고 그 부동산에 저당권을 설정받은 채권자, 가장양수인으로부터 가등기를 취득한 자, 가장양수인에 대한 압류채권자, 가장매매에 의한 대금채권을 양수한 채권양수인 등이 제3자에 해당된다. 그러나 가장매매에 의한 손해배상청구권의 양수인이나 채권의 가장양도에서 채무자는 제3자가 아니다.

◆ 판 례

✧ 통정한 허위표시에 의하여 외형상 형성된 법률관계로 생긴 채권을 가압류한 경우, 그 가압류권자는 허위표시에 기초하여 새로운 법률상 이해관계를 가지게 되므로 민법 제108조 제2항의 제3자에 해당한다고 봄이 상당하고, 또한 민법 제108조 제2항의 제3자는 선의이면 족하고 무과실은 요건이 아니다(대판 2004. 5. 28, 2003다70041).

[1] 구 상호신용금고법(2000. 1. 28. 법률 제6203호로 개정되기 전의 것) 소정의 계약이전은 금융거래에서 발생한 계약상의 지위가 이전되는 사법상의 법률효과를 가져오는 것이므로, 계약이전을 받은 금융기관은 계약이전을 요구받은 금융기관과 대출채무자 사이의 통정허위표시에 따라 형성된 법률관계를 기초로 하여 새로운 법률상 이해관계를 가지게 된 민법 제108조 제2항의 제3자에 해당하지 않는다.

[2] 한국자산관리공사가 금융기관의 출자에 의하여 설립되었다고 하더라도 부실자산을 양도한 금융기관과는 독립하여 고유의 업무를 수행하는 별개의 법인이고, 금융기관으로부터 인수한 채권 등 그 자산에 대하여도 별도의 이해관계를 가진다고 할 것이므로, 한국자산관리공사가 부실채권 등 자산을 양도한 금융기관과 실질적으로 동일한 지위에 있다고 할 수는 없고, 또 한국자산관리공사가 부실채권 등 금융기관의 부실자산을 인수함에 있어 금융기관과 협의하여 인수가격 등 인수조건을 정하고 이를 유상으로 인수함과 아울러 담보물권까지 이전받는 점에 비추어 보면, 한국자산관리공사는 금융기관과 대출명의인 사이

---

401) 대판 1996, 4. 26, 94다12074 ; 대판 2000, 7. 6, 99다51258 ; 대판 2003, 3. 28, 2002다72125.

의 통정한 허위표시에 따라 외형상 형성된 법률관계를 토대로 실질적으로 새로운 법률상 이해관계를 가지게 된 민법 제108조 제2항의 제3자에 해당된다고 할 것이고, 비록 한국자산관리공사가 금융기관이 보유하는 부실자산의 정리촉진과 부실징후기업의 경영정상화 등을 효율적으로 지원하기 위한 공익적 목적에서 금융기관의 부실채권 등을 인수하였다고 하더라도 거래의 안전을 위하여 보호하여야 할 가치나 필요가 없는 제3자라고 할 수는 없다(대판 2004. 1. 15, 2002다31537).

✧ 파산자가 파산선고시에 가진 모든 재산은 파산재단을 구성하고, 그 파산재단을 관리 및 처분할 권리는 파산관재인에게 속하므로, 파산관재인은 파산자의 포괄승계인과 같은 지위를 가지게 되지만, 파산이 선고되면 파산채권자는 파산절차에 의하지 아니하고는 파산채권을 행사할 수 없고, 파산관재인이 파산채권자 전체의 공동의 이익을 위하여 선량한 관리자의 주의로써 그 직무를 행하므로, 파산관재인은 파산선고에 따라 파산자와 독립하여 그 재산에 관하여 이해관계를 가지게 된 제3자로서의 지위도 가지게 되며, 따라서 파산자가 상대방과 통정한 허위의 의사표시를 통하여 가장채권을 보유하고 있다가 파산이 선고된 경우 그 가장채권도 일단 파산재단에 속하게 되고, 파산선고에 따라 파산자와는 독립한 지위에서 파산채권자 전체의 공동의 이익을 위하여 직무를 행하게 된 파산관재인은 그 허위표시에 따라 외형상 형성된 법률관계를 토대로 실질적으로 새로운 법률상 이해관계를 가지게 된 민법 제108조 제2항의 제3자에 해당한다(대판 2003. 6. 24, 2002다48214).

(3) 선 의

선의란 의사표시가 허위표시임을 알지 못하는 것이다. 선의 악의를 결정하는 표준이 되는 시기는 법률상 새로운 이해관계를 맺은 때이다. 제3자가 보호되기 위해서는 선의인데 과실이 없어야 하는지 문제된다. 소수설[402]은 무과실을 요한다고 하지만 다수설(부정설)은 108조 2항은 선의만을 요구하고 무과실을 요건으로 하고 있지 않으므로, 선의이면 되고 무과실은 요건이 아니라고 한다. 제3자의 선의에 대한 입증책임은 제3자는 선의임을 증명할 필요가 없고 제3자의 악의를 주장하는 자가 이를 입증하여야 한다는데 학설과 판례[403]가 일치한다. 즉 제3자는 선의로 추정된다.

(4) 대항하지 못한다.

대항하지 못한다의 의미는 법률행위의 당사자가 제3자에게 허위표시의 무효를

402) 고상용, 405면.

403) 판례는 「통정허위표시에 의한 매수인으로부터 부동산의 권리를 취득한 제3자는 선의로 추정되므로 제3자가 악의라는 사실의 주장입증책임은 그 무효를 주장하는 자에게 있다」고 한다(대판 1978.12.26, 77다907).

주장할 수 없다는 것을 의미한다. 선의의 제3자가 허위표시의 무효를 주장할 수 있는가

① **긍정설**[404)]

허위표시는 객관적으로 바람직한 관계가 아니므로 선의의 제3자도 무효를 주장할 수 있고, 2항의 취지에도 어긋나지 않는다.

② **부정설(소수설)**[405)]

선의의 제3자는 허위표시의 당사자와 법률행위를 하였음에도 불구하고 본조 2항에 의하여 원래 기도하였던 대로 그 법률행위의 효과를 향유하게 되었으므로 거기에 그쳐야 한다. 선의의 제3자라고 해서 그 법률행위의 결과가 자기에 불리하면 허위표시의 무효를 주장하고 유리하면 유효를 주장할 수 있게 하는 것은 불공평하다.

3. 허위표시의 철회

허위표시는 무효이므로 철회는 무의미할 수 있다. 그러나 허위표시는 선의의 제3자에 대한 관계에서는 유효로 취급될 수 있으므로 철회를 인정할 필요성이 있다. 허위표시의 철회는 인정되나[406)] 선의의 제3자에는 대항할 수 없다.

Ⅳ. 적용범위

1. 법률행위

계약, 상대방 있는 단독행위에 적용된다는 데 대해서는 이론이 없다. 그러나 상대방 없는 단독행위와 합동행위에도 적용되는가에 대해서는 견해가 갈라진다. 상대방 없는 단독행위에는 통정이라는 요건이 갖추어질 수 없기 때문에 적용될 여지가 없다는 부정설[407)]과 상대방 없는 단독행위에 관하여 본조의 적용을 부정하면 이 단독행위에 의하여 다른 특정인이 직접 수익하는 경우에 이 수익을 원상으로 복구할 수 없게 되므로 상대방 없는 단독행위에 관해서도 본조의 적용을 긍정하여

404) 고상용, 406면 ; 곽윤직, 235면 ; 김상용, 450면 ; 백태승, 417면 ; 송덕수, 158면
405) 김증한/김학동, 336면 ; 명순구, 404면 ; 이영준, 388-389면
406) 철회는 불가능하며 의사표시의 외관제거만이 가능하다는 견해도 있다(이은영, 505면).
407) 곽윤직, 236면 ; 김증한/김학동, 337면 ; 백태승, 418면 ; 김준호, 314면 ; 지원림, 237면.

야 한다는 긍정설[408]이 있다. 합동행위에 대해서도 긍정하는 견해[409]와 부정하는 견해[410]가 대립된다.

2. 가족법상의 행위

가족법상의 행위에 대해서는 본조는 적용이 없다. 가족법상의 행위의 경우에는 허위표시는 언제나 무효가 되어, 선의의 제3자에 대하여서도 대항할 수 있다. 그러나 재산관계와 밀접한 관계가 있는 신분행위의 경우에는 그 적용 여부에 대해 재산관계와 밀접한 신분행위에는 적용된다는 긍정설[411]과 본인의 진의를 절대적으로 존중하는 가족법상의 행위에는 적용이 없다는 부정설[412]이 대립이 있다.

V. 108조의 2항의 유추적용 문제

1. 문제의 소재

양자간에 통정허위표시는 존재하지 않지만 허위의 외관이 작출된 경우 이와 같은 외관을 믿은 선의자를 보호하기 위하여 108조 2항을 유추적용할 수 있는가 문제된다.

진정한 권리자가 아닌 자 앞으로 등기명의가 존재하고, 그 외관의 작출에 진정한 권리자에게 귀책사유가 있는 경우 108조 2항의 유추적용에 의하여 거래안전을 꾀할 수 있는가 하는 문제이다.

2. 학 설

(1) 긍정설[413]

진정한 권리자의 보호와 조화되는 범위에서 108조 2항의 유추적용을 인정한다.

---

408) 고상룡, 409면 ; 김상용, 450면 ; 김용한, 294면 ; 김주수, 365면 ; 송덕수, 159면 ; 이영준, 390면 ; 이은영, 495-496면.

409) 고상용, 410면 ; 김상용, 450-451면 ; 이영준

410) 곽윤직, 236면 ; 김용한, 290면 ; 김주수, 272면 ; 지원림, 237면.

411) 고상용, 410면 ; 김상용, 451면 ; 김주수, 272면 ; 이영준, 391면 ; 이은영, 496면 ; 정기웅, 377면.

412) 곽윤직, 236면 ; 백태승, 419면 ; 지원림, 237면.

413) 김상용, 452면 ; 이영준, 392면 ; 장경학 477면.

(2) 부정설[414)]

허위표시를 무효로 하는 이유는 상대방과 통정하였기 때문에 표시된 대로의 효력을 부정하는 당사자의 의사를 존중하고, 그와 같은 상대방을 보호할 가치가 없어서 무효로 할 뿐 반드시 진정한 권리자가 외관창출에 귀책원인이 있기 때문은 아니다. 108조 2항이 거래의 안전에 기여하는 것은 맞지만 그렇다고 108조 2항을 광범위하게 유추적용하여 결과적으로 등기에 공신력을 인정하는 해석을 하는 것은 본말이 전도된 것이다.

3. 판 례

부정한다.

◆ 판 례

소외인이 원고로부터 원고를 대리하여 타로부터 금원을 차용하고 본건 부동산에 관한 담보권설정의 대리권을 수여받고 권리증, 인감증명서 등을 교부받았음에도 자기 앞으로 소유권을 이전하여 자신의 이름으로 피고에게 담보권을 설정하여 주고 금원을 차용하여 이를 유용한 경우에는 피고가 소외인에게 금원을 대여하고 그 부동산에 담보권을 설정한 것은 소외인을 진실한 소유자로 믿고 한 것이지 동 소외인을 원고의 대리인이라고 믿고 한 것이 아니고, 소외인이 그 명의로 소유권이전등기함에 있어 원고가 이를 통정 용인하였거나 이를 알고도 방치(허위의 소유권이전등기라는 외관형성에 관여) 하였다고 할 수 없으므로 민법 제126조, 제108조를 유추하여서 피고 명의의 위 담보권을 유효하다고 할 수 없다(대판 1981.12.22, 80다1475).

[4] 착 오

Ⅰ. 착오의 의의

1. 학 설

착오의 의의에 대해서는 학설은 일치되지 않고 있다. 다수설[415)]은 표시행위로부터 추단되는 의사표시(표시상의 효과의사)와 진의(내심의 효과의사)가 일치하지 않으며, 이 불일치를 표의자 자신이 모르는 의사표시라고 한다. 소수설은 표의자가

414) 백태승, 420면 ; 송덕수, 160면.
415) 김기선, 272면 ; 김증한/김학동, 339면 ; 김주수, 368면 ; 이은영, 506면.

의사표시에 이르는 과정 또는 의사표시 자체에서 스스로 자각하지 못하면서 사실과 일치하지 않는 인식 또는 판단을 하고, 이에 의거하여 의사표시를 한 경우[416] 라고 하거나 진의와 표시의 불일치라고 하면서 여기서 진의는 착오가 없었더라면 가졌을 것으로 생각되는 의사라 한다[417], 내심적 효과의사와 표시행위(또는 표시상의 효과의사)와의 불일치[418]라고 한다.

2. 판 례

표시의 내용과 내심의 의사가 일치하지 아니함을 표의자 자신이 알지 못한 경우(대판 1967, 6. 27, 67다793)

법률행위를 할 당시에 실제로 없는 사실을 있는 사실로 잘못 깨닫거나 아니면 실제로 있는 사실을 없는 것으로 잘못 생각하듯이 표의자의 인식과 그 대조사실이 어긋나는 경우(대판 1972, 3. 28, 71다2193).

Ⅱ. 착오의 종류

민법은 착오의 유형을 규정하고 있지 않지만 착오의 발생 태양은 여러 가지이고, 민법상 모든 착오가 고려되지는 않기 때문에 착오의 유형화는 필요하다.

1. 표시상의 착오

표시행위 자체를 잘못하여 진의와 표시가 불일치하는 경우로서, 오기, 오담 등이 이에 속한다(9만원으로 기재할 것을 6만원으로 잘못 기재하는 경우).

표시기관(표의자가 의사표시를 위해 사용한 보조자)의 실수로 진의로 다른 표시를 한 표시기관의 착오도 표시상의 착오로 다룬다.

2. 내용상의 착오

내용상의 착오는 표시행위의 의미를 잘못 이해하는 것이다.

---

416) 고상용, 414면 ; 김용한, 295면 ; 정기웅, 387면.
417) 곽윤직, 237면 ; 백태승, 426면.
418) 김상용, 457면 ; 이영준, 399면.

3. 동기의 착오

(1) 의 의

동기의 착오는 의사형성과정에서 표의자가 효과의사결정에 의미를 갖는 상황을 실제와 달리 인식한 경우, 즉 의사표시를 하게 된 동기나 연유에 착오가 있는 것을 말한다. ① 동기의 착오를 109조 소정의 착오에 포함시킬 것인지 ② 동기의 착오가 취소의 대상이 되는 착오인지 여부에 대하여 견해대립이 있다.

(2) 당사자 일방의 동기의 착오

① 서

민법 제109조 제1항은 "법률행위 내용"에 착오가 있는 경우에만 착오를 이유로 의사표시를 취소할 수 있도록 규정하고 있는 바, "법률행위 동기"에 착오가 있는 경우에는 착오를 이유로 의사표시를 취소할 수 없는 것인지 문제된다.

② 학 설

i) 동기표시설[419]

동기의 착오만으로는 취소할 수 없으나 동기가 표시되어 상대방이 알고 있는 경우에는 의사표시의 내용이 되므로 취소할 수 있다는 견해로서 다수설이다. 판례는 이 견해를 취하면서 「동기의 표시」에 대해 표의자의 의사표시의 동기가 일반적으로 널리 알려진 사실(공지의 사실)이거나[420] 동기가 상대방에 의하여 부여되거나 유발된 경우(유발된 동기의 착오)에는 동기의 표시가 없더라도 표의자의 동기에 대해 상대방의 인식가능성만 있으면 의사표시의 내용이 된다고 한다.

ii) 동기포함설[421]

동기의 착오도 동기가 표시되었는지 여부와 관계없이 다른 유형의 착오와 마찬가지로 109조를 적용하여 중요부분에 관한 동기의 착오는 취소할 수 있다는 견해이다. 취소권발생요건으로 상대방의 인식가능성을 요구한다.

---

419) 곽윤직, 238면.
420) 대판 1989, 1. 17, 87다카1271 ; 대판 1992, 2, 25, 91다38419
421) 김용한,297면 ; 김주수, 373면 ; 이은영, 519면

iii) 유추적용설[422)]

동기의 착오를 다른 착오와 동일하게 취급할 수 없으나 동기의 착오중 거래에 있어서 중요한 사람 또는 물건의 성질에 관한 착오나 이에 준하는 착오에 대해서는 109조를 유추적용하여야 한다는 견해이다.

iv) 동기제외설[423)]

동기의 착오는 동기가 표시되어 상대방이 알고 있는 경우에도 109조에 의해 고려되지 않아야 한다는 견해이다. 이 견해는 i) 동기제외의 적용범위를 유상계약으로 한정하고, 무상계약은 동기착오에 의한 취소권을 인정한다. ii) 동기의 착오가 상대방에 의해 악용되는 경우, 표의자가 보호되어야 하는데, 이때는 신의칙에 의해 보호한다. iii) 동기의 진실함에 대한 위험은 스스로 부담하여야 하며, 그 위험을 상대방에게 부담지우려면 동기를 법률행위의 내용으로 만들어야 한다고 한다.

③ **판 례**

판례는 의사표시의 동기에 착오가 있음을 이유로 표의자가 이를 취소하기 위하여는 그 동기가 상대방에게 표시되고 그것이 의사표시 내용의 중요부분으로 인정될 경우에 한한다. 다만 예외적으로 동기의 착오가 상대방에 의해 유발되었거나 동기가 상대방측에 의해 제공된 경우에는, 동기의 표시되었는지 여부를 불문하고 표의자는 민법 제109조의 요건하에서 의사표시를 취소할 수 있다고 한다.[424)]

◆ 판 례

✧ 동기의 착오가 법률행위의 중요 부분에 해당함을 이유로 법률행위를 취소하기 위한 요건

동기의 착오가 법률행위의 내용의 중요부분의 착오에 해당함을 이유로 표의자가 법률행위를 취소하려면 그 동기를 당해 의사표시의 내용으로 삼을 것을 상대방에게 표시하고 의사표시의 해석상 법률행위의 내용으로 되어 있다고 인정되면 충분하고 당사자들 사이에 별도로 그 동기를 의사표시의 내용으로 삼기로 하는 합의까지 이루어질 필요는 없지만, 그 법률행위의 내용의 착오는 보통 일반인이 표의자의 입장에 섰더라면 그와 같은 의사표시를 하지 아니하였으리라고 여겨질 정도로 그 착오가 중요한 부분에 관한 것이어야 한다(대판 2000. 5. 12. 선고 2000다12259).

---

422) 김상용, 484면 ; 백태승, 417면 ; 이영준, 407면

423) 김증한/김학동, 343면 ; 송덕수, 168-169면.

424) 판례의 유발된 동기의 착오에 대한 법리에 대해 비판적 견해로는 명순구, 415면 ; 이영준, 405면 참조.

(3) 당사자 쌍방의 공통하는 동기의 착오

① 서

당사자 쌍방에 공통하는 동기의 착오가 있는 경우에는 일방의 동기의 착오와는 달리 취급해야 한다. 왜냐하면 당사자 쌍방이 공통하는 동기의 착오에 빠지지 않았더라면 당사자들은 다른 내용의 합의를 했었을 것이기 때문에, 바로 어느 일방에 의한 동기의 착오를 이유로 한 의사표시의 취소를 인정하기 보다는 쌍방이 공통하는 동기의 착오에 빠지지 않았더라면 합의했을 내용으로 계약을 수정하는 것을 인정할 것인지 문제된다.

② 학 설

i) 법률행위의 보충적 해석에 의해 해결하려는 견해[425)]

쌍방이 동일하게 동기의 착오에 빠진 경우에는 중요부분에 준하는 것이라도 취소할 수는 없고, 보충적 해석에 의하여 착오가 없었으면 당사자가 약정하였을 가상적 의사를 확정하여 그 내용대로 계약을 수정하는 것이 타당하다. 불가능한 경우에는 착오취소를 할 수 있다.[426)]

ii) 주관적 행위기초론에 의한 해결[427)]

주관적 행위기초란 계약 당사자 쌍방이 계약체결시에 가진 공통하는 결정적인 관념 또는 확실한 기대를 말한다. 인식하지 못한 경우에는 객관적 행위기초가 될 수 있을 뿐이다. 주관적 행위기초가 실제와 다른 것으로 밝혀졌는데도 원래 계약대로 구속력을 인정하는 것은 신의성실의 원칙에 반하므로, 당사자의 쌍방의 착오가 없었더라면 합의하였을 내용으로 계약을 수정하고, 그러한 수정이 당사자 일방에게 불리한 경우 불이익한 당사자는 계약으로부터 벗어날 권리 즉 탈퇴권(해제해지권)을 인정하여야 한다고 한다. 탈퇴권은 원칙적으로 소급효를 가진 해제권이나 계속적 계약의 경우에는 해지권이다.

iii) 민법 제109조 적용이론

어떠한 법률행위의 기초에 대한 공통 착오가 있는 경우에는 민법 제109조의 법률행위 내용에 관한 착오에 해당하고 계약의 필요적 기초라고 생각하였던 사정

---

425) 명순구, 425면 ; 이영준, 442면

426) 보충적 해석에 의해 양자의 의사가 일치하지 않을 때 계약이 성립되지 않는다는 설명이 있는데(지원림, 208면), 옳지 못하다.

427) 김상용, 483면 ; 김증한/김학동, 344면; 송덕수, 181면.

에 관한 것인 경우는 본질적 착오에 해당한다. 상대방이 착오자의 중과실을 입증하지 못하는 한 착오자는 계약의 취소 주장이 가능하다.

③ **판 례**

매매계약에서 갑 부담 세액을 특정한 것은 초과세액은 을이 부담하기로 한 것으로 볼 수 없고 양도 세액의 산정이 확실할 수 없으므로 갑이 부담하는 세액을 명확하게 하기 위한 것으로 보인다. 을이 세액에 관한 착오가 없었더라면 사건 매매계약을 체결하지 않거나 동일한 내용으로 체결하지 않았을 것이 명백하고, 착오가 갑에 의해 유발되고 갑 또한 착오에 빠져있었다는 사정을 고려하면 을의 착오는 중요한 부분의 착오에 해당한다.

갑, 을 모두 세액을 5억여원 뿐인 것으로 잘못 알았던 것이 명백하므로, 갑, 을이 을이 부담하여야 할 세금의 액수가 위 금액을 초과한다는 사실을 알았더라면 갑이 위 초과세액을 부담하기로 약정하였으리라는 특별한 사정이 인정될 수 있을 때에는 을은 갑에게 위 초과세액 상당의 청구를 할 수 있다고 해석함이 당사자의 진정한 의사에 합치할 것이므로 을의 취소는 인정되지 않는다.

사건에서 추가세액이 갑이 당초 부담하기로 한 세액에 육박하고, 을이 갑에게 추가세액의 납부를 촉구하였으나 갑이 이를 거절하여 을이 취소하게 된 사정을 고려해 볼 때 위와 같이 을의 취소권을 부정할 특별한 사정이 있다고 인정하기 어려우므로 을의 취소주장을 받아들인 원심의 판결은 타당하다.

주관적 행위기초론에 의할 경우에는 일반적으로 매도인의 취소권이 제한되고 매도인에게 초과세액의 부담을 청구할 수 있을 뿐이다. 다만 초과세액이 매수인이 예상하지 못할 정도의 것이어서 매수인이 그를 부담하면서 매수하지 않았을 것이고, 매수인에게 부담시키는 것이 신의성실에 반하는 경우에는 매수인에게 해제권을 인정할 것이다.

◆ 판 례

주위토지통행권자가 인접대지위의 담장이 그 대지의 경계선과 일치하는 것으로 잘못 알고 이 담장을 기준으로 통로폭을 정하여 주위토지소유자의 담장설치에 합의하였다면 이러한 합의는 토지의 현황경계에 관한 착오에 기인한 것으로서 그 착오는 법률행위의 중요부분에 관한 착오라고 볼 수 있다(대판 1989.7.25, 88다카9364).

4. 표시기관의 착오

표시기관의 착오란 표의자가 매개자를 통하여 표시행위를 하는데, 매개자(사자[428])가 표의자의 의사와 다르게 표시행위를 하는 것을 말한다. 독일에서는 명문으로 착오와 동일하게 취급하고 있다.

우리 민법에서는 명문규정이 없지만 학설은 표시기관의 착오를 이유로 한 의사표시의 취소를 인정하고 있다. 이론구성은 표시상의 착오와 동일하게 다루어야 한다는 견해[429]와 109조를 유추적용하여야 할 것이라는 견해[430]로 갈라진다.

5. 계산상의 착오

계산상의 착오란 매매대금 등을 계산할 때 계산 내지 산출기초가 되는 사항에 대한 표의자의 착오를 말한다. 계산상의 착오는 표시여부를 불문하고 동기의 착오라는 견해[431]와 계산의 기초를 표시하지 않고 결과만 표시하였다면 동기의 착오이고, 계산방식에 합의하였다면 계산결과는 중요하지 않고 그릇된 계산결과가 효력을 갖는 것이 아니라 다시 정확한 계산을 하여야 한다는 견해[432]도 있다.

Ⅲ. 착오를 이유로 한 취소의 요건

1. 법률행위내용의 중요부분에 착오가 있을 것

(1) 중요부분의 의의

의사표시에 의하여 달성하려고 한 법률효과의 중요부분에 착오가 있을 것이 필요하다. 어떤 경우가 중요부분인지 문제되는데, 통설[433] 및 판례는 표의자가 이러한 착오가 없었더라면 그 의사표시를 하지 않았을 것이라고 판단될 정도로 중요(주관적 요건)하여야 하고, 보통 일반인이 표의자의 입장에 섰더라면 그러한 의사표시를

428) 표시기관의 착오에서 문제되는 사자는 표시기관으로서의 사자를 말하고, 전달기관으로서의 사자가 잘못 전달한 경우에는 의사표시의 부도달의 문제가 된다.

429) 곽윤직, 239면 ; 김증한/김학동, 355면 ; 송덕수, 169면 ; 지원림, 242면.

430) 이영준, 409면

431) 김형배/김규완/김명숙, 218면.

432) 지원림, 244면.

433) 이러한 통설에 대해 객관적 요건만 있으면 된다는 견해(이은영, 521면)와 둘 중 하나만 있으면 된다는 견해(김증한/김학동, 348면)도 있다.

하지 않았을 것으로 생각될 정도로 중요한 것(객관적 요건)이어야 한다고 한다.

판례는 「각 행위에 관하여 주관적·객관적 표준에 좇아 구체적 사정에 따라 가려져야 할 것이고, 추상적·일률적으로 이를 정할 수 없다고 하고 있다[434].

◆ 판 례

신용보증기금법 제1조는 신용보증기금을 설립하여 담보능력이 미약한 기업의 채무를 보증하게 하 여 기업의 자금융통을 원활히 하고, 신용정보의 효율적인 관리·운영을 통하여 건전한 신용질서를 확립함으로써 균형 있는 국민경제의 발전에 기여함을 목적으로 한다라고 규정하고 있고, 이러한 목적을 위하여 같은 법 제6조는 신용보증기금의 기본재산 조성을 정부, 금융기관, 기업 등의 출연으로 할 것을 규정하고, 같은 법 제2조 제2항은 신용보증기금의 신용보증대상 채무를 일정한 경우로 국한하도록 규정하고 있으며, 같은 법 제24조에 기하여 작성된 신용보증기금의 업무방법서 제10조 제1항 제3호 는 전국은행연합회의 '금융기관의 신용정보교환 및 관리규약'에 의한 금융부실거래자에 대한 신규보증을 금지하도록 규정함으로써 신용보증의 대상기업을 신용 있는 기업으로 제한하고 있는 등의 취지에 비추어 본다면, 신용보증기금의 신용보증에 있어서 기업의 신용 유무는 그 절대적인 전제사유로서 신용보증의사표시의 중요 부분을 구성한다(대판 2005. 5. 12. 선고 2005다6228).

(2) 중요부분의 모습

판례가 법률행위의 중요부분이라고 하고 있는 것으로는 ① 토지의 현황 경계에 관한 착오[435], 상해의 정도 결관 및 치료기간을 잘못 알고 한 합의[436], 저당권 설정계약 또는 보증계약에서 채무자의 동일성에 관한 착오[437], 신용보증에서 피보증인의 연체사실에 관한 착오[438], 근저당권성정계약에서 채무자의 동일상에 대한 물상보증인의 착오[439], 기술신용보증기금의 신용보증에 있어서 그 대상이 되는 기업의 신용 유무[440] 등이 있고, 중요부분이 아니라고 한 것으로는 지적에 관한 착오[441], 임대목적물의 소유자에 관한 착오[442], 강제추행을 강간치상으로 오인하고

434) 대판 1984, 4. 23, 84다카890
435) 대판 1974, 4. 23, 74다54 ; 대판 1993, 9. 28, 93다31634.
436) 대판 1981, 4. 14, 80다2452.
437) 대판 1986, 8. 19, 86다카448.
438) 대판 1987, 7. 21, 85다카2339.
439) 대판 1995, 12. 22, 95다37087.
440) 대판 2007. 8. 23, 2006다52815.
441) 대판 1969, 5. 13, 69다196.

한 합의금약정[443], 신용보증에서 피보증인의 연체사실에 관한 착오[444], 착오에 의하여 표의자가 경제적 불이익을 입지 않는 경우[445] 등이 있다.

2. 표의자에게 중과실이 없을 것(109조 1항 단서)

표의자에게 중대한 과실이 있는 경우에는 취소하지 못한다(109조 1항 단서). 이러한 경우까지 취소로 인한 불이익을 상대방에게 부담시키는 것은 부당하기 때문이다.

중과실이란 표의자의 직업, 행위의 종류, 목적 등에 비추어 일반적으로 요구되는 주의를 현저하게 결여한 것을 말한다.

중대한 과실의 입증책임은 의사표시가 취소되지 않게 하려는 자 즉, 의사표시의 상대방이 부담한다[446].

◆ 판 례

민법 제109조 제1항 단서에서 규정하고 있는 '중대한 과실'이라 함은 표의자의 직업, 행위의 종류, 목적 등에 비추어 보통 요구되는 주의를 현저히 결여한 것을 말하고, 공인된 중개사나 신뢰성 있는 중개기관을 통하지 않고 개인적으로 토지 거래를 하는 경우, 매매계약 목적물의 특정에 대하여는 스스로의 책임으로 토지대장, 임야도 등의 공적인 자료 기타 공신력 있는 객관적인 자료에 의하여 그 토지가 과연 그가 매수하기 원하는 토지인지를 확인하여야 할 최소한의 주의의무가 있다(대판 1997. 8. 22., 96다26657 ; 대판 2005. 9. 9. 2005다8347(본소), 2005다8354(반소) ;대판 2009. 9. 24, 2009다40356, 40363 등 참조).

3. 상대방의 인식가능성 여부

표의자의 착오를 상대방이 예견할 수 있어야 하는지 문제된다. 착오를 이유로 한 취소를 간접적으로 제한할 수 있음을 들어 긍정하는 견해[447]와 법적 근거가 없는 무리한 해석이라는 부정적 견해[448]가 대립되고 있다.

---

442) 대판 1975, 1. 28, 74다2069.
443) 대판 1977, 10. 31, 77다1562.
444) 대판 1987, 11. 10, 87다카192.
445) 대판 1999, 2. 23, 98다47924 ; 대판 2006, 12. 7, 2006다41457.
446) 김형베/김규완/김명숙, 222면 ; 이영준, 425-426면 ; 이은영, 524면.
447) 김용한, 300면 ; 김주수, 280면 ; 장경학, 592-593면.
448) 김상용, 475면 ; 김증한/김학동, 350면 ; 김형배/김규완/김명숙, 224면 ; 백태승, 440면 ; 송

Ⅳ. 착오의 효과

1. 의사표시의 취소

위의 요건이 충족되면 표의자는 의사표시를 취소할 수 있다. 판례는 계약이 적법하게 해제된 뒤에도 취소가 가능하다고 한다(대판 1996, 12. 6, 95다24982)

◆ 판 례

매도인이 매수인의 중도금 지급채무 불이행을 이유로 매매계약을 적법하게 해제한 후라도 매수인으로서는 상대방이 한 계약해제의 효과로서 발생하는 손해배상책임을 지거나 매매계약에 따른 계약금의 반환을 받을 수 없는 불이익을 면하기 위하여 착오를 이유로 한 취소권을 행사하여 매매계약 전체를 무효로 돌리게 할 수 있다(대판 1996, 12. 6, 95다24982).

2. 제3자와의 관계(109조 2항)

의사표시를 취소하더라도 선의의 제3자에게는 대항할 수 없다(109조 2항).
제3자에 대해서는 허위표시의 내용 참조

3. 착오자의 배상책임 문제

(1) 표의자에게 경과실이 있는 경우

착오가 표의자의 경과실에 의해 야기된 경우 에도 109조의 요간이 충족되면 표의자는 의사표시를 취소할 수 있다. 상대방에게는 아무런 과실도 없는 경우 상대방이 받은 손해에 대해 구제를 해 주어야 하는지 문제된다. 독일은 이러한 경우 표의자에게 신뢰이익의 배상책임을 인정하고 있다(독일민법 제122조). 그러나 우리 민법에는 이러한 규정이 없으므로 해속상 이를 인정할 것인지 문제된다. 학설은 535조(계약체결상의 과실)을 유추적용하여 신뢰이익의 배상을 인정한다[449]. 이에 대해 명문의 규정이 없으므로 해석상으로는 이를 인정할 수 없다는 견해가 있다.[450]

덕수, 170면 ; 이영준, 427면 ; 이은영, 525면.

449) 곽윤직, 242면 ; 김상용, 480면 ; 백태승, 440면 ; 서광민, 367면 ; 이영준, 437면 ; 이은영, 533면.

(2) 표의자에게 중과실이 있는 경우

중과실이 있는 경우 의사표시를 취소할 수 없다. 문제는 상대방은 신뢰이익의 배상을 청구할 수 있는가 하는 것이다. 착오를 이유로 취소할 수 없으므로 신뢰이익의 배상책임을 인정할 수 없다고 하는 견해[451]와 상대방은 표의자에게 중대한 과실이 있는 경우에 항변하지 않으면 사실상 중대한 과실이 있음에도 의사표시가 취소되는 것이므로 이러한 경우에는 손해배상을 인정하여야 한다고 한다.[452]

V. 적용범위

1. 상대방 없는 단독행위

민법 제47조 제1항에 의하여 생전처분으로 재단법인을 설립하는 때에 준용되는 민법 제555조는 "증여의 의사가 서면으로 표시되지 아니한 경우에는 각 당사자는 이를 해제할 수 있나."고 함으로써 서면에 의한 증여(출연)의 해제를 제한하고 있으나, 그 해제는 민법 총칙상의 취소와는 요건과 효과가 다르므로 서면에 의한 출연이더라도 민법 총칙규정에 따라 출연자가 착오에 기한 의사표시라는 이유로 출연의 의사표시를 취소할 수 있고, 상대방 없는 단독행위인 재단법인에 대한 출연행위라고 하여 달리 볼 것은 아니다(대판 1999. 7. 9, 98다9045).

2. 가족법상의 법률행위

가족법상의 법률행위에서는 당사자의 의사가 절대적 의의를 가지므로 착오에 관한 109조는 적용이 없다. 착오에 의한 혼인, 입양에 대해서는 명문규정을 두고 있다(815조 1호, 883조 1호).

3. 단체법상의 행위

다수인이 관여한 단체법상의 법률행위에 대해서는 거래안전에 대한 요구가 크므로 109조의 적용이 제한될 수 있다.

---

450) 김증한/김학동, 351면.

451) 김상용, 480면 ; 김주수, 281면 ; 김형배/김규완/김명숙, 227면 ; 장경학, 495면

452) 이영준, 438면.

4. 소송행위

착오에 의한 소취하하든가 항소 취하 등 소송행위에 대해서는 착오규정이 적용되지 않는다.

5. 공법상의 행위

행정처분에 대해서도 적용이 없다.

VI. 다른 제도와의 관계

1. 착오와 사기

착오가 타인의 기망행위에 의해 발생한 경우 착오와 사기의 경합이 생기는데, 양자는 요건은 서로 다르고, 효과도 전적으로 동일하지는 않으므로 표의자는 어느 쪽이든 요건을 입증해서 취소할 수 있다(판례, 학설)

이 경우 표의자가 착오나 사기의 선택적 주장에 대해, 상대방은 표의자가 주장하지 않은 쪽을 들어 반대하지 못한다.

2. 착오와 담보책임

매매목적물에 권리의 하자나 물건의 하자가 있는 것을 모르고, 매매계약을 체결한 경우, 착오에 의한 취소규정(109조)과 하자담보책임(570조-582조)이 경합하게 되는데, 다수설은 매도인의 담보책임에 관한 규정을 착오에 관한 규정의 특별규정으로 이해하고, 하자담보책임의 제척기간이 단기인데 반해 착오로 인한 취소권은 장기이므로, 매매 기타 유상계약을 장기간 불확정한 상태에 두는 것은 타당치 않으므로 매도인의 담보책임이 성립하게 되면 착오로 인한 취소는 배제된다고 한다. 이에 대해 양자는 요건과 효과가 다르므로 두가지 요건에 모두 해당될 때에는 양자를 경합적으로 인정하는 것이 타당하다는 소수설[453]이 있다.

453) 김상용, 482면.

3. 착오와 화해

당사자가 서로 양보하여 분쟁을 끝낼 것을 약정함으로써 효력이 생기는 화해계약은 착오를 이유로 이를 취소할 수 없다(733조). 그러나 '화해당사자의 자격' 또는 '화해의 목적인 분쟁 이외의 사항'에 착오가 있는 경우에는 착오를 이유로 취소할 수 있다(733조 단서)

[5] 하자 있는 의사표시

Ⅰ. 서

1. 의 의

(1) 하자 있는 의사표시란 자유로워야 할 의사표시가 타인의 위법한 간섭으로 인해 방해된 상태에서 이루어진 의사표시로써 사기와 강박의 두 가지가 있다. 이러한 의사표시는 의사와 표시의 불일치는 존재하지 않고, 다른 의사의 형성과정에 하자가 있을 뿐이다. 우리 민법은 이러한 의사표시를 취소할 수 있도록 하여(110조 1항), 표의자의 의사결정의 자유를 보호하고 있다.

(2) 사기는 고의로 타인을 기망하여 착오에 빠지게 하는 위법행위이고, 강박은 고의로 해악을 주겠다고 위협하여 공포심을 일으키게 하는 위법행위이다. 사기나 강박은 형법상 범죄행위가 되고, 민법상으로는 불법행위의 요건을 갖추는 경우, 피해자에게 손해배상청구권이 발생한다(750조). 또 사기나 강박에 의한 법률행위에 대해 일정한 요건하에서 취소를 인정하여 그 의사표시에 의한 법률적 구속에서 벗어날 수 있도록 하고 있다.

Ⅱ. 요건

1. 사기에 의한 의사표시

(1) 사기자의 고의

사기자에게 고의가 있어야 한다. 사기가 성립하기 위해서 행위자에게 반드시 고의가 요구되는가 아니면 과실이 있는 것만으로 충분한가에 관해 다수설은 고의를 요구하고 있다[454]. 여기서 고의는 '표의자를 기망해서 착오에 빠지게 하려는 고의'와 '이 착오에 기해 표의자로 하여금 의사표시를 하게 하려는 고의'의 2단계 고의가 요구된다(다수설)[455]. 하지만 기망행위에 의해 재산상의 이익을 얻으려는 고의는 필요하지 않다. 사기는 피기망자의 재산을 보호하기 위한 것이 아니고, 의사결정의 자유를 보호하려는 데 그 취지가 있기 때문이다.

(2) 기망행위

사기자에게 기망행위가 있어야 한다. 기망행위란 표의자로 하여금 실재와 다른 그릇된 관념을 가지게 하거나, 이를 강화 내지 유지하게 하는 일체의 행위를 말한다. 이러한 기망행위에는 적극적 행위나 소극적 행위로 행해지는 경우도 있다. 즉 기망행위는 적극적으로 허위사실을 고지함에 의해 행해지는 경우가 대부분이지만, 소극적으로 당사자에게 고지의무가 있음에도 불구하고 위반하여 침묵하여 행해질 수도 있다. 단순한 침묵은 원칙적으로 기망행위가 되지 않지만 행위자에게 설명의무가 있는 경우에만 기망행위가 된다. 또한 때로는 의견이나 평가의 진술도 기망행위가 될 수 있다(2등품을 1등품이라고 알리는 경우),

◆ 판 례

일반적으로 상품의 선전·광고에 있어 다소의 과장·허위가 수반되는 것은 그것이 일반 상거래의 관행과 신의칙에 비추어 시인될 수 있는 한, 기망성이 결여된다.

백화점 부대 특수시설에 대한 지분을 분양함에 있어 분양회사의 지분보유율이나 이익배당률에 관하여 다소 과장된 설명을 한 사안에서, 기망행위가 되지 않는다(대판 1995.9.29. 선고 95다7031).

(3) 기망행위의 위법성

기망행위가 위법하여야 한다. 기망행위가 사회통념상 위법한 것으로 인정하지 않을 정도로 경미하면 사기가 되지 않는다. 위법성은 획일적으로 판단할 수는 없

454) 이에 대해 민법이 채무불이행책임이나 불법행위책임 등 전반에 걸쳐 고의와 과실을 동등하게 다루고 있으므로 사기행위의 취소의 경우에만 과실을 배제할 필요가 없다는 소수설이 있다(이은영, 544면).

455) 소수설로서 '기망행위', '착오의 야기' 및 '이에 기한 의사표시'에 관한 3단계의 고의가 필요하다는 견해가 있다(이영준, 446-447면 ; 이은영, 544면).

고, 개별적인 경우의 사정위에 신의칙 및 거래관념에 의해 판단하여야 한다. 즉 전문점의 선전이 위법한 기망행위가 되는 경우가 노점상인의 행위가 기망행위가 되는 경우보다 많을 것이다.

(4) 기망행위와 착오, 착오와 의사표시간에 인과관계의 존재

기망행위와 착오, 착오와 의사표시간에 인과관계가 있어야 한다. 즉 기망행위에 의해 표의자가 착오에 빠지고 그 착오에 기해 의사표시를 하여야 한다. 여기에서 인과관계는, 착오에 의한 의사표시의 경우처럼 보통 일반인을 기준으로 착오가 없었더라면 표의자가 그 의사표시를 하지 않았을 것이라고 인정되는 정도의 객관적인 인과관계가 존재할 필요가 없고, 표의자의 주관적인 것에 지나지 않아도 상관없다. 따라서 보통사람이라면 속지 않았을 정도의 기망임에도 특별히 표의자의 능력이 부족하여 착오에 빠진 경우에도 사기에 의한 의사표시가 성립한다.

(5) 입증책임

취소를 주장하는 자가 입증하여야 한다.

2. 강박에 의한 의사표시

(1) 강박자의 고의

강박자에게 고의가 있어야 한다. 과실에 의한 사기를 인정하는 견해도, 강박의 경우에는 강박자의 고의에 의해서만 성립한다고 한다. 강박에서의 고의도 사기에서와 마찬가지로 표의자에게 공포심을 일으키려는 고의와, 그 공포심에 의해 의사표시를 하게 하려는 고의의 2단계의 고의를 요구한다(다수설).[456)]

(2) 강박행위

강박행위가 있어야 한다. 강박행위란 상대방에게 해악의 고지를 통해 공포심을 일으키게 하는 행위로서, 해악의 종류나 방법은 묻지 않는다. 제3자에 대한 해악의 고지도, 표의자와 제3자와의 관계 여하에 따라 표의자에 대한 강박행위가 될 수

---

456) 강박행위, 공포심의 야기, 이에 기한 의사표시에 관한 3단계의 고의가 필요하다는 소수설이 있다(이영준, 451면 ; 이은영, 547면).

있다, 적극적인 작위뿐 아니라 소극적인 부작위에 의해서도 강박행위가 행해질 수 있으며. 경우에 따라서는 단순한 침묵도 강박행위가 될 수 있다. 해악은 표의자로 하여금 공포심을 야기하기에 충분한 것이면 족하고, 이를 초과해서 의사결정의 자유가 완전히 박탈될 정도이면 의사표시 자체가 존재하지 않는 것으로 의사표시가 불성립한다고 해야 한다.

법률행위 취소의 원인이 될 강박이 있다고 하기 위하여서는 표의자로 하여금 외포심을 생기게 하고 이로 인하여 법률행위 의사를 결정하게 할 고의로써 불법으로 장래의 해악을 통고할 경우라야 한다.

◆ 판 례

✧ 일반적으로 부정행위에 대한 고소, 고발은 그것이 부정한 이익을 목적으로 하는 것이 아닌 때에는 정당한 권리행사가 되어 위법하다고 할 수 없으나, 부정한 이익의 취득을 목적으로 하는 경우에는 위법한 강박행위가 되는 경우가 있고 목적이 정당하다 하더라도 행위나 수단 등이 부당한 때에는 위법성이 있는 경우가 있을 수 있다(대판 1992.12.24, 92다25120).

✧ 강박에 의한 법률행위가 하자 있는 의사표시로서 취소되는 것에 그치지 않고 나아가 무효로 되기 위하여는, 강박의 정도가 단순한 불법적 해악의 고지로 상대방으로 하여금 공포를 느끼도록 하는 정도가 아니고, <u>의사표시자로 하여금 의사결정을 스스로 할 수 있는 여지를 완전히 박탈한 상태에서 의사표시가 이루어져 단지 법률행위의 외형만이 만들어진 것에 불과한 정도이어야</u> 한다(대판 1998.2.27, 97다38152 ; 대판 1997.3.11, 96다49353).

(3) 강박행위의 위법성

강박행위가 위법한 것이어야 한다. 강박행위의 위법성여부의 판단에는 두 가지 요소를 고려해야 하는데, 강박에 의해 얻으려고 하는 목적이 정당한 것인가 하는 점과, 강박의 수단이 정당한 것인가를 고려하여야 한다. 그리하여 정당한 권리행사라 하여도 그것이 부정한 이익을 얻으려는 목적이 있으면 위법성이 인정되며, 정당한 권리행사로서 그 목적이 정당해도 그 수단이 현저하게 부당하면 위법성이 있게 된다.

(4) 강박행위와 공포심, 공포심과 의사표시간에 인과관계의 존재

강박행위와 공포심, 공포심과 의사표시간에 인과관계가 존재해야 한다. 즉 강박행위로 인해 표의자가 공포심을 가지게 되고, 그 공포심으로 인해 의사표시를 하여야 한다. 인과관계의 인정은 사기에 의한 의사표시의 경우처럼, 보통 일반인을 기준으로 판단하는 것이 아니라 표의자를 기준으로 주관적으로 판단한다.

Ⅲ. 효과

사기, 강박에 의한 의사표시는 취소할 수 있다(110조). 민법은 사기, 강박에 의한 의사표시에 관해 표의자의 상대방이 사기, 강박을 한 경우와, 표의자의 상대방이 아닌 제3자가 사기, 강박을 한 경우와 구분하여 효과를 규정하고 있다.

1. 취소권의 발생

(1) 상대방의 사기, 강박의 경우

상대방의 사기, 강박으로 표의자가 의사표시를 한 경우에는, 표의자는 자신의 의사표시를 취소할 수 있다(110조 1항). 따라서 표의자는 사기, 강박이 범죄를 구성해도 취소하지 않는 한, 그 의사표시는 유효하다.

(2) 제3자의 사기, 강박의 경우

이 경우는 다시 상대방 있는 의사표시인가 아니면 상대방 없는 의사표시인가에 따라 그 효과가 달라진다.

① 상대방 없는 의사표시의 경우

표의자는 언제나 그 의사표시를 취소할 수 있다.

② 상대방 있는 의사표시의 경우

의사표시의 상대방이 제3자에 의한 사기나 강박을 알고 있거나 알 수 있었을 경우에 한하여 표의자가 그 의사표시를 취소할 수 있다(110조 2항).

여기서 안 경우는 악의를 말하여, 알 수 있었을 경우는 과실에 의한 부지를 말한다. 선의, 악의, 과실의 유무는 의사표시 당시를 기준으로 결정한다.

③ 제3자를 위한 계약의 경우

제3자를 위한 계약에서 수익자는 계약당사자는 아니지만 계약으로부터 직접 권리를 취득하는 자인데, 그 수익자가 제3자의 사기, 강박을 알았거나 알 수 있었을 경우에는, 비록 상대방이 이를 알지 못하였고 알지 못한데 과실이 없는 경우, 표의자가 그 의사표시를 취소할 수 있다는 견해와 수익자는 계약당사자가 아니므로 취소할 수 없다는 견해가 대립되어 있다.

◆ 판 례

사기에 의한 의사표시란 타인의 기망행위로 말미암아 착오에 빠지게 된 결과 어떠한 의사표시를 하게 되는 경우이므로 거기에는 의사와 표시의 불일치가 있을 수 없고, 단지 의사의 형성과정 즉 의사표시의 동기에 착오가 있는 것에 불과하며, 이 점에서 고유한 의미의 착오에 의한 의사표시와 구분되는데, 신원보증서류에 서명날인한다는 착각에 빠진 상태로 연대보증의 서면에 서명날인한 경우, 결국 위와 같은 행위는 강학상 기명날인의 착오(또는 서명의 착오), 즉 어떤 사람이 자신의 의사와 다른 법률효과를 발생시키는 내용의 서면에, 그것을 읽지 않거나 올바르게 이해하지 못한 채 기명날인을 하는 이른바 표시상의 착오에 해당하므로, 비록 위와 같은 착오가 제3자의 기망행위에 의하여 일어난 것이라 하더라도 그에 관하여는 사기에 의한 의사표시에 관한 법리, 특히 상대방이 그러한 제3자의 기망행위 사실을 알았거나 알 수 있었을 경우가 아닌 한 의사표시자가 취소권을 행사할 수 없다는 민법 제110조 제2항의 규정을 적용할 것이 아니라, 착오에 의한 의사표시에 관한 법리만을 적용하여 취소권 행사의 가부를 가려야 한다(대판 2005. 5. 27, 2004다43824).

◈ 제3자에 의한 사기에서 제3자의 범위

1. 사기행위를 한 사람이 상대방인가 제3자인가에 따라 사기를 이유로 한 취소의 인정범위가 달라진다. 즉, 제3자에 의한 사기인 경우 이를 이유로 취소하려면 상대방이 선의무과실이어야 하고, 상대방에 의한 취소의 경우에는 이를 요하지 않으므로 결과적으로 제3자의 범위가 좁으면 표의자에게 유리하게 되고, 넓히면 상대방에게 유리하게 된다.

2. 학설

(1) 밀접관계설[457](송덕수, 이영준, 백태승)

제3자가 표의자 보다 상대방과 밀접한 관계에 있다면 상대방의 사기나 강박으로 볼 수 있다는 견해이다. 즉, 기망행위나 강박행위를 행한 자와 상대방사이의 관계가 상대방이 그들의 기망행위나 강박행위에 대하여 자신의 것에 대하여처럼 책

---

457) 이영준, 462면

임을 져야할 정도로 밀접한 경우 그러한 자의 기망행위나 강박행위를 상대방에게 책임지울 수 있다고 한다. 이 견해에 대해서는 취지는 수긍할 수 있지만 기준이 모호하다는 비판이 있다. 즉 제3자와 상대방의 관계의 밀접성을 기초로 하여 의사표시의 취소를 인정하는 것은 자칫 남용의 우려가 있으므로, 이러한 경우에는 상대방이 알 수 있었느냐 하는 점을 적절히 판단하여 처리하면 족하다는 것이다[458].

◈ **제3자인 자와 아닌 자의 구체적 예[459]**

제3자인 자	제3자가 아닌 자
• 담보제공자에 대하여 사기나 강박을 행한 채무자 • 의사표시의 상대방 아닌 자가 의사표시로부터 직접 권리를 취득하는 경우(제3자를 위한 계약에 있어서 수익자[460])	• 상대방의 대리인 • 간접대리의 경우의 본인과 허수아비행위에 있어서의 배후자 • 代理商 • 상대방으로부터 위임을 받아 상의를 행하는 자나 상의를 도와주는 자 • 당사자 일방만을 위하여 활동하는 중개인

(2) 이분설(윤진수[461])

계약체결을 보조하는 자인지 단순피용자인지를 나누어 체약보조자인 경우를 상대방과 동일시하는 견해이다. 단순피용자인 경우에는 상대방과 동일시할 수 없으므로 취소권의 발생을 인정할 수 없고, 사용자책임의 성립이 가능하다고 한다.

(3) 무제한설(김학동)

상대방과 동일시할 수 없는 자는 모두 제3자라고 하는 견해이다. 법인의 대표기관이나 대리인 이외의 자는 모두 제3자로 취급하는 견해이다. 즉 제3자와 상대방의 관계의 밀접성을 기초로 하여 의사표시의 취소를 인정하는 것은 자칫 남용의 우려가 있으므로, 이러한 경우에는 상대방이 알 수 있었느냐 하는 점을 적절히 판단하여 처리하면 족하다는 것이다.

---

458) 김증한/김학동, 민법총칙, 368면 주 99).
459) 송덕수, 민법주해(3), 589면 이하
460) 취소를 인정하는 설도 있다(이영준, 414면; 김상용, 489면; 이은영, 549면 등).
461) 윤진수, 계약상대방의 피용자의 사기로 인한 의사표시의 취소, 법학 39권 2호(107호)

3. 판 례

◆ 판 례

✧ 대리인의 사기에 의하여 상대방이 의사표시를 하였을 경우에 상대방이 기망에 인한 의사표시를 취소할 수 있음은 재론의 여지가 없다고 한다(대판 1959.6.18, 4291민상101).

✧ 의사표시의 상대방이 아닌 자로서 기망행위를 하였으나 민법 제110조 제2항에서 정한 제3자에 해당되지 아니한다고 볼 수 있는 자란 그 의사표시에 관한 상대방의 대리인 등 상대방과 동일시할 수 있는 자만을 의미하고, 단순히 상대방의 피용자이거나 상대방이 사용자책임을 져야 할 관계에 있는 피용자에 지나지 않는 자는 상대방과 동일시할 수는 없어 이 규정에서 말하는 제3자에 해당한다(대판 1998, 1. 23, 96다41496).

✧ 상대방 있는 의사표시에 관하여 제3자가 사기나 강박을 한 경우에는 상대방이 그 사실을 알았거나 알 수 있었을 경우에 한하여 그 의사표시를 취소할 수 있으나, 상대방의 대리인 등 상대방과 동일시할 수 있는 자의 사기나 강박은 제3자의 사기·강박에 해당하지 아니한다. 은행의 출장소장이 어음할인을 부탁받자 그 어음이 부도날 경우를 대비하여 담보조로 받아두는 것이라고 속이고 금전소비대차 및 연대보증 약정을 체결한 후 그 대출금을 자신이 인출하여 사용한 사안에서, 위 출장소장의 행위는 은행 또는 은행과 동일시할 수 있는 자의 사기일 뿐 제3자의 사기로 볼 수 없으므로, 은행이 그 사기사실을 알았거나 알 수 있었을 경우에 한하여 위 약정을 취소할 수 있는 것은 아니다(대판 1999, 2. 23, 98다60828).

✧ 금융기관에 있어서 대출이나 채무감면 등의 결정권한을 가지지 아니한 직원이 그 결정권한을 가진 임원 등에게 허위의 승인품의서를 올려 대출이나 채무감면 등을 하게 하였다면, 그 금융기관은 민법 제110조 제1항에 따라 그 대출이나 채무감면 등의 법률행위를 취소할 수 있다고 보아야 한다(대판 2002, 6. 14, 2002다14853).

2. 취소의 효과

사기, 강박에 의한 의사표시를 취소하면 그 법률행위는 소급적으로 무효가 된다. 이미 당사자 사이에서 채권행위에 기해 급부가 이루어진 경우에는 그 급부에 대해 부당이득반환청구권이 발생한다(착오에 의한 의사표시의 취소의 효과 참조).

3. 제3자에 대한 효과

사기, 강박을 이유로 하는 의사표시의 취소는 선의의 제3자에게 대항하지 못한다(110조 3항).

여기서 제3자는 취소대상의 법률행위의 당사자가 아닌 자로서, 그 법률행위를 기초로 새로운 법률관계를 맺은 자로서, 제3자는 착오로 인한 의사표시의 취소의 경우처럼, 취소 후 말소등기를 하기 전까지 사이에 상대방으로부터 권리를 취득한 제3자도 역시 포함하고 있다.

제3자의 선의는 일응 추정되므로, 표의자가 취소의 효과를 주장하려면 제3자의 악의를 입증해야 한다(대판 1970.11.14, 70다2155).

Ⅳ. 적용범위

계약, 단독행위에 관하여 사기, 강박에 의한 취소가 인정되는데 반해, 사기, 강박에 의한 가족법상의 행위에 대해서는 특별히 별도의 규정을 둠으로써 110조의 적용이 배제되고 있다(816조 3호, 823조, 884조 3호). 이러한 특별규정이 없는 가족행위에 대해서 110조가 적용될 것인지에 관하여 견해의 대립이 존재한다.

재산법상의 행위 중에도 외형을 신뢰하여 신속, 대량으로 행해지는 정형적 거래행위에 대해서는 110조의 적용이 제한되며, 상법상의 주신인수의 경우에도 회사성립후에는 주식인수가 사기, 강박에 의해 이루어졌어도 취소할 수 없도록 하고 있다(상법 320조 1항).

Ⅴ. 타제도와의 경합

1. 착오와의 경합

기망에 의하여 법률행위내용의 중요부분에 착오가 발생한 경우에 표의자는 선택적으로 취소권을 행사할 수 있고[462], 제109조가 성립할 수 없는 경우에는 제110조에 의하여 취소할 수 있다고 본다(대판 1969, 6. 24, 68다1749).

2. 담보책임과의 경합

기망에 의하여 하자 있는 권리나 물건에 관한 매매가 성립한 경우에는 담보책임규정과 제110조가 경합하는데, 매수인은 담보책임과 제110조의 취소권을 선택적으로 행사할 수 있다[463](대판 1973, 10. 23, 73다268).

462) 김상용, 490면 ; 김형배/김규완/김명숙, 238면 ; 서광민, 379면 ; 이영준, 465-466면.
463) 김상용, 491면 ; 김형배/김규완/김명숙, 238면 ; 서광민, 379면 ; 이영준, 466면 ;

3. 불법행위 책임과의 경합

상대방 · 제3자의 사기 · 강박에 의한 의사표시의 표의자는 불법행위에 의한 손해배상청구권을 행사할 수도 있다(제750조).

법률행위가 사기에 의한 것으로서 취소되는 경우에 그 법률행위가 동시에 불법행위를 구성하는 때에는 취소의 효과로 생기는 부당이득반환청구권과 불법행위로 인한 손해배상청구권은 경합하여 병존하는 것이므로, 채권자는 어느 것이라도 선택하여 행사할 수 있지만 중첩적으로 행사할 수는 없다(대판 1993, 4. 27, 92다56087).

◆ 판 례

제3자의 사기행위로 인하여 피해자가 주택건설사와 사이에 주택에 관한 분양계약을 체결하였다고 하더라도 제3자의 사기행위 자체가 불법행위를 구성하는 이상, 제3자로서는 그 불법행위로 인하여 피해자가 입은 손해를 배상할 책임을 부담하는 것이므로, 피해자가 제3자를 상대로 손해배상청구를 하기 위하여 반드시 그 분양계약을 취소할 필요는 없다(대판 1998. 3. 10. 선고 97다55829).

[6] 의사표시의 효력발생

I. 서 설

상대방 없는 의사표시의 경우에는 표시행위가 완료된 때 효력이 발생하고[464], 별도로 문제되지 않는다(표백주의).

상대방 있는 의사표시의 경우에는 상대방에게 알리는 것을 목적으로 하기 때문에 상대방의 입장을 고려하여 효력발생을 결정하여야 한다. 따라서 의사표시의 효력발생시기, 의사표시의 수령능력, 상대방이 누구인지 모를 경우 어떻게 할 것인지 여부 등의 문제가 생긴다.

민법 111조는 의사표시가 상대방에게 도달한 때부터 효력이 발생한다(도달주의)고 규정하고 있다. 도달주의를 규정한 민법 111조는 임의규정이므로 당사자가 도달주의와 다르게 의사표시의 효력발생시기를 약정할 수 있다.

---

464) 상대방 없는 의사표시라도 개별적인 규정(예: 유언-유언자의 사망시, 1073조)에 의해 효력발생시기가 표백주의와 다르게 규정되어 있는 경우도 있다.

우리민법은 나아가 112조에서 의사표시의 수령능력에 관해, 113조에는 상대방이나 그의 소재를 알지 못하는 경우의 의사표시의 공시송달에 관해 규정하고 있다.

Ⅱ. 효력발생시기에 대한 입법주의

1. 표백주의

의사표시가 성립한 때 즉 외형적 존재를 가지게 된 때에 효력이 생긴다고 하는 주의이다. 예를 들어 서면으로 의사표시가 행하여지는 경우에는 그 서면이 작성된 때에 효력이 생긴다. 그러나 표백주의는 표의자에 의하여 효력발생시기가 좌우되어 거래의 실정에 맞지 아니할 뿐만 아니라 상대방이 전혀 알지 못하는데 곧 효력이 생긴다고 하는 것은 표의자의 입장에 너무 기울어진 것으로서 부당하다.

2. 발신주의

의사표시가 외형적 존재를 가지고 표의자의 지배를 떠나서 상대방에게 발신된 때에 효력이 생긴다고 하는 주의이다. 예를 들어 서면이 우편함에 투입되거나 우체국의 창구에서 발신이 부탁된 때에 효력이 생긴다. 이는 민활신속을 요하는 거래에 적합하며 특히 다수의 者에게 동일한 통지를 하여야 할 경우에 의사표시의 효력발생시기를 획일적으로 할 수 있다는 장점이 있다. 그러나 이 주의도 그 효력발생시기가 표의자의 의사에 의하여 좌우될 염려가 있고 또한 상대방이 아직 알지 못하는데 의사표시의 효과가 강제되어 역시 표의자에게 치중한 주의라고 할 것이다.

3. 도달주의

수신주의 또는 수령주의라고도 하는데 이는 의사표시가 상대방에게 도달한 때, 즉 상대방의 지배권내에 들어갔을 때에 효력이 생긴다고 하는 주의이다. 예를 들어 서면이 상대방에게 배달되면 그때에 효력이 생긴다고 하는 것으로 이는 양 당사자의 이익을 가장 잘 조화하는 입법주의로 평가된다.

4. 요지주의

상대방이 수신한 의사표시의 내용을 요지한 때에 비로소 그 의사표시는 효력을 발생한다고 하는 주의이다. 예를 들어 상대방이 도달한 서면을 읽을 때에 효력이 발생한다는 것이다. 이는 표백주의 또는 발신주의와는 반대로 상대방 보호에 너무 치우친 것이라고 할 것이며, 또한 상대방이 요지한 시기를 입증하기가 곤란한 단점도 있다.

◈ 의사표시의 효력발생시기에 관한 입법주의

입법주의	효력발생시기	장단점
표백주의	의사표시가 외형적 존재를 가지게 된 때(서면의 작성이 끝난 때)	너무 표의자의 입장에 기울어진 견해
발신주의	의사표시가 표의자의 지배를 떠나 상대방에게 발신 된 때 (서신이 우편함에 투입된 때)	- 민활 신속을 요하는 거래, 다수자에 대한 동일한 통지를 하는 경우에 획일적으로 효력발생시기를 결정할 수 있는 장점 - 표의자에게 치중
도달주의	의사표시가 상대방의 지배권 내에 들어간 때 (서신이 배달된 때)	쌍방 당사자의 이익을 가장 잘 조화
요지주의	상대방이 의사표시의 내용을 요지한 때(배달된 서신을 읽은 때)	상대방의 보호에 기울고, 상대방이 요지한 시기를 입증하기 곤란

Ⅲ. 도달주의의 원칙(111조 1항)

1. 도달의 의의

도달이란 의사표시가 상대방의 세력 범위 내에 들어가 사회통념상 일반적으로 요지할 수 있는 객관적인 상태가 생겼다고 인정되는 것이다[465]. 판례도 도달이란 사회통념상 채무자가 통지내용을 알 수 있는 객관적인 상태에 놓여 있는 것이라고 한다[466]. 도달의 경로는 표의자의 예상과 달라도 상관없다. 상대방이 수령을 거절할 때에는 정당한 이유가 없는 한 상대방이 그 통지의 내용을 알 수 있는 객관적 상태에 놓여 있는 때에 도달된 것으로 다뤄진다[467].

465) 이에 대해 의사표시가 상대방의 영역에 진입하는 것만을 요건으로 한다는 소수설이 있다(이영준, 476면 ; 이은영, 557면).

466) 대판 1983, 8. 23, 82다카439

467) 대판 2008. 6. 12, 2008다19973

◆ 판 례

✧ **의사표시에 대한 상대방의 수령거절과 의사표시의 도달 여부**

계약의 해제와 같은 상대방 있는 의사표시는 그 통지가 상대방에게 도달한 때 효력이 생기는 것이고(민법 제111조 제1항), 여기서 도달이라 함은 사회통념상 상대방이 통지의 내용을 알 수 있는 객관적 상태에 놓여 있는 경우를 가리키는 것으로서, 상대방이 통지를 현실적으로 수령하거나 통지의 내용을 알 것까지는 필요로 하지 않는 것이므로 (대법원 1983. 8. 23. 선고 82다카439 판결 등 참조), 상대방이 정당한 사유 없이 통지의 수령을 거절한 경우에는 상대방이 그 통지의 내용을 알 수 있는 객관적 상태에 놓여 있는 때에 의사표시의 효력이 생기는 것으로 보아야 한다(대판 2008. 6. 12, 2008다19973).

✧ **우편물이 수취인 가구의 우편함에 투입되었다는 사실만으로 수취인이 그 우편물을 실제로 수취하였다고 추단할 수는 없다고 한 사례**

우편물이 수취인 가구의 우편함에 투입되었다고 하더라도 분실 등을 이유로 그 우편물이 수취인의 수중에 들어가지 않을 가능성이 적지 않게 존재하는 현실에 비추어, 우편함의 구조를 비롯하여 수취인이 우편물을 수취하였음을 추인할 만한 특별한 사정에 대하여 심리를 다하지 아니한 채 아파트 경비원이 집배원으로부터 우편물을 수령한 후 이를 우편함에 넣어 둔 사실만으로 수취인이 그 우편물을 수취하였다고 추단한 원심판결을 파기한 사례(대판 2006. 3. 24, 2005다66411).

2. 도달주의의 원칙을 취한 이유

우리 민법은 도달주의를 취한 결과 의사표시의 통지가 상대방에 도달한 때부터 그 효력이 발생한다[468]. 그 이유는 당사자 쌍방의 이익을 잘 조화시키는 입법주의이기 때문이고[469], 또 도달주의에 의할 때 의사표시의 효력발생시기를 객관적으로 확정가능하고 표의자가 통상 예견할 수 있는 시잠으로 함으로서 법률행위를 간단 명료하게 할 수 있기 때문이라고 한다.[470]

3. 격지자와 대화자의 구별

도달주의는 격지자뿐만 아니라 대화자간에도 적용된다[471]. 이에 대해 도달주의는 격지자간의 의사표시에만 적용되고, 대화자간에는 요지주의가 적용된다는 견

468) 도달을 의사표시의 성립요건이라고 하는 견해도 있다(이은영, 554면).
469) 곽윤직, 353면, 김학동 373면, 주석민법(2), 606면.
470) 김상용, 516면 ; 이영준, 473면 ; 이은영,
471) 곽윤직, 249면 ; 서광민, 386면 ; 이은영, 555면

해[472]도 있다. 111조에서 격지자라는 말을 쓰고 있지는 않지만 의사표시의 통지라는 표현을 쓰고 있고, 이는 격지자간의 의사표시를 전제로 하지 않고는 이해할 수 없는 개념이라는 것을 들어 111조는 상대방 있는 격지자간의 의사표시에 대한 규정이고, 대화자간의 의사표시에 대해서는 규정이 없는 것이라 한다.

4. 도달주의의 효과

의사표시는 상대방에게 도달한 때 효력이 발생하므로 발신 후라도 도달 전이면 철회할 수 있다. 이때 철회의 의사표시는 늦어도 앞의 의사표시와 동시에 도달하여야 한다.

의사표시가 도달하지 않거나 늦게 도달하는 경우에는 모두 표의자의 불이익으로 돌아간다.

표의자가 그 통지를 발한 후 사망하거나, 행위능력을 상실하여도, 도달하고 있는 한, 의사표시의 효력에 영향을 미치지 않는다(111조 2항).

◈ **발신주의의 예외**

① 제한능력자의 상대방의 확답촉구에 대한 능력자가 된 본인 또는 법정대리인의 확답(15조)
② 사원총회소집의 통지(71조)
③ 무권대리인의 상대방의 최고에 대한 본인의 확답(131조)
④ 제3자와 채무자와의 계약으로 인한 채무인수의 경우에 채무인수인 또는 채무자의 승낙의 최고에 대한 채권자의 승낙 (455조)
⑤ 승낙연착의 통지 및 지연의 통지 (528조 2항)
⑥ 격지자 사이의 계약의 승낙의 통지 (531조)

Ⅳ. 의사표시의 공시송달

1. 의의

의사표시는 상대방에게 도달함으로써 효력이 발생하므로, 표의자가 상대방을 알지 못하는 경우나 상대방을 알더라도 그 소재를 알 수 없는 경우에는 의사표시의 효력을 발생하게 할 수 없다. 이러한 불편을 제거하기 위해 민사소송법이 규정

---

472) 김상용, 517면 ; 이영준, 470면.

하고 있는 절차에 따라 공시송달의 방법에 의해 의사표시를 도달하게 할 수 있다.

2. 요건

(1) 상대방을 알지 못하거나, 상대방의 주소를 알지 못할 것(113조)

상대방의 소재를 알지 못하여도, 친권자, 후견인, 부재자의 재산관리인 등이 있는 경우에는 그들에게 의사표시를 하면 되므로 공시송달의 방법은 허용되지 않는다.

(2) 그 부지에 대한 표의자의 무과실 (113조)

과실은 보통 일반인의 주의인 선량한 관리자의 주의의무를 베풀지 않은 경우이다.

과실 유무의 입증책임은 표의자에게 있다는 견해[473]와 다투는 상대방에게 있다는 견해[474]가 있다. 공시송달방법에 의해 의사표시를 전달하고자 하는 자는 상대방 및 그의 소재파악에 필요한 노력을 기울이고 난 후 공시송달 방법을 취해야 하므로, 표의자가 적극적으로 자신에게 과실없음을 입증해야 한다고 함이 타당할 것이다.

3. 공시방법

민사소송법 공시송달의 규정에 의한다(111조). 공시송달은 법원사무관 등이 송달할 서류를 보관하고 그 사유를 법원게시판에 게시하거나 그밖에 대법원규칙이 정하는 방법에 따라서 하여야 한다(민소법 195조), 법원은 신문에 공고할 것을 명할 수 있다.

4. 효력발생시기(민소법 196조)

첫 공시송달은 게시한 날로부터 2주(국내)ㆍ2개월(국외)이 경과한 후, 상대방에게 도달한 것으로 간주한다(민소법 196조 1항. 2항). 같은 당사자에게 하는 그 뒤의 공시송달은 실시한 다음날부터 효력이 생긴다(민소법 제196조 1항 단서). 추정이 아니므로 실제로 상대방에게 요지가능성이 없었더라도 도달의 효과가 번복되지는 않는다. 다만 표의자가 상대방을 알지 못한 것 또는 상대방을 알더라도 그 소재를 알 수 없는 것에 대해 과실이 있는 경우에는 도달의 효력이 생기지 않는다.

---

473) 김증한/김학동, 378면 ; 김상용, 501면 ; 서광민, 388면 ; 송덕수, 188면 ; 이영준, 482면.
474) 곽윤직 250면 ; 고상용, 459면 ; 김주수 394면 ; 윤형렬, 386면 ; 민법주해(2), 622면.

V. 의사표시의 수령능력

1. 의 의

상대방 있는 의사표시는 표의자 입장에서 상대방에게의 도달문제가 발생하고, 상대방 입장에서는 의사표시의 수령문제가 발생한다. 의사표시의 도달은 의사표시가 상대방의 지배영역 내에 들어가 상대방이 의사표시를 요지할 수 있는 상태에 이르는 것을 말하므로, 상대방이 의사표시의 의미를 알만한 능력이 있어야 한다. 이러한 타인의 의사표시의 내용을 이해할 수 있는 능력을 의사표시의 수령능력이라 한다.

우리 민법은 112조에서 의사표시의 수령능력에 관해 규정하고 있는데, 그 내용을 보면 제한능력자에게 도달한 의사표시는 당연무효가 되는 것은 아니고, 표의자는 도달을 주장할 수 없지만, 제한능력자 측에서는 도달을 주장할 수 있도록 하여 행제한능력자를 보호하고 있다.

2. 제한능력자와 수령무능력자

우리 민법은 모든 제한능력자를 의사표시의 수령무능력자로 규정하여 제한능력자를 보다 더 두텁게 보호하고 있다(112조).

3. 수령무능력자에 대한 의사표시의 효력

의사표시의 상대방이 이를 받을 때 제한능력자이면 표의자가 그 제한능력자에 대해 그 의사표시의 도달을 주장할 수 없다(112조 본문). 그러나 제한능력자가 의사표시의 도달을 주장하는 것은 가능하다.

제한능력자의 법정대리인이 의사표시의 도달을 안 후에는 표의자는 의사표시의 도달을 주장할 수 있다(112조 단서). 이 경우 의사표시의 효력발생시기는 제한능력자에게 의사표시가 도달한 때로 소급하는 것이 아니라, 법정대리인이 안 때이다[475].

미성년자나 피한정후견인에게 행위능력이 인정되는 경우에는 수령능력도 인정된다.

4. 112조의 적용범위

상대방 없는 의사표시, 발신에 의해 효력이 발생하는 의사표시, 공시송달에 의한 의사표시에는 적용이 없다.

475) 김상용, 504면 ; 민법주해(2), 619면

제4절

법률행위의 대리(Stellvertretung)

[1] 총설

Ⅰ. 대리의 의의와 작용

1. 대리의 의의

대리란 타인(대리인)이 본인의 이름으로 법률행위(의사표시)를 하거나 또는 의사표시를 수령함으로써 그 법률효과가 직접 본인에게 귀속되는 제도이다(114조 1항).

2. 대리제도의 연혁

로마시대에는 법률행위는 스스로 해야 한다는 생각이 지배하고 있어서 내리제도가 존재하지 않았으며, 대리제도는 독일에서 '제3자를 위한 계약'이론을 발전시켜서 근대에 독립한 제도로 인정되게 되었다.

3. 대리의 작용

임의대리는 개인의 법률행위의 영역을 확장시키는 작용을 하며(사적자치의 확장), 법정대리는 제한능력자의 부족한 행위능력을 보충하여 법률행위를 가능케 하는 작용(사적 자치의 보충)을 한다.

Ⅱ. 대리의 법률적 성질

1. 대리의 본질

법률행위 내지 의사표시는 그 법률행위 내지 의사표시를 본인 스스로 하고, 그 법률효과도 본인에게 직접 귀속함이 원칙인데, 대리는 법률행위자와 그 법률행위에 의한 법률효과의 귀속자가 분리되는 점에 특징이 있다. 이러한 법현상이 이론적으로 허용되는지, 또 허용된다면 그 이론적 근거는 무엇인지 문제된다.

2. 학설

(1) 본인행위설

대리행위에서 행위를 하는 자는 본인이고, 대리인은 단순히 본인의 기관에 불과하다고 한다. 대리인의 행위를 본인의 행위로 의제하는 것이다. 이 설은 Savigny가 주정하였는데, 의제를 이용하고 있다는 점과 대리인을 본인의 도구로 봄으로써 대리인과 사자를 구별하지 못하는 문제점이 있다[476].

(2) 대리인행위설[477]

대리인은 본인의 효과의사를 대리하는 것이 아니라, 자신의 효과의사에 기해 본인의 이름으로 법률행위를 하는 것이며, 대리행위에서 법률효과가 본인에게 발생하는 근거는 대리의사(대리적 효과의사)라고 한다. 민법이 116조 1항의 "대리행위의 하자의 유무는 대리인을 표준으로 한다"는 규정이 우리 민법이 대리인행위설을 취하고 있는 실정법적 근거라고 한다.

이 견해는 독일의 Windscheid에 의해 주장되었는데, 임의대리와 법정대리를 통일적으로 이해할 수 있고, 대리와 사자, 대리와 위임의 구별을 명확하게 한 점, 현명의 원칙에 의의를 부여한 점에서 높이 평가받아 통설이었다. 이 견해에 대해서는 본인의 대리권수여를 정당하게 평가하지 못하는 것과 본인의 사적 자치의 실현수단으로서 대리를 파악하지 못하는 결점이 있다.

(3) 행위규율분리설[478]

이 견해는 법률행위는 규율의 측면과 행위의 측면을 가지고 있다면서, 대리는 행위로서의 법률행위는 대리인에 의해 행해지는 반면, 규율로서의 법률행위는 대리인이 본인을 위하여 하는 행위임을 표시했고 이렇게 행위하는 권한을 본인으로부터 부여받았으므로 본인의 행위라는 견해이다. 이 견해는 대리의 본체를 수권행위에 둔다는 점에서 대리인의 대리의사에 두는 대리인행위설과 근본적으로 다르다.

---

476) 고상용, 517면.

477) 곽윤직, 254면 ; 지원림, 272면

478) 이영준, 497-498면

(4) 통합요건설[479)]

본인의 수권행위와 대리인의 대리행위가 적법한 대리를 위한 통합요건이 된다는 견해이다.

이 견해는, 대리인의사설이 대리행위의 구성요건이 오로지 대리인에 의해 충족되고, 본인은 단지 그 효과의 귀속자라고 하는 것은, 타인인 대리인의 의사결정에 의해 본인의 법률관계가 규율되는 결과가 되어 사적 자치에 반한다고 하며, 행위규율분리설과는 수권행위와 대리행위가 합체하여 하나의 법률행위가 되는 것이 아니라, 각각 별개로 법률행위의 요건이 된다는 점에서 다르다고 한다. 즉, 통합요건설에서는 본인의 수권행위와 대리인의 대리의사 양자로 부터 대리효과가 본인에게 직접 귀속한다고 한다.

Ⅲ. 대리가 인정되는 범위

1. 법률행위

대리제도는 원칙적으로 법률행위에 대해서만 인정된다. 법률행위라도 본인의 의사를 절대로 필요로 하는 행위(일신전속적 행위)는 대리가 허용되지 않는다. 대리가 인정되는 범위는 의사표시를 하거나(능동대리) 또는 상대방이 하는 의사표시를 받는 것(수동대리)에 한한다. 다만, 법률행위이더라도 가족법상의 법률행위(혼인 · 인지 · 유언 등)는 대리에 친하지 않다.

2. 준법률행위

준법률행위는 원칙적으로 대리가 허용되지 않는다. 그러나 의사표시와 대단히 유사한 성질을 가지는 관념의 통지나 의사의 통지에 대해서는 대리에 관한 규정을 유추적용할 수 있으므로 대리가 허용된다(통설).

3. 사실행위

동산의 점유의 이전(인도)이 사실행위이지만, 이것이 의사표시 내지 계약을 필

---

479) 김상용, 514면 ; 백태승, 470면 ; 이은영, 578면 이하 ; 손지열, 민법주해(3), 8면 이하

요로 하는 경우, 점유이전의 사실행위에 대리가 허용되는지 문제된다.

(1) 부정설[480)]

점유의 이전은 사실행위이므로 대리가 허용되지 않고, 대리인은 단지 점유보조자 내지 점유매개자에 지나지 않는다고 한다.

(2) 긍정설[481)]

점유의 이전 중 현실의 인도는 사실행위이므로 대리가 허용되지 않으나, 간이인도(188조 2항), 점유개정(189조), 목적물반환청구권의 양도에 의한 점유의 이전(190조)은, 당사자의 의사표시 내지 계약을 필요로 하고, 이러한 의사표시 내지 계약에 의해 자동적으로 점유이전의 효력이 생기므로, 대리인에 의해 이러한 의사표시나 계약을 체결하면 점유이전이 가능하게 되므로 이러한 경우에는 대리에 의한 점유이전이 가능하다고 한다.

4. 불법행위

불법행위에는 대리가 허용되지 않는다.

Ⅳ. 대리와 구별개념

1. 간접대리

간접대리는 행위자가 자기의 이름으로 그러나 타인의 계산으로 하는 법률행위를 말한다. 법률행위의 당사자는 간접대리인과 상대방이고, 법률행위의 성립 및 효과가 모두 타인인 간접대리인에게 귀속한다는 점에서 대리와 구별된다. 위탁매매업(상법 제101조)이 그 전형적인 예이다.

---

480) 곽윤직, 255면 ; 김주수, 400면 ; 김용한, 325면 ; 백태승, 471면 ; 손지열, 주해민법(3), 4면 ; 정기웅, 427면 ; 지우너림, 273면.

481) 고상용, 475면 ; 김상용, 509면 ; 이영준, 488면 ; 이은영, 567면.

2. 대리와 사자

(1) 사자의 의의

사자는 본인이 결정한 내심적 효과의사를 상대방에게 표시하거나 또는 전달함으로써 표시행위의 완성에 협력하는 자이다. '전달기관으로서의 사자'와 표시기관으로서의 사자'로 구별된다[482]. 전자는 완성된 본인의 의사표시를 그대로 전달하는 것에 불과하며, 후자는 본인이 결정한 의사를 상대방에게 표시하여 그 의사표시를 완성하는 것을 말한다. 대리와 비슷한 것은 후자이다.

(2) 사자의 종류

① 전달기관으로서의 사자와 표시기관으로서의 사자

본인이 완성한 의사표시를 그대로 전달하는 것을 전달기관으로서의 사자라고 하고, 본인이 결정한 의사를 상대방에게 표시하여 그 의사표시를 완성하는 것을 표시기관으로서의 사자라고 한다. 의의에서 살펴본 바와 같이 이와 같은 구별을 부정하는 견해도 있다.

② 능동사자와 수동사자

능동사자는 본인의 의사표시를 도달하게 하는 사자이고, 수동사자는 본인을 위하여 상대방의 의사표시를 수령하는 사자를 말한다. 수동대리와 수동사자는 ① 수동대리는 자기자신의 권한에 기해 의사표시를 수령하는 경우이고, ② 수동사자는 상대방의 종속적 수령수단으로 수령한 경우라고 구별하나 구체적 관계에 따라 구분할 수 밖에 없다고 본다.

(3) 대리인과 사자의 구별

① 내부관계설[483]

효과의사를 본인이 결정하면 '사자', 대리하는 자 자신이 결정하면 대리인으로 구별한다. 따라서 사자에서는 본인이 행위능력을 가지고 있어야 하며, 의사표시의 착오 등에 관하여는 사자의 표시와 본인의 의사를 비교해서 결정하게 된다.

---

482) 전달기관으로서의 사자만이 사자라는 견해도 있다(김상용, 518면 ; 손지열, 주해민법(3), 13면 ; 이영준, 503면).

483) 곽윤직, 446면 ; 김상용, 519면 ; 이은영, 570면.

② **외부관계설**[484)]

행위자와 상대방의 관계에 의해 결정된다는 견해이다. 즉, 상대방에 대해 명시적 묵시적으로 대리인으로서 행위를 하면 대리인, 사자로 행위를 하면 사자로 취급하는 견해이다.

(4) 사자의 법률효과

사자의 지위는 대리인의 경우와 다르지만 본인을 위하여 행위를 할 수 있는 지위에 있다는 점에서는 같다고 할 수 있다. 따라서 대리에 관한 규정은 사자의 성질에 반하지 않는 한 유추적용하여야 한다. 사자가 본인의 의사와는 다르게 의사표시를 전달한 경우에 어떻게 처리할 것인가? 사자가 이를 모르고(선의) 전달한 의사표시는 유효이고, 본인은 제109조에 의해서 이를 취소할 수 있다. 착오의 경우와 유사하기 때문이다. 이와는 달리 사자가 악의인 경우에는 표현대리규정이 유추적용된다. 판례도 「대리인이 아니고 사실행위를 위한 사자라 하더라도 외관상 그에게 어떠한 권한이 있는 것의 표시 내지 행동이 있어 상대방이 그를 믿었고 또 그를 믿는 데 정당한 사유가 있다면 표현대리법리에 의하여 본인에게 책임이 있다」고 한다[485)]. 이 경우에 본인은 사자의 악의에 대하여 일종의 위험책임을 부담하는 것이 된다.

3. 대표

법인의 경우 대표기관의 행위에 의해 법인이 직접 권리의무를 취득하는 점에서 대리와 비슷하다. 그러나 대리인은 본인과 별개의 지위를 갖는데 반해 대표는 법인과 별개의 지위를 갖지 않는다는 점, 대표는 대리와는 달리 사실행위나 불법행위도 할 수 있다는 점에서 차이가 있다.

4. 대리와 권한부여

(1) 의 의

권한부여란 권리자가 권리 자체의 처분권한만을 타인에게 부여하는 것을 말한

---

484) 서광민, 410면 ; 이영준, 504-505면 ; 손지열, 민법주해(3), 14면.
485) 대판 1962, 2. 8, 4294민상192

다. 권한부여는 자기 자신도 처분권을 갖는다는 점에서 권한양도와 구분된다.

권한부여는 처분행위에 대해서만 허용되고 의무부담부행위에 대해서는 허용되지 않는다. 왜냐하면 타인을 위하여 하는 것을 표시하지 않은 법률행위의 효과가 타인에게 발생할 수는 없기 때문이다.

(2) 대리와의 구별

대리행위시에는 현명주의에 따라야 하지만 권한부여는 수권한자가 자기 자신의 이름으로 법률행위를 할 수 있고, 본인을 현명할 필요가 없다. 대리는 본인과의 인적 관계인데 반해 권한부여는 권리와의 물적 관계이다.

(3) 권한부여방법

사전 사후 모두 부여할 수 있다. 무권리자의 처분행위에 대하여 무권대리의 규정이 유추적용된다[486].

(4) 효 과

수권한자의 처분행위는 권리자에게 직접 효과가 발생한다.

5. 재산관리인

재산관리는 타인의 재산적 사무를 처리하는 것을 말하고, 이러한 사무를 처리하는 자를 재산관리인이라고 한다. 타인의 위임에 의한 재산관리인, 법률의 규정에 의한 권한을 지닌 법정관리인, 그리고 법원에 의하여 선임된 부재자재산관리인이 그 예이다.

재산관리인은 「재산관리의 권한을 갖는가」라는 측면에서 고찰하는 것이고, 대리인은 「법률행위의 대리권을 갖는가」라는 측면에서 고찰하는 것이다.[487] 재산관리인은 위임관린인은 임의대리인, 법정관리인은 법정대리인이다. 선임관리인의 법적 성질에 대해서는 대리인이라는 견해[488]와 직무설이 대립된다. 후설은 선임대리인은 본인의 이익을 위하여 재산을 관리하는 것이 아니고, 재산 그 자체에 대해

486) 대판 1981, 1. 13, 79다2151
487) 이은영, 579면.
488) 김상용, 527면 ; 이영준, 면 ; 손지열, 민법주해(3), 19면

이해관계를 가지는 모든 자의 공동이익을 위하여 재산을 관리하는 것이므로 이를 대리로 구성하는 것은 의제적이라 한다.

재산관리인은 재산관리에 필요한 범위에서 대리권도 가지고 있다. 판례도 재산관리인을 대리인이라고 본다[489].

6. 명의모용

행위자가 타인의 이름을 자기의 이름으로 모용하는 경우를 말한다. 거래관계에서 성명이 중요한 의미가 없을 때(예, 숙박계약)에는 행위자 자신의 법률행위로 보고, 거래관계에서 성명이 중요한 의미를 가질 때(예, 대출계약)에는 일종의 무권대리로 본다.[490]

◆ 판 례

✧ 행위자가 타인의 이름으로 계약을 체결한 경우, 계약당사자의 확정 방법

계약을 체결하는 행위자가 타인의 이름으로 법률행위를 한 경우에 행위자 또는 명의인 가운데 누구를 계약의 당사자로 볼 것인가에 관하여는, 우선 행위자와 상대방의 의사가 일치한 경우에는 그 일치한 의사대로 행위자 또는 명의인을 계약의 당사자로 확정하여야 할 것이고, 행위자와 상대방의 의사가 일치하지 않는 경우에는 그 계약의 성질·내용·목적·체결 경위 등 그 계약 체결 전후의 구체적인 제반 사정을 토대로 상대방이 합리적인 사람이라면 행위자와 명의자 중 누구를 계약당사자로 이해할 것인가에 의하여 당사자를 결정하여야 한다(대판 2003. 9. 5, 2001다32120).

Ⅴ. 대리의 종류

1. 임의대리와 법정대리

임의대리는 본인에 의해 대리권이 주어진 것이고, 법정대리는 본인의 의사와 관계없이 대리권이 주어진 경우이다. 양자를 비교하면 아래 표와 같다.

---

489) 대판 1976, 12. 28, 76다797

490) 백태승, 472-473면.

구분	임의대리	법정대리
구별기준	대리권이 본인의 의사에 의하여 부여(수권행위)	대리권이 법률의 규정에 의해 부여 법률의 규정(827조, 910조, 920 등) 지정권자의 지정행위(931조, 1093,1094조) 법원의 선임행위(22조, 23조, 936조, 1096조, 1023조, 1040조 등)
사회적 작용	사적 자치의 확장	사적 자치의 보충
대리권의 범위	수권행위의 해석의 문제(보충규정으로서 118조)	법률의 규정에 의함
대리권의 소멸	원인된 법률관계의 종료 수권행위의 철회(128조)	특별규정(22조 2항, 23조, 924조, 925조, 940조, 957조 등)
복대리	원칙적으로 복임권 없음(120조, 121조)	원칙적으로 복임권 있음(122조)
표현대리	125조의 표현대리 인정	125조의 표현대리 불인정

2. 능동대리와 수동대리

이 분류는 대리행위의 모습에 따른 것으로, 본인을 위해 제3자에게 의사표시를 하는 능동대리(적극대리)와 제3자로부터 대리인이 본인을 위해 의사표시를 수령하는 수동대리(소극대리)로 구분된다. 일반적으로 대리인은 능동대리권 뿐만 아니라 수동대리권도 있는 것으로 해석된다.

◆ 판 례

임의대리에 있어서 대리권의 범위는 수권행위(대리권수여행위)에 의하여 정하여지는 것이므로 어느 행위가 대리권의 범위 내의 행위인지의 여부는 개별적인 수권행위의 내용이나 그 해석에 의하여 판단할 것이나, 일반적으로 말하면 수권행위의 통상의 내용으로서의 임의대리권은 그 권한에 부수하여 필요한 한도에서 상대방의 의사표시를 수령하는 이른바 수령대리권을 포함하는 것으로 보아야 한다(대판 1994.2.8, 93다39379).

3. 유권대리와 무권대리

대리인에게 대리권이 있는지 여부에 따른 구별로 대리인이 정당한 대리권을 가지고 있으면 유권대리, 대리권을 갖고 있지 않으면 무권대리라 한다.

[2] 대리권

Ⅰ. 대리권의 의의 및 성질

대리권이란 대리인이 본인의 이름으로 의사표시를 하거나 또는 의사표시를 받음으로써 직접 본인에게 법률효과를 귀속시킬 수 있는 법률상의 지위 또는 자격을 말한다.[491][492]

대리권은 권리가 아니고, 일종의 권한이다.

Ⅱ. 대리권의 발생원인

1. 법정대리권의 발생원인

법정대리권은 본인의 의사와 무관하게 대리권이 발생하는 경우인데, 세가지가 있다. ① 법률의 규정에 의해 대리권이 발생하는 경우로 친권자(911조, 920조), 법정후견인(932조, 933조), 일상가사대리권을 가지는 부부(823조 1항) 등이 이에 해당하고, ② 지정권자의 지정행위에 의해 발생하는 경우로 지정후견인(931조), 지정유언집행자(1093조, 1094조)의 대리권이 이에 해당한다. ③ 법원의 선임행위에 의해 발생하는 경우로 법원의 선임에 의해 대리인이 된 부재자재산관리인(23조, 24조), 상속재산관리인(1023조, 1040조, 1047조, 1053조), 유언집행자(1096조) 등이 이에 해당한다.

2. 임의대리권의 발생원인(수권행위)

(1) 수권행위의 의의

임의대리권은 본인이 대리인에게 대리권을 수여하여야 발생하는데, 이러한 법률행위를 「수권행위」라고 한다. 수권행위가 있어야 대리인은 유효한 대리행위를 할 수 있다. 민법 128조도 임의대리권은 '법률행위에 의해 수여된 대리권'이라 하

491) 고상용, 539면 ; 김형배/김규완/김명숙, 248면 ; 이은영, 596면.

492) 대리권은 규율로서의 법률행위를 본인의 것으로 정당화하는 무실체성의 것이라고 하는 견해가 있다. 이 견해는 법률효과가 본인에게 귀속되는 것은 대리인의 대리적 효과의사 때문이 아니고, 대리권의 효력 때문이라고 한다(이영준, 520면). 또 본인의 행위 내지 행위영역을 확대할 수 있는 가능성으로서의 법적 힘으로 법적 힘이지만 권리도 능력도 아니라는 견해도 있다(김상용, 529-530면).

여, 임의대리권이 수권행위에 의해 발생한다고 규정하고 있다.

(2) 수권행위의 독자성

① 독자성긍정설

수권행위는 본인과 대리인간의 기초적 법률관계와 독립, 별개의 법률행위인데, 이를 수권행위의 독자성이라 한다.

수권행위의 독자성이 인정된다고 해서 수권행위가 언제나 기초적 법률관계와 다른 시기에 별개로 행해진다는 것을 의미하는 것은 아니고, 기초적 법률관계와 결합해서 행해질 수도 있다. 오히려 거래의 실정에서는 수권행위와 기초적 법률관계를 발생시키는 행위와는 하나의 행위 속에 합체되어 행하여지는 것이 보통이다.

② 독자성부인설[493)]

대리권은 위임 기타의 내부적 계약관계에 의하여 직접 발생하므로 내부관계를 설정하는 계약과는 별개의 독자의 수권행위라는 관념을 특별히 인정할 필요가 없다고 한다. 따라서 위임 등 내부적 계약관계의 변경이나 소멸에 따라 대리권의 내용이나 존재도 변동한다(융합계약설).

이 견해는 프랑스민법과 일본민법하에 주장될 수 있는 이론이다.

③ 외부적 수권행위의 인정 여부

독일민법 167조 1항에서는 수권행위를 본인이 대리인에게 대리권을 수여하는 방법(내부적 수권행위)과 본인이 대리행위의 상대방이 될 제3자에게 특정인에게 대리권을 수여했다고 표시하는 방법(외부적 수권행위)을 인정하고 있다.

우리나라에서도 독일민법에서처럼 외부적 수권의 개념을 인정하는 견해가 있다(이영준). 이 견해에 의하면 우리 민법도 내부적 수권행위와 외부적 수권행위의 구별을 전제로 하고 있다고 한다. 그러면서 125조 이하의 표현대리는 실제로는 외부적 수권행위의 특수한 법률효과에 지나지 않는다고 한다. 우리나라에서는 독일민법 제167조와 같은 규정이 없고, 수권행위의 개념을 단독행위라고 보는 견해나 계약으로 보는 견해에 의하면 외부적 수권행위의 가능성이 인정되지 않는다고 한다(다수설). 본인이 상대방에 대해 어떤 특정인이 자기의 대리인이라고 하는 것은 수권행위의 외관을 형성할 수는 있지만 수권행위 자체가 될 수는 없다.

---

493) 김용한, 341면.

◆ 판 례

통상 소송위임장이라는 것은 민사소송법 제81조 제1항에 따른 소송대리인의 권한을 증명하는 전형적인 서면이라고 할 것인데, 여기에서의 소송위임(수권행위)은 소송대리권의 발생이라는 소송법상의 효과를 목적으로 하는 단독 소송행위로서 그 기초관계인 의뢰인과 변호사 사이의 사법상의 위임계약과는 성격을 달리하는 것이고, 의뢰인과 변호사 사이의 권리의무는 수권행위가 아닌 위임계약에 의하여 발생한다(대판 1997. 12. 12, 95다20775)

(3) 수권행위의 법적 성질

① 계약인가 단독행위인가 여부

상대방 있는 단독행위라는 견해와 계약이라는 견해가 대립하는데, 전자가 통설이다. 양 견해는 대리인의 의사표시에 어떤 흠이 있는 경우(대리인의 무능력, 사기, 강박, 착오) 그에 의하여 수권행위의 효력이 좌우되느냐, 따라서 이미 행한 대리행위가 무권대리가 되는가 하는 점에서 차이가 있다.[494]

i) 단독행위설(다수설)

이 견해는 수권행위는 상대방의 수령을 요하는 단독행위라고 한다.

거래안전, 계약설을 취하면 수권계약에 있어서 대리인의 무능력, 의사의 흠결, 사기, 강박 등이 있을 때에 수권계약을 취소할 수 있게 되고 이렇게 되면 수권행위는 그 효력을 잃게 되어 대리인의 대리행위는 무권대리가 된다. 그러나 단독행위설을 취하면 본인, 대리인간의 내부사정으로 대리행위는 아무런 영향을 받지 않고 유권대리로 존속하게 되므로 상대방인 제3자에게 영향을 미치는 것을 피하여 거래안전을 꾀할 수 있으며, 실정법적 근거로서 민법이 수권행위에 관하여 '부여'(120조), '수여'(128조 1항)라고 표현하고 있으며, 128조 후문에서 수권행위의 '철회'라는 표현을 볼 때 민법의 제정자들은 수권행위를 단독행위로 보고 있으며, 117조가 대리인의 행위능력을 요구하고 있지 않은 점 등을 들고 있다.

또 대리권은 대리인에게 지위, 자격을 줄 뿐이고 어떤 권리나 의무를 취득, 부담시키는 것이 아니므로 대리인의 될 자의 승낙을 필요로 하지 않는다.

---

494) 김증한/김학동, 392면.

ii) 무명계약설[495)]

수권행위를 본인과 대리인간의 무명계약이라고 한다.

「수권행위는 위임계약과는 전혀 별개의 것이지만 수권행위가 다른 의사표시와의 합체를 할 수 없는 것은 아니다. 경우에 따라서는 일개의 계약으로서 계약과 대리관계를 발생시킬 수 있다. 수권행위가 대내적 계약관계와 합체하느냐 하는 것은 입법정책과 법률행위해석의 문제」라고 하며 수권행위의 독자성을 인정하면서도 수권행위를 대리권의 수여를 목적으로 하는 일종의 위임과 유사한 무명계약이라고 한다.

② 무인성 여부

i) 유인설[496)]

본인과 대리인 사이의 기초적 내부관계를 발생케 하는 행위(위임, 고용 등)가 무효, 취소 또는 해제되어 실효되면 수권행위도 그 영향을 받아 효력을 상실한다고 보는 견해이다. 이 견해는 그 근거로 첫째 민법 제128조 후단이 "그 원인된 법률행위의 종료에 의하여 대리권은 소멸한다"고 규정하고 있으므로 수권행위는 유인행위라 한다. 둘째 수권행위를 무인적으로 보는 것은 지나지게 추상적이고, 당사자 의사에 부합하지 않는다는 점을 들고 있다.

ii) 무인설[497)]

기초적 내부관계가 무효 · 취소 · 해제되는 경우에도 수권행위에는 영향을 미치지 않아 수권행위는 유효하게 존속한다고 한다. 무인설은 수권행위가 그 원인이 되는 내부적 기초법률관계와 관념상 별개의 행위라는 것을 강조한다.

이 견해는 그 근거로 대리인과 거래한 상대방을 보호하고, 그럼으로써 거래안전을 보호할 수 있다고 한다.

128조 1문의 규정은 대리권의 소멸에 관한 것으로 대리권의 소멸이 원인관계의 소멸에 의존한다는 점이 대리권의 성립도 원인관계의 성립에 의존한다는 점을 당연히 이끌어 내는지 의문이다. 동일한 규정이 있는 독일에서는 대리권의 소멸에 관해서만 무인성에 관해 예외를 규정한 것(예외이므로 규정이 필요)이고 성립 및 범위에서는 무인이라고 한다.

---

495) 김기선, 280면

496) 곽윤직, 261면; 고상용, 535면 ; 김기선, 281면 ; 김준호, 228면 ; 송덕수, 196면 ; 이은영, 602면 ; 지원림, 2-294b.

497) 김증한·김학동, 393면 ; 김현태, 333면 ; 김주수, 348면 ; 백태승, 479면 ; 서광민, 419-420면 ; 손지열, 민법주해(3), 82면 ; 장경학, 537면 ; 정기웅, 436-437면.

iii) 절충설(수권행위 2분론)[498]

수권행위의 기초법률관계에 대한 이러한 종속성의 정도는 내부적 수권과 외부적 수권에 따라 그 정도가 다르므로 양자를 나누어 고찰해야 한다면서 내부적 수권의 경우 기초적 내부관계인 법률행위가 무효 · 취소 · 해제되면 원칙적으로 수권행위도 무효 · 취소 · 해제된다(유인). 그러나 외부적 수권, 즉 상대방에 대한 관계에 있어서 대리권의 내용은 상대방에 대한 대리권수여의 표시만을 파악하여 결정되므로 원칙적으로 기초적 내부관계로부터 독립하여 본인과 대리인간의 기초법률관계의 약정이 무효라고 하더라도 이러한 외부적 수권의 표시 자체에 무효사유가 존재하지 않는 한 외부적 수권은 유효하게 존속한다고 한다(무인).

iv) 검 토

유인설과 무인설은 기초적 내부관계를 발생시키는 행위가 대리행위가 행해진 후에 소급적으로 실효되는 경우 양 학설은 차이가 있다. 무인론에 의하면 이미 행해진 대리행위에 아무런 영향을 미치지 않으므로 대리행위는 유효하다. 유인론에 의하면 소급하여 무권대리행위가 된다.[499] 수권행위라는 개념이 대리제도가 활발하게 이용될 수 있도록 고안된 제도이고, 제토취지에 맞게 이용되기 위해서는 무인론을 취하는 것이 자연스럽다.

(4) 수권행위의 상대방

수권행위는 대리권한을 취득하는 직접 당사자인 대리인[500]에 대한 의사표시로 해야 한다. 상대방에 대하여 의사표시를 하더라도 이는 수권행위로 될 수 없으며, 제125조에 의한 「대리권 수여의 표시」로서 의미를 가질뿐이다.[501]

(5) 수권행위의 방식

우리 민법은 수권행위의 방식에 관하여 아무런 규정을 두고 있지 않으므로 수권행위는 어떠한 방식을 요구하지는 않는다(무방식). 따라서 수권행위는 반드시 서

498) 이영준, 531-532면.

499) 그러나 이는 거래관계에 심각한 해가 되기 때문에 우리나라에서 유인론을 취하는 분들도 특별한 근거 없이 거래안전을 이유로 이미 행해진 대리행위는 유효하다고 하고(곽윤직, 민법총칙, 1998, 385면), 상대방보호는 (선의의) 제3자보호규정에 의하고, 그에 의하여 보호되지 않으면 실효의 원인을 고려하여야 한다고 하기도 한다(지원림, 2-294b).

500) 제3자도 상대방이 될 수 있다는 견해도 있다(김증한/김학동, 395면).

501) 손지열, 주해민법(3), 31면 ; 김준호, 227면.

면으로 할 필요가 없고 구두로도 가능하며, 명시적, 묵시적으로도 할 수 있다. 그러나 우리나라에서는 위임장을 작성·교부하는 방식으로 행해지는 것이 보통이다. 이 경우 위임장은 대리권수여의 증거에 불과하다. 그런데 위임장중 대리인의 성명이나 대리권의 범위를 기재하지 않고 백지로 두는 백지위임장에 의하는 경우가 많다. 이는 상거래의 내용이나 대상의 변동에 기민하게 대응할 수 있도록 하기 위한 것인데, 때로는 대리인이 보충권한을 자기의 사익을 위해 악용하는 경우가 적지 않다. 약정에 반하는 보충을 하더라도 본인은 착오를 이유로 수권행위를 취소할 수는 없고, 이러한 보충이 대리권남용에 해당하는 경우 대리권남용이론에 의해 대리권이 부정될 수 있다[502]. 백지위임장 수여가 본인에게 부당한 권한을 수여하기 위한 수단으로 이용되는 경우에는 제124조를 확대해석하거나 제103조, 제104조에 의하여 무효로 해야 할 것이라는 견해[503]가 있다.

(6) 수권행위의 하자

대리행위의 하자 유무는 대리인을 기준으로 하여 정하지만(116조 1항), 수권행위의 하자 유무는 본인을 기준으로 하여, 민법 107조 이하의 규정에 따라 처리된다. 따라서 수권행위가 비진의표시이거나, 착오, 사기 또는 강박에 의해 이루어진 경우에는 107조 이하의 규정에 따라 유효로 되거나 무효, 취소될 수 있다.

(7) 수권행위의 철회

원인이 되는 기초적 법률관계가 종료하기 전에 본인은 언제든지 수권행위를 철회할 수 있다(128조 후단).

III. 대리권의 범위

1. 법정대리권의 범위

법정대리인의 대리권은 각 법률에서 개별적으로 규정하고 있으므로 이에 따른다. 이러한 법정대리인의 대리권에 관한 규정은 강행규정이다. 따라서 당사자의 의사에 따라 법정대리권의 범위를 확장하거나 제한하는 것은 허용되지 않는다.

---

502) 이영준, 538면.
503) 이영준, 538면; 김증한/김학동, 396면.

2. 임의대리권의 범위

(1) 수권행위의 해석

임의대리인의 대리권은 수권행위에 의해 주어지므로 임의대리권의 범위는 본인의 수권행위에 의해 정해진다. 본인이 어느 범위까지 수권하였는지는 결국 수권행위의 해석의 문제이다.

매매계약의 체결과 이행에 관하여 포괄적으로 대리권을 수여받은 대리인은 특별한 다른 사정이 없는 한 매매대금기일을 연기하여 줄 권한도 가지고[504], 대여금의 영수권한만 위임받은 대리인이 그 대여금채무의 일부를 면제할 대리권은 없다[505]. 또 예금계약의 체결을 위임받은 자가 가지는 대리권에 그 예금을 담보로 하여 대출을 받거나 이를 처분할 수 있는 대리권이 포함되는 것은 아니다[506]. 변호사에게 판결금수령을 위하여 통상의 소송위임장 용지에 판결금 수령위임장을 작성해 준 경우에 소송비용상환청구권의 포기권한까지 수여한 것으로는 볼 수 없다[507].

◆ 판 례

✧ 계약 체결에 관한 권한을 수여받은 대리인이 그 계약의 해제 등 일체의 처분권과 상대방의 의사를 수령할 권한도 가지는지 여부(소극)

어떠한 계약의 체결에 관한 대리권을 수여받은 대리인이 수권된 법률행위를 하게 되면 그것으로 대리권의 원인된 법률관계는 원칙적으로 목적을 달성하여 종료하는 것이고, 법률행위에 의하여 수여된 대리권은 그 원인된 법률관계의 종료에 의하여 소멸하는 것이므로(민법 제128조), 그 계약을 대리하여 체결하였던 대리인이 체결된 계약의 해제 등 일체의 처분권과 상대방의 의사를 수령할 권한까지 가지고 있다고 볼 수는 없다(대판 2008. 6. 12, 2008다11276).

(2) 민법의 보충규정

대리권이 있다는 것은 명백하지만 대리권의 범위가 불분명한 경우를 위해 보충규정으로 민법 제118조를 두고 있다. 따라서 대리권의 범위가 명백하거나 표현

504) 대판 1992, 4. 14, 91다43107

505) 따라서 일부를 면제하기 위해서는 본인의 특별수권이 필요하다(대판 1981, 6. 23, 80다3221).

506) 대판 1995, 8. 22, 94다59042

507) 대결 2007, 4. 26, 2007마250

대리가 성립하는 경우에는 적용되지 않는다. 이 규정은 대리권의 범위를 관리행위에 한정한다.

① 보존행위

보존행위는 재산의 현상을 유지하기 위한 행위로, 가옥의 수선, 소멸시효의 중단 등이 이에 속한다. 보존행위인지 여부는 재산 전체에서 보아 실질적 각도에서 판단하여야 한다.[508] 따라서 부패하기 쉬운 물건을 처분하는 경우(현상유지를 위한 처분행위)에도 보존행위가 될 수 있다.

대리인은 보존행위를 무제한 할 수 있다.

② 이용행위 · 개량행위

이용행위란 물건을 임대하거나 금전을 이자부로 대여하는 것과 같이 재산의 수익을 꾀하는 행위를 말하고, 개량행위란 사용가치나 교환가치를 증가하게 하는 행위를 말한다. 이러한 이용행위나 개량행위는 무제한 허용되는 것이 아니고 일정한 한계가 있다. 즉, 대리의 목적인 '물건이나 권리의 성질을 변하지 않게 하는 범위'에서만 할 수 있다(118조 2호). 성질을 바꾸는지 여부는 궁극적으로는 거래관념에 의하여 결정된다.[509] 범위는 추상적으로 행위의 종류에 의해 정해지며 본인에게 이익이 되는가는 묻지 않는다.

Ⅳ. 대리권의 제한

1. 자기계약 쌍방대리(124조)

(1) 의 의

자기계약이란 대리인이 한편으로는 본인을 대리하고, 다른 한편으로는 자기가 상대방이 되어 계약을 체결하는 것을 말하며(124조 1항 전단), 쌍방대리는 대리인이 한편으로는 본인을 대리하고, 다른 한편으로는 상대방을 대리하여, 본인과 상대방간의 계약을 체결하는 것을 말한다(124조 1항 후단).

---

508) 김학동, 400면 ; 백태승, 485면 ; 이영준, 545면.

509) 김상용, 542면 ; 주해민법(3), 59면.

(2) 124조의 근거

자기계약, 쌍방대리는 원칙적으로 금지된다(124조 본문). 금지되는 근거에 대해서는 견해가 대립된다. 다수설(본인의 이익보호설)[510]은 자기계약, 쌍방대리를 인정하면 대리인이 자신의 이익을 꾀하고 본인의 이익을 해할 염려가 있다거나, 일방 당사자의 이익만을 고려하고 타방 당사자의 이익을 해할 염려가 있다는 점에서 근거를 찾고 있다. 이에 반해 소수설(계약성립부인설)[511]은 계약이라고 하는 것은 2인 이상이 그의 의사결정에 의해 하나의 법률관계를 형성하는 것이데, 자기계약, 쌍방대리의 경우에는 1인에 의해 법률관계가 형성되는 것이므로 이에 의한 계약은 계약이 아니라는 견해이다.

그러나 이 견해는 계약의 성립에 관념적으로만 2인 이상의 의사표시가 필요한 것이지, 반드시 현실적으로 2인 이상이 직접 의사표시를 할 필요는 없으며, 자기계약에서는 본인의 수권행위가 있었고, 쌍방대리에서는 쌍방 당사자가 동일인에게 수권행위를 하였으므로 본인의 자기의사결정이 배제되었다고 할 수 없으므로 부당하다. 자기계약, 쌍방대리에 의해서도 계약은 성립될 수 있지만 본인의 이익을 보호하기 위해 원칙적으로 금지하고 있다고 해석하는 다수설이 타당하다.

◆ 판 례

✧ 부동산 입찰절차에서 동일한 물건에 관하여 1인이 2인 이상의 대리인이 된 경우, 그 대리인이 한 입찰행위의 효력(무효)

민법 제124조는 "대리인은 본인의 허락이 없으면 본인을 위하여 자기와 법률행위를 하거나 동일한 법률행위에 관하여 당사자 쌍방을 대리하지 못한다."고 규정하고 있으므로 부동산 입찰절차에서 동일물건에 관하여 이해관계가 다른 2인 이상의 대리인이 된 경우에는 그 대리인이 한 입찰은 무효이다(대결 2004. 2. 13, 2003마44).

(3) 자기계약, 쌍방대리가 예외적으로 허용되는 경우

자기계약, 쌍방대리를 금지하는 근거는 본인의 이익을 보호하는 데 있으므로, 본인이 이익을 해할 염려가 없는 경우에는 이를 금지할 필요가 없게 된다. 즉 본

510) 백태승 교수는 본인의 이익 보호외에 법률행위의 존재에 대한 외부의 인식가능성을 들면서 본인의 이익 보호가 더 중시되어야 한다고 한다(백태승, 486면).
511) 이영준, 557면.

인의 허락이 있는 경우와 채무의 이행에서는 허용된다(124조 단서).

① **본인의 허락이 있는 경우**

본인이 미리 자기계약·쌍방대리를 위임하거나 또는 수권행위로 허락한 경우에는 이에 의한 대리행위는 유효하다[512].

② **채무의 이행**

채무의 이행은 이미 확정된 법률관계를 단순히 결제할 뿐 새로운 이해관계를 생기게 하는 것이 아니므로, 본인의 이익을 해할 염려가 없기 때문에 인정된다. 채무의 이행과 동일시할 수 있는 경우에도 예외적으로 허용된다(통설). 그러나 채무의 이행이라 하여 항상 자기계약, 쌍방대리가 언제나 허용되는 것은 아니다. 왜냐하면 채무의 이행이라 하더라도 그 채무가 다툼이 있다거나 기한이 아직 도래하지 않은 경우, 대물변제(466조)나 경개처럼 새로운 이해관계가 형성되는 경우에는 허용되지 아니한다. 해산한 법인의 대표청산인이 정관 규정에 따라 잔여재산이전의무의 이행으로서 산여재산을 그 대표청산인이 대표자를 겸하고 있던 귀속권리자에게 이전한 경우, 채무의 이행에 해당된다[513].

◆ 판 례

해산한 법인이 해산시 잔여재산이 지정한 자에게 귀속한다는 정관 규정에 따라 구체적으로 확정된 잔여재산이전의무의 이행으로서 잔여재산인 토지를 그 귀속권리자에게 이전하는 것은 채무의 이행에 불과하므로 그 귀속권리자의 대표자를 겸하고 있던 해산한 법인의 대표청산인에 의하여 잔여재산 토지에 관한 소유권이전등기가 그 귀속권리자에게 경료되었다고 하더라도 이는 쌍방대리금지 원칙에 반하지 않는다(대판 2000. 12. 8, 98두5279).

③ **당사자간에 새로운 이해의 충돌이 없는 경우**

상계, 본인에 대한 증여. 채무면제 등과 같이 당사자간에 새로운 이해의 충돌이 없는 경우에는 채무의 이행에 준하여 124조 단서가 적용된다.

(4) 금지위반의 효과

자기계약, 쌍방대리의 금지에 위반하여 대리행위를 한 경우라도, 그 대리행위

512) 대판 1995, 7. 28, 94다44903
513) 대판 2000. 12. 8., 98두5279

는 절대적 무효가 되는 것은 아니고, 무권대리행위가 된다. 따라서 본인이 추인하면 유효한 대리행위로 될 수 있다(130조). 쌍방대리의 경우에는 쌍방의 본인 모두로부터 추인이 있어야 한다. 124조 위반의 경우에 무권대리인의 책임에 관한 135조가 적용될 수 있는가에 대해서는 긍정설[514]과 부정설[515]이 대립한다. 그때의 대리인은 본인 자신의 대리인이므로 부정하는 것이 타당하다.

(5) 124조의 적용범위

자기계약, 쌍방대리의 금지는 임의대리와 법정대리에 모두 적용된다. 법정대리의 경우 본인이 스스로 이익을 지키기가 어려우므로 더욱 엄격하게 적용된다. 또 본인과 법정대리인의 이익이 상반되는 경우 대리권을 제한하는 특별규정(64조, 921조, 951조)을 두고 있다. 이러한 경우에도 124조는 적용되지 않는다. 124조는 자기 '계약'이라 하고 있으나 계약의 대리뿐 아니라 상대방 있는 단독행위의 대리에도 적용된다고 보아야 한다.[516]

(6) 법정대리권 제한의 특칙

① 친권자의 이해상반행위시 특별대리인의 선임(921조)

친권자와 그 자(子) 사이에 또는 친권에 복종하는 수인의 자(子) 사이에 이해가 충돌하는 경우에는 그 친권자는 법원에 그 子의 특별대리인 또는 그 자 일방의 특별대리인의 선임을 청구하여야 한다. 이에 위반하면 무권대리가 된다.

② 후견인의 법정대리권이 제한(**친족회의 동의 요**(要))(950, 951조)

후견인이 피후견인을 대리하여 제950조 1항 각 호의 어느 하나에 해당하는 행위를 하거나 미성년자의 제950조 1항 각 호의 어느 하나에 해당하는 행위에 동의를 할 때는 후견감독인이 있으면 그의 동의를 받아야 한다(950조 1항). 이에 위반한 행위는 피후견인 또는 후견감독인이 그 행위를 취소할 수 있다(950조 3항).

③ 부재자 재산관리인의 대리권의 제한(25조)

법원이 선임한 재산관리인이 제118조에 규정한 권한을 넘는 행위를 함에는 법

---

514) 김상용, 549-550면.

515) 주해민법(3), 86면.

516) 김상용, 548면 ; 백태승, 487면 ; 민법주해(3), 83면 ; 이영준, 560-561면.

원의 허가를 얻어야 한다. 부재자의 생사가 분명하지 않은 경우에 부재자가 정한 재산관리인이 권한을 넘는 행위를 할 때에도 법원의 허가를 얻어야 한다.

④ **법인과 이사의 이익상반되는 경우 특별대리인의 선임(64조)**

법인과 이사의 이익이 상번되는 경우에는 이사에게는 대표권이 없고, 법원이 선임한 특별대리인이 법인을 대표한다.

(7) 124조의 확장

형식적으로는 124조의 금지에 저촉되지 않아도 이해의 충돌이 발생하는 경우 124조의 취지를 신의칙 내지 반사회성의 법리를 근거로 확장적용할 수 있는지 문제이다.

2. 공동대리(119조 단서)

(1) 공동대리의 의의

대리인이 수인인 때에는 각자가 본인을 대리한다(119조 본문). 즉, 각자대리가 원칙이다. 그런데 법률이나 수권행위에 의하여 수인의 대리인이 공동으로만 대리행위를 할 수 있도록 한 경우를 공동대리라 한다. 공동대리는 대리인 각자의 입장에서는 대리행위를 할 때 다른 대리인과의 합의를 요하므로 대리권의 제한이 된다[517]. 공동대리는 수인의 대리인들로 하여금 상호견제하에 의사결정을 신중하게 함으로써 본인을 보호하고자 함에 그 취지가 있다.

(2) 공동의 의미

① **의사공동설**[518]

공동대리제도의 취지상 공동대리인간의 의사의 합치가 있으면 되고, 외부적으로 이를 표시할 때에는 전원이 공동으로 의사표시를 할 필요는 없고, 공동대리인중 1인이 해도 무방하다는 견해이다. 따라서 공동대리인중 1인이라도 참여하지 않으면 적법한 대리행위가 되지 못한다. 또 대리인중 1인에게 하자가 있으면 전체 대리행위에 영향을 미친다.

---

517) 다수 대리인간에 권한분배의 측면도 있다(이은영, 616면).

518) 고상용, 494면 ; 김상용, 551면 ; 김용한, 350면 ; 김주수, 415면; 김증한/김학동, 402면 ; 백태승, 488면 ; 서광민, 429면 ; 지원림, 285면 ; 손지열, 주해민법(3), 61면 ; 정기웅, 439면.

② **(의사)표시공동설**519)

공동대리인이 원칙적으로 표시행위를 공동으로 해야 한다는 입장이다. 이 견해에 따르면 공동대리인 전원이 대리사무에 관하여 합의 결정한 후에 그 일부 대리인이 실행을 한 경우 공동대리행위로서 유효하지 않게 된다.

(3) 수동대리에 있어서 공동대리의 문제

공동대리의 경우, 본인에 대한 의사표시의 수령도 공동대리인이 공동으로만 해야 하는지 문제된다.

① **단독수령설**520)**(다수설)**

수동대리의 경우에는 대리인 각자가 단독으로 수령하더라도 본인에게 불이익을 줄 가능성이 적고, 공동대리인 전원이 의사표시를 수령해야 한다면 상대방은 공동대리인 전원에게 의사표시를 해야 하므로 상대방에게 큰 불편을 주게 되므로, 각자가 단독으로 의사표시를 수령할 수 있다고 한다. 즉, 수동대리에 있어서는 상대방보호와 거래상 편리를 위하여 각 대리인이 단독으로 수행할 권한이 있다.

② **공동수령설**521)

수동대리에 있어서도 공동으로만 상대방의 의사표시를 수령할 수 있다고 한다. 공동지배인에 관하여 이를 규정하고 있는 상법(122조)이나 독일민법(독일민법 제28조)에서처럼 명문의 규정이 없는 우리 민법하에서는 수동대리의 경우에도 공동으로만 상대방의 의사표시를 수령할 수 있다고 한다.

(4) 공동대리 위반의 효과

공동대리의 제한을 위반하여 공동대리인 중의 1인이 단독으로 대리행위를 하면 무권대리가 된다522). 이에 대해 공동대리인중 1인이 단독대리인으로 행위한다고 표시한 경우에만 무권대리가 된다는 견해(제한적 무권대리설)523)가 대립된다.

---

519) 이영준, 565면 ; 이은영, 617면.

520) 고상용, 495면 ; 김상용, 551-552면 ; 김용한, 350면 ; 김주수, 415면 ; 김증한/김학동, 403면 ; 백태승, 475면 ; 송덕수, 206면 ; 윤형렬, 616면 ; 이영준, 567면 ; 이은영, 618면 ; 장경학, 548면 ; 지원림, 2-298 ; 손지열, 주해민법(3), 63면.

521) 곽윤직, 378면.

522) 곽윤직, 461면 ; 백태승, 489면 ; 정기웅, 440면.

V. 대리권 남용론

1. 서 설

대리인이 대리권의 범위에서 대리행위를 하였지만, 실질적으로는 본인의 이익을 위해서가 아니라 자기 또는 제3자의 이익을 꾀하기 위하여 대리행위를 한 경우에도 그 법률효과가 본인에게 귀속되는지 문제된다. 원칙적으로는 이러한 경우에도 유효한 대리행위가 되어 본인에게 효과가 발생한다. 그러나 언제나 그러한 결과를 인정할 수는 없다. 특히 상대방이 이러한 대리인의 의사를 알고 있는 경우에까지 본인에게 그 효과를 귀속시킬 수는 없다. 이것이 대리권남용의 문제이다.

2. 학설 및 판례

(1) 학 설

① 민법 107조 1항 단서 유추적용설[524]

대리인이 사리를 도모하고자 권한을 남용해서 배임행위를 한 경우에도 대리의사는 존재하므로 대리행위로서 유효하게 성립한다고 보고, 다만 대리인의 배임적 의사를 상대방이 알았거나 또는 알 수 있었을 때에는 민법 107조 1항 단서의 취지를 유추하여 대리행위의 효력을 부정하는 것이 타당하다고 한다.

② 무권대리설(대리권부인설)[525]

배임적 행위에 관하여는 일정한 요건하에 대리권을 부정하여야 하고, 대리권의 부정은 대리에 관한 규정 및 대리제도의 목적으로부터 도출되어야 한다는 견해이다. 따라서 대리권이 본인에 대한 배임행위를 실현하는데 악용되어 대리권의 독립성의 존재 의의에 반하게 되는 경우에는 대리권이 남용으로 인하여 부정되고 대리인의 대리행위는 무권대리로 된다고 한다.

---

523) 이영준, 566면 : 이은영, 618면.

524) 곽윤직, 233면 ; 김상용, 544면 ; 김용한, 300면 ; 윤형렬, 620-621면 ; 장경학, 556면 ; 정기웅, 445면.

525) 김주수, 419면 ; 김증한/김학동, 408면 ; 김형배/김규완/김명숙, 259면 ; 백태승, 492면 ; 이영준, 555면 ; 이은영, 621면 ; 지원림, 289면.

③ 신의칙설 (권리남용설)[526]

대리권의 남용은 그 남용행위의 위험을 본인과 상대방 어느 쪽에 분배하는가의 문제인데, 본인은 대리인에 대해서 지배권, 이익권을 가지고 있으므로 그 위험은 원칙적으로 본인이 부담해야 하지만 상대방에게 악의나 중과실 등 신의칙에 반하는 사정이 있는 경우에는 권리남용이 되어 상대방이 부담해야 한다고 설명한다.

(2) 판례의 입장

대리권이 남용된 사례에서 대체로 제107조 1항 단서를 유추적용하면서도[527], 간혹 권리남용설에 따르는 경우도 있다[528].

◆ 판 례

✧ 대리인이 본인의 의사나 이익에 반하여 자가 또는 제3자의 이익을 위하여 비진의 의사표시를 한 경우의 효과 및 상대방의 악의, 과실여부의 판단기준

진의아닌 의사표시가 대리인에 의하여 이루어지고 그 대리인의 진의가 본인의 이익이나 의사에 반하여 자기 또는 제3자의 이익을 위한 배임적인 것임을 그 상대방이 알거나 알 수 있었을 경우에는 민법 제107조 제1항 단서의 유추해석상 그 대리인의 행위는 본인의 대리행위로 성립할 수 없다 하겠으므로 본인은 대리인의 행위에 대하여 아무런 책임이 없다 할 것이 며 이때 그 상대방이 대리인의 표시의사가 진의아님을 알았거나 알 수 있었는가의 여부는 표의자인 대리인과 상대방사이에 있었던 의사표시의 형성과정과 그 내용 및 그로 인하여 나타나는 효과 등을 객관적인 사정에 따라 합리적으로 판단하여야 한다(대판 1987. 7. 7,선고, 86다카1004).

3. 대리권남용의 효과

대리권남용이 되면 107조 1항 단서 유추적용설과 신의칙설에 의하면 무효가 된다. 대리권부인설에 의하면 무권대리가 되어 본인의 추인 여하에 따라 유효가 될 수 있는 여지가 있다.

---

526) 고상용, 501면 ; 명순구, 448면 ; 서광민, 433-434면 ; 송덕수, 209-210면 ; 홍성재, 227면.
527) 대판 1987.11.10. 86다카371
528) 대판 1987.10.13, 86다카1522

◆ 판 례

✧ **친권자가 자(子)를 대리하여 행한 자(子) 소유 재산의 처분행위가 친권자에 의한 대리권 남용에 해당하기 위한 요건**

[1] 친권자가 자(子)를 대리하는 법률행위는 친권자와 子 사이의 이해상반행위에 해당하지 않는 한, 그것을 할 것인가 아닌가는 子를 위하여 친권을 행사하는 친권자가 子를 둘러싼 여러 사정을 고려하여 행할 수 있는 재량에 맡겨진 것으로 보아야 하므로, 이와 같이 친권자가 子를 대리하여 행한 子 소유의 재산에 대한 처분행위에 대해서는 그것이 사실상 子의 이익을 무시하고 친권자 본인 혹은 제3자의 이익을 도모하는 것만을 목적으로 하여 이루어졌다고 하는 등 친권자에게 子를 대리할 권한을 수여한 법의 취지에 현저히 반한다고 인정되는 사정이 존재하지 않는 한 친권자에 의한 대리권의 남용에 해당한다고 쉽게 단정할 수 없다.

[2] 망인 명의의 토지가 명의신탁된 것이었을 가능성이 있다는 점 등을 고려하여, 친권자(망인의 처)가 미성년자인 딸과 공동으로 상속받은 토지를 망인의 형에게 증여한 행위가 친권의 남용에 해당하지 않는다(대판 2009. 1. 30, 2008다73731).

Ⅵ. 대리권의 소멸

1. 개관

	임의대리	법정대리
공통된 소멸원인	본인의 사망 대리인의 사망 대리인의 성년후견개시 또는 파산	
특유의 소멸원인	원인된 법률관계의 종료 (128조 전단) 수권행위의 철회(128조 후단)	각각의 법정대리에서 규정 부재자재산관리인의 선임의 취소 및 해임(22조, 23조), 친권자의 친권상실선고(924조, 대리권상실선고(925조) 후견인의 결격사유의 발생(937조), 후견사무의 종료(957조) 등

2. 법정대리, 임의대리에 공통한 소멸사유(127조)

(1) 본인의 사망

본인이 사망하면 대리권은 소멸한다(127조 1호). 본인이 실종선고를 받은 경우에도 마찬가지로 대리권은 소멸한다.[529] 127조 1호는 임의규정이므로 당사자간에 본인이 사망한 후에도 대리권이 존속하는 것으로 약정을 하면 유효하다[530][531]. 본인이 법인인 경우에는 청산종결등기가 경료되었을 때 자연인에 준해 대리권(대표권)이 소멸된다고 하는데[532], 법인의 소멸시기는 청산종결시가 아니라 사실상 청산사무가 종결된 때이므로 이때를 소멸시기로 보는 것이 타당하다.

(2) 대리인의 사망

대리인이 사망하면 대리권은 소멸한다. 상속인을 대리인으로 하는 것은 부당하기 때문이다.

(3) 대리인의 성년후견개시 또는 파산

피성년후견인이나 파산자도 대리인이 될 수 있다. 여기서 대리인의 성년후견개시 또는 파산이란 대리인으로 선임되고 난 이후에 성년후견이 개시되거나 파산선고를 받은 경우를 말한다.

3. 임의대리에 특유한 소멸사유

(1) 원인된 법률관계의 종료

임의대리권은 대리권수여의 원인이 되는 기초적 법률관계가 종료되면 소멸된다(128조 전단). 기초적 법률관계의 종료사유는 묻지 않지만 이 규정은 임의규정으로 당사자간에 다른 약정이 있으면 그에 따른다.

---

529) 대판 1987. 3. 24, 85다카1151

530) 김용한, 357면 ; 김증한/김학동, 411면 ; 주해민법(3), 184면.

531) 유효설에 대해 그러한 특약이 유효하면 본인의 의사표시가 상속인의 의사결정을 박탈하는 결과가 되므로 무효라는 견해(김상용, 552면 ; 이은영, 611면)와 합의는 유효하지만 사적 자치에 반하는 경우에는 무효하는 절충적인 견해가 있다(고상용, 507면 ; 김주수, 305면 ; 이영준, 568면).

532) 고상용, 506면 ; 지원림, 290면.

(2) 수권행위의 철회

원인된 법률관계가 존속하더라도 수권행위를 철회하면 대리권은 소멸한다(128조 후단). 수권행위의 철회 외에 수권행위 그 자체의 종기가 도래하거나 해제조건이 성취된 경우, 목적달성 등의 사유도 임의대리권은 소멸한다.

철회는 언제든지 할 수 있으며, 이 규정도 임의규정으로 당사자간에 다른 약정이 있으면 그에 따른다. 철회의 상대방은 대리인이다는 견해[533]와 대리인 또는 대리행위의 상대방이라는 견해[534]가 있다.

(3) 본인의 파산

본인이 파산한 경우 임의대리권이 소멸하는지에 대해 민법에는 규정이 없다. 본인의 파산이 독립된 소멸원인이 되는지 견해가 대립된다. 긍정하는 견해는 690조를 유추적용하거나[535] 채무자회생 및 파산에 관한 법률이 본인이 파산한 경우 당연히 대리권이 소멸되는 것을 전제하기 때문이라 한다[536]. 부정하는 견해는 128조 전단에서 원인된 법률관계의 종료에 의해 대리권이 소멸되므로 이에 따라 대리권이 소멸된다고 하면 충분하다고 한다.[537]

(4) 법정대리에 특유한 소멸사유

법정대리에 특유한 소멸사유는 각 법률에서 개별적으로 규정되어 있다. 부재자 재산관리인의 선임의 취소 및 해임(22조, 23조), 친권자의 친권상실선고(924조), 대리권상실선고(925조)

후견인의 결격사유의 발생(937조), 후견사무의 종료(957조) 등이 그것이다.

---

533) 지원림, 292면.
534) 김형배/김규완/김명숙, 262면 ; 송덕수, 212면 ; 윤형렬, 625면.
535) 김용한, 362면 ; 김주수, 424면 ; 백태승, 496면 ; 이은영, 162면.
536) 윤형렬, 626면 ; 이은영, 612면 ; 이영준, 494면.
537) 곽윤직, 267면 ; 김증한/김학동, 412면 ; 송덕수, 213면 ; 지원림, 292면 ; 손지열, 주해민법 (3), 186면.

[3] 대리행위

Ⅰ. 현명주의

1. 의 의

대리인이 대리행위를 할 때 그 행위가 본인을 위한 것임을 표시(현명)하여야 하는데(114조 1항), 이를 현명주의라 한다. 이때 본인을 위한 것을 표시한다는 의미는 「본인의 이익을 위하여」라는 의미가 아니고, 「본인의 이름으로」 한다는 것을 의미한다.

대리인이 현명한 의사표시는 직접 본인에게 효력이 생기므로(114조 1항), 대리행위의 결과 본인이 법률행위의 당사자 즉, 계약당사자가 되어, 본인은 계약에서 발생하는 채권, 채무 등을 취득, 부담하고, 대리인은 대리행위를 하여도 스스로 아무런 권리나 의무를 취득하지 않고, 대리행위에 의해 체결된 계약의 법률관계에서 배제된다. 이와 같이 대리행위에 있어서 본인을 위한 것임을 표시하도록 하여, 법률관계를 명료하게 하고, 거래안전을 도모하려고 하고 있다.

2. 현명의 본질

(1) 대리적 효과의사설[538)]

대리행위의 효과가 본인에게 발생하는 것은 대리인의 대리적 효과의사 때문이고, 현명은 바로 대리적 효과의사를 상대방에게 표시하는 것이라 한다.

(2) 의사의 통지라는 견해[539)]

현명은 대리행위의 효과를 직접 본인에게 귀속시키려는 대리의사의 표시(즉 효과의사)가 아니라, 본인을 위해 법률행위를 한다는 것을 상대방에게 알리는 의사의 통지라고 보는 견해이다.

---

538) 고상용, 522면 ; 곽윤직, 268면 ; 백태승, 497면 ; 이은영, 582면 ; 장경학, 553면.
539) 김상용, 659-560면 ; 윤형렬, 633면 ; 이영준, 574면.

(3) 관념의 통지라는 견해[540)]

현명이란 그 행위의 주체가 본인이라는 사실을 알리는 것이므로 관념의 통지라고 한다.

3. 현명의 방식

현명의 방식은 제한이 없으므로 구두로도 서면으로도 할 수 있다. 그러나 '갑의 대리인 을'이라는 형식으로 행하여지는 것이 보통이다. 대리인임을 분명하게 표시하지 않았어도 법률행위의 전체로 보아 대리인을 위한 행위가 아니고, 본인을 위하여 하는 행위라는 것을 인식할 수 있는 정도의 표시가 있으면 대리관계의 표시로 볼 수 있다.

◎ 계약서 등에 직접 본인의 성명만을 기재하고, 본인의 인장을 찍는 방법으로 대리행위를 하는 경우에도, 주위의 사정에 비추어 보아 대리인에게 대리의사가 있는 것으로 인정되는 한 유효한 대리행위로 보는 것이 통설·판례이다.

4. 현명하지 않은 대리행위의 효력

(1) 원칙-대리효과의 부정(115조 본문)

대리인이 대리행위를 함에 있어서 본인을 위한 것임을 표시하지 않은 경우, 그 의사표시는 대리인 자신을 위한 것으로 본다(115조 본문). 이 경우 대리인이 법률행위의 당사자가 되어, 대리인과 상대방의 사이에 대리인 자신을 위한 계약이 성립한다. 이 경우 대리인이 내심의 의사와 표시가 일치하지 않음을 이유로 착오를 주장할 수 있는지 문제된다. 다수설은 대리인의 내심에 본인을 위한 의사가 있었어도 대리인 자신을 위해 행위할 의사가 없었다는 것을 이유로 착오(109조)를 주장할 수 없다고 한다. 그 이유는 115조 본문이 「… 본다」라고 표현하고 있는 것은 착오의 주장을 금지하여 상대방에게 불측의 손해가 생기지 않도록 하여 거래의 안전을 위한 규정이기 때문으로 보고 있다. 따라서 본조는 상대방보호와 거래안전을 위해서 대리인의 취소권을 배제하고 대리인의 행위로 확정시키고자 하는 취지이다.

---

540) 김증한/김학동. 413면 ; 송덕수, 213면.

이에 반해 소수설[541]은 대리인이 상대방과 체결한 계약이 본인을 계약당사자로 하는 것인가 아니면 대리인을 계약당사자로 하는 것인가는 법률행위의 내용의 중요부분의 착오에 해당하므로 착오에 의한 취소가 가능하다고 한다. 이 견해는 대리인 자신의 계약으로 성립한 것을 착오의 법리에 의해 취소하는 것은 115조 본문의 의제규정과는 별개차원의 문제라고 한다.

◆ 판 례

✧ **조합의 대리인이 조합에게 상행위가 되는 법률행위를 하면서 조합을 위한 것임을 표시하지 않은 경우, 그 효력이 조합원 전원에게 미치는지 여부(적극)**

민법 제114조 제1항은 "대리인이 그 권한 내에서 본인을 위한 것임을 표시한 의사표시는 직접 본인에게 대하여 효력이 생긴다"라고 규정하고 있으므로, 원칙적으로 대리행위는 본인을 위한 것임을 표시하여야 직접 본인에 대하여 효력이 생기는 것이고, 한편 민법상 조합의 경우 법인격이 없어 조합 자체가 본인이 될 수 없으므로, 이른바 조합대리에 있어서는 본인에 해당하는 모든 조합원을 위한 것임을 표시하여야 하나, 반드시 조합원 전원의 성명을 제시할 필요는 없고, 상대방이 알 수 있을 정도로 조합을 표시하는 것으로 충분하다. 그리고 상법 제48조는 "상행위의 대리인이 본인을 위한 것임을 표시하지 아니하여도 그 행위는 본인에 대하여 효력이 있다. 그러나 상대방이 본인을 위한 것임을 알지 못한 때에는 대리인에 대하여도 이행의 청구를 할 수 있다"고 규정하고 있으므로, 조합대리에 있어서도 그 법률행위가 조합에게 상행위가 되는 경우에는 조합을 위한 것임을 표시하지 않았다고 하더라도 그 법률행위의 효력은 본인인 조합원 전원에게 미친다(대판 2009.1.30, 2008다79340).

(2) 예외(115조 단서)

115조 본문은 거래상대방을 보호하는 것이 주된 목적이므로, 대리인과 거래한 상대방을 보호할 필요가 없는 경우에는 예외를 인정할 필요가 있다. 따라서 115조 단서는 '상대방이 대리인으로서 한 것임을 알았거나 알 수 있었을 때에는' 비록 현명을 하지 않았어도 대리행위가 성립함을 규정하고 있다.

◆ 판 례

✧ 대리인이 본인을 대리하여 행위를 함에 있어서는 민법 제114조 제1항의 규정에 따라 본인과 대리인을 표시하여야 하는 것이므로, 대리관계의 현명(顯名)을 하지 아니한 채 행위

541) 이은영, 589면.

를 하더라도 본인에게 효력이 없는 것이지만, 대리에 있어 본인을 위한 것임을 표시하는 이른바 현명은 반드시 명시적으로만 할 필요는 없고 묵시적으로도 할 수 있는 것이고, 나아가 현명을 하지 아니한 경우라도 여러 사정에 비추어 대리인으로서 행위한 것임을 상대방이 알았거나 알 수 있었을 때에는 민법 제115조 단서의 규정에 의하여 본인에게 효력이 미치는 것이다(대판 2004. 2. 13, 2003다43490 ; 대판 2008. 5. 15, 2007다14759 참조).

✧ 채권양도통지서 자체에 양수받은 채권의 내용이 기재되어 있고, 채권양도양수계약서가 위 통지서에 첨부되어 있으며, 채무자로서는 양수인에게 채권양도통지 권한이 위임되었는지 여부를 용이하게 알 수 있었다는 사정 등을 종합하여 무현명에 의한 채권양도통지를 민법 제115조 단서에 의해 유효하다(대판 2004. 2. 13. 선고 2003다43490).

(3) 수동대리

수동대리의 경우에는 상대방 쪽에서 본인에 대한 의사표시임을 표시해야 하므로 115조는 적용되지 않는다.

5. 현명주의의 예외

(1) 상행위

상행위의 대리인이 본인을 위한 것임을 표시하지 않아도 그 행위는 본인에 대해 효력이 있다. 상대방이 본인을 위한 것임을 알지 못한 때에는 대리인에 대해서도 이행의 청구를 할 수 있다(상법 48조).

(2) 개인(성)을 중시하지 않는 민사거래의 경우

상행위의 대리인인 경우에는 현명주의가 적용되지 않는다(상법 48조). 민사거래에도 개인을 중시하지 않는 거래유형에서는 현명주의의 적용을 배제할 수 있는지 견해의 대립이 있다.

① **긍정설**[542)]

대리인 개인을 중시하지 않는 거래(예: 일상용품의 현찰매매)에서는 현명주의의 예외를 인정해야 한다는 견해이다.

---

542) 김상용, 563면 ; 김증한/김학동, 416면 ; 백태승, 498면 ; 주해민법(3), 28면 ; 이영준, 583면 ; 정기웅, 450면 ; 지원림, 294면.

② **부정설**[543)]

스위스 채무법(32조 3항)처럼 명문의 규정이 없는 우리 민법에서는 이러한 예외를 인정하는 것은 무리이고, 현명되지 않은 본인에게 법률행위의 효과를 귀속시키는 것은 법률관계의 명료성을 해칠 우려가 있고, 거래요청에 부합하지도 않으므로 명문의 규정이 없는 민사거래에 있어서는 현명하지 않는 대리를 인정해서는 안된다는 견해이다.

Ⅱ. 대리행위의 하자

1. 원칙(116조 1항)

대리에 있어서의 법률행위의 당사자는 대리인이므로, 의사표시의 흠결, 사기, 강박 등은 대리인을 표준으로 하여 결정해야 한다(116조 1항 본문).

2. 예외(116조 2항)

대리인이 본인의 지시에 좇아 대리행위를 한 때에는, 본인은 자기가 안 사정 또는 과실로 인하여 알지 못한 사정에 관하여 대리인의 부지를 주장하지 못한다. 이러한 경우까지 본인을 보호할 필요가 없기 때문이다.

(1) 본인의 지시에 의한 대리행위의 경우

116조 2항은 동조 1항의 예외로서, '특정한 법률행위를 위임'한 경우에 대리인인 '본인의 지시에 좇아' 그 행위를 한 때에는 본인은 자기가 알고 있는 사정 또는 과실로 알지 못한 사정에 관해 대리인의 부지를 주장할 수 없다고 규정하여, 대리인이 선의이더라도 본인이 악의이면 본인은 선의의 보호를 받을 수 없게 된다.

(2) 116조 2항의 적용범위

116조 2항이 '특정한 법률행위를 위임'한 경우라고 규정하여, 동조가 임의대리에만 적용되는 것이지만, 법정대리에서도 본인이 특정한 행위를 지시할 수 있고, 이 경우 법정대리인은 본인의 지시에 따라야 하는 경우에는 법정대리에도 적용되

---

543) 고상용, 525면 ; 곽윤직, 270면 ; 김용한, 331면 ; 송덕수, 215면 ; 이은영, 587면.

어야 한다[544]. 이에 대해 법정대리의 경우에는 제한능력자인 본인이 알았거나 알 수 있었을 때에 본인이 책임을 지게 하는 것은 제한능력자제도의 취지에 반하므로 적용되지 않는다는 견해가 대립된다(김학동, 고상용).

Ⅲ. 대리인의 능력(117조)

1. 대리인의 행위능력 요부

대리인은 행위능력자임을 요하지 않는다(117조). 대리인은 법률행위에 의해 권리를 취득하거나 의무를 부담하는 것이 아니기 때문이다. 본인이 제한능력자를 대리인으로 선임한 것이므로, 그에 따라 불이익이 발생하더라도 본인이 스스로 이를 감수해야 한다. 그렇지만 대리인은 제한무능력자이더라도 의사능력은 있어야 한다.

2. 117조의 법정대리에의 적용여부

117조가 임의대리에 적용되는 것은 당연한데, 문제는 법정대리에도 적용되는가 하는 점이다. 민법은 일정한 경우 본인을 보호하기 위하여 제한능력자가 법정대리인이 될 수 없다고 규정하고 있는데(910조, 937조, 940조의 7, 959조의 5, 959조의 10, 959조의 16, 1098조 등), 이러한 경우에는 당연히 117조는 적용되지 않는다. 그런데 이와 같은 명문의 규정이 없는 경우에는 제한능력자도 법정대리인이 될 수 있는지 문제된다.

(1) 긍정설[545]

이 견해는 제한능력자라도 법률에 명문의 규정이 없는 한 법정대리인이 될 수 있다고 한다. 피성년후견인 또는 피한정후견인이 친권자인 경우에는 민법은 「대리권상실선고」(925조)를 통해 제한능력자의 보호와 거래안전의 조화를 꾀하고 있다. 따라서 대리권상실선고 전에 친권자가 의사능력이 없는 때에는 당연히 무효가 되고, 그렇지 않은 경우에는 「대리권남용이론」으로 규제하면 족하다. 기타의 법정대리인의 경우에도 이에 준하여 취급하면 된다. 따라서 특별규정이 없는 법정대리에도 제117조를 적용할 것이다.

---

544) 김상용, 569면 ; 이영준, 591면 ; 손지열, 주해민법(3), 55면.

545) 이영준, 590-591면 ; 김증한/김학동, 422면 ; 이은영, 594면 ; 지원림, 295면 ; 손지열, 주해민법(3), 56면.

(2) 부정설[546)]

이 견해는 특별한 규정이 없더라도 법정대리제도의 존재이유에 비추어 법정대리인은 능력자이어야 한다. 즉 제한능력자를 보호하기 위한 대리인이 제한능력자이면 본인인 제한능력자를 보호할 수 없으므로, 법정대리제도의 취지에 비추어볼 때, 법정대리인은 능력자이어야 한다고 한다. 법정대리는 임의대리의 경우와는 달리 본인의 의사에 의거하지 않고 포괄적인 직무권한으로서 그 대리권이 주어지기 때문에, 본인의 이익을 보호하기 위하여 제한능력자가 법정대리인이 되는 것을 금지하는 특별규정이 없더라도 법정대리인은 행위능력자이어야 한다. 따라서 제117조는 적용될 수 없다.

3. 제한능력자인 대리인과 본인의 관계

117조의 의미는 대리인이 제한능력자임을 이유로 그 대리행위를 취소하지 못한다는 것일 뿐이며, 제한능력자인 대리인과 본인간의 내부적 기초관계나 수권행위에는 아무런 영향을 미치지 않는다. 따라서 일반적인 제한능력을 이유로 취소할 수 있는가가 문제된다.

(1) 수권행위

수권행위에 관하여는 다수설이 단독행위설의 입장이므로, 대리인이 자신의 제한능력을 이유로 취소할 수 없음은 당연하다. 소수설인 무명계약설의 입장에서는 대리권은 대리인에게 아무런 구속이나 불이익을 주는 것이 아니라는 이유로 제한능력자는 이를 취소하지 못한다고 한다.

(2) 기초적 내부관계

대리인과 본인간의 기초적 내부관계(예, 위임계약)는 제한능력을 이유로 취소할 수 있다.

---

546) 고상용, 520면 ; 곽윤직, 271면 ; 김상용, 565면 ; 김용한, 469면 ; 김주수, 431면 ; 명순구, 455면 ; 백태승, 503-504면 ; 서광민, 443면 ; 송덕수, 222면 ; 장경학, 565면.

(3) 수권행위와 기초적 내부관계

기초적 내부관계가 제한능력을 이유로 취소된 경우, 수권행위의 효력이 어떻게 되는지 문제된다.

① 수권행위의 무인설

기초적 내부관계가 실효하면 대리권은 장래에 향하여 소멸할 뿐이므로(128조), 소급적으로 대리권이 소멸하지는 않으며, 따라서 이미 행하여진 대리행위는 유효하다.

② 수권행위의 유인설

기초적 내부관계가 실효하면, 수권행위도 소급적으로 실효하므로, 이미 행하여진 대리행위도 무권대리행위가 되어 거래안전을 해치게 되는데, 이러한 해석은 대리인이 제한능력자라도 상관없다는 117조의 취지에 반하게 된다. 따라서 117조를 원용하여 대리권은 장래에 향해서만 소멸한다고 해석하여 기존의 대리행위는 유효하다고 해석하고 있다.

[4] 대리의 효과

Ⅰ. 법률효과의 본인에의 직접귀속

대리인이 대리권의 범위내에서 행한 대리행위의 효과는 직접 본인에게 귀속한다(114조). 일단 대리인에게 대리행위의 효과가 귀속하였다가 다시 본인에게 귀속하는 것이 아니고, 바로 본인에게 발생하게 된다(대리행위에 의한 주된 법률효과뿐 아니라, 부수적 법률효과까지 본인이 취득한다).

본인에게 발생하는 대리행위의 효과는 대리행위로부터 발생하는 일체의 권리, 의무이다. 취소권의 경우에도 대리인은 수권행위에 의해 취소권을 행사할 수 있는 대리권을 수여받아야 대리행위에 의해 행사할 수 있다. 대리인에게는 아무런 법률효과도 발생하지 않는다.

Ⅱ. 본인의 능력

본인은 스스로 법률행위·의사표시를 않으므로, 의사능력·행위능력은 필요없다. 다만, 스스로 권리를 취득하는 것이므로 권리능력은 필요하다.

[5] 복대리

Ⅰ. 대리제도와 복대리

1. 의 의

복대리란 복대리인에 의한 대리를 말한다. 복대리인은 대리인이 자신의 이름으로 선임한 본인의 대리인이다. 대리인이 복대리인을 선임할 수 있는 권한을 복임권, 그 선임행위를 복임행위[547]라 한다.

2. 복대리인의 법적 성질

(1) 복대리인도 대리인이다.

복대리인은 대리인의 단순한 사자나 기타 보조자가 아니라, 대리인이다.

(2) 복대리인은 본인의 대리인이다.

이론상 영미법의 경우처럼 복대리인을 대리인의 대리인으로 볼 수도 있지만, 우리 민법은 복대리인을 본인의 대리인으로 규정하고 있다. 복대리인도 대리인의 권한내에서만 행위를 할 수 있는 본인의 대리인이다.

(3) 복대리인은 대리인이 자기의 이름으로 선임한 자이다.

즉 대리인이 본인의 이름으로 선임한 자는 복대리인이 아니다. 그러므로 대리인의 복대리인 선임행위는 대리행위가 아니다. 따라서 복대리인은 대리인이 그의 책임으로 선임하는 자이다. 그러므로 대리인이 대리권에 의해 선임한 자는 복대리인이 아니라 본인의 대리인이며, 그는 대리인의 대리권에 의존하지 않고, 대리인의 지휘, 감독을 받지 않는다.

(4) 복대리인을 선임한 뒤에도 대리인은 자신의 대리권을 잃지 않는다.

---

547) 복수권행위라고 하는 견해도 있다(김주수, 435면 ; 윤형렬, 647면).

Ⅱ. 대리인의 복임권과 책임

1. 복임권의 의의 및 성질

(1) 의 의

복임권이란 대리인이 복대리인을 선임할 수 있는 권한 내지 자격을 말한다.

(2) 성 질

① 권능설[548)]

복임권의 성질은 본인 · 대리인 사이의 내부관계로부터 발생하는 대리인이 가지는 법률상의 일종의 권능이다. 대리인이 복대리인을 선임할 수 있는 근거는 법률의 규정이다.

② 대리권 내용 자체설[549)]

복임권은 민법 제120조, 122조에 의하여 인정되는 「권능」이 아니다. 원래 본인이 언제나 대리인을 선임할 수 있는 것처럼 대리인도 언제나 복대리인을 선임할 수 있는 것이나, 임의대리에서는 본인의 대리인에 대한 인적 신뢰관계를 고려하여 본인의 승낙이 있거나 기타 부득이한 사유가 있는 때에 한하여 복대리를 허용할 것으로 규정하고 있을 뿐이다. 법정대리에 서는 아무 제한 없이 복대리인을 선임할 수 있는 것으로 규정하고 있는 것을 보아도 명백하고(제122조), 또한 임의대리에 있어서도 일반수권 특히 지배인은 포괄대리권을 가지고 있으므로 원칙적으로 복대리인을 선임할 수 있는 것으로 보아도 명백하다. 요컨대 복대리인을 선임할 수 있느냐의 여부는 대리권의 내용 자체이며 이와 별개의 권리나 권능이 아니다.

(3) 복대리인 선임행위(복임행위)의 법적 성질

① 양도행위부정설[550)]**(방순원, 이영섭)**

복대리인 선임 후에도 대리인은 그대로 본래의 자기의 대리권을 보유하고 있

548) 곽윤직, 274면 ; 김상용, 575면 ; 백태승, 492면 ; 송덕수, 224면 ; 윤형렬, 648면 ; 지원림, 296면 ; 손지열, 민법주해(3), 66면.

549) 이영준, 604면

550) 김증한/김학동, 430면

기 때문에 복임행위는 대리권의 양도가 아니다. 이 견해는 복임행위의 성질을 밝히는데는 미흡하다.

② **설정적 양도설**[551)]

복임행위는 대리권의 완전한 양도가 아니라, 설정적 양도이다. 「설정적 양도」라는 말은 대리권을 완전히 이전시키는 것이 아니라, 이를 보유하고 있음을 전제로 하는 것이다. 따라서 설정적 양도설은 병존적·설정적 양도설과 실질적으로 다르지 않다.

③ **병존적 · 설정적 양도설**[552)]

복대리인을 선임한 후에는 복대리인의 대리권의 범위에 속하는 사항에 관해서는 원칙적으로 복수의 대리인이 생기게 된다. 이 공동대리의 경우에는 각자가 원칙적으로 단독대리권을 가지지만, 대리인의 복대리인에 대한 감독권과 해임권 등을 고려하면 복임행위는 대리권의 병존적 · 설정적 양도행위라고 보는 것이 무방하다.

④ **병존적 설정행위설**[553)]

민법상의 수권행위나 복임수권행위는 대리권의 양도가 아니다. 복대리인에 대한 대리인의 감독권과 해임권은 대리인이 복대리인을 자기 책임으로 선임 · 사용하는 데서 오는 효과이다. 따라서 복임행위의 성질은 기본적으로 본인의 대리권수여행위와 동일하다. 다만 대리인이 「자기의 대리권의 범위 내에서」 본인을 위하여 대리권을 수여한다는 점이 복임행위의 특색이다.

2. 임의대리인의 복임권

(1) 복임권

임의대리인은 원칙적으로 복임권이 없다. 다만, 본인의 승낙 또는 부득이한 사정이 있는 경우에 한해 예외적으로 허용된다(120조). 120조에 위반한 복임행위는 무효가 되고, 이러한 복대리인의 대리행위는 무권대리가 된다. 이때 표현대리가 성립하는지에 대해서는 견해가 대립된다.

---

551) 장경학, 572면
552) 곽윤직, 274면 ; 정기웅, 463면
553) 고상용, 527면 ; 김상용, 575면 ; 김용한, 389면 ; 김주수, 435면 ; 백태승 506면 ; 송덕수, 223면 ; 이영준, 603면 ; 이은영, 624면 ; 손자열, 민법주해(3), 65면.

① 본인의 승낙

◆ 판 례

✧ **임의대리인의 복대리인의 선임에 관하여 본인의 묵시적 승낙이 있다고 보아야 할 경우**

[1] 대리의 목적인 법률행위의 성질상 대리인 자신에 의한 처리가 필요하지 아니한 경우에는 본인이 복대리 금지의 의사를 명시하지 아니하는 한 복대리인의 선임에 관하여 묵시적인 승낙이 있는 것으로 보는 것이 타당하다.

[2] 오피스텔의 분양업무는 그 성질상 분양을 위임받은 대리인이 광고를 내 거나 그 직원 또는 주변의 부동산 중개인을 동원하여 분양사실을 널리 알리고, 분양사무실을 찾아온 사람들에게 오피스텔의 분양가격, 교통 등 입지조건, 오피스텔의 용도, 관리방법 등 분양에 필요한 제반 사항을 설명하고 청약을 유인함 으로써 분양계약을 성사시키는 것으로서 대리인의 능력에 따라 본인의 분양사업 의 성공 여부가 결정되는 것이므로, 사무처리의 주체가 별로 중요하지 아니한 경우에 해당한다고 보기 어렵다(대판1996, 1. 26, 94다30690).

✧ **대리의 목적인 법률행위의 성질상 대리인 자신에 의한 처리가 필요하지 아니한 경우에는 본인이 복대리 금지의 의사를 명시하지 아니하는 한 복대리인의 선임에 관하여 묵시적인 승낙이 있는 것으로 보는 것이 타당**하다. 오피스텔의 분양업무는 그 성질상 분양을 위임받은 대리인이 광고를 내 거나 그 직원 또는 주변의 부동산 중개인을 동원하여 분양사실을 널리 알리고, 분양사무실을 찾아온 사람들에게 오피스텔의 분양가격, 교통 등 입지조건, 오피스텔의 용도, 관리방법 등 분양에 필요한 제반 사항을 설명하고 청약을 유인함 으로써 분양계약을 성사시키는 것으로서 대리인의 능력에 따라 본인의 분양사업 의 성공 여부가 결정되는 것이므로, 사무처리의 주체가 별로 중요하지 아니한 경우에 해당한다고 보기 어렵다 (대판 1996, 1. 26, 94다30690).

② **부득이한 사유가 없으면 원칙적으로 선임 불가**

부득이한 사유는 대리인 스스로 대리행위를 하기 어려운 사정만으로는 부족하고, 본인의 승낙을 얻을 수 없는 사정까지 있어야 한다.

(2) 임의대리인의 책임

① **선임, 감독에 대한 책임**

임의대리인이 본인의 승낙이 있거나 부득이한 사유가 있어서 복대리인을 선임한 경우에는 그 선임 및 감독에 관하여 복대리인은 책임을 져야 한다(121조 1항).

② **본인 지명에 의한 경우에는 책임이 경감**

그러나 본인의 지명에 의하여 선임한 경우에는, 그 부적임 또는 불성실함을 알고, 본인에게 대한 통지나 그 해임을 해태한 때가 아니면 책임이 없다(121조 2항).

3. 법정대리인의 복임권

(1) 복임권

언제든지 복임권이 존재한다(122조). 이는 법정대리인의 권한은 넓고, 사임은 쉽지 않으며 본인의 신임을 받아 대리인이 된 자가 아니기 때문이다.

(2) 대리인의 책임

모든 책임을 부담한다. 다만, 부득이한 사유로 선임한 경우 선임·감독에 관하여만 책임(책임감경)

◈ **대리인의 복임권과 그 책임**

	임의대리인(제120조, 제121조)	법정대리인(제122조)
복임권	선임 불가 본인의 승낙 부득이한 사유가 있을 때	언제든지 복임권이 있다.
책임	선임, 감독에 대한 책임 본인 지명에 의한 경우에는 책임이 경감	전적인 책임을 짐 부득이한 사유가 있을 때에는 선임, 감독에 대한 책임

Ⅲ. 복대리인의 지위

1. 대리인에 대한 관계(복대리권)

복대리인은 대리인에 의하여 선임된 자이므로 대리인의 감독을 받으며, 복대리인의 대리권은 대리인의 대리권을 기초로 한 것이므로 복대리인의 대리권은 그 존재 및 범위에 있어서 대리인의 대리권의 존재 및 범위에 따른다. 따라서 복대리권은 대리권을 초과할 수 없으며, 대리권이 소멸하면 복대리권도 소멸한다.

2. 상대방에 대한 관계(복대리행위)

복대리인은 그 권한 내에서 본인을 대리한다. 또한 복대리인은 제3자에 대하여 대리인과 동일한 권리 · 의무가 있다(민법 제123조). 따라서 복대리인의 대리행위에 관해서는 대리의 일반원칙이 적용된다. 그러므로 복대리인은 복대리행위를 하는데 있어서 본인을 위한다는 표시를 하여야 하며, 표현대리규정도 역시 복대리행위에 적용될 수 있다[554].

3. 본인에 대한 관계(제123조 제2항)

복대리인은 대리인에 의하여 대리인의 이름으로 선임된 자이므로 복대리인과 본인 사이에는 아무런 내부관계도 생길 수 없다. 그러나 민법은 복대리인은 본인에 대하여 대리인과 동일한 권리 · 의무가 있다고 규정한다. 이는 제123조 2항에 의하여 본인과 대리인 사이의 내부적 법률관계가 본인과 복대리인간의 내부적 · 기초적 법률관계로 의제됨을 의미한다(통설).

4. 복대리인의 복임권

복대리인이 다시 복대리인을 선임할 수 있는지에 대해 통설은 임의대리인과 동일한 조건하에서 복임권을 가진다고 한다.[555]

Ⅳ. 복대리권의 소멸

복대리권은 본인 · 복대리인의 사망, 금치산 · 파산과 같은 대리권의 일반적인 소멸원인(제127조), 대리인과 복대리인 사이의 기초적 법률관계의 종료(제128조 전단), 복임행위의 하자, 복임행위에 대한 대리인의 철회(제128조 후단)에 의해서 소멸한다. 또한 복대리권은 대리인의 대리권을 전제로 하기 때문에 대리권(모권)이 소멸하면 복대리권도 소멸한다.

---

554) 대판 1967. 11. 21. 66다2197

555) 이에 대해 복임권이 대리권의 내용 그 자체라고 이해하면서 복대리인의 복임권을 당연히 인정하는 견해가 있다(이영준, 605면).

《 복대리와 표현대리 》

Ⅰ. 복대리인이 정당하게 선임된 경우

본인 또는 대리인이 사망한 후(복대리권 소멸) 복대리인이 대리행위를 한 경우에는 129조의 표현대리가 성립된다.

Ⅱ. 복대리인이 정당하게 선임되지 않은 경우

1. 본인 사망후 대리인이 복대리인을 선임하여 복대리인이 대리행위를 한 경우

표현대리의 법리는 거래의 안전을 위하여 어떠한 외관적 사실을 야기한 데 원인을 준 자는 그 외관적 사실을 믿음에 정당한 사유가 있다고 인정되는 자에 대하여는 책임이 있다는 일반적인 권리외관 이론에 그 기초를 두고 있는 것인 점에 비추어 볼 때, 대리인이 대리권 소멸 후 직접 상대방과 사이에 대리행위를 하는 경우는 물론 대리인이 **대리권 소멸 후 복대리인을 선임**하여 복대리인으로 하여금 상대방과 사이에 대리행위를 하도록 한 경우에도, 상대방이 대리권 소멸 사실을 알지 못하여 복대리인에게 적법한 대리권이 있는 것으로 믿었고 그와 같이 믿은 데 과실이 없다면 민법 **제129조에 의한 표현대리가 성립할 수 있다**[556].

2. 대리인이 사자 내지 임의로 선임한 복대리인을 통하여 권한외의 법률행위를 한 경우

◆ 판 례

대리인이 사자 내지 임의로 선임한 복대리인을 통하여 권한 외의 법률행위를 한 경우, 상대방이 그 행위자를 대리권을 가진 대리인으로 믿었고 또한 그렇게 믿는 데에 정당한 이유가 있는 때에는, 복대리인 선임권이 없는 대리인에 의하여 선임된 복대리인의 권한도 기본대리권이 될 수 있을 뿐만 아니라, 그 행위자가 사자라고 하더라도 대리행위의 주체가 되는 대리인이 별도로 있고 그들에게 본인으로부터 기본대리권이 수여된 이상, 민법 제126조를 적용함에 있어서 기본대리권의 흠결 문제는 생기지 않는다(대판 1998, 3. 27, 97다48982).

---

556) 대판 1998, 5. 29, 97다55317

[6] 무권대리

Ⅰ. 총설

1. 무권대리의 의의

무권대리란 대리권 없이 행한 대리행위를 말한다. 무권대리에는 표현대리와 협의의 무권대리가 있다.

2. 취지 및 특별규정

대리행위가 유효하기 위해서는 본인의 수권에 의한 대리권이 존재해야 한다. 그런데 대리권이 없이 대리행위를 하면 그 대리행위의 효과가 본인에게 귀속되지 않으며, 대리의사가 있으므로 대리인에게 행위의 효과를 귀속시킬 수도 없게 된다. 이러한 결과는 대리권의 존재를 알 수 없는 상대방에게 불리하게 작용한다.

민법은 본인의 이익과 거래의 상대방이나 제3자의 이익을 조화시키기 위하여 특별규정을 두고 있다. 즉 무권대리행위중에는 본인과 무권대리인 사이에 특별한 사정, 즉 대리권이 존재하고 있는 것과 같은 외관이 존재하고, 그러한 외관의 창출에 본인이 어느 정도 기여한 경우에는 유권대리행위와 같이 본인에게 책임을 지우고 있는데, 이를 표현대리라 한다(125조, 126조, 129조). 또 표현대리가 되지 않는 무권대리행위의 경우(협의의 무권대리)에도 확정적 무효로 하지 않고 본인의 추인에 의해 유효가 될 여지를 남겨 두고, 추인이 없는 경우에는 무권대리인에게 무거운 책임을 지우고 있다(135조).

Ⅱ. 표현대리

1. 총설

(1) 표현대리의 의의

표현대리는 대리인에게 대리권이 없음에도 불구하고, 마치 대리권이 있는 것과 같은 외관의 형성에 본인이 어느 정도 관여한 경우, 그러한 외관을 신뢰하여 거래한 상대방을 보호하고 거래안전을 도모하여 대리제도의 신용을 유지하기 위해 그 무권대리행위를 본인에 대해 효력을 발생시키는 제도를 말한다.

표현대리에는 대리권수여표시에 의한 표현대리(125조), 권한을 넘는 표현대리(126조), 대리권소멸후의 표현대리(129조)의 세 가지가 있다. 표현대리가 되면 본인은 표현대리에 의해 원하지 않았던 법률효과를 받게 되어 불이익 내지 손해를 입게 된다. 이때 본인은 표현대리인에 대해 기초적 내부관계에 기한 의무위반 또는 불법행위를 이유로 손해배상을 청구할 수 있다.

(2) 표현대리의 본질

① 표현대리를 무권대리로 파악하는 견해

표현대리를 무권대리의 일종으로 보는 견해이다. 즉, 무권대리에는 본인에게 무권대리행위의 효과가 발생하지 않는 협의의 무권대리와 그 효과가 직접 본인에게 발생하는 표현대리가 있고, 양자를 합하여 광의의 무권대리라 한다.

본인은 표현대리행위에 대하여 책임을 지지만 유권대리가 아닌 무권대리로 이해를 한다. 이 설에 의하면 표현대리는 대리인에게 대리권이 없음에도 불구하고 마치 있는 것과 같은 외관이 존재하고, 또한 그러한 외관의 발생에 관하여 본인이 어느 정도의 원인을 주고 있는 경우에는 그 무권대리행위에 대하여 본인으로 하여금 책임을 지게 함으로써(法定責任) 그러한 외관을 신뢰한 선의·무과실의 제3자를 보호하고 거래안전을 보장하며, 나아가 대리제도의 신용을 유지하기 위한 것이라 한다.

그런데 표현대리는 무권대리의 일종이라는 견해도 법률효과의 이론구성을 둘러싸고 견해가 대립된다.

i) 다수설[557)]

다수설은 표현대리는 협의의 무권대리로서의 성질을 잃지 않으므로 무권대리에 관한 규정(130조 이하)도 적용이 되지만 135조의 적용에 대해서는 부정하는 입장을 취하고 있다. 표현대리가 성립하면 상대방은 유권대리와 동일한 보호를 받게 되어 소기의 목적을 달성할 수 있으며 본래의 유권대리의 경우에도 본인과의 사이에서만 효과가 발생하는데 유권대리가 아닌 표현대리의 경우에 본인의 책임과 무권대리의 책임을 선택적으로 행사할 수 있게 하는 것은 상대방보호에 치우친 공평을 잃은 해석이라고 한다.

557) 고상용, 535면 ; 곽윤직, 277면 ; 김기선, 318면 ; 김상용, 587면 ; 김증한/김학동, 436면 ; 백태승, 512-514면 ; 송덕수, 226면.

ii) 소수설[558)]

협의의 무권대리는 무권대리의 일반적인 경우이며, 표현대리는 협의의 무권대리의 특수한 경우라고 한다. 이 견해는 표현대리는 무권대리의 특수한 것이라는 입장이므로 무권대리에 관한 모든 규정, 특히 135조도 표현대리에 적용된다고 한다. 따라서 표현대리에서 상대방은 본인에 대해 이행책임을 묻든지, 아니면 표현대리인에게 135조에 의한 이행 또는 손해배상책임을 묻든지 선택해서 행사할 수 있다고 한다.

표현대리가 성립하더라도 본인이 무자력이면 상대방이 이행이나 배상받을 가능성이 없게 되는데, 표현대리인에게 자력이 있으면 135조의 책임을 묻을 수 있게 되어 상대방을 두텁게 보호할 수 있으며, 다른 무권대리에 관한 규정의 적용을 인정하면서 135조의 적용만을 배제한다는 것은 명문의 규정이 없을 뿐더러 타당하지 않다고 한다.

iii) 표현대리에 관한 규정의 적용만을 인정하는 견해[559)]

최근 표현대리가 무권대리이기는 하나 그 법률효과는 표현대리에 관한 규정만이 적용되고, 협의의 무권대리에 관한 규정은 전혀 적용할 수 없다는 견해가 주장되고 있는데 이 견해에 의하면 표현대리의 경우는 오직 본인의 이행책임만이 발생하고, 협의의 무권대리의 효과는 생기지 않는다고 한다.

② **표현대리를 유권대리의 일종으로 보는 견해**[560)]

이 견해는 표현대리를 유권대리의 아종(亞種)으로 본다. 즉, 수권행위를 내부적 수권행위과 외부적 수권행위로 나누고, 내부적 수권행위에서 내부적 수권이, 외부적 수권행위에서 외부적 수권이 발생한다고 하며, 통상의 유권대리는 내부적 수권과 외부적 수권을 모두 갖추는데 대해 표현대리에서는 내부적 수권은 없고, 외부적 수권만 존재하므로 표현대리는 외부적 수권의 효과로 볼 수 있으므로 유권대리의 아종이라 한다.

따라서 이 견해에 의하면 표현대리는 무권대리가 아니므로 무권대리에 관한 130조 이하의 규정은 표현대리에 전혀 적용되지 않는다고 한다.

558) 고상용, 534면 ; 김용한, 386면 ; 김주수, 439면.
559) 김증한/김학동, 455면 ; 윤형렬, 659면.
560) 이영준, 524면.

③ **표현대리를 무권대리와 유권대리의 중간의 독자적 유형으로 파악하는 견해**[561)]

표현대리는 대리권이 없는 경우이므로 유권대리는 아니나, 대리권이 없지만 대리권이 있는 것과 같은 외관이 있어서 대리행위의 유효성이 인정되는 경우이므로 무권대리도 아닌 양자의 중간에 위치하는 대리유형이라고 한다. 이 견해에 의하면 표현대리의 경우에는 본인과 상대방간에는 유권대리와 같고 무권대리와는 다르므로 무권대리의 본인, 상대방간에 관한 130조 이하의 규정은 표현대리에 적용되어서는 안된다고 한다.

④ **판례(무권대리로 이해하는 견해)**

판례는 표현대리의 본질을 무권대리로 이해한다. 「유권대리에서는 본인이 대리인에게 수여한 대리권의 효력에 의하여 법률효과가 발생하는 반면, 표현대리에 있어서는 대리권이 없음에도 불구하고 법률이 특히 거래상대방의 보호와 거래안전의 유지를 위하여 본래 무효인 무권대리행위의 효과를 본인에게 미치게 한 것으로서 표현대리가 성립한다고 하여 무권대리의 성질이 유권대리로 전환되는 것이 아니므로 양자의 구성요건 해당사실, 즉 주요사실은 다르다고 볼 수밖에 없다. 따라서 유권대리에 관한 주장 속에 무권대리에 속하는 표현대리의 주장이 포함되어 있다고 볼 수 없다」고 한다(대판 전원합의체 1983, 12. 13, 83다카1489).

(3) 본인이 표현대리행위에 대해 책임을 지는 근거

① **권리외관설**

외관을 신뢰한 상대방의 보호, 즉, 거래의 안전을 보장하면서 대리제도의 신용을 유지하기 위하여 민법이 특별히 규정한 책임이라고 보는 견해이다. 통설의 입장이다. 이 견해에 의하면 표현대리에서 본인의 책임은 민법이 특별히 규정한 책임이므로 법정책임으로 본다.

② **의사표시효과설**[562)]

이 견해는 표현대리를 외부적 수권에 대하여 본인의 책임을 인정하는 것이라 한다. 본인의 책임은 외부적 수권의 효과라고 보기 때문에 일종의 의사책임으로 본다.

---

561) 이은영, 631면.
562) 이영준. 610면.

◆ 판 례

✧ 유권대리에 있어서는 본인이 대리인에게 수여한 대리권의 효력에 의하여 법률효과가 발생하는 반면 표현대리에 있어서는 대리권이 없음에도 불구하고 법률이 특히 거래상대방 보호와 거래안전유지를 위하여 본래 무효인 무권대리행위의 효과를 본인에게 미치게 한 것으로서 표현대리가 성립된다고 하여 무권대리의 성질이 유권대리로 전환되는 것은 아니므로, 양자의 구성요건 해당사실 즉 주요사실은 다르다고 볼 수 밖에 없으니 유권대리에 관한 주장 속에 무권대리에 속하는 표현대리의 주장이 포함되어 있다고 볼 수 없다(대판 1983.12.13, 83다카1489).

✧ 표현대리의 법리는 거래의 안전을 위하여 어떠한 외관적 사실을 야기한 데 원인을 준 자는 그 외관적 사실을 믿음에 정당한 사유가 있다고 인정되는 자에 대하여는 책임이 있다는 일반적인 권리외관 이론에 그 기초를 두고 있는 것인 점에 비추어 볼 때, 대리인이 대리권 소멸 후 직접 상대방과 사이에 대리행위를 하는 경우는 물론 대리인이 대리권 소멸 후 복대리인을 선임하여 복대리인으로 하여금 상대방과 사이에 대리행위를 하도록 한 경우에도, 상대방이 대리권 소멸 사실을 알지 못하여 복대리인에게 적법한 대리권이 있는 것으로 믿었고 그와 같이 믿은 데 과실이 없다면 민법 제129조에 의한 표현대리가 성립할 수 있다(대판 1998. 5. 29, 97다55317).

2. 제125조의 표현대리

(1) 의 의

본인이 대리권을 수여하지 않았으나, 타인에게 대리권을 수여하였다는 취지를 제3자(거래상대방)에 대해 표시한 경우 그 표시를 신뢰한 제 3자가 무권대리인과 행한 법률행위에 대해 본인이 책임을 지는 것을 대리권수여표시에 의한 표현대리라고 한다(125조).

(2) 요 건

① 상대방에 대한 대리권수여의 표시가 있을 것

본인이 제3자(상대방)에 대하여 타인(표현대리인)에게 대리권을 수여하였음을 표시하여야 한다.

i) 표시의 성질

ⓐ **관념의 통지설**[563)]

이 견해는 대리권수여의 표시는 수권행위(의사표시)가 아니라, 수권행위가 있었다는 뜻의 관념의 통지라고 한다. 우리 민법상 상대방에 대한 수권표시는 수권행위로서의 효력이 인정될 수는 없지만 상대방에게 수권행위가 있었다는 사실을 상대방에게 통지하는 것이므로 준법률행위인 관념의 통지라고 한다.

ⓑ **의사표시설**[564)]

이 견해는 대리권수여의 표시는 본인이 상대방에 대해 하는 외부적 수권행위로서 의사표시에 해당한다고 한다. 민법 제125조가 대리권을 '수여하였음'을 표시한다고 규정하지 않고, 대리권을 '수여'함을 표시한다고 규정하고 있으므로 상대방에 대한 통지에 의해 외부적 수권이 가능하다고 한다.

ⓒ **의사의 통지설**[565)]

이 견해는 본조의 대리권수여의 표시는 본인이 아직 대리권을 대리인에게 수여하지 않았음을 전제로 하고 있으므로 관념의 통지로는 볼 수 없다고 하고, 본인이 내부적으로 대리인에게 대리권을 수여하지 않은 채 신문 등으로 거래하고자 하는 상대방에게 대리권수여의 표시를 한 것은 대리인에게 장래에 대리권을 수여할 것이라는 표시이며. 따라서 그것은 의사의 통지라고 한다.

ii) 표시의 방법(수권통지의 방법)

표시를 하는 방법에는 제한이 없다. 따라서 서면으로도 할 수 있고, 구두로도 할 수 있다. 명시적 묵시적으로 하든지 관계없다. 특정인에 대해서도 할 수 있고, 신문광고 등에 의하는 것처럼 불특정인에 대해서도 할 수 있다. 또한 본인이 직접 상대방에 대해 하든 대리인이 될 자를 통해 하든 상관없다. 그런데 명의대여의 경우, 즉 타인에게 자기 명의의 사용을 허락하거나 묵인한 경우에도 125조의 대리권수여의 표시에 해당한다는 보아야 할 것이다.

백지위임장을 교부하는 것이 여기서 말하는 표시에 해당하는지 문제된다. 이에 대해 다수설[566)]은 대리권을 수여한 뜻을 표시한 것이라 하고, 교부자의 의도와 다

563) 고상용, 560면 ; 곽윤직, 278면 ; 김용한, 373면 ; 김증한/김학동, 439면 ; 김주수, 456면 ; 백태승, 514면 ; 송덕수, 228-229면 ; 이은영, 633면.

564) 이영준, 620면.

565) 김상용, 594면 ; 윤형렬, 664-665면.

르게 피교부자 또는 전득자에 의하여 대리권의 내용이나 상대방이 보충된 경우 125조의 표현대리가 성립한다고 한다. 소수설[567]은 수권행위라 한다. 따라서 정상적인 유권대리가 된다.

명의대여관계에 대해서는 특별법인 상법 24조가 적용되므로, 상법 24조가 적용되지 않는 영역에서 125조가 적용된다.

iii) 타인에 대해 자기명의의 사용을 허용한 자의 책임(명의대여의 문제)

법률행위를 할 때에는 자기가 권리주체임을 밝히고 하거나(자기 명의의 본인행위), 자기가 누구의 대리인임을 밝히고 본인을 권리주체로 하여 행위한다(대리행위). 그런데 자기가 권리주체임에도 불구하고 타인 명의로 법률행위를 하는 경우이다. 후자의 경우 법률행위의 당사자는 누구인지 문제된다.

통설과 판례는 명의대여도 제125조의 대리권수여의 표시에 해당하는 것으로 본다. 그런데 명의대여관계에 대해서는 상법 24조가 적용되므로, 상법 24조가 적용되지 않는 영역에서 125조가 적용된다. 판례도 타인에 대하여 자기 사업을 자기 이름으로 대행할 것을 허용한 사람은 그 사업에 관하여 자기가 책임을 부담할 시위에 있음을 표시한 것이라 할 것이고, 그 사업을 대행한 사람 또는 피용자가 그 사업에 관해서 한 법률행위에 관해서는 제3자에 대하여 그 책임이 있다고 하여 같은 입장이다[568].

이에 대해 소수설[569]은 명의대여는 125조의 대리권수여표시가 아니고, 전형적인 묵시적 수권행위에 해당한다고 한다. 즉, 명의대여는 본인의 상대방에 대한 표시가 아니라 대리인의 수권행위의 한 유형이라 한다.

ⅳ) 수권표시의 철회

수권통지를 철회하면 125조의 표현대리는 성립하지 않는다. 그러기 위해서는 철회를 표현대리인이 대리행위를 하기 전에는 아직 수권표시에 기한 법률관계가 형성되지 않았기 때문에 철회를 인정하여도 사앤방을 해하지 않기 때문이다. 철회는 통지와 동일한 방법으로 상대방에게 알려야 한다.

---

566) 곽윤직, 278면 ; 김용한, 374면 ; 김주수, 456면 ; 백태승, 514면 ; 차한성, 민법주해(3), 125면

567) 김상용, 593면 ; 송덕수, 228면 ; 이영준, 623면

568) 대판 1964, 4. 7, 63다638

569) 김상용, 593면 ; 송덕수, 225면 ; 이영준, 622면 ; 이은영, 634면.

◆ 판 례

✧ [1] 민법 제125조가 규정하는 대리권 수여의 표시에 의한 표현대리는 본인과 대리행위를 한 자 사이의 기본적인 법률관계의 성질이나 그 효력의 유무와는 직접적인 관계가 없이 어떤 자가 본인을 대리하여 제3자와 법률행위를 함에 있어 본인이 그 자에게 대리권을 수여하였다는 표시를 제3자에게 한 경우에는 성립될 수가 있고, 또 본인에 의한 대리권 수여의 표시는 반드시 대리권 또는 대리인이라는 말을 사용하여야 하는 것이 아니라 사회통념상 대리권을 추단할 수 있는 직함이나 명칭 등의 사용을 승낙 또는 묵인한 경우에도 대리권 수여의 표시가 있은 것으로 볼 수 있다(.대판 1998. 6. 12, 97다53762) ; 대판 2007. 8. 23, 2007다23425).

✧ [2] 호텔 등의 시설이용 우대회원 모집계약을 체결하면서 자신의 판매점, 총대리점 또는 연락사무소 등의 명칭을 사용하여 회원모집 안내를 하거나 입회계약을 체결하는 것을 승낙 또는 묵인하였다면 민법 제125조의 표현대리가 성립할 여지가 있다는 이유로, 위 모집계약을 준위탁매매의 위임으로, 그 입회계약을 준위탁매매로 단정한 원심을 법리오해 및 심리미진으로 파기한 사례(대판 1998. 6. 12, 97다53762).

② **표시된 대리권 범위내의 대리행위일 것**

표현대리인이 표시에 의해 수여한 것으로 되어 있는 대리권의 범위내에서 대리행위를 하였어야 한다. 그렇지 않고 표현대리인이 표시된 대리권의 범위를 넘는 행위를 한 경우에는 권한을 넘는 표현대리(126조)가 문제된다.

③ **상대방은 대리권수여의 표시를 받은 자일 것**

대리행위의 상대방은 반드시 대리권수여표시를 받은 자이어야 한다. 따라서 표시의 상대방이 아니라 우연한 기회에 대리권수여표시를 알게 된 자는 보호받지 못한다.

④ **상대방의 선의·무과실**

거래상대방이 대리권 없음을 알았거나 알 수 있었을 경우에는 본인의 책임을 주장하지 못한다. 즉 거래상대방은 선의·무과실이어야 한다. 선의란 표현대리인에게 대리권이 없음을 알지 못하는 것, 즉 대리권이 있다고 오신하는 것이며, 무과실이란 선의인데 과실이 없는 것 즉 거래상 보통인에게 요구되는 주의를 하였음에도 대리권 없음을 알지 못하는 것을 의미한다. 이러한 상대방의 선의, 무과실은 추정되므로, 본인이 상대방의 악의 또는 과실을 입증하여 125조의 책임을 면할 수 있다.570)

570) 곽윤직, 279면 ; 김상용, 595면 ; 송덕수, 229면 ; 윤형렬, 665면 ; 이영준, 622면

(3) 적용범위

125조가 임의대리에 적용되는 것은 당연한데, 법정대리에도 적용될 수 있는가가 문제된다.

① **적용부정설(다수설[571], 판례)**

법정대리인은 본인이 선임하는 것이 아니므로 본인이 어떤 자에게 법정대리권을 주었다는 뜻을 통지한다는 것은 있을 수 없으므로 법정대리에는 본조가 적용되지 않는다고 한다.

② **적용긍정설[572]**

법정대리의 경우에도 호적(허위의 호적신고)이나 공고를 믿은 거래상대방을 보호할 필요가 있으므로 임의대리에서와 같이 125조의 적용을 인정해야 한다고 한다. 무능력자제도도 본인보호에 치중되어 있으므로 상대방보호, 거래안전과의 조화를 위해 본조의 적용이 인정되어야 한다고 한다.

③ **제한적 긍정설[573]**

법정대리에 125조의 적용을 긍정하지만 예외적으로 무능력자의 법정대리는 거래안전보다는 무능력자의 보호가 우선되어야 하므로 125조의 적용이 부정되어야 한다는 견해이다.

(4) 표현대리의 효과

① **효과일반**

표현대리가 성립하면 본인은 표현대리인의 대리행위에 대해 책임이 있다(125조). 따라서 표현대리행위의 효과는 본인에게 귀속되어 본인은 상대방에 대해 채무를 이행할 의무를 지게 되고 동시에 권리도 취득하게 된다.

② **표현대리의 주장자**

ⅰ) 본인제외설

표현대리가 성립하였다는 것은 대리의 효과를 주장하는 상대방이 본인에 대해

571) 고상용, 562면 ; 곽윤직, 279면 ; 김증한/김학동, 441면 ; 백태승, 515면 ; 서광민, 463면 ; 송덕수, 227면 ; 정기웅, 473면.

572) 김상용, 595-596면 ; 김용한, 375면 ; 김주수, 459면 ; 차한성, 민법주해(3), 136면.

573) 윤형렬, 666면 ; 이영준, 624면 ; 이은영, 636면.

주장하게 되는데, 상대방이 주장하지 않는 한 본인 쪽에서 표현대리를 주장하지 못한다고 한다(다수설). 따라서 본인이 표현대리행위를 유효한 대리행위로 효력을 발생하기를 원하는 경우에는 상대방이 무권대리행위를 철회하기까지 추인하면 되며(130조, 134조), 상대방은 표현대리를 주장하든 무권대리를 주장하든 자유롭게 선택할 수 있다.

ii) 본인포함설

민법규정상 표현대리는 상대방의 주장을 기다리지 않고 본인에게 책임이 발생하는 것으로 되어 있으므로(125조, 126조), 본인이 표현대리인의 책임을 면하게 하기 위해 스스로 책임을 지는 것을 막을 이유가 없다는 이유로 본인도 표현대리를 주장하는 것이 허용된다는 입장이다.

③ 본인과 표현대리인과의 관계

표현대리가 성립한다고 해서 본인과 표현대리인 간에 특별한 법률관계가 성립하는 것이 아니므로, 표현대리인의 행위로 본인이 손해를 입으면 구체적인 경우에 따라 불법행위, 부당이득 또는 사무관리에 의해 표현대리인에게 책임을 물을 수 있다. 또한 본인과 표현대리인 사이에 기초적 내부관계가 있는 경우, 그 내부관계 위반에 관한 책임을 물을 수도 있다.

◈ 명의대여의 문제

Ⅰ. 서설

법률행위를 할 때에는 자기가 권리주체임을 밝히고 하거나(자기 명의의 본인행위), 자기가 누구의 대리인임을 밝히고 본인을 권리주체로 하여 행위한다(대리행위). 그런데 자기가 권리주체임에도 불구하고 타인 명의로 법률행위를 하는 경우이다. 후자의 경우 법률행위의 당사자는 누구인지 문제된다.

Ⅱ. 명의차용자의 법률행위에 대한 명의대여자의 법률행위책임

1. 법률행위의 귀속주체의 확정

법률행위의 해석을 통하여 누가 행위당사자인지를 밝혀야 한다. 누가 당사자인지 행위자(명의차용자)와 상대방의 의사가 일치하는 경우에는 그 일치하는대로 행위자 또는 명의자의 행위로 확정된다. 그러나 일치하는 의사로 확정할 수 없는 경우에는 규범적 해석을 통하여 확정하여야 한다. 그 결과 명의차용자의 행위로 확정되는 경우에는 명의대여자에게 계약책임을 추궁할 근거가 없게 되고, 명의대여자의 행위로 인정되는 경우에 한해 명의대여자의 책임이 문제된다.

2. 명의대여자의 행위로 인정되는 경우

통설과 판례는 명의대여도 제125조의 대리권수여의 표시에 해당하는 것으로 본다. 그런데 명의대여관계에 대해서는 상법 24조[574]가 적용되므로, 상법 24조가 적용되지 않는 영역에서 125조가 적용된다. 판례도 타인에 대하여 자기 사업을 자기 이름으로 대행할 것을 허용한 사람은 그 사업에 관하여 자기가 책임을 부담할 지위에 있음을 표시한 것이라 할 것이고, 그 사업을 대행한 사람 또는 피용자가 그 사업에 관해서 한 법률행위에 관해서는 제3자에 대하여 그 책임이 있다고 하여 같은 입장이다(대판 1964, 4. 7, 63다638).

이에 대해 소수설[575]은 명의대여는 125조의 대리권수여표시가 아니고, 전형적인 묵시적 수권행위에 해당한다고 한다. 즉, 명의대여는 본인의 상대방에 대한 표시가 아니라 대리인의 수권행위의 한 유형이라 한다.

3. 비진의의사표시 또는 허위표시인지 여부

◆ 판 례

✧ 법률상 또는 사실상의 장애로 자기 명의로 대출받을 수 없는 자를 위하여 대출금채무자로서의 명의를 빌려준 자에게 그와 같은 채무부담의 의사가 없는 것이라고는 할 수 없으므로 그 의사표시를 비진의표시에 해당한다고 볼 수 없고, 설령 명의대여자의 의사표시가 비진의표시에 해당한다고 하더라도 그 의사표시의 상대방인 상호신용금고로서는 명의대여자가 전혀 채무를 부담할 의사 없이 진의에 반한 의사표시를 하였다는 것까지 알았다거나 알 수 있었다고 볼 수도 없다고 보아, 그 명의대여자는 표시행위에 나타난 대로 대출금채무를 부담한다(대판 1996. 9. 10, 96다18182).

---

574) 상법 제24조 (명의대여자의 책임) 타인에게 자기의 성명 또는 상호를 사용하여 영업을 할 것을 허락한 자는 자기를 영업주로 오인하여 거래한 제3자에 대하여 그 타인과 연대하여 변제할 책임이 있다.

575) 이영준, 622면 ; 이은영, 634면.

✧ 제3자가 채무자로 하여금 제3자를 대리하여 금융기관으로부터 대출을 받도록 하여 그 대출금을 채무자가 부동산의 매수자금으로 사용하는 것을 승낙하였을 뿐이라고 볼 수 있는 경우, 제3자의 의사는 특별한 사정이 없는 한 대출에 따른 경제적인 효과는 채무자에게 귀속시킬지라도 법률상의 효과는 자신에게 귀속시킴으로써 대출금채무에 대한 주채무자로서의 책임을 지겠다는 것으로 보아야 할 것이므로, 제3자가 대출을 받음에 있어서 한 표시행위의 의미가 제3자의 진의와는 다르다고 할 수 없고, 가사 제3자의 내심의 의사가 대출에 따른 법률상의 효과마저도 채무자에게 귀속시키고 자신은 책임을 지지 않을 의사였다고 하여도, 상대방인 금융기관이 제3자의 이와 같은 의사를 알았거나 알 수 있었을 경우라야 비로소 그 의사표시는 무효로 되는 것인데, 채무자의 금융기관에 대한 개인대출한도가 초과되어 채무자 명의로는 대출이 되지 않아 금융기관의 감사의 권유로 제3자의 명의로 대출신청을 하고 그 대출금은 제3자가 아니라 채무자가 사용하기로 하였다고 하여도 금융기관이 제3자의 내심의 의사마저 알았거나 알 수 있었다고 볼 수는 없다(대판 1997, 7. 25, 97다8403).

✧ 동일인에 대한 대출액 한도를 제한한 구 상호신용금고법(1995. 1. 5. 법률 제4867호로 개정되기 전의 것) 제12조의 적용을 회피하기 위하여 실질적인 주채무자가 실제 대출받고자 하는 채무액에 대하여 제3자를 형식상의 주채무자로 내세우고, 상호신용금고도 이를 양해하여 제3자에 대하여는 채무자로서의 책임을 지우지 않을 의도하에 제3자 명의로 대출관계서류를 작성받은 경우, 제3자는 형식상의 명의만을 빌려 준 자에 불과하고 그 대출계약의 실질적인 당사자는 상호신용금고와 실질적 주채무자이므로, 제3자 명의로 되어 있는 대출약정은 상호신용금고의 양해하에 그에 따른 채무부담의 의사 없이 형식적으로 이루어진 것에 불과하여 통정허위표시에 해당하는 무효의 법률행위이다(대판 1999, 3. 12, 98다48989).

Ⅲ. 명의차용자의 불법행위에 대한 명의대여자의 불법행위책임

◆ 판 례

✧ **사용자책임의 적용 여부**

타인에게 어떤 사업에 관하여 자기의 명의를 사용할 것을 허용한 경우에 그 사업이 내부관계에 있어서는 타인의 사업이고 명의자의 고용인이 아니라 하더라도 외부에 대한 관계에 있어서는 그 사업이 명의자의 사업이고, 또 그 타인은 명의자의 종업원임을 표명한 것과 다름이 없으므로 명의사용을 허가받은 사람이 업무수행을 함에 있어 고의 또는 과실로 다른 사람에게 손해를 끼쳤다면 명의사용을 허락한 사람은 민법 제756조에 의하여 그 손해를 배상할 책임이 있다.

명의대여관계의 경우 민법 제756조가 규정하고 있는 사용자책임의 요건으로서의 사용관계가 있느냐 여부는 실제적으로 지휘·감독을 하였느냐의 여부에 관계없이 객관적으로 보아 사용자가 그 불법행위자를 지휘·감독해야 할 지위에 있었느냐의 여부를 기준으로 결정하여야 한다(대판 1994, 10. 25, 94다24176).

Ⅳ. 결 어

◆ 판 례

✧ **민법 제125조 소정의 대리권 수여의 표시에 의한 표현대리의 성립 요건**

[1] 민법 제125조가 규정하는 대리권 수여의 표시에 의한 표현대리는 본인과 대리행위를 한 자 사이의 기본적인 법률관계의 성질이나 그 효력의 유무와는 직접적인 관계가 없이 어떤 자가 본인을 대리하여 제3자와 법률행위를 함에 있어 본인이 그 자에게 대리권을 수여하였다는 표시를 제3자에게 한 경우에는 성립될 수가 있고, 또 본인에 의한 대리권 수여의 표시는 반드시 대리권 또는 대리인이라는 말을 사용하여야 하는 것이 아니라 사회통념상 대리권을 추단할 수 있는 직함이나 명칭 등의 사용을 승낙 또는 묵인한 경우에도 대리권 수여의 표시가 있은 것으로 볼 수 있다.

[2] 호텔 등의 시설이용 우대회원 모집계약을 체결하면서 자신의 판매점, 총대리점 또는 연락사무소 등의 명칭을 사용하여 회원모집 안내를 하거나 입회계약을 체결하는 것을 승낙 또는 묵인하였다면 민법 제125조의 표현대리가 성립할 여지가 있다는 이유로, 위 모집계약을 준위탁매매의 위임으로, 그 입회계약을 준위탁매매로 단정한 원심을 법리오해 및 심리미진으로 파기한 사례(대판 1998. 6. 12, 97다53762).

3. 권한을 넘는 표현대리(126조)

(1) 의 의

표현대리인이 기본대리권을 갖고 있지만 그 기본대리권의 범위를 넘어서 대리행위를 하는 것을 권한을 넘는 표현대리(월권대리)라 한다. 이 경우 표현대리인의 대리권을 신뢰하여 거래한 자를 보호하기 위해 수여받은 대리권의 범위내에서 대리행위를 한 것과 동일한 법률관계를 인정한다. 소송에서 가장 많이 다투어지는 대표적인 표현대리유형으로, 기본대리권의 존재가 필수적이다.

(2) 요 건

① 대리인에게 일정한 범위의 대리권(기본대리권)이 있을 것

i) 기본대리권의 의미

기본대리권의 인정범위와 관련하여 어떠한 경우에 기본대리권이 있다고 할 것인가라는 문제와 기본대리권은 법률행위의 대리권에 한하는가라는 문제 및 민법 제125조와 본조의 중복적용이 가능한 것인가에 관한 논의가 있다.

민법 제126조에서 말하는 권한을 넘은 표현대리는 현재에 대리권을 가진 자가 그 권한을 넘은 경우에 성립하는 것이지, 현재에 아무런 대리권도 가지지 아니한 자가 본인을 위하여 한 어떤 대리행위가 과거에 이미 가졌던 대리권을 넘은 경우에까지 성립하는 것은 아니라고 할 것이다.[576][577]

◆ 판 례

민법 제126조에서 말하는 권한을 넘은 표현대리는 현재에 대리권을 가진 자가 그 권한을 넘은 경우에 성립하는 것이지, 현재에 아무런 대리권도 가지지 아니한 자가 본인을 위하여 한 어떤 대리행위가 과거에 이미 가졌던 대리권을 넘은 경우에까지 성립하는 것은 아니라고 할 것이고 (대판 1973. 7. 30, 72다1631 ; 대판 1979. 3. 27, 79다234 등 참조), 한편 과거에 가졌던 대리권이 소멸되어 민법 제129조에 의하여 표현대리로 인정되는 경우에 그 표현대리의 권한을 넘는 대리행위가 있을 때에는 민법 제126조에 의한 표현대리가 성립할 수 있다 (대판 1970. 2. 10., 69다2149 참조). 또한, 표현대리의 효과를 주장하려면 상대방이 자칭 대리인에게 대리권이 있다고 믿고 그와 같이 믿는 데 정당한 이유가 있을 것을 요건으로 하는 것인바, 여기의 정당한 이유의 존부는 자칭 대리인의 대리행위가 행하여 질 때에 존재하는 제반 사정을 객관적으로 관찰하여 판단하여야 한다(대판 1987. 7. 7, 86다카2475 참조)(대판 2008. 1. 31, 2007다74713).

ii) 기본대리권으로서의 적격성

ⓐ **사실행위**

제126조 표현대리에 있어 기본대리권은 법률행위의 대리권에 한정하는가? 즉, 본인이 사실행위만을 위임한 경우에 그 수임인이 월권행위를 한 경우에도 월권대리가 성립되는가가 문제된다. 즉, 사실행위의 기본대리권 적격 여부가 문제된다.

학설은 대립하지만 판례는 과거에는 「대리인이 아니고 사실행위를 위한 사자라 하더라도 외관상 그에게 어떠한 권한이 있는 것의 표시 내지 행동이 있어 상대방이 그를 믿었고 또 그를 믿음에 있어 정당한 이유가 있다면 표현대리의 법리에 의하여 본인에게 책임이 있다」[578]고 하여 비한정설의 입장이었으나 최근에는 한정설의 입장이다.

---

576) 대판 1973. 7. 30., 72다1631 ; 대판 1979. 3. 27, 79다234 ; 대판 2008.1.31, 2007다74713 등 참조.

577) 다만 과거에 가졌던 대리권이 소멸되었더라도 민법 제129조에 의하여 표현대리로 인정되는 경우에 그 표현대리의 권한을 넘는 대리행위가 있을 때에는 민법 제126조에 의한 표현대리가 성립할 수 있다(대판 1970. 2. 10, 69다2149 ; 대판원 2008.1.31. 2007다74713 참조).

578) 대판 1962.2.8, 4294 민상 192

◆ 판 례

민법 제126조의 표현대리가 성립하기 위하여는 무권대리인에게 법률행위에 관한 기본대리권이 있어야 하는바, 증권회사로부터 위임받은 고객의 유치, 투자상담 및 권유, 위탁매매 약정실적의 제고 등의 업무는 사실행위에 불과하므로 이를 기본대리권으로 하여서는 권한 초과의 표현대리가 성립할 수 없다(대판 1992.5.26, 91다32190).

ⓑ **법정대리권**

126조의 표현대리는 법정대리에도 적용되는지 학설은 갈라진다. 긍정설[579)]은 법정대리에서는 법정대리권이 기본대리권이 되어 권한을 넘는 표현대리가 성립될 수 있다고 한다. 다만 무능력자의 법정대리에서 표현대리가 성립되면 책임을 져야 할 자는 무능력자가 되므로 보호받아야 할 무능력자 본인에게 불리한 결과가 되는데, 이는 정당한 이유를 엄격하게 해석함으로써 무능력자인 본인을 충분히 보호할 수 있다고 한다. 한편 부정설[580)]은 무능력자의 법정대리인에 관해 126조의 표현대리를 인정하면 무능력자를 보호하려는 무능력자제도의 취지를 벗어나므로 본조의 표현대리는 법정대리에는 적용되지 않아야 한다고 주장한다. 된다.

ⓒ **일상가사대리권**

ㄱ) **부부의 일상가사대리의 의의**

부부는 일상가사에 관하여 서로 대리권이 있으며(827조), 부부 중 일방이 일상가사에 관하여 제3자와 법률행위를 한 때에 다른 일방은 이로 인한 채무에 대해 연대책임을 지는 것이 원칙이다. 이러한 부부의 일상가사대리는 현명을 요하지 않고 부부라는 신분으로부터 당연히 발생하는 것이므로 현명주의의 중대한 예외가 된다. 여기서 일상가사는 부부의 가족공동생활에서 필요로 하는 통상의 사무를 말한다(일용품의 구입, 의료비의 지급, 거주용가옥의 임차 등. 제외: 부동산매각, 담보제공, 고액의 차용 등).

ㄴ) **법적 성질**

부부의 일상가사대리의 법적 성질에 관하여는 법정대리권으로 보는 것이 다수설의 입장이며, 소수설[581)]은 혼인공동체 대표자의 대표권의 일종으로 파악한다.

---

579) 곽윤직, 282면 ; 김상용, 607면 ; 김용한, 379면 ; 김주수, 467면 ; 백태승, 522면 ; 윤형렬, 673면 ; 차한성, 주해민법(3), 173면.

580) 김증한/김학동, 451면 ; 이영준, 639-640면 ; 이은영, 642면.

ㄷ) **본조의 적용여부**

이러한 부부의 일상가사대리권을 넘어서 한 법률행위에 대해서 본조가 적용되는가에 관해 일상가사대리권을 넘은 표현대리의 경우, 본인보호를 거래안전보호보다 우선시킬 이유가 없으므로 일상가사대리권을 기본대리권으로 하여 126조의 표현대리를 인정하는 것이 타당하다고 하는 긍정설(다수설, 판례)과 일상가사대리권의 범위는 항상 「일상가사」에 한정되며, 그 월권대리를 한 경우까지 126조가 적용될 수 없다고 하는 부정설582)이 대립한다. 판례는 긍정적이다583). 나아가 사실혼관계에 있는 부부간에도 126조의 적용을 긍정한다584).

◆ 판 례

타인의 채무에 대한 보증행위는 그 성질상 아무런 반대급부 없이 오직 일방적으로 불이익만을 입는 것인 점에 비추어 볼 때, 남편이 처에게 타인의 채무를 보증함에 필요한 대리권을 수여한다는 것은 사회통념상 이례에 속하므로, 처가 특별한 수권 없이 남편을 대리하여 위와 같은 행위를 하였을 경우에 그것이 민법 제126조 소정의 표현대리가 되려면 처에게 일상가사대리권이 있었다는 것만이 아니라 상대방이 처에게 남편이 그 행위에 관한 대리의 권한을 주었다고 믿었음을 정당화할 만한 객관적인 사정이 있어야 한다.

처가 임의로 남편의 인감도장과 용도란에 아무런 기재 없이 대리방식으로 발급받은 인감증명서를 소지하고 남편을 대리하여 친정 오빠의 할부판매보증보험계약상의 채무를 연대보증한 경우, 남편의 표현대리 책임을 부정한 사례.)(대판 1998.7.10, 98다18988).

ⓓ **공법상의 행위**

126조의 기본대리권이 사법상의 행위에 관한 대리권임을 요하는가에 관해, 견해의 대립이 있으면 판례는 인정하여 공법상의 행위인 등기신청이나 구청에 대한 영업허가신청 등에 기본대리권의 적격성을 인정하고 있다. 판례는 기본대리권이 등기신청행위라 할지라도 표현대리인이 그 권한을 유월하여 대물변제라는 사법행위를 한 경우에는 표현대리의 법리가 적용한다585).

iii) 표현대리규정의 중복적용 여부

대리권수여의 표시에 의한 표현대리인이 표시된 범위를 넘어서 대리행위를 한

---

581) 김주수, 396면).

582) 부정설은 나아가 부부별산제(831조)의 취지에 반한다는 이유도 들고 있다(김주수, 396면).

583) 대판 1969, 6. 24, 69다633 ; 1981, 6. 23, 80다609

584) 대판 1980, 12. 23, 80다2077

585) 대판 1978.3.28, 78다282,283

경우 125조와 126조의 중복적용을 긍정하는 견해가 다수설이다.

대리권소멸후의 표현대리에서 표현대리인이 소멸한 대리권의 범위를 넘은 행위를 한 때에 129조와 129조의 중복적용을 긍정하고 있다

② 대리인이 권한밖의 법률행위를 하였을 것

ⅰ) 대리인의 대리행위

대리인은 본인으로부터 직접 대리권을 수여받은 자에 한하지 않고, 그 대리인으로부터 권한을 수여받은 자[586]나 복대리인[587]도 무방하다.

◆ 판 례

✧ 대리행위의 표시를 하지 아니하고 본인인 것처럼 기망하여 본인 명의로 직접 법률행위를 한 경우, 민법 제126조의 표현대리의 성립 여부(소극)

민법 제126조의 표현대리는 대리인이 본인을 위한다는 의사를 명시 혹은 묵시적으로 표시하거나 대리의사를 가지고 권한 외의 행위를 하는 경우에 성립하고, 사술을 써서 위와 같은 대리행위의 표시를 하지 아니하고 단지 본인의 성명을 모용하여 자기가 마치 본인인 것처럼 기망하여 본인 명의로 직접 법률행위를 한 경우에는 특별한 사정이 없는 한 위 법조 소정의 표현대리는 성립될 수 없다(대판 2002. 6. 28, 2001다49814).

ⅱ) 월권행위

대리인의 대리행위가 기본대리권의 범위를 넘어야 한다.

제126조 표현대리에서권한을 넘는 행위(월권행위)는 기본대리권과 같은 종류의 것이어야 하는지 문제되는데, 통설은 표현대리행위와 기본대리권이 동종 내지는 유사한 것임을 요하지 않는다면서 전혀 별개의 행위를 한 경우에도 제126조의 표현대리는 성립한다. 판례[588]도 「표현대리의 법리가 적용될 권한을 넘은 행위는 그 대리인이 가지고 있는 진실한 대리권과 동종임을 필요로 하지 않는다」고 하여 긍정적이다.

월권행위는 대리행위이어야 한다. 담보권설정의 대리권을 수여받은 자가 그 부동산을 자기 명의로 소유권이전등기를 한 후 자기 명의로 담보권을 설정한 경우에는 대리행위가 없으므로 126조의 표현대리를 인정하지 않는다.[589]

---

586) 대판 1970, 6. 30, 70다908.

587) 대판 1998, 3. 27, 97다48982.

588) 대판 1963.8.31, 63다326 ; 대판 1969, 7. 22, 69다548.

125조나 129조의 표현대리가 성립하는 범위를 넘는 대리행위를 한 경우 126조의 표현대리가 성립하는지 문제된다. 이를 긍정하는 견해가 다수설[590]이고, 부정하는 견해는 소수설[591]이다.

③ **정당한 이유가 있을 것**

i) 제126조 표현대리에 있어 「정당한 이유」의 의의

ⓐ **선의·무과실설**[592]

대리권이 있다고 믿은 데에 과실이 없는 경우, 즉 보통인을 기준으로 하여 행위당시의 제반사정을 종합적으로 판단할 때에 대리권이 있다고 믿는 것이 당연하다고 생각되는 경우라고 이해한다.

	선의·무과실설(多數說)	독자적 판단설(少數說)
내용	상대방 입장에서 대리권의 부존재에 관하여 선의이고 무과실일 것	
판단기준	보통인	이성인(법관)
기준시점	대리행위시	사실심의 辯論終結時

표현대리행위가 행해졌을 때 존재한 여러 사정으로부터 객관적으로 관찰하여 보통인이면 대리권이 있는 것으로 믿는 것이 당연하다고 생각되는 것을 말하는 것으로 상대방 입장에서 대리권의 부존재에 관하여 선의이고 무과실일 것을 정당한 이유로 파악하고 있다. 이 견해에 의하면 정당한 이유의 기준시점은 대리행위시가 되며, 판단기준은 보통인이 된다.

ⓑ **독자적 판단설**[593]

이 견해는 정당한 이유를 '상대방이 믿는데 과실이 없는 때'보다 좁게 파악하여, 과실은 주관적 의미를 갖지만 정당한 이유는 객관적 의미라고 하면서 정당한

589) 대판 1981. 12. 22, 80다1475.

590) 고상용, 574면 ; 곽윤직, 281면 ; 김상용, 609면 ; 김용한, 382면 ; 김주수, 463면 ; 백태승, 517면 ; 서광민, 466면 ; 송덕수, 231면 ; 이영준, 631면 ; 이은영, 639면.

591) 김기선, 318면.

592) 고상용, 570면 ; 곽윤직, 281면 ; 김증한/김학동, 445면.

593) 백태승, 518면 ; 이영준, 633면 이하. 「선의무과실로 이해할 것이 아니며, 객관적으로 보아 대리권이 있다고 믿을만한 사유」라고 하는 견해(김상용, 602면)도 이에 가깝게 보인다.

이유의 판단기준은 보통인보다 사리판단력이 높은 이성인 즉, 법관을 기준으로 하여 사실심의 변론종결시까지 존재하는 제반자료 및 사정을 종합해서 판단할 때 대리권의 존재가 명백하다고 할 수밖에 없는 경우라고 한다.

판례는 정당한 이유의 판정시기에 대해서는 "대리행위시"를 기준으로 한다고 하며, 정당한 이유의 의미에 대해서는 "상대방의 과실이 없는 경우"를 말한다고 한다.

ⓒ **판 례**

초기에는 정당한 이유가 과실이나 주관적 사정을 말한다고 보았으나 최근의 판례는 과실이 있는지 여부는 제반사정을 객관적으로 판단하여 결정하여야 하고, 대리인의 주관적 사정은 고려해서는 안된다고 한다(대판 1989.4.11, 88다카13219).

◆ 판 례

표현대리의 효과를 주장하려면 상대방이 자칭 대리인에게 대리권이 있다고 믿고 그와 같이 믿는데 정당한 이유가 있을 것을 요건으로 하는 것인데, 여기의 정당한 이유의 존부는 자칭 대리인의 대리행위가 행하여 질 때에 존재하는 제반 사정을 객관적으로 관찰하여 판단하여야 한다(대판 1987. 7. 7, 86다카2475 ; 대판 2008. 2. 1, 2006다33418, 33425 참조).

ii) 「정당한 이유」의 판단시기

ⓐ **대리행위시설**[594)]

대리행위 당시를 기준으로 하여 판단한다. 즉 정당한 이유에 대한 판단요소가 되는 구체적 사실은 그 대리행위가 행해진 시점 이전에 생긴 사실이어야 한다. 왜냐하면 정당한 이유는 상대방이 그 시점에서 대리인이 그러한 법률행위를 할 수 있는 대리권이 있다고 믿은데 대한 정당한 이유이므로 그 이후에 생긴 사실은 상대방의 관심에 영향을 주지 않기 때문이다.

ⓑ **사실심변론종결시설**[595)]

사실심의 변론종결시, 즉 정당한 이유의 유무를 판단할 시까지 존재하는 제반 자료 및 사정을 종합하여 판단해야 한다. 그리하여 대리권의 존재가 「명백」하다고 할 수 밖에 없는 경우에 정당한 이유가 된다는 것이다.

---

594) 고상룡, 577면 ; 곽윤직 399면 ; 김용한, 378면 ; 김주수, 465면 ; 송덕수, 232면 ; 차한성, 민법주해(3), 156면

595) 김상용, 602면 ; 이영준, 635면 ;

ⓒ **판 례**

대리행위가 행하여질 때 존재하는 제반사정을 객관적으로 관찰하여 판단하여야 한다.[596] 이후의 사정은 고려하지 않는다.

iii) 「정당한 사유」의 존재여부에 대한 입증책임

ⓐ **본인부담설**[597]

정당한 이유를 선의·무과실로 파악하는 견해는 그 입증책임이 본인에게 있다고 한다. 법문상으로는 상대방에게 있는 것처럼 보이지만 표현대리의 다른 경우(민법 제125조·제129조)와 달리 해석할 특별한 근거가 없으므로 역시 본인에게 있다고 본다.

ⓑ **상대방부담설**[598]

민법 제126조의 표현대리는 다른 표현대리와 그 성질이 다르기 때문에 선의, 과실보다 엄격한 '정당한 이유'를 요건으로 하므로, 그 입증책임은 표현대리를 주장하는 자, 즉 상대방에게 있다.

ⓒ **선의는 상대방이 입증하여야 하고, 과실은 본인이 입증하여야 한다는 견해**[599]

ⓓ **판 례**

입증책임은 유효하다고 주장하는 자에게 있다(대판 1968.6.18, 68다694).

(3) 126조의 적용범위

① 법정대리

126조의 적용범위에 대해 임의대리 뿐 아니라 법정대리에도 적용되는가에 관해 견해의 대립이 있다.

i) **긍정설**[600]

본조의 표현대리가 성립하기 위해서는 본인의 과실이나 행위에 기할 것을 필요로 하지 않으므로 본조는 법정대리에도 적용된다고 한다. 제한능력자인 본인의

---

596) 대판 2009. 2. 26, 2007다30331 ; 대판 1987.7.7, 86다카2475

597) 곽윤직, 281면 ; 김용한, 378면 ; 김주수, 465면 ; 차한성, 민법주해(3), 160면 , 장경학, 539면 ; 정기웅, 477면.

598) 고상용, 578면 ; 김상용, 604면 ; 명순구, 506면 ; 백태승, 521-522면 ; 윤형렬, 672면 ; 이영준, 630면 ; 이은영, 642면 ; 홍성재, 267면.

599) 김증한/김학동, 446면.

600) 곽윤직, 282면 ; 김주수, 467면 ; 김상용, 606-607면 ; 백태승, 522면 ; 주해민법(3), 173면.

보호는 정당한 이유를 엄격하게 해석하면 가능하다고 한다. 판례도 같은 입장이다. 따라서 법정대리인의 권한이 후견감독인의 동의를 요하는 경우(제960조)에, 법정대리인이 그 동의 없이 대리행위를 한 때에도 본조를 적용하여야 한다.

ii) 부정설[601]

제한능력자의 법정대리인에 관하여도 본조의 표현대리를 인정하면 제한능력자를 보호하려는 제한능력자제도의 목적에 반하므로 법정대리에는 126조가 적용되지 않는다고 한다. 따라서 법정대리인의 권한이 후견감독인의 동의를 요하는 경우(제950조, 제912조 등)에 법정대리인이 그 동의 없이 대리행위를 할 때에는 본조를 적용할 수 없다.

iii) 판례(긍정설)

친권자인 부가 미성년자의 인장과 그 소유부동산에 관한 권리증을 그 처에게 보관시켜 그 처가 그 부동산을 담보로 제공한 경우에는 특별사정이 없는 한 표현대리행위가 된다[602].

◆ 판 례

민법 제126조 소정의 권한을 넘는 표현대리 규정은 거래의 안전을 도모하여 거래상대방의 이익을 보호하려는 데에 그 취지가 있으므로 법정대리라고 하여 임의대리와는 달리 그 적용이 없다고 할 수 없고, 따라서 한정치산자의 후견인이 친족회의 동의를 얻지 않고 피후견인의 부동산을 처분하는 행위를 한 경우에도 상대방이 친족회의 동의가 있다고 믿은 데에 정당한 사유가 있는 때에는 본인인 한정치산자에게 그 효력이 미친다(대판 1997.6.27, 97다3828).

④ **임의·법정대리 쌍방 적용(통설)**

126조의 표현대리는 임의대리뿐만 아니라 법정대리에도 적용된다.

4. 대리권소멸후의 표현대리(129조)

(1) 의 의

129조는 대리권이 소멸하여 대리권이 없게 된 자가 대리행위를 한 때에 선의

601) 고상용, 591면 ; 김증한/김학동, 451면 ; 이영준, 640면 ; 이은영, 642면 ; 홍성재, 268면.
602) 대판 1968.8.30, 68다1051

무과실로 거래한 상대방을 보호하기 위해 마치 대리권이 존속하고 있는 것과 같은 효과를 인정한다. 대리권이 소멸한 경우에는 상대방이 대리권소멸여부를 외관상 용이하게 알 수 없고 대리권이 존속하는 것으로 오신한 경우 그 오신에 과실이 없는 상대방을 보호하기 위한 제도이다.

(2) 요 건

① 기존대리권의 소멸

129조의 표현대리가 성립하기 위해서는 대리인이 과거에 대리권을 가지고 있다가 대리행위 당시에는 그 대리권이 소멸하였어야 한다. 따라서 처음부터 대리권이 전혀 존재하지 않았던 경우에는 본조의 표현대리가 성립하지 않는다. 판례는 대리인이 대리권소멸후 복대리인을 선임하여 복대리인으로 하여금 대리행위를 하게 한 경우에도 129조의 표현대리의 성립을 긍정한다[603].

② 대리행위가 소멸된 대리권의 범위 내에서 행해질 것

소멸된 대리권을 넘어서 대리행위가 행해지면 126조의 표현대리와의 경합된다(긍정설이 다수설).

③ 상대방의 선의 · 무과실

i) 의 의

상대방은 이전에 대리권을 가지고 있었기 때문에 지금도 그 대리권이 존재하는 것으로 믿고, 그와 같이 믿은데 과실이 없어야 한다.

ii) 입증책임

선의 · 무과실의 입증책임을 누가 부담하는지 문제된다. 대리권의 소멸원인사실은 본인과 대리인간에 생긴 사실이고 그러한 사실은 상대방에게 밝혀지지 않은 경우가 많기 때문에 본인에게 상대방의 악의, 유과실의 입증책임이 있다는 견해[604]와 선의의 입증책임은 상대방에게 있고 과실의 입증책임은 본인에게 있다는 견해[605]가 대립되고 있다.

---

603) 대판 1998. 5. 29, 97다55317

604) 곽윤직, 282면 ; 백태승, 527면.

605) 고상용, 586면 ; 이영준, 643면 ; 이은영, 645면 ; 홍성재, 272면.

iii) 대리권과 상대방의 신뢰관계

제129조의 표현대리가 성립하기 위해서는 「대리권이 이전에 존재하였던 것」과 「상대방의 신뢰」 사이에 인과관계가 있어야 하는지 문제된다. 이에 대해 인과관계가 있어야 한다는 긍정설606)과 상대방의 선의·무과실의 요건에 인과관계의 존재가 포함되어 있으므로 이를 별도로 요건화할 것은 아니다는 부정설607)이 대립한다. 긍정설에 의하면 이 요건이 충족되지 않는 경우 협의의 무권대리가 된다.

(3) 적용범위

129조가 법정대리에도 적용되는가에 대해 일반적으로 긍정하지만, 무능력자의 법정대리에 관하여는 무능력자의 보호를 위해 본조적용을 부인해야 한다는 견해608)가 있다

(4) 효 과

① 본인은 상대방에 대하여 대리권소멸을 대항하지 못한다(책임 있다).

② 본조의 범위를 넘는 경우에는 126와 중첩하여 적용된다.

Ⅲ. 협의의 무권대리

1. 서 설

(1) 의 의

무권대리란 대리권 없이 대리행위를 한 것을 말한다. 협의의 무권대리란 무권대리중 표현대리가 되는 경우를 제외한 것을 말한다. 다만 표현대리의 경우 상대방이 주장하여야 문제가 되므로 상대방이 주장하지 않는 경우에도 협의의 무권대리이다.

(2) 법적 문제

협의의 무권대리행위의 효과는 본인에게 귀속될 수 없다. 무권대리인의 대리의사 때문에 대리인에게도 귀속되지 않는데, 이는 상대방에게 가혹하다. 본인에게 효과가

606) 곽윤직, 282면 ; 김상용, 612면.

607) 김용한, 381면 ; 이영준, 644면.

608) 이영준, 644면.

귀속되지 않는 것은 본인을 보호하기 위한 것이므로 본인이 효과귀속을 원할 때에는 이를 부인할 필요가 없다. 본인의 추인에 의해 본인에게 귀속되는 것은 인정된다.

2. 계약의 무권대리

(1) 본인과 상대방간의 무권대리의 효과

협의의 무권대리는 원칙적으로 본인에게 효력이 발생하지 않는다. 그러나 본인이 그 효과의 발생을 원하는 경우 이를 부인할 필요가 없으므로 그것을 추인하여 효과가 생길 수 있게 하고 있다.

① 본인의 추인권

i) 추인의 성질

무권대리행위의 추인은 효력이 불확정한 행위에 관하여 그 행위의 효과를 자기에게 직접 발생케 하는 것을 목적으로 하는 의사표시로서 단독행위이다[609], 추인은 상대방 또는 무권대리인의 승낙이나 동의를 요하지 않으며, 추인은 사후의 대리권수여가 아니고, 일종의 형성권이다.

◆ 판 례

✧ 묵시적으로 추인하였는지 여부의 판단 방법

무권대리행위는 그 효력이 불확정 상태에 있다가 본인의 추인 유무에 따라 본인에 대한 효력발생 여부가 결정되는 것으로서, 추인은 무권대리행위가 있음을 알고 그 행위의 효과를 자기에게 귀속시키도록 하는 단독행위인바, 증권회사의 고객이 그 직원의 임의매매를 묵시적으로 추인하였다고 하기 위하여는 자신이 처한 법적 지위를 충분히 이해하고 진의에 기하여 당해 매매의 손실이 자기에게 귀속된다는 것을 승인하는 것으로 볼 만한 사정이 있어야 할 것이고, 나아가 임의매매를 사후에 추인한 것으로 보게 되면 그 법률효과는 모두 고객에게 귀속되고 그 임의매매행위가 불법행위를 구성하지 않게 되어 임의매매로 인한 손해배상청구도 할 수 없게 되므로, 임의매매의 추인, 특히 묵시적 추인을 인정하려면, 고객이 임의매매 사실을 알고도 이의를 제기하지 않고 방치하였는지 여부, 임의매수에 대해 항의하면서 곧바로 매도를 요구하였는지 아니면 직원의 설득을 받아들이는 등으로 주가가 상승하기를 기다렸는지, 임의매도로 계좌에 입금된 그 증권의 매도대금(예탁금)을 인출하였는지 또는 신용으로 임의매수한 경우 그에 따른 그 미수금을 이의 없이 변제하거나, 미수금 변제독촉에 이의를 제기하지 않았는지 여부 등의 여러 사정을 종합적으로 검토하여 신중하게 판단하여야 할 것이다(대판 2002. 10. 11, 2001다59217).

---

609) 대판 1982, 12. 14, 80다1872, 1873

ii) 추인권자

추인은 본인(상속인)이나 본인의 법정대리인이 할 수 있으며 임의대리인은 본인의 수권이 있어야 할 수 있다.

iii) 추인의 상대방

무권대리인, 무권대리인의 직접의 상대방 및 무권대리행위로 인한 권리 또는 법률관계의 승계인

iv) 추인의 방법

ⓐ 추인은 상대방에게 하는 것이 원칙이나(132조 본문), 무권대리인에 대해 하여도 상관없다. 그러나 무권대리인에 대해 추인을 한 경우는 상대방이 추인의 사실을 알 때까지 상대방에게 추인의 효력을 주장할 수 없다(132조 단서).

ⓑ 추인은 특별한 방식을 요하지 않으므로 명시적, 묵시적으로 할 수 있고, 재판상으로도 재판외에서도 행사도 할 수 있다. 그러나 추인은 전부에 대해서 하여야 하고, 일부에 대한 추인이나, 변경을 가하여 추인하는 것은 상대방의 동의가 없는 한 무효이다[610]. 본인이 무권대리행위의 사실을 알고 있으면서 이의를 제출하지 않고 있다는 것만으로는 추인이 되지 못한다.[611] 무권대리행위임을 알지 못한 채 이행에 필요한 행위를 하여도 추인이 아니다[612].

v) 추인의 효과

ⓐ **추인의 소급효**

본인의 추인이 있으면 무권대리행위는 계약시로 소급하여 유권대리였던 것과 같은 효력이 생긴다(133조 본문).

ⓑ **소급효의 예외**

첫째, 다른 의사표시가 있으면 소급효가 배제된다(133조 본문). 여기서의 「다른 의사표시」는 본인과 상대방 사이의 계약을 가르킨다. 둘째, 추인의 소급효는 제3자의 권리를 해하지 못한다(133조 단서). 133조 단서가 적용되는 경우는 무권대리인으로부터 취득한 권리와 본인으로부터 취득한 제3자의 권리가 모두 배타적 효력을 갖는 경우만이므로 그 적용범위는 좁다.

610) 대판 1982, 1. 26, 81다549
611) 대판 1990, 3. 27, 88다카181.
612) 대판 1995. 11. 14, 95다28090

② 본인의 추인거절권

i) 의 의

추인거절은 본인이 추인할 의사가 없음을 적극적으로 표시하여 무권대리행위를 확정적으로 무효로 하는 것이다(132조). 따라서 본인은 그후 추인할 수 없게 되고, 상대방은 최고권 및 철회권을 행사할 수 없게 된다.

ii) 법적 성질

추인거절의 효과는 법률에 의해 정해지므로 의사의 통지이다.

③ 무권대리인의 지위와 본인의 지위가 동일인에게 귀속하는 경우

상속에 의해 무권대리인의 지위와 본인의 지위가 동일인에게 귀속하는 경우, 무권대리행위가 지위의 혼동에 의해 당연유효가 되어 추인거절을 할 수 없게 되는지, 아니면 본인의 지위에서 추인 또는 추인거절이 가능한지가 문제된다.

i) 무권대리인이 본인을 상속한 경우

ⓐ **당연유효설**[613]

상속에 의하여 무권대리인이 본인의 법률상 지위를 승계함으로써 무권대리인의 지위와 본인의 지위가 혼동· 융합되어 마치 본인 스스로 계약을 체결한 것과 동일한 결과가 되므로, 무권대리행위는 당연히 유효한 행위로 되고 본인으로서의 지위에서 추인을 거절할 수 없다고 한다.

ⓑ **비당연유효설(병존설)**[614]

양자의 지위가 혼동으로 소멸하는 것은 아니고, 병존하여 존재하므로 단독상속의 경우와 공동상속의 경우를 나누어 검토하여야 한다고 한다. 단독상속의 경우에는 자신이 한 무권대리행위에 대하여 본인의 자격으로 추인을 거절하는 것은 「신의칙」에 반하기 때문에 당연히 유효하지만[615], 공동상속의 경우에는 피상속인이 본인으로서 가지는 추인권과 추인거절권은 상속인 전원에 승계되어 전원의 추인을 요하므로 전원의 추인이 없으면 무권대리행위는 공동상속인에 대하여 유효하지 않다. 따라서 양자의 지위는 혼동되지 않고 병존한다고 한다(병존설).

---

613) 곽윤직, 285면 ; 김용한, 368면 ; 김증한/김학동, 460면.
614) 백태승, 532면 ; 이영준, 659-660면
615) 대판1994, 7. 17, 94다20617.

ⓒ **절충설**[616)]

단독상속시에는 무권대리행위는 당연 유효하고, 다른 상속인과 공동상속시에는 구체적 사안에 따라 추인 및 추인거절을 다뤄야 한다고 한다.

◆ 판 례

✧ **대리권한 없이 타인의 부동산을 매도한 자가 그 부동산을 상속한 후 소유자의 지위에서 자신의 대리행위가 무권대리로 무효임을 주장하여 등기말소 등을 구하는 것이 금반언원칙이나 신의칙상 허용될 수 없는지 여부**

갑이 대리권 없이 을 소유 부동산을 병에게 매도하여 부동산소유권이전등기등에관한특별조치법에 의하여 소유권이전등기를 마쳐주었다면 그 매매계약은 무효이고 이에 터잡은 이전등기 역시 무효가 되나, 갑은 을의 무권대리인으로서 민법 제135조 제1항의 규정에 의하여 매수인인 병에게 부동산에 대한 소유권이전등기를 이행할 의무가 있으므로 그러한 지위에 있는 갑이 을로부터 부동산을 상속받아 그 소유자가 되어 소유권이전등기이행의무를 이행하는 것이 가능하게 된 시점에서 자신이 소유자라고 하여 자신으로부터 부동산을 전전매수한 정에게 원래 자신의 매매행위가 무권대리행위여서 무효였다는 이유로 정 앞으로 경료된 소유권이전등기가 무효의 등기라고 주장하여 그 등기의 말소를 청구하거나 부동산의 점유로 인한 부당이득금의 반환을 구하는 것은 금반언의 원칙이나 신의성실의 원칙에 반하여 허용될 수 없다(대판 1994.9.27, 94다20617).

ii) 본인이 무권대리인을 상속한 경우

ⓐ **당연유효설**[617)]

무권대리인의 상속인이 본인으로서의 지위에서 피상속인의 무권대리행위에 대해 추인을 거절하여도 이것이 신의칙에 반하지는 않을 것이다. 본인은 무권대리인의 책임을 상속한다는 점을 감안하면 추인의 거절은 별 의미가 없고, 따라서 이 때에도 무권대리행위는 유효하게 되고 추인거절권을 행사하지 못한다.

ⓑ **비당연유효설(병존설)**[618)]

무권대리인이 본인을 상속한 경우와는 달리 상속인이 추인을 거절하여도 형평이나 신의칙에 반하지 아니하므로 상속인은 본인으로써 추인을 하거나 추인을 거절할 수 있다. 그러나 이와는 별개로 본인은 무권대리인의 지위를 상속하므로 추인을 거절하면 무권대리인으로서의 이행 또는 손해배상책임을 부담할 수 있다.

---

616) 고상용, 544면.

617) 곽윤직, 285면 ; 김용한, 318면

618) 김증한/김학동, 460면 ; 백태승, 532면 ; 이영준, 659-660면 ; 홍성재, 254면.

한편 본인이 추인을 거절하면 상대방은 보통 본래의 계약의 이행을 청구하게 될 것이므로 추인거절의 의미가 없게 되고, 따라서 이행의무만 인정된다는 견해도 있다(고상용).

◆ 판 례

부가 자와 공동상속한 거주가옥의 부지를 자의 대리권 없이 매도하고 사망한 후 자가 매수인에게 그 매매대금상당액을 지급하기로 약정한 것만으로 망부의 무권대리행위를 추인한 것으로 볼 수는 없다(대판 1991.7.9, 91다261).

④ **상대방의 최고권과 철회권**

i) 최고권

상대방은 상당한 기간을 정하여 본인에게 추인 여부 확답을 최고할 수 있고, 그 기간 내에 확답을 발하지 않는 경우(발신주의)에는 추인의 거절이 있는 것으로 본다(131조). 상대방의 선의. 악의와는 무관하게 최고할 수 있다.

ii) 철회권(134조)

ⓐ 상대방이 계약 당시에 무권대리인임을 알지 못한 경우(선의)에 한하여, 또 본인이 아직 추인하지 않고 있는 동안 철회할 수 있다. 철회권을 행사하기 전에 먼저 최고권을 행사해야 된다는 것은 아니다. 철회의 의사표시의 상대방은 본인이나 무권대리인이다

ⓑ 선의. 악의를 결정하는 표준이 되는 시기는 계약 당시이고, 입증책임은 본인에게 있다.

ⓒ 철회권이 행사되면 처음부터 그 효력이 불확정한 행위의 효력을 발생하지 않는 것으로 확정되고 그 후 본인은 추인하지 못한다. 본인은 무권대리행위를 추인할 수 없고, 상대방도 무권대리인에게 책임(135조)을 물을 수 없다

(2) 상대방에 대한 무권대리인의 책임

① **의 의**

무권대리인이 대리권을 증명하지 못하고, 본인의 추인도 얻지 못한 때에는 상대방의 선택에 좇아 「계약의 이행」 또는 「손해배상의 책임」이 있다(135조 1

항). 무권대리인이 한 계약의 법률행위적 효과는 어느 누구에게도 귀속되지 않는데, 이에 대하여 계약상대방에게 어떠한 경우에도 아무런 구제수단이 주어지지 않는다고 한다면 계약이 유효하게 체결되었다고 믿은 계약 상대방은 현저하게 불리한 지위에 놓이게 된다. 일정한 요건하에서 계약 상대방에게 일정한 구제수단을 부여할 필요가 있고, 135조는 이러한 필요에 따라 규정한 것이다.[619]

② 책임의 근거

i) 거래안전설(통설[620])

민법 제135조는 상대방을 보호하고, 거래의 안전을 꾀하여 대리제도의 신용을 유지하기 위하여 무권대리인에게 특히 무거운 책임을 과한 것이라는 견해이다.

ii) 표시책임설[621]

135조의 근거를 무권대리인이 대리권이 없음에도 불구하고 대리인이라고 표시내지 주장한 행위에서 찾아야 한다는 견해이다. 이 견해는 첫째 대리인이 타인을 현명하여 행위를 하는 경우에 다른 의사표시가 없는 한 그 행위속에는 필요한 대리권을 가지고 있다는 묵시적 주장이 내포되어 있고, 대리인의 주장과 달리 대리권이 부존재하는 때에는 대리권이 존재한다는 주장에 부응하는 책임을 부담하여야 하므로 무권대리인의 책임은 법정의 표시책임이고, 둘째 구체적인 경우에 대리인이 자신이 대리권이 없다는 점을 누구보다도 잘 알고 있다는 사실에서 부담하는 무과실책임이고, 셋째 무권대리인의 행위 자체 대리인이 대리권이 있다고 한 주장에 대한 책임으로 자기결정 자기책임의 원칙에서 도출되는 책임으로 본다.

iii) 위험귀속설[622]

무권대리행위에 대하여 본인의 추인을 얻지 못하면 무권대리인이 스스로 그 손해발생의 위험을 부담한다고 하는 위험귀속이 무권대리인의 책임근거라는 견해이다. 대리인은 자신에게 대리권이 없음으로 말미암은 손해발생의 위험을 상대방보다 더 잘 방지할 수 있고, 또는 적어도 그 가능성을 상대방 보다 더 잘 고려할 수 있었다. 즉, 대리인은 상대방 보다 더 위험원에 접근해 있는 것이다.

---

619) 양창수, 민법연구 1권, 박영사, 134면.

620) 고상용, 552면 ; 곽윤직, 286면 ; 김용한, 348면 ; 김주수, 324면 ; 장경학, 609면.

621) 이영준, 663면 이하 ; 이은영, 658면.

622) 양창수, 민법연구(1), 162면 이하 ; 강용현. 민법주해(3), 238면 ; 홍성재, 257면. 백태승교수는 「대리권 있는 것으로 외관을 표시한데 대한 위험을 무권대리인이 부담하여 거래안전을 도모하려는 것」이라 하여 거래안전설과 위험귀속설의 입장을 모두 고려하는 것으로 보인다.

ⅳ) 표시신뢰책임설

무권대리인의 무권대리행위, 즉 본인으로부터 대리권을 수여받은 사실에 대한 무권대리인의 묵시적 주장과 상대방이 유권대리행위라고 믿은 신뢰의 양자가 무권대리인의 책임의 근거라고 하는 견해이다.

③ 책임의 요건

ⅰ) 무권대리인이 대리권이 있음을 증명하지 못할 것(135조 1항)

대리권이 없어야 한다. 대리권이 없다는 것은 처음부터 없거나 처음에는 대리권이 있었으나 소멸한 경우를 포함한다. 대리권 없음에 대한 입증책임은 무권대리인에게 있다[623]. 즉 자기에게 대리권이 있었음을 적극적으로 입증해야 한다.

ⅱ) 본인의 추인을 얻지 못할 것

「추인을 얻지 못한」 것은 본인이 적극적으로 추인을 거절하거나 본인의 추인이 없는 경우이다. 무권대리인의 책임은 추인을 얻지 못한 때 발생한다. 「추인을 얻지 못한 때」가 언제인지 에 대해서는 본인이 추인도 추인거절도 하지 아니하는 동안은 대리행위의 효력은 유동적이므로 135조 책임은 발생하지 않고 추인을 거절하여야 발생하므로 추인거절시라는 견해[624], 본인이 추인할 가능성이 없거나 추인하지 않으리라는 사정이 입증되면 135조의 책임이 발생된다는 추인가능시설[625], 무권대리행위가 있은 때로부터 발생한다는 대리행위시설[626]이 대립하고 있다. 본인이 추인을 하게 되면 본인이 책임을 지게 되며, 상대방은 무권대리인의 책임을 물을 수 없다.

ⅲ) 표현대리가 인정되지 않을 것

무권대리와 표현대리를 어떻게 보느냐에 따라 이 요건은 달라진다. 135조는 표현대리가 성립되지 않는 경우에 적용된다. 표현대리가 성립하는 경우에는 135조가 적용된다는 소수설이 있다.

ⅳ) 상대방의 선의, 무과실

상대방이 대리인에게 대리권이 없음을 알았거나(악의), 알지 못함에 과실이 있는 경우에는 무권대리인의 책임을 발생하지 않는다(135조 2항).

---

623) 곽윤직, 286면 ; 이영준, 667면 ; 홍성재, 257면.
624) 이영준, 570면.
625) 백태승, 535면 ; 홍성재, 257면.
626) 이은영, 660면

v) 무권대리인이 무능력자가 아닐 것(135조 2항)

무능력자를 보호하기 위한 요건이다.

④ **책임의 내용**

i) 책임의 성격

무권대리인은 상대방의 선택에 좇아 이행 또는 손해배상의 책임을 진다. 대리권이 존재하지 않는데 대해 대리인에게 과실이 있어야 하는 것은 아니므로 무권대리인의 책임은 무과실책임이다.

ii) 선택채권

상대방은 무권대리인에 대해 계약의 이행(급부청구권) 또는 손해배상청구권 중의 하나를 선택할 권리를 가진다. 상대방의 선택권에 관하여는 채권법의 선택채권에 관한 규정(380조-386조)이 적용된다.

iii) 계약의 이행책임

상대방이 이행을 선택하면 무권대리인은 본인이 상대방에게 대리행위에 의해 부담하였을 것과 동일한 내용으로 이행하여야 한다. 무권대리인이 이행책임을 지게 되면 상대방에 대하여 반대급부청구권을 갖게 된다. 즉 무권대리행위에 의한 계약이 쌍무계약이고 상대방이 이행을 선택한 경우에는 무권대리인은 상대방에 대해 반대급부청구권을 가지게 된다.

iv) 손해배상책임

상대방이 손해배상책임을 선택하여 청구하는 경우에는 무권대리인은 이행이익의 손해를 배상해야 한다.

v) 이행 또는 손해배상청구의 소멸시효

135조에 기한 청구권의 소멸시효기간이 일반채권의 소멸시효기간(162조 1항)이 적용되는지, 아니면 대리행위가 목적한 계약의 성질에 따른 소멸시효기간이 적용되는지 문제된다. 대리권이 있었더라면 본인이 부담하였을 책임이 문제되므로 후자에 따라 소멸시효기간이 정해진다. 즉, 당해 법률행위에 기하여 발생하는 청구권에 적용될 시효기간이 적용된다. 기산점은 상대방이 선택권을 행사할 수 있을 때부터이다.

⑤ **책임의 배제**

i) 상대방이 대리권 없음을 알았거나 알 수 있었을 때, ii) 대리인으로 계약

을 한 자가 행위능력이 없을 때에는 135조의 책임이 배제된다. 특히 후자는 우리 민법이 무능력자를 보호하기 위해서 이다. 그렇지만 무능력자가 법정대리인의 동의를 얻어 무권대리행위를 한 경우에는 능력자와 같은 책임을 진다.

(3) 본인과 무권대리인과의 관계

무권대리에서는 본인과 무권대리인 사이에 아무 계약관계가 없지만, 무권대리인이 본인을 위해 사무를 처리하려고 한 점에서 어떤 법률관계가 생길 수 있다.

① 본인의 추인이 있는 경우

본인이 추인하면 무권대리행위는 유권대리와 유사하게 대리행위의 효과가 본인에게 발생하므로 무권대리인의 행위는 본인을 위한 사무처리가 되며, 추인 이전에는 무권대리인이 의무 없이 본인의 사무 처리를 한 것이므로 사무 관리의 법률관계가 존재한다(734조).

② 본인의 추인이 없는 경우

이 경우 본인과 무권대리인간에는 아무런 관련이 없게 된다.

3. 단독행위의 무권대리

(1) 상대방 없는 단독행위

보호하여야 할 상대방이 없으므로 능동대리 수동대리를 묻지 않고, 언제나 확정적. 절대적으로 무효이다.

(2) 상대방 있는 단독행위

원칙적으로 무효이나 무권대리인에게 대리권이 있다고 믿은 상대방을 보호할 필요성이 있으므로 예외적으로 능동대리에서는 i) 대리인이 대리권 없이 대리행위를 하는데 상대방이 동의하거나, ii) 그 행위 당시 상대방이 대리권을 다투지 않은 경우에는 계약과 동일하게 무권대리의 규정이 적용된다.

수동대리에서는 상대방이 무권대리인의 동의를 얻어 행위를 한 경우에 한하여 계약과 마찬가지의 효과가 발생한다.

제 5 절

법률행위의 무효와 취소

[1] 총 설

Ⅰ. 불완전법률행위에 대한 민법의 태도

사적 자치의 원칙이 지배하는 우리 민법하에서 표의자가 법률행위를 하면 의욕한 대로 효력이 발생하는 것이 원칙이다. 그런데 법률행위에 문제가 있는 경우 표의자가 의욕한 대로 효력이 발생하지 못하는 경우가 있다. 이처럼 법률행위가 표의자가 의욕한대로 효력이 발생하지 않는 것을 법률행위의 효력불발생이라 한다. 효력이 발생하지 않는 경우로는 법률해위의 무효와 취소가 있는데, 이를 통칭하여 불완전한 법률행위라 한다.

① 법률행위나 의사표시에 관하여 그 법률효과의 발생이 불완전한 것으로 되는 경우에 그 모습은 무효와 취소에 한하지 않으며, 그 밖에도 조건(해제조건, 법정조건), 기한(종기), 해제(법정. 약정해제) 등이 있다.

② 그 중에서 가장 중요한 법률행위 또는 의사표시의 무효와 취소에 관하여 제137조 - 제146조에서 일반적 통칙을 규정하고 있다.

③ 흠결이 있는 법률행위를 무효로 할 것인가 또는 취소할 수 있는 것으로 할 것인가는 결국은 입법정책의 문제이다.

무능력자가 의사무능력상태에서 법률행위를 한 경우처럼 하나의 법률행위에 무효와 취소요건이 모두 있는 경우(무효와 취소의 경합) 당사자는 각각 그 요건을 증명하여 무효를 주장할 수도 있고, 취소를 주장할 수도 있다.

Ⅱ. 무효와 취소의 비교

무효와 취소는 법률행위가 효력을 발생하지 않는다는 점에서는 동일하나 그밖의 여러 점에서 차이가 있다. 양자의 차이점은 아래의 도표와 같다.

◈ 무효와 취소

무 효	취 소
특정인의 주장을 필요로 하지 않으며 당연히 효력이 없다	특정인(취소권자)의 주장(취소)이 있어야 비로소 효력이 없게 된다
처음부터 효력이 없으므로 누구든지 효력이 없는 것으로서 다루게 된다	취소로 하기 전에는 일응 효력이 있는 것으로서 다루어지고, 특정인(취소권자)만이 주장할 수 있다
시간의 경과에 의하여 효력에 변동이 있게 되지 않는다	일정한 시간이 경과되면 취소권은 소멸하고 유효한 것이 되어 버리나 취소되면 처음부터 효력이 없었던 것으로 된다
일정한 경우 추인을 하면 이때부터 유효한 법률행위가 된다(소급효가 없다)	추인을 하면 처음부터 유효한 법률행위가 된다(소급효가 있다)

Ⅲ. 무효인 법률행위와 취소할 수 있는 법률행위의 유형

무효인 법률행위	취소할 수 있는 법률행위
의사무능력자의 법률행위 불능인 법률행위 강행규정에 위반하는 법률행위 반사회질서의 법률행위(103조) 불공정한 법률행위(104조) 상대방이 알았거나 알 수 있었던 비진의표시(107조 1항 단서) 허위표시(108조) 기성조건부법률행위	무능력자의 행위 착오에 의한 의사표시 (109조) 사기·강박에 의한 의사표시 (110조)

[2] 법률행위의 무효

Ⅰ. 무효의 의의와 일반적 효과

1. 의 의

무효란 법률행위가 성립한 당시부터 법률상 당연히 그 효력이 발생하지 않는 것을 말한다. 무효는 법률행위의 성립을 전제로 한다. 무효는 법률행위의 성립요건을 갖추지 못하여 성립도 되지 않은 법률행위의 불성립과는, 성립요건은 갖추었으나 효력요건을 갖추지 못했다는 점에서 구별된다.

2. 일반적 효과

법률행위가 무효이면 그 법률행위의 내용에 따른 법률효과가 발생하지 않는다. 따라서 무효인 법률행위가 채권행위이면 채권이 발생하지 않고, 물권행위이면 물권변동은 일어나지 않는다. 그런데, 무효인 법률행위에 기해 급부가 이행된 경우에는 법률상 원인 없는 이득이 되므로, 원칙적으로 부당이득반환청구권이 발생한다.

법률행위가 무효가 되면 당사자뿐 아니라 제3자에 대해서도 주장할 수 있는 것이 원칙이다. 다만 예외적인 경우도 있다.

◆ 판 례

✧ 무효인 법률행위의 침해와 손해배상청구의 기부(소극)

무효인 법률행위는 그 법률행위가 성립한 당초부터 당연히 효력이 발생하지 않는 것이므로, 무효인 법률행위에 따른 법률효과를 침해하는 것처럼 보이는 위법행위나 채무불이행이 있다고 하여도 법률효과의 침해에 따른 손해는 없는 것이므로 그 손해배상을 청구할 수는 없다(대판 2003. 3. 28, 2002다72125).

Ⅱ. 무효의 종류

1. 절대적 무효와 상대적 무효

(1) 절대적 무효

절대적 무효는 누구에 의해서도, 누구에 대해서도 주장될 수 있는 무효이다. 반사회질서행위(103조), 불공정한 법률행위(104조), 강행법규위반행위, 의사무능력자의 행위 등이 이에 속한다.

(2) 상대적 무효

상대적 무효는 특정인에 대해서는 주장할 수 없는 무효이다. 비진의의사표시가 무효인 경우와 허위표시의 무효는 선의의 제3자에게는 주장할 수 없는 상대적 무효이다.

2. 당연무효와 재판상 무효

(1) 당연무효

당연무효는 법률행위를 무효로 하기 위해 어떤 특별한 행위나 절차를 필요로 하지 않는 무효이다.

(2) 재판상 무효

재판상 무효는 소에 의해서만 주장할 수 있는 무효이다. 재판상 무효는 무효의 결과가 일반인에게 중대한 영향을 미치는 경우에 규정한다. 재판상 무효에는 원고적격과 출소기간의 제한이 있다. 회사설립의 무효(상법 184조), 회사병합의 무효(상법 236조)가 이에 속한다.

3. 전부무효와 일부무효

전부무효는 법률행위의 전부가 무효인 경우이고, 일부무효는 법률행위의 일부가 무효인 경우이다. 우리 민법은 법률행위의 일부가 무효인 경우 원칙적으로 그 전부를 무효로 한다(137조).

4. 확정적 무효, 유동적 무효

III. 유동적 무효

1. 서 설

(1) 의 의

사인간의 법률행위에 있어서 법률상 그 법률행위를 유효하게 할 또 하나의 요건으로서 제3자나 관청의 허가를 필요로 할 때 그 허가가 있기까지 당해 법률행위의 효력이 유동적으로 무효인 상태를 의미한다.

우리 민법은 무권대리행위의 추인제도에서 유동적 무효의 관념을 인정할 수 있다. 유동적 무효는 입법적으로 마련된 제도나 개념이 아니라 민법에 존재하는 여러 제도에서 나타나는 법률행위의 효력에 관한 공통점을 추출한 것이다.

(2) 판례에 의한 도입

국토의 계획 및 이용에 관한 법률 제118조(구, 국토이용관리법 21조의 3)은 건설부장관이 지정한 허가구역 안에 있는 토지에 관한 소유권 기타 사용 수익을 목적으로 하는 권리의 이전 설정하는 계약이나 예약(이하 토지거래계약)을 체결하는 당사자는 일정한 행정기관의 허가를 받아야 하고 허가받지 아니하고 체결한 토지거래계약은 무효라고 규정하고 있다. 이 무효의 의미에 관해 우리 판례는 대판전합 91. 12. 24에서 '허가를 받지 않고 체결한 토지거래허가구역 내 토지매매계약의 효력'에 관하여 독일 민법학에서 사용되는 유동적 무효의 법리를 채택한 이래, 세부적으로 유동적 무효의 법리를 발전시키고 있다. 그러나 이는 우리 민법상 무권대리의 추인(130조)과 같은 법리이므로 용어의 도입이지 법리의 창안은 아니라 할 것이다.

2. 허가 없이 체결한 매매계약의 효력

(1) 학 설

① 채권계약 유효설

허가는 물권행위에만 관한 것으로 채권행위는 유효하다는 견해이다. 매매계약이 먼저 체결되고, 허가는 나중에 신청하는 거래관행과 만약 채권계약도 무효라고 하면 허가 후 허가의 내용에 따라 다시 계약을 체결해야 한다는 결론에 도달하게 되는데 실제로 매매계약체결 전에 허가를 받는 것은 비현실적이라는 것을 근거로 한다.

② 채권계약 무효설(절대적 무효설)

물권행위와 채권행위 모두가 무효라고 한다. 왜냐하면 토지거래허가규정은 효력규정이고 국토의 계획 및 이용에 관한 법률(구 국토이용관리법)의 입법목적의 달성을 위해 허가 없이 체결한 물권행위와 채권행위 모두 무효로 보는 견해이다.

③ 유동적 무효설(판례)

허가가 있기 전에는 채권계약 자체도 무효이지만 이는 허가가 있을 것을 해제조건으로 하는 유동적 무효로 보아 허가가 있으면 소급적으로 유효한 계약이 된다고 보는 견해이다. 현재 유동적 무효설에 입각한 판례이론이 확고하게 정립되고 있다.

(2) 검 토

① 채권적 효력을 인정하면 그러한 지위의 양도가 가능해지므로 투기 방지라는 입법목적달성이 곤란해져서 채권계약 유효설은 부당하다.

② 채권계약 무효설에 대해서는 i) 허가 후 새로이 매매계약의 체결을 요구하는 것은 이중의 절차를 강요하는 것이고 ii) 허가 후 당사자 일방이 새로이 계약 체결하는 것을 거절하여도 당초의 합의의 이행을 구할 길이 없어 거래질서와 신뢰관계를 저해한다는 비판이 제기된다.

③ 결국 판례와 같이 유동적 무효로 보는 것이 i) 거래관행에 부합하고 ii) 토지거래허가제의 입법목적달성도 가능하게 하므로 타당하다.

3. 유동적 무효의 법률관계

(1) 계약의 이행청구

① 이행청구권의 인정 여부

허가전에는 무효로써 채권적 효력도 없으므로 어떠한 이행청구도 할 수 없고 상대방도 이행의무가 없다. 즉 매수인의 매매대금지급의무나 매도인의 소유권이전등기의무가 없으며 따라서 이를 이행하지 않아도 이행지체가 발생할 여지가 없으며, 채무불이행에 의한 손해배상청구권이나 계약해제권도 인정되지 않는다.

② 허가조건부 소유권이전등기청구권

허가조건부 소유권이전등기청구권도 판례는 허가 전에는 계약이 무효로서 어떠한 이행청구도 불가능하므로 할 수 없다고 본다[627]. 그러나 판례의 소수의견은 이를 부정할 경우 허가신청절차 이행청구의 소에서 승소하여 허가받은 후에 다시 등기청구의 소를 제기하여야 하므로 소송경제에 반한다는 이유로 장래의 이행의 소(민사소송법 229조)로 허용해야 한다고 본다(이시윤). 이를 허용할 경우에 허가조건부소유권이전등기청구권을 타인에게 양도하여 투기를 조장하게 되어 토지거래허가제의 취지가 몰각된다는 이유로 판례의 태도를 지지하는 견해도 있다.

---

627) 대판 전원합의체 1991. 12. 24, 90다12243

(2) 당사자간의 협력의무

당사자는 계약의 효력을 완성하기 위해 허가신청절차에 협력할 의무가 있다. 협력의무의 내용은 허가신청의무, 주소지 이전 등 구체적 조건구비의무 등이다. 협력의무는 소구할 수 있고, 위반시 손해배상청구를 할 수 있으며, 협력이행청구권의 보전을 위하여 매도인을 대위하여 매도인의 소유권확인청구도 할 수 있다. 그러나 협력의무가 대금지급의무와 동시이행관계에 있는 것은 아니다[628].

① 협력의무의 내용

매도인은 매수인의 허가신청절차에 협력할 의무를 진다(통설, 판례). 매수인이 토지거래허가신청절차의 이행을 청구하는데 있어서 그 전제로 잔대금지급을 해야 하거나 대금지급채무의 변제시까지 협력의무의 이행을 거절할 수 있는 것은 아니다.

② 협력의무의 근거

i) 신의칙설

계약협상의 시작을 통해 이미 설정된 前계약적인 법률관계로부터 신의칙에 따라 협력의무가 발생한다고 한다.

ii) 부수약정설

당사자간에 매매계약에 부수해서 매매의 유효성립을 위해 노력할 채무를 발생시키는 협력약정이 체결되어 이에 기해 협력의무가 발생한다고 본다.

③ 협력의무위반시 효과

손해배상청구권이 발생하는 데 i) 신의칙설에 의하면 전계약적 법률관계에 기한 의무위반이므로 계약이 원시적 불능이 되고 이에 따라서 체약상의 과실책임을 지게 된다고 한다. 계약체결상의 과실책임을 부정하고 불법행위책임의 성립을 긍정하는 견해가 있으나 이에 의하면 손해배상액의 예정이 있는 경우를 설명하기 힘들다. 손해배상의 범위에 대하여 신뢰이익의 배상으로 보는 것이 타당할 것이나, 신뢰이익의 배상으로 제한할 이유가 없다고 보아 이행이익의 배상으로 보는 견해도 있다. ii) 부수약정설에 의하면 채부불이행책임의 성립을 긍정하여 이행이익을 배상해야 한다고 본다. iii) 판례는 협력의무 불이행과 상당인과관계에 있는 손해를 배상하여야 한다고 해서 ii)의 견해를 따른 것으로 보인다[629].

---

628) 대판 1992, 9. 8, 92다19989

④ 협력의무이행거절의 정당화 사유

판례[630]는 협력의무를 소구당한 당사자가 계쟁토지에 대하여 관할관청으로부터 거래허가를 받을 수 없을 것이라는 사유를 들어 협력의무자체를 거절할 수 없다고 한다. 그러나 이는 협력의무의 이행을 소구한 경우에 대한 것이고 손해배상과 관련하여서는 당사자가 협력했더라도 관할관청으로부터 불허가결정이 내려질 것이 명백한 경우에는 협력거절이 정당하다고 보아 손해배상책임을 부정하는 것이 타당하다고 본다.

(3) 부당이득반환청구

유동적 무효라도 협력의무가 있는 이상 매매계약에 기한 계약금·중도금의 지급은 법률상 원인 있는 지급이므로 계약이 確定的 無效로 된 때에야 비로소 그 금액을 부당이득으로 반환청구할 수 있다[631].

(4) 매도인의 계약해제 요건

이행기가 약정되어 있어도 유동적 무효의 상태에서는 이행의무가 없으므로 허가를 받은 다음 매도인의 이행제공과 대금지급을 최고하여 매수인이 이에 응하지 않아야 비로소 매수인이 이행지체에 빠져 매도인의 해제권이 발생한다고 한다[632].

(5) 토지 건물의 매수에서 건물만에 대한 소유권이전등기 청구의 인정 여부

원칙적으로 일부무효의 법리에 따라 해결하고 있다. 따라서 토지거래에 대한 허가가 없으면 건물만이라도 매매했을 것이라는 특별사정이 없으면 허가 후 토지와 동시에 이전등기하여야 한다고 한다[633].

4. 효력의 확정

확정적 유효가 되는 경우로는 ① 허가를 받은 경우

---

629) 대판 1995, 4. 28, 93다26397
630) 대판 1992, 10. 27, 92다34414
631) 대판 1993. 6. 22, 91다21435, 41316, 33766
632) 대판 1992, 7. 28, 91다33612
633) 대판 1992, 10. 13, 92다16836

② 토지거래허가를 받지 않고 토지거래계약을 체결한 후 허가구역 지정이 해제되거나 허가구역 지정기간이 만료되었음에도 재지정을 하지 않은 경우[634]

확정적 무효가 되는 경우로는 ① 관할 관청의 불허가처분이 있을 때 ② 허가를 배제하거나 잠탈하는 내용의 계약을 체결한 때 ③ 당사자 쌍방이 허가신청협력의무의 이행거절 의사를 명백히 표시한 경우[635]에는 소급하여 확정적 무효로 된다. 확정적 무효로 된 후에는 무효로 된 데 귀책사유 있는 자가 무효를 주장하는 것도 신의칙에 반하지 않는다(대판 93. 9. 14).

◆ 판 례

✧ 토지거래허가를 받지 않아 유동적 무효 상태에 있는 계약이 확정적으로 무효가 되는 경우

「국토의 계획 및 이용에 관한 법률」 상의 토지거래허가를 받지 않아 거래계약이 유동적 무효의 상태에 있는 경우 그와 같은 유동적 무효 상태의 계약은 관할 관청의 불허가처분이 있을 때뿐만 아니라 당사자 쌍방이 허가신청 협력의무의 이행거절 의사를 명백히 표시한 경우에는 허가 전 거래계약관계, 즉 계약의 유동적 무효 상태가 더 이상 지속된다고 볼 수 없고 그 계약관계는 확정적으로 무효가 되며, 그와 같은 법리는 거래계약상 일방의 채무가 이행불능임이 명백하고 나아가 그 상대방이 거래계약의 존속을 더 이상 바라지 않고 있는 경우에도 마찬가지이다(대판 2010. 8. 19, 2010다31860, 31877 ; 대판 2011. 6. 24, 2011다11009).

✧ 토지거래허가구역 지정기간 중에 허가구역 안의 토지에 대하여 토지거래허가를 받지 않고 토지거래계약을 체결한 후 허가구역 지정이 해제되거나 허가구역 지정기간이 만료되었음에도 재지정을 하지 않은 경우, 여전히 그 계약이 유동적 무효상태에 있다고 볼 것인지 여부(소극)

토지거래허가구역 지정기간 중에 허가구역 안의 토지에 대하여 토지거래허가를 받지 아니하고 토지거래계약을 체결한 후 허가구역 지정이 해제되거나 허가구역 지정기간이 만료되었음에도 재지정을 하지 아니한 때에는 그 토지거래계약이 허가구역 지정이 해제되기 전에 확정적으로 무효로 된 경우를 제외하고는, 더 이상 관할 행정청으로부터 토지거래허가를 받을 필요가 없이 확정적으로 유효로 되어 거래 당사자는 그 계약에 기하여 바로 토지의 소유권 등 권리의 이전 또는 설정에 관한 이행청구를 할 수 있고, 상대방도 반대급부의 청구를 할 수 있다고 보아야 할 것이지, 여전히 그 계약이 유동적 무효상태에 있다고 볼 것은 아니다(대판 2010.3.25, 2009다41465).

634) 대판 2010.3.25, 2009다41465
635) 대판 2007.11.30, 2007다30393

Ⅳ. 법률행위의 일부무효

1. 일부무효의 법리

법률행위의 일부분이 무효인 경우를 일부무효라 하고, 법률행위의 일부가 무효이면 법률행위의 전부가 무효가 된다(전부무효의 원칙). 이는 무효부분이 없더라도 그 법률행위를 의욕하였을 것이라는게 명백하지 않은 때에는 법률행위의 전부분을 무효로 하는 것이 상당하기 때문이다. 즉, 포괄적인 법률효과를 의욕하였는데, 그 일부의 법률효과로써 만족하도록 강요하는 것은 사적 자치에 반하기 때문이다. 이는 개인의사 절대의 이론을 전제로 한다.

2. 일부무효의 법리의 적용요건

(1) 법률행위의 일체성

137조에서 규정하고 있는 「법률행위의 일부분」이 무엇을 의미하는지 문제된다. 137조는 「하나의」 법률행위의 일부분이라고 하지 않으므로 법률행위가 하나가 아니어도 된다. 1개의 법률행위에서 일부가 무효인 경우는 물론이고, 복수의 법률행위중 일부(1개 또는 2개의 법률행위)가 무효인 경우에도 복수의 법률행위가 경제적 사실적으로 일체성이 인정된다면 일부무효의 법리가 적용될 수 있다.

◆ 판 례

✧ 복수 당사자 사이의 합의 중 일부 당사자의 의사표시가 무효인 경우, 나머지 당사자 사이의 합의가 유효한지 여부의 판단 기준

복수의 당사자 사이에 중간생략등기의 합의를 한 경우 그 합의는 전체로서 일체성을 가지는 것이므로, 그 중 한 당사자의 의사표시가 무효인 것으로 판명된 경우 나머지 당사자 사이의 합의가 유효한지의 여부는 민법 제137조에 정한 바에 따라 당사자가 그 무효 부분이 없더라도 법률행위를 하였을 것이라고 인정되는지의 여부에 의하여 판정되어야 할 것이고, 그 당사자의 의사는 실재하는 의사가 아니라 법률행위의 일부분이 무효임을 법률행위 당시에 알았다면 당사자 쌍방이 이에 대비하여 의욕하였을 가정적 의사를 말한다(대판 1996. 2. 27, 95다38875).

✧ 복수 당사자 사이의 합의 중 일부 당사자의 의사표시가 무효인 경우, 나머지 당사자 사이의 합의가 유효한지 여부의 판단 기준

복수의 당사자 사이에 어떠한 합의를 한 경우 그 합의는 전체로서 일체성을 가지는 것이므로, 그 중 한 당사자의 의사표시가 무효인 것으로 판명된 경우 나머지 당사자 사이의 합의가 유효한지의 여부는 민법 제137조에 정한 바에 따라 당사자가 그 무효 부분이 없더라도 법률행위를 하였을 것이라고 인정되는지의 여부에 의하여 판정되어야 하고, 그 당사자의 의사는 실재하는 의사가 아니라 법률행위의 일부분이 무효임을 법률행위 당시에 알았다면 당사자 쌍방이 이에 대비하여 의욕하였을 가정적 의사를 말하는 것이지만, 한편 그와 같은 경우에 있어서 나머지 당사자들이 처음부터 한 당사자의 의사표시가 무효가 되더라도 자신들은 약정내용대로 이행하기로 하였다면 무효가 되는 부분을 제외한 나머지 부분만을 유효로 하겠다는 것이 당사자의 의사라고 보아야 할 것이므로, 그 당사자들 사이에서는 가정적 의사가 무엇인지 가릴 것 없이 무효 부분을 제외한 나머지 부분은 그대로 유효하다고 할 것이다(대판 2010.3.25, 2009다41465).

✧ 구 임대주택법(2008. 3. 21. 법률 제8966호로 전부 개정되기 전의 것, 이하 '구 임대주택법'이라 한다) 등 관련 법령은 임대주택의 건설을 촉진하고 국민주거생활의 안정을 도모함을 입법 목적으로 하고 있고, 그 목적 달성을 위해 임대사업자에게 각종 지원과 더불어 각종 제한을 부과하면서, 특히 임대의무기간 경과 후 무주택 임차인에게 임대주택의 우선분양전환권을 인정하고 분양전환가격의 산정기준을 상세히 규정함으로써 임대사업자가 자의적으로 분양전환가격을 정하는 것을 방지하고 합리적인 분양전환가격에 임대주택의 분양이 이루어지도록 하고 있다. 그런데도 임대사업자가 위와 같은 분양전환가격 산정기준에 기속되지 않는다고 해석하게 되면, 임대사업자가 임대의무기간이 경과한 후 임의로 분양전환가격 산정기준을 초과하여 분양전환가격을 정한 다음 임차인에게 그에 따라 분양계약을 체결할 것을 통고하고 이에 응한 임차인에게서 분양전환가격 산정기준을 초과한 분양대금을 수령하여 이를 보유하는 것이 허용되게 되어 구 임대주택법 등 관련 법령의 입법 취지를 심하게 훼손할 뿐만 아니라, 만일 임차인이 구 임대주택법 등 관련 법령이 정한 분양전환가격 산정기준에 따를 것을 요구하면서 분양계약 체결을 거절할 경우 임대사업자가 이를 이유로 임차인의 우선분양전환권을 박탈하고 임대주택을 제3자에게 매각하여 시세 차익을 독점할 수 있게 되는 등 임대주택제도가 임대사업자의 경제적 이익을 위한 수단으로 변질될 우려도 있다. 이는 구 임대주택법의 입법 목적을 본질적으로 침해하는 것이므로, 이를 방지하고 구 임대주택법의 입법 목적을 달성하기 위해서는 구 임대주택법 등 관련 법령에 정한 분양전환가격 산정기준을 위반하여 임대주택을 분양전환한 임대사업자에게 형사적 처벌을 가하는 것만으로는 부족하고 산정기준을 위반하여 정한 분양전환가격에 의한 경제적 이익이 임대사업자에게 귀속되는 것을 금지시킬 필요가 있다. 따라서 분양전환가격 산정기준에 관한 구 임대주택법 등 관련 법령의 규정들은 강행법규에 해당한다고 보아야 하고, 그 규정들에서 정한 산정기준에 의한 금액을 초과한 분양전환가격으로 체결된 분양계약은 초과하는 범위 내에서 무효이다.

임대사업자가 구 임대주택법(2008. 3. 21. 법률 제8966호로 전부 개정되기 전의 것, 이하 '구 임대주택법' 이라 한다) 등 관련 법령이 시행되기 전에 임차인들과 임대계약을 체결하면서 분양전환가격 산정요소의 하나인 임대주택의 건설원가에 관하여 합의하였으므로 그 건설원가를 기초로 분양전환가격을 산정하여 체결한 분양계약은 유효하다고 주장한 사안에서, 그러한 합의가 있었다 하더라도 구 임대주택법 등 관련 법령이 시행된 후에 분양전환이 이루어지는 경우에는 분양전환에 관한 법률관계가 그 시점에 완결적으로 형성되므로 이에 관하여는 구 임대주택법 등 관련 법령이 적용되어야 하고, 분양전환가격 산정기준에 관한 구 임대주택법 등 관련 법령의 규정들이 강행법규인 이상 산정기준을 초과하는 분양전환가격으로 체결한 분양계약은 그 한도 내에서 무효이다(대판 전원합의체 2011. 4. 21, 2009다97079).

(2) 법률행위의 분할가능성

일체의 법률행위가 분할가능하여야 한다. 여기서 「분할가능성」이란 무효부분을 제외한 나머지 법률행위만으로 독립된 법률행위가 될 수 있어야 한다.

(3) 나머지 부분으로도 법률행위를 의욕하여야 한다.

무효부분이 없었더라도 법률행위를 하였으리라는 당사자의 가정적 의사가 있어야 한다. 가정적 의사의 유무는 당사자의 의사해석을 통하여 판단한다(보충적 해석).

3. 효 과

(1) 일부무효부분의 규율

무효부분을 새로운 내용으로 바꾸는 것은 허용되지 않는다.

(2) 일부무효의 주장과 신의성실의 원칙

법률행위의 일부가 부당하게 당사자 일방만의 권리 내지 이익을 내용으로 하는 것일 때에는 그것이 무효라 하더라도 상대방이 법률행위 전체의 무효를 주장하는 것은 신의칙에 반하므로 허용되지 않는다.

◆ 판 례

민법 제137조는 임의규정으로서 의사자치의 원칙이 지배하는 영역에서 적용된다고 할 것이므로, 법률행위의 일부가 강행법규인 효력규정에 위반되어 무효가 되는 경우 그 부분의 무효가 나머지 부분의 유효·무효에 영향을 미치는가의 여부를 판단함에 있어서는 개별 법령이 일부무효의 효력에 관한 규정을 두고 있는 경우에는 그에 따라야 하고, 그러한 규정이 없다면 원칙적으로 민법 제137조가 적용될 것이나 당해 효력규정 및 그 효력규정을 둔 법의 입법 취지를 고려하여 볼 때 나머지 부분을 무효로 한다면 당해 효력규정 및 그 법의 취지에 명백히 반하는 결과가 초래되는 경우에는 나머지 부분까지 무효가 된다고 할 수는 없다(대판 2004. 6. 11, 2003다1601).

4. 적용범위

(1) 일부취소

법률행위의 일부가 취소된 경우에도 137조는 유추적용된다. 판례[636]도 「하나의 법률행위의 일부분에만 취소사유가 있다고 하더라도 그 법률행위가 가분적이거나 그 목적물의 일부가 특정될 수 있다면, 그 나머지 부분이라도 이를 유지하려는 당사자의 가정적 의사가 인정되는 경우 그 일부만의 취소도 가능하다고 할 것이고, 그 일부의 취소는 법률행위의 일부에 관하여 효력이 생긴다」고 한다.

(2) 특별규정이 있는 경우

137조는 다른 규정이 없는 경우에 보충적으로 적용된다. 민법상의 규정으로는 ① 불능으로 인한 선택채권의 특정(385조), ② 담보책임면제의 특약에 관한 제한(584조), ③ 환매기간의 제한(591조 1항), ④ 임대차존속기간의 제한(651조 1항) 등이 있고, 그밖에 특별법에 의한 제한으로는 ① 근로기준법 20조, ② 약관의 규제에 관한 법률 제16조 등이 있다.

(3) 당사자간의 약정이 있는 경우

민법 제137조는 임의규정이므로 당사자간의 약정이 있으면 약정에 따른다. 따라서 일부무효시 일부유효의 약정을 하면 약정에 따라 유효하게 된다.

Ⅴ. 무효행위의 전환

1. 의 의

무효행위의 전환이란 갑 행위로서는 무효인 법률행위가 을 행위로서 요건을 갖추고 있는 경우, 무효인 갑 행위를 을 행위로서 그 효력을 인정하는 것을 말한다. 이는 일부무효이론이 응용된 모습의 일종으로 우리 민법은 독일민법을 본받아서 명문으로 규정하고 있다(제138조).

636) 대판 1998. 2. 10, 97다44737 ; 대판 1999. 3. 26, 98다56607 등 참조.

2. 요 건

(1) 무효인 법률행위의 존재

일단 성립한 법률행위가 무효이어야 한다. 법률행위가 유효라면 전환이 논의될 여지가 없기 때문이다. 무효인지 여부는 의사표시 해석의 문제이다.

단독행위에 대하여도 무효행위의 전환이 인정되는지에 대해서는 부정하는 견해[637]와 민법 자신도 무효인 단독행위의 전환을 규정하고 있다는 점[638]을 들어 긍정하는 견해[639]가 대립하고 있다. 판례는 긍정적이다. 즉, 혼인 외의 출생자를 혼인중의 출생자로 출생신고를 한 경우에는 그 신고는 친생자출생신고로서는 무효이지만 인지신고로서는 그 효력이 있다고 해석하고[640], 타인의 자를 자기의 자로서 출생 신고한 경우에도 입양의 효력은 인정하고 있는 것[641]이 그 예이다.

취소에 의해 무효가 된 경우에는 다른 법률행위의 기초로 하는 것은 적절하지 않으므로 전환을 인정하지 않는다[642]. 그러나 일부취소의 경우에는 인정된다.[643]

(2) 다른 법률행위의 요건 구비

다른 법률행위는 현실적으로 존재하여야 하는 것은 아니다. 즉, 무효인 법률행위에서 무효인 부분을 제거하고 남은 부분이 다른 법률행위로서 요건을 구비하여 그 효력을 인정하는 것이다.

◈ 판 례

✧ 당사자 간에 무효인 신고행위에 상응하는 신분관계가 실질적으로 형성되어 있지 아니한 경우, 무효인 신분행위에 대한 추인의 의사표시만으로 그 무효행위의 효력을 인정할 수 있는지 여부(소극)

637) 곽윤직, 295면 ; 김용한, 399면 ; 백태승, 549면 ; 장경학, 632면.
638) 예컨대 비밀증서에 의한 유언이 그 방식을 결여하여 무효이더라도 자필증서의 방식을 갖춘 경우에는 자필증서에 의한 유언으로서 효력을 인정하는 것(1071조)과 연착한 승낙(530조)과 변경을 가한 승낙(534조)을 각 새로운 청약으로 보는 것 등이 일종의 단독행위에 관한 전환인 것이다.
639) 김주수, 494면 ; 송덕수, 253면 ; 이영준, 720면 ; 민법주해(3), 238면..
640) 대판 1971, 11. 15, 71다1983
641) 대판 전원합의체 1977, 7. 26, 77다492
642) 이영준, 716면
643) 이영준, 민법주해(3), 278면.

[1] 당사자가 양친자관계를 창설할 의사로 친생자 출생신고를 하고 거기에 입양의 실질적 요건이 모두 구비되어 있다면 그 형식에 다소 잘못이 있더라도 입양의 효력이 발생하고, 양친자관계는 파양에 의하여 해소될 수 있는 점을 제외하고는 법률적으로 친생자관계와 똑같은 내용을 갖게 되므로 이 경우의 허위의 친생자 출생신고는 법률상의 친자관계인 양친자관계를 공시하는 입양신고의 기능을 발휘하게 되는 것이지만, 여기서 입양의 실질적 요건이 구비되어 있다고 하기 위하여는 입양의 합의가 있을 것, 15세 미만자는 법정대리인의 대낙이 있을 것, 양자는 양부모의 존속 또는 연장자가 아닐 것 등 민법 제883조 각 호 소정의 입양의 무효사유가 없어야 함은 물론 감호·양육 등 양친자로서의 신분적 생활사실이 반드시 수반되어야 하는 것으로서, 입양의 의사로 친생자 출생신고를 하였다 하더라도 위와 같은 요건을 갖추지 못한 경우에는 입양신고로서의 효력이 생기지 아니한다.

[2] 친생자 출생신고 당시 입양의 실질적 요건을 갖추지 못하여 입양신고로서의 효력이 생기지 아니하였더라도 그 후에 입양의 실질적 요건을 갖추게 된 경우에는 무효인 친생자 출생신고는 소급적으로 입양신고로서의 효력을 갖게 된다고 할 것이나, 민법 제139조 본문이 무효인 법률행위는 추인하여도 그 효력이 생기지 않는다고 규정하고 있음에도 불구하고, 입양 등의 신분행위에 관하여 이 규정을 적용하지 아니하고 추인에 의하여 소급적 효력을 인정하는 것은 무효인 신분행위 후 그 내용에 맞는 신분관계가 실질적으로 형성되어 쌍방 당사자가 이의 없이 그 신분관계를 계속하여 왔다면, 그 신고가 부적법하다는 이유로 이미 형성되어 있는 신분관계의 효력을 부인하는 것은 당사자의 의사에 반하고 그 이익을 해칠 뿐만 아니라, 그 실질적 신분관계의 외형과 호적의 기재를 믿은 제3자의 이익도 침해할 우려가 있기 때문에 추인에 의하여 소급적으로 신분행위의 효력을 인정함으로써 신분관계의 형성이라는 신분관계의 본질적 요소를 보호하는 것이 타당하다는 데에 그 근거가 있다고 할 것이므로, 당사자 간에 무효인 신고행위에 상응하는 신분관계가 실질적으로 형성되어 있지 아니한 경우에는 무효인 신분행위에 대한 추인의 의사표시만으로 그 무효행위의 효력을 인정할 수 없는 것이다.

[3] 양친자관계를 창설할 의사로 친생자 출생신고를 하였으나, 감호·양육 등 양친자로서의 신분적 생활사실이 계속되지 아니하여 입양의 실질적인 요건을 갖추었다고 볼 수 없을 뿐 아니라, 친생자로 신고된 자가 입양에 갈음하는 출생신고를 묵시적으로 추인하였다고 보기 어렵다는 이유로 입양신고로서의 효력을 부정한 사례.(대판 2004. 11. 11, 2004므1484).

(3) 다른 법률행위의 의욕

당사자가 그 법률행위의 무효를 알았더라면 다른 법률행위를 하는 것을 의욕하였으리라고 인정되어야 한다(138조 단서). 이 경우 당사자의 의사는 가정적인 의사[644]로 현실적으로 표시되어서 존재하여야 하는 것은 아니다. 가정적 의사의 유무는 보충적 해석에 의한다.

644) 가정적 의사가 아니라 실제로 무효행위의 배후에 존재하는 예비적 의사라고 하는 소수설이 있다(이은영, 687면).

(4) 요식행위와 전환의 문제

① 요식행위인 제1행위로서 무효인 경우, 불요식행위인 제2행위로 전환이 인정된다.

② 제1행위는 불요식행위이나, 제2의 행위가 요식행위인 경우에는 전환이 인정되기는 어렵다.

③ 무효인 제1요식행위에서 또 다른 제2요식행위로의 전환에는 일정한 형식 그 자체를 필요로 하는 행위(어음행위)로의 전환은 인정될 수 없겠으나, 확정적인 의사를 서면으로 나타내는 것이 요구되는 행위(인지, 입양)로의 전환은 인정할 수 있다(요식행위로 한 입법취지 고려하여 결정).

◎ 민법은 명문으로, 『비밀증서에 의한 유언』이 그 방식에 흠결이 있는 경우에 그 증서가 자필증서의 방식에 적합한 때, 『자필증서에 의한 유언』으로 본다는 규정을 두었다. 그리고 판례는, 혼인 외의 출생자를 혼인 중의 친생자로 신고한 경우에 인지로서의 효력이 있다고 하고 있으며, 양자로 하려는 자를 친생자로서 출생신고해 버린 경우에 입양으로서의 효력을 인정하고 있다.

Ⅵ. 무효행위의 추인

1. 의 의

무효행위의 추인이란 무효인 법률행위를 유효하게 하는 의사표시를 말한다. 무효행위는 법률행위의 효과가 발생하지 않는 것으로 확정되므로 후에 이르러 추인을 하더라도 유효하게 되지는 않는다(139조 전단). 그러나 민법은 당사자가 무효임을 알고 추인을 하는 경우에는 새로운 법률행위를 한 것으로 보아(139조 후단) 비소급적 추인을 인정하고 있다.

2. 요 건

(1) 무효인 법률행위의 존재

무효인 법률행위가 존재하여야 한다, 그 무효원인은 묻지 않는다.

(2) 무효원인의 소멸

무효원인이 존재하는 상태에서는 아무리 추인을 하더라도 유효로 되지 않는다.

따라서 무효사유가 당사자의 의사가 흠결되어 무효인 경우에 추인이 허용된다. 무효사유가 당사자의 의사와 관계없는 경우, 즉 사회질서에 반하는 경우[645]나 폭리행위[646] 등의 경우에는 추인을 하더라도 유효로 되지 않는다.

(3) 당사자의 인식

당사자가 이전의 법률행위가 무효임을 알면서 추인하여야 한다.

(4) 유효요건의 구비

무효행위의 추인은 새로운 법률행위를 한 것으로 보기 때문에 추인을 할 때에는 그 법률행위의 요건을 갖추어야 한다. 예컨대, 강행법규위반의 행위나 반사회질서의 행위 또는 불공정한 행위 등은 이를 몇 번 추인하여도 유효한 것이 되지는 못한다.

(5) 추인의 의사표시

추인의 의사표시가 있어야 하는데, 추인의 의사표시는 명시적 묵시적으로 모두 가능하다. 판례[647]는 묵시적 추인이 있었는지 판단함에는 관계되는 여러 사정을 종합적으로 검토하여 신중하게 하여야 한다고 한다.

◆ 판 례

무권대리행위나 무효행위의 추인은 무권대리행위 등이 있음을 알고 그 행위의 효과를 자기에게 귀속시키도록 하는 단독행위로서 그 의사표시의 방법에 관하여 일정한 방식이 요구되는 것이 아니므로 명시적이든 묵시적이든 묻지 않는다 할 것이지만, 묵시적 추인을 인정하기 위해서는 본인이 그 행위로 처하게 된 법적 지위를 충분히 이해하고 그럼에도 진의에 기하여 그 행위의 결과가 자기에게 귀속된다는 것을 승인한 것으로 볼 만한 사정이 있어야 할 것이므로 이를 판단함에 있어서는 관계되는 여러 사정을 종합적으로 검토하여 신중하게 하여야 할 것이다(대판 2009.9.24, 2009다37831 ; 대판 2011.2.10, 2010다83199, 83205).

645) 대판 1973, 5. 22, 72다2249
646) 대판 1994, 6. 24, 94다10900
647) 대판 2009, 9. 24, 2009다37831.

3. 추인의 효과

(1) 비소급적 추인(원칙)

당사자가 무효인 법률행위를 알면서 추인한 때에는 새로운 법률행위를 한 것으로 본다(139조 단서). 동일한 법률행위의 반복이라는 번거러움을 피하기 위한 것이다. 판례[648]도 무효인 가등기를 유효한 등기로 전용하기로 한 약정에 대해 그 약정은 그때부터 유효하고, 이로써 위 가등기가 소급하여 유효한 등기로 전환될 수는 없다고 한다.

(2) 소급적 추인

당사자간의 약정으로 무효행위에 대한 소급적 추인을 인정한다. 당사자 사이의 관계에 있어서만 소급하여 행위시부터 유효하였던 것으로 다루는 것은, 이를 인정하여도 아무런 부당한 결과를 가져오지 않으므로, 이를 인정하는 것이 일반이다(채권적 소급적 추인, 이설 없음). 제3자에 대해서는 제3자의 권리를 해하지 않는 범위에서는 제3자에 대한 관계에 있어서 소급적으로 추인이 가능하다(물권적 소급적 추인).

◆ 판 례

✧ **무효인 법률행위를 추인에 의하여 새로운 법률행위로 보기 위하여는 당사자가 이전의 법률행위가 무효임을 알고 그 행위에 대하여 추인하여야 한다(대판** 1998. 12. 22. **선고** 97**다**15715).

취소한 법률행위는 처음부터 무효인 것으로 간주되므로 취소할 수 있는 법률행위가 일단 취소된 이상 그 후에는 취소할 수 있는 법률행위의 추인에 의하여 이미 취소되어 무효인 것으로 간주된 당초의 의사표시를 다시 확정적으로 유효하게 할 수는 없고, 다만 무효인 법률행위의 추인의 요건과 효력으로서 추인할 수는 있으나, 무효행위의 추인은 그 무효 원인이 소멸한 후에 하여야 그 효력이 있고, 따라서 강박에 의한 의사표시임을 이유로 일단 유효하게 취소되어 당초의 의사표시가 무효로 된 후에 추인한 경우 그 추인이 효력을 가지기 위하여는 그 무효 원인이 소멸한 후일 것을 요한다고 할 것인데, 그 무효 원인이란 바로 위 의사표시의 취소사유라 할 것이므로 결국 무효 원인이 소멸한 후란 것은 당초의 의사표시의 성립 과정에 존재하였던 취소의 원인이 종료된 후, 즉 강박 상태에서 벗어난 후라고 보아야 한다(대판 1997. 12. 12. 선고 95다38240).

---

648) 대판 1992. 5. 12, 91다26546

[3] 법률행위의 취소

Ⅰ. 취소의 의의

1. 개념 및 성질

(1) 개 념

법률행위의 취소란 일단 유효하게 성립된 법률행위의 효력을 무능력 또는 의사표시의 흠결(착오, 사기, 강박)을 이유로 행위시로 소급하여 소멸시키는 특정인(취소권자)의 의사표시이다. 취소할 수 있는 법적 지위를 취소권이라 한다.

(2) 성 질

취소권은 상대방 있는 일방적 의사표시로 형성권의 일종이다.

2. 본래 의미의 취소와 구별되는 광의의 취소

민법 제140조 이하가 적용되는 본래적 의미의 취소는 무능력 또는 착오. 사기. 강박에 의한 의사표시에 기하는 것에 한한다. 우리 민법은 그 밖에도 취소라는 용어를 쓰는 경우가 적지 않으나, 그것은 위의 원칙적 일반적 취소와는 다르며, 140조 이하의 규정은 적용되지 않는다.

① 재판 또는 행정처분의 취소

한정치산선고의 취소(11조), 금치산선고의 취소(14조), 실종선고의 취소(29조), 법인설립허가의 취소(38조) 등이 이에 해당하며, 이들은 공법상의 취소로서 취소라는 용어만 같을 뿐이고, 법률행위의 취소와는 전혀 관계가 없다.

② 완전한 법률행위의 취소

영업허락의 취소(8조 2항), 사해행위의 취소(406조), 부부간의 계약의 취소(828조) 등이 있다.

③ 신분행위의 취소

혼인의 취소(816조), 이혼의 취소(838조), 입양의 취소(884조) 등이 그 예이다.

3. 구별개념

(1) 철 회

철회는 아직 효력이 발생하지 않고 있는 의사표시를 종국적으로 효력이 발생하지 않게 하거나(예, 청약의 철회), 일단 발생한 의사표시의 효력을 장래를 향하여 소멸시키는 표의자의 일방적 행위(예, 7조, 16조, 134조, 1108조, 1110조) 이다. 취소가 일단 효력이 발생하고 있는 법률행위의 효력을 소급하여 소멸시키는 점에서 구별된다.

(2) 해 제

해제는 일단 유효하게 성립한 계약의 효력을 약정 또는 법정해제사유에 기하여 소멸케 하는 점에서 성립 자체에 하자가 있는 취소와 구별된다.

◆ 판 례

✧ 어떤 법률행위를 한 당사자 쌍방이 각기 그 법률행위를 취소하는 의사표시를 하였으나 그 취소사유가 없는 경우 그 법률행위의 효력상실 여부

갑·을 사이에 결손금배상채무의 액수를 확정하는 합의가 있은 후 갑은 합의가 강박에 의하여 이루어졌다는 이유를 들어, 을은 착오에 의하여 합의를 하였다는 이유를 들어 각기 위 합의를 취소하는 의사표시를 하였으나, 위 합의에 각각 주장하는 바와 같은 취소사유가 있다고 인정되지 아니하는 이상, 갑 을 쌍방이 모두 위 합의를 취소하는 의사표시를 하였다는 사정만으로는, 위 합의가 취소되어 그 효력이 상실되는 것은 아니다(대판 1994.7.29, 93다58431).

Ⅱ. 취소권자

법률행위의 취소권자는 제한능력자, 하자있는 의사표시를 한 자, 그 대리인 또는 승계인에 한한다(140조).

1. 제한능력자

의사능력이 있는 제한능력자는 자기가 한 법률행위를 단독으로 취소할 수 있다. 따라서 취소권행사에 대한 법정대리인의 동의가 없었다 하더라도 이를 이유로 제한능력자의 취소를 다시 취소할 수는 없다. 즉 제한능력자가 취소권을 행사하면 이는 완전히 효력을 발생한다.

2. 착오로 인하여 의사표시를 한 자

착오로 인한 의사표시를 한 자는 그가 한 법률행위를 취소할 수 있다. 취소권자에 착오로 인하여 의사표시를 한 자를 빠뜨려서 「하자 있는 의사표시를 한 자」에를 포함시켰지만 2011년 3월 민법개정에서 착오로 인하여 의사표시를 한자를 포함시킴으로서 이를 바로 잡아 해결하였다.

3. 하자있는 의사표시를 한 자

하자있는 의사표시란 원래 사기·강박에 의한 의사표시를 의미한다.

4. 대리인

제한능력자와 착오로 인하거나 사기강박에 의하여 의사표시를 한 자의 대리인으로 임의대리인과 법정대리인 모두를 말한다. 법정대리인은 그의 동의 없이 한 제한능력자의 의사표시를 단독으로 취소할 수 있다. 즉, 법정대리인은 자신의 고유의 취소권을 스스로 행사하는 것이다. 임의대리인은 본인의 취소권행사를 대리할 뿐, 임의대리인 스스로 취소권자가 되는 것은 아니므로 임의대리인이 취소하려면 본인으로부터 그에 관한 수권이 있어야 한다.

5. 승계인

제한능력자나 하자있는 의사표시를 한 자로부터 취소권을 승계한 포괄승계인과 특정승계인을 말한다. 그러나 취소권만의 승계는 인정되지 않으며, 취소할 수 있는 권리의 승계가 있는 경우에만 특정승계인은 취소권자가 된다.

6. 보증인도 취소권자인지 여부

보증인은 433조 1항와 보증채무의 부종성을 이유로 보증인은 취소권이 있다는 견해도 있으나(김증한) 통설은 주채무자의 취소권을 행사하지 못한다고 한다.

Ⅲ. 취소의 상대방

1. 원 칙

계약이나 상대방 있는 단독행위의 경우 취소는 상대방에 대한 의사표시로 하여야 한다[649](142조). 따라서 상대방이 취소의 대상이 된 행위에 의하여 취득한 권리를 제3자에게 양도한 경우에도 양수인이 아니라 원래의 계약시의 상대방이 취소의 상대방이다.

2. 상대방 없는 단독행위의 경우

취소는 특정인에게 할 필요는 없으므로 취소의 의사를 적당한 방법으로 외부에 객관화하면 된다고 본다(통설).[650]

3. 취소의 상대방이 다수인 경우

법률행위를 상대방 모두에게 무효로 하기 위해서는 상대방 전부에 대하여 취소의 의사표시를 하여야 한다.

Ⅳ. 취소의 방법

1. 행사방법

취소권은 형성권이므로 취소권자의 일방적 의사표시에 의하여 한다. 취소의 의사표시는 특히 재판상 행사할 것이 요구되는 경우(사해행위의 취소, 혼인·입양과 같은 가족법상 행위의 취소, 상법상 회사설립·주주총회결의의 취소 등) 이외에는 소나 그 밖의 특별한 방식을 요하지 않는다. 또 반드시 명시적일 필요도 없고, 묵시적으로도 가능하다[651]. 취소는 일방적 의사표시이므로 조건을 붙일 수 없다.

---

649) 제3자를 위한 계약에서 제3자는 채무자에 대하여 직접적인 이행청구권과 급부수령권을 갖는다는 이유로 계약상대방이 아님에도 취소권의 상대방이 될 수 있다고 하는 견해가 있다(이은영, 700면).

650) 다수설에 대해 다수설에 의하면 직접적으로 이익을 취득한 자의 이익을 해할 우려가 크므로 그 법률행위에 의해 직접적으로 이익을 취득한 자가 상대방이라고 하는 소수설(이영준, 726면 ; 이은영, 700면 ; 홍성재, 330면)과 이해관계를 맺은 자가 있을 때에는 그 자에게, 그러한 자가 없을 때에는 취소의 의사표시를 적당한 방법으로 외부에 객관화하면 될 것이라는 소수설(송덕수, 250면)이 있다.

◆ 판 례

✧ 법률행위의 취소는 상대방에 대한 의사표시로 하여야 하나 그 취소의 의사표시는 특별히 재판상 행하여짐이 요구되는 경우 이외에는 특정한 방식이 요구되는 것이 아니고, 취소의 의사가 상대방에 의하여 인식될 수 있다면 어떠한 방법에 의하더라도 무방하다고 할 것이고, 법률행위의 취소를 당연한 전제로 한 소송상의 이행청구나 이를 전제로 한 이행거절 가운데는 취소의 의사표시가 포함되어 있다고 볼 수 있다(대판 1993. 9. 14, 93다13162 판결 [공1993,2767]

✧ 미성년자 또는 친족회가 민법 제950조 제2항에 따라 제1항의 규정에 위반한 법률행위를 취소할 수 있는 권리는 형성권으로서 민법 제146조에 규정된 취소권의 존속기간은 제척기간이라고 보아야 할 것이지만, 그 제척기간 내에 소를 제기하는 방법으로 권리를 재판상 행사하여야만 되는 것은 아니고, 재판 외에서 의사표시를 하는 방법으로도 권리를 행사할 수 있다고 보아야 한다(대판 1993. 7. 27, 92다52795).

2. 일부취소의 문제

판례는 일부취소에 대해서는 '일부무효의 법리'에 준하여 가능하다고 본다.

(1) 의 의

일부취소란 법률행위의 일부에만 취소사유가 있는 경우 취소권자가 그 일부분에 대해서만 취소의 의사표시를 하고, 나머지 부분은 효력을 유지하는 것을 말한다.

(2) 요 건

일부취소가 인정되기 위해서는 ① 일체적인 법률행위가 존재할 것, ② 그 법률행위가 분할가능할 것 ③ 나머지 부분을 유지하려는 당사자의 의사가 존재할 것[652] ④ 일체적인 법률행위의 일부에 취소원인이 존재할 것 등이다.

(3) 효 과

나머지 법률행위는 유효로 된다.

---

651) 취소의 효과를 주장하는 것도 묵시적 취소로 인정될 수 있다고 한다(백태승, 554면).

652) 이 요건을 요구하지 않는 견해도 있으나(이영준, 684면) 필요하다고 보는 것이 타당하다(백태승, 554면 ; 김용담(민법주해(3), 304면).

(4) 판 례

① 일부의 취소

◆ 판 례

✧ 시로부터 공원휴게소 설치시행허가를 받음에 있어 담당공무원이 법규오해로 인하여 잘못 회시한 공문에 따라 동기의 착오를 일으켜 법률상 기부채납의무가 없는 휴게소부지의 16배나 되는 토지 전부와 휴게소건물을 시에 증여한 경우 휴게소부지와 그 지상시설물에 관한 부분을 제외한 나머지 토지에 관해서만 법률행위의 중요부분에 관한 착오라고 본 사례(대판 1990.7.10, 90다카7460).

✧ 하나의 법률행위의 일부분에만 취소사유가 있다고 하더라도 그 법률행위가 가분적이거나 그 목적물의 일부가 특정될 수 있다면, 그 나머지 부분이라도 이를 유지하려는 당사자의 가정적 의사가 인정되는 경우 그 일부만의 취소도 가능하다고 할 것이고, 그 일부의 취소는 법률행위의 일부에 관하여 효력이 생긴다(대판 2002. 9. 10. 선고 2002다21509).

② 전체의 취소

◆ 판 례

갑이 지능이 박약한 을을 꾀어 돈을 빌려주어 유흥비로 쓰게 하고 실제준 돈의 두 배 가량을 채권최고액으로 하여 자기 처인 병 앞으로 근저당권을 설정한 사안에서, 근저당권설정계약은 독자적으로 존재하는 것이 아니라 금전소비대차계약과 결합하여 그 전체가 경제적, 사실적으로 일체로서 행하여진 것이고 더욱이 근저당권설정계약의 체결원인이 되었던 갑의 기망행위는 금전소비대차계약에도 미쳤으므로 갑의 기망을 이유로 한 을의 근저당권설정계약취소의 의사표시는 법률행위의 일부무효이론과 궤를 같이 하는 법률행위의 일부취소의 법리에 따라 소비대차계약을 포함한 전체에 대하여 취소의 효력이 있다(대판 1994.9.9, 93다31191).

3. 취소사유의 표시

상대방이 주위의 사정에 비추어 취소사유를 알 수 있을 때에는 취소를 하면서 그 사유를 반드시 표시할 필요는 없다(통설).

◆ 판 례

소의 의사표시란 반드시 명시적이어야 하는 것은 아니고, 취소자가 그 착오를 이유로 자신의 법률행위의 효력을 처음부터 배제하려고 한다는 의사가 드러나면 족한 것이며, 취소원인의 진술 없이도 취소의 의사표시는 유효한 것이므로, 신원보증서류에 서명날인하는 것으로 잘못 알고 이행보증보험약정서를 읽어보지 않은 채 서명날인한 것일 뿐 연대보증약정을 한 사실이 없다는 주장은 위 연대보증약정을 착오를 이유로 취소한다는 취지로 볼 수 있다 (대판 2005. 5. 27, 2004다43824).

Ⅴ. 취소의 효과

1. 소급적 무효

법률행위를 취소하면 취소된 법률행위는 처음부터 무효인 것으로 된다(141조 본문). 다만 이 효과는 제한능력의 경우는 절대적이지만, 착오나 사기 강박에 의한 경우에는 선의의 제3자에게 대항하지 못한다(109조 2항, 110조 3항). 따라서 취소된 법률행위를 원인으로 하는 채무가 아직 이행되지 아니한 경우에는 그 채무를 이행할 필요가 없고, 이행된 경우에는 그 이행된 부분을 부당이득으로 반환하여야 한다.

2. 물권적 복귀

채권행위의 이행으로 물권행위가 행하여지고, 취소사유는 채권행위에만 있는 경우, 채권행위를 취소하면 물권행위도 소급하여 무효가 되는지 문제된다. 물권행위의 무인성을 인정하는 견해에 따르면, 채권행위의 취소 여부는 물권행위에 영향이 미치지 않으므로 취소권자는 법률상 원인 없이 물권을 취득한 자에 대하여 부당이득반환청구권만을 갖게 된다(741조).

물권행위의 무인성을 부인하는 견해(판례)에 따르면, 취소에 의해 원인행위인 채권행위가 실효되면 물권행위도 당연히 효력을 상실하게 되어 취소권자는 소유권에 기한 반환청구권을 갖게 된다(213조 본문). 동시에 점유의 부당이득을 인정하여 이에 대한 부당이득의 반환청구를 따로 인정한다(741조).

3. 부당이득반환의무

(1) 원 칙

① 일단 발생한 채무 등은 앞으로 전혀 이행할 필요가 없게 되고, 이미 이행된 때에는 반환의무가 생긴다.

② 취소의 효과로서의 반환의무의 성질은 원상회복의무(548조)가 아니라 부당이득반환의무(747조)이다(통설). 따라서 선의의 수익자는 그 받은 이익이 현존하는 한도에서 반환의무를 부담하며, 악의의 수익자는 그 받은 이익에 이자를 붙여 반환하고, 손해가 있으면 이를 배상하여야 한다(748조).

(2) 예 외

① 민법은 무능력자의 경우 반환의무를 그 행위로 인하여 「받은 이익이 현존하는 한도」에서 배상할 책임이 있다는 특칙(141조 단서)을 두어 무능력자를 보호하고 있다. 이익의 현존 여부 및 범위를 정하는 기준시기는 반환시가 아니라 취소시이다[653].

② 이익현존 여부의 입증책임

무능력자가 취득한 이익은 현존하는 것으로 추정되므로, 무능력자 쪽에서 현존이익이 없음에 대해 입증책임을 부담한다는 견해[654]와 무능력자 보호의 취지에 비추어 반환청구권자에게 입증책임이 있다는 견해[655]가 대립된다.

◈ 판 례

✧ 미성년자가 신용카드거래 후 신용카드 이용계약을 취소한 경우의 법률관계

미성년자가 신용카드발행인과 사이에 신용카드 이용계약을 체결하여 신용카드거래를 하다가 신용카드 이용계약을 취소하는 경우 미성년자는 그 행위로 인하여 받은 이익이 현존하는 한도에서 상환할 책임이 있는바, 신용카드 이용계약이 취소됨에도 불구하고 신용카드회원과 해당 가맹점 사이에 체결된 개별적인 매매계약은 특별한 사정이 없는 한 신용카드 이용계약취소와 무관하게 유효하게 존속한다 할 것이고, 신용카드발행인이 가맹점들에 대하여 그 신용카

653) 고상용, 616면 ; 이은영, 708면 ; 홍성재, 335면.
654) 고상용, 616면 ; 곽윤직, 300면 ; 김용담, 민법주해(3), 303면 ; 백태승, 556면 ; 이은영, 709면.
655) 김용한, 402면 ; 이영준, 729면.

드사용대금을 지급한 것은 신용카드 이용계약과는 별개로 신용카드발행인과 가맹점 사이에 체결된 가맹점 계약에 따른 것으로서 유효하므로, 신용카드발행인의 가맹점에 대한 신용카드 이용대금의 지급으로써 신용카드회원은 자신의 가맹점에 대한 매매대금 지급채무를 법률상 원인 없이 면제받는 이익을 얻었으며, 이러한 이익은 금전상의 이득으로서 특별한 사정이 없는 한 현존하는 것으로 추정된다(대판 2005. 4. 15, 2003다60297, 60303, 60310, 60327)

Ⅵ. 취소할 수 있는 행위의 추인

1. 의 의

추인은 취소할 수 있는 법률행위를 그 취소사유에도 불구하고 취소하지 않겠다는 취소권자의 의사표시이다. 이는 취소권의 포기라는 소극적인 측면을 갖는 동시에 취소할 수 있는 법률행위를 확정적 유효로 하는 적극적인 측면을 갖는다.

◎ 일반적으로 추인이라고 하면 "사후의 동의"를 말하며, 민법이 규정하는 것으로는 ① 무권대리행위의 추인, ② 무효행위의 추인, ③ 취소할 수 있는 행위의 추인의 세 가지가 있다. 취소할 수 있는 법률행위의 추인은 취소권의 포기라는 점에서 효력이 발생하지 않은 법률행위의 효력을 발생케 하는 '무효행위의 추인'이나, 효력발생 여부가 불확정한 법률행위의 효력을 발생케 하는 '무권대리행위의 추인'과는 다르다.

2. 추인의 요건

(1) 추인권자

취소할 수 있는 행위를 추인할 수 있는 자는 제140조가 규정하는 취소권을 가지는 자이다(143조 제1항). 따라서 대리인, 승계인도 추인권자에 포함된다(143조 1항). 추인권자가 여러 명인 경우 그중 1인의 추인으로 다른 추인권자의 추인권은 소멸한다.

(2) 추인할 수 있는 시기

추인은 「취소의 원인이 종료한 후」에 하여야 하며(제144조 제1항), 취소원인이 종료하기 전에 한 추인은 효력이 없다[656]. 즉, 제한능력자는 능력자가 된 후에, 착오,

656) 대판 1982, 6. 8, 81다107 ; 대판 1997, 12. 12, 95다38240

사기·강박에 있었던 자는 그 상태에서 벗어난 후에 추인의 의사표시를 하여야 한다(144조 1항). 제한능력자라도 피성년후견인이 아닌 미성년자와 피한정후견인은 법정대리인의 동의를 얻어 능력자가 되기 전이라도 추인할 수 있다(5조. 10조). 법정대리인이 추인하는 경우에는 이 제한이 없으므로 언제든지 추인할 수 있다(144조 제2항).

(3) 「취소할 수 있는 행위」에 대한 인식

추인은 결국 취소권의 포기이므로 취소권자는 그 행위가 취소할 수 있는 것임을 알고 하여야 한다[657]. 따라서 사기에 의해 의사표시를 한 자는 즉시 추인할 수 있다고만 말할 수 없다.

3. 추인의 방법

취소의 경우와 같다(143조 2항). 추인할 법률행위가 요식행위이더라도 그 추인에는 그 방식이 필요하지 않다. 추인의 의사표시는 상대방 있는 의사표시인데, 명시적일 필요는 없으며 묵시적으로도 가능하다(통설).

4. 추인의 효과

추인이 있으면 그 후로는 취소할 수 없고 그 법률행위는 완전히 유효한 것으로 확정된다(143조 1항). 취소할 수 있는 행위의 추인은 소급효를 가지는 것은 부당하다. 따라서 무효행위에서와 같은 추인의 소급효는 의미가 없다.

Ⅶ. 법정추인

1. 의의 및 법적 성질

(1) 의 의

법정추인이란 취소할 수 있는 법률행위에 관해 일정한 사유가 있는 경우 추인권자의 추인의사가 있었는지 여부와 관계없이 법률상 당연히 추인한 것으로 간주하는 것을 말한다.

---

657) 대판 1997, 5. 30, 97다2986

(2) 법적 성질

법정추인은 제146조(취소권의 단기소멸제도)와 더불어 '취소할 수 있는 법률행위의 불확정한 상태에서 상대방을 보호하고 거래안전을 유지하기 위한 제도'로서 추인의 일종이라기 보다는 취소권의 배제라고 이해된다.

2. 요 건

(1) 법정추인의 사유

① **전부나 일부의 이행**(145조 1호)

취소할 수 있는 법률행위에 의해 발생한 채무의 전부 또는 일부를 취소권자나 상대방이 이행한 경우이다. 이행을 수령한 경우도 포함한다.

② **이행의 청구**(145조 2호)

취소권자가 이행청구한 경우만을 의미하고, 상대방이 이행청구한 경우는 포함하지 않는다.

③ **경개(更改)**(145조 3호)

취소권자가 취소할 수 있는 법률행위에 의해 발생한 채권 또는 채무를 소멸시키고, 다른 채권 채무를 성립시키는 계약(경개 ; 500조 이하)을 체결한 경우이다.

④ **담보의 제공**(145조 4호)

취소권자가 채무자로서 담보를 제공하거나 채권자로서 담보제공을 받는 경우도 포함된다. 담보는 물적 담보이든 인적 담보이든 관계없다.

⑤ **취소할 수 있는 행위로 취득한 권리의 전부나 일부의 양도**(145조 5호)

이 양도는 취소권자가 양도한 경우만 해당된다.

⑥ **강제집행**(145조 6호)

취소권자가 채권자로서 집행한 경우는 물론이고, 채무자로서 소송상 이의를 할 수 있기 때문에 채무자로서 집행을 받는 경우도 포함된다고 한다(통설).

(2) 취소원인의 종료

위의 법정추인사유는 「추인할 수 있은 후」 즉 취소원인이 종료된 후에 행해져야 한다(145조 본문). 다만 법정대리인 또는 후견인이 추인하는 경우에는 적용하지 아니한다(144조 2항).

(3) 이의의 유보가 없을 것

취소권자가 이의를 보류하지 않아야 한다(145조 단서). 이의를 유보한 때에는 법정추인이 되지 않는다(145조 단서).

(4) 추인의 의사 여부

통상의 추인과는 달리 취소권자는 추인의 의사표시를 할 필요가 없을뿐더러 취소할 수 있는 행위임을 인식할 필요도 없다[658](통설).

3. 효 과

법정추인에 해당하는 사유가 있으면 통상의 추인에 있어서와 마찬가지로 취소권을 행사할 수 없게 된다.

Ⅷ. 취소권의 단기소멸

1. 취소권의 소멸원인

(1) 취소권은 취소권의 행사, 포기, 추인, 법정추인 및 기간의 경과(취소권의 단기소멸)로 소멸한다.

(2) 제한능력자의 취소권은 상대방의 최고권, 거절권, 철회권의 행사 및 제한능력자의 속임수에 의해서도 소멸한다(15조, 16조, 17조).

2. 취소권의 단기소멸

(1) 민법의 규정

① 취소권은 추인할 수 있는 날로부터 3년 내에, 법률행위를 한 날로부터 10년 내에 행사하여야 한다. 3년에 대한 기간의 기산점은 "추인을 할 수 있는 날" 즉,

658) 대판 1997, 6. 27, 97다3828

"취소의 원인이 종료한 때"로부터이다

② 위의 3년 또는 10년의 기간 중 어느 것이든지 먼저 만료하면 취소권은 소멸한다(통설).

(2) 규정 취지

취소할 수 있는 법률행위는 일단 유효하지만 취소권자에 의하여 소급하여 소멸할 수 있는 불확실한 법률관계에 있고, 이를 해소시킬 수 있는 자도 취소권자에 한한다. 상대방으로서는 매우 불안정한 지위에 있게 되는데, 이에 따라 민법은 불확정한 법률관계를 가능한 한 빨리 확정하여 상대방으로 하여금 불안전한 지위에서 벗어나도록 하기 위하여 단기소멸제도를 둔 것이다.

(3) 146조의 소정기간의 성질

146조가 규정하고 있는 3년 또는 10년의 기간은 시효기간이 아니라 제척기간이다(통설, 판례). 취소권은 그 성질이 형성권이므로 불행사의 사실상태라든가 중단 같은 것을 생각할 수 없으므로 소멸시효기간이 아니라 제척기간이라고 해석하여야 한다는 것이다. 그리고 이 두 기간 중 어느 하나가 먼저 경과하면 취소권은 행사할 수 없게 된다.

(4) 취소권의 행사의 결과로 발생하는 부당이득반환청구권의 존속기간

취소권의 행사함으로써 발생하는 청구권(원상회복 또는 부당이득반환청구권, 현존이익반환청구권)은 146조의 기간안에 행사하여야 하는지 문제된다. 긍정설[659]은 제척기간을 정한 취지가 법률관계를 조기에 확정짓는데 있으므로 이러한 청구권도 146조의 기간내에 행사하여야 한다고 하고, 부정설[660]은 취소한 때로부터 10년의 소멸시효에 걸린다고 한다. 판례[661]는 취소권행사시부터 따로 소멸시효가 진행한다고 한다.

---

659) 고상용, 623면 ; 곽윤직, 325-326면 ; 김용한, 416면 ; 김증한/김학동, 516면 ; 김상용, ; 백태승, 557-558면 ; 이영준, 739면.

660) 서광민, 496면 ; 이은영, 784면 ; 홍성재, 340면 ; 윤진수, 민법주해(3), 428면.

661) 대판 1998, 11. 27, 98다7421.

제6절 법률행위의 부관

[1] 총 설

Ⅰ. 서

1. 법률행위의 부관의 의의

법률행위는 일반적으로 유효하게 성립하면 곧 그 효력이 발생한다. 그런데 법률행위의 당사자들이 그 효력의 발생이나 소멸을 장래의 일정한 사실에 의존하게 하려 할 경우 사적 자치의 원칙상 이를 부인할 이유가 없다. 이처럼 법률행위의 효력의 발생 또는 소멸을 장래의 일정한 사실에 의존케 할 때 이를 법률행위의 부관이라 한다. 부관에는 조건과 기한, 그리고 부담의 세가지가 있다. 그런데 민법은 조건과 기한에 대해서만 일반적 규정을 두고, 부담에 대해서는 개별적으로 부담부증여와 부담부 유증에 관한 특별규정을 두고 있다(561조, 1088조). 여기서는 조건과 기한에 대해서만 살펴본다.

2. 법률행위해석의 문제

조건 및 기한은 법률행위의 내용을 이루는 일부이기 때문에 이에 대한 다툼 즉 구체적인 경우에 어떠한 사실이 조건 또는 기한으로 되어 있는지, 그 효력은 어떤지 등은 모두 법률행위해석의 문제가 된다.

[2] 조건

Ⅰ. 의의

조건이란 법률행위의 효력의 발생 또는 소멸을 장래의 불확실한 사실의 성취 여부에 의존케 하는 법률행위의 부관이다.

① 조건은 법률효과의 발생 또는 소멸에 관한 것이며, 법률행위의 성립에 관한 것은 아니다.

② 조건이 되는 사실은 장래의 사실이어야 하고, 또 그 실현 여부가 불확실한 것이어야 한다.

③ 조건은 법률행위의 내용의 일부이므로 당사자가 임의로 부가한 것이어야 한다. 따라서 법률행위의 효력발생을 위하여 법률이 요구하는 법정조건은 여기서 말하는 조건이 아니다.

◆ 판 례

✧ 법률행위의 부관으로서 조건의 의미 및 성립 요건

조건은 법률행위의 효력의 발생 또는 소멸을 장래의 불확실한 사실의 성부에 의존케 하는 법률행위의 부관으로서 당해 법률행위를 구성하는 의사표시의 일체적인 내용을 이루는 것이므로, 의사표시의 일반원칙에 따라 조건을 붙이고자 하는 의사 즉 조건의사와 그 표시가 필요하며, 조건의사가 있더라도 그것이 외부에 표시되지 않으면 법률행위의 동기에 불과할 뿐이고 그 것만으로는 법률행위의 부관으로서의 조건이 되는 것은 아니다(대판 2003. 5. 13, 2003다10797).

Ⅱ. 조건의 종류

1. 정지조건과 해제조건

(1) 정지조건

정지조건은 법률행위의 효력의 발생을 장래의 불확실한 사실에 의존케 하는 조건이다. 정지조건으로는 ① 장래 불하받을 것을 조건으로 하는 귀속재산의 매매[662], ② 택지화를 조건으로 하는 농지매매[663], ③ 주무관청의 처분허가를 조건으로 하는 사찰재산의 처분[664] 등이 있다.

어떠한 법률행위가 정지조건부 법률행위에 해당한다는 사실은 그 법률행위로 인한 법률효과의 발생을 저지하는 사유로서 그 법률효과의 발생을 다투는 자에게 주장 입증책임이 있다[665].

662) 대판 1969. 12. 9, 69다1785
663) 대판 1966. 4. 6, 66다329
664) 대판 1981. 9. 22, 80다2586

◆ 판 례

동산의 매매에서 그 대금을 모두 지급할 때까지는 목적물의 소유권을 매도인이 그대로 보유하기로 하면서 목적물을 미리 매수인에게 인도하는 이른바 소유권유보약정이 있는 경우에, 다른 특별한 사정이 없는 한 매수인 앞으로의 소유권 이전에 관한 당사자 사이의 물권적 합의는 대금이 모두 지급되는 것을 정지조건으로 하여 행하여진다고 해석된다. 따라서 그 대금이 모두 지급되지 아니하고 있는 동안에는 비록 매수인이 목적물을 인도받았어도 목적물의 소유권은 위 약정대로 여전히 매도인이 이를 가지고, 대금이 모두 지급됨으로써 그 정지조건이 완성되어 별도의 의사표시 없이 바로 목적물의 소유권이 매수인에게 이전된다. 그리고 이는 매수인이 매매대금의 상당 부분을 지급하였다고 하여도 다를 바 없다. 그러므로 대금이 모두 지급되지 아니한 상태에서 매수인이 목적물을 다른 사람에게 양도하더라도, 양수인이 선의취득의 요건을 갖추거나 소유자인 소유권유보매도인이 후에 처분을 추인하는 등의 특별한 사정이 없는 한 그 양도는 목적물의 소유자가 아닌 사람이 행한 것으로서 효력이 없어서, 그 양도로써 목적물의 소유권이 매수인에게 이전되지 아니한다(대판 2010.2.11, 2009다93671).

(2) 해제조건

해제조건은 법률행위의 효력의 소멸을 장래의 불확실한 사실에 의존케 하는 조건이다. ① 공장부지나 진입도로부지에 편입되지 아니할 부분토지를 원가로 반환한다는 약정의 토지매매[666], ② 건축허가신청이 불허될 때 무효로 한다는 약정이 붙은 주택건설을 위한 매매계약[667] ③ 약혼예물의 수수[668] 등은 모두 해제조건이 붙은 법률행위이다.

◆ 판 례

✧ 이미 확정적으로 취득한 폐기물 소각처리시설 관련 권리를 포기하는 대신 상대방이 수주할 수 있는지 여부가 분명하지 않은 매립장 복원공사를 장차 그 상대방으로부터 하도급받기로 하는 내용의 약정을 체결한 사안에서, 위 약정은 상대방이 위 복원공사를 수주하지 못할 것을 해제조건으로 한 경개계약이라고 해석함이 상당하므로, 상대방이 위 복원공사를 수주하지 못하는 것으로 확정되면 위 약정은 효력을 잃게 되어 신채무인 위 복원공사의 하도급 채무는 성립하지 아니하고 구채무인 소각처리시설 관련 채무도 소멸하지 아니한다(대판 2007.11.15, 2005다31316).

665) 대판 1993. 9. 28, 93다20832
666) 대판 1981, 6. 9, 80다3195
667) 대판 1983, 8. 23, 83다카552
668) 대판 1996, 5. 14, 96다5506

✧ 갑 회사가 수급인 을 회사에 공사자재를 공급하면서 도급인 병 회사에 자재대금 상당액을 갑 회사에 직불하겠다는 내용의 확인서('제1확인서')를 받아올 것을 요구하자, 병 회사가 제1확인서를 작성하여 주는 조건으로 을 회사가 일정 날짜까지 공사를 완료하지 못할 경우 제1확인서를 무효화하기로 하는 내용의 확인서('제2확인서')를 을 회사에 요구하여, 병, 을 회사가 각각 제1, 2확인서를 작성하여 주었는데, 을 회사가 병 회사에게서 받은 제1확인서를 갑 회사에 전달함으로써 을 회사가 병 회사에 대한 공사대금채권을 갑 회사에 양도한 사안에서, 채무자 병 회사는 채권양도계약상 양도인인 을 회사에게 채권양도에 관하여 사전에 해제조건이 붙은 승낙을 한 것이고 병 회사의 조건부 승낙은 을 회사가 일정 날짜까지 공사를 완료하지 못함으로써 해제조건이 성취되어 그때로부터 효력을 상실하였으므로, 갑 회사는 채권양도로써 채무자인 병 회사에 대하여 대항할 수 없게 되었다(대판 2011. 6. 30, 2011다8614).

(3) 정지조건이든 해제조건이든 원칙적으로 소급효가 없다.

2. 적극조건과 소극조건

적극조건은 조건이 되는 사실이 현재의 상태의 변경인 경우이고, 소극조건은 조건이 되는 사실이 현재의 상태의 불변경인 경우이다. 이 조건의 분류는 큰 의미가 없다.

3. 수의조건과 비수의조건

조건의 성취 여부가 당사자의 일방적 의사에 의존하는 것이 수의조건, 그렇지 않은 것이 비수의조건이다. 수의조건에는 순수수의조건과 단순수의조건이 있고, 비수의조건에는 우성조건과 혼성조건이 있다.

(1) 수의조건

① 순수수의조건

조건사실의 실현 여부가 당사자의 일방의 의사에만 의존하는 조건이다. 「내 마음에 들면 승용차를 주겠다」는 것이 그 예이다. 순수수의조건이 붙어 있는 법률행위의 유효성에 대해서는 학설이 대립하고 있다.

순수수의조건에는 당사자에게 법적 구속력을 생기게 하려는 의사 또는 법률행위의 효력을 발생시킬 의사가 없으므로 언제나 무효라는 견해[669], 법률행위자유의

669) 곽윤직, 306면 ; 김증한/김학동, 491면 ; 백태승, 562면.

원칙에 비추어 순수한 수의조건을 부착시키는 것을 금할 필요가 없으므로 유효하다는 견해[670], 정지조건부법률행위에서는 순수수의조건이 채무자의 의사에만 의존하는 경우에는 무효이고, 채권자의 의사에만 의존하는 경우에는 유효이고, 해제조건부법률행위에서는 채무자의 의사에만 의존되는 순수수의조건도 유효하다고 보는 절충적 견해[671], 조건이 아니라는 견해 즉, 확정적으로 법률효과를 발생시키고자 하는 의사의 표시가 없는 것이고, 따라서 법률행위 자체가 완료된 것이 아니다. 따라서 이러한 것은 조건이라 할 수 없다. 그러나 그러한 조건을 과하는 것 자체는 사적 자치의 원칙상 허용된다고 하는 견해[672]가 있다.

② **단순수의 조건**

당사자 일방의 의사뿐만 아니라 다른 의사결정에 기한 사실상태의 성립도 있어야만 하는 경우의 조건이다. 「내가 스위스를 여행하면 시계를 주겠다」는 것이 그 예이다. 단순수의조간은 유효한 조건이 된다.

(2) 비수의조건

① **우성조건**

조건의 실현 여부가 당사자의 의사와는 관계없는 자연의 사실이나 제3자의 의사나 행위에 의존하는 조건을 말한다. 「내일 비가 온다면」이 그 예이다. 우성조건은 유효한 조건이다.

② **혼성조건**

조건사실의 실현 여부가 당사자의 의사외에 제3자의 의사에도 의존하는 조건을 말한다. 「내가 갑녀와 결혼한다면」이 그 예이다.

4. 가장조건

가장조건이란 외관상 형식적으로는 조건으로 보이지만 실질적으로는 조건으로서의 효력이 인정되지 못하는 것을 말한다. 가장조건에는 다음과 같은 것이 있다.

---

670) 이덕환, 726면 ; 이영준, 755면 ; 이은영, 724면.
671) 고상용, 631면
672) 김증한/김학동, 491면.

(1) 법정조건

법정조건이란 법률행위의 효력을 발생하기 위하여서 법률에서 요구하는 여러 가지 요건 내지 사실을 말한다. 예컨대 법인설립행위에 있어서의 주무관청의 허가(32조), 유언에 있어서의 유언자의 사망(1073조) 등을 들 수 있다. 이러한 법정조건은 당연한 것이며, 조건으로서는 법률상 아무런 의미가 없다.

그러나 이 법정조건이 법률행위의 효력발생요건일 때에는 조건에 관한 규정을 유추적용할 수 있다[673].

(2) 불법조건(151조 1항)

조건이 선량한 풍속 기타 사회질서에 위반하는 것일 때 이를 불법조건이라 한다. 불법조건이 붙어 있는 법률행위는 무효이다(151조 1항). 불법행위를 하지 않을 것을 조건으로 하는 법률행위도 역시 불법조건이다. 불법조건이 붙어 있는 법률행위는 조건만 무효가 되는 것이 아니고, 법률행위 전체가 무효로 된다.

◆ 판 례

조건부 법률행위에 있어 조건의 내용 자체가 불법적인 것이어서 무효일 경우 또는 조건을 붙이는 것이 허용되지 아니하는 법률행위에 조건을 붙인 경우 그 조건만을 분리하여 무효로 할 수는 없고 그 법률행위 전부가 무효로 된다(대결 2005.11.8, 2005마541).

(3) 기성조건(151조 2항)

조건이 법률행위를 할 당시에 이미 성취된 경우를 기성조건이라 한다. 기성조건은 진정한 의미의 조건이 아니다. 기성조건이 정지조건이면 조건없는 법률행위로 되고(151조 2항), 해제조건이면 그 법률행위는 무효로 된다.

매매계약의 성립시에는 가격통제령에 의하여 가격인가를 정지조건으로 하였지만, 그 후 통제령이 폐지되어 가격인가가 필요하지 않게 된 경우에는 정지조건이 없는 매매계약이 된다[674].

---

673) 고상용, 645면 ; 곽윤직, 307면 ; 백태승, 531면 ; 이영준, 749면.
674) 대판 1963. 1. 24. 62다783

(4) 불능조건(151조 3항)

조건이 법률행위의 당시에 이미 성취할 수 없는 사실인 경우를 불능조건이라 한다. 불능조건이 해제조건이면 조건없는 법률행위로 되고, 정지조건이면 그 법률행위는 무효로 된다.

◈ **기성조건·불능조건의 효력**

구분	기성조건	불능조건
정지조건	무조건	무효
해제조건	무효	무조건

Ⅲ. 조건을 붙일 수 없는 법률행위

1. 조건을 붙일 수 없는 법률행위

(1) 공익상의 불허가

① 조건을 붙이는 것이 강행법규나 사회질서에 반하는 결과가 되는 경우에는 절대로 조건을 붙이지 못한다. 특히 혼인, 인지, 이혼, 입양, 파양, 상속의 포기와 승인 등 가족법상의 행위와 어음행위. 수표행위 등에는 조건을 붙일 수 없다.

② 공익상의 이유로 금지하는 것은 상대방의 동의가 있더라도 조건을 붙일 수 없다.

(2) 사익상의 불허가

① 조건을 붙임으로써 상대방의 지위를 현저하게 불리하게 하는 경우가 이에 속한다.

단독행위(예: 상계. 취소)는 행위자의 일방적인 의사표시에 의해 효력이 발생하는데, 여기에 조건을 붙인다면 상대방의 지위가 현저하게 불안정하게 되므로 부당하기 때문에 원칙적으로 조건을 붙이지 못하는 것으로 해석된다.

② 그러나 단독행위라도 상대방의 동의가 있거나 또는 상대방에게 이익만을 주는 단독행위(예: 채무의 면제. 유증)에 대해서는 조건을 붙이더라도 무방하다(통설).

◎ 취소는 상대방의 동의가 있으면 조건을 붙여도 상관이 없다.
(단독행위에는 사익상의 이유로 조건을 붙일 수 없음이 원칙이다.)

◈ **조건을 붙일 수 없는 법률행위**

구분	이유	구체적인 예
공익상 불허	조건을 붙이면 강행규정 · 사회질서에 반하는 결과가 되는 경우는 절대로 허용되지 아니한다	① 가족법상의 행위 : 혼인·인지·이혼·입양·파양·상속의 포기와 승인 ② 어음 · 수표행위
사익상 불허	조건에 의하여 상대방의 지위가 현저하게 불리하게 되는 경우는 조건이 일반적으로 허용되지 아니한다.	① 단독행위 : 상계 · 해제 · 해지 · 취소 · 추인 · 철회 · 환매 ② 상대방의 동의가 있거나 조건의 내용이 상대방을 특별히 불리하게 하지 않는 경우는 단독행위에도 조건이 허용된다.

2. 조건에 친하지 않은 행위에 조건을 붙인 경우의 효과

조건에 친하지 않은 법률행위에 조건을 붙이면 법률행위 전체가 무효가 된다[675]. 그러나 법률에 특별한 규정이 있는 경우에는 그에 따라야 한다(어음법 12조, 수표법 15조).

Ⅳ. 조건의 성취와 불성취

1. 의 의

조건부법률행위의 효력은 조건사실의 실현 여부와 의하는데, 조건이 실현된 경우를 조건의 성취, 그렇지 않기로 확정된 것을 조건의 불성취라고 한다.

2. 신의성실에 반한 조건의 성취와 불성취

(1) 조건의 부당한 불성취

조건의 성취로 불이익을 받을 당사자가 "신의성실에 반하여 조건의 성취를 방해한 때에는" 상대방은 그 조건이 성취된 것으로 주장할 수 있다(150조 1항). 「조건의

675) 고상용, 633면 ; 홍성재, 344면

성취로 불이익을 받을 당사자」는 조건성취로 직접 불이익을 받게 되는 자를 말한다. 조건의 성취로 간접적으로 이익을 받는 자는 이에 해당되지 않는다. 조건이 성취된 것으로 주장할 수 있는 권리에 대해 다수설[676]은 이를 일종의 형성권으로 이해하지만 소수설[677]은 조건성취의 법률효과의 발생이 의제된다고 한다. 즉, 신의성실에 반하는 조건성취의 방해 또는 조건성취의 조장이 있는 때에는 이러한 방해 조장이 없었더라면 발생하였을 법률효과가 발생하는 것으로 의제된다는 것이다. 소수설은 상대방이 그냥 받아들이려 할 때 150조 1항과 부합하지 않는다는 문제점이 있다.

상대방이 조건성취를 주장할 때 어느 시점을 표준으로 조건성취가 된 것으로 다뤄야 하는 지에 대해서는 조건성취를 주장하는 시점이라는 견해[678]도 있으나, 신의성실에 반하는 행위가 없었더라면 조건이 성취되었을 것이라고 추정되는 시점이고, 이러한 시점을 확정할 수 없는 경우에는 조건의 성취가 방해된 시점이라고 보아야 할 것이다[679]. 판례[680]는 「신의성실에 반하는 행위가 없었더라면 조건이 성취되었으리라고 추산되는 시점」이라고 하고 후설을 따르고 있다.

◆ 판 례

✧ 조건의 불성취로 의무를 면하게 될 자가 신의성실에 반하여 조건의 성취를 방해한 경우

[1] 상대방이 하도급받은 부분에 대한 공사를 완공하여 준공필증을 제출하는 것을 정지조건으로 하여 공사대금채무를 부담하거나 위 채무를 보증한 사람은 위 조건의 성취로 인하여 불이익을 받을 당사자의 지위에 있다고 할 것이므로, 이들이 위 공사에 필요한 시설을 해주지 않았을 뿐만 아니라 공사장에의 출입을 통제함으로써 위 상대방으로 하여금 나머지 공사를 수행할 수 없게 하였다면, 그것이 고의에 의한 경우만이 아니라 과실에 의한 경우에도 신의성실에 반하여 조건의 성취를 방해한 때에 해당한다고 할 것이므로, 그 상대방은 민법 제150조 제1항의 규정에 의하여 위 공사대금채무자 및 보증인에 대하여 그 조건이 성취된 것으로 주장할 수 있다.

[2] 조건의 성취로 인하여 불이익을 받을 당사자가 신의성실에 반하여 조건의 성취를 방해한 경우, 조건이 성취된 것으로 의제되는 시점은 이러한 신의성실에 반하는 행위가 없었더라면 조건이 성취되었으리라고 추산되는 시점이다(대판 1998. 12. 22, 98다42356).

---

676) 고상용, 635면 ; 곽윤직, 309면 ; 김상용, 672면 ; 김용한, 427면 ; 김주수, 520면 ; 김준호, 502면 ; 김증한/김학동, 496면 ; 백태승, 544면 ; 서광민, 501면 ; 송덕수, 268면.

677) 이영준, 769면.

678) 김상용, 673면 ; 김주수, 520면.

679) 김증한/김학동, 496면 ; 송덕수, 269면 ; 서광민, 502면 ; 이영준, 769면. ; 민형기, 주해민법(3), 363면.

680) 대판 1998, 12. 22, 98다42356.

(2) 조건의 부당한 성취

조건의 성취로 이익을 받을 당사자가 신의성실에 반하여 조건을 성취시킨 때에는 상대방은 그 조건이 성취되지 않은 것으로 주장할 수 있다(150조 2항).

Ⅴ. 조건부 법률행위의 효력

1. 조건의 성부 확정 전의 효력

(1) 조건부 권리(기대권, 희망권)

조건의 성취 여부가 확정되기 전에는 당사자 일방은 조건의 성취로 일정한 이익을 얻게 된다는 기대를 가지게 되는데, 민법은 이러한 기대를 일종의 권리로 보호하고 있다. 이 권리를 조건부권리라 하는데, 기대권 또는 희망권의 일종이다.

(2) 조건부 권리의 보호

① 침해의 금지(소극적 보호)

조건부권리에 대한 의무자는 "조건의 성부가 미정인 동안에 조건의 성취로 인하여 생길 상대방의 이익을 해하지 못한다(148조). 조건부권리의 의무자에게 상대방의 조건부권리를 침해하지 못하도록 하는 규정이다.

i) 조건부권리를 "해하지 못한다"라는 것은 만약 그것을 침해하는 경우에는 일반원칙에 따라서 손해배상책임을 발생시킨다는 것을 의미한다. 이때 그 책임의 성격에 대해서는 불법행위책임이라는 견해[681], 채무자의 충실의무 또는 보호의무 위반으로 생긴 채무불이행책임이라는 견해[682], 경우에 따라서 상대방이 아닌 제3자가 침해했을 때에는 불법행위책임이고, 정지조건부 권리자의 상대방이 침해했을 때에는 채무불이행책임이 된다는 견해[683]가 대립한다.

ii) 조건부 법률행위가 처분행위인 때에 조건부법률행위의 의무자가 조건부권리를 침해하는 처분행위를 한 경우 처분행위의 효력에 관해서는 명문의 규정이 없

---

681) 곽윤직, 310면 ; 윤형렬, 736면 ; 민형기, 주해민법(3), 347면.

682) 고상용, 638면 ; 김민중, 374면 ; 김증한/김학동, 497면 ; 명순구, 547면 ; 백태승, 565면 ; 서광민, 503면 ; 이영준, 772면 ; 이은영, 732면.

683) 김용한, 430면. 김상용 교수는 148조는 정지조건부 법률행위의 당사자에 의한 조건부권리의 침해의 경우만을 규정하고 있을 뿐이라고 한다(김상용, 674면).

으나, 그러한 처분행위는 무효라고 보는 것이 통설684)이다. 즉, 제3자에 대한 관계에서는 조건부권리의 목적물이 부동산이면 등기(가등기)에 의한 공시가 가능하고(부동산등기법 제3조), 동산이면 선의취득이 인정되므로 처분행위를 무효라고 하여도 제3자를 해하지 않는다.

◆ 판 례

✧ 해제조건부증여로 인한 소유권이전등기를 마친 경우 조건성취의 효과 및 조건성취 전에 수증자가 한 처분행위의 효력

해제조건부증여로 인한 부동산소유권이전등기를 마쳤다 하더라도 그 해제조건이 성취되면 그 소유권은 증여자에게 복귀한다고 할 것이고, 이 경우 당사자간에 별단의 의사표시가 없는 한 그 조건성취의 효과는 소급하지 아니하나, 조건성취 전에 수증자가 한 처분행위는 조건성취의 효과를 제한하는 한도 내에서는 무효라고 할 것이고, 다만 그 조건이 등기되어 있지 않는 한 그 처분행위로 인하여 권리를 취득한 제3자에게 위 무효를 대항할 수 없다(대판 1992.5.22, 92다5584).

② 조건부 권리의 처분 등(적극적 보호)

ⅰ) 조건부 권리의무는 "일반규정에 따라 이를 처분 · 상속 · 보존 또는 담보로 할 수 있다(149조). 148조가 정지조건부 권리의 침해를 금지함으로써 소극적으로 보호하는 것이라면 149조는 이를 자유로이 처분할 수 있는 것으로 하여 적극적으로 보호하는 것이다.

ⅱ) "일반규정에 따라"라는 것은 그 조건의 성취로 인하여 취득된 권리에 있어서와 동일한 방법에 의할 것을 의미한다.

담보할 수 있다는 것에 대해 정지조건부 권리 그 자체를 담보로 제공한다는 것을 의미하는 것이 아니고, 정지조건부 권리를 위하여 담보를 제공할 수 있다는 의미로 보는 견해685), 정지조건부 권리 즉 기대권을 담보의 목적으로 할 수 있다는 견해686)도 있고, 정지조건부 권리를 위하여 담보를 설정할 수도 있고 정지조건부권리를 담보로 제공할 수도 있다고 하는 견해687)도 있다.

---

684) 김상용, 675면 ; 백태승, 565면 ; 서광민, 504면. 이러한 통설에 대해 원칙적으로 유효하며, 다만 조건부권리와 제3자중 누가 먼저 권리취득의 요건을 갖추는가의 문제라는 대항설이 있고(고상용, 638면 ; 김민중), 독일에서는 중간처분행위는 일응 유효이지만 조건성취의 효과를 침해하는 한에서는 상대적 무효가 되는데, 우리나라에서도 이처럼 해석하자는 견해도 있다(이영준).

685) 고상용, 주해민법(3), 358면 ; 김주수, 374면.

686) 김증한, 326면.

2. 조건의 성부 확정 후의 효력

(1) 법률행위 효력의 확정

조건이 성취되면 조건부법률행위의 효력은 발생한다.

	조건이 성취	불성취로 확정
정지조건부 법률행위	법률행위의 효력이 발생(147조 1항)	무효
해제조건부 법률행위	법률행위의 효력은 소멸(147조 1항)	효력은 소멸하지 않는 것으로 확정

(2) 효과발생 시기

① **원칙적 비소급효**

조건성취의 효과는 조건성취시로부터 발생하고 그 이전으로 소급하지 않는 것이 원칙이다(147조 1항, 2항).

② **예외적 소급효** (147조 3항)

조건성취시부터 법률행위 성립시까지 사이의 어느 시점까지든지 당사자의 의사표시로 소급할 수 있다(이설 없음). 소급효의 시점에 대해서는 제한이 없으므로 법률행위 성립 이후 어느 시점이든 당사자가 임의로 정할 수 있다. 소급효에 대해 대세적 효력을 인정하자는 견해[688]도 있지만 소급효로 제3자의 권리를 해하지는 못한다고 해석된다.[689]

[3] 기 한

Ⅰ. 기한의 의의와 종류

1. 기한의 의의

기한이란 법률행위의 효력의 발생, 소멸 또는 이행을 '장래에 발생하는 것이

687) 김상용, 676면.
688) 김기선, 348면 ; 김증한/김학동, 321면.
689) 곽윤직, 311면 ; 김상용, 677면 ; 김용한, 428면 ; 김주수, 375면 ; 서광민, 505면.

확실한 사실'에 의존케 하는 부관을 말한다. 그리고 이러한 기한이 붙어 있는 법률행위를 기한부법률행위라 한다.

기한은 기한이 되는 사실이 장래의 사실이라는 점에서는 조건과 동일하지만 그 발생이 확실하다는 점에서 불확실한 조건과 구별된다.

2. 기한의 종류

(1) 시기와 종기

법률행위의 효력의 발생 또는 채무이행의 시기를 장래의 확실한 사실의 발생에 의존하게 하는 기한을 시기라 하고, 법률행위의 효력의 소멸을 장래의 확실한 사실의 발생에 의존하게 하는 기한을 종기라 한다.

(2) 확정기한과 불확정기한

기한의 도래시기가 확정되어 있는지 여부에 따른 구별로 확정되어 있는 기한을 확정기한이라 하고, 확정되어 있지 않은 기한을 불확정기한이라 한다. 불확정기한의 경우 조건과의 구별이 모호해지는 경우가 있다.

예컨대 「이 집이 팔리면 당신 채무를 변제한다」와 같이 변제할 의사는 있지만 해당 사실이 도래할 때까지 이행이 연기된 취지라면 불확정기한이다(통설). 그러나 임대차계약의 기한을 「임차인에게 매도할 때까지」로 정한 것은 그 도래 여부가 불확정적이므로 기한을 정한 것이라고 볼 수 없다[690].

지방자치단체와 분쟁이 있던 은행이 분쟁해결을 위하여 지방자치단체가 청구권을 행사하지 않는 대신 지방자치단체의 문화시설 건립 비용을 부담하기로 하되 그 비용의 지급방법은 상호 협의에 의하여 정하기로 한 경우, 은행은 그 비용을 지방자치단체에 지급하되 그 이행시기를 지방자치단체와 협의가 성립한 때로 정한다는 의미로서 그 약정은 불확정기한부 화해계약이다.

당사자가 불확정한 사실이 발생한 때를 이행 기한으로 정한 경우에는 그 사실이 발생한 때는 물론 그 사실의 발생이 불가능하게 된 때에도 이행기한은 도래한 것으로 보아야 한다[691].

---

690) 대판 1974, 5. 14, 73다631
691) 대판 2002. 3. 29, 2001다41766

◆ 판 례

재건축사업을 추진하던 자들과 사업 진행에 필요한 운전자금을 출자하고 사업상의 이익에 참여하기로 하는 등의 공동사업계약을 체결하고 그들에게 운전자금을 지급한 자가 그 후 사업진행이 순조롭지 않자 공동사업관계에서 탈퇴하면서 '스폰서가 영입되거나 사업권을 넘길 경우나 사업을 진행할 때'에는 위 출자금을 반환받기로 하는 청산약정을 체결한 사안에서, 위 부관의 법적 성질을 거기서 정해진 사유가 발생하지 않는 한 언제까지라도 위 투자금을 반환할 의무가 성립하지 않는 정지조건이라기보다는 불확정기한으로 보아, 출자금 반환의무는 위 약정사유가 발생하는 때는 물론이고 상당한 기간 내에 위 약정사유가 발생하지 않는 때에도 성립한다고 해석하는 것이 타당하다(대판 2009. 5. 14, 2009다16643).

Ⅱ. 기한을 붙일 수 없는 법률행위

(1) 혼인이나 입양과 같이 법률행위의 효과가 성립과 동시에 곧 발생할 것이 요구되는 법률행위에 대해서 시기를 붙이는 것은 허용되지 않는다. 혼인. 협의상의 이혼. 입양. 파양. 상속의 승인과 포기 등의 가족법상의 법률행위에는 시기를 붙이지 못하는 것은 이 때문이다(공익상의 이유로 조건이나 기한을 붙일 수 없다).

(2) 소급효가 있는 법률행위에는 시기를 븥일 수 없다. 상계·취소와 같이 소급효 있는 법률행위에 대하여 시기를 붙인다는 것은 무의미하기 때문에 허용되지 않는다.

(3) 종기를 붙이는 것을 허용하지 않는 법률행위의 범위는 해제조건에 친하지 않은 행위의 범위와 대체로 같다. 그러나 어음행위나 수표행위는 시기를 붙일 수 있다. 조건과 달리 시기는 그 도래가 확실하기 때문이다.

Ⅲ. 기한의 도래

기한이 되는 사실은 발생이 확실하기 때문에 기한은 반드시 도래한다. 기한이 기일 또는 기간으로 정해져 있는 때에는 기일의 도래 또는 기간이 경과함으로써 기한은 도래한다. 또한 기한의 이익을 포기하거나 상실한 때에도 기한이 도래한 것으로 된다(통설).

일반적으로 기한의 도래에 대해서는 기한 도래의 이익을 주장하는 자가 입증책임을 진다.

Ⅳ. 기한부 법률행위의 효력

1. 기한도래 전의 효력

기한은 조건과 달리 반드시 도래하므로 기한부권리를 가진 자의 지위는 조건부권리자의 경우보다 보호할 필요성은 더욱 강하다. 따라서 민법은 조건부권리의 침해금지에 관한 제148조와 조건부권리의 처분 등에 관한 제149조를 기한부권리에 준용하고 있다(제154조). 이밖에 기한 도래 전의 기한부채권을 피보전채권으로 하여 채권자대위권을 행사하는 것도 가능하다(404조 2항 참조)

2. 기한도래 후의 효력

시기부 법률행위는 기한이 도래한 때로부터 그 효력이 발생하고(152조 1항), 종기부 법률행위에서는 그 기한이 도래하면 그 효력이 소멸한다(152조 2항).

기한의 도래의 효과에는 소급효가 있을 수 없다. 따라서 기한부 법률행위에는 그 성질상 소급효를 있게 하는 당사자의 특약이 있더라도 그 특약은 무효가 된다. 왜냐하면 기한에 소급효를 인정하는 것은 기한을 붙이는 것과 모순되기 때문이다[692].

Ⅴ. 기한의 이익

1. 기한의 이익의 의의

기한의 이익이란 기한이 존재하는 것, 즉 기한이 아직 도래하지 않음으로써 그 동안 당사자가 받는 이익을 말한다. 예를 들면 채무에 이행기한이 붙여져 있는 때에는 그 기한도래까지는 변제가 유예된다고 하는 채무자의 이익 같은 것이다.

2. 기한의 이익을 가지는 자

기한의 이익을 받을 당사자는 법률행위의 종류, 특약 또는 당시의 구체적인 사정 등에 따라 정해진다. 그러나 기한이 어느 당사자를 위하여 존재하는지 불분명한 경우에는 채무자의 이익을 위하여 존재하는 것을 추정된다(제153조 제1항). 따

692) 곽윤직, 313면 ; 김상용, 679면.

라서 기한의 이익이 채권자 또는 쌍방을 위하여 존재하는 경우에는 이를 주장하는 자가 입증해야 한다(통설).

3. 기한의 이익의 포기

(1) 포기의 자유

기한의 이익은 상대방의 이익을 해하지 않는 한 자유로이 포기할 수 있다. 포기는 상대방 있는 단독행위이므로 상대방에 대한 일방적 의사표시로 한다(153조 2항).

① 기한의 이익이 당사자의 일방만을 위하여 존재하는 경우

그 당사자가 상대방에 대한 의사표시에 의하여 기한의 이익을 포기할 수 있다. 예컨대, 무이자의 차주는 언제든지 반환할 수 있고, 무상임치인은 언제든지 반환을 청구할 수 있다.

② 기한의 이익이 상대방을 위하여서도 존재하는 경우

당사자 일방은 상대방의 손해를 배상하고 기한의 이익을 포기할 수 있다(통설). 따라서 예컨대, 이자부 소비대차의 채무자는 "이행기"까지의 이자를 지급하여 기한 전에 변제할 수 있다.

(2) 포기의 효과

기한의 이익이 포기되면 기한이 도래한 것과 같은 법률효과가 발생한다. 따라서 포기한 때로부터 채권자는 이행의 청구를 할 수 있고, 채무자가 이에 응하지 않으면 이행지체의 책임을 진다. 다만 포기는 소급효가 없으므로 장래에 향해서만 효력이 있다.

4. 기한의 이익의 상실

(1) 의 의

채권자가 채무자를 신뢰하여 기한의 유예를 하여 주었는데 이에 반하여 채무자가 채권자의 신뢰에 반하는 행위를 하였을 때, 기한의 이익을 상실하게 하여 채권자를 보호하는 제도를 말한다(388조). 통설은 당사자가 기한의 이익이 상실에 관하여 특약을 할 수 있다고 본다.

(2) 상실사유

채무자가 그의 경제적 신용을 잃었다고 할 수 있는 사유가 발생한 때에는, 그의 기한의 이익을 상실케 하고, 곧 변제하게 하는 것은 부득이하다. 즉, 일정한 경우에는 채무자는 기한의 이익을 상실하며, 채권자의 기한전의 이행청구를 거절하지 못한다. 그러한 사유로서 다음의 세 가지가 있다.

① **채무자가 담보를 손상하거나 감소 또는 멸실하게 한 때**(388조 1호)

여기의 담보는 물적 · 인적 담보를 묻지 않고 모두 포함하여, 채무자의 고의 · 과실을 필요로 하지 않고 결과적으로 채무자의 행위로 말미암은 것이면 충분하다.

② **채무자가 담보제공의 의무를 이행하지 아니한 때**(388조 2호)

담보를 제공할 의무는 당사자간의 특약으로 생긴 것이거나 또는 법률의 규정에 의하여 생긴 것이거나를 불문한다.

③ **채무자가 파산의 선고를 받은 때**(채무자의 회생 및 파산에 관한 법률 제425조)

기한 있는 채권은 채무자가 파산선고를 받았을 때에 변제기에 이른 것으로 본다. 민법에서는 기한의 이익을 상실하는 사유로 규정하고 있지 않지만 채무자가 파산선고를 받는다는 것은 그 신용이 전혀 없다는 것을 의미하므로 채무자의 회생 및 파산에 관한 법률에서 이행기가 도래한 것으로 보고 있는 것이다.

(3) 효 과

기한의 이익을 상실하면 채무자는 기한의 이익을 주장하지 못할 뿐(즉 채무자는 채권자의 기한 도래 전의 이행청구를 거절하지 못한다), 기한의 도래를 의제하는 것은 아니다.

따라서 채권자는 이행의 청구를 하거나 채무자의 이행을 거절하고 기한까지의 이자를 청구할 수도 있다. 즉 기한이익의 상실로 채무자가 곧 이행지체가 되는 것이 아니라 채권자의 이행청구를 받은 때로부터 지체책임을 지는 것이다.

제388조는 기한의 이익의 상실로 기한도래의 효과가 바로 생기도록 간주하는 것이 아니고 채권자의 의사로 그것을 결정하도록 하고 있다.

◆ 판 례

[1] 기한이익 상실의 특약은 그 내용에 의하여 일정한 사유가 발생하면 채권자의 청구 등을 요함이 없이 당연히 기한의 이익이 상실되어 이행기가 도래하는 것으로 하는 것(정지조건부 기한이익 상실의 특약)과 일정한 사유가 발생한 후 채권자의 통지나 청구 등 채권자의 의사행위를 기다려 비로소 이행기가 도래하는 것으로 하는 것(형성권적 기한이익 상실의 특약)의 두 가지로 대별할 수 있고, 이른바 형성권적 기한이익 상실의 특약이 있는 경우에는 그 특약은 채권자의 이익을 위한 것으로서 기한이익의 상실 사유가 발생하였다고 하더라도 채권자가 나머지 전액을 일시에 청구할 것인가 또는 종래대로 할부변제를 청구할 것인가를 자유로이 선택할 수 있으므로, 이와 같은 기한이익 상실의 특약이 있는 할부채무에 있어서는 1회의 불이행이 있더라도 각 할부금에 대해 그 각 변제기의 도래시마다 그 때부터 순차로 소멸시효가 진행하고 채권자가 특히 잔존 채무 전액의 변제를 구하는 취지의 의사를 표시한 경우에 한하여 전액에 대하여 그 때부터 소멸시효가 진행한다.

[2] 채권자가 물상보증인에 대하여 그 피담보채권의 실행으로서 임의경매를 신청하여 경매법원이 경매개시결정을 하고 경매절차의 이해관계인으로서의 채무자에게 그 결정이 송달되거나 또는 경매기일이 통지된 경우에는 시효의 이익을 받는 채무자는 민법 제176조에 의하여 당해 피담보채권의 소멸시효 중단의 효과를 받는다(대판 1997. 8. 29, 97다12990).

제 6 장

기 간

Ⅰ. 총 설

1. 기간의 의의

기간(Frist)이란 어느 시점으로부터 어느 시점까지의 계속된 시간을 말한다. 기간은 계속된 시간을 의미하므로 어느 특정된 시점을 가르키는 기일(Termin)과 구분된다.

2. 기간의 법적 성질

기간의 법적 성질은 사건이다. 기간 자체만으로는 법률요건이 되는 경우가 없지만 다른 법률사실과 결합하여 법률요건이 된다. 성년, 최고기간, 시효 등이 그 예이다.

3. 적용범위

민법 총칙편의 기간에 관한 규정은, 법령 · 재판상의 처분 · 법률행위에 다른 정한 바가 없으면, 사법관계뿐만 아니라 공법관계에도 적용된다(155조).

Ⅱ. 기간의 계산방법

기간의 계산방법으로는 자연적 계산방법과 역법적 계산방법이 있다. 전자는 정확하지만 불편하고, 후자는 부정확하지만 편리하다.

1. 자연적 계산방법

기간을 시, 분, 초를 단위로 정했을 때에는 즉시로부터 기산하여 정하여진 시 · 분 · 초가 종료한다(156조). 정확하나 번잡하다.

2. 역법적 계산방법

(1) 기산점

기간을 일, 주, 월 또는 년을 단위로 정한 경우 원칙적으로 초일은 산입하지 않는다(157조 ; 초일불산입의 원칙). 예외적으로 초일을 산입하는 경우로는 오전 0시부터 기산하거나(157조 단서), 연령계산하는 경우(158조)이다.

◆ 판 례

✧ **초일 불산입의 원칙에 대한 예외 약정의 가부(적극)**

민법 제157조는 "기간을 일, 주, 월 또는 년으로 정한 때에는 기간의 초일은 산입하지 아니한다"고 규정하여 초일 불산입을 원칙으로 정하고 있으나, 민법 제155조에 의하면 법령이나 법률행위 등에 의하여 위 원칙과 달리 정하는 것도 가능하다(대판 2007.8.23, 2006다62942).

(2) 만료점

① 기간의 만료점

기간을 일, 주, 월 또는 년으로 정한 때에는 기간말일의 종료 즉 오후 12시로 기간이 만료한다(159조).

② 역법적 계산방법

기간이 주 월 년으로 정한 때에는 역에 의해서 계산하고(160조 1항), 처음부터 기산하지 않을 때에는 최후의 주 · 월 · 년에서 기산일에 해당하는 날의 「전일 오후 12시」로 만료한다(160조 2항). 최후의 월에 해당일이 없는 때에는, 그 월의 말일에 만료한다(160조 3항).

③ 공휴일의 특칙

기간의 말일이 토요일 또는 공휴일에 해당하는 때, 기간은 그 익일에 만료한다(161조). 2007년 12월 21일 민법개정에 의해 기간의 말일이 토요일인 경우에도 그 익일로 만료하도록 하였다. 국민의 권리행사와 의무이행을 용이하도록 하기 위해서라고 한다. 개정 후 민법 제161조의 시행시기를 기준으로 '법원에 계속중인 사건'에 관해서는 개정 후 민법 제161조의 적용이 배제되고 구 민법 제161조가 적용되므로, 기간의 말일이 토요일인 경우 기간은 그 날로 만료한다[693].

Ⅲ. 기간의 역산방법

기간계산에 관한 규정은 기간을 역산하는 경우에도 유추적용된다(통설 · 판례). 예컨대 사단법인이 총회를 3월 10일에 소집하려면 소집통지는 총회소집일로부터 1주일전까지 발신하여야 하므로(71조) 3월 9일에 기산하여 7일 전이 되는 3워 2일 24시까지 소집통지를 발신하여야 한다.

693) 대법원 2008.11.13. 자 2008후3155 명령

제 7 장

소멸시효

[1] 총 설

Ⅰ. 시효제도의 개념과 특질

1. 시효의 의의

시효란 일정한 사실상태가 일정한 기간 동안 계속됨으로써 그 상태가 진정한 권리관계에 일치되는지와 관계없이 그 사실상태를 존중하여 권리의 취득(취득시효) 또는 소멸(소멸시효)하게 하는 제도이다.

시효에는 취득시효와 소멸시효의 두가지가 있는데, 우리 민법은 취득시효는 물권편에서 규정하고, 소멸시효는 총칙편에서 규정하고 있다.

2. 성 질

(1) 시효는 일정한 기간 동안 계속을 요소로 한다. 즉, 그것은 기간의 경과를 요건으로 한다.

(2) 시효는 법률요건이다.

따라서 시효가 완성하면 법률상 당연히 권리를 취득하거나(취득시효의 경우), 또는 권리가 소멸하게 된다(소멸시효).

(3) 시효는 재산권에 관한 것이다.

신분관계는 성질상 진실에 의거하여 판단되어야 할 법률관계이기 때문에 이를 인정할 수 없다.

(4) 시효에 관한 규정은 강행규정이다. 즉 시효는 사회적·공익적인 이유를 근거로 하여 인정되는 것이다. 배제하거나 연장, 가중할 수는 없으나 단축 또는 경감은 가능하다(184조 2항).

(5) 시효는 제척기간과 다르다.

◎ 시효취득의 주장 속에는 상대방의 청구권이 시효소멸하였다는 주장이 포함되지 않는다.

Ⅱ. 시효제도의 존재이유

시효제도의 존재이유로 i) 법률생활의 안정과 평화, ii) 증거보전의 곤란으로부터의 구제, iii) 권리위에 잠자는 자는 보호할 필요가 없다 즉, 過怠罰的 制裁 및 권리행사의 촉구를 들고 있다. 그러면서 i) ii)는 주로 취득시효에, ii) iii)은 소멸시효에 타당한 이유라고 한다. 판례[694]도 「시효제도는 일정기간 계속된 사회질서를 유지하고 시간의 경과로 인하여 곤란하게 되는 증거. 보전으로부터의 구제 내지는 자기 권리를 행사하지 않고 소위 권리위에 잠자는 자는 법적 보호에서 이를 제외하기 위하여 규정된 제도」라고 하여 같은 입장이다. 권리위에서 잠자는 자를 보호하지 않는다는 것에 대해서는 반대하는 견해가 있다. 권리자가 소멸시효로 인하여 권리를 상실하는 것은 권리위에서 잠자고 있기 때문에 자업자득하는 것이 아니고, 법질서의 안정이라는 공익을 위해 희생하는 것에 불과하다든지[695], 또는 증거보전의 곤란 내지 입증의 곤란을 구제하기 위하여 감수하여야 하는 필요악에 불과하다고 한다.[696]

생각건대 시효제도는 로마법 이래로 모든 나라의 민법에서 인정하고 있는 제도이다. 그런대 시효제도는 때로는 무권리자에게 권리를 취득하게 하고(취득시효), 채무를 이행하지 않은 자에게 채무를 이행하지 않도록 하기도 한다(소멸시효). 이는 법의 목적이라는 정의관념에도 반하고 도덕적으로도 옳지 않다. 이점에서 최근에 시효제도의 존재이유에 대해 다양한 견해[697]들이 제기되고 있다고 생각된다. 시효제도는 이러한 점을 고려하면 권리를 취득하였거나 의무를 이행하였지만 이를 입증하지 못하는 자를 보호하기 위한 제도로 구성하여야 한다고 생각한다.

◆ 판 례

✧ 시효제도의 존재이유는 영속된 사실상태를 존중하고 권리 위에 잠자는 자를 보호하지 않는다는 데에 있고 특히 소멸시효에 있어서는 후자의 의미가 강하므로, 권리자가 재판상 그 권리를 주장하여 권리 위에 잠자는 것이 아님을 표명한 때에는 시효중단사유가 되는바, 이러한 시효중단사유로서의 재판상의 청구에는 그 권리 자체의 이행청구나 확인청구를 하

---

694) 대판 1976, 11. 6, 76다148.
695) 이영준, 783면.
696) 김증한/김학동, 508면.
697) 고상용, 660면 이하.

는 경우만이 아니라, 그 권리가 발생한 기본적 법률관계에 관한 확인청구를 하는 경우에도 그 법률관계의 확인청구가 이로부터 발생한 권리의 실현수단이 될 수 있어 권리 위에 잠자는 것이 아님을 표명한 것으로 볼 수 있을 때에는 그 기본적 법률관계에 관한 확인청구도 이에 포함된다고 보는 것이 타당하다(대판 전원합의체 1992.3.31, 91다32053).

✧ 시효제도는 일정 기간 계속된 사회질서를 유지하고 시간의 경과로 인하여 곤란해지는 증거보전으로부터의 구제를 꾀하며 자기 권리를 행사하지 않고 소위 권리 위에 잠자는 자는 법적 보호에서 이를 제외하기 위하여 규정된 제도라 할 것인바, 부동산에 관하여 인도, 등기 등의 어느 한 쪽만에 대하여서라도 권리를 행사하는 자는 전체적으로 보아 그 부동산에 관하여 권리 위에 잠자는 자라고 할 수 없다 할 것이므로, 매수인이 목적 부동산을 인도받아 계속 점유하는 경우에는 그 소유권이전등기청구권의 소멸시효가 진행하지 않는다(대판 전원합의체 1999. 3. 18, 98다32175).

Ⅲ. 시효에 관한 입법례

시효제도는 로마법 이래 인정되어 오고 있다. 그러나 그 내용은 각 입법례에 따라 차이가 있다.

(1) 프랑스 민법 취득시효와 소멸시효를 통일적으로 규정하고 같은 원리에 따라 규율한다. “시효원용의 이론”을 확립하였다.

(2) 독일 민법 시효의 완성으로 의무자가 단순히 영구적 항변권을 취득, 청구권의 소멸로서만 파악한다.

(3) 우리 민법 현행민법은 구민법과 달리 소멸시효는 총칙에서, 취득시효는 물권에서 규정하고 있어 독일법체계를 따르고 있다. 그러나 소멸시효의 효과에 있어서는 독일민법과는 다르다,

Ⅳ. 제척기간

1. 의 의

제처기간이란 법률이 규정하는 권리의 존속기간을 말하며, 그 기간이 경과하면 권리가 당연히 소멸되는 제도이다.

제척기간은 권리관계의 신속한 확정을 주된 목적으로 한다.

2. 제척기간이 정해져 있는 권리의 행사방법

제척기간이 정해져 있는 권리는 그 기간안에 어떠한 행위를 하여야 권리가 보전될 것인지 문제된다. 다수설[698]은 재판외의 행사만으로도 권리가 보전된다면 권리관계를 신속하게 확정지으려는 취지를 달성할 수 없으므로 제척기간을 출소기간(제소기간)으로 이해하여 그 기간안에 소의 제기가 있어야 한다고 한다. 이에 대해 소수설[699]은 법률에서 재판상 행사를 요구하지 않는 한 재판외의 행사로 충분하다고 한다.

판례는 제척기간을 원칙적으로는 재판상이든 재판외에서이든 권리를 행사할 수 있는 기간으로 해석하고[700], 예외적으로 일정한 경우에는 출소기간으로 해석하는 경우[701]도 있다.

◆ 판 례

✧ 민법 제204조 제3항과 제205조 제2항 소정의 점유보호청구권의 행사기간이 출소기간인지 여부(적극)

민법 제204조 제3항과 제205조 제2항에 의하면 점유를 침탈 당하거나 방해를 받은 자의 침탈자 또는 방해자에 대한 청구권은 그 점유를 침탈 당한 날 또는 점유의 방해행위가 종료된 날로부터 1년 내에 행사하여야 하는 것으로 규정되어 있는데, 여기에서 제척기간의 대상이 되는 권리는 형성권이 아니라 통상의 청구권인 점과 점유의 침탈 또는 방해의 상태가 일정한 기간을 지나게 되면 그대로 사회의 평온한 상태가 되고 이를 복구하는 것이 오히려 평화질서의 교란으로 볼 수 있게 되므로 일정한 기간을 지난 후에는 원상회복을 허용하지 않는 것이 점유제도의 이상에 맞고 여기에 점유의 회수 또는 방해제거 등 청구권에 단기의 제척기간을 두는 이유가 있는 점 등에 비추어 볼 때, 위의 제척기간은 재판외에서 권리행사하는 것으로 족한 기간이 아니라 반드시 그 기간 내에 소를 제기하여야 하는 이른바 출소기간으로 해석함이 상당하다(대판 2002. 4. 26, 2001다8097,8103).

---

698) 고상용, 661면 ; 곽윤직, 320면 ; 김상용, 689면 ; 김용한, 495면 ; 김주수, 536면 ; 백태승, 576면 ; 이영준, 786면,

699) 명순구, 567면 ; 송덕수, 281면 ; 이 설의 입장을 취하면서 의사표시만으로 행사할 수 있는 권리는 재판외에서 행사하여도 되고, 재판상 행사하여야 하는 권리는 제척기간내에 재판상 행사(소의 제기)가 필요하다고 덧붙이는 견해도 있다(김증한/김상용, 515면 ; 서광민, 562면 ; 윤진수, 주해민법(3), 401면 ; 이은영, 787면).

700) 대판 1991, 2. 22, 90다13420 ; 대판 1993, 7. 27, 92다52795 ; 대판 2000, 6. 8, 2000다15371 등.

701) 대판 2002, 4. 26, 2001다8097.

3. 소멸시효와의 차이점

(1) 소급효의 유무

제척기간에 의한 권리소멸에는 소급효가 인정되지 않지만 소멸시효에 의한 권리소멸에는 소급효가 있다(167조).

(2) 중단의 유무

제척기간은 권리관계를 조속하게 확정지으려는 것이므로 소멸시효에 인정되는 중단(168조)은 그 적용이 없다.

(3) 정지의 유무

소멸시효의 정지에 관한 규정은 제척기간에 적용이 되는지 학설은 대립되고 있다.

① **준용부정설**[702)]

제척기간은 본래 권리의 존속 그 자체를 제한하고 권리를 박탈하는 것이 목적이고, 제182조를 제척기간에 준용한다는 명문규정이 없기때문에 해석에 의한 유추적용은 할 수 없다.

② **182조 준용긍정설**[703)]

원칙적으로 정지에 관한 규정이 준용되지 않으나 천재 기타 사변으로 인한 소멸시효의 停止(182조)는 제척기간에 준용되어야 한다는 견해이다. 제척기간 만료전에 천재 기타 사변이 발생한 경우 유예기간을 주지 않는다면 권리자에게 가혹하며, 유예기간은 비교적 짧게 한정되어 있으므로 제척기간의 정지를 인정하더라도 권리관계를 조속하게 확정하려고 하는 제척기간의 제도적 취지에 반하지 않는다면서 준용을 긍정한다.

③ **전부 준용긍정설**[704)]

182조만이 아니라 정지에 관한 모든 규정을 준용하자는 견해이다.

---

702) 곽윤직, 321면 ; 김용한, 497면 ; 백태승, 576면 ; 송덕수, 282면 ; 윤진수, 민법주해(3), 402면 ; 이영준, 787면

703) 고상용, 668면 ; 김주수, 380면 ; 김증한/김학동, 514면 ; 서광민, 563면.

704) 김상용, 691면 ; 이은영, 788면.

(4) 포기의 여부

소멸시효는 시효완성후에 시효이익을 포기할 수 있지만(184조 2항) 제척기간은 그 만료로 당연히 소멸하기 때문에 시효이익의 포기는 인정될 수 없다.

(5) 효과의 차이

제척기간은 원용없이 기간의 경과로 당연히 소멸한다, 소멸시효는 기간의 경과로 당연히 소멸하는지 견해가 대립된다. 절대적 소멸설에 의하면 기간의 경과로 당연히 소멸하고, 상대적 소멸설에 의하면 기간이 경과한 후 원용이 있어야 소멸한다.

제척기간은 법원이 직권으로 참작하는데 반해, 소멸시효는 절대적 소멸설에 의하더라도 변론주의의 원칙상 소멸시효를 주장해야 참작되고, 상대적 소멸설에 의하면 소송상 원용이 있어야 참작된다.

◆ 판 례

매매의 일방예약에서 예약자의 상대방이 매매예약 완결의 의사표시를 하여 매매의 효력을 생기게 하는 권리, 즉 매매예약의 완결권은 일종의 형성권으로서 당사자 사이에 그 행사기간을 약정한 때에는 그 기간 내에, 그러한 약정이 없는 때에는 그 예약이 성립한 때로부터 10년 내에 이를 행사하여야 하고, 그 기간을 지난 때에는 예약 완결권은 제척기간의 경과로 인하여 소멸하고, 제척기간에 있어서는 소멸시효와 같이 기간의 중단이 있을 수 없다고 할 것이다(대판 2003. 1. 10., 2000다26425)

(6) 인정범위

소멸시효는 원칙적으로 채권, 예외적으로 물권에 인정되는데, 제척기간은 대부분 형성권에 적용된다.

(7) 기간의 단축

소멸시효는 법률행위에 의하여 그 기간이나 요건을 단축 경감할 수 있지만(184조 2항) 제척기간에는 단축이나 경감이 인정되지 않는다.

4. 소멸시효와 제척기간의 판별

(1) 일반적 기준

소멸시효와 제척기간은 앞에서 살펴본 것처럼 많은 차이가 있기 때문에 권리 행사기간이 어느 것에 해당하는지를 구별하는 것은 대단히 중요하다. 현재 학설은 법조문에 「시효로 인하여」라고 표현하고 있는 경우에는 소멸시효이고, 조문에 그러한 문자를 쓰고 있지 않으면 제척기간이라고 해석하는 것이 일반적이다.[705] 이외에 권리의 성질이나 규정의 취지 등을 고려하여 실질적으로 판단하여야 한다.

(2) 구체적 검토

소멸시효인지 제척기간인지 다퉈지는 경우로 다음의 것들이 있다.

① **상속재산 및 유증의 승인 포기의 취소**(1024조 2항, 1075조 2항)

제척기간이라는 견해(통설)와 소멸시효라는 견해가 대립된다.

② **불법행위에 기한 손해배상 청구권**(766조 2항)

제척기간설과 소멸시효설(판례)이 대립된다.

③ **유류분반환청구권**(1117조) **선박우선특권** (상법 870조 1항)

제척기간이라는 견해(통설)과 소멸시효라는 견해(판례)가 대립한다.

◈ 소멸시효와 제척기간의 비교

구 분	소멸시효	제척기간
구별기준	조문상 「시효로 인하여 소멸한다」라는 표현이 있으면 소멸시효이고, 법문에 이 문구가 없으면 제척기간으로 해석한다.	
존재사유	① 법률관계의 안정 ② 입증곤란의 구제 ③ 태만한 권리자의 배제	권리관계의 신속한 확정
기산점	권리를 행사할 수 있는 때	권리가 발생한 때
중 단	소멸시효의 진행 도중에 중단사유가 있으면 시효기간의 진행이 중단된다.	권리관계를 조속히 확정하기 위하여 중단제도가 인정되지 아니한다.

---

705) 이에 대해 권리의 종류와 성질에 따라 구분하여야 한다는 소수설이 있다(서광민, 565면).

정 지	소멸시효의 완성에 대하여 장해사유가 있으면 일시적으로 시효기간의 진행이 정지된다.	① 유추적용설 : 천재 기타 사변에 의한 시효중지만은 제척기간에 준용을 인정(김증한, 이근식) ② 반대설 : 준용규정이 없는 한 준용을 불인정(다수설)
인정범위	원칙적으로 채권, 예외적으로 물권에도 인정된다.	대부분 형성권에 적용된다.
입증책임	소멸시효의 항변권을 주장하는 자(채무자)가 부담한다.	권리자가 아직 제척기간이 미경과한 사실을 입증하여야 한다.
포 기	미리 포기할 수 없고 시효완성후에 포기가 가능하다.	제척기간의 만료로 당연히 소멸하므로 성질상 포기제도가 없다.
원용 여부	① 절대적 소멸설 : 소멸시효의 완성으로 당연히 권리가 소멸한다. ② 상대적 소멸설 : 소멸시효의 완성은 원용권이 발생할 뿐이고 권리가 당연히 소멸하지 않는다.	원용의 필요없이 권리가 당연히 소멸한다.
소송상 주장	① 절대적 소멸설 : 변론주의의 원칙상 소멸시효를 주장하여야 참작한다. ② 상대적 소멸설 : 소송상 원용하여야 참작한다.	법원이 직권으로 참작하여야 한다.
효 과	권리소멸의 효과가 소급한다.	불소급한다.

[2] 소멸시효의 요건

Ⅰ. 총 설

시효로 인하여 권리가 소멸하기 위해서는 (1) 권리가 소멸시효의 목적이 될 수 있는 것이어야 하고, (2) 권리자가 법률상 그 권리를 행사할 수 있음에도 불구하고 행사하지 않아야 하며, (3) 위의 권리 불행사의 상태가 일정한 기간 동안 계속될 것 등의 요건이 필요하다.

이들 요건중 권리가 시효소멸되었음을 주장하는 자가 입증하여야 하는 것은 (3) 의 사유 즉 소멸시효기간이 시작되어 만료되었다는 것뿐이고, 나머지 요건은 권리가 시효소멸되지 않았음을 주장하는 상대방이 입증하여야 한다.

이들 요건을 갖추면 권리는 시효로 소멸하게 되나, 일정한 경우에는 시효의 완성 또는 진행이 방해된다.

시효의 완성 또는 진행을 방해하는 것으로서 이른바 "시효의 중단"과 "시효의 정지"가 있는데, 이도 상대방이 주장 입증하여야 한다.

Ⅱ. 소멸시효의 대상이 되는 권리

소멸시효의 대상이 되는 권리는 재산권이다. 재산권이 아닌 인격권이나 가족권 등은 소멸시효의 대상이 되지 않는다. 재산권중에서도 소멸시효의 대상이 되지 않는 것도 있다. 민법에서는 소멸시효에 걸리는 권리로 채권과 소유권 이외의 재산권이다.

1. 채 권

채권은 소멸시효에 걸린다는데 대해 의문이 없다.

2. 소유권 이외의 재산권

소유권 이와의 재산궈이 소멸시효의 대상이 되고, 가족권·인격권 등의 비재산권은 목적 되지 않는다.

(1) 소유권

소유권은 소멸시효에 걸리지 않는다(162조 2항). 이는 소유권의 항구성 때문이다[706].

(2) 부동산의 매수인이 매도인에 대하여 가지는 등기청구권

① 부정설[707](판례)

부동산의 매수인이 매도인에 대하여 가지는 등기청구권은 채권적 청구권이지만, 만일에 매수인이 목적물을 인도받고 있으면, 그 등기청구권은 소멸시효에 걸리지 않는다고 한다.[708]

부동산 매수인이 목적물을 인도받아서 사용 · 수익하고 있다면, 그 매수인은 결코 권리(즉 등기청구권) 위에 잠자고 있다(즉 권리를 행사하지 않고 있다)고는 할 수 없다는 데에 있다.

---

706) 이에 대해 동어반복에 불과하다면서 근세초기에 지배하였던 소유권절대의 사상이 반영된 것이라고 설명하는 견해도 있다(서광민, 518면 ; 石田穰, 632면).

707) 김증한/김학동, 698면 ; 백태승, 584면 ; 이영준, 801면.

708) 대판 전원합의체 1976. 11. 6, 76다148.

② 긍정설[709)]

판례가 주장하는 바와 같이, 부동산매매에 있어서 매수인에 의한 목적부동산의 점유는, 이를 과연 그가 가지는 등기청구권의 행사로 볼 수 있는가? 생각건대, 부동산의 매매에 있어서는 매도인은 그 부동산의 소유권을 이전할 의무(물권행위와 이전등기를 할 의무)와 목적부동산의 점유를 이전하여야 할 인도의무라는 두 의무를 부담하는 것이다. 그러므로 매도인이 목적물을 인도하여 매수인이 현재 점유하고 있다고 하여도, 그것은 어디까지나 매도인이 부담하는 목적부동산인도의무의 이행이 있는 상태일 뿐이며, 그것은 동시에 매수인이 등기청구권을 행사하고 있는 것으로는 도저히 인정할 수 없는 것이다. 판례이론은 도저히 이해할 수 없는 것이며 부당하다. 부동산매수인의 채권적 등기청구권은, 목적부동산에 대한 인도의 유무를 묻지 않고서, 언제나 소멸시효에 걸린다고 하여야 한다.

승인에 의한 시효중단이라는 견해[710)]도 있다. 등기청구권의 성질을 채권적인 것으로 이해하면서 시효로 소멸하는 것이 당연하지만 매도인이 목적물을 매수인에게 인도하고, 그 상태가 계속된다면 이는 채무의 승인으로 소멸시효의 진행이 중단되는 것이라 한다.

매수인이 매매대금을 완납하고 목적물을 인도받은 때에 한해 소멸시효에 걸리지 않는다고 한다. 그렇지 않으면 10년후(소멸시효에 걸린 후) 매도인은 반환청구권을 행사할 수 있게 되는데, 이는 부당하고 사회통념상 인도받아 사용수익하는 것은 권리행사로 볼 수 있기 때문이라고 한다[711)].

(3) 물권적 청구권

소유권에 기한 물권적 청구권과 소유권 이외의 다른 물권에 기한 물권적 청구권 모두 소멸시효에 걸리지 않는다는 견해[712)], 모두 소멸시효에 걸린다는 견해[713)], 소유권에 기한 물권적 청구권은 소멸시효에 걸리지 않지만 소유권 이외의 제한물권에 기한 물권적 청구권은 소멸시효에 걸린다는 견해[714)]가 대립한다.

---

709) 곽윤직, 324면 ; 장경학, 706면.
710) 고상용, 668면 ; 홍성재, 413-414면.
711) 이은영, 754-755면.
712) 김상용, 697면 ; 김증한/김학동, 519면 ; 송덕수, 283면 ; 이은영, 756면.
713) 이영준, 803면.
714) 곽윤직, 324면 ; 고상용, 672면 ; 김용한, 459면 ; 김주수, 549면 ; 백태승, 559면.

판례는 양도담보설정자가 피담보채무 변제후 행사하는 등기청구권[715], 합의해제에 따른 매도인의 원상회복청구권[716], 진정명의회복을 위한 소유권이전등기청구권[717]에 대해 소유권에 기한 물권적 청구권이므로 소멸시효에 걸리지 않는다고 하였다.

(4) 형성권

형성권은 권리자가 행사함으로써 법률효과가 발생하므로 권리를 행사하였는데 목적으로 달성할 수 없는 경우는 있을 수 없다. 형성권의 존속기간은 제척기간이므로, 소멸시효와는 무관하다.

형성권의 행사기간이 정해져 있지 않은 경우 형성권을 언제까지 행사할 수 있는지 문제된다. 이에 대해 10년 이내에 행사하여야 한다는 견해[718]가 있다. 원칙적으로 20년 내에 행사하여야 하지만 그전이라도 실효의 요건이 갖춰지면 실효된다는 견해[719], 행사기간이 없는 것으로 보아 실효의 원칙으로 해결하자는 견해[720]도 있다. 형성권의 행사기긴은 그것의 기초가 된 권리관계에 의하여 결정된다[721]. 그에 위해 결정되지 않을 때에는 신의칙에 의한다[722].

다만 형성권을 행사한 결과로 생기는 채권적 권리에 대해서 언제까지 행사할 수 있는가와 관련하여 통설[723]은 형성권의 제척기간 내에 행사해야 한다고 하고, 소수설[724]은 이들 권리의 시효기간은 형성권이 행사되어 이 권리를 행사할 수 있을 때부터 새로이 진행한다고 한다. 판례는 채권적 권리가 발생한 때로부터 소멸시효가 진행한다고 한다.

---

715) 대판 1979, 2. 13, 78다2412.
716) 대판 1982, 7. 27, 80다2969.
717) 대판 1993, 8. 24, 92다43975.
718) 고상용, 673면 ; 곽윤직, 325면 ; 김상용, 692면 ; 김용한, 460면 ; 백태승, 580면.
719) 이영준, 788면.
720) 박영규, 사법상의 권리행사기간, 민사법학 18호(2000), 303면.
721) 김증한/김학동, 515면 ; 명순구, 573면.
722) 아은영, 785면.
723) 곽윤직, 325면 ; 김증한/김학동, 516면 ; 김상용, 696면 ; 김용한, 461면 ; 김주수, 550면.
724) 송덕수, 284면 ; 윤진수, 민법주해(3), 428면.

◆ 판 례

징발재산정리에 관한 특별조치법 제20조 소정의 환매권은 일종의 형성권으로서 그 존속기간(국방부장관으로부터 환매권행사의 통지가 있은 경우에는 위 법조 제3항에 의하여 그 때로부터 3월, 그렇지 않은 경우에는 환매권이 발생한 날 즉 징발재산의 전부 또는 일부가 군사상 필요없게 된 때로부터 10년)은 제척기간으로 보아야 한다는 것이 당원의 견해인바(당원 1990.1.12. 선고 88다카25342 판결; 1990.4.27. 선고 89다카31184 판결; 1990.10.12. 선고 90다카20838 판결 참조), 위 환매권은 재판상이든 재판외이든 위 기간 내에 이를 행사하면 이로써 매매의 효력이 생기는 것이고 반드시 위 기간 내에 재판상 행사하여야 되는 것은 아니며 또한 환매권의 행사로 발생한 소유권이전등기청구권은 위 기간 제한과는 별도로 환매권을 행사한 때로부터 일반채권과 같이 민법 제162조 제1항 소정의 10년의 소멸시효기간이 진행되는 것이지 위 제척기간내에 이를 행사하여야 하는 것은 아니라고 보아야 할 것이다(대판 1991.2.22, 90다13420).

(5) 기타

① **점유권**

점유권은 물건의 사실상 지배라는 일정한 사실상태가 있으면 언제나 존재하고, 그 사실상태가 소멸하면 당연히 소멸하는 권리이므로, 소멸시효의 문제는 생길 여지가 없다.

② **담보물권**

담보물권은 담보물권의 부종성 때문에, 피담보채권이 존속하는 한, 담보물권만이 독립하여 소멸시효에 걸리는 일은 없다. 다만 근저당권설정등기청구권과 같은 권리는 담보물권이 아니어서 피담보채권과는 별도로 소멸시효가 진행된다.

③ **항변권**

상대방의 청구권행사가 없는 동안에는 소멸시효에 걸리지 않는다. 상대방이 청구권을 행사하면, 그 때부터 20년간 행사하지 않음으로써 소멸시효에 걸린다.

Ⅲ. 권리의 불행사

1. 소멸시효의 기산

소멸시효는 권리를 행사할 수 있는 때로부터 진행한다(166조 1항). 「권리를 행사할 수 있다」는 것은 권리를 행사하는데 법률상의 장애(예, 기한의 미도래, 정지조건의 불성취)가 없는 것을 말하고, 사실상의 장애(예, 법률지식의 부족, 권리존재의 부지, 질병)는 이에 해당되지 않는다.

다만 불법행위에 의한 손해배상청구권의 경우 피해자나 법정대리인이 「손해 및 가해자를 안 날」부터 진행된다는 점에서 166조 1항의 예외를 이루고 있다. 또 판례도 일정한 경우 예외를 인정하기도 한다. 즉 청구권자가 권리의 발생 여부를 객관적으로 알기 어려운 상황에 있고, 이를 과실 없이 알지 못한 경우 청구권의 소멸시효의 기산점은 「객관적으로 청구권의 발생을 알 수 있게 된 때」라고 한다[725].

◆ 판 례

소멸시효는 객관적으로 권리가 발생하여 그 권리를 행사할 수 있는 때로부터 진행하고 그 권리를 행사할 수 없는 동안만은 진행하지 않는바, '권리를 행사할 수 없는' 경우라 함은 그 권리행사에 법률상의 장애사유, 예건대 기간의 미도래나 조건 불성취 등이 있는 경우를 말하는 것이고, 사실상 권리의 존재나 권리행사 가능성을 알지 못하였고 알지 못함에 과실이 없다고 하여도 이러한 사유는 법률상 장애사유에 해당하지 않지만, 다만 채무자가 시효완성 전에 채권자의 권리행사나 시효중단을 불가능 또는 현저히 곤란하게 하거나 그러한 조치가 불필요하다고 믿게하는 행동을 하였거나, 객관적으로 채권자가 권리를 행사할 수 없는 장애사유가 있었거나, 또는 일단 시효완성 후에 채무자가 시효를 원용하지 아니할 것 같은 태도를 보여 권리자로 하여금 그와 같이 신뢰하게 하였거나, 채권자 보호의 필요성이 크고 같은 조건의 다른 채권자가 채무의 변제를 수령하는 등의 사정이 있어 채무 이행의 거절을 인정함이 현저히 부당하거나 불공평하게 되는 등의 특별한 사정이 있는 경우에 한하여 채무자가 소멸시효의 완성을 주장하는 것이 신의성실의 원칙에 반하여 권리남용으로서 허용될 수 없다(대판 1999. 12. 7, 98다42929).

[1] 소멸시효의 진행은 당해 청구권이 성립한 때로부터 발생하고 원칙적으로 권리의 존재나 발생을 알지 못하였다고 하더라도 소멸시효의 진행에 장애가 되지 않는다고 할 것이지만, 법인의 이사회결의가 부존재함에 따라 발생하는 제3자의 부당이득반환청구권처럼 법인이나 회사의 내부적인 법률관계가 개입되어 있어 청구권자가 권리의 발생 여부를 객관적으로 알기 어려운 상황에 있고 청구권자가 과실 없이 이를 알지 못한 경우에도 청구권이 성립한 때부터 바로 소멸시효가 진행한다고 보는 것은 정의와 형평에 맞지 않을 뿐만 아니라 소멸시효제도의 존재이유에도 부합한다고 볼 수 없으므로, 이러한 경우에는 이사회결의부존재확인판결의 확정과 같이 객관적으로 청구권의 발생을 알 수 있게 된 때로부터 소멸시효가 진행된다고 보는 것이 타당하다.

[2] 주식회사인 부동산 매수인이 의료법인인 매도인과의 부동산매매계약의 이행으로서 그 매매대금을 매도인에게 지급하였으나, 매도인 법인을 대표하여 위 매매계약을 체결한 대표자의 선임에 관한 이사회결의가 부존재하는 것으로 확정됨에 따라 위 매매계약이 무효로

725) 대판 2003, 4. 8, 2002다64957, 64964.

되었음을 이유로 민법의 규정에 따라 매도인에게 이미 지급하였던 매매대금 상당액의 반환을 구하는 부당이득반환청구의 경우, 거기에 상거래 관계와 같은 정도로 신속하게 해결할 필요성이 있다고 볼 만한 합리적인 근거도 없으므로 위 부당이득반환청구권에는 상법 제64조가 적용되지 아니하고, 그 소멸시효기간은 민법 제162조 제1항에 따라 10년이다(대판 2003. 4. 8, 2002다64957,64964).

2. 소멸시효의 기산점

(1) 확정기한부 채권

확정기한이 도래한 때부터 소멸시효가 진행한다. 이행기가 도래한 후에 채권자가 채무자에게 기한을 유예한 경우에는 유예시까지 진행된 시효는 포기한 것으로서 유예된 이행일이 새로운 기산점이 된다.

(2) 불확정기한부 채권

객관적으로 기한이 도래한 때부터 소멸시효가 진행된다. 채권자가 기한도래의 사실에 대해 알았는지 여부, 그에 대한 과실이 있었는지 여부를 묻지 않고, 객관적으로 기한이 도래한 때부터 진행된다.

(3) 기한을 정하지 않은 채권

기한을 정하지 않은 채권의 경우 채권자는 언제든지 이행을 청구할 수 있으므로 소멸시효의 기산점은 채권이 발생한 때부터이다. 채무불이행에 기한 손해배상청구권의 경우 소멸시효의 기산점에 대해 학설은 대립하고 있다. 채무불이행에 기한 손해배상청구권은 본래의 채권과 별개의 채권이 아니라 본래의 채권의 변형물에 지나지 않으므로 본래의 채권을 행사할 수 있는 때로부터 소멸시효에 걸린다는 견해[726], 손해배상청구권은 채무불이행시에 비로소 성립하기 때문에 채무불이행이 생긴 때부터라는 견해[727], 이행불능인 경우와 이행지체의 경우를 나누는데 이는 이행불능의 경우에는 채권의 종류가 달라지지만 이행지체의 경우에는 본래 채권의 확장이라는 이유로 이행불능의 경우에는 이행불능시이고, 이행지체의 경우에는 본래의

726) 곽윤직, 327면 ; 김용한, 451면 ; 장경학, 713면.

727) 고상용, 677면 ; 백태승, 586면 ; 서광인, 524면 ; 이은영, 759면 ; 윤진수, 주해민법(3), 472면 ; 김주수, 556면 ; 송덕수, 286면 ; 이영준, 906면.

채권을 행사할 수 있는 때라는 견해[728]로 대립되고 있다. 한편 판례는 손해배상청구권은 채무불이행시에 비로소 성립하므로 채무불이행시부터 진행한다고 한다.[729]

(4) 기한이익의 상실약관이 붙어 있는 채권

할부금채권이 경우 1회라도 할부금의 지급을 게을리하면 나머지 전체에 대해 이행청구할 수 있다는 기한이익을 상실한다는 특약을 하는 경우가 많다. 이 경우 나머지 할부금의 소멸시효의 기산점은 언제인가 하는 것이다. 학설[730]은 기한이익의 상실사유가 발생하면 그때부터 나머지 할부금 전액에 대해 소멸시효가 진행된다고 한다. 이에 대해 판례[731]는 기한이익의 상실약관을 일정한 사유가 발생하면 채권자의 청구 등을 요하지 않고 당연히 이행기가 도래한 것으로 하는 정지조건부 기한이익의 상실약관과 채권자가 나머지 전액을 일시에 청구하여야 비로소 이행기가 도래한 거승로 하는 형성권적 기한이익의 상실약관으로 나누어, 후자의 경우에는 채권자가 나머지 할부금 전액을 변제청구하지 않는 한 할부금채권에 대한 소멸시효는 그 변제기 도래시 마다 개별적으로 진행된다고 한다.

◆ 판 례

형성권적 기한이익 상실의 특약이 있는 경우에는 그 특약은 채권자의 이익을 위한 것으로서 기한이익의 상실 사유가 발생하였다고 하더라도 채권자가 나머지 전액을 일시에 청구할 것인가 또는 종래대로 할부변제를 청구할 것인가를 자유로이 선택할 수 있으므로, 이와 같은 기한이익 상실의 특약이 있는 할부채무에 있어서는 1회의 불이행이 있더라도 각 할부금에 대해 그 각 변제기의 도래시마다 그 때부터 순차로 소멸시효가 진행하고 채권자가 특히 잔존 채무 전액의 변제를 구하는 취지의 의사를 표시한 경우에 한하여 전액에 대하여 그 때부터 소멸시효가 진행한다(대판 2002. 9. 4, 2002다28340).

(5) 정지조건부채권

정지조건부 채권은 조건 성취가 미정인 동안에는 권리를 행사할 수 없으므로 소멸시효는 진행하지 않고, 조건이 성취된 때로부터 소멸시효가 진행한다.

---

728) 김상용, 701면 ; 김증한/김학동, 521면.
729) 대판 1995, 6. 30, 94다54269.
730) 고상용, 676면 ; 곽윤직, 328면 ; 김상용, 701면.
731) 대판 2002. 9. 4, 2002다28340.

(6) 청구 또는 해지통고를 한 후 일정기간이나 상당한 기간이 경과한 후에 청구할 수 있는 권리

청구나 해지통고를 할 수 있는 때로부터 그 유예기간이 경과한 때로부터 소멸시효가 진행한다. 이러한 채권의 경우 최고나 해지통고가 있은 후 상당한 기간 또는 일정한 기간이 지나야 채권자는 현실적으로 청구할 수 있기 때문이다. 그런데 이러한 경우 실제로 「최고 또는 해지통고를 한 때」부터 일정한 유예기간이 지나야 소멸시효가 진행한다면 최고 또는 해지통고를 빨리 한 채권자 보다 늦게 한 채권자가 유리하게 되는 불합리한 결과가 발생되기 때문에 「청구나 해지통고를 할 수 있는 때」로 한 것이다.

(7) 부작위채권

부작위채권은 그 위반이 있어야 비로소 이행청구의 문제가 생기게 되므로 위반행위를 한 때로부터 소멸시효가 진행한다(160조 2항).

◈ 소멸시효의 기산점

권리	기산점
확정기한부채권	기한도래시
불확정기한부채권	기한도래시(채권자의 기한도래에 관한 지 . 부지를 불문)
기한을 정하지 않은 채권	채권이 발생(성립)한 때
정지조건부채권	조건성취시
부작위채권	위반행위를 한 때
물권	권리발생시

◈ 판 례

✧ 불법행위 당시에는 전혀 예견할 수 없었던 새로운 손해가 발생하거나 손해가 확대된 경우, 그 부분에 대한 손해배상청구권의 소멸시효 기산점

불법행위로 인한 손해배상청구권은 피해자나 그 법정대리인이 그 손해 및 가해자를 안 날부터 3년간 행사하지 아니하면 시효로 인하여 소멸하는 것인바, 여기에서 '손해를 안 날' 이라 함은 피해자나 그 법정대리인이 손해를 현실적이고도 구체적으로 인식하는 것을 뜻하고 손해발생의 추정이나 의문만으로는 충분하지 않으며, 통상의 경우 상해의 피해자는 상해를 입었을 때 그 손해를 알았다고 볼 수가 있지만, 그 후 후유증 등으로 인하여 불법행위 당시에는 전혀 예견할 수 없었던 새로운 손해가 발생하였다거나 예상 외로 손해가 확대된 경우에는 그러한 사유가 판명된 때에 새로이 발생 또는 확대된 손해를 알았다고 보아야 하고, 이와 같이 새로이 발생 또는 확대된 손해 부분에 대하여는 그러한 사유가 판명된 때로부터 시효소멸기간이 진행된다(대판 2010.4.29, 2009다99105).

✧ **중간정산퇴직금청구권의 기산점**

사용자와 근로자의 합의로 퇴직금 중간정산이 성립한 일부 근로기간에 대하여는 중간정산 시점에 중간정산퇴직금청구권이 발생하고 소멸시효도 그때부터 기산되지만, 중간정산 합의가 없었던 나머지 근로기간에 대하여는 최종 퇴직시에 퇴직금청구권이 발생하고, 소멸시효도 최종 퇴직 시점으로부터 진행한다(대판 2008.2.1, 2006다20542).

✧ 원고가 피고에 대하여 가지는 복구공사비 청구채권은 이 사건 공사도급계약에 부수되는 채권이고, 그 채권의 행사에 법률상의 장애가 있었다고는 보이지 아니하므로 그 복구공사가 완료한 때부터 그 채권을 행사할 수 있었다고 할 것이고, 소멸시효 또한 그 때부터 진행한다고 할 것이다. 그럼에도 불구하고 원심은 이와 달리, 위 각 홍수피해 복구공사비 청구채권에 대한 소멸시효의 기산점을 그 각 복구공사가 완료된 시점이 아니라 이 사건 도급공사가 모두 완료된 다음날이라고 보아 그 소멸시효가 완성되지 아니하였다고 판단하고 말았으니, 원심판결에는 소멸시효의 기산점에 관한 법리를 오해하여 판결에 영향을 미친 위법이 있다(대판 2009.11.12, 2008다41451).

✧ 집합건물의 하자보수에 갈음한 손해배상청구권의 소멸시효기간은 각 하자가 발생한 시점부터 별도로 진행한다(대판 2009.2.26, 2007다83908).

Ⅳ. 소멸시효기간

1. 채권의 소멸시효기간

(1) 일반 채권

일반 채권의 소멸시효기간은 10년이다(162조 1항). 상사채권은 5년이다(상법 64조). 상인간에는 보다 신속한 처리가 필요하기 때문이다. 판례에 의하면 기존채무의 이행을 보장하기 위해 약속어음을 발행한 경우에는 여전히 일반채권이고[732], 주식회사의 이사 또는 감사의 회사에 대한 임무해태로 인한 손해배상청구권[733], 근로자의 근로계약상의 주의의무 위반으로 인한 손해배상청구권[734], 물상보증인의 채무자에 대한 구상권[735], 금전채무의 이행지체로 인하여 발생하는 지연손해금채권[736], 공

732) 대판 1961, 2. 8, 61다816.
733) 대판 2006. 8. 25, 2004다24144 ; 대판 1985, 6. 25, 84다카1954.
734) 대판 2005, 11. 10, 2004다22742.

동불법행위자의 보증인이 그 공동불법행위자 또는 다른 공동불법행위자에 대하여 가지는 구상권[737] 등도 일반채권으로 모두 소멸시효기간은 10년이라 한다.

◆ 판 례

✧ 부동산 실권리자명의 등기에 관한 법률 시행 전에 명의수탁자가 명의신탁 약정에 따라 부동산에 관한 소유명의를 취득한 경우 위 법률의 시행 후 같은 법 제11조의 유예기간이 경과하기 전까지 명의신탁자는 언제라도 명의신탁 약정을 해지하고 당해 부동산에 관한 소유권을 취득할 수 있었던 것으로, 실명화 등의 조치 없이 위 유예기간이 경과함으로써 같은 법 제12조 제1항, 제4조에 의해 명의신탁 약정은 무효로 되는 한편, 명의수탁자가 당해 부동산에 관한 완전한 소유권을 취득하게 된다 할 것인데, 같은 법 제3조 및 제4조가 명의신탁자에게 소유권이 귀속되는 것을 막는 취지의 규정은 아니므로 명의수탁자는 명의신탁자에게 자신이 취득한 당해 부동산을 부당이득으로 반환할 의무가 있다 할 것인바, 이와 같은 경위로 명의신탁자가 당해 부동산의 회복을 위해 명의수탁자에 대해 가지는 소유권이전등기청구권은 그 성질상 법률의 규정에 의한 부당이득반환청구권으로서 민법 제162조 제1항에 따라 10년의 기간이 경과함으로써 시효로 소멸한다(대판 2009.7.9, 2009다23313).

✧ 집합건물의 소유 및 관리에 관한 법률 제9조는 건축업자 내지 분양자로 하여금 견고한 건물을 짓도록 유도하고 부실하게 건축된 집합건물의 소유자를 두텁게 보호하기 위하여 집합건물 분양자의 담보책임에 관하여 민법상 도급인의 담보책임에 관한 규정을 준용하도록 함으로써 분양자의 담보책임의 내용을 명확히 하는 한편 이를 강행규정화한 것으로서, 같은 조에 의한 책임은 분양계약에 기한 책임이 아니라 집합건물의 분양자가 집합건물의 현재의 구분소유자에 대하여 부담하는 법정책임이므로 이에 따른 손해배상청구권에 대하여는 민법 제162조 제1항에 따라 10년의 소멸시효기간이 적용된다(대판 2008.12.11, 2008다12439).

✧ 사채(사채)의 상환청구권에 대한 지연손해금의 소멸시효기간(=10년) 및 사채의 이자에 대한 지연손해금의 소멸시효기간(=5년)

금전채무에 대한 변제기 이후의 지연손해금은 금전채무의 이행을 지체함으로 인한 손해의 배상으로 지급되는 것이므로, 그 소멸시효기간은 원본채권의 그것과 같다. 한편, 상법 제487조 제1항에 "사채의 상환청구권은 10년간 행사하지 아니하면 소멸시효가 완성한다.", 같은 조 제3항에 "사채의 이자와 전조 제2항의 청구권은 5년간 행사하지 아니하면 소멸시효가 완성한다."고 규정하고 있고, 이미 발생한 이자에 관하여 채무자가 이행을 지체한 경우에는 그 이자에 대한 지연손해금을 청구할 수 있으므로, 사채의 상환청구권에 대한 지연손해금은 사채의 상환청구권과 마찬가지로 10년간 행사하지 아니하면 소멸시효가 완성하고, 사채의 이자에 대한 지연손해금은 사채의 이자와 마찬가지로 5년간 행사하지 아니하면 소멸시효가 완성한다(대판 2010. 9. 9, 2010다28031).

---

735) 대판 2001, 4. 24, 2001다6237.

736) 대판 1995, 10. 13, 94다57800.

737) 대판 2008.7.24, 2007다37530 ; 대판 1999. 6. 11, 99다3143 ; 대판 1994. 1. 11, 93다32958.

✧ 하자보수보증금채권의 소멸시효기간 및 기산일은 그 채권이 발생할 당시 시행·적용되던 법률에 따라 정하여지는 것이고, 그 후 그 법률이 개폐되었다거나 적용 법률이 달라지게 되었다 하여 개정 법률이나 신법 또는 새로 적용될 법률에 따라 그 기간이 정하여질 수 없음은 법률불소급의 원칙상 당연하다(대판 1996. 6. 28, 96다2453 ; 대판 2009. 6. 23., 2008다85598).

(2) 3년의 단기소멸시효에 걸리는 채권

민법은 채권중에서 일부에 대해 3년의 단기시효를 규정하고 있다. 이러한 채권은 일상적으로 빈번하게 발생하고 금액도 소액이며 영수증도 교부되지 않으므로 법률관계를 조속하게 확정할 필요가 있기 때문이라 한다.[738)]

① 이자, 부양료, 급료, 사용료 기타 1년 이내의 기간으로 정한 금전 또는 물건의 지급을 목적으로 한 채권

여기서 「1년 이내의 기간으로 정한 금전 또는 물건의 지급을 목적으로 하는 채권」이란 1년 이내의 정기에 지급되는 채권을 의미하는 것이지, 변제기가 1년 이내의 채권을 말하는 것이 아니다. 1개월 단위로 지급되는 집합건물의 관리비채권은 이에 속한다[739)]. 이자채권이라 하더라도 1년 이내의 정기로 지급하기로 한 것이 아니면 3년의 단기소멸시효에 걸리지 않는다[740)]. 따라서 1회의 변제로 소멸되는 소비대차의 원리금채권[741)]

급료채권중에서 노역인과 연예인의 임금채권은 소멸시효기간이 1년이고(164조 3호), 근로자의 임금채권은 3년이다(근로기준법 48조).

◈ 판 례

✧ 민법 제163조 제1호 소정의 '1년 이내의 기간으로 정한 금전 또는 물건의 지급을 목적으로 하는 채권'이란 1년 이내의 정기에 지급되는 채권을 의미하는 것이지, 변제기가 1년 이내의 채권을 말하는 것이 아니므로, 이자채권이라고 하더라도 1년 이내의 정기에 지급하기로 한 것이 아닌 이상 위 규정 소정의 3년의 단기소멸시효에 걸리는 것이 아니다(대판 1996. 9. 20. 선고 96다25302).

---

738) 이러한 근거에 대해 비판적인 견해도 있다(고상용, 680면 ; 김용한, 454면).
739) 대판 2007.2.22, 2005다65821.
740) 대판 1996, 9. 20, 96다25302.
741) 대판 1977, 1. 25, 76다2224 참조.

✧ 이른바 금융리스에 있어서 리스료는, 리스회사가 리스이용자에게 제공하는 취득자금의 금융편의에 대한 원금의 분할변제 및 이자·비용 등의 변제의 기능을 갖는 것은 물론이거니와 그 외에도 리스회사가 리스이용자에게 제공하는 이용상의 편익을 포함하여 거래관계 전체에 대한 대가로서의 의미를 지닌다. 따라서 리스료 채권은, 그 채권관계가 일시에 발생하여 확정되고 다만 그 변제방법만이 일정 기간마다의 분할변제로 정하여진 것에 불과하기 때문에(기본적 정기금채권에 기하여 발생하는 지분적 채권이 아니다) 3년의 단기 소멸시효가 적용되는 채권이라고 할 수 없고, 한편 매회분의 리스료가 각 시점별 취득원가분할액과 그 잔존액의 이자조로 계산된 금액과를 합한 금액으로 구성되어 있다 하더라도, 이는 리스료액의 산출을 위한 계산방법에 지나지 않는 것이므로 그 중 이자부분만이 따로 3년의 단기 소멸시효에 걸린다고 할 것도 아니다(대판 2001. 6. 12, 99다1949).

② 의사, 조산사, 간호사 및 약사의 치료, 근로 및 조제에 관한 채권

의사란 의료법 및 수의사법에 의한 자격있는 의사, 치과의사, 한의사, 수의사를 말한다. 치료에 관한 채권은 진찰, 처치, 검사, 수술 등 진료행위 전반에 관한 채권을 말한다. 무자격의사의 진료행위에 의한 채권도 그 채권이 유효하게 성립하는 한 본조가 이에 해당한다.[742)]

장기치료의 경우 의사의 채권의 소멸시효기산점은 특약 또는 관습이 없는 한 환자와 의사 사이의 의료관계가 끝난 때부터 진행한다는 견해[743)]와 특약이 없는 한 개개의 진료행위가 끝난 때부터 소멸시효가 진행된다는 견해[744)]가 대립하는데, 판례는 후자의 입장이다.

◆ 판 례

민법 제163조 제2호 소정의 '의사의 치료에 관한 채권'에 있어서는, 특약이 없는 한 그 개개의 진료가 종료될 때마다 각각의 당해 진료에 필요한 비용의 이행기가 도래하여 그에 대한 소멸시효가 진행된다고 해석함이 상당하고, 장기간 입원 치료를 받는 경우라 하더라도 다른 특약이 없는 한 입원 치료 중에 환자에 대하여 치료비를 청구함에 아무런 장애가 없으므로 퇴원시부터 소멸시효가 진행된다고 볼 수는 없다(대판 2001. 11. 9, 2001다52568).

---

742) 김상용, 703면 ; 서광민, 531면 ; 송덕수, 291면.
743) 곽윤직, 330면 ; 김상용, 704면 ; 김증한/김학동, 524면 ; 백태승, 570면 ; 송덕수, 291면.
744) 김주수, 557면 ; 이영준, 815면.

③ 도급받은 자, 기사 기타 공사의 설계 또는 감독에 종사하는 자의 공사에 관한 채권

여기서 「도급을 받은 자의 공사에 관한 채권」이란 도급받은 공사의 공사대금채권뿐만 아니라 그 공사에 부수되는 채권도 포함하는 것이다[745]. 도급계약상 도급인에게 수급인으로 하여금 공사를 이행할 수 있도록 협력하여야 할 의무가 인정될 때 이러한 협력의무는 계약에 따른 부수적 내지는 종된 채무로서 '공사에 관한 채무'에 해당한다[746]. 기산점은 공사가 완공된 때부터이다.

◆ 판 례

✧ 우수현상광고의 당선자가 광고주에 대하여 우수작으로 판정된 계획설계에 기초하여 기본 및 실시설계계약의 체결을 청구할 수 있는 권리를 가지고 있는 경우, 이러한 청구권에 기하여 계약이 체결되었을 경우에 취득하게 될 계약상의 이행청구권은 "설계에 종사하는 자의 공사에 관한 채권"으로서 이에 관하여는 민법 제163조 제3호 소정의 3년의 단기소멸시효가 적용되므로, 위의 기본 및 실시실게계약의 체결의무의 불이행으로 인한 손해배상청구권의 소멸시효 역시 3년의 단기소멸시효가 적용된다(대판 2005. 1. 14, 2002다57119).

✧ 민법 제163조 제3호는 3년의 단기소멸시효에 걸리는 채권으로서 "도급을 받은 자의 공사에 관한 채권"을 들고 있는바, 여기에서 "채권"은 도급받은 공사의 공사대금채권뿐만 아니라 그 공사에 부수되는 채권도 포함하는 것이다(대판 2009.11.12, 2008다41451).

④ 변호사, 변리사, 공증인, 공인회계사 및 법무사에 대한 직무상 보관한 서류의 반환을 청구하는 채권

⑤ 변호사, 변리사, 공증인, 공인회계사 및 법무사의 직무에 관한 채권

⑥ 생산자 및 상인이 판매한 생산물 및 상품의 대가

생산자 및 상인은 모두 상법상 상인이고(상법 제4조, 46조), 이들이 판매한 생산물이나 상품의 대가는 모두 상행위로 인한 채권에 해당하므로 5년의 소멸시효에 걸려야 하지만(상법 제64조) 민법에서 이 보다 더 단기인 3년의 시효를 규정하고 있으므로 3년의 소멸시효에 걸리게 된다(상법 제64조 단서).

---

745) 대판 1994. 10. 14, 94다17185 ; 대판 2002. 11. 8, 2002다28685 ; 대판 2009. 11. 12, 2008다41451.

746) 대판 2010.11.25, 2010다56685

◆ 판 례

✧ 농업협동조합법에 의하여 설립된 조합이 영위하는 사업의 목적은 조합원을 위하여 차별 없는 최대의 봉사를 함에 있을 뿐 영리를 목적으로 하는 것이 아니므로, 동 조합이 그 사업의 일환으로 조합원이 생산하는 물자의 판매사업을 한다 하여도 동 조합을 상인이라 할 수는 없고, 따라서 그 물자의 판매대금 채권은 3년의 단기소멸시효가 적용되는 민법 제163조 제6호 소정의 '상인이 판매한 상품의 대가'에 해당하지 아니한다(대판 2000. 2. 11, 99다53292).

✧ 「민법」 제163조 제6호에서 "생산자 및 상인이 판매한 생산물 및 상품의 대가"에 관한 채권은 3년의 단기소멸시효에 걸리는 것으로 규정하고 있기는 하나, 이 사건 약정에 기한 이 사건 요금은 통신사업자인 피고와 실사용자 사이에 체결된 통신서비스 이용계약에 기하여 발생한 통신요금이 아니라, 이동통신회사인 피고와 그 대리점인 원고 사이에 가개통 장려금 지급과 관련하여 체결된 별도의 약정에 기하여 발생한 것이므로, 이를 생산자 및 상인이 판매한 생산물 및 상품의 대가라고 볼 수 없다. 따라서 이 사건 요금채권은 「민법」 제163조 제6호에 정한 3년의 단기소멸시효의 적용대상이 아니라, 상행위에 해당하는 이 사건 약정으로 인한 채권으로서 5년의 상사소멸시효가 적용된다(대판 2009. 6. 25, 2007다12944).

⑦ 수공업자 및 제조자의 업무에 관한 채권

수공업자 및 제조업자는 생산자(163조 6호)와의 차이는 타인의 주문을 받아 자기의 작업장에서 타인을 위하여 일하거나(수공업자 ; 제봉사, 이발사, 인쇄업자 등) 물건을 제조하는 자(제조자 ; 표구사, 가구제작자, 구두제작자 등)이다.

(3) 1년의 단기소멸시효에 걸리는 채권

1년의 단기소멸시효에 걸리는 채권은 다음과 같다(164조).

① 여관, 음식점, 대석, 오락장의 숙박료, 음식료, 대석료, 입장료, 소비물의 대가 및 체당금의 채권, ② 의복, 침구, 장구 기타 동산의 사용료의 채권, ③ 노역인, 연예인의 임금 및 그에 공급한 물건의 대금채권, ④ 학생 및 수업자의 교육, 의식 및 유숙에 관한 교주, 숙주, 교사의 채권이다.

2. 판결 등으로 확정된 권리

판결에 의하여 확정된 채권은 그 채권이 단기의 소멸시효에 걸리는 채권이더라도 그 소멸시효는 10년으로 한다(165조 1항). 파산절차에 의하여 확정된 채권 및 재판상의 화해, 조정 기타 판결과 동일한 효력이 있는 것에 의하여 확정된 채권도 소멸시효는 10년이 된다(165조 2항). 기타 판결과 동일한 효력이 있는 것에는 청구의 인락조서(민소법 220조), 확정된 지급명령(민소법 474조)이 있다. 지급명령에서 확정된 채권은 단기의 소멸시효에 해당하더라도 소멸시효기간은 10년으로 연장된다.

그러나 이는 판결확정당시에 변제기가 도래하지 아니한 채권에는 적용하지 아니한다(165조 3항).

◆ 판 례

✧ 민법 제165조 소정의 확정판결에 의한 채권의 소멸시효

민법 제165조의 규정은 단기의 소멸시효에 걸리는 것이라도 확정판결을 받은 권리의 소멸시효는 10년으로 한다는 뜻일 뿐 10년보다 장기의 소멸시효를 10년으로 단축한다는 의미도 아니고 본래 소멸시효의 대상이 아닌 권리가 확정판결을 받음으로써 10년의 소멸시효에 걸린다는 뜻도 아니다(대판 1981.3.24. 선고 80다1888,1889).

✧ 주채무에 관한 판결이 확정되어 소멸시효가 10년으로 된 경우, 보증채무의 소멸시효기간

민법 제165조가 판결에 의하여 확정된 채권, 판결과 동일한 효력이 있는 것에 의하여 확정된 채권은 단기의 소멸시효에 해당한 것이라도 그 소멸시효는 10년으로 한다고 규정하는 것은 당해 판결등의 당사자 사이에 한하여 발생하는 효력에 관한 것이고 채권자와 주채무자 사이의 판결등에 의해 채권이 확정되어 그 소멸시효가 10년으로 되었다 할지라도 위 당사자 이외의 채권자와 연대보증인사이에 있어서는 위 확정판결등은 그 시효기간에 대하여는 아무런 영향도 없고 채권자의 연대보증인의 연대보증채권의 소멸시효기간은 여전히 종전의 소멸시효기간에 따른다(대판 1986.11.25, 86다카1569).

✧ 민사소송법 제474조, 민법 제165조 제2항에 의하면, 지급명령에서 확정된 채권은 단기의 소멸시효에 해당하는 것이라도 그 소멸시효기간이 10년으로 연장된다.

유치권이 성립된 부동산의 매수인은 피담보채권의 소멸시효가 완성되면 시효로 인하여 채무가 소멸되는 결과 직접적인 이익을 받는 자에 해당하므로 소멸시효의 완성을 원용할 수 있는 지위에 있다고 할 것이나, 매수인은 유치권자에게 채무자의 채무와는 별개의 독립된 채무를 부담하는 것이 아니라 단지 채무자의 채무를 변제할 책임을 부담하는 점 등에 비추어 보면, 유치권의 피담보채권의 소멸시효기간이 확정판결 등에 의하여 10년으로 연장된 경우 매수인은 그 채권의 소멸시효기간이 연장된 효과를 부정하고 종전의 단기소멸시효기간을 원용할 수는 없다(대판 2009.9.24, 2009다39530).

3. 기타 재산권의 소멸시효기간

채권 및 소유권 이외의 재산권의 소멸시효기간은 20년이다(162조 2항).

[3] 소멸시효의 중단과 정지

Ⅰ. 소멸시효의 중단

1. 의 의

시효의 중단은 시효기간의 경과 중에 시효의 기초가 되는 사실상태와 상반되는 사실이 발생하여 소멸시효의 진행을 방해하여 이미 경과한 시효기간은 효력을 잃고, 새로 시효가 진행한다[747]. 이점에서 일정한 사유(정지사유)가 존재하는 동안 시효는 일시 진행을 정지하고, 그 사유가 없어지면 다시 시효는 진행되는 시효의 정지와 구별된다.

2. 중단의 사유(168조)

(1) 청 구

① 재판상 청구(제소)

i) 의 의

재판상의 청구란 재판상 자기의 권리를 주장하는 것으로 보통은 소를 제기하는 것을 의미한다. 소를 제기하면 되고, 상대방에게 송달된 때 중단되는 것은 아니다. 이때 제기되는 소의 종류는 묻지 아니하며, 이행의 소·확인의 소·형성의 소[748]의 어느 것이든지 무방하고, 본소이든 반소이든 관계없다.

ii) 재판상 청구에 시효중단의 효력이 생기는 근거

기판력이 발생하는 소송물에 한한다는 견해(권리확정설)와 권리자가 소송에서 권리를 주장하면 되고 그 권리에 기판력이 발생할 것까지 요구하지는 않는다는 견해(권리행사설)가 대립되는데, 권리행사설이 일반적이다[749]. 문제는 반드시 소의 제기라는 형식에 의하지 않은 재판상 권리의 주장에 대해 시효중단을 인정할 수 있는가 하는 것이다.

---

747) 독일 개정법에서는 소멸시효의 중단을 소멸시효의 재개시(Neubeginn der Verjährung)로 용어를 수정하였다(독일 민법 제212조).

748) 형성의 소는 소멸시효의 중단사유가 아니라는 견해도 있다(윤진수, 주해민법 (3), 497면 ; 지원림, 395면).

749) 대판 1979. 7. 10, 79다569.

iii) 소의 제기행위

소의 제기는 처음부터 새로운 소를 제기하는 경우 뿐 아니라 중간확인의 소도 포함된다. 또 본소이든 또는 반소이든 이를 묻지 않는다. 다만 소의 각하·청구기각·취하되면 시효중단의 효력이 없다(170조 1항). 이 경우 6개월내에 다시 재판상 청구, 파산절차참가, 압류 또는 가압류·가처분을 한 때에는 시효는 처음의 재판상 청구로 중단된 것으로 간주한다(170조 2항).

판례[750]는 「소유권이전등기를 명한 확정판결의 피고가 재심의 소를 제기하여 그 토지에 대한 소유권이 여전히 자신에게 있다고 주장한 것은 취득시효의 중단사유가 되는 재판상의 청구에 준하는 것이므로, 위 확정판결에 의해 소유권이전등기를 경료받은 자의 당해 토지에 대한 취득시효는 재심의 소제기일로부터 그 확정일까지 중단된다」고 하여 재심의 소에 대해서도 시효중단을 인정한다.

iv) 행정소송과 형사소송

행정소송이나 형사소송은 사권의 행사를 목적으로 하는 것이 아니므로 시효중단사유가 되지 않는 것으로 해석하는 것이 통설·판례이다[751].

행정소송은 위법한 행정처분의 취소 변경을 구하는 것으로 사권을 행사하는 것이 아니므로 시효중단사유가 되지 못한다. 다만 과오납된 조세의 부당이득반환을 받기 위해 과세처분의 취소 또는 무효의 소는 조세환급을 구하는 부당이득반환청구권의 소멸시효 중단사유가 된다.

형사소송의 경우 형사소송은 피고인에 대한 국가형벌권의 행사를 그 목적으로 하는 것이므로, 피해자가 형사소송에서 「소송촉진등에관한특례법에서 정한 배상명령을 신청한 경우」를 제외하고는 단지 피해자가 가해자를 상대로 고소하거나 그 고소에 기하여 형사재판이 개시되어도 이를 가지고 소멸시효의 중단사유인 재판상의 청구로 볼 수는 없다[752].

◆ 판 례

✧ 과세처분의 취소 또는 무효확인청구의 소가 조세환급을 구하는 부당이득반환청구권의 소멸시효중단사유인 재판상 청구에 해당하는지 여부(적극)

[다수의견] 일반적으로 위법한 행정처분의 취소, 변경을 구하는 행정소송은 사권을 행사

750) 대판 1996. 9. 24, 96다11334.
751) 대판 1979. 2. 13, 78다1500
752) 대판 1999. 3. 12, 98다18124

하는 것으로 볼 수 없으므로 사권에 대한 시효중단사유가 되지 못하는 것이나, 다만 오납한 조세에 대한 부당이득반환청구권을 실현하기 위한 수단이 되는 과세처분의 취소 또는 무효확인을 구하는 소는 그 소송물이 객관적인 조세채무의 존부확인으로서 실질적으로 민사소송인 채무부존재확인의 소와 유사할 뿐 아니라, 과세처분의 유효 여부는 그 과세처분으로 납부한 조세에 대한 환급청구권의 존부와 표리관계에 있어 실질적으로 동일 당사자인 조세부과권자와 납세의무자 사이의 양면적 법률관계라고 볼 수 있으므로, 위와 같은 경우에는 과세처분의 취소 또는 무효확인청구의 소가 비록 행정소송이라고 할지라도 조세환급을 구하는 부당이득반환청구권의 소멸시효중단사유인 재판상 청구에 해당한다고 볼 수 있다.

[**반대의견**] 오납금환급청구권의 경우 그 환급청구권의 이행청구나 확인청구를 구하는 경우만이 아니라 과세처분의 취소 또는 무효확인을 구하는 행정소송의 제기가 환급청구권의 소멸시효를 중단시키는 재판상 청구에 해당한다고 해석하는 것은 타당하지 아니하다(대판 전원합의체 1992. 3. 31, 91다32053).

✧ 사용자의 부당노동행위로 해고를 당한 근로자가 구 근로기준법 제33조 등 관계 법령에 따른 구제신청을 한 후 이에 관한 행정소송에서 권리관계를 다투는 것이 소멸시효 중단사유인 '재판상 청구'에 해당하는지 여부(적극)

근로자가 사용자의 부당노동행위로 인하여 해고를 당한 경우, 민사소송으로 해고의 무효확인 및 임금의 지급을 청구할 수 있으나 부당노동행위에 대한 신속한 권리구제를 위하여 마련된 구 근로기준법(2007. 4. 11. 법률 제8372호로 전부 개정되기 전의 것) 제33조와 노동조합 및 노동관계조정법 제82조 내지 제86조(제85조 제5항 제외)의 행정상 구제절차를 이용하여 노동위원회에 구제신청을 한 후 노동위원회의 구제명령 또는 기각결정에 대하여 행정소송에서 다투는 방법으로 임금청구권 등 부당노동행위로 침해된 권리의 회복을 구할 수도 있다. 따라서 근로자가 위 관계 법령에 따른 구제신청을 한 후 이에 관한 행정소송에서 권리관계를 다투는 것은 권리자가 재판상 권리를 주장하여 권리 위에 잠자는 것이 아님을 표명하는 것으로서 소멸시효 중단사유인 '재판상 청구'에 해당한다(대판 2012.2.9. 선고 2011다20034).

v) 재심의 소

재신의 소를 제기하는 것도 재판상 청구이다.

◈ 판 례

소유권이전등기를 명한 확정판결의 피고가 재심의 소를 제기하여 그 토지에 대한 소유권이 여전히 자신에게 있다고 주장한 것은 취득시효의 중단사유가 되는 재판상의 청구에 준하는 것이므로, 위 확정판결에 의해 소유권이전등기를 경료받은 자의 당해 토지에 대한 취득시효는 재심의 소제기일로부터 그 확정일까지 중단된다(대판 1996. 9. 24, 96다11334).

vi) 응소행위

상대방이 제기한 소에 대응하여 응소하여 자기의 권리를 주장하는 것도 「재판상의 청구」가 되는지 문제된다. 판례는 처음에는 이를 부정하였으나[753] 후에 변경하여 긍정한다[754]. 다만 응소행위가 소멸시효의 중단사유인 재판상청구가 되기 위해서는 응소행위만으로는 부족하고 자기의 권리에 대해 적극적인 주장이 있어야 한다[755]. 응소하여 주장한 권리가 존재하지 않는다는 이유로 패소한 경우에는 시효중단이 인정될 여지가 없다[756]. 응소에 의해 소멸시효가 중단되는 경우 그 시점은 피고가 응소한 때이고, 원고가 소를 제기한 때가 아니다.

◆ 판 례

✧ 민법 168조 1호,170조 1항에서 시효중단사유의 하나로 규정하고 있는 '재판상의 청구'라 함은 통상적으로는 권리자가 원고로서 시효를 주장하는 자를 피고로 하여 소송물인 권리를 소의 형식으로 주장하는 경우를 가리키지만, 이와 반대로 시효를 주장하는 자가 원고가 되어 소를 제기한 데 대하여 피고로서 응소하여 그 소송에서 적극적으로 권리를 주장하고 그것이 받아들여진 경우도 마찬가지로 이에 포함되는 것으로 해석함이 타당하다(대판(전) 1993, 12. 21, 92다47861).

✧ 시효를 주장하는 자가 원고가 되어 소를 제기한 경우에 있어서, 피고가 응소행위를 하였다고 하여 바로 시효중단의 효과가 발생하는 것은 아니고, 변론주의 원칙상 시효중단의 효과를 원하는 피고로서는 당해 소송 또는 다른 소송에서의 응소행위로서 시효가 중단되었다고 주장하지 않으면 아니되고, 피고가 변론에서 시효중단의 주장 또는 이러한 취지가 포함되었다고 볼 만한 주장을 하지 아니하는 한, 위와 같은 피고의 응소행위가 있었다는 사정만으로 당연히 시효중단의 효력이 발생한다고 할 수는 없다(대판 1997. 2. 28, 96다26190).

✧ 채권자의 응소행위에 대한 소멸시효중단의 효력은 채무자가 소멸시효완성을 원인으로 한 소송을 제기하거나 당해 소송이 아닌 전 소송 또는 다른 소송에서 그와 같은 권리주장을 한 경우에 인정되는지 여부(소극) 및 응소행위로 인한 시효중단의 주장을 할 수 있는 시기(=사실심 변론 종결 전)

응소행위에 대하여 소멸시효중단의 효력을 인정하는 것은 그것이 권리 위에 잠자는 것이 아님을 표명한 것에 다름 아닐 뿐만 아니라 계속된 사실상태와 상용할 수 없는 다른 사정이 발생한 때로 보아야 한다는 것에 기인한 것이므로, 채무자가 반드시 소멸시효완성을 원인으로 한 소송을 제기한 경우이거나 당해 소송이 아닌 전 소송 또는 다른 소송에서 그와 같은 권리주장을 한 경우이어야 할 필요는 없고, 나아가 변론주의 원칙상 피고가 응소행위를 하였다고

753) 대판 1979.6.12, 79다573
754) 대판(전) 1993, 12. 21, 92다47861
755) 대판 1997, 2. 28, 96다26190
756) 대판 1992, 4. 24, 92다6983

하여 바로 시효중단의 효과가 발생하는 것은 아니고 시효중단의 주장을 하여야 그 효력이 생기는 것이지만, 시효중단의 주장은 반드시 응소시에 할 필요는 없고 소멸시효기간이 만료된 후라도 사실심 변론종결 전에는 언제든지 할 수 있다(대판 2010.8.26, 2008다42416,42423).

vii) 위와 같은 재판상의 청구가 중단의 효력을 발생하는 시기는 소를 제기한 때이다(민사소송법 제238조).

viii) 재판상의 청구가 있더라도, 소의 각하 · 기각 또는 취하가 있으면, 시효중단의 효력은 없다(제170조 제1항). 그러나 이와 같이 소의 각하 · 기각 또는 취하가 있더라도, 6개월 내에 재판상의 청구 · 파산절차참가 · 압류 또는 가압류 · 가처분을 한 때에는, 시효는 최초의 재판상의 청구로 중단된 것으로 간주한다(제170조 3항). 이것은 즉 각하 · 기각 · 취하된 소의 제기에 대하여, 재판외의 청구인 최고로서의 효력을 인정하는 것이다(제174조).

⑦ 재판상 청구에 의한 시효중단의 범위

소송물은 다르나 생활관계는 결연되어 있는 사건에 관하여 소를 제기한 경우 시효중단이 있다고 할 것인가 - 통설 판례는 재판상 청구한 소송물 자체에 국한시키지 않고, 청구를 통하여 권리를 행사한 것으로 볼 수 있는 경우에까지 확대하고 있다.

i) 기본적 법률관계의 확인청구

그 법률관계로부터 파생된 개개의 권리에 대한 소멸시효도 중단시킨다.

파면처분무효확인의 소제기는 보수금채권을 실현하는 수단이라는 성질을 가지고 있으므로 보수금채권에 대한 소멸시효의 중단사유로 된다[757]. 그러나 퇴직급여청구권의 중단사유가 되지는 못한다[758].

소유권의 취득시효를 중단시키는 재판상 청구에는 소유권확인청구는 물론이고, 다른 권리주장(소유물반환청구, 손해배상청구 등)도 포함한다.

ii) 기존채권의 확보방법으로 수표가 수수된 경우 기존채권의 청구를 수표금청구로 변경하였다 하더라도 전자의 소송제기로 후자의 청구권에 대한 소멸시효 중단의 효과를 발생할 수 없는 것이고[759], 위자료 청구의 소에서의 승소판결은 재산상 손해배상청구권의 시효중단의 효력이 없다[760],

757) 대판 1978. 4. 11, 77다2509
758) 대판 1990, 8. 14, 90누2024
759) 대판 1967. 4. 25, 67다75

iii) 일부청구

일부청구는 나머지 부분에 대해서는 소멸시효의 중단의 효력은 없다[761]. 그러나 권리의 일부만을 청구한 경우에도 그 취지로 보아 채권 전부에 대해 판결을 구하는 것으로 해석되는 경우에는 그 채권의 동일성의 범위내에서 그 전부에 대해 시효중단의 효력이 생긴다.[762]

◆ 판 례

✧ 한 개의 채권 중 일부만을 청구한 경우 시효중단의 효력발생범위

한 개의 채권 중 일부에 관하여만 판결을 구한다는 취지를 명백히 하여 소송을 제기한 경우에는 소제기에 의한 소멸시효중단의 효력이 그 일부에 관하여만 발생하고, 나머지 부분에는 발생하지 아니하지만 비록 그중 일부만을 청구한 경우에도 그 취지로 보아 채권 전부에 관하여 판결을 구하는 것으로 해석된다면 그 청구액을 소송물인 채권의 전부로 보아야 하고, 이러한 경우에는 그 채권의 동일성의 범위 내에서 그 전부에 관하여 시효중단의 효력이 발생한다고 해석함이 상당하다(대판 1992. 4. 10, 91다43695).

✧ 채권자가 동일한 목적을 달성하기 위하여 복수의 채권을 갖고 있는 경우, 채권자로서는 그 선택에 따라 권리를 행사할 수 있되, 그 중 어느 하나의 청구를 한 것만으로는 다른 채권 그 자체를 행사한 것으로 볼 수는 없으므로, 특별한 사정이 없는 한 다른 채권에 대한 소멸시효 중단의 효력은 없다(대판 2002. 6. 14, 2002다11441).

[1] 만기는 기재되어 있으나 지급지, 지급을 받을 자 등과 같은 어음요건이 백지인 약속어음의 소지인이 그 백지 부분을 보충하지 않은 상태에서 어음금을 청구하는 것은 어음상의 청구권에 관하여 잠자는 자가 아님을 객관적으로 표명한 것이고 그 청구로써 어음상의 청구권에 관한 소멸시효는 중단된다. 이 경우 백지에 대한 보충권은 그 행사에 의하여 어음상의 청구권을 완성시키는 것에 불과하여 그 보충권이 어음상의 청구권과 별개로 독립하여 시효에 의하여 소멸한다고 볼 것은 아니므로 어음상의 청구권이 시효중단에 의하여 소멸하지 않고 존속하고 있는 한 이를 행사할 수 있다.

[2] 지급지 및 지급을 받을 자 부분이 백지로 된 약속어음의 소지인이 그 지급기일로부터 3년이 경과한 후에야 위 백지 부분을 보충하여 발행인에게 지급제시를 하였으나 그 소지인이 위 약속어음의 지급기일로부터 3년의 소멸시효기간이 완성되기 전에 그 어음금을 청구하는 소를 제기한 이상 이로써 위 약속어음상의 청구권에 대한 소멸시효는 중단되었다(대판 전원합의체 2010. 5. 20, 2009다48312).

760) 대판 1967. 1. 24, 66다2280

761) 대판 1967, 5. 23, 67다529.

762) 대판 1992. 4. 10, 91다43695 ; 대판 2001. 9. 28, 99다72521.

② **파산절차 참가**(171조)

파산절차참가란 채권자가 파산재단의 배당에 참가하기 위하여 채권을 신고하는 것을 말한다(채권자회생 및 파산에 관한 법률 제447조). 파산절차참가뿐만 아니라, 파산선고신청 또는 강제집행절차에 있어서의 배당요구도 시효중단효력 있다(이설 없음). 회생절차참가(채권자회생 및 파산에 관한 법률 32조 1호, 3호)도 시효중단효력 있다.

그러나 채권자가 취소하거나 그 청구가 각하된 때에는 시효중단의 효력이 없다(171조).

◆ 판 례

✧ 채권 조사 기일에서 파산관재인이 신고채권에 대하여 이의를 제기하거나 채권자가 법정기간 내에 파산채권 확정의 소를 제기하지 아니하여 배당에서 제척된 경우, 파산절차참가로 인한 시효중단의 효력이 소멸하는지 여부(소극)

민법 제171조는 파산절차참가는 채권자가 이를 취소하거나 그 청구가 각하된 때에는 시효중단의 효력이 없다고 규정하고 있는바, 채권조사기일에서 파산관재인이 신고채권에 대하여 이의를 제기하거나 채권자가 법정기간 내에 파산채권 확정의 소를 제기하지 아니하여 배당에서 제척되었다고 하더라도 그것이 위 규정에서 말하는 '그 청구가 각하된 때'에 해당한다고 볼 수는 없다 할 것이고, 따라서 파산절차참가로 인한 시효중단의 효력은 파산절차가 종결될 때까지 계속 존속한다(대판 2005. 10. 28, 2005다28273).

✧ 회사정리절차 참가로 인한 시효중단의 효력이 보증채무에도 미치는지 여부(적극) 및 정리절차 참가로 인하여 중단되었던 보증채무의 소멸시효가 다시 진행하는 시점

회사정리절차 참가로 인한 구 회사정리법(2005. 3. 31. 법률 제7428호 채무자 회생 및 파산에 관한 법률 부칙 제2조로 폐지) 제5조의 시효중단의 효력은 정리회사의 채무를 주채무로 하는 보증채무에도 미치고 그 효력은 정리절차 참가라는 권리행사가 지속되는 한 그대로 유지되므로, 후에 정리계획에 의하여 주채무의 전부 또는 일부가 면제되거나 이율이 경감된 경우 그 면제 또는 경감된 부분의 주채무가 정리계획의 인가결정이 확정된 때에 소멸하게 됨에 따라 그 시점에서 채권자의 정리절차에서의 권리행사가 종료되어 그 부분에 대응하는 보증채무의 소멸시효는 위 인가결정 확정시부터 다시 진행한다. 그러나 정리계획에 의해서도 주채무가 잔존하고 있는 경우에는 정리절차 참가에 의한 시효중단의 효력이 그대로 유지되어 그 정리절차의 폐지결정 또는 종결결정이 확정되어 정리절차에 있어서의 권리행사가 종료되면 그 시점부터 중단되어 있던 보증채무의 소멸시효가 다시 진행하고, 아울러 그 이후에도 보증채무가 소멸하기 전에 주채무에 대한 시효중단의 사유가 발생한 때에는 보증채무에 대하여도 그 시효중단의 효력이 미친다(대판 2007.5.31. 2007다11231).

③ **지급명령**(172조)

지급명령이란 금전 기타 대체물이나 유가증권의 일정 수량의 지급을 목적으로 하는 청구에 대하여 법원이 채권자의 신청에 의하여 간이 신속하게 발하는 이행에 관한 명령이다(민사소송법 제462조 이하). 지급명령이 있으면 시효가 중단되는데, 그 시기는 관할법원에 지급명령신청서를 제출한 때이다.

민법 제 172조는 채권자가 법정 기간 내에 가집행신청을 하지 않으면 시효중단의 효력이 없다고 규정하고 있지만 이는 민사소송법의 개정[763]으로 채권자의 가집행신청제도가 삭제되어 무의미한 규정이 되었다.

④ **화해를 위한 소환**(173조)

화해를 신청하면 시효가 중단된다(민사소송법 385조). 시효가 중단되는 시점은 화해신청서제출시이다. 그러나 신청을 받은 법원이 화해를 위해 상대방을 소환하였는데, 상대방이 출석하지 아니 하거나 출석하였더라도 화해가 성립되지 아니한 때에는 1월내에 소를 제기하지 아니하면 시효중단의 효력이 없다(173조 전단).

민사조정법에 의한 조정은 화해와 같은 효력이 있으므로(민사조정법 29조), 시효중단의 효력이 있다(민사조정법 35조 1항). 조정신청이 취하되거나 조정신청인의 불출석으로 조정신청이 취하된 것으로 보는 경우에는 1월내에 소를 제기하지 않으면 시효중단의 효력이 없다(민사조정법 35조 2항).

⑤ **임의출석**(173조 후단)

임의출석이란 당사자 쌍방이 법원에 출석하여 소송에 관하여 구두변론을 함으로써 제소 및 화해신청을 하도록 허용하는 제도를 말한다. 민사소송법에서는 임의출석에 대한 규정이 없고, 소액사건심판법 5조에서 임의출석에 의한 제소를 인정하고 있다.

임의출석에 의하여 시효가 중단되지만 임의출석에 의하여 개시된 화해기일에서 화해가 성립되지 않은 경우, 1월 이내에 소를 제기하지 않으면 시효중단의 효력이 인정되지 않는다.

---

763) 1990년 민사소송법 440조와 441조에서 채무자가 적법한 이의신청을 하지 않으면 채권자는 30일 내에 가집행신청을 할 수 있고, 이 기간 내에 가집행선고신청을 하지 않으면 지급명령은 효력을 잃는다고 규정하고 있었다. 그러나 이 규정들은 모두 삭제되었다.

⑥ **최고(이행의 청구)**

최고는 채권자가 채무자에 대하여 채무이행을 구한다는 채권자의 의사통지(준법률행위)로서, 최고를 함에는 특별한 형식이 요구되지 아니한다. 최고를 시효중단사유로 하는 입법례는 드문데, 우리나라에서는 최고를 시효중단사유로 한고 있다. 최고는 6월내에 재판상의 청구, 파산절차참가, 화해를 위한 소환, 임의출석, 압류 또는 가압류, 가처분을 하지 아니하면 시효중단의 효력이 없게 된다(174조).

행위 당시 당사자가 시효중단의 효과를 발생시킨다는 점을 알거나 의욕하지 않았다 하더라도 이로써 권리 행사의 주장을 하는 취지임이 명백하다면 최고에 해당하는 것으로 보아야 할 것이므로[764], 채권자가 확정판결에 기한 채권의 실현을 위하여 채무자의 제3채무자에 대한 채권에 관하여 압류 및 추심명령을 받아 그 결정이 제3채무자에게 송달이 되었다면 거기에 소멸시효 중단사유인 최고로서의 효력을 인정하여야 한다.

재판외의 최고만으로 시효중단효력 발생하지만(174조) 최고 후 6월내에 다시 최고를 반복하더라도 최고시마다 중단의 효력이 생기는 것은 아니다(통설·판례). 6월내에 재판상 청구 및 이에 준하는 청구 또는 가압류·가처분을 하여야 하고, 이를 하지 않으면, 중단의 효력은 인정되지 않는다(174조).

최고가 있는 것으로 인정되는지 여부가 문제될 때에는 너그럽게 해석하는 것이 타당하다. 판례는 재판상청구가 취하된 경우[765], 재산관계명시신청[766], 연대채무자중 1인의 소유 부동산에 경매신청을 한 경우[767], 채권자가 확정판결에 기한 채권의 실현을 위하여 채무자의 제3채무자에 대한 채권에 관하여 압류 및 추심명령을 받아 그 결정이 제3채무자에게 송달된 경우[768], 소송고지의 요건이 갖추어진 경우에 그 소송고지서에 고지자가 피고지자에 대하여 채무의 이행을 청구하는 의사가 표명된 경우[769]에 최고로서의 효력을 인정하고 있다.

---

764) 대판 1992. 2. 11, 91다41118 참조.
765) 대판 1987, 12. 22, 87다카2337.
766) 대판 2001, 5. 29, 2000다 32161.
767) 대판 2001, 8. 21, 2001다22840.
768) 대판 2003. 5. 13, 2003다16238.
769) 대판 2009.7.9, 2009다14340.

◆ 판 례

✧ **채무이행을 최고받은 채무자가 그 이행의무의 존부 등에 대하여 조사를 해 볼 필요가 있다는 이유로 채권자에게 그 이행의 유예를 구한 경우, 민법 제174조에서 규정하고 있는 6월의 기간의 기산점**

소멸시효제도 특히 시효중단제도는 그 제도의 취지에 비추어 볼 때 이에 관한 기산점이나 만료점은 원권리자를 위하여 너그럽게 해석하는 것이 상당하다 할 것이므로, 민법 제174조 소정의 시효중단사유로서의 최고에 있어서 채무이행을 최고받은 채무자가 그 이행의무의 존부 등에 대하여 조사를 해 볼 필요가 있다는 이유로 채권자에 대하여 그 이행의 유예를 구한 경우에는 채권자가 그 회답을 받을 때까지는 최고의 효력이 계속된다고 보아야 하고, 따라서 같은 조에 규정된 6월의 기간은 채권자가 채무자로부터 회답을 받은 때로부터 기산되는 것이라고 해석하여야 할 것이다(대판 2006. 6. 16, 2005다25632),

✧ **요건을 갖춘 소송고지에 피고지자에 대한 채무이행 청구의 의사가 표명되어 있는 경우 민법 제174조에 정한 시효중단사유로서의 최고의 효력이 인정되는지 여부(적극) 및 이 때 위 규정에 정한 6월의 기간의 기산점(=당해 소송 종료시)**

소송고지의 요건이 갖추어진 경우에 그 소송고지서에 고지자가 피고지자에 대하여 채무의 이행을 청구하는 의사가 표명되어 있으면 민법 제174조에 정한 시효중단사유로서의 최고의 효력이 인정된다. 시효중단제도는 그 제도의 취지에 비추어 볼 때 이에 관한 기산점이나 만료점은 원권리자를 위하여 너그럽게 해석하는 것이 상당한데, 소송고지로 인한 최고의 경우 보통의 최고와는 달리 법원의 행위를 통하여 이루어지는 것으로서, 그 소송에 참가할 수 있는 제3자를 상대로 소송고지를 한 경우에 그 피고지자는 그가 실제로 그 소송에 참가하였는지 여부와 관계없이 후일 고지자와의 소송에서 전소 확정판결에서의 결론의 기초가 된 사실상·법률상의 판단에 반하는 것을 주장할 수 없어 그 소송의 결과에 따라서는 피고지자에 대한 참가적 효력이라는 일정한 소송법상의 효력까지 발생함에 비추어 볼 때, 고지자로서는 소송고지를 통하여 당해 소송의 결과에 따라 피고지자에게 권리를 행사하겠다는 취지의 의사를 표명한 것으로 볼 것이므로, 당해 소송이 계속중인 동안은 최고에 의하여 권리를 행사하고 있는 상태가 지속되는 것으로 보아 민법 제174조에 규정된 6월의 기간은 당해 소송이 종료된 때로부터 기산되는 것으로 해석하여야 한다(대판 2009.7.9, 2009다14340).

(2) 압류·가압류·가처분 (168조 2항)

① 의 의

압류는 집행법원이 확정판결 기타 집행권원에 기하여 행하는 강제집행이고(민사집행법 24조, 56조, 188조 이하), 가압류와 가처분은 모두 장래의 강제집행이 불가능하거나 곤란하게 되는 것을 방지하기 위하여 행해지는 강제집행의 보전수단이다.

압류 · 가압류 · 가처분은 모두 권리의 실행행위이고, 반드시 재판상 청구를 전제로 하지 않기 때문에 민법은 이들을 시효중단사유로 정하고 있는 것이다(168조 2호).

◆ 판 례

✧ **가압류의 집행보전의 효력이 존속하는 동안 가압류에 의한 시효중단의 효력이 계속되는지 여부(적극)와 가압류의 피보전채권에 관하여 본안의 승소판결이 확정된 경우, 가압류에 의한 시효중단의 효력이 소멸되는지 여부(소극)**

[1] 민법 제168조에서 가압류를 시효중단사유로 정하고 있는 것은 가압류에 의하여 채권자가 권리를 행사하였다고 할 수 있기 때문인데 가압류에 의한 집행보전의 효력이 존속하는 동안은 가압류채권자에 의한 권리행사가 계속되고 있다고 보아야 할 것이므로 가압류에 의한 시효중단의 효력은 가압류의 집행보전의 효력이 존속하는 동안은 계속된다.

[2] 민법 제168조에서 가압류와 재판상의 청구를 별도의 시효중단사유로 규정하고 있는 데 비추어 보면, 가압류의 피보전채권에 관하여 본안의 승소판결이 확정되었다고 하더라도 가압류에 의한 시효중단의 효력이 이에 흡수되어 소멸된다고 할 수 없다(대판 2000. 4. 25, 2000다11102[770]).

② **시효중단의 효력발생시기**

압류·가압류·가처분에 의하여 시효중단효력이 발생하는 시점은 명령을 신청한 때이다(명령신청시설[771]). 시효중단의 효력이 명령을 신청한 때 발생한다는 것은 명령의 신청에 의하여 현실적인 집행행위가 있는 것을 전제로 하여 명령신청시로 시효중단의 효력이 소급한다는 것이다.

명령에 의한 집행행위가 시효이익을 받을 자에 대하여 하지 않은 때(예, 물상보증인)에는, 이를 그 자에게 통지한 후가 아니면 시효중단의 효력이 없다(176조). 이때의 통지는 반드시 채권자 본인이 하여야 하는 것은 아니고, 경매법원이 할 수도 있다. 통지는 압류사실을 채무자가 알 수 있도록 교부송달의 방법으로 하여야 하고, 우편송달이나 공시송달에 의하여 송달함으로써 채무자가 압류사실을 알 수 없었던 때에는 통지가 인정되지 않는다[772]. 이 경우 시효중단의 효력이 발생하는 시점은 명령신청시가 아니고, 통지가 채무자에게 도달한 때이다. 통지가 있었다는 사실에 대한 입증은 압류 등을 한 자가 하여야 한다.

---

770) 이 판결에 대한 비판으로는 양창수, 부동산가압류의 시효중단의 종료시기, 민법연구 6, 2001, 박영사, 528면 참조

771) 이에 대해 집행행위시라고 하는 소수설이 있다(방순원, 334면).

772) 대판 1990, 1. 12, 89다카4946

③ **압류 가압류 가처분의 취소**

명령이 권리자의 청구나 법률의 규정에 따르지 않았기 때문에 취소된 때에는, 시효중단의 효력이 없다(175조). 그러나 압류절차를 개시했지만 압류할 물건이 없어서 집행불능이 된 경우에는 시효중단의 효력은 생긴다.[773)]

◆ 판 례

✧ 재산관계명시절차는, 비록 그 신청에 있어서 집행력 있는 정본과 강제집행의 개시에 필요한 문서를 첨부하여야 하고 명시기일에 채무자의 출석의무가 부과되는 등 엄격한 절차가 요구되고, 그 내용에 있어서도 채무자의 책임재산을 탐지하여 강제집행을 용이하게 하고 재산상태의 공개를 꺼리는 채무자에 대하여는 채무의 자진이행을 하도록 하는 간접강제적 효과가 있다고 하더라도, 특정 목적물에 대한 구체적 집행행위 또는 보전처분의 실행을 내용으로 하는 압류 또는 가압류, 가처분과 달리 어디까지나 집행 목적물을 탐지하여 강제집행을 용이하게 하기 위한 강제집행의 보조절차 내지 부수절차 또는 강제집행의 준비행위와 강제집행 사이의 중간적 단계의 절차에 불과하다고 볼 수밖에 없으므로, 민법 제168조 제2호 소정의 소멸시효 중단사유인 압류 또는 가압류, 가처분에 준하는 효력까지 인정될 수는 없고, 따라서 재산관계명시결정에 의한 소멸시효 중단의 효력은 그로부터 6월 내에 다시 소를 제기하거나 압류 또는 가압류, 가처분을 하는 등 민법 제174조에 규정된 절차를 속행하지 아니하는 한 상실되는 것으로 보는 것이 옳다(대판 2001. 5. 29, 2000다32161).

✧ 사망한 사람을 피신청인으로 한 가압류신청은 부적법하고 그 신청에 따른 가압류결정이 내려졌다고 하여도 그 결정은 당연 무효로서 그 효력이 상속인에게 미치지 않으며, 이러한 당연 무효의 가압류는 민법 제168조 제1호에 정한 소멸시효의 중단사유에 해당하지 않는다(대판 2006.8.24, 2004다26287, 26294).

(3) 승 인 (168조 3항, 177조)

① **의 의**

승인이란 시효의 이익을 받을 당사자(채무자)가 시효로 말미암아 권리를 잃을 자에 대하여, 그 권리가 존재함을 인식하고 있다고 표시하는 것으로 법적 성질은 관념의 통지이다.

승인을 중단사유로 한 것은 승인이 있게 되면 권리자는 권리를 행사하지 않더라도 권리행사에 태만하다고 할 수 없고, 권리관계의 존재가 명백해지기 때문이다.

---

773) 고상용, 752면 ; 곽윤직, 471면 ; 김상용, 712면 ; 백태승, 574면 ; 송덕수, 299-300면 ; 이영준, 761면.

② 방 법

승인은 상대방의 권리의 존재를 인식하고 있음을 외부에 표시하는 것으로 족하고, 특별한 방식을 필요로 하지 않는다. 명시적·묵시적으로 가능하다. 그 묵시적인 승인의 표시는 적어도 채무자가 그 채무의 존재 및 액수에 대하여 인식하고 있음을 전제로 하여 그 표시를 대하는 상대방으로 하여금 채무자가 그 채무를 인식하고 있음을 그 표시를 통해 추단하게 할 수 있는 방법으로 행해져야 한다. 채무증서를 재작성하거나 이자를 지급하는 것, 지급유예의 요청, 일부변제[774], 담보의 제공, 면책적 채무인수[775], 채무전부를 변제한다는 의사로 일부를 변제하는 경우[776] 등은 묵시적 승인이 된다. 그러나 행정관청이 보상처리기간이 지연됨을 양지해 달라는 취지의 공문을 보낸 경우에는 이 사유만으로 채무를 승인한 것으로 볼 수 없다.[777]

◆ 판 례

✧ 소멸시효 중단사유로서의 채무승인의 방법

소멸시효 중단사유로서의 승인은 시효이익을 받을 당사자인 채무자가 소멸시효의 완성으로 권리를 상실하게 될 자 또는 그 대리인에 대하여 그 권리가 존재함을 인식하고 있다는 뜻을 표시함으로써 성립하는바, 그 표시의 방법은 아무런 형식을 요구하지 아니하고 또한 명시적이건 묵시적이건 불문하며, 묵시적인 승인의 표시는 채무자가 그 채무의 존재 및 액수에 대하여 인식하고 있음을 전제로 하여 그 표시를 대하는 상대방으로 하여금 채무자가 그 채무를 인식하고 있음을 그 표시를 통해 추단하게 할 수 있는 방법으로 행해지면 족하다(대판 2010.4.29, 2009다99105).

③ 승인자

승인은 시효이익을 받을 자(채무자) 또는 그 대리인이 할 수 있다. 승인을 함에는 권리의 존재를 인식하여야 하지만 처분능력이나 권한이 있음을 요하지 않는다(177조). 그러나 177조의 반대해석상 승인자에게는 그 권리에 관한 관리의 능력이나 권한은 필요하다. 따라서 부재자재산관리인은 부재자 본인을 위하여 채무를 승인할 수 있으나, 미성년자는 법정대리인의 동의없이 유효한 승인을 할 수는 없다.

---

774) 대판 1996, 1. 23, 95다39854
775) 대판 1999, 7. 9, 99다12376
776) 대판 2001, 2. 23, 2000다65864
777) 대판 2008, 9. 25, 2006다18228

④ **승인의 상대방**

승인은 반드시 상대방인 권리자 또는 그 대리인에 대하여 하여야 한다. 상대방에 대하여 함으로써 진정한 권리관계가 객관화될 수 있고, 악의의 채무자라도 시효의 이익을 얻을 수 있기 때문이다. 예컨대 채무자가 토지에 2번 저당권을 설정하는 것은 1번 저당권을 가지고 있는 채권자의 채권에 대한 승인이 되지 못한다.

⑤ **시 기**

승인은 시효가 완성되기 전에만 할 수 있다. 시효가 완성된 후에는 시효이익의 포기만이 문제된다.

◆ 판 례

시효완성 전에 채무의 일부를 변제한 경우에는, 그 수액에 관하여 다툼이 없는 한 채무승인으로서의 효력이 있어 시효중단의 효과가 발생한다(대판 1996. 1. 23, 95다39854).

3. 시효중단의 효력

(1) 중단 후의 새로운 시효진행 (178조)

소멸시효가 중단된 때에는 중단될 때까지 경과한 시효기간은 이를 산입하지 않는다(178조 1항 전단). 그리고 중단사유가 종료한 때로부터 새로이 시효가 진행한다(178조 1항 후단).

중단되었던 소멸시효의 새로운 기산점은 ① 재판상 청구인 경우에는 재판이 확정된 때(178조 2항), ② 압류 가압류 가처분의 경우에는 이들 절차가 끝났을 때, ③ 채무자의 승인의 경우에는 승인의 의사가 상대방에게 도달한 때이다. 기한유예는 승인에 해당하므로 유예한 이행기일로부터 다시 시효가 진행한다[778].

◆ 판 례

✧ 경매절차에 참가하여 소멸시효가 중단된 채권에 대한 소멸시효가 다시 진행하는 시기 (=배당표가 확정된 때)

채권자가 배당요구 또는 채권신고 등의 방법으로 권리를 행사하여 강제경매절차에 참가

778) 대판 1992, 12. 22, 92다40211

하고, 그 권리행사로 인하여 소멸시효가 중단된 채권에 대하여 일부만 배당하는 것으로 배당표가 작성되고 다시 그 배당액 중 일부에 대하여만 배당이의가 있어 그 이의의 대상이 된 부분을 제외한 나머지 부분, 즉 배당액 중 이의가 없는 부분과 배당받지 못한 부분의 배당표가 확정이 되었다면, 이로써 그와 같이 배당표가 확정된 부분에 관한 권리행사는 종료되고 그 부분에 대하여 중단된 소멸시효는 위 종료 시점부터 다시 진행된다. 그리고 위 채권 중 배당이의의 대상이 된 부분은 그에 관하여 적법하게 배당이의의 소가 제기되고 그 소송이 완결된 후 그 결과에 따라 종전의 배당표가 그대로 확정 또는 경정되거나 새로 작성된 배당표가 확정되면 그 시점에서 권리행사가 종료되고 그때부터 다시 소멸시효가 진행한다(대판 2009.3.26, 2008다89880).

(2) 시효중단의 인적 범위

① 원 칙

시효중단의 효력은 당사자 및 그 승계인간에만 효력이 있다(169조). 여기서 당사자라 함은 중단행위에 관여한 자를 가리키고 시효의 대상인 권리 또는 청구권의 당사자는 아니다[779]. 따라서 손해배상청구권을 공동상속한 자 가운데 1인이 자기의 상속분을 행사하여 승소판결을 얻었더라도 다른 공동상속인의 상속분에까지 시효중단의 효력이 미치는 것은 아니며[780], 공유자의 한 사람이 공유물의 보존행위로서 청구를 하였으면 그로 인한 시효중단의 효력은 그 공유자에 한하여 발생하고 청구를 하지 아니한 다른 공유자에게는 미치지 아니한다[781].

승계인이라 함은 '시효중단에 관여한 당사자로부터 중단의 효과를 받는 권리를 그 중단효과 발생 이후에 승계한 자'를 뜻하고, 포괄승계인은 물론 특정승계인도 이에 포함된다[782].

② 예 외

지역권의 불가분성(296조), 연대채무에서 이행청구에 의한 시효중단(416조), 보증채무에서 주채무자에 대한 시효중단(440조)의 경우에는 다른 자에게도 시효중단의 효력이 미친다.

779) 대판 1997, 4. 25, 96다46484
780) 대판 1967, 1. 24, 66다2279
781) 대판 1979, 6. 26, 79다639
782) 대판 1997, 4. 25, 96다46484

Ⅱ. 소멸시효의 정지

1. 정지의 의의

소멸시효의 정지는 시효의 완성을 유예하는 장애사유로서 이미 진행된 기간의 효력이 상실되지 않는 점에서 중단과 구별된다.

권리자가 시효를 중단시키는 데 곤란하거나 불가능한 경우에 일정한 유예기간 동안 시효진행을 멈추게 하였다가 그러한 사정이 없어진 때에 다시 나머지 기간을 진행시키는 제도이다.

2. 정지의 사유

◈ 소멸시효의 정지사유와 정지기간

조 항	정지사유	정지기간
제179조	시효기간 만료전 6개월 내에 무능력자의 법정대리인이 없는 때	무능력자가 능력자가 되거나 법정대리인이 취임한 때로부터 6개월
제180조 1항	무능력자가 재산을 관리하는 부·모·후견인에 대하여 가지고 있는 재산	무능력자가 능력자가 되거나 후임의 법정대리인이 취임한 때로부터 6개월
제180조 2항	부부의 일방의 타방에 대한 권리	혼인관계가 종료한 때로부터 6개월
제181조	상속재산에 속한 권리·상속재산에 대한 권리	상속인이 확정되거나 상속재산관리인이 선임되거나 상속재산에 대하여 파산선고가 있는 때로부터 6개월
제182조	천재 기타 사변으로 인하여 소멸시효를 중단 할 수 없는 때	천재 기타 사변이 종료한 때로부터 1개월

3. 시효정지의 사유

(1) 무능력자를 위한 시효정지

소멸시효의 기간만료전 6월내에 무능력자의 법정대리인이 없는 때에는 그가 능력자가 되거나 법정대리인이 취임한 때로부터 6월내에는 시효가 완성하지 아니한다(179조). 재산을 관리하는 부, 모 또는 후견인에 대한 무능력자의 권리는 그가 능력자가 되거나 후임의 법정대리인이 취임한 때로부터 6월내에는 소멸시효가 완성하지 아니한다(180조 1항).

(2) 혼인관계의 종료에 의한 시효정지(180조 2항)

부부의 일방의 타방에 대한 권리는 혼인관계의 종료한 때로부터 6월내에는 소멸시효가 완성하지 아니한다(180조 2항).

(3) 상속재산에 관한 권리와 시효정지(181조)

상속재산에 속한 권리나 상속재산에 대한 권리는 상속인의 확정, 관리인의 선임 또는 파산선고가 있은 때로부터 6월내에는 소멸시효가 완성하지 아니한다(181조).

(4) 천재 기타 사변에 의한 시효정지(182조)

천재 기타 사변으로 인하여 소멸시효를 중단할 수 없을 때에는 그 사유가 종료한 때로부터 1월내에는 시효가 완성하지 아니한다(182조).

[4] 소멸시효의 효력

Ⅰ. 소멸시효 완성의 효과

민법 제163조-165조에서는 시효완성의 효과로서 '소멸시효가 완성한다' 고 규정하고 있을 뿐, 구체적 효과에 대해서는 규정하고 있지 않아서 완성의 의미가 구체적으로 무엇인지 문제된다. 따라서 소멸시효의 완성의 효과에 관해서 학설의 대립이 있고 그에 따른 구체적 적용에서 차이가 나타나게 된다.

1. 학 설

(1) 절대적 소멸설[783)]

소멸시효의 완성으로 권리는 '당연히' 소멸하는 것으로 이해한다.

이 설은 그 근거를 ① 현행민법은 구민법 145조와 같은 시효의 원용에 관한 규정을 두고 있지 않다는 점, ② 민법 제369조 · 제766조 제1항 · 부칙 제8조 제1항은 '소멸한다' 또는 '소멸한 것으로 본다'고 규정하고 있다는 점을 들고 있다.

783) 곽윤직, 340면 ; 김주수, 571면 ; 이영준, 835면 ; 이은영, 778면 ; 정기웅, 600면.

(2) 상대적 소멸설[784)]

소멸시효의 완성으로 권리가 당연히 소멸하지 않고, 다만 시효의 이익을 받을 자에게 권리의 소멸을 주장할 수 있는 권리(원용권)가 생길 뿐이라고 한다. 그 근거로는 ① 절대적 소멸설에 의하면 당사자의 원용이 없는 경우도 재판상 권리의 소멸을 인정하여야 하며 당사자가 소멸시효의 이익을 받기를 원하지 않는 경우에 그 의사를 존중하지 않는 결과가 되어 부당하다는 점, ② 소멸시효 완성 후에 채무자가 시효완성의 사실을 모르고 변제한 경우에 절대적 소멸설에 의하면 비채변제로서 그 반환을 청구할 수 있게 되어 사회관념에 적합하지 않다. ③ 절대적 소멸설에 의한 시효이익의 포기를 설명하기 곤란하다. ④ 절대적 소멸설에 의하면 채무자의 간계에 의한 신의칙에 위반하는 방법으로 시효중단을 방해한 경우에도 채무자에게 시효의 이익을 귀속시키는 태도는 사회의 정의관념에 반한다는 점을 들고 있다.

2. 판 례

판례는 절대적 소멸설의 입장이다[785)]. 즉, 소멸시효가 완성되면 권리는 당연히 소멸된다고 한다. 다만 변론주의로 인하여 시효의 이익을 받을 자가 시효의 완성으로 권리가 소멸하였음을 소송에서 공격·방어방법으로서 제출하지 않으면 그 이익은 고려되지 않을 뿐이라고 한다.

그리고 소멸시효를 주장할 수 있는 사람은 시효로 인하여 채무가 소멸됨으로써 직접적인 이익을 받는 사람에 한정된다[786)]. 판례에 의하면 직접적인 이익을 받는 사람으로는 가등기에 기한 소유권이전등기청구권이 시효의 완성으로 소멸된 경우 그 가등기 이후 그 부동산을 취득한 제3자[787)], 유치권이 성립한 부동산의 매수인[788)], 사해행위취소소송에서의 수익자[789)], 물상보증인[790)] 등이고, 채무자에 대한

---

784) 김상용, 722면 ; 김용한, 489면 ; 김증한/김학동, 544면 ; 백태승, 601면 ; 서광민, 553-554면 ; 윤진수, 민법주해(3), 483면 ; 홍성재, 442면.

785) 「당사자의 원용이 없어도 시효의 완성으로써 채무는 당연히 소멸하므로 소멸시효가 완성된 채무에 기하여 한 가압류는 불법행위가 되고 가압류 당시 시효의 원용이 없었더라도 가압류채권자에게 과실이 없었다고는 할 수 없다」고 한 판례(대판 1966, 1. 31, 65다2445)가 전형적인 절대적 효력설의 입장이다.

786) 대판 1997, 12. 26, 97다22676

787) 대판 1991, 3. 12, 90다카27250

788) 대판 2009, 9. 24, 2009다39530

789) 대판 2007, 11. 29, 2007다54849

일반채권자[791]나, 채권자대위소송에서의 제3채무자[792] 등은 이에 해당되지 않는다.

◈ 양 학설의 비교

학 설	절대적 소멸설	상대적 소멸설
당사자의 원용	당사자의 주장과 관계없이 법원에서 직권으로 고려하여야 하지만 민소법에서 변론주의를 채택(188조)하는 관계로 소멸시효완성을 주장하여야 법원에서 고려할 수 있다.	원용을 하여야 법원에서 고려할 수 있다.
시효완성후의 변제	시효완성사실을 알고 변제한 경우에는 시효이익의 포기가 되거나, 부당이득법상 악의의 비채변제(742조)가 되어 반환청구를 할 수 없다. 시효완성사실을 모르고 변제한 경우에는 도의관념에 적합한 비채변제(744조)가 되어 반환청구를 할 수 없다.	유효한 채무의 변제로 반환청구를 할 수 없다.
시효이익의 포기	시효의 이익을 받지 않겠다는 의사표시로 이로 인해 이익이 생기지 않았던 것으로 된다.	원용권의 포기

◈ 판 례

✧ 채권의 소멸시효 주장을 원용할 수 있는 자의 범위

[1] 채권의 소멸시효가 완성된 경우 이를 원용할 수 있는 자는 시효로 인하여 채무가 소멸되는 결과 직접적인 이익을 받는 자에 한정되고, 그 채무자에 대한 채권자는 자기의 채권을 보전하기 위하여 필요한 한도 내에서 채무자를 대위하여 이를 원용할 수 있을 뿐이므로 채무자에 대하여 무슨 채권이 있는 것도 아닌 자는 소멸시효 주장을 대위 원용할 수 없다.

[2] 공탁금출급청구권은 피공탁자가 공탁소에 대하여 공탁금의 지급, 인도를 구하는 청구권으로서 위 청구권이 시효로 소멸한 경우 공탁자에게 공탁금회수청구권이 인정되지 않는 한 그 공탁금은 국고에 귀속하게 되는 것이어서(공탁사무처리규칙 제55조 참조) 공탁금출급청구권의 종국적인 채무자로서 소멸시효를 원용할 수 있는 자는 국가이다.

[3] 구 토지수용법(2002. 2. 4 법률 제6656호 공익사업을 위한 토지 등의 취득 및 보상에 관한 법률 부칙 제2조로 폐지) 제61조 제2항에 의하여 기업자가 하는 손실보상금의 공탁은 같은 법 제65조에 의해 간접적으로 강제되는 것이고, 이와 같이 그 공탁이 자발적이 아닌 경우에는 민법 제489조의 적용은 배제되어 피공탁자가 공탁자에게 공탁금을 수령하지 아니한다는 의사를 표시하거나 피공탁자의 공탁금출급청구권의 소멸시효가 완성되었다 할지라도 기업자는 그 공탁금을 회수할 수 없는 것이어서, 그러한 공탁자는 진정한 보상금수령권자에 대하여 그가 정당한 공탁금출급청구권자임을 확인하여 줄 의무를 부담한다고 하여도 공탁금출급청구권의 시효소멸로 인하여 직접적인 이익을 받지 아니할 뿐만 아니라 채

790) 대판 2004, 1. 16, 2003다30890
791) 대판 1997, 12. 26, 97다22676
792) 대판 1998, 12. 8, 97다31472

무자인 국가에 대하여 아무런 채권도 가지지 아니하므로 독자적인 지위에서나 국가를 대위하여 공탁금출급청구권에 대한 소멸시효를 원용할 수 없다(대판 2007.3.30, 2005다11312).

✧ 근로복지공단의 요양불승인처분에 대한 취소소송을 제기하여 승소확정판결을 받은 근로자가 요양으로 인하여 취업하지 못한 기간의 휴업급여를 청구한 경우, 그 휴업급여 청구권이 시효완성으로 소멸하였다는 근로복지공단의 항변이 신의성실의 원칙에 반하여 허용될 수 없는지 여부(적극)

【다수의견 】 (가) 채무자의 소멸시효에 기한 항변권의 행사도 우리 민법의 대원칙인 신의성실의 원칙과 권리남용금지의 원칙의 지배를 받으므로, 채무자가 시효완성 전에 채권자의 권리행사나 시효중단을 불가능 또는 현저히 곤란하게 하였거나 그러한 조치가 불필요하다고 믿게 하는 행동을 하였거나, 객관적으로 채권자가 권리를 행사할 수 없는 사실상의 장애사유가 있었거나, 일단 시효완성 후에 채무자가 시효를 원용하지 아니할 것 같은 태도를 보여 채권자로 하여금 그와 같이 신뢰하게 하였거나, 채권자를 보호할 필요성이 크고 같은 조건의 그 채권자들 중 일부가 이미 채무의 변제를 수령하는 등 채무이행의 거절을 인정함이 현저히 부당하거나 불공평하게 되는 등의 특별한 사정이 있는 경우에는, 채무자가 소멸시효의 완성을 주장하는 것이 신의성실의 원칙에 반하여 권리남용으로서 허용될 수 없다.

(나) 근로자가 입은 부상이나 질병이 업무상 재해에 해당하는지 여부에 따라 요양급여 신청의 승인, 휴업급여청구권의 발생 여부가 차례로 결정되고, 따라서 근로복지공단의 요양불승인처분의 적법 여부는 사실상 근로자의 휴업급여청구권 발생의 전제가 된다고 볼 수 있는 점 등에 비추어, 근로자가 요양불승인에 대한 취소소송의 판결확정시까지 근로복지공단에 휴업급여를 청구하지 않았던 것은 이를 행사할 수 없는 사실상의 장애사유가 있었기 때문이라고 보아야 하므로, 근로복지공단의 소멸시효 항변은 신의성실의 원칙에 반하여 허용될 수 없다.

【대법관 양승태의 반대의견 】 (가) 신의칙과 권리남용금지의 원칙이 우리 민법의 대원칙이라면 그 원칙은 당연히 입법 과정에서도 반영되었다고 보아야 하므로, 그러한 입법 과정을 거친 실정법의 개별적 조항에 의해 명백히 인정되는 권리 의무의 내용을 위 원칙을 이유로 쉽게 변경하는 것은 심각한 법체계의 혼란을 초래하여 법의 권위와 법적 안정성에 대한 큰 위협이 될 수 있다. 따라서 신의칙의 직접 적용에 의해 실정법의 운용을 사실상 수정하는 기능은, 비록 그 목적이 성문법의 무차별적이고 기계적인 적용에 의하여 발생하는 불합리한 결과를 방지하기 위한 것이라 하여도 형평의 원칙상 신의칙의 적용이 불가피하고 법의 정신이나 입법자의 결단과 모순되지 않는 범위 안에서만 허용되어야 한다.
(나) 근로자가 요양불승인처분에 대해 불복하여 행정소송을 제기하면서 별도로 휴업급여청구를 하지 않은 것은, 요양승인 없이는 휴업급여청구를 할 수 없는 것으로 오인하였거나 요양급여청구권과 휴업급여청구권은 별개의 청구권으로서 소멸시효가 각별로 진행한다는 법리를 알지 못한 데서 비롯된 것일 뿐이므로, 이와 같은 '법의 부지'를 가지고 '객관적으로 채권자가 권리를 행사할 수 없는 사실상의 장애사유'가 있었다고 할 수 없다. 따라서 이 사건에서 근로복지공단의 소멸시효 항변은 신의성실의 원칙에 반하지 않는다(대판 전원합의체 2008.9.18., 2007두2173).

✧ 채무자의 소멸시효 완성 주장이 권리남용으로 허용될 수 없는 경우

[1] 채무자의 소멸시효에 기한 항변권의 행사도 우리 민법의 대원칙인 신의성실의 원칙과

권리남용금지의 원칙의 지배를 받으므로, 채무자가 시효완성 전에 채권자의 권리행사나 시효중단을 불가능 또는 현저히 곤란하게 하거나 그러한 조치가 불필요하다고 믿게 하는 행동을 하였거나, 객관적으로 채권자가 권리를 행사할 수 없는 장애사유가 있었거나, 일단 시효완성 후에 채무자가 시효를 원용하지 아니할 것 같은 태도를 보여 채권자로 하여금 그와 같이 신뢰하게 하였거나, 또는 채권자를 보호할 필요성이 크고 같은 조건의 그 채권자들 중 일부가 이미 채무의 변제를 수령하는 등 채무이행의 거절을 인정함이 현저히 부당하거나 불공평하게 되는 등의 특별한 사정이 있는 경우에는, 채무자가 소멸시효의 완성을 주장하는 것이 신의성실의 원칙에 반하여 권리남용으로서 허용될 수 없다.

[2] 사용자가, 미지급 임금채권을 피보전권리로 하여 근로자 등이 발령받은 가압류결정에 대한 집행해제 신청 후 2회에 걸쳐 근로자 등에게 미지급 임금채무 등을 승인함과 아울러 그 당시 약정한 변제기에 이를 지급하기로 하는 내용의 채무변제계약 공정증서를 작성하고 그 후 근로자에게 미지급 임금 중 일부를 지급하는 등 사용자가 임금채무를 자진하여 변제할 것과 같은 태도를 보임에 따라, 근로자가 이를 신뢰하고 그 임금에 대한 권리행사나 시효중단 조치를 별도로 취하지 않았던 사안에서, 사용자가 미지급 임금채무 중 일부에 관하여 소멸시효의 완성을 주장하는 것은 권리남용으로 허용될 수 없다(대판 2010.6.10, 2010다8266).

Ⅱ. 소멸시효의 소급효(제167조)

소멸시효가 완성됨으로써 권리가 소멸하는 시기는 시효기간이 만료한 때이지만, 그로 인한 권리소멸의 효과는 그 기산일에 소급하여 효력이 생긴다(167조). 따라서 소멸시효로 채무를 면하게 되는 자는 기산일 이후의 이자를 지급할 필요가 없다.

민법 제495조에서 시효로 소멸하는 채권이 그 소멸시효가 완성되기 전에 상계할 수 있었던 것이라면 소멸시효가 완성된 후라도 채권자는 이를 상계할 수 있다고 하여 소급효에 대한 예외를 인정하고 있다. 이는 당사자 쌍방은 이러한 채권은 이미 상계한 것으로 생각하는 것이 일반적이므로 이러한 당사자의 신뢰를 보호하기 위한 것이다.

Ⅲ. 소멸시효이익의 포기

1. 의 의

소멸시효이익의 포기란 소멸시효의 완성으로 인한 이익을 받지 않겠다는 일방적인 의사표시를 말한다. 포기한 자가 이를 바꾸어서 시효의 이익을 다시 주장할 수는 없고, 재판에서도 시효의 문제가 없는 것으로 처리한다.

2. 소멸시효완성전의 포기

소멸시효가 완성되기 전에는 시효의 이익을 미리 포기하지 못한다(184조 1항). 소멸시효는 법률행위에 의하여 이를 배제, 연장 또는 가중할 수 없다. 이를 인정하면 시효제도의 취지가 말살될 우려가 있기 때문이다. 그러나 단축, 경감은 할 수 있다(184조 2항).

3. 소멸시효완성후의 포기

소멸시효가 완성된 후에 시효이익을 포기하는 것은 허용된다(184조 1항의 반대해석 : 통설). 포기는 상대방 있는 단독행위로서 처분행위이다. 채무자가 소멸시효 완성 후에 채권자에 대하여 채무를 승인함으로써 그 시효의 이익을 포기한 경우에는 그때부터 새로이 소멸시효가 진행한다고 할 것이다[793].

(1) 포기의 내용

"절대적 소멸설"에 의하면, 시효이익의 포기는 소멸시효완성의 이익을 받지 않겠다는 일방적인 의사표시이며, 이에 따라서 처음부터 소멸시효완성의 이익이 생기지 않았던 것으로 된다고 한다. "상대적 소멸설"에 의하면, 시효이익의 포기는 시효의 완성으로 발생된 원용권을 포기하는 의사표시라고 한다. 따라서 권리는 처음부터 소멸된 것으로 보지 않는다.

(2) 요 건

① 포기는 처분행위이므로 포기하는 자는 처분의 능력과 권한을 가지고 있어야 한다(통설). 따라서 이를 필요로 하지 않는 시효중단의 사유인 승인과 구별된다. ② 시효완성의 사실을 알고 포기하는 것이어야 한다.

(3) 채무승인과의 차이

채무의 승인은 소멸시효가 완성하기 전에는 시효중단사유가 되지만, 시효완성후에는 특별한 사정이 없는 한 시효완성의 사실을 알고 그 이익을 포기한 것이라고 볼 수 있다(대판 1965, 11. 30, 65다1996).

793) 대판 2009. 7. 9, 2009다14340

◆ 판 례

✧ **소멸시효 이익의 포기사유인 채무승인의 성립요건**

소멸시효 이익의 포기사유로서의 채무의 승인은 그 표시의 방법에 아무런 제한이 없어 묵시적인 방법으로도 가능하기는 하지만, 적어도 채무자가 채권자에 대하여 부담하는 채무의 존재에 대한 인식의 의사를 표시함으로써 성립하게 되고, 그러한 취지의 의사표시가 존재하는지 여부의 해석은 그 표시된 행위 내지 의사표시의 내용과 동기 및 경위, 당사자가 그 의사표시 등에 의하여 달성하려고 하는 목적과 진정한 의도 등을 종합적으로 고찰하여 사회정의와 형평의 이념에 맞도록 논리와 경험의 법칙, 그리고 사회일반의 상식에 따라 객관적이고 합리적으로 이루어져야 한다(대판 2008. 7. 24, 2008다25299).

(4) 시효완성 후의 변제

절대적 소멸설에 의하면, 소멸시효완성 후의 변제는 채무없는 변제가 되는 것이어서 이론상 부당이득이 되므로 반환되어야 할 것이나, ① 시효완성을 알면서 변제한 경우에는 제742조(비채변제)가 적용됨으로써(시효이익의 포기 → 반환청구 불가), ② 시효완성을 알지 못하고 변제한 경우에는 제744조(도의관념에 적합한 비채변제)를 적용하여(도의관념에 적합한 비채변제 →반환청구 불가) 채무자의 부당이득반환청구를 인정하지 않는다.

상대적 소멸설에 의하면, 채권이 소멸시효에 걸렸다고 하더라도 시효의 이익을 받는 자가 시효완성을 알았거나 알지 못하였거나 이를 원용하지 않고서 임의변제한 이상, 채무자의 변제행위에 의한 채권자의 급부수령은 적법하며 더 이상 부당이득이 되지 않는다.

결과적으로 어느 학설에 의하여 설명하더라도 시효완성 후의 변제에 의하여 수령한 급부는 부당이득이 되지 않는다.

(5) 포기의 효과

일단 소멸시효의 이익을 포기하면 더 이상 소멸시효의 완성을 주장할 수 없다. 소멸시효이익의 포기는 상대적이며 다른 사람에게는 영향을 미치지 않는다(통설). 따라서 주채무자의 시효이익의 포기는 보증인이나 물상보증인에 대해서는 효력이 없다.

Ⅳ. 소멸시효와 종된 권리

주된 권리의 소멸시효가 완성한 때에는 종속된 권리에 그 효력이 미친다(183조). 즉, 종된 권리의 소멸시효도 완성된 것으로 본다. 원본채권이 시효소멸하면 이자채권은 소멸시효가 완성되지 않았다 하더라도 역시 시효로 소멸하게 된다.

◆ 판 례

✧ 금전채권의 원금 일부가 변제된 후 나머지 부분에 대하여 소멸시효가 완성된 경우, 시효완성의 효력이 미치는 이자 또는 지연손해금의 범위

이자 또는 지연손해금은 주된 채권인 원본의 존재를 전제로 그에 대응하여 일정한 비율로 발생하는 종된 권리인데, 하나의 금전채권의 원금 중 일부가 변제된 후 나머지 원금에 대하여 소멸시효가 완성된 경우, 가분채권인 금전채권의 성질상 변제로 소멸한 원금 부분과 소멸시효 완성으로 소멸한 원금 부분을 구분하는 것이 가능하고, 이 경우 원금에 종속된 권리인 이자 또는 지연손해금 역시 변제로 소멸한 원금 부분에서 발생한 것과 시효완성으로 소멸된 원금 부분에서 발생한 것으로 구분하는 것이 가능하므로, 소멸시효 완성의 효력은 소멸시효가 완성된 원금 부분으로부터 그 완성 전에 발생한 이자 또는 지연손해금에는 미치나, 변제로 소멸한 원금 부분으로부터 그 변제 전에 발생한 이자 또는 지연손해금에는 미치지 않는다(대판 2008. 3. 14, 2006다2940).

【참고문헌】

곽윤직, 민법총칙 7판, 박영사, 2007
고상용, 민법총칙, 법문사, 2003
김기선, 한국민법총칙, 법문사, 1991
김민중, 민법강의, 두성사, 2000
김상용, 민법총칙, 화산미디어, 2009
김용한, 민법총칙론, 박영사, 1997
김증한 · 김학동, 민법총칙, 2001
김주수, 민법총칙, 삼영사, 2002
김형배 · 김규완 · 김명숙, 민법학강의 9판, 신조사, 2009
남윤봉, 민법개론, 시대고시기획 2001
명순구, 민법총칙, 법문사, 2005
박영복, 민법총칙
백태승, 민법총칙 4판, 법문사, 2009
서광민, 민법총칙, 신론사, 2007
소성규, 민법총칙, 동방문화사, 2009
송덕수, 신민법강의 2판, 박영사, 2009
엄영진, 민법총칙요해, 제일법규, 1997
윤형렬, 민법총칙 3판, 법영사, 2009
이영준, 민법총칙, 박영사, 2009
이은영, 민법총칙, 박영사, 2009
장경학, 민법총칙, 법문사, 1989
조성민, 민법총칙, 두성사, 2004
지원림, 민법강의 7판, 홍문사, 2009
홍성재, 민법총칙, 개정판 대영문화사, 2005

찾아보기

ㅅ

▮ ㅇ ▮

▮ ㅈ ▮

저 자 소 개

❖ 약력

- 한양대학교 법정대학 법학과(법학사)
- 고려대학교 대학원 법학과(법학석사)
- 한양대학교 대학원 법학과(법학박사)
- 한양대학교 안전법센터 연구조교수
- 강릉원주대학교 사회과학대학 법학과 교수

❖ 저서 및 주요논문

- 소유권유보부매매의 법리(법학석사학위논문)
- 연대채무법리에 관한 연구(법학박사학위논문)
- 가족법(대명출판사)
- 기타 논문 다수

민법총칙[개정판]

저 자 / 이 영 규　　초 판 2010. 8. 30
발행인 / 조 형 근　　개정판 2013. 2. 25
발행처 / [도서출판] 동방문화사

서울시 서초구 방배동 980-32 방배오피스텔 107호
전화 : 02)3473-7294　　팩스 : (02)587-7294
메일 : 34737294@hanmail.net　　등록 : 서울 제22-1433호
표지디자인 / 서진아이디피 02)2264-8288

저자와의 합의에 의해 인지 생략

破本은 바꿔 드립니다.
정 가 : 26,000원

ISBN 978-89-91902-22-9 93360